中国基本养老保险个人账户基金研究报告

嘉实基金管理有限公司　组织编写

主编　郑秉文　张峰

中国劳动社会保障出版社

图书在版编目(CIP)数据

中国基本养老保险个人账户基金研究报告/郑秉文，张峰主编. —北京：中国劳动社会保障出版社，2012

ISBN 978-7-5045-9636-9

Ⅰ.①中…　Ⅱ.①郑…②张…　Ⅲ.①养老保险基金-研究报告-中国　Ⅳ.①F832.21

中国版本图书馆 CIP 数据核字(2012)第 052947 号

中国劳动社会保障出版社出版发行

(北京市惠新东街 1 号　邮政编码：100029)

出 版 人：张梦欣

*

中国铁道出版社印刷厂印刷装订　新华书店经销

850 毫米×1168 毫米　16 开本　34.25 印张　708 千字

2012 年 4 月第 1 版　　2012 年 4 月第 1 次印刷

定价：98.00 元

读者服务部电话：010-64929211/64921644/84643933

发行部电话：010-64961894

出版社网址：http://www.class.com.cn

中国基本养老保险个人账户基金研究报告

编 写 人 员

主 编 郑秉文 张 峰

编 者

中国社会科学院世界社保研究中心

齐传钧 孙守纪 房连泉 高 静 于 环

嘉实基金

鲁令飞 米险峰 罗晓凤 齐 轶 李 丽 张 童

序 一

基本养老保险基金是社会保险体系中最重要的部分，近年来，我国基本养老保险基金的保值增值问题变得越来越重要。截至2011年年末，地方政府管理的基本养老保险基金结存已超过1.9万亿元，但由于只能存入财政专户，投资于银行存款和国债，11年以来扣除通胀后的年均投资收益率为负数。《社会保险法》第六十九条规定："社会保险基金在保证安全的前提下，按照国务院规定投资运营实现保值增值。""十二五"规划中提出"稳步促进养老基金投资运营"。在当前形势下，推进基本养老保险基金投资管理体制改革可以说是大势所趋，这也成为一项重大的研究课题。

由中国社会科学院世界社保研究中心和嘉实基金管理公司合作出版的这本著作，对该课题做出了有益的研究探索。书中阐述了养老保险个人账户制度的基本理论，在介绍和比较国际经验的基础上，从现实国情出发，分析基本养老保险账户基金投资模式可供选择的四套方案：即借用省级社保经办机构为账户基金投资管理主体；建立省级法人机构为本省账户基金投资管理主体；统一由全国社保基金理事会受托管理；建立国家法人机构为全国账户基金投资管理主体。这些方案各有利弊，改革路径和难易度不同，为解决账户基金的投资体制问题提供了应对思路，具有一定的参考价值。

"全国社会保障基金"是国务院设立的一项国家战略养老储备基金，主要用于弥补未来人口老龄化高峰时期的社会养老保险等社会保障支出。成立11年以来，全国社保基金治理经验不断丰富，监管、约束和激励制度的建设均取得很大进展，并在养老保险基金的投资运营方面做出了有益的探索。从2006年12月开始，全国社保基金理事会开始受托管理9个试点省市来自中央补助的做实个人账户资金，至2011年年末该项运营资产规模达544亿元，获得记账收益及风险准备金114亿元，年均投资收益率为10.27%。经国务院批准，2012年3月，全国社保基金理事会受托投资运营广东省1 000亿元滚存养老结余资金，这为扩大地方养老金的投资范围和投资方式、促进基金保值增值，开辟了一条新的路径。截至2011年年底，全国社会保障基金理事会管理的基金资产总额达到8 700亿元，其中，全国社会保障基金权益7 811亿元，个人账户基金权益658亿元。全国社会保障基金设立11年来，累计投资收益2 809亿元，年均投资收益率为8.41%，比同期年均通货膨胀率2.4%高出6个百分点。

为完善我国社会养老制度，建立健全基本养老保险基金投资管理体制，现提出以下几点建议：

一是对养老基金收支缺口进行测算。由于历史原因，我国基本养老保险个人账户存在着“空账”问题，这种状况将影响未来养老金体制的改革方向和社会保障能力。我认为有必要对社会统筹账户的收支缺口进行测算：一是尽可能更多筹集和扩大基金规模；二是调整养老金收支制度安排，避免今后出现巨大支出缺口，影响社会稳定。因此，建议对10年、20年、30年后全社会基本养老保险金收支缺口要有测算，对5年后全国社会保障基金筹集规模要有目标，对每年基金筹集要有预算。

二是加快推进基本养老保险基金投资运营体制的改革。目前国家有关部门正在酝酿将省市区管理的一部分基本养老保险基金集中起来，按不同比例投资各类金融资产，这是一项正确的措施。当前应尽早出台关于基本养老保险基金投资运营的管理条例，对投资固定收益类产品、股票和未上市股权的投资比例等重大问题做出规定。该项基金可委托国家专门设立的机构投资运营，也可委托全国社会保障基金理事会投资。

三是采取科学的养老基金入市策略。不要把养老金入市误读为全部投资股票。国际上许多案例表明，养老基金尤其是个人账户基金通过市场化的投资运营方式，取得了很好的保值增值效果。国外养老金大部分都允许投资于股票，投资比例一般为20%～50%。我认为中国养老基金也可以有一部分投资股票，投资比例应低于全国社会保障基金，高于商业养老基金。养老基金投资股市，务必坚持价值投资、长期投资、责任投资的方针，避免投资短视行为。

四是建立健全保障养老基金安全的长效机制。当前养老保险基金投资管理体制改革的方向是，实现资产组合多元化、委托投资市场化和监督管理法制化。在此过程中，应严格规范监管制度，建立公开透明的信息披露机制，发挥社会监督作用，最大限度地保证基金安全，防范市场和道德风险。

我相信，随着我国社会保障制度的完善，基本养老保险基金投资运营体制的改革必将迈出坚实的步伐，社会保障基金的保值增值能力将逐步增强，社会养老保障水平将会不断提高。

戴相龙

全国社会保障基金理事会理事长

2012年4月9日

序 二

我开始认真思考中国的人口老龄化及养老问题是在两年前。那时中国基金行业在经历了2006年、2007年超常规发展后，正处于行业发展缓慢乃至暂时停滞的当口，我则在不断反思基金业的使命是什么，能为社会贡献怎样的价值？苦苦思索后的结论之一是基金业的重要社会责任在于应成为解决中国养老问题的主力军，肩负起缓解养老危机的历史使命。

理论测算和实际经验都在证实我国正在快速进入“未富先老”的困境。与此相对应的是，养老保障体系尚不完善，现行的运作方式不支持这样的转型变局，养老支付存在巨大缺口。当退休潮来临时，我们将面临重大的挑战：谁为中国人未来的养老负责？

在我国养老保障体系中，确立于20世纪90年代的“统账结合”基本养老保险制度居于核心地位。该制度下，基本养老保险基金分为社会统筹基金和个人账户基金两大类。长期以来，由于金融市场发展不成熟、监管体制不够完善等条件限制，我国一直严格限制基本养老保险基金的投资渠道，投资对象限于银行存款和国债，较低的投资回报率带来的贬值风险对制度财务可持续性构成巨大挑战。

从实际情况看，现行的基本养老保险基金管理运营模式与投资政策已经明显落后于制度建设需求。如何引入市场化运营机制，在保障基金安全的前提下，实现基金的保值增值，从而建立适合中国国情的可持续发展养老金投资管理体制是全社会关注的焦点，也成为一个重大研究课题。

“统账结合”制度中的个人账户基金具有个人产权和完全积累属性，现阶段面临着难以做实、做实部分也难以实现有效保值增值的挑战，是改革的重点也是难点。我们希望以基本养老保险个人账户为切入点，通过对个人账户投资管理领域进行探索研究，为养老保障制度改革提供一个样例和思考视角。在该领域的研究中，我们有幸找到了合适的合作伙伴——中国社会科学院的郑秉文教授。郑教授是研究中国养老问题的专家，他客观务实、治学严谨的风范让人尊敬。这让嘉实基金得以将自己在养老金账户基金投资管理及风险控制方面的经验与郑教授在制度设计方面的深刻思考和洞见很好地结合起来。基于以上原因，通过嘉实基金组织，中国社会科学院课题组及嘉实基金养老金研究小组共同完成了《中国基本养老保险个人账户基金研究报告》一书。特别要感谢戴相龙理事长在百忙之中为本书作序。

该书梳理了中国基本养老保险个人账户制度的历史演变与发展现状；在借鉴个人账户基金管理国际经验的基础上，探索个人账户基金投资管理体制改革的战略选择和现实路径；并提出了符合中国实际的个人账户基金投资模式建设性方案及政策建议，为解决账户基金的投资体制问题提供了应对思路；与此同时，还为个人账户基金投资管理与风险控制提供了实际经验，具有一定的参考价值。

从长远看，建立基本养老保险个人账户基金的市场化投资体制是我国社保制度改革的大势所趋。我们深知，任何改革和重大决策的制定都并非一蹴而就，最终结果必定是从决策层到民间、从相关参与方到学界认知在形成广泛共识而后的水到渠成。如果本书能在普及养老知识，吸引更多有识之士参与到中国养老保障制度建设和未来发展的思考和实践中，或是促进共识形成方面能贡献一点微薄之力，我们将不胜欣慰。

嘉实基金管理有限公司总经理

2012年4月9日

目 录

第一章　中国基本养老保险个人账户的建立发展与改革过程

从20世纪90年代确立统账结合制度以来，中国养老保险制度历经20年的发展和完善，特别是党的十七大以后，在贯彻“广覆盖、保基本、多层次、可持续”方针的前提下，多支柱养老金体系架构已基本成型。按照世界银行2005年提出的五支柱理念，并结合中国的实际情况，中国养老金体系可以相应划分成如下五个支柱：零支柱为目前部分地方政府建立的财政转移支付性质的老年补贴项目。第一支柱为覆盖城镇企业职工基本养老保险的统账结合制度，进一步可以分解为社会统筹和个人账户两个层次。另外，国家机关事业单位养老保险制度、农村和城镇居民养老保险制度也属于这个支柱的一部分，但不是这一支柱的主体。第二支柱为企业发起和建立并享受一定税收优惠的企业年金计划。第三支柱为商业性养老保险计划，即个人在保险公司购买的养老金产品。第四支柱是个人为养老所作的储蓄或来自子女等直系亲属的经济支持（见图1—1）。

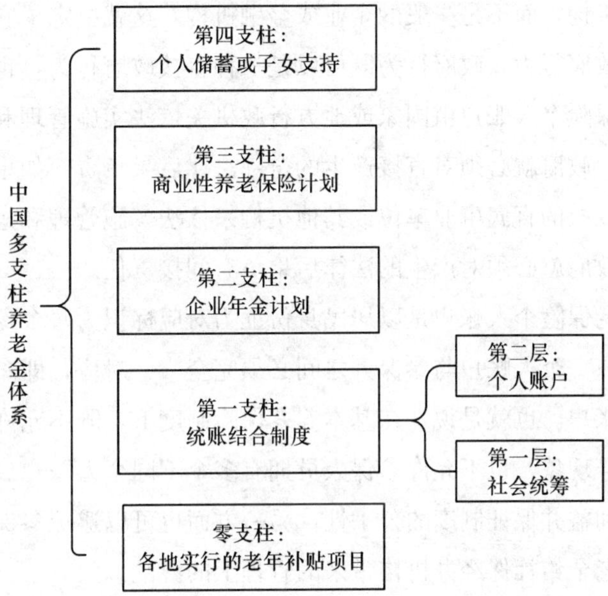

图1—1　中国多支柱养老金体系

资料来源：作者绘制。

很明显，在整个中国养老金体系中，覆盖城镇企业职工的统账结合制度不论从目标定位还是发展程度上来看都居于核心地位。换句话说，统账结合制度发展状况将直接影响中国多支柱养老金体系的未来走向和保障效果，因此需要重点加以关注。目前统账结合制度发展的最大困境是个人账户难以做实，而有限的做实部分却只能采取银行协议存款和购买国债的投资政策，面对日趋严峻的人口老龄化趋势，未来个人账户基金保值增值堪忧，建立统账结合制度的初衷难以实现。因此，本课题组将基本养老保险个人账户基金投资改革作为研究内容，希望能为中国养老保障制度建设和未来发展尽一点微薄之力。

第一节　基本养老保险个人账户的特点与属性分析

一、基本养老保险个人账户的定义

基本养老保险个人账户，是指一个国家或地区社会养老保险经办机构或者政府授权机构以居民身份证号码为对应标识，为每位参加基本养老保险职工个人设立的唯一的、用于记录职工和（或）雇主按照该职工一定工资比例缴纳的养老保险费用并将这些缴费形成的基金用于投资、在职工退休时根据缴费和投资收益总和计算职工退休后待遇给付且按照年金化方式发放（按月发放）的基金账户。因此，基本养老保险个人账户包括以下几层含义：

其一，基本养老保险个人账户的发起人和举办方是一个国家或地区社会养老保险经办机构或者政府授权机构，而不是一般的企业或金融机构，这就决定了它的建立和运行管理主要体现的是一种政府行为。政府行为既可以是一种直接政府行为，也可以是一种间接政府行为。如果养老保险个人账户由国家或地方行政机关依法实施管理和运营，那么这就是一种政府直接行为，政府就必须对直接产生的全部法律后果负责。如果养老保险个人账户由国家或地方政府授权的直属事业单位或其他机构来依法实施管理和运营，那么这就是一种政府间接行为，政府就必须对产生的法律后果负有间接责任。

其二，基本养老保险个人账户是以居民身份证为对应标识为每个参保人员设立的终身不变的唯一基金账户。个人账户与参保人之间必须完全一一对应，即参保人只能具有一个基本养老保险个人账户。也就是说，在基本养老保险制度下，既不允许参保人员在不同地区出现个人账户重号现象，也不允许参保人员拥有多个不同个人账户。这样做一方面可以确保参保人的合法利益并保证制度的公平性，另一方面也可以避免参保人多地投保、退休后同时多处领取养老金给社保经办机构带来的管理上的混乱。

其三，基本养老保险个人账户作为计发参保人退休后养老金的主要依据，必然在每一时期都清晰地记录着参保人缴费情况、投资收益和其他基本信息。借助于基本养老保险个人账户这一载体，参保人职业生涯中每一笔缴费和账户投资收益都会被清晰地显示出来。对于个人 i 来说，在某个会计期限内，就其工资或收入（费基）W 支付缴费，缴费率为 c，在任一时期 T 结束时其账户基金为：

$$F_{i,T}=\sum_{t=1}^{T}cW_{i,t}(1+r_{i,t})$$

其中，$cW_{i,t}$代表在t时期的个人缴费（一般来说，通常会对缴费工资或收入设定上限和下限）。

$r_{i,t}$是指账户资本的投资收益率。它既可以是真实的投资收益率，也可以是一种经过修正的投资收益率，例如新加坡的中央公积金利率。

其四，基本养老保险个人账户是以参保人养老为最终目的的基金账户，必然要求采取年金化方式发放（按月发放）养老金。当参保人退休时，基本养老保险个人账户就提供了一种终身年金。假定参保人i从τ时期开始退休，那么该参保人退休后第一年的养老金就等于退休前养老金资本$F_{i,\tau-1}$除以年金化除数G：

$$P_{i,\tau}=\frac{F_{i,\tau-1}}{G[LK_k,\alpha(LE_k)]}$$

从上述公式中不难看出，参保人退休时，个人账户资本总额是固定的（虽然也可以允许退休后继续对个人账户进行缴费，但这种情况不常见），因此，退休后养老金主要取决于两个因素：一个是同年龄组人群的预测寿命（LE），即对于k代人来说的退休时平均余命；另一个是这代人平均余命期间内的预期投资收益率（贴现率）。

其五，基本养老保险个人账户既不同于社会统筹性质的现收现付养老金计划，也不同于企业年金或自愿性个人养老储蓄计划。与社会统筹性质的现收现付养老金计划相比，典型基本养老保险个人账户是完全积累式、以收定支，实行自我保障的缴费确定性养老金计划。与补充养老保险或企业年金相比，基本养老保险个人账户是构成基本养老保险的一部分，因此是强制性的，其首要目的是保障退休人员的基本生活，而企业年金或自愿性个人养老储蓄计划的作用则在于改善退休人员的生活质量。

二、基本养老保险个人账户的特征与属性

从融资和待遇给付的角度来说，社会基本养老保险制度主要有待遇确定型现收现付制和缴费确定型预筹积累制两种基本形式。基本养老保险个人账户作为缴费确定型预筹积累制的载体具有如下特征和属性：

第一，完全积累，以收定支，具有个人产权性质。个人账户基金筹集采用的是完全积累方式，全部缴费和投资收益在个人账户中都有清晰记录，参保人待遇水平是完全可预期的。也就是说，参保人随时可以根据缴费时间长短、缴费基数大小、投资收益高低，计算出自己晚年的养老金待遇水平。而且，这种权益严格受到法律保护，个人账户基金属于参保人个人所有，不作社会调剂使用，这就避免了政治上的“酌情调节”。因此，个人不再将缴费看做是一种纳税，而是看做实现自我利益的手段。现代市场经济理论研究结果表明，产权的清晰界定是焕发产权主体积极性和自觉性的决定因素。参保人的行为目标和根本动力在于追求自身利益，通过基本养老保险个人账户这一载体，参保人不仅要求账户资产保值，而且希望实现账户资产收益最大化。个人账户清晰的个人产权性质不仅有助于增

强参保人“主人翁”感，强化他们的参保缴费意识，甚至还会监督雇主履行缴费义务。

第二，消费平滑，自我保障，具有强制储蓄功能。养老保险制度一个重要目标是实现生命周期内消费平滑，其主要依据是美国经济学家莫迪利亚尼等人提出的“生命周期假说”。这一假说是建立在人的“理性储蓄和消费”行为基础之上的，这种理性行为既可以保证一个人依据他自己一生中的全部预期收入来安排他的消费支出，也可以保证该人能及时合理地应对信用市场不完善、未来收入前景不确定等带来的储蓄风险。但是，在现实生活中，由于受思维方式、思维能力、实践经验、知识水平等诸多因素的限制，使很多人不能完全地以理性行为对待自己一生的储蓄与消费，即使有的人能以理性行为去对待，但如果社会不具备其实施的条件，其理想也不会变为现实。基本养老保险个人账户作为一种强制的养老保险形式，其核心是迫使个人在年轻的时候进行自我保障，将劳动收入的一部分储蓄起来，以便用于晚年消费，从而规避了信用市场不完善、未来收入前景和人的寿命不确定性以及人们自身目光短浅无适当储蓄的风险。

第三，市场投资，纵向平衡，具有共同基金特点。一般来说，参保人个人缴费最终将汇集到一起形成一个规模可观的资金池，然后由账户基金管理机构负责运营投资或委托其他机构投资，进行市场化操作，实现保值增值，等到参保人退休后再从资金池中提取相应资产，转换成参保人的终身年金。对于参保人来说，工作期间的缴费终值恰好等于退休后养老金现值，实现了资金流的纵向平衡，因此也就具有了共同基金的很多特点。所谓共同基金是指专业投资机构通过发行受益凭证的方式将社会上闲散资金集中起来交由专家管理并分散投资于各种有价证券或实体企业中，最后投资者按投资比例分享基金的投资收益。记录清晰的基本养老保险个人账户就相当于共同基金的受益凭证。当然，这一受益凭证既不能上市交易，也不能提前赎回。也就是说，只有到了法定的最低退休年龄，这些受益凭证才可以转换成实实在在的养老金待遇。最后，需要说明的是，虽然参保人实现了自身的纵向资金平衡，但是退休后参与的却是横向社会总产品的分配，因为任何时期的社会总产品都是由当期的工作人口生产出来的，退休者只不过是借助于受益凭证得到了参与当期社会总产品分配的权利。

第四，精算公平，多缴多得，具有激励相容特征。基本养老保险个人账户的积累制特征也决定了它具有精算公平的性质。所谓的精算公平（actuarial fairness）是指所有制度参加者预期的养老金待遇的资产价值与他自己缴费形成的资产价值相等，即所有参保人的平均收益和边际收益不仅要相等而且要等于他们的时间偏好率，而时间偏好率通常被视同等于市场投资收益率。从理论上讲，只有精算公平的养老金制度才是唯一一种不存在劳动力市场扭曲的制度。在一个典型基本养老保险个人账户下，人们在退休时间的选择上是中性的，也就是说，基本养老保险个人账户既不鼓励参保人提前退休，也不鼓励参保人推迟退休，何时退休完全取决于个人对边际财富的需求情况，而不是边际净收益率的高低。在制度实际运行过程中，只需设定一个最低退休年龄的限制，让养老保险制度从“逼着”人们参保缴费向人们主动要求参保缴费上转变，从而彻底杜绝各种形式养老保险逃费行为的发生。所以，基本养老保险个人账户是完全激励相容的。现代经济学理论与实践表明，贯彻“激励相容”原则，才能够真正有效地解决个人利益与集体利益之间的矛盾冲突，实现个人价值与集体价值两个目标函数的一致化，使行为人的行为方式和结果符合集体价值最大化的目标。

另外，从举办方和管理者的角度来说，基本养老保险个人账户还具有如下几个特点：一是依法强制性，即任何人只要满足参保缴费的法律规定，就必须依法遵守执行，否则国家就有权介入干涉，动用国家强制力来保证基本养老保险个人账户制度的有效实施；二是行为公正性，即在管理和运营基本养老保险个人账户时，必须对一切参保成员一视同仁，不得因为个人收入水平和健康程度等原因差别对待不同社会参保群体，更不能因为履行其他社会职能而牺牲全体参保人的权益；三是社会服务性，即政府不能以自身利益最大化或满足某些部门利益而采取有损参保人利益的行为；四是财政保障性，即政府对养老保险个人账户基金的保值增值负有连带责任，一旦个人账户基金因为投资决策或市场波动等原因遭遇重大损失而无法保证当期退休人员法律规定的最低待遇水平时，政府可依法动用财政收入予以弥补。

三、社会养老保障制度改革引入个人账户的意义

（一）化解老龄化危机

1. 人口老龄化是全球性的普遍现象

人口老龄化是老年人口占总人口比重不断上升的过程，国际上把60岁以上人口占总人口的10%，或65岁以上人口占总人口的7%的国家和地区称为老龄化社会。按照这一标准，欧美发达国家在第二次世界大战后都已陆续成为老龄化国家，而发展中国家虽然老龄化来得相对较晚，但到目前为止，很多新兴经济体也已经进入老龄化社会。根据世界银行预测，到2050年全球除了非洲战乱比较频繁的国家外都将进入老龄化社会；而届时，发达国家65岁以上人口将超过20%，进入高龄化阶段，发展中国家中的中国和印度等新兴经济体的人口老龄化程度也会进一步加深。

人口老龄化是预期寿命提高和生育率下降的结果。随着人们生活条件的改善和医疗卫生事业的发展，世界上大多数国家的人口寿命都得到了普遍提高。与此同时，人口生育率却在大幅下降。世界银行的数据显示，1950—1955年，世界人口出生时的预期寿命只有46.6岁，总和生育率却高达4.92；而到了1975—1980年，世界人口出生时的预期寿命突破60岁，为60.2岁，总和生育率也快速下降到3.83。随后这种趋势虽然开始放缓，但并没有出现根本性变化，到2005—2010年，世界人口出生时的预期寿命上升为67.6岁，总和生育率却下降到2.56。据预测，到2045—2045年，世界人口出生时的预期寿命为75.5岁，总和生育率为2.02。需要强调的是，中国由于实行了计划生育政策，这种变化趋势更为明显，即从1980年以后，人口出生时的预期寿命始终高于世界平均水平，而总和生育率却始终低于世界平均水平（见图1—2）。

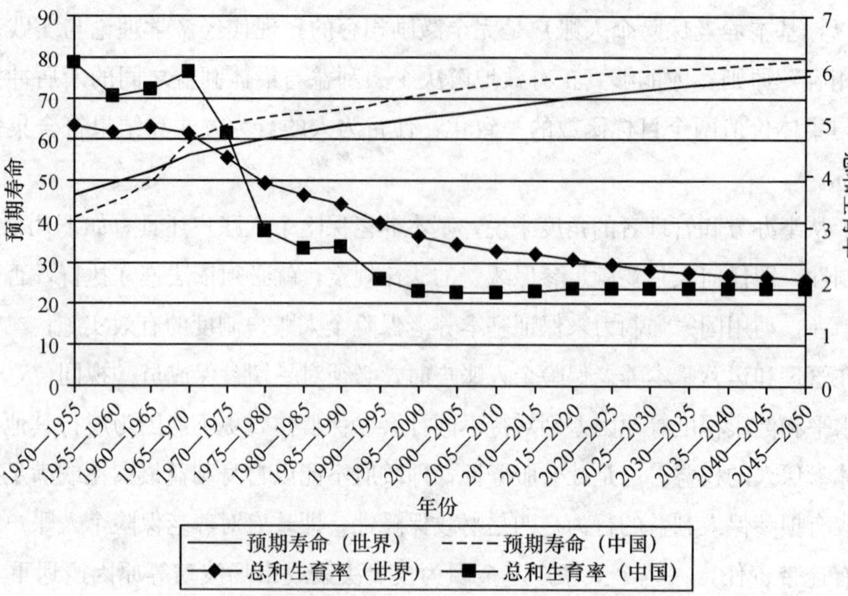

图 1—2　世界和中国人口出生时预期寿命与总和生育率比较

资料来源：Population Division of the Department of Economic and Social Affairs of the United Nations Secretariat，World Population Prospects：The 2008 Revision，http://esa.un.org/unpp，Sunday，December 27，2009；12:44:42 AM.

人口老龄化的直接后果是老年负担系数、也即人口赡养率的快速大幅提升。作为一个重要的老龄化指标，人口赡养率一般是指 65 岁及以上人口占 15～64 岁人口的比率。自第二次世界大战以来，绝大多数国家纷纷独立，走向了和平发展的道路。在这种大格局之下，世界人口也发生了前所未有的变化，从 1950—2000 年世界人口赡养率一直比较稳定，大体维持在 10%左右。较低的人口赡养率减轻了劳动年龄人口的经济负担，这段时间因此成为人类社会发展的黄金时期。但从 2000 年以后世界人口的老龄化趋势越来越严重，据预测到 2020 年以后世界人口老龄化趋势将加快发展，到 2050 年世界人口赡养率将高达 25%。当然，具体到每个国家，人口老龄化程度是不一样的，但发达国家和新兴经济体更为严重。中国作为一个世界性的人口大国，总的来说到目前为止中国人口变化趋势和世界同步。但是，2015 年以后中国老龄化趋势将开始超过世界平均水平，到 2040 年中国人口赡养率将高达 35%，几乎是世界同期人口赡养率 22%的 1.6 倍（见图 1—3）。也就是说，未来中国劳动年龄人口赡养老人的经济负担将更为严重。需要指出的是，大多数西方发达国家是在人均 GDP 高达 5 000～10 000 美元才步入老龄化社会，是“先富后老”或“富老同步”；而中国目前的人均 GDP 才刚刚突破 4 300 美元，但已经进入老龄化社会，而到了 2020 年，中国已有的人口红利将完全耗竭，将丧失经济发展的人口优势。因此，中国必然长期存在着“未富先老”的压力。

2. 人口老龄化致使大多数国家养老金财务缺乏长期可持续性

虽然世界上各个国家基本养老保险缴费结构和待遇水平不尽相同，但人口老龄化对现收现付制社会保险制度财务稳定性的冲击是显而易见的。世界上大多数国家的现收现付养

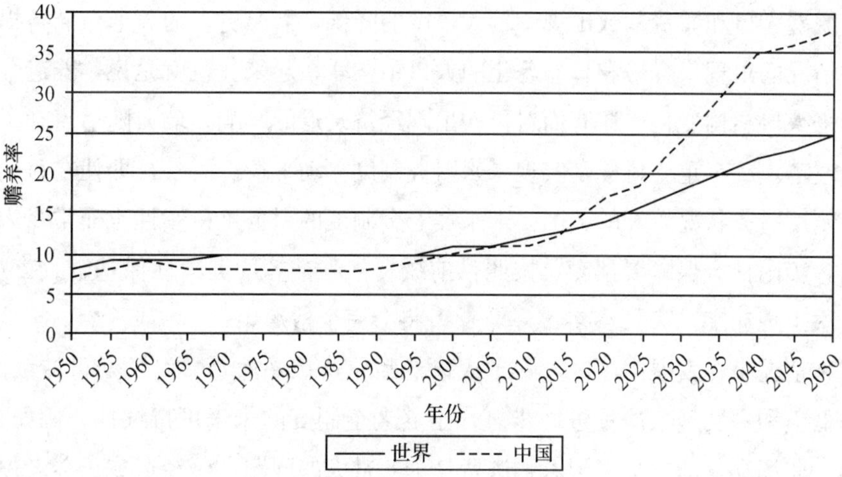

图1—3　世界和中国人口赡养率比较

资料来源：Population Division of the Department of Economic and Social Affairs of the United Nations Secretariat，World Population Prospects：The 2008 Revision，http://esa.un.org/unpp，Sunday，December 27，2009；12:44:42 AM.

老保险制度是在人口还年轻时建立起来的，它们最初之所以都选择这项制度恰恰是因为当时的人口年龄结构是年轻型，在当时实行现收现付制养老保险制度是一种帕累托最优。或者直观地说，当时缴费人口较多，而养老金领取人口较少，在一定的缴费率条件下，每年养老金财务很容易实现平衡，甚至有一定结余。但是，当人口进入老龄化阶段后，特别是"婴儿潮"一代人口相继退出劳动力市场，缴费人口急剧下降的同时养老金领取人口却陡然增加，原来建立起来的现收现付制养老金制度的财务可持续性越来越难以为继。各个国家养老金财务可持续性状况千差万别，大体上可以分为如下三种情况：

第一种情况是养老金制度已经出现收不抵支，而历史上又没有积累起数量可观的养老金储备，为了弥补每年的养老金赤字只能动用一般财政收入。这种情况在西欧和南欧一些大陆国家比较常见，例如法国、德国、意大利和西班牙。这种通过中央财政预算转移支付来填补养老金制度财务缺口的无奈选择，往往造成一个国家预算赤字长期居高不下且日益扩大，财政负担的不断加重将使该国在经济危机时期面临很多负面的宏观经济影响。如果政府试图通过将高额预算转移支付造成的非稳定性影响最小化，就必须多征税或是削减政府预算中的其他部分。鉴于增加税收具有相当的难度，因此很多国家倾向于选择削减其他社会支出，尤其是医疗和教育支出。但是，人口老龄化趋势并没有停止的迹象，这种无限期的财政转移支付很快将力不从心。

第二种情况是养老金制度已经出现的赤字通过历史上已经积累起较充裕的养老金储备进行额外融资，但在未来日益严重的人口老龄化预期下养老金储备迟早要消耗殆尽。以名义账户制改革前的瑞典ATP制度为例，它于1960年建立时已经设定了一个较高的缴费率，以便该制度能积累盈余，用于抵消人口年龄结构波动的影响，到20世纪90年代初期已经积累起相当于5倍年支付额的养老金资产。但是，瑞典于1992年进入了严重的经济衰退期，缴费人口和缴费基数出现了较大幅度的降低，需要更多的养老金储备提供额外融资，这种情况的出现很容易和日益恶化的人口结构联系起来。也就是说，养老金储备不仅要抵御未来人口结构变化，还有面对再次出现经济衰退的影响。瑞典随后启动了名义账户制养老金改革，一个重要目标是实现未来财务制度自动平衡。另外，即使在目前现收现付养老保险制度财务状况较好的美国，未来养老金制度的财务可持续性也非常令人担忧。早在几年前，美国社会保障署预测，按照目前缴费水平推算，美国社保基金收支从2017年将开始首次出现赤字，2041年养老基金储备将会完全枯竭。

第三种情况是在发展中国家，除了人口老龄化这一必然趋势对长期可持续的影响外，管理效率低下和逃费现象严重进一步恶化了养老金制度的未来可持续性。例如在中东欧、拉丁美洲、非洲和亚洲的很多国家，逃费是个非常大的问题，已经造成了养老保险收不抵支，或者低于标准支付养老金待遇，还有的国家不得不从财政收入中挤出资金来补贴养老金待遇支出。另外，发展中国家一般退休年龄都比较低，平均不到60岁，因为存在福利刚性，即使预见到了未来的人口老龄化趋势，短期内也难以提高退休年龄，养老金制度的未来财务可持续性效果可能更差。

3. 引入基本养老保险个人账户是化解老龄化危机的一项重要举措

传统的待遇确定型现收现付制养老保险制度诞生于100多年前的欧洲大陆国家，第二次世界大战后在世界范围内得到推广和普及，为保障人们晚年的基本生活和国家经济的稳定作出了巨大贡献。但是，从20世纪70年代开始，随着社会、经济结构的变迁和人们行为方式的改变以及日益迫近的老龄化危机，这种养老保险模式不仅难以满足自身的财务可持续性要求，并且无法妥善解决日渐复杂的老年保障问题，引发诸多弊端，妨碍经济增长。于是，许多国家已经预知到未来养老金财务的巨大压力并开始对现行养老金制度进行改革。养老金制度改革的主要目标之一是实现养老金计划财务的长期平衡，即以确定的缴费率路径支付当前和未来的待遇，而不是意外地提高缴费率或削减待遇，或者不产生需要用预算资源来弥补的赤字。从大的方面来说，养老金制度改革分为参量式改革和结构式改革。

参量式改革保持了原计划的待遇结构、公共管理和非积累制性质，而改变的只有制度的参数而已，因此实行起来也相对容易一些，而且，原则上也能够达到社会和经济目标。但是，它存在着如下三个明显的缺陷：一是采取行动时间的滞后性，导致改革是不可信的，因此政治上往往缺乏吸引力，当然也几乎从来没有得到完全实行；二是改革的不够全面，在消除制度的一些缺陷时，还保留甚至可能引入新的扭曲；三是预期寿命未来变化等许多不确定因素要求这种改革必须是不间断的，因此每次改革有明显“酌情”调整的成分，不利于制度的长期建设。

结构式改革至少改变了原计划的待遇结构、公共管理和非积累制性质中的一项。其中，引入积累制个人账户的养老金私有化改革最为彻底，不仅由非积累制转向预筹积累制，还包括从公共管理转向私人管理，从待遇确定型转为缴费确定型。毫无疑问，这一改革已经成为化解老龄化危机的一种重要举措，因为它有可能对个人账户提供超过工资增长率的市场回报率，具有在既定缴费率下提高替代率的潜力，或在既定目标替代率下提供降低缴费率的空间。同时，由于它降低了对劳动力供给和退休决策的扭曲，养老金给付随着预期寿命的上升而自动调整，所以制度不易受到人口风险的冲击。从理论上讲，这种完全市场化改革可以实现财务稳健，这正是当前很多国家引入基本养老保险个人账户制度的初衷。

（二）消除原有养老金制度对劳动力市场的扭曲

历史上，大多数国家实行的现收现付养老金制度，即用当代在职人员所缴纳的费用来支付现已退休人员的养老金。它要求以近期横向平衡为原则指导筹资，具体的做法是，首先确定待遇标准，并据此做出支付养老金数额的预测，以支定收，不留积累，使养老保险基金的收支在年度内保持大体平衡，养老负担实行代际转移。这种制度的优点是只要人口结构恒定不变，那么这种制度就可以永续发展下去，且不易受通货膨胀和利率波动的影响。但是，这种制度对劳动力市场产生了明显的扭曲效应，具体体现在以下三个方面：

首先，当人口老龄化进程无限发展时，现收现付养老金制度将通过插入的“税收楔子”扭曲劳动力资源配置。在一个典型无限期的世代交叠模型中，可以清楚地看到现收现付养老金制度的这一本质：如果假定每一代人的退休年龄和养老金待遇标准不变，那么后一代人将总比前一代人多缴费或缴税（即使养老金待遇部分来自财政转移支付，这也是通过在职一代人其他纳税取得）。这种因为人口老龄化导致缴费或缴税的增加部分便可以看做是一种“税收楔子”，作为一个理性人就会极力避免多缴费，因此提前或及时退休成为他们的必然诉求。

其次，传统的现收现付养老金制度，存在很强的共济性和收入转移效应，这如同对不同的投保人实施了差别税率，也导致了对劳动力市场的扭曲。根据劳动经济学的基本理论，劳动者决定劳动供给量的过程，是劳动者根据外部经济参数变化，不断调整自己的劳动力供给量，力求达到现有条件下效用最大化的过程。对于就业人群中的高收入者而言，增加的缴费（高出平均缴费水平）并不能完全转化成自己未来的养老金收入，就会在一定程度上对这部分劳动者的工作积极性产生消极影响。一个理性的选择是减少劳动供给，以闲暇替代劳动，或者转入非正规部门，进而对国民经济产生不利影响。

最后，在某些行业中现收现付制养老金计划一般与个人资历正相关，对劳动力市场的扭曲效果也极为明显。当职工养老金收入主要与退休前的资历密切相关，那么在即将退休时，与雇主合谋以放弃前期一定收入为代价取得退休时的较高资历便是个人的理性选择。这种行为对劳动力市场的危害主要体现在两个方面：一是那些可以提供较高资历的行业将成为一部分人就业的首选，这就取代了以劳动生产率为基础的市场资源配置原则；二是因为资历的取得需要在一个部门工作较长时间且退休前不能离开该行业，相当于降低了劳动力市场的流动性。

因此，现收现付制养老金制度对劳动力市场的扭曲是普遍存在的。

与之相反，建立在个人账户基础上的基本养老金制度却不存在上述缺陷。从理论上，完全积累的个人账户制度是唯一精算公平的养老金制度。因为养老金制度对劳动力市场的影响取决于两种决策，一是退休决策，二是劳动力供给决策。精算公平的制度不仅通过平均收益等于边际收益的机制保证了退休决策的中性，而且通过平均收益和边际收益与时间偏好率相等的机制保证了劳动力供给决策的中性。因此，只有完全积累的个人账户养老金制度才是唯一一种不存在劳动力市场扭曲的制度。

现实中，建立在完全积累基础上的个人账户制度是完全私有产权，规则非常透明、简单、易懂，待遇权利与个人（或雇主配比）缴费是完全精算联系的，职工的缴费期越长，待遇也会相应增加，个人缴费不被看成是一种税收，从而减少了劳动力市场的扭曲。此外，个人账户制度有利于增强劳动力市场的流动性。在个人账户制度中，个人无论在什么职业、行业、地区或国家工作，其养老金并没有区别。其便携性可以把工人从既定的无效率工作环境中“解救”出来，免除他们未来提高效率而进行职业变动的后顾之忧。另外，在非正规部门很普遍的经济环境中，个人账户制度奖励那些选择加入正规经济的人，这对于非正规部门比重很大的贫穷国家合理配置劳动力资源非常有必要。

最后，需要强调的是，个人账户制度更能适应全球化的挑战。随着产品与服务市场、生产要素市场和技术市场的日益一体化，全球化要求包括养老金在内的公共计划的运作方式发生变化，即要求对公共计划进行改革不仅是为了收获全球化带来的好处，也是为了应对全球化带来的挑战，包括由于技术创新、产品和生产要素的供需变化等因素带来的重大冲击。这要求养老金制度不扭曲劳动力市场决策，支持劳动力在不同职业、不同部门、不同国家之间的流动，有利于金融市场发展，并且鼓励人们终生学习。

（三）增强个人社会责任

现代意义的基本养老保险制度起源于德国。1889 年，德国俾斯麦政府率先通过世界上第一部养老保险立法——《养老、残废、死亡保险法》，该法于 1891 年 1 月开始施行，规定由雇主、雇员均等缴费，缴费满 30 年且年满 70 岁的工人才有资格领取养老金。体现着政府主导，劳资双方共同分担责任和退休者待遇可负担的原则和理念。随后，在这一原则和理念的指引下，丹麦（1891 年）、奥地利（1906 年）、英国（1908 年）、法国（1910 年）、瑞典（1913 年）、荷兰（1913 年）、加拿大（1927 年）、美国（1935 年）和日本（1941 年）等发达国家也相继建立了现代养老保险制度。第二次世界大战后，随着发展中国家在政治和经济上取得独立，也迅速建立起现代养老保险制度。至今，世界上已经有 160 多个国家建立了不同模式的养老保障制度。但是，在人口老龄化和经济日益全球化的今天，这种企业和个人责任共担和退休者可负担的原则和理念受到了巨大冲击。在福利刚性的约束下，个人不愿意降低退休后的待遇标准也不愿意推迟退休，最后不得不由政府作为最后出资人填补养老金收支赤字，而政府的这种补贴最终是由纳税人承担，结果是企业和在职者承担了过多的社会责任，而退休者却可以享受一种慷慨的养老金待遇。

20 世纪 70 年代以后，人们逐步开始认识到这种个人责任的日渐弱化将直接危及养老金制度的长期可持续性。因此，引入个人账户制度并建立多支柱养老金体系，让个人、企业和国家在不同层次上体现各自责任成为一种基本共识。个人账户制度对重构激励和约束机制并不断强化个人的社会责任的机理主要体现在以下几个方面：第一，个人账户制度将有助于减少“公地悲剧”，防止人们在自利性驱动下，对社会保障这一公共产品的过度消费。第二，个人账户制度有助于弱化“政治效应”，降低政府责任，避免引起代际间的不公平。第三，个人账户制度体现了个人的养老责任，有助于削弱政府的介入深度，可以使政府不再作为局内人来实施收入再分配政策，而是以局外人姿态通过强制缴费、比例控制、税收优惠、严格监管和确定最低保障标准，来修正市场失灵。第四，个人账户制度可以通过提高运营效率来增进社会福利。

纵观近 30 年的世界养老金改革浪潮，大的改革取向非常明显，即通过引入世行提倡的多支柱模式明确个人、企业和国家的社会责任边界。对于个人来说，他的社会责任主要应该体现在强制性个人账户制度中，实现权利和义务的对等，以更加积极的态度进行自我保障。对于企业来说，依法纳税或缴费是其社会责任的主要体现，但前提是这种纳税或缴费负担不能过重，否则不利于国际竞争，进而阻碍国民经济发展和抑制就业并最终降低费基规模，最后得不偿失。对于国家而言，它应该通过引入零支柱或其他现金转移项目来实现养老保障社会互济的基本职能。这种做法的好处非常明显，国家可以根据经济形势和财政收入情况灵活调整养老补贴标准，有针对性地向弱势群体提供晚年收入保障，提高财政转移支付的效率。

第二节　全球社保改革引入个人账户的历史进程与发展趋势

一、基本养老保险个人账户制度的发展历程

从 1889 年德国建立世界上第一个现代意义上的社会养老保险制度以来，一直到 1981 年智利引入个人账户的近 100 年内，大部分国家基本养老保险制度实行的都是现收现付制，即由工作的一代人缴费（税）给国家，再由国家来支付给退休一代，即除马来西亚、新加坡、印度和中国香港实行中央公积金制度外，在基本养老保险制度中是没有个人账户的。但是，中央公积金制度由中央集中管理和运作，个人没有投资决策权力，换句话说，国家对个人账户基金投资保值增值承担的责任较大，因此，这些国家也无法完全缓解人口老龄化危机带来的养老金支付压力。典型意义上的基本养老保险个人账户制度是 1981 年智利创建的缴费确定型完全积累制，其特点是个人缴费（而非税）全部存入个人账户，缴费积累形成基金用于投资运作，投资决策完全由个人做出，投资回报率都在个人账户内形成并记录，个人退休时从个人账户中支取退休金（年金或一次性支付），个人产权特征明

晰，国家的责任相对弱化，有利于减轻现实的财政支付压力和化解未来的老龄化危机，因此，智利的个人账户制度是现代社会保障体系的一项重要制度创新。此后，越来越多的国家开始关注并引入这一制度。

同时，智利个人账户制度的成功实践得到了世界银行的肯定和赞誉。1994 年世界银行提出了三支柱养老保险模式，其核心为第二支柱即强制性的由私人管理的养老金计划，旨在向积累制过渡，降低国家的养老负担，并通过养老储蓄和投资促进经济发展，进一步确定了个人账户制度在基本养老保险制度改革中的重要地位。在智利模式示范和世界银行倡导下，近几十年已先后有三十几个国家对本国的基本养老保险制度进行了结构性改革，建立了以个人账户为基础的积累制养老保险制度，其中包括智利、玻利维亚、哥伦比亚、墨西哥、秘鲁、匈牙利、波兰、哈萨克斯坦等国家。到目前为止，在基本养老保险个人账户制度中有三个国家比较典型，代表了三种模式，分别是新加坡模式、智利模式和瑞典模式。

从发展趋势上看，世界养老保险制度改革的一个基本趋向是养老责任逐步分散化，即由国家向个人、由政府向市场转移。在此过程中，个人账户的引入可以说是社保领域的一次革命，它也必将在社保制度中发挥越来越重要的作用。2004 年，诺贝尔经济学奖获得者普利斯科特从“时间一致性”的角度对个人账户的解释很具有启发性，他指出：“个人账户是联系当前缴费与未来给付以保证‘时间一致性’进而实现社会公平的唯一根据，也是积累制中体现边际因素的唯一标志。社会保障制度的关键就是建立个人账户制度，只有建立强制性个人账户来取代自愿性账户，才能最终完全解决‘时间一致性’难题，增加国民储蓄和增加劳动供给，才能将社会养老制度独立起来并从整体社会福利制度中分离出来，实现由转移支付制度向强制储蓄制度过渡。”

（一）新加坡模式（中央公积金模式）

养老保障制度作为现代工业文明的产物，在第二次世界大战后普遍建立起来。基本养老保险个人账户制度最早出现在前英国殖民地的国家。马来西亚于 1951 年首先建立了基本养老保险个人账户制度，随后印度和印度尼西亚于 20 世纪 50 年代建立了个人账户强制储蓄制度，只是保障范围比较小；60 年代，一些非洲国家也建立了这一制度，加勒比海和太平洋地区的几个国家也相继于 70 年代和 80 年代建立了该制度。这些国家的强制储蓄基金制度所具有的共同特点是：缴费是强制的，缴费进入个人账户，由公共机构管理基金。建立中央公积金制度国家的共同特点是之前没有现收现付的养老金制度。到目前为止，基金规模最大的是新加坡的中央公积金制度。

新加坡于 1955 年建立了中央公积金制度，这是一项强制性的、由雇主和雇员共同缴纳的预防性个人储蓄计划，规定新加坡公民和永久居民都必须缴纳公积金并存入个人账户，政府设立专门机构——中央公积金局对中央公积金进行直接的全面管制。建立中央公积金的最初目的是为雇员退休后或不能继续工作时提供一定的经济收入保障，经过 40 多年的发展，现已演变为向社会成员提供养老、医疗、住房等保障项目的社会保险制度，其覆盖范围也从公共和私人部门的雇员扩大到了自雇者。

中央公积金制度是政府将储蓄这种传统的个人保障方式上升为国家行为的产物，理论上讲不具有收入再分配的性质。从资金来源上看，公积金不过是劳动者抑制现期需求以应付未来需求而节省下的劳动收入，而雇主为雇员缴纳的那部分公积金不过是雇员应得收入的转换形式。政府对中央公积金的支持只限于对缴付者的缴付额免征个人收入所得税，以及对公积金会员的少量补助，从而最大限度地节省了政府的社会福利开支。另外，新加坡政府通过中央公积金制度获得了巨额的强制储蓄基金，成为促进资本形成、推动经济增长的重要因素。新加坡政府对经济和社会生活的高度的控制能力，是中央公积金制度得以建立和长久延续的必要条件。

新加坡养老基金管理模式的优点在于：可以带来资金集中征集和管理的规模优势，从而降低管理成本和交易成本，也不存在营销成本，政策执行也较灵活，工作效率和服务质量较高，养老基金的管理人和投资人合二为一，便于统一管理，养老基金的投资安全也得到了保障。

这种管理模式的缺陷在于：政府利益与基金受益人利益一旦发生冲突，将可能无法避免政治操纵，以政治目标取代公积金收益最大化目标。另外，如果不是一个清廉的政府，将无法摆脱政府官员和基金管理者的寻租和腐败行为，基金受到侵蚀的风险较大。而且，这种管理模式没有赋予雇员自由选择权，缺乏竞争经营机制，再加上政府管理的养老金投资渠道受到限制，因此难以获得较高的回报率。

（二）智利模式（完全积累制模式）

面对沉重的财政支付压力和未来人口老龄化的挑战，从 20 世纪 80 年代开始，一些国家纷纷对本国的养老保障制度进行了富有成效的改革，改革的方式主要有两种：一是参量式的养老金政策改革，即提高退休年龄、削减养老金给付以及改变养老金受益规则等措施，这种在既定制度框架内的边际改革往往具有很大的局限性，难以从根本上解决制度的可持续性问题；二是结构性的制度变革，即养老金制度模式的变革，它的起端是 1981 年智利的养老保障私有化改革。

在 20 世纪 70 年代中期，智利经济不景气，失业率增加，原有现收现付制度缴费率过高等原因，导致逃费现象严重，养老金严重入不敷出。另外，由于原有制度的不统一而有失公平，管理效率也十分低下，从而使得养老保险体制逐渐丧失了公信力。在经济危机和信用危机的双重压力下，智利政府拉开了社会保障体制改革的序幕，1980 年最终的养老金制度改革法案以 3500 号法令（Decree Law 3500）的形式予以公布，从 1981 年起正式实施完全积累制的个人账户制度。智利的养老金制度在经历了 80 年代的变革和成功运作后，进入 90 年代，开始被一些拉美国家所效仿。

智利的个人账户是完全个人产权的基本养老保险制度，个人账户基金完全来自雇员的缴费，即每个投保职工把每月工资收入的10%定期存入个人账户，逐月积累。个人账户基金投资于资本市场，获取的较高投资回报率也存入个人账户，雇员退休时进行年金化发放。个人账户基金由民营的养老金管理公司（AFPs）负责管理和运营，投保者可以自愿选择养老基金管理公司。参保人除了上述10%的缴费外，还要向养老金管理公司缴纳管理佣金，其中一部分用于伤残和遗属两项保险费用，剩余部分用于弥补养老金管理公司的管理成本，并为其提供一定的利润来源。政府对养老金公司进行严格的监管。具体来说，对养老金监管是由养老金管理公司总监署来履行，即总监署监管各养老金管理公司的经营和管理情况、基金的保值增值情况、投资状况。

智利这种养老基金私人管理模式的优点在于：由于有众多的养老基金管理公司加入养老基金管理，而且个人拥有充足的自由选择权，从而形成了一个竞争性市场，不仅克服了政府垄断经营的一些弊病，基金运作透明度高，而且促使基金选择良好的投资方向，提高了基金的投资收益率，同时还促进了资本市场的快速发展。另外，完全积累制的个人账户制在财政上具有可持续性的支付能力，个人的缴费激励增强，国家的养老负担下降。此外，这种制度模式对提高劳动就业和增加国内储蓄等都具有一定的促进作用。

但这种管理模式同样存在着一定缺陷：由于引入了竞争机制，养老基金管理公司为了吸引更多客户，扩大基金规模，采用了庞大的营销队伍，支付了高昂的营销费用，导致营销成本和管理成本增加。此外，养老基金管理公司还存在着很高的创建成本。高昂的营销成本、管理成本和创建成本，致使雇员不得不支付高额佣金，直接减少了雇员的收益。

（三）瑞典模式（部分积累制模式）

智利这种由现收现付制向完全积累制转变的养老金完全私有化改革是一种非常激进的制度变革方式，转轨过程的实现需要具备一定的现实条件。最突出的问题有两个：一是转型成本的解决。对于许多现收现付制养老金给付水平和计划覆盖面都已非常高的国家来说，向完全积累制转型面临天文数字的转型成本是国家财政所不可能解决的。二是积累制养老基金需要资本市场具备相应的投资条件，控制投资过程中面临的市场风险对政府的监管能力也是一种考验，而许多发展中国家往往缺乏这方面的条件。因此，这两方面的制约因素降低了一些国家建立完全积累制的可能性。在这种情况下，一些国家对原有的现收现付养老保险制度进行了部分积累制改革。所谓部分积累制改革，就是在保留原有现收现付制基础上，建立强制参与的个人账户，引入积累制成分。这一改革趋势主要出现在20世纪90年代，瑞典是选择这一制度模式的典型国家。

瑞典是传统的高福利国家，1960年建立的国民补充养老金计划（ATP）是典型的现收现付制度，使得个人养老金待遇与缴费之间缺乏联系，导致养老金制度与人口和经济的未来变化缺乏联动，未来养老金财务可持续性已大为削弱。因此，从20世纪90年代初开始，瑞典政府便开始酝酿养老金制度的具体改革方案。1995年，在全面改革国民养老金退休金制度——引入名义账户制的基础上开始建立一个规模仅为个人缴费工资2.5%的积累制个人账户计划（Premium Pension，PP）。尽管规模较小，但作为部分积累制这种新生事物的典型案例却是一种创新。瑞典个人和雇主总共18.5%的总缴费率中，2.5%进入个人积累制账户中，由新成立的养老基金管理局（PPM）管理积累制个人账户计划并承担票据交换所的职能。养老基金管理局也是唯一的年金提供机构。个人账户资产从2000年12月开始进行市场化投资，采取的是自我管理型，即参保人可以从注册的国内和国际基金公司中的多种基金中进行选择。在瑞典任何得到营业许可并履行PPM制定的特定标准的基金都可以参与其中。截至2008年年底，共有分属于83家基金管理人的773只基金可供参保人自主选择，而对于那些没有做出选择的参保人，账户资产将全部自动计入政府设立的默认基金。参保人退休时，个人账户缴费资产加上期间的市场化投资收入既可以购买常规保险（conventional insurance）也可以转换为基金保险（fund insurance）。[①]

这种与现收现付制养老金计划平行运作的个人账户制度主要优势在于克服了由现收现付制向完全积累制的巨额转型成本，过渡期在职者的缴费负担较轻，比较好地解决了代际公平问题。同时，这种模式兼具现收现付制和积累制两者的全部优点，既能发挥传统现收现付制的社会互济功能，又可以获取较高的资本回报，增强制度的财务可持续性。更为关键的是，部分积累制的这些特点决定了引入一个规模较小的个人账户制度容易在政治上达成共识。因此，部分积累制改革逐步成为社保改革的一个潮流，越来越多的国家倾向于采用这种改革方案。

但是，这种模式也存在着一定的缺陷：如果缴费人口有限，缴费率较低，势必会导致基金总体规模较小。同时，为了保证基金投资运营机构的竞争性，这些规模有限的基金又要由若干家有资格的基金管理公司进行管理。也就是说，每家基金管理公司管理的基金规模有限，则可能导致规模不经济，最终将由参保人承担高昂的管理成本，从而导致市场化投资的个人账户制度优势不明显。

二、全球30多个国家和地区引入积累制个人账户制度的现实情况

到目前为止，共有30多个国家和地区先后引入了积累制个人账户制度[②]，这些国家和地区主要分布在拉丁美洲和中东欧，其中引入强制性个人账户制度的国家和地区分别是智利（1981年）、秘鲁（1993年）、阿根廷（1994年）[③]、哥伦比亚（1994年）、瑞典（1995年）、乌拉圭（1996年）、墨西哥（1997年）、玻利维亚（1997年）、萨尔瓦多（1998年）、匈牙利（1998年）[④]、哈萨克斯坦（1998年）、波兰（1999年）、哥斯达黎加（2000年）、

① 常规保险是指参保人退休后按照事先确定的标准领取养老金（假定一个固定收益率）；基金保险是指参保者退休后仍然持有工作期间的基金，未来养老金待遇将根据变动的基金余额确定。参见 Forsakringskassan，Orange Report-The Annual Report of Sweden's National Pension System for 2008，http://www.forsakringskassan.se.

② 本部分只包括私人投资运营的基本养老保险个人账户制度，不包括政府投资运营的中央公积制度。

③ 2008年12月9日，阿根廷第26425号法令生效（Law 26425），根据该法令废除了基本养老保险个人账户制度，重新回到养老金私有化改革前的现收现付制度。

④ 匈牙利为了降低预算赤字和政府债务，已于2010年年底决定个人账户养老基金实施国有化，如果个人账户参保人拒不交出个人账户基金，将失去未来国家公共养老金的大部分权益。

拉脱维亚（2001年）、保加利亚（2002年）、克罗地亚（2002年）、爱沙尼亚（2002年）、科索沃（2002年）、巴拿马（2002年）、多米尼加（2003年）、俄罗斯（2003年）、立陶宛（2004年）、斯洛伐克（2005年）、马其顿（2006年）、尼日利亚（2005年）和罗马尼亚（2008年）。①

截至2008年12月31日，上述25个国家和地区（阿根廷于2008年年底退出个人账户制度）的个人账户参保人人数为1.15亿人，累计基金总额为3 031.73亿美元。②

从参保人的地域分布来看，拉丁美洲的参保人数为6 811万人，占全部参保人数的59.2%，其中，参保人数较多的国家分别是墨西哥3 906万人、哥伦比亚857万人、智利837万人和秘鲁430万人；欧洲参保人数为3 390万人，占全部参保人数的29.5%，其中参保人数较多的国家分别为波兰1 382万人、罗马尼亚453万人、俄罗斯364万人、保加利亚304万人和匈牙利295万人；亚洲的哈萨克斯坦和非洲的尼日利亚总参保人数为1 308万人，占全部参保人数的11.4%（见图1—4）。

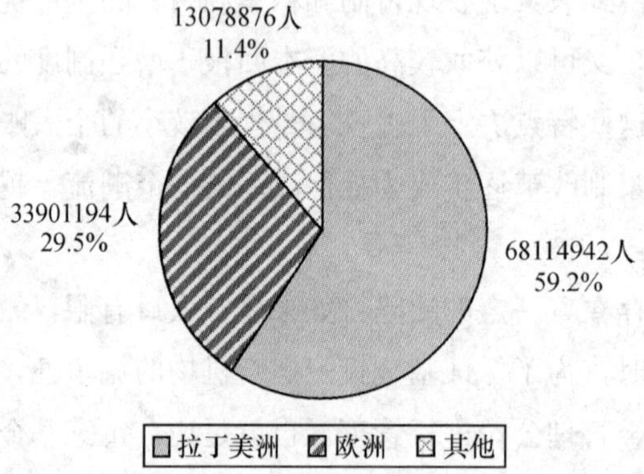

图1—4　基本养老保险个人账户参保人地域分布

资料来源：作者绘制，数据来源于FIAP，25 Bi-Yearly Report International Federation of Pension Fund Administrators，http://www.fiap.cl.

从个人账户养老基金数额上来看，拉丁美洲的个人账户基金总额为2 020.33亿美元，占全部个人账户基金总额的66.6%，其中，个人账户基金总额比较高的国家为智利743.13亿美元、墨西哥709.27亿美元、哥伦比亚260.20亿美元和秘鲁159.01亿美元；欧洲的个人账户基金总额为819.78亿美元，其中，个人账户基金总额比较高的国家为波兰466.82亿美元、俄罗斯131.55亿美元和匈牙利98.72亿美元；亚洲的哈萨克斯坦和非洲的尼日利亚个人账户基金总额为191.62亿美元，占全部基金总额的6.3%（见图1—5）。

① 另外，设立自愿性个人账户制度的主要国家分别为巴西、洪都拉斯、西班牙、巴拉圭和乌克兰等，不具有基本养老保险的强制属性，因此不在本文的研究范围内。

② FIAP，25 Bi-Yearly Report International Federation of Pension Fund Administrators，http://www.fiap.cl.

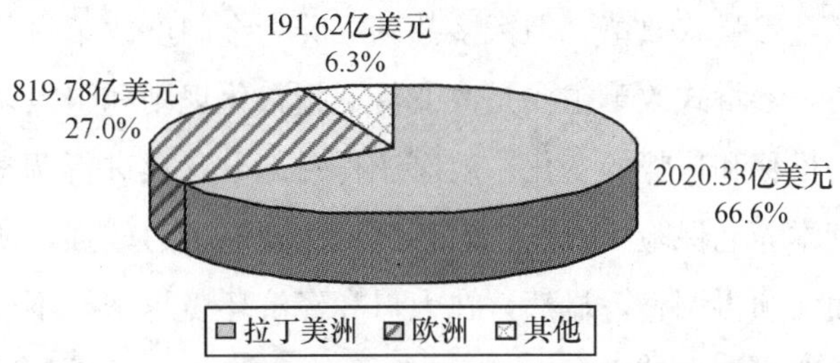

图 1—5 基本养老保险个人账户基金的地域构成

资料来源：作者绘制，数据来源于 FIAP，25 Bi-Yearly Report International Federation of Pension Fund Administrators，http://www. fiap. cl.

三、基本养老保险个人账户的优势与劣势

基本养老保险个人账户具有丰富的思想内涵和坚实的理论基础，但客观地说，基本养老保险个人账户作为积累制的载体既有优势也有劣势。

（一）基本养老保险个人账户的优势

第一，通过自我储蓄平滑人口波动，自动实现人口转型。人口老龄化不仅是一个人口预期寿命不断延长的问题，还包含着生育高峰与生育低谷之间的人口转型问题。在基本养老保险个人账户下，参保人在不同年龄时期进行收入和消费配置，其老年收入和消费取决于个人工作期间储蓄和部分财政转移支付，这样，多数人主观上会认为它不受人口结构的影响，自然就不会出现在人口、经济环境等不利条件下要求增加福利的不合理诉求。我们知道，人口从生育高峰转向生育低谷（例如，西方"婴儿潮"一代人口退出劳动力市场导致社会赡养比的快速提高），社会是要付出成本的。在待遇确定型制度下，因为福利刚性的存在，这些成本主要是由在职者承担。而在个人账户下，因为存在着"货币幻觉"，退休者也要承担一定的人口转型成本。相对而言，这种退休者和在职者共同承担成本的做法更有利于人口转型期的平稳过渡。

第二，养老金财富通过终身年金精算转换，自动适应人口寿命预期的变化。参保人退休时，个人账户中养老金财富在进行年金转换时，引入了根据同年龄组人群的平均余命确定的预期寿命因子。因此，在个人账户下，人口预期寿命的变化转化成制度内生的，可以自动适应人口预期寿命的变化。另外，个人账户对提前退休的待遇削减也可以转化成制度内生的。也就是说，个人账户可以对人们偏好改变做出及时调整。对于管理当局来说，唯一需要做的就是精确地确定出每一代人的预期寿命。政府还可以允许用退休后个人账户资产购买商业机构年金产品，让商业机构承担预期寿命变化的风险。当然，最好的解决方案是由个人账户管理机构和商业机构同时提供年金产品，让退休者有更多的选择机会。

第三，避免待遇指数化规则、调整因子变动的随意性，增强制度的可信度。在人口老龄化日趋严重和财政压力不断增大的情况下，近 20 年很多实行待遇确定型养老金制度的

国家纷纷进行了养老金参量式改革，但大多数国家养老金制度改革过程都几经反复，至今尚未定型。我们知道，参量式改革主要是改变待遇指数化规则和引入调整因子，是一种治标之策。随着时间的推移和形势的变化，政府还得对部分参数进行调整，这就大大降低了制度的可信度。而基本养老保险个人账户对环境变化适应能力较强，所有规则一旦制定就可以基本定型了，而无须再调整。显然，在人口和经济环境越来越不确定的情况下，人们对基本养老保险个人账户更有信心。

第四，具有完全的便携性，一步到位地实现了全国统筹。增强便携性、实现全国统筹对健全和完善中国社会保障制度意义重大。只有具备完全便携性的养老保险制度，才能让人们在跨地区、跨行业和跨部门就业时无后顾之忧，促进人力资源的科学合理流动，从而优化劳动力资源配置，提高劳动生产率，甚至缩小收入差距。同样，只有实现了全国统筹的养老保险制度，才有助于强化基金管理，增强基金安全性，实现基金保值增值。在个人账户下，清晰的个人产权性质保证了参保关系具有可携带、可转移的特性，不存在统筹层次过低的问题，全国统筹是应有之意。也就是说，基本养老保险个人账户是一种有利于人们在不同工作、职业和地区之间转移的天然的制度安排。

第五，人们选择退休年龄具有更大的灵活性，使实施弹性退休制度成为可能。在个人账户下，缴费和养老金待遇之间是一种完全中性的边际精算关系，人们何时选择退休完全由自己决定（达到法定最低退休年龄基础上），既不存在对提前退休的激励效应，也不存在对推迟退休的惩罚效应，这是实行弹性退休制度的前提条件。实行弹性退休制度是人口老龄化条件下的必然选择，也是大势所趋，更是一种福利改进的制度安排。一方面，实施弹性退休制度增加了人们退休年龄的选择范围，可以根据自身需要做出最优化安排；另一方面，实施弹性退休制度增强了社会政策制定的灵活性，既能满足地区发展平衡的现实需要，又能适应社会经济和人口发展的未来趋势。

第六，有助于形成合理储蓄，提高社会福利。经济增长黄金律理论告诉我们，对于一个经济体而言，必然存在着一个最优的储蓄率，使得消费达到最大化，也即福利最大化。但现实情况是，几乎每个经济体都很难正好达到这个最优的储蓄率。也就是说，一个经济体的储蓄率水平要么高于这个最优储蓄率，要么低于这个最优储蓄率。毫无疑问，对于储蓄率较低的经济体，引入个人账户则意味着通过减少当期消费来提高储蓄率，因此从长期来看有利于促进经济增长、提高社会福利；而对于储蓄率较高的经济体如果引入个人账户似乎进一步增加了过多的储蓄。但事实上，因为基本养老保险个人账户规模一般都很小，个人账户资产的增加往往是对其他储蓄资产的替代，而较少表现为对消费的抑制。因此，总体上，基本养老保险个人账户有助于整个社会储蓄率的稳定，经济运行更为有效率。

（二）基本养老保险个人账户的劣势

第一，基本养老保险个人账户下的养老金资产在保值增值过程中将面临许多风险。首先，基本养老保险个人账户与一般的共同基金不同。养老保险个人账户中的养老金资产需要封闭运行几十年，在这期间基金保值增值面临的风险和不确定性都大大增加了，需要投资人和管理者不断调整风险决策和不确定性决策。任何国际或国内政治、经济的不稳定，经济周期变化以及各种不确定因素，都会造成账户金融资产价值的巨大波动，这种波动有可能造成某一时期进入劳动力市场的所有劳动者个人账户基金积累的严重不足。其次，基本养老保险个人账户与企业年金也不同。虽然基本养老保险个人账户资产投资资本市场采取相对保守的策略，理论上讲，在遭受各种风险的损失上也相对较小，但是，基本养老保险参保人毕竟包含着大量中低收入阶层，他们的风险承受能力一般较弱，在没有政府为个人账户提供最低收入保障的情况下，某一代退休人口可能会陷入相对贫困，甚至是绝对贫困之中。这样，不但是政府的社会目标没有达成，还很有可能因为大量贫困人口的存在而造成总消费需求的不足，影响经济的发展。即使在政府为个人账户提供最低养老金保障的情况下，老年人口的贫困问题会因此有所减轻，但由于几乎是一代退休人口都需要政府提供资助，必然需要大量的财政支出，而且在时间上又相当集中，突然增加的财政支出，很有可能造成无法预期的财政赤字。

第二，基本养老保险个人账户养老金资产的管理与投资营运成本较高。基本养老保险个人账户基金规模“门槛”较低，不利于基金固定成本的摊销。因此，基本养老保险个人账户养老金资产的管理与投资营运成本相对较高。但在实际运行过程中，由于采取的投资策略和资产组合不同，各个国家个人账户养老金资产的管理与投资营运成本差别较大。如在瑞典，2007 年个人账户模式下的管理费用为养老资产余额的 0.42%～1.21%；2007 年智利养老保险基金的管理成本大约占缴费工资的 1.76%，2008 年没有收取固定佣金，而可变佣金为缴费工资的 1.44%；2008 年波兰个人账户模式下的可变佣金为养老金资产余额的 0.424%。[①] 因为养老金的实际收益率等于投资收益率减去管理成本率后的差额。管理成本越高，个人净收益越少，反之亦然。如果个人账户基金的受托投资管理机构经营不当造成亏损甚至破产，个人账户养老基金就会出现危机。

第三，建立基本养老保险个人账户对成熟的发达经济体来说必然意味着巨额的转型成本。目前，几乎所有发达国家都已经建立起完善的待遇确定型现收现付制养老金制度，隐性养老金债务规模巨大。一旦引入积累制个人账户，就需要为制度转型提供额外融资，即就业人口必须同时为个人账户积累缴费和为退休人员提供养老金支付。如果由现收现付制向积累制个人账户完全转型，那么这个显性化的转型成本常常是不可承受的，在一个成熟的养老金制度下，其隐形养老金债务可达公共养老金年度支出的 20～30 倍，而后者占这些国家 GDP 的 5%～15%，相当于隐性债务占 GDP 的 100%～450%。即使在基本养老保险覆盖面相对有限的发展中国家建立基本养老保险个人账户也需要巨额的转型成本。当然，覆盖面越窄，转型成本也越小。但是，大多数发展中国家财力有限，一旦建立基本养

① Waldo Tapia，Juan Yermo，Fees in Individual Account Pension Systems：A Cross-Country Comparison，OECD Working Papers on Insurance and Private Pensions No. 27，Sep. 2008；FIAP，25 Bi-yearly Report International Federation of Pension Fund Administrators，Dec. 2008.

老保险个人账户势必增加企业和职工的负担。

四、对基本养老保险个人账户未来发展的判断

如果说建立在20世纪50年代现收现付制鼎盛时代的新加坡中央公积金制度仅代表养老保险制度发展过程中的一种强调个人责任的价值取向，那么引入于80年代现收现付制弊端频现时期的智利完全积累制个人账户则意味着养老保险制度发展过程中的一种规律性的自我突破和创新（从风险承担的主体上看，同中央公积金制度有着本质区别）。确实，在智利养老金私有化改革的成功示范下，一些拉美和东欧国家相继复制了积累制个人账户制度。但是，事物的发展并不是直线前进，而是一个不断否定的过程。一方面，90年代瑞典引入一个小规模的个人账户制度（部分积累制）是对完全积累制的主动修正；另一方面，2008年金融危机期间阿根廷废除个人账户制度则是对完全积累制个人账户的被动否定。不难看出，积累制个人账户这一曲折发展进程蕴涵着如下两个基本趋势：

第一个判断，由现收现付制向积累制过渡已经成为一种不可逆转的趋势，个人账户在养老保险领域扮演越来越重要的角色也已是不争的事实。

从理论上说，一方面，随着全球人口出生率的普遍下降，劳动人口增长率下降趋势已经显现；另一方面，随着后工业化时代的到来和近几十年科技潜力的充分释放，短期内劳动生产率也不可能有较大的提高，现收现付制福利优势赖以存在的基本条件已经开始发生逆转，即劳动人口增长率和工资增长率之和（经济增长率）不再大于利率。因此，如果在这种情况下还是固守原有的现收现付制度，那么将会意味着社会福利的流失。换言之，如果能尽快引入积累制个人账户，那么改革后养老保险制度将是一种帕累托优化的改善。另外，当经济处于黄金律增长路径时，积累制个人账户保险制度的实际收益率也近似等于经济增长率。但是，当经济的储蓄水平低于黄金律增长的最优储蓄水平时，如果引入积累制模式可以提高国民储蓄，使利率恢复到与黄金律增长相一致的水平，则将养老金制度由现收现付制模式转向积累制模式，经济的效率便可以得到改进，因此，现收现付养老金制度向积累制个人账户转轨对大多数国家来说是一种帕累托效率增进的改革。

从养老保障制度运行实践上来看，现在各国都在试图寻找一个切合本国情况的更具可靠性和预见性的方案，以期达到经济上的可承受性、财务上的可持续性、代内和代际间的公平性、社会再分配的有效性。经济的可承受性是指养老保险缴费率要保持在一定合理水平，不至于因为过高的缴费率削弱国家发挥其他职能时的财力支持，不至于因为过高的缴费率致使企业成本高企而缺乏国际竞争力，不至于因为过高的缴费率使得个人劳动供给发生扭曲而降低全社会的劳动供给意愿。财务上的可持续性是指养老金计划在财务上要有完善的自我平衡机制，可以根据人口和经济变化做出适应性的灵活调节，在满足养老金计划财务短期平衡的同时逐步实现长期平衡。代内和代际公平是指全社会无论处于何种地位的个人所得到的养老金数额和整个就业期间所支付的缴费比率应有清晰的精算联系。社会再分配的有效性是指这一方案实施的目的应是消灭贫穷，保证所有受益人能维持正常和稳定

的生活水准，从而达到明显的向弱势倾斜的重新分配效果。毫无疑问，其中几个目标之间有着明显的冲突性（例如，代内和代际公平性与社会再分配有效性就有冲突），但是，经济的可承受性和财务的可持续性的满足是首要的，否则其余两项根本无从谈起。因此，现在很多国家养老保障制度改革的做法是剥离出一些相互冲突的目标，另设其他制度予以实现（例如设立非缴费型零支柱来实现社会再分配目标），而把保留下来的基本养老保险制度向着积累制方向改革，最终以实现前两项目标为首要任务。

第二个判断，需要强调的是，引入积累制个人账户不是对原有现收现付制度的完全取代，而是对历史上社会基本养老保险制度过于依赖现收现付制的部分矫正。

首先，完全积累制并非完美。如前文所述，完全积累制尽管有着诸多优势，但其劣势也不能忽视。其一，完全积累制导致养老金资产在保值增值过程中面临的许多风险毫无缓冲地带，任何国际和国内政治和经济不稳定、经济周期变化和其他一些不确定因素都可能导致资本市场的巨大波动，积累制个人账户一旦因此遭遇损失将会直接影响当期退休人员，特别是对大量的中低收入阶层这种风险是无法忍受的。其二，世界上没有免费的午餐，积累制个人在获取高额收益的同时被收取的管理费用也较高，长期来看一些固定费用将严重侵蚀资产规模相对有限的个人账户，使得一些人退休时得到的养老金资产大大缩水。另外，虽然智利的个人账户制度在很多方面取得了一定的成功并成为一种新兴制度典范，但是缴费密度下降的弊端日渐暴露且在这一制度下很难找到有效的补救措施。

其次，理想和现实之间总是有差距的。一方面，由现收现付制转向积累制个人账户制度将无法回避巨额的转型成本。一旦引入积累制个人账户，就需要为制度转型提供额外融资，即就业人口必须同时为个人账户积累缴费和为退休人员提供养老金支付。在一些发达国家养老金隐性债务规模巨大，几乎相当于公共养老金年度支出的20～30倍或GDP的100％～450％，因此，完全引入积累制在财务上几乎是不可能的。另一方面，引入完全积累的个人账户制度还必须考虑政治上的可行性。改革就意味着利益格局的重新分配，如果不能有效补偿既得利益者的损失，必然遭到他们的强烈反对，再加上人们对个人账户制度认识上存在的分歧，要想在大多数人中间顺利地达成政治共识并不是一件容易的事。

最后，多支柱模式下的部分积累制更为可取。从大的方向来说，建立积累制个人账户已经成为社会养老保险制度改革的一种必然趋势，但问题是如何建立个人账户，个人账户规模多大才合适。在这一问题上，世界银行已经给出了答案，无论是它们提出的三支柱模式还是五支柱模式，都预示着未来养老金发展模式将朝着多支柱方向前进，而建立在部分积累制下的个人账户制度正是多支柱模式的重要组成部分。当然，部分积累制个人账户制度有多种实现形式，瑞典单独建立的一个小规模的积累制个人账户制度是一种实现形式，而中国“统账结合”制度下的积累制个人账户制度也是一种实现形式。

第三节　中国基本养老保险个人账户制度的历史演变与发展现状

一、中国基本养老保险个人账户制度的发展历史

（一）基本养老保险个人账户制度的实施背景

1951年2月，《中华人民共和国劳动保险条例》的颁布标志着中国基本养老保障制度的诞生，当时采取的是与高度计划经济体制相适应的“国家/企业保险”模式。虽然该条例在1953年和1956年先后经历了两次修订，但体现的核心思想并没有发生改变。具体来说，一是应保尽保，国家配置资源的思想。该制度几乎覆盖了城镇的所有类型企业，而且除了劳动者本人外，其家属也得到一定程度的保障。二是国家主导、企业执行的思想。在计划经济体制下，企业不过是国家管理职能载体的进一步延伸，国家财政对退休金的及时足额发放承担无限责任。三是城乡分立、政企分开的原则。在制度分立的条件下，保障水平必然存在一定差距，这与新中国成立初期国家财力不足有着密切的关系。

1966年爆发的“文化大革命”给国家和人民带来了严重的灾难，在随后的10年里已经初步建立起来的“国家/企业保险”模式逐渐演变成“企业保险”模式，社会保险的基本功能丧失殆尽，整个社会保障事业也陷入了停止状态。“文化大革命”一结束，中国便开始整顿、恢复原有的“国家/企业保险”模式。显然，“国家/企业保险”模式是这一时期中国保障制度的主旋律，与计划经济体制是相辅相成的，为当时的社会稳定和经济发展起到了保驾护航的作用。应该说，一直到20世纪90年代初，中国基本养老保险制度还是在原有制度基础上修修补补，并无太多创新之处。但是，随着市场经济体制改革的不断深入，这种传统的保障模式越来越成为整个社会和经济发展的桎梏。因此，建立新的适应改革开放和市场经济深入发展需要的基本养老保险模式便很快被提上议事日程。

1991年，国务院颁布了《国务院关于企业职工养老保险制度改革的决定》，明确了企业职工基本养老保险制度改革的方向并提出一些基本原则。主要包括：提出建立社会基本养老保险、企业补充养老保险和个人储蓄性养老保险相结合的多层次保障原则；确定养老保险费用实行国家、企业和个人三方负担原则；明确以收定支，略有结余、留有部分积累的养老保险费用筹集原则；确立基本养老保险缴费的税前提取原则；强调养老保险基金专户储存、专款专用的基金管理原则；确定养老金待遇与工资增长和物价指数的联动调整原则；确定养老保险统筹层次由县市起步，向省级统筹逐步过渡的提高统筹层次原则。该决定成为随后中国养老金制度改革的指导性文件，其核心思想之一就是调动国家、企业和个人三方积极性，强化个人责任，并取得一定积累，最终实现社会互济和个人保障相结合。

但是，在随后的几年里，这一核心思想并没有得到很好的贯彻。例如，职工按照本人

工资的3%进行缴费，但缺乏个人缴费的激励机制，职工的缴费动力不足，本质上缴费责任还是由企业承担。同时，过去的养老金计发办法很难改变，养老保险制度无法取得一定积累。另外，由于个人对参保缴费不够关心，难以建立起个人对雇主和社会经办机构的监督机制。为了解决这些问题，引入新的基本养老保险模式就成为了必然。

此时，新加坡的中央公积金制度和智利完全积累的个人账户制度已经取得了成功，这为中国社会基本养老保险模式选择提供新的思路。但是，这种制度却非常极端，与传统的现收现付制完全对立，直接引入完全积累的个人账户制度对于中国这样一个人口众多的发展中大国还是存在巨大的风险，何况这两种模式孰优孰劣在国际上一直还是个悬而未决的话题。因此，到底实行现收现付的社会统筹制度还是实行完全积累的个人账户制度，在当时的理论界和实务界都进行了激烈的争论。赞成社会统筹制度的人认为，社会统筹便于管理，具有较强的社会互济性，且不受通货膨胀的影响。另外他们还认为，基于中国经济还会长期处在动态无效状态，转向积累制并不会实现帕累托改进，进而造成社会福利损失。赞同完全积累制的人认为，完全积累制对个人缴费具有完全的激励机制，可以规避道德风险和逆向选择；通过以收定支，可以避免老龄化时养老金支付风险，有助于实现制度财务的长期平衡；同时形成大量的强制性的长期储蓄，为经济发展提供长期资金支持。

但是，随着争论的白热化，另一种观点逐渐占据了上风，并得到多数人的认可——在基本养老保险层次上建立两个小制度：一个是现收现付的社会统筹制度，另一个是完全积累的个人账户制度。可以说，将这两者结合起来是一个折中选择，是部分积累制的一种实现形式。但是，毫无疑问，这一模式（“统账结合”模式）在世界上开创了一个新的制度典范，丰富和发展了现代社会保障理论，也为其他国家社会保障制度改革提供了更多的选择。

（二）基本养老保险个人账户制度的初步建立

鉴于20世纪90年代初基本养老保险制度实现社会统筹后存在的问题，在学术界和实务界广泛研究和探讨的基础上，一些地方开始了大胆的尝试。例如，在1991年发布的《海南省职工养老保险暂行规定》指出：职工个人按其工资的2%缴费，建立个人账户。1993年《上海市职工养老保险制度改革实施方案》，决定为企业和机关事业单位职工建立个人账户，规模相当于个人工资的16%，分别由单位和职工缴费。广东、武汉、青岛等地也先后为职工建立了个人账户。在做了理论和实验的必要准备后，中共中央开始下决心在全国范围内的城镇基本养老保险中，引入个人账户制度。因此，1993年中共中央十四届三中全会通过了《中共中央关于建立社会主义市场经济体制若干问题的决定》，正式确定实行社会统筹和个人账户相结合的制度建设目标。其中，一个最重大的决定就是建立基本养老保险的个人账户制度，并要求建立统一的社会保障管理机构，社会保障行政管理和社会保险基金经营要分开，社会保障管理机构主要是行使行政管理职能。另外，为了配合个人账户的建立，该决定要求社会保险基金经办机构，在保证基金正常支付和安全性、流动性的前提下，可依法把社会保险基金主要用于购买国家债券，确保社会保险基金的保值增值。

根据中央这一决议精神，1995年，国务院下发了《关于深化企业职工养老保险制度改革的通知》，明确提出了基本养老保险制度改革的目标、原则和任务，并给出了两套实施方案[①]，供各省、自治区和直辖市自己选择。关于1995年政府养老保险制度提供的两个方案，理论界有学者认为，方案一可以提高职工和企业缴费的积极性，更能体现个人账户的作用；方案二强调的是社会统筹，个人账户应该是小账户。但在实际运行中，由于对探索建立一种新社会保障制度存在认识上的差异，同时也由于在具体操作中遇到了地方与中央、行业与地方，不同省份各市、县之间利益不一致，形成了城镇职工养老保险制度的多种方案并存的破碎局面。结果导致了在全国产生了上百种改革方案，也导致了地区之间养老金水平相互攀比，中央难以管理、调控，职工跨地区流动困难等问题。这些现象在一定程度上暴露出中国养老保险制度改革的深层次矛盾和改革的复杂性。

为解决上述问题，1997年7月，国务院颁布《关于建立统一的企业职工基本养老保险制度的决定》，提出如下措施：第一，在养老保险费的筹集方面，按职工工资的11%建立养老保险个人账户，其中个人缴费最终上升到8%，企业缴费划入的部分最终降低到3%。第二，在企业缴费的控制方面，企业缴费（含划入个人账户部分）的费率不得超过工资总额的20%。第三，养老金的构成由基础养老金和个人账户两部分组成。第四，将11个行业统筹划归地方社会保险机构管理。至1997年年末，11个参加行业统筹的在职职工人数为1 400万人，占国有企业职工总数的15.8%；离退休人员为360万人，占参加统筹企业离退休人数的13.2%。第五，为了加速养老保险制度改革，国务院还决定在行业统筹移交地方统一管理的同时，加大推进省级养老保险统筹的力度，确立了基本养老保险基金省级调剂金制度的推进计划。确定到2000年，在省、区、市范围内，要基本实现统一企业缴纳基本养老保险费比例，统一管理和调度使用基本养老保险基金，对社会保险经办机构实行省级垂直管理。此后，各地区开始向统一的个人账户制度转轨，到1998年，统一的“统账结合”基本养老保险制度体系在全国就已经初步形成。

毫无疑问，“统账结合”这种部分积累制是一种非常适合中国国情的混合型制度，它能够把社会责任与个人责任两方面的优势结合起来，把公平和效率、宏观的集合风险能力与微观的激励机制结合起来，调动社会互济和自我保障两个方面的积极性。从财政可持续性的角度来看，混合型制度比现收现付制更具有弹性和可持续性。现在从世界性的改革趋势来看，若干年前选择半积累制的“统账结合”模式的初衷和出发点是完全正确的，既部

① 方案一的个人账户规模是职工工资收入16%左右，包括：(1) 职工本人缴纳的全部养老保险费；(2) 从企业缴纳的养老保险费中按个人缴费工资基数的一定比例划转记入的部分；(3) 从企业缴纳的养老保险费中按当地职工月平均工资的5%左右划转记入的部分。其中前两项合计为11%左右并随着个人缴费比例的提高，从企业划转记入的比例相应降低。方案二的个人账户资金来源包括：(1) 职工个人缴费的全部或者一部分记入个人账户；(2) 企业缴费中，职工缴费工资基数高于当地职工平均工资200%以上至300%的部分，可以全部或者一部分记入个人账户；(3) 上述储存额的利息。

分地避免了现收现付制的缺点，又吸收了个人账户模式的长处，同时也考虑了中国的具体国情（与完全积累制相比）。从当初的制度设计目标来说，其具体方向是正确的，目标预期是超前的。

但从实践过程来看，“统账结合”模式在实践发展中却不尽如人意，制度设计的目标远未实现。难题在于转型成本的解决，由于制度建立初期，国家并未对向老职工欠下的“隐形债务”进行明确补偿，社保部门为了维持基金收支运转，只好“寅吃卯粮”，对社会统筹和个人账户进行混账管理。这样，当社会统筹缴费不足以支付离退休职工的养老金时，直接挪用个人账户基金就成了便捷的渠道。这种做法使得“统”“账”表面上的划分失去了实际意义，个人账户形成空账，无法发挥应有的作用，基本上形同虚设。

（三）基本养老保险个人账户制度的做实试点

面对上述困难，国家对于“统账结合”的基本养老保险政策并没有动摇。2000 年年末，国务院出台了《关于完善城镇社会保障体系的试点方案》，试点方案的一个重要内容就是要做实个人账户。辽宁作为第一个试点省份，自 2001 年 7 月启动试点工作，经过三年，辽宁试点取得了初步成效。2003 年 10 月，党的十六届三中全会通过的《中共中央关于完善社会主义市场经济体制若干问题的决定》，进一步明确做实个人账户的要求，指出要完善企业职工基本养老保险制度，“坚持社会统筹和个人账户相结合，逐步做实个人账户”。2004 年下半年，同处东北老工业基地的吉林和黑龙江两省，也开始做实个人账户的试点工作，试点工作至 2005 年年底结束。

2005 年 11 月，在借鉴东北三省个人账户做实试点经验的基础上，劳动保障部、财政部联合发布《关于扩大做实企业职工基本养老保险个人账户试点有关问题的通知》，决定 2006 年选择 6～8 个有积极性且有一定实力的省、自治区、直辖市进行扩大做实个人账户试点，鼓励有条件的地方做实个人账户比例从 5%起步。同年 12 月，国务院发布《关于完善企业职工基本养老保险制度的决定》，在确保基本养老金按时足额发放、扩大基本养老保险覆盖范围、逐步做实个人账户、改革基本养老金计发办法、建立基本养老金正常调整机制等方面做出了明确规定。其中，个人账户规模由本人缴费工资的 11%调整为 8%。随后，经国务院批准，上海、天津、山西、山东、河南、湖北、湖南和新疆从 2006 年 1 月 1 日开始启动做实个人账户工作。

按照要求，做实个人账户的近期目标是 5%，鼓励有条件的地方做实到 8%。同时为了保证试点取得效果，中央为地方留有一定的选择空间，即各地可以根据当地财政和养老保险基金承受能力，确定本地区做实个人账户的起步比例：起步比例最低不低于 3%，鼓励有条件的地方从 5%起步，以后视情况逐年提高。对做实个人账户试点的中西部地区、老工业基地和新疆生产建设兵团仍按照在东北三省试点时中央财政的补助标准给予补助，即做实到 5%的部分，每做实 1 个百分点，中央财政补助 0.75 个百分点，最多不超过 3.75 个百分点；每做实 1 个百分点，地方财政补助 0.25 个百分点。

2007年2月，劳动保障部、财政部联合发布《关于进一步做好扩大做实企业职工基本养老保险个人账户试点工作有关问题的通知》，要求天津等8个试点省市可根据自身的承受能力，在不增加本地区基本养老保险基金缺口、不影响企业离退休人员基本养老金当期发放的前提下，研究是否在2007年提出将做实个人账户比例提高到4%的申请。可以看出中央的目的很明确，就是要不断地扎实推进个人账户做实工作。同时，该通知还提到，按照国务院要求，江苏、浙江、广东等经济发达省份可根据本地的实际情况，依靠自身能力开展做实个人账户试点。准备开展做实个人账户试点的省份，要在认真研究和测算的基础上，提出做实个人账户试点的申请，由省级政府报送劳动保障部、财政部，然后再由劳动保障部、财政部审核后报送国务院批准。

在中央财政提供补贴的大力支持下，各地做实个人账户积极性很高。2008年4月，人力资源和社会保障部、财政部联合发布《关于提高做实企业职工基本养老保险个人账户比例的通知》，批复天津市、山西省、河南省、湖北省、湖南省、新疆维吾尔自治区将做实个人账户比例从3%提高到5%，中央财政按规定给予补助。

做实个人账户对中国社会保障制度建设和未来发展意义重大。其一，有助于完善"统账结合"制度，避免社会统筹和个人账户混账管理，防止制度倒退。其二，从长期来看，随着资本市场的完善，个人账户基金市场化投资体制建立以后，必将获得丰厚的市场回报，实现个人账户缴费保值增值的目的，在增强个人参保缴费信心的基础上，逐步化解人口老龄化对养老金财务的冲击。其三，有助于增强个人责任，减轻企业和国家的负担。因此，中国目前的"统账结合"制度不能倒退，不能把个人账户的设立当成包袱，做实账户过程遇到的资金问题是个技术问题。社保制度的改革应该着眼于长远，为子孙后代谋福利。

二、中国基本养老保险个人账户运行现状与存在的问题

（一）基本养老保险个人账户运行现状

1. 个人账户缴费比例与做实状况

众所周知，在1995年基本养老保险个人账户建立之初，国务院制定了两个方案供地方自行选择，但在实践过程中，各地又根据自身情况创造出了各种各样的不同方案，也就是说个人账户规模在全国有多个版本，从而给社会保险制度管理和建设造成了一定混乱。因此，1997年，国务院出台《关于建立统一的企业职工基本养老保险制度的决定》对这一问题重新进行了规范，要求企业缴纳基本养老保险费的比例，一般不得超过企业工资总额的20%，个人缴纳基本养老保险费的比例，1997年不得低于个人缴费工资的4%，1998年起每两年提高一个百分点，最终达到8%。有条件的地区和工资增长较快的年份，个人缴费比例提高速度应适当加快，按个人缴费工资的11%的数额为职工建立基本养老保险个人账户，个人缴费全部划入，其余部分从企业缴费中划入。2005年年底，国务院颁布了

《关于完善企业职工基本养老保险制度的决定》(国发［2005］38号)，要求从2006年1月1日起，个人账户的规模统一由本人缴费工资的11%调整为8%，全部由个人缴费形成，单位缴费不再划入个人账户。至此，全国个人账户规模统一为个人缴费工资的8%。

辽宁是按照个人缴费工资的8%全额做实个人账户，但吉林和黑龙江两省在2004年的做实试点却采用分段做实账户的办法，即首先按5%的比例开始做实。2006年，在借鉴东三省做实试点的基础上，全国掀起了做实个人账户试点的高潮，这一年天津、上海、山西、山东、河南、湖北、湖南和新疆8个省区市开始试点做实个人账户。但此后的2007年一年中，却没有新的省份加入到做实个人账户的试点中来，直到2008年，浙江、江苏启动了自费做实个人账户试点工作，全国“做实”省份达到13个。

来自《2009年度人力资源和社会保障事业发展统计公报》的数据显示，截至2009年年末，辽宁、吉林、黑龙江、天津、山西、上海、江苏、浙江、山东、河南、湖北、湖南、新疆13个做实企业职工基本养老保险个人账户试点省份共积累基本养老保险个人账户基金1 569多亿元。而据有关专家估测，同期的个人账户空账运行规模已达1.3万亿元，做实规模远远低于个人账户空账运行规模，如果不继续提高做实范围和比例，个人账户实账和空账规模的差距有可能继续扩大。

2. 个人账户养老金待遇给付规则

1995年，基本养老保险“统账结合”制度模式建立以后，个人账户养老金待遇规则历经两次比较大的变动，最终得以确立。

1997年，《国务院关于建立统一的企业职工基本养老保险制度的决定》(国发［1997］26号)规定，账户储蓄资金只能用于职工养老、不得提前支取。职工调动时，随同转移，职工或退休人员死亡，个人账户中的个人缴费部分可以继承。个人账户缴费年限累计满15年的，退休后按月发给基本养老金，个人账户支付期定为10年，个人账户养老金月标准为账户储存额的1/120，不满15年的，个人账户储存资金一次性支付给个人。该决定实施前参加工作，实施后退休且个人缴费和视同缴费累计满15年的人员(中人)，按照新老办法平稳衔接、待遇水平基本平衡的原则，在发给基础养老金和个人账户养老金的基础上再给予过渡性养老金，过渡性养老金从养老保险基金中解决。该办法实施后，很快发现，养老待遇为账户储存额1/120的“一刀切”的计发办法缺乏参保缴费的激励约束机制。因此，必须引入边际因素，改变这种粗放的养老金计发办法。

2005年年底，国务院颁布的《国务院关于完善企业职工基本养老保险制度的决定》规定，个人账户养老金月标准为个人账户储存额除以计发月数，计发月数根据职工退休时城镇人口平均预期寿命、本人退休年龄、利息等因素确定(见表1—1)。另外还要求，该决定实施后到达退休年龄但缴费年限累计不满15年的人员，不发给基础养老金，个人账户储存额一次性支付给本人，终止基本养老保险关系。显然，对个人账户计发办法做出较大调整是这一决定的最大亮点，更为关注制度长效机制建设，体现了科学发展观思想。但是，因为计算调整后的个人账户计发月数是基于较早的“五普”人口数据得到，而且采取城镇人口出生时的平均预期寿命而不是各个退休年龄时的平均预期寿命，因此，与实际领取年限仍然具有较大差距。也就是说，按照这一规则提供的养老金待遇给付仍显慷慨。

表 1—1　　个人账户养老金计发月数表

退休年龄	计发月数	退休年龄	计发月数	退休年龄	计发月数
40	233	50	195	60	139
41	230	51	190	61	132
42	226	52	185	62	125
43	223	53	180	63	117
44	220	54	175	64	109
45	216	55	170	65	101
46	212	56	164	66	93
47	208	57	158	67	84
48	204	58	152	68	75
49	199	59	145	69	65
				70	56

资料来源：《国务院关于完善企业职工基本养老保险制度的决定》（国发［2005］38 号）。

注："计发月数"亦即年金系数。该计发月数的确定应用了保险精算的基本理论，考虑了城镇人口平均预期寿命、职工本人退休年龄和利息因素。"五普"人口统计结果显示，中国城镇人口平均预期寿命为 75.2 岁。假设退休人员达到 75 岁时个人账户储存额全部支取完毕，职工退休后个人账户余额计息利率按 4%预设。

3. 个人账户基金现行管理政策

在现行管理政策下，社会统筹结余资金和个人账户存储资金共同存入养老保险基金财政账户，主要用于银行存款和购买国债。

1997 年，《国务院关于建立统一的企业职工基本养老保险制度的决定》规定："基本养老保险基金实行收支两条线管理，要保证专款专用，全部用于职工养老保险，严禁挤占挪用和挥霍浪费。基金结余额，除预留相当于两个月的支付费用外，应全部购买国家债券和存入专户，严禁投入其他金融和经营性事业。个人账户储存额，每年参与银行同期存款利率计算利息。"

1998 年，财政部《企业职工基本养老保险基金实行收支两条线管理暂行规定》（财社字［1998］6 号）规定："企业职工基本养老保险基金应逐步纳入社会保障预算管理。在国家社会保障预算制度建立以前，基本养老保险基金纳入单独的社会保障基金财政专户，实行收支两条线，专项管理，专款专用，任何部门、单位或个人均不得挤占、挪用，也不得用于平衡财政预算。基本养老保险基金应存入国有商业银行。社会保障经办机构和财政部门应在经协商确定的银行开设'基本养老保险基金收入户''社会保障基金财政专户''基本养老保险基金支出账户'三个专用账户。存入社会保险经办机构收入户、支出户的基本养老保险基金，按照中国人民银行规定的优惠利率计息。社会保障基金财政专户基金，按照同期居民银行存款利息计息。"

从 2002 年开始，国家允许个人账户基金可以用于银行协议存款。2002 年，《中国人民银行关于商业银行办理养老保险个人账户基金人民币协议存款的通知》（银发［2002］369号）提出："各商业银行法人可以对现已完成或正在进行全省（自治区、直辖市）养老保险个人账户基金改革试点的省级社会保险经办机构事业法人办理养老保险个人账户基金协议存款业务。养老保险个人账户基金协议存款最低起存年限为五年期（不含五年）以上，五年期（含五年）以下的存款按照中国人民银行《人民币单位存款管理办法》的有关规定办理。商业银行对省级社会保险经办机构存入的养老保险个人账户基金活期存款，自2002年12月1日起不再执行三个月整存整取定期存款利率，改按单位活期存款利率计息。"

（二）基本养老保险个人账户存在的主要问题与原因分析

1. 个人账户做实困难，空账运行规模巨大

从2001年辽宁试点开始，致力于做实个人账户这个目标已经历时10年，但目前全国只有不到一半省市进行做实试点，而且很多省市做实起点较低，最低的仅做实个人缴费工资的3%。做实个人账户规模也非常有限，到2009年年底，全国共做实个人账户仅为1 569亿元。与此同时，个人账户空账规模却在迅速膨胀，在2004年年底，空账规模还只有7 400亿元，而到了2009年年底，空账规模却达到了1.3万亿元，4年间几乎增加了1倍。也就是说，这几年试点情况说明，做实的速度远远赶不上空账规模的增长。那么，单纯依靠财政预算转移支付来解决个人账户空账问题就非常值得商榷。毫无疑问，做实个人账户是大势所趋，否则目前运行的"统账结合"制度就将完全蜕化成现收现付养老金制度。为了尽快实现中央做实个人账户的既定目标，首先就要对个人账户长期空账运行的主要原因加以分析。从制度上讲，主要有以下四方面原因导致了长期的空账规模居高不下：

一是没有正视并解决转型成本问题。既然"统账结合"制度是从原来完全现收现付制转型过来的，必然意味着一部分隐性成本的显性化，即转型成本的出现。如果不正视并解决转型成本也就无法克服个人账户空账运行问题。必须明确的是，这些转型成本是历史形成的，而且相当一部分转型成本是形成于国有企业改革时期。因此，无论通过何种途径来解决这部分转型成本，都要对这一历史问题有个清晰的认识。

二是统筹层次不高，无法实现全国社保基金的统收统支，养老金总体收支结余长期沉积在一部分地方政府手中。《2009年度人力资源和社会保障事业发展统计公报》数据显示，2008年全年城镇基本养老保险基金总收入11 491亿元，比上年增长18.0%，其中征缴收入9 534亿元，比上年增长18.9%。各级财政补贴基本养老保险基金1 646亿元。全年基金总支出8 894亿元，比上年增长20.4%。年末基本养老保险基金累计结存12 526亿元。也就是说，这12 526亿元的基本养老保险基金累计结存几乎都没有用于个人账户做实（全国仅仅做实1 569亿元）。

三是养老保险基金收缴效率不高带来基金缺口问题。当前中国还处在社会主义市场经济的初级阶段，各种法律法规不健全，执行不到位，对缴费企业和个人约束力不强，直接导致了养老基金收缴率不高，缴费工资基数不实。另外，部分中小企业和个体劳动者由于

负担能力有限，避保、不缴、少缴、拖缴的现象时有发生，导致养老保险基金收缴困难，使得社会统筹基金不足，造成收支缺口不断扩大。

四是人口老龄化带来基金缺口不断扩大。随着人们生活水平的提高，职工退休后的平均寿命显著延长，而现有计发标准不能与时俱进，导致养老金支付规模越来越大，成为养老保险基金收不抵支、基金缺口不断扩大的主要原因。另外，提前退休现象大量存在，在导致缴费期缩短的同时延长了待遇领取期。

2. **基金保值增值困难，个人账户制度优势难以发挥**

随着基本养老保险个人账户基金积累规模的扩大，个人账户养老保险资金的投资管理问题将日益凸显出来。由于个人账户基金要等到职工退休后才进行支付，因此在长达几十年的账户管理期内，个人账户基金将始终面临着通货膨胀和基金内部管理等方面的诸多风险。为实现养老金的按时足额给付，个人账户基金的管理就必须达到既要保值又要增值的要求。为实现这样的目标要求，部分甚至全部个人账户基金实行现代投资组合管理将是必然趋势。鉴于个人账户基金具有个人所有权的形式，建立和完善养老保险个人账户基金投资管理制度已经迫在眉睫。因为只有在个人账户基金投资回报可观的情况下，建立个人账户才具有现实意义。另外需要强调的是，保值增值还只是个人账户具有制度优势的最低层次要求，从长期来看，个人账户的制度优势主要在于其投资收益率不低于社会平均工资增长率与人口增长率之和。如果前者低于后者，就意味着相对于现收现付制，个人账户制度存在着福利损失。

然而，根据个人账户基金管理的现行政策规定，基本养老保险基金实行收支两条线管理，基本养老保险基金结余额除预留相当于2个月的支付费用外，应全部用于购买国债和存入专户，严禁投入其他金融和经营性事业，任何部门、单位或个人不得利用基本养老保险基金在境内外进行其他形式的直接或间接投资。这种严格的基金投资管理规定导致个人账户基金只能存银行、买国债，而无法进行市场化投资运营，随着账户基金的大规模积累，投资的压力越来越大。账户基金如不进行投资，则是一种资源的浪费，对养老金体系产生的压力直接体现在养老金替代率的下降上，替代率的下降趋势在不少省份已非常明显，在这种形势下，尽快出台账户基金的投资管理办法已迫在眉睫。而账户基金的投资管理是整个社保体制改革中一个非常敏感的问题，国家一直未放开投资限制的原因主要是考虑到基金的安全性，前几年频发的“社保基金案”更是向社会敲响了警钟。因此，当务之急是必须引入适合中国国情的个人账户基金投资体制，尽快进行市场化投资，在承担一定市场风险的基础上取得较高回报，实现个人账户基金的保值增值。同时，只有取得较高的投资回报，才能使“统账结合”制度具有较高的吸引力，从而不断扩大制度的覆盖面，进一步改善养老金的收支状况，缓解未来人口老龄化对养老金财务平衡的冲击，实现建立“统账结合”制度的初衷。

三、中国基本养老保险个人账户制度的发展前景

唯物辩证法告诉我们，任何事物的发展都是一个循环往复、不断前进的过程，是前进

性与曲折性的统一。改革也是如此。改革本身就是人们对社会合理运行不断追求的大胆实践，也是人类对自身认识和实践过程的不断否定。因此，任何一项改革并不必然意味着会一帆风顺，其过程总会遇到这样或那样的困难，有时还可能出现一定的倒退。2008 年下半年肇始于美国华尔街的金融风暴席卷了全球，对各国社会经济发展和各项改革进程造成巨大冲击。社会保障领域改革也不乏其例。国外，阿根廷养老金私有化制度改革出现了倒退；国内，国务院允许辽宁借支已经积累起的个人账户基金用于退休者的养老金发放。但是，这并不意味着中国社会基本养老保险改革既定方向（建立并完善“统账结合”制度）就此转向，也不意味着做实个人账户基金的改革初衷会就此放弃。

今后，中国养老保障制度未来的改革进程也并非是一条坦途，仍然会遭受各种“意外”的冲击和影响。但是，只要对如下几个问题做出客观公正的回答，“统账结合”制度下个人账户的发展前景也并非无法判断。这些问题是：一是对“统账结合”这一制度模式的认识与定位，即“统账结合”制度是否就是中国基本社会养老保险制度改革的最优方案？二是对目前做实方法的反思和考量，即单纯依靠财政转移支付能否实现既定做实目标，还有没有其他可行方案？三是对个人账户基金投资管理体制的构思和设计，即选择一个什么样的个人账户基金投资管理体制，才能充分体现部分积累制的优越性？

(一)“统账结合”制度是一个基本适合中国国情的养老金制度安排

基本养老保险制度的健康发展在很大程度上取决于筹资模式的选择。具体来说，筹资模式的选择必须综合考虑收入分配、资源配置、劳动供给、资本市场、国民储蓄和经济发展等几方面因素。

从收入分配的角度来说，现收现付制无疑具有巨大优势，因为现收现付制的缴费是基于工资标准而不是定额式的，而在待遇发放上往往缺乏精算联系并向那些低收入群体倾斜，因此，从理论上讲有助于实现人们晚年收入的相对公平。但这是有前提条件的，即社会就业者中高收入群体能不折不扣地依法缴费，保证制度收入的稳定和财务的长期可持续。否则，现收现付制就很难在全社会范围内推行，实现晚年收入公平就无从谈起。而基金积累制强调个人缴费与养老金待遇的纵向平衡，多缴多得，完全激励，从理论上说一个设计良好的基金积累制计划只能实现个人终身消费平滑，基本不存在代际和代内再分配。现实中，对于中国这样一个二元经济社会结构明显的发展中国家而言，基本养老保险如果采取现收现付制单一模式将无法避免逃避缴费的现象，也无助于实现养老保障的全覆盖目标。如果选择基金积累制单一模式，虽然对于工作期间收入较高或家庭负担较低的社会群体具有足够的激励机制，但不利于缓解日益扩大的收入差距，无助于和谐社会的建立。

从资源配置上来看，引入现收现付制基本养老保险模式在一定时期意味着积累基金的减少和消费基金的增加。积累基金的减少，不利于生产规模的持续扩大，最终反而削弱了未来消费的物质基础，在养老保险制度上表现为费基增长缓慢，制度的财务可持续性变差。但是，消费基金的过快和过多增加将可能导致消费品供不应求，物价上涨，危害经济发展的稳定性。反之，如果完全引入基金积累制，那么由于短时间积累起大量基金，必然通过各种渠道最终进入生产环节，导致基金的使用效率低下，造成经济发展过热风险，最终可能导致积累基金回报率过低，打击人们参保缴费的积极性，制度的合法性也将遭到质疑。因此，中国的基本养老保险模式选择必须从国情出发，不能影响经济建设中积累和消费的比例关系。如果单纯引入现收现付制或者基金积累制模式都将改变现有的积累和消费的既定比例关系，从而干扰国民经济有序发展，不利于社会主义事业建设。

从劳动供给上来看，作为一种政府的强制性干预措施，无论采取哪种基本养老保险制度模式都会对人们的劳动供给决策产生影响。一方面，养老保险制度通过改变在职职工的当期净收入，会影响在职职工的工作时间决策，即多工作或者少工作；另一方面，通过改变退休后的收益水平，会影响人们的退休决策，即提早退休或延迟退休。一般来说，人们通常会把现收现付制缴费看成一种税收，因此这种养老保险模式对劳动供给的影响较为复杂。首先，这些缴费的扣除将导致个人单位时间净收入减少，为了到达一定的当期生活标准，可以刺激人们增加工作时间或者提高劳动效率。其次，这些缴费的扣除意味着增加工作时间所获得的净收益比较少，从而在一定程度上削弱了人们增加工作时间的积极性，甚至减少劳动供给，或者转向非正规部门就业以逃逸缴费。到底现收现付制对劳动供给产生何种影响往往取决于一国的经济发展水平（个人劳动收入水平）、工作可得状况和养老保险待遇水平等多个因素。与之对比，基金积累制对劳动供给的影响主要取决于工作期间扣除缴费后的净收入情况和退休后的待遇水平。如果净收入足够高并且预期的晚年收入待遇水平可观（假定基金积累制的投资回报率较高），人们将减少劳动供给。显然，处于经济转型期的中国情况比较复杂，选择任何单一的融资模式都将对劳动供给造成不确定性。

从资本市场的角度来说，基本养老保险筹资模式不仅受制于一国资本市场的发育程度，而且反过来选定的筹资模式对资本市场的稳定和发展将起到直接或间接的影响。一般来说，现收现付制养老金制度与资本市场的联系不大，而积累制养老金制度与资本市场高度相关。如果一国资本市场发育完善，运作良好，将有利于建立起来的积累制养老金制度实现保值增值的目的，同时降低资本市场投资产品价格的波动频率和幅度，从而有利于实现养老保险制度待遇给付的代际公平。但是，这不等于说资本市场运行状况较差就是选择完全积累制的不可逾越的障碍。因为，积累制养老金计划作为资本市场重要的机构投资者，能有效改善资本市场的投资者结构，促进资本市场的发展。例如，20 世纪 80 年代智利基本养老保险制度引入积累制个人账户制度时，资本市场规模有限，发育程度滞后，但是经过近 30 年的发展，个人账户基金作为资本市场的重要投资者已经大大提升了智利资本市场的效率。但是，我们还应该看到，随后引入积累制个人账户的拉美国家却没有那么幸运，因此，引入积累制个人账户对促进资本市场发育只能是一个必要条件，而未必是充分条件。换句话说，如果引入积累制个人账户不能有效促进资本市场发育，将给投入其中的养老金带来巨大的安全隐患和收益风险。所以，在资本市场发育程度不高的发展中国家，引入积累制一定要慎重。一个折中的办法就是采取部分积累制，在养老金制度设计上体现更多的灵活性。

从国民储蓄和经济发展的角度来说，资本积累的黄金律说明经济中必然存在着一个最优的储蓄水平或消费水平，才能保证总消费水平（国民总福利）的最大化。很明显，如果一国储蓄率不足，引入积累制个人账户制度就意味着全社会福利的提高，是有利的。但是，如果一国储蓄率过高，那么引入积累制账户制度将进一步恶化储蓄和消费比例，不利于经济发展，最终削弱积累制个人账户制度的经济基础。但是，一国储蓄率水平的高低并非就是一成不变的，而基于目前的状况来判断未来储蓄率变化趋势将是一个很困难的过程，特别是对于处在转型期的中国而言，储蓄率变化趋势不仅取决于未来的人口结构，也取决于未来的经济改革进程。总之，在人口和经济非稳态下预测未来的储蓄率水平几乎是一件不可能的事情，而基本养老保险制度的长期性（一经建立，就不能频繁变动）决定了基本养老保险制度模式选择的复杂性。任何一种单纯的现收现付制或完全积累制都不是最优选项。

总之，社会总是处在动态发展过程中，没有任何一种经济形态可以固定不变。对于一个国家而言，一定时期内可能适宜选择现收现付制和基金积累制中的一种。但是，基本养老保险制度具有紧密的代际联系，不可能因时而变，所以单纯选择现收现付制或者单纯选择基金积累制都是不足取的。因此，毫无疑问，中国的“统账结合”制度优势明显，其中的个人账户制度又是不可或缺的一部分。但是，目前的“统账结合”制度的运行状况却不尽如人意，其中一个重要原因就是真正意义上的积累制个人账户制度还没有建立起来。“统账结合”模式从本质上说就是将现收现付制和完全积累制结合起来的一种部分积累制的实现形式，因此，“统账结合”模式是集现收现付制和完全积累制优势于一体的制度安排，未来必须也必然要坚持“统账结合”制度不动摇。

（二）必须尽快通过变现或转持国有资产来做实个人账户

做实个人账户基金是“统账结合”制度的应有之意，如果不能尽快做实个人账户基金，个人账户制度就会形同虚设，“统账结合”制度也必然会倒退到现收现付制度，这显然是不可取的。另外，进入 21 世纪，做实个人账户基金的迫切性也在不断增强，因为只有做实个人账户基金才能调动各方面积极性，才能实现中央提出的 2020 年全覆盖目标。进一步，只有尽快做实个人账户基金，才能让人们对未来的中国社会保障制度有信心，“信心比黄金重要”这一箴言同样适用于当下中国的社会保障制度改革和建设。

当然，中国政府已经意识到了这一问题的重要性。从 2001 年辽宁试点开始，一个主要思路就是通过中央财政补贴调动地方财政投入的积极性。说白了，就是通过两级财政转移支付来逐步做实个人账户基金。但是，2008 年下半年开始的世界性金融危机对中国经济产生了严重冲击，中央和地方财政出现了一定困难，也就是在这段时间，各地做实个人账户基金的进程一度停止，甚至 2009 年财政部允许辽宁动用个人账户基金支付当期养老金待遇。因此，目前必须厘清这一做实办法的实质并做出客观评价，重新思考和设计做实方案。

毫无疑问，该办法一个明显好处就是与当前“分灶吃饭”的财政体制完全吻合，可以调动地方财政做实个人账户投入的积极性，实现责任共担的财税负担原则。同时，另外一个好处是这一做实办法与目前养老保险制度统筹层次比较低的现状相吻合，也就是说，中国的养老保险制度最多只是在省级实现了统筹，这一方法可以防止地方在做实个人账户过程中过于依赖国家，规避了道德风险，即有些省份即使可以通过自身财力来做实个人账户，也会通过各种手段虚报财政状况来争取国家财政投入。另外还有个好处就是这一办法在财政收入乐观的年份最容易实施。

但是，缺陷也是非常明显的。首先这一办法受制于经济周期波动的影响非常明显，而经济周期是市场经济的必然规律。当经济向好时，财政收入逐年增加，中央和地方转移部分财力做实个人账户基金显得绰绰有余，但是一旦经济周期进入下降通道，这一办法就很难继续实施。另外，中国的财税收入构成存在不合理的地方，特别是近几年房地产业的快速发展，在给地方财政提供收入的同时也使地方财政过于倚重卖地收入，但这种经济模式很难持续下去，直接的后果就是一旦房地产业收缩，地方财政将很快出现赤字，所以在这种情况下即使中央政府提供的做实补贴再有吸引力，地方政府也会力不从心的。最后，这一方法对于高度依赖出口的经济发展模式也是非常脆弱的，国外需求一旦不足，直接影响出口企业的收入，甚至迫使一些中小企业倒闭，从而影响中央和地方的岁入稳定。这次席卷全球的经济危机至少给了我们这样的警示。

退一步讲，即使要坚持通过财政转移支付来做实个人账户，那么这几年的实践结果也非常令人深思。从 2001 年辽宁启动做实试点到 2009 年年底，共计做实个人账户基金 1 569 亿元，平均一年不到 175 亿元，而现在的个人账户空账已经突破 1.3 万亿元，就算在未来空账规模不增加的情况下把这 1.3 万亿元完全做实也得 74 年，非常不现实。

总之，单纯依靠两级财政转移支付来做实个人账户基金具有相当大的局限性。因为财政转移做实办法只适用于财政收入稳步增长且财政支出相对稳定的外部环境，换句话说，这一办法的前提条件就是经济形势稳定。但现实中，财政转移支付往往受制于经济周期的波动，财政补贴做实政策缺乏连贯性，一旦外部经济环境受到冲击，导致财政预算紧张，这一办法就不得不暂停。所以，未来必须通过其他途径做实个人账户。目前，一个可能的选择就是破除垄断，变现（或转持）国有资产，增加做实基金的渠道来源。另外，这一办法（破除垄断）对整个养老保险制度一个潜在的收益就是可以促进经济增长，做大“蛋糕”，扩充费基，强化“统账结合”制度的经济基础。当然，具体方案还需要通盘考虑，采取具体可行的措施减小来自既得利益者的阻力。

（三）必须尽快建立并完善个人账户基金市场化投资运营体制

积累制个人账户制度一个明显优势就在于账户基金可以进行市场化投资运营并获取较高的投资回报率。但是，目前中国基本养老保险个人账户基金只能投资国债和银行存款，投资效益非常低下，制度优势完全体现不出来。中国银行活期存款利率一直比较低，1995—2008年的平均利率为1.34%，扣除这期间平均物价上涨率1.9%，每年活期存款实际回报率为−0.56%，活期存款根本无法满足存款的保值需求，更无法奢望实现增值目的。一年期存款利率自1995年开始呈现下滑趋势，一直到2005年后才小幅回升，到2008年平均利率为4.34%，扣除物价上涨因素，一年期存款实际回报率仅为2.44%，勉强保值。而三年期凭证式国债利率仅略高于一年期存款利率，为5.36%，扣除物价上涨率，实际回报率为3.46%，增值有限。相对而言，1995—2008年的社会平均工资增长率却居高不下，平均为14.2%，远远高于银行存款和国债回报率（见表1—2）。以上几组数据说明，主要投资于银行存款和国债的个人账户基金将遭受到"无形的侵蚀"，长此以往，将导致个人退休时账户养老金替代率非常低，最终无法满足未来退休人口的基本生活需要，更不用说应对未来人口的长寿风险。

表1—2　　1995—2008年中国商品零售价上涨率、银行利率、国债利率和社会平均工资增长率

年份	商品零售价上涨率（%）	银行利率（%）		三年期凭证式国债利率（%）	社会平均工资增长率（%）
		活期	一年期		
1995	14.8	3.15	10.98	14.00	18.9
1996	6.1	3.15	10.98	11.34	11.8
1997	0.8	1.98	7.47	9.18	7.8
1998	−2.6	1.71	5.67	7.11	15.5
1999	−3.0	1.44	3.78	4.72	11.7
2000	−1.5	0.99	2.25	2.89	12.2
2001	−0.8	0.99	2.25	2.89	16.1
2002	−1.3	0.99	2.25	2.42	14.2
2003	−0.1	0.72	1.98	2.32	12.9
2004	2.8	0.72	1.98	2.52	14.0
2005	0.8	0.72	2.25	3.37	14.3
2006	1.0	0.72	2.25	3.14	14.6
2007	3.8	0.72	2.52	3.39	18.5
2008	5.9	0.72	4.14	5.74	16.9
平均	1.9	1.34	4.34	5.36	14.2

资料来源："商品零售价上涨率"和"社会平均工资增长率"数据来自国家统计局．中国统计年鉴2009．北京：中国统计出版社，2009；"银行利率"数据（以每年的1月1日为准）来自中国人民银行网站；"三年期凭证式国债利率"数据来自中国农业银行上海分行网站。

为了更形象地说明尽快建立健全个人账户基金市场化投资的必要性，需要对未来退休人口个人账户养老金替代率做出前瞻性的预测。根据本课题组的测算，个人账户基金如果采取目前的协议存款和购买国债的投资政策，在投资收益率为2%和3%的情形下，个人账户所能提供的最好平均替代率则分别只有17.5%和20.4%（该替代率是在全社会平均退休年龄延迟到65岁和制度完成转型等较为严格的条件下取得的，如果放松这些前提条件，那么个人账户提供的替代率将更低)，再加上统筹部分提供的34%的养老金替代率，总计替代率水平只有51.5%和54.4%，显然无法完成统账结合制度最初设定58.5%的替代率水平。[①] 因此，目前拓宽个人账户基金投资渠道，在确保基金安全的前提下，通过市场化投资方式获得较高的投资回报，是积累制个人账户制度优势得以体现的必然要求。

既然个人账户基金进行市场化投资并不断提高投资收益率如此重要，那么为什么个人账户在做实试点后没有马上进行市场化投资呢？当然，资本市场存在的各种固有风险和中国资本市场特有的缺陷，都可以说是这项工作无法继续推进的客观原因，但智利1981年建立个人账户制度并进行市场化投资的经验告诉我们，资本市场不够完善可以对个人账户基金安全和投资收益风险构成威胁，但这不足以成为个人账户基金无法进行市场化投资的根本依据。因此，造成这一问题的一个根本原因不是个人账户基金能不能进行市场化投资，而是个人账户基金如何投资的问题，即个人账户基金需要马上建立起完善的投资运营管理体制。

① 测算过程和结果详见本书第七章。

第二章　个人账户基金在金融市场和国民经济发展中的重要作用

第一节　个人账户基金投资资本市场的重要意义

一、个人账户养老金资产的金融效应

在世界范围内，大部分国家的社会养老保险采取的是现收现付制。而在拉丁美洲的智利，1973年皮诺切特依靠军事政变上台后，建立了军人独裁统治，在自由主义思潮的影响下和一批毕业于芝加哥大学的留学生的推动下，智利全面推行国有企业私有化，并且这股私有化浪潮也波及到社会养老保险制度改革领域，建立了由私人机构管理、完全积累制的个人账户养老保险制度。个人账户式养老保险计划并不稀奇，很多私人部门的企业年金早已采取这种模式。但智利改革的石破天惊之处在于公共养老保险制度采取个人账户制、完全由私人机构管理运营，这的确是创新之举，被世界银行等国际机构誉为养老金制度改革的典范，成为众多学者研究的热点问题，因此，在提到个人账户养老金制度时，很多学者自然是“言必称智利”。

智利个人账户养老金制度的建立和“芝加哥小子”密切相关。所谓芝加哥小子是指一批毕业于芝加哥大学的智利留学生，他们深受芝加哥新自由主义学派的影响，因此他们被称为“芝加哥小子”或者“芝加哥男孩”。这批人大都成为极富影响力的经济学家，其中有几位在皮诺切特政府里担任要职。此前，由于阿连德的经济政策几乎把智利经济推向崩溃的边缘。因此，这批芝加哥小子早在20世纪70年代初期就鼓吹自由市场经济，并且他们制订了一份长达189页的经济恢复计划提交给皮诺切特将军。刚开始，皮诺切特对这些计划不感兴趣，而是让他手下的军人负责发展经济，结果自然是军人无所作为。1975年智利发生了极其严重的通货膨胀，世界性的经济萎缩引起了智利经济的萧条，不得已皮诺切特又找到这批芝加哥小子，要求他们负责制定经济改革政策。他们的主要观点是智利应该采取休克疗法来结束通货膨胀、促进经济发展，这就要大幅缩减政府财政支出，当然包括缩减养老保险的相关支出，这是智利个人账户制度改革的一个重要背景。1975年3月，芝加哥学派著名经济学家米尔顿·弗里德曼（Miltom Friedman）访问智利，并向皮诺切特提出了应对通货膨胀的政策建议。因此，很多人认为芝加哥小子是弗里德曼的信徒。实际上，芝加哥大学另一位著名经济学家阿诺德·哈伯格（Arnold Harberger）对这批芝加哥

小子提供了直接指导。阿诺德·哈伯格在宏观经济、福利经济等方面颇有建树，他提出的哈伯格原理奠定了社会项目评估的理论基础。根据阿诺德·哈伯格所说，智利私有化的退休金计划应该源自芝加哥大学为教师提供的养老金计划，就是大家熟知的美国教师保险及养老基金（TIAACREF，全称“教师保险和年金协会/大学教师退休证券基金”），它是个人账户式的，并且为全体教员提供了股票和债券基金等投资方式以供选择。芝加哥小子们认为这个养老金计划非常好，于是，皮诺切特就吸纳了这种想法，建立了个人账户养老金计划。

个人账户制的建立强调劳动者自我积累、自我保障的原则。使缴费者的收益直接同个人的努力挂钩，多储蓄者多享受，少储蓄者少享受，资金来源完全靠个人。这样使得个人养老金权益和缴费建立了某种精算关系，有利于激励个人增加劳动、提高缴费水平，有利于减轻政府负担。个人账户养老金制度除了发挥养老功能外，由于个人账户积累的资金还需要在金融市场上投资运作，还存在金融效应。因此，个人账户养老基金有利于增加资本市场长期投资，促进资本市场稳定发展。个人账户养老基金积累了大量资金，增加了资本市场的资金供给。由于个人账户养老基金从建立开始缴费到最终领取待遇长达二三十年，具有长期性、稳定性和规模性，因此养老基金的资金是长期投资而不是短期投机，有利于资本市场稳定发展。因此，养老基金规模大的国家，其金融发展程度往往较高。下面的散点图（见图 2—1）充分说明这一点：横轴是世界经济论坛发表的 2009 年金融发展指数，纵轴是养老金资产相当于 GDP 的比重。从图中可以发现，养老基金资产规模大的国家往往也是金融发展程度高的国家。

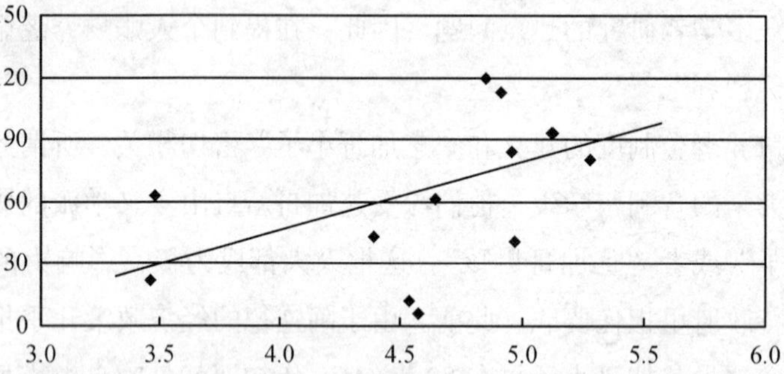

图 2—1　2009 年部分国家和地区金融发展指数和养老金资产相对规模的散点图（%）

数据来源：Towers Watson，2010 Global Pension Asset Study and World Economic Forum：The Financial Development Index 2009 Ranking.

个人账户养老基金有利于改善资本市场运行机制，完善资本市场基础设施建设。由于养老基金规模巨大，一方面对资本市场基础设施建设提出了更高要求，可以促进完善托管机构、清算和结算系统、账簿系统；另一方面养老基金具有规模经济，有利于降低完善资本市场基础设施建设的成本，从而大大降低整个资本市场的交易成本。

个人账户养老基金有利于改善公司治理结构，提高上市公司质量。养老基金作为长期投资者，更加关注企业经营状况，有利于公司治理结构的进一步完善。近年来，养老基金作为“股东积极主义”的倡导者和积极践行者，极大地提高了上市公司质量，有利于提高投资者的信心。以美国加州公务员养老基金（CalPERS）为例，该基金无疑是美国公司治理运动的最主要推动者之一，是“股东积极行动”（shareholder activism）的创始人。“股东积极行动”主要是CalPERS通过投资于特定公司的股票，获取这些公司的少数股东身份，然后，通过自己在资金等方面提供支持和帮助，促进这些公司发展和成熟，从而既实现来自股东地位的利润，又获取投资组合回报。① CalPERS通常会定期列出那些表现最差的公司，并推动一系列改进公司治理的活动，包括推选独立理事，任命理事长，指导理事会自我评估，增加审计、补偿和提名委员会的独立理事等，使这些公司努力创造更多的收益和更好的长期业绩。

个人账户养老基金有利于促进资本市场创新，推进金融深化。养老基金作为资金供给方增加了资本市场的资金供给，同时作为金融产品的需求方有利于促进资本市场创新。养老基金对金融产品的需求、面对风险的态度等因素可能不同于其他机构，这为金融创新提供了新的可能性，有利于推进金融深化。众所周知，风险基金在促进科技创新、产业发展、经济结构调整等方面意义巨大。而养老基金作为特殊金融产品的需求者和资金供给者，极大地促进了风险基金的发展壮大。例如，美国风险基金的资金大约有51%来自养老基金，银行和金融公司为12%，慈善基金为12%，保险公司为5%。② 因此一些经济学家认为，美国20世纪90年代的新经济不仅是一场“技术革命”，同时也是一场“金融革命”。在这场金融革命中，养老基金在推动金融创新过程中至关重要。

个人账户养老基金有利于促进金融立法和监管，保护投资者利益。养老基金安全涉及成千上万的退休者，被称为老百姓的保命钱，因此养老基金的安全和保值增值事关重大。这使得政府部门和金融监管机构格外关注养老基金的安全，这有利于促进金融立法和金融监管，保护投资者利益。例如，美国1974年通过的《雇员退休收入保障法》，奠定了第二次世界大战后美国养老基金的监管基础。而英国有关养老金监管的法案更是繁多，如《1973年社会保障法案》《1995年养老金法案》《2004年养老金法案》《2007年养老金法案》和《2008年养老金法案》；相应地，监管机构也相继更替：职业养老金管理委员会（OPB）、职业养老金监管局（Opra）和养老金监管局（TPR）。这些监管立法和监管机构建设，无疑极大地推动了养老基金监管制度完善，对保障职工权益、维护金融市场稳定发挥了重要作用。

二、养老基金与资本市场的互动发展：国际经验

养老基金对资本市场的稳定和发展具有巨大的促进作用。一般来说主要体现在以下两个方面：一是养老基金规模越大，缴费确定型养老基金比例越高，金融市场发展程度也越高；二是养老基金与金融发展具有长期稳定的均衡关系，而且往往是前者决定了这种均衡

① 参见CalPERS的公司治理网站：www. calpers-governance. gov.

② Killin To and KitC Wong，“Practical Aspects of Venture Capital Investment”，p. 10，1997.

关系。

（一）跨国（境）分析

2010年1月，美国著名的咨询公司Towers Watson发布了《2010全球养老金资产研究》报告。该报告研究了13个国家和地区的养老金市场，这些国家和地区包括澳大利亚、巴西、加拿大、法国、德国、中国香港、爱尔兰、日本、荷兰、南非、瑞士、英国和美国。截至2009年年底，这些国家的养老金资产大约为23.29万亿美元，虽然比2008年增加了15%，但是还是低于2007年的水平。这些养老金资产相当于这些国家GDP的70%，该比例回到了2003年的水平。

美国、日本和英国是世界上三个最大的养老金市场。在过去的10年中，美国、日本和英国三国养老金资产占世界养老金资产的份额不断下降，这主要是因为其养老金资产增长的速度低于其他国家。

当前缴费确定型养老金资产占总资产的42%，而在2004年和1999年，该比例分别为40%和32%。这表明待遇确定型计划转向缴费确定型计划的趋势更加明显。另外，在过去的10年中，缴费确定型资产的增长率为6.4%，而待遇确定型资产的增长率仅为1.6%。因此，在可预见的未来，缴费确定型资产规模将最终超越待遇确定型资产。澳大利亚、瑞士和美国的缴费确定型资产规模较大，而日本的养老金资产几乎全部是待遇确定型。荷兰待遇确定型资产向缴费确定型转变的趋势十分明显，而加拿大却是唯一的例外，在过去的10年中缴费确定型资产相对于待遇确定型反而下降了。

截至2009年，澳大利亚、加拿大、日本、荷兰、瑞士、英国和美国是养老金市场规模最大的7个国家。在这些国家中，养老金资产投资于股票的比例是54.4%，投资于债券的比例是26.9%，投资于现金存款的比例是1.3%，其他资产投资是17.7%。美国、英国和澳大利亚养老金投资于股票等高风险的比例较高，而荷兰、瑞士和日本的投资策略较为保守，多为债券和少量的股票。2008年，这些国家养老金投资于股票的比例是48%，2009年增加了6.4个百分点，这主要是因为2009年股票市场的表现较为优异。①

OECD的统计数据也充分表明养老基金与资本市场存在着良性互动。在2007年，养老金资产相当于GDP的比重超过100%的国家有澳大利亚（110%）、冰岛（134%）、荷兰（138%）和瑞士（119%）四国，这些国家金融发展程度也很高，以2007年股票市值占GDP的比重为衡量指标，分别是147%、198%、116%和302%。养老基金相当于GDP的比重超过40%的国家有加拿大（62%）、芬兰（71%）、爱尔兰（47%）、英国（79%）和美国（79%），而这些国家股票市值相当于GDP的比重分别为147%、130%、61%、141%和144%。法国、德国、意大利和西班牙等国经济发展水平和上述国家相差不大，但是养老基金规模很小，分别为1%、5%、3%、8%，因此其股票市值相当于GDP的比重

① 以上数据均来自Towers Watson，2010 Global Pension Asset Study.

也较低，分别为102%、57%、50%和110%。由此可见，养老基金对资本市场发展的巨大推动作用（见图2—2）。

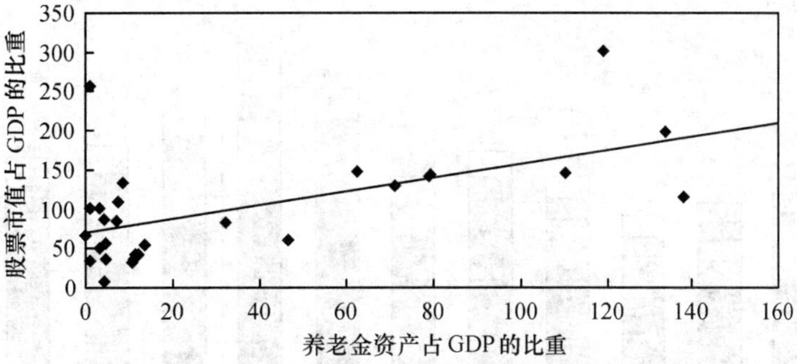

图2—2 OECD国家养老基金资产规模与股票市场发展的相关关系（%）

资料来源：1. 养老金资产相当于GDP比重数据来自OECD，OECD Global Pension Statistics；2. 股票市值相当于GDP比重数据来自World Bank，Financial Structure Dataset（Revised：January 2009）.

使用上述数据进行简单的计量回归，可以获得相似的、定量的结论。回归结果表明，养老基金资产规模相当于GDP的比重每增加1个百分点，股票市值相当于GDP的比重将增加0.92个百分点。这一回归结果非常显著，股票市值的国别差异中大约36%可由养老基金的规模差异来解释。

$$STMKTCAP=67.422+0.916\ PFF$$
$$(12.991)\quad(0.234)$$
$$R^2=0.361\quad F=15.279\quad N=29$$

（二）美国案例

2010年2月，美国投资公司协会发布报告称，截至2009年9月30日，美国养老金资产大约为15.6万亿美元，比2009年第二季度增长了7.9%。其中，个人退休账户（IRAs）资产规模大约为4.1万亿美元；缴费确定型养老金计划资产规模大约为3.9万亿美元，其中401（k）资产约为2.7万亿美元；私人部门待遇确定型养老金计划资产规模大约为2.1万亿美元；州和地方政府养老金计划资产规模大约为1.2万亿美元；联邦政府养老金计划资产规模大约为1.5万亿美元；寿险公司持有的年金［不包括个人退休账户（IRAs）、403（b）计划、457计划和其他私人养老基金拥有的年金］资产规模大约为1.5万亿美元。美国退休储蓄积累的资产规模相当于家庭全部金融资产的35%（见图2—3）。

美国是世界上金融发展程度最高的国家之一。根据2008年世界经济论坛金融发展指数，美国的得分为5.85（满分为7分），位居世界第一；2009年得分为5.12，低于英国的5.28和澳大利亚的5.13，屈居世界第三。根据世界银行的Financial Structure Dataset数据，无论是银行业、保险业、债券市场和股票市场，美国的金融发展程度都位居世界前列。图2—4是美国养老金资产/GDP与股票市值/GDP的时间序列图。该图粗略地刻画了美国养老基金和金融发展的关系。

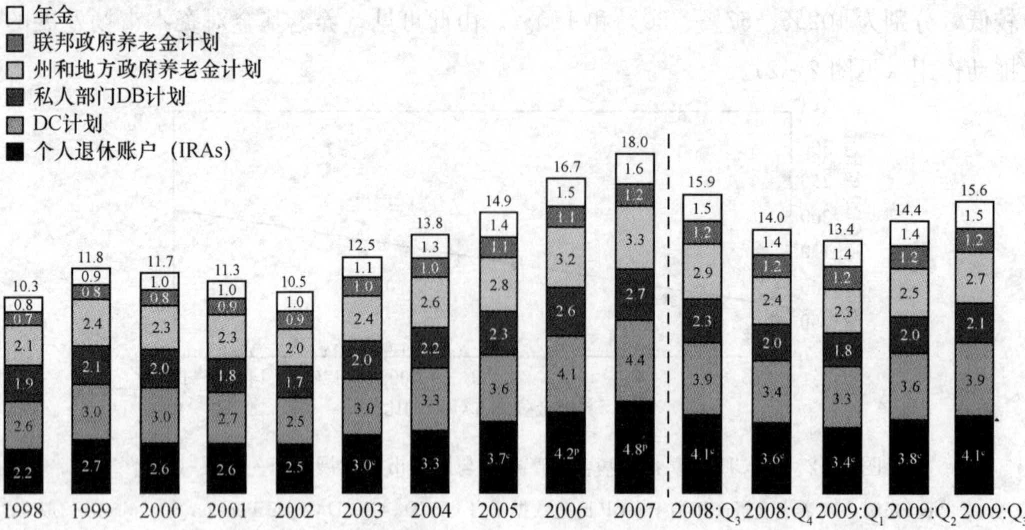

图 2—3　美国退休金资产及其分布（万亿美元）

资料来源：ICI，The U.S. Retirement Market，Third Quarter 2009，p. 3.

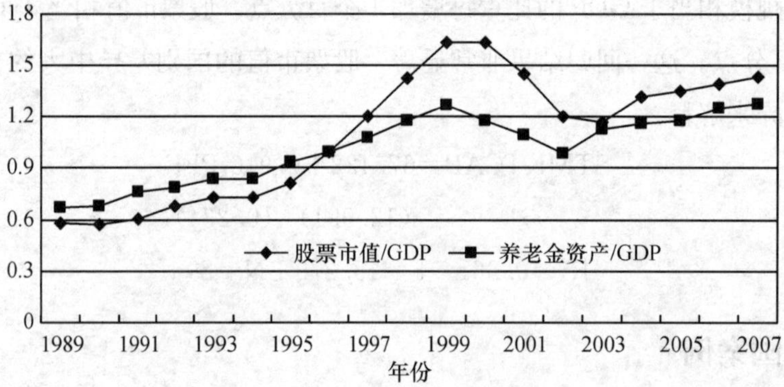

图 2—4　美国养老金资产/GDP 与股票市值/GDP 的时间序列图

资料来源：1. Thorsten Beck，Asli Demirgüç-Kunt and Ross Levine，"A New Database on Financial Development and Structure," *World Bank Economic Review* 14，597-605，2000；2. Financial Structure Dataset（Revised：January 2009）；3. ICI，The U.S. Retirement Market，Third Quarter 2009.

下面利用图 2—4 中的数据进行具体的实证。这里利用协整检验来验证养老基金与金融发展之间的关系。协整是对非平稳经济变量长期均衡关系的统计描述。非平稳经济变量之间存在的长期稳定的均衡关系称为协整关系。本文的协整检验是为了验证美国养老基金和金融发展是否存在长期稳定的均衡关系。协整检验的基本思想是：

如果序列 x 和 y 是同阶单整，用一个变量对另一个变量回归，即有：

$$y_t = \alpha + \beta x_t + u_t$$

用 $\hat{\alpha}$ 和 $\hat{\beta}$ 表示回归系数的估计值，则模型残差估计量为：

$$\hat{u}_t = y_t - \hat{\alpha} - \hat{\beta} x_t$$

如果残差估计量 $\hat{u}_t$ 是零阶单整，换言之，参差估计量 $\hat{u}_t$ 是平稳序列，那么序列 x 和 y

之间存在协整关系。

表2—1是养老金资产/GDP和股票市值/GDP两个变量（分别以PFF和STMKTCAP表示）的单位根检验结果。由检验结果可知，养老金资产/GDP和股票市值/GDP是非平稳变量。因此，需要经过一阶差分后（分别以DPFF和DSTMKTCAP表示）再进行单位根检验。由检验结果可知，经过差分后，序列DPFF的ADF检验统计量为－3.384 312，小于1%水平上的临界值－3.886 751。因此，序列DPFF为平稳变量，这表明变量养老金资产/GDP是一阶单整。使用同样的方法，序列DSTMKTCAP的ADF检验统计量为－3.246 241，小于1%水平上的临界值－3.920 350。因此，序列DSTMKTCAP为平稳变量，这表明变量股票市值/GDP是一阶单整。总之，经过单位根检验表明，养老金资产/GDP和股票市值/GDP两个变量都是一阶单整。

表2—1　　养老基金规模、股票市值和残差项ADF单位根检验

变量	类型（c，t，n）	τ统计量	pr<τ
PFF	（c，t，3）	－1.625 743	0.741 2
	（c，t，0）	－1.625 743	0.741 2
STMKTCAP	（c，t，3）	－3.033 473	0.152 2
	（c，t，0）	－1.052 547	0.909 4
DPFF	（c，0，3）	－3.384 312	0.026 7
	（0，0，3）	－2.862 270	0.007 0
DSTMKTCAP	（c，0，3）	－3.246 241	0.035 9
	（0，0，3）	－2.923 619	0.006 3
E	（0，0，0）	－1.826 554	0.065 5
	（0，0，3）	－1.826 554	0.065 5

资料来源：作者计算。

注：1. DPFF和DSTMKTCAP分别是对PFF和STMKTCAP进行差分后的变量。

2. c、t和n分别表示常数项、趋势项和滞后阶数。

下面用变量股票市值/GDP对变量养老金资产/GDP进行普通最小二乘法（OLS）回归。归回结果为：

$$STMKTCAP = -0.680 + 1.756 \times PFF$$
$$(-4.705) \quad (12.563)$$
$$R^2 = 0.902 \quad ADF^2 = 0.897 \quad N = 19$$

下一步对残差E进行单位根检验。残差E的ADF检验统计量为－1.826 554，略大于5%水平上的临界值－1.961 409，但远小于10%水平上的临界值－1.606 610，并且其Prob值为0.065 5。因此，可以判定残差E为平稳变量。

因此经协整检验表明，养老金资产/GDP和股票市值/GDP之间存在协整关系，这表明美国养老基金和金融发展存在长期稳定的均衡关系。

在经过协整检验证明美国养老基金和金融发展存在长期稳定的均衡关系后，可以根据格兰杰因果检验来证明这种相关关系的影响方向。格兰杰因果检验是为了验证序列x是否

为序列 y 产生的原因。格兰杰因果检验的基本思想是：

先估计当前 y 值被自身滞后期取值所能解释的程度，然后验证通过引入序列 x 的滞后值是否可以提高 y 的被解释程度。如果是，就称 x 是 y 的格兰杰原因（Granger Cause），此时 x 的滞后期系数具有统计显著性。同理，还需要考虑问题的另一方面，即序列 y 是否是 x 的格兰杰原因。格兰杰因果检验的方程如下形式：

$$y_t = \alpha_0 + \alpha_1 y_{t-1} + \cdots + \alpha_k y_{k-1} + \beta_1 x_{t-1} + \cdots + \beta_k x_{t-k}$$

$$x_t = \alpha_0 + \alpha_1 x_{t-1} + \cdots + \alpha_k x_{k-1} + \beta_1 y_{t-1} + \cdots + \beta_k y_{t-k}$$

式中，k 是最大滞后阶数。

由于养老金资产/GDP 和股票市值/GDP 两个变量都是一阶单整，根据上面的方法，对这两个变量进行格兰杰因果检验。表 2—2 分别是在最大滞后阶数分为 1～4 四种情况下的格兰杰检验结果。检验结果表明，除了在最大滞后阶数为 3 的情况外，在最大滞后阶数分为 1、2 和 4 的情况下，养老金资产/GDP 是股票市值/GDP 的格兰杰原因。因此，格兰杰因果检验表明，美国养老基金是股票市场发展的格兰杰原因。

表 2—2　　养老金资产/GDP 与股票市值/GDP 格兰杰因果检验结果

假设	滞后阶数	Obs	F 值	P 统计
养老基金不是股票市场发展的格兰杰原因	1	18	16.890 9	0.000 9
股票市场发展不是养老基金的格兰杰原因			3.769 89	0.071 2
养老基金不是股票市场发展的格兰杰原因	2	17	3.854 90	0.050 9
股票市场发展不是养老基金的格兰杰原因			1.809 84	0.205 6
养老基金不是股票市场发展的格兰杰原因	3	16	2.185 56	0.159 4
股票市场发展不是养老基金的格兰杰原因			2.151 32	0.163 8
养老基金不是股票市场发展的格兰杰原因	4	15	4.860 44	0.043 2
股票市场发展不是养老基金的格兰杰原因			4.335 07	0.054 8

资料来源：作者计算。

经过协整检验和格兰杰因果检验，养老基金和股票市值之间存在长期均衡关系。因此，可以建立误差修正模型进一步分析这两个变量的长期均衡关系和短期调整机制。先根据自回归分布滞后（ADL）模型进行如下的估计检验：

$$STMKTCAP = -0.477 + 0.853 \times PFF + 0.393 \times STMKTCAP(-1) + 0.300 \times PFF(-1)$$

$$(-3.263) \quad (2.851) \quad (2.273) \quad (0.594)$$

$$R^2 = 0.966 \quad ADR^2 = 0.959 \quad F = 133.660 \quad N = 18$$

移项整理得 ECM 为：

$$\Delta STMKTCAP(-1) = -0.477 + 0.853 \Delta PFF(-1) - 0.607 [STMKTCAP(-1) - 1.900 PFF(-1)]$$

其中，误差修正项 ECM(−1)＝STMKTCAP(−1)−1.900PFF(−1)，变形为：

$$STMKTCAP(-1) = 1.900 PFF(-1) + ECM(-1)$$

该方程解释了养老基金和股票市值之间的长期关系。这意味着养老基金占 GDP 的比重增加 1 个百分点，股票市值占 GDP 的比重将增加 1.900 个百分点。上一方程中的系数 −0.607 为短期调整系数。这意味着非均衡误差以 0.607 个百分点影响后一期的股票市值变化。

第二节　个人账户基金投资与宏观经济增长的关联性分析

一、个人账户基金与国民储蓄的关系

早在 1908 年英国制定《老年人养老金法》时，英国的两位学者就研究了社会保障制度对储蓄的影响。韦伯夫妇（Sydney and Beatrice Webb）在一份研究报告中指出："我们的一些证据……已经表明……这种非缴费性养老金很可能会对节俭和储蓄产生副作用。"[①]自从马丁·菲尔德斯坦 1974 年发表《社会保障、引致退休和总资本形成》一文以来，这个话题又被重新拾起，其中的争论总无休止，取得了极其丰富的理论成果和实证成果。根据经济学家弗兰克·莫迪利安尼（Franco Modigliani）创立的生命周期理论，个人进行储蓄的主要目的就是为了养老。在养老保险制度下，职工在工作期间缴费，退休期间获得养老金。由于预期到未来的养老金收入，职工会相应地减少当前的储蓄。在现收现付制下，当期的养老保险缴费用于支付当前退休者的养老金，因此这表明养老保险制度减少了一国的私人储蓄。在现收现付制下，养老保险缴费越多，养老金待遇水平越高，养老保险制度减少一国储蓄的程度就越大。

菲尔德斯坦（Feldstein）在生命周期模型的基础上，深入探讨了养老保险制度对储蓄的影响。可以用图 2—5 来解释养老保险制度对储蓄的替代效应和退休效应。图中横轴表示时期 1（工作期间）的收入和消费，纵轴表示时期 2（退休期间）的收入和消费。图中 A 点表示此人的禀赋点，这意味着工作期间的收入为 Y_{1A}，退休期间的收入为零。在没有养老保险制度的情况下，预算约束线和效用曲线相切于Ⅰ点。此时，个人消费是 C_{1A}，储蓄是 $Y_{1A}—C_{1A}$。在存在养老保险制度的情况下，此人的禀赋点变为 B 点，工作期间的收入由 Y_{1A} 变为 Y_{1B}，所减少的收入 $Y_{1A}—Y_{1B}$ 为个人养老保险缴费，退休后的消费不为零。由于此人的跨时期预算约束并没有变化，因此个人的最优消费点仍然是Ⅰ。此时，个人消费仍然是 C_{1A}，但是储蓄变为 $Y_{1B}—C_{1A}$。储蓄减少的部分为 $Y_{1A}—Y_{1B}$，这是由于引入养老保险制度后挤出的储蓄，因此称之为挤出效应或者替代效应。图中的分析表明，个人养老保险缴费 100%的替代了储蓄。

C 点是个人并不完全退休时的禀赋点，工作期间的收入 Y_{1A}，退休后的收入不为零。在没有养老保险制度的情况下，个人跨时期最优消费点为Ⅱ：年轻时的消费为 C_{1C}，相应

① 转引自尼古拉斯·巴尔．福利国家经济学．郑秉文，穆怀中等译．北京：中国劳动社会保障出版社，2003：232．

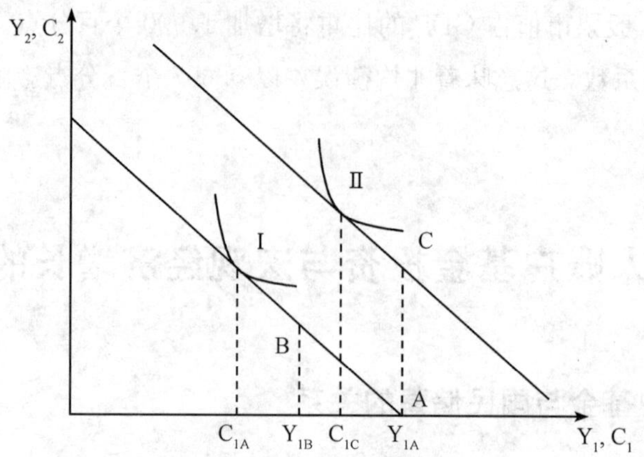

图 2—5　养老保险制度对储蓄的替代效应和退休效应

资料来源：Feldstein，Martin S，1974．“Social Security，Induced Retirement，and Aggregate Capital Accumulation，”Journal of Political Economy，pp. 905-26.

的储蓄为 Y_{1A}—C_{1C}。在引入养老保险制度的情况下，由于需要缴纳养老保险费，禀赋点由 C 点变为 B 点，即时期 1 的可支配收入由于缴纳养老保险费而减少了 Y_{1A}—Y_{1B}，时期 2 的可支配收入下降了，这是因为参加养老保险后劳动收入降为零，而养老金权益并不能完全弥补此前的收入。个人跨时期最优消费点为Ⅰ。此时个人消费是 C_{1A}，储蓄变为 Y_{1B}—C_{1A}。因此，在这种情况下，引入养老保险制度的储蓄效应从 Y_{1A}—C_{1C}变为 Y_{1B}—C_{1A}。由于养老金权益并不能完全弥补不参加养老保险时退休后的收入，因此 Y_{1B}—C_{1A}大于 Y_{1A}—C_{1C}，那么养老保险制度的引入就增加了储蓄。这就是养老保险的退休效应。一般而言，退休效应会增加储蓄。因为未来较高的养老金收益会导致个人提前退休，这就意味着工作期间的缩短和退休期间的延长，因此这种行为促使个人增加工作期间的储蓄。

因此，理论上养老保险制度对储蓄的影响是不确定的。这就需要用实证数据来检验替代效应和退休效应的大小。菲尔德斯坦的实证研究表明，美国现收现付制的养老保险制度会减少 30％～50％的居民储蓄。但是，他的研究结果也遭到很多学者的批评。一些学者认为，菲尔德斯坦的实证研究是以生命周期理论为基础的，没有考虑借贷约束、遗赠动机以及不确定性等问题。

对于基金制而言，个人账户养老保险是一种强制性储蓄。因此，个人账户养老保险对储蓄的影响可以使用替代效应和退休效应来解释。由于个人账户养老保险是强制性储蓄，居民会相应地减少自愿性储蓄，这样就会出现替代效应。如果替代效应是 100％，那么居民储蓄就不会变化。但是另一方面退休效应会增加储蓄。个人账户养老金资产的积累意味将来养老金待遇水平较高，这可能导致个人提前退休。提前退休意味着工作期的缩短和退休期的延长，这促使人们增加工作期间的储蓄。因此，个人账户养老保险对储蓄的影响取决于替代效应和退休效应的大小。另外，替代效应的成立需要三个假设条件：第一，不存在信贷约束；第二，居民自愿储蓄率高于强制性个人账户缴费率；第三，居民对储蓄的计划是完善的、不存在短视行为。但是在现实生活中，上述三个假设很难完全满足。例如，很多居民面临信贷约束，使得他们不能借贷消费，因此强制性缴费会减少当前消费，增加储蓄；对于低收入人群而言，他们的储蓄率往往较低，强制性缴费也会增加储蓄；很多居民不能完全准确计算自己的最优储蓄，短视往往使得人们的实际储蓄低于最优储蓄，因此强制性缴费能够增加储蓄。因此，从理论上讲，个人账户养老保险对储蓄的影响是不确定的。因此，养老保险对储蓄的影响需要利用实证分析进行检验。但是，由于使用数据、计量方法的不同，实证检验的结果也存在很大差异。例如，在经验证据方面，Ellis Connolly and Marion Kohler（2004）[①] 检验了超级年金计划对澳大利亚家庭储蓄的影响，结果表明强制性缴费增加了储蓄。Már Gudmundsson（2001）[②] 研究了强制性企业年金计划对冰岛居民储蓄的影响，结果表明强制性缴费对冰岛居民储蓄的影响不是很明确。

在实际经济运行中，养老保险的筹资方式对劳动生产率和劳动力参与率都会产生显著影响。根据2004年诺贝尔经济学奖得主普雷斯科特的研究成果，个人账户可以增加激励因素，增加劳动供给，增加社会总体福利；个人账户的建立引入了边际因素，改变了退休资产的属性；另外，个人账户解决了“时间一致性”问题，能够实现社会公平。[③] 因此，从这个角度分析，与现收现付制相比，积累制的个人账户更有能力应对人口老龄化问题，对居民储蓄具有正面影响。

总之，无论是理论研究还是经验研究，并没有给出养老保险制度与国民储蓄之间存在着必然的联系，但需要强调的是，这里的养老保险制度指的是现收现付的传统养老金制度，而非预筹积累制个人账户。如果是后者，那么养老保险制度对国民储蓄只能是正面影响，也就是说，引入个人账户制养老保险制度是有利于国民储蓄的。

二、个人账户基金对经济增长的潜在贡献

个人账户基金对经济增长的潜在贡献可以从四个途径实现：一是通过增加储蓄，促进资产形成，增加投资，促进经济增长；二是通过促进金融发展，降低融资成本，减少金融市场波动性来促进经济发展；三是通过完善公司治理结构，促进企业微观效率的改善，进而促进宏观的技术进步和经济增长；四是通过改善劳动力市场绩效，减少劳动力市场扭曲，提高劳动参与率，增强劳动力流动，增强劳动力市场弹性，提高国民经济应对外部冲击的灵活性和能力，进而促进经济增长。

1. 个人账户基金有利于增加储蓄，促进经济增长

根据经济增长理论，资本积累、人口增长和技术进步是促进经济增长的三个关键因素。索洛模型表明，储蓄率是稳定状态资本存量的关键决定因素。如果储蓄率提高，经济

---

① Ellis Connolly and Marion Kohler，the Impact of Superannuation on Household Saving，Reserve Bank of Australia Research Discussion Paper [EB/OL]. (2004-03)[2008-02-20]. http://www.rba.gov.au/PublicationsAnd Research/RDP/RDP2004-01.html.

② Már Gudmundsson，The Icelandic Pension System. [EB/OL]. (2001-1)[2008-3-2]. http://www.ll.is/files/baddeafhjb/ pension-1.pdf.

③ 郑秉文. “时间一致性”对社保理论的贡献——税率对劳动供给的影响. 中国人口科学，2005 (1).

中的资本存量就会变大，相应地产出水平就会提高，经济就会增长；相反，如果储蓄率降低了，经济中的资本存量就会下降，相应地产出水平就会降低。虽然现收现付制对储蓄率的影响还存在诸多争议，但是越来越多的学者认为，与现收现付制相比，积累制的个人账户更有利于提高储蓄率。例如，世界银行在1994年出版的《防止老龄化危机——保护老年人及促进增长的政策》一书中，大力提倡多支柱模式，其中一个重要的理由是积累制的第二支柱有利于提高国民储蓄，进而促进经济增长。这一点对于发展中国家意义更为重大。因为发展中国家往往劳动力丰富，资本短缺，如何提高储蓄率，如何增加资本存量，这个问题更加急迫。面对世界范围内的人口老龄化危机，各国可以根据各自国情，选择有针对性的养老金政策，增加储蓄率，促进经济增长。

2. 个人账户基金有利于金融发展，促进经济增长

金融发展对经济增长的一个关键作用是降低了融资成本。这主要通过三个途径来实现：一是发达的资本市场有利于降低证券发行成本，降低证券发行价格；二是养老基金往往提供的是长期资金，使得投资者可以在更长的期限内做出投资决策，这有效降低了期限溢价（term premium）；三是养老基金往往是规模巨大，能够有效地分散风险，同时作为机构投资者的专业化投资管理有利于降低资本市场的波动性，降低资本市场的风险溢价（risk premium）。期限溢价和风险溢价的降低会直接减少融资成本，有利于刺激投资，促进经济增长。另外，从数量上看，养老基金提供了大量长期性资金，有利于提高股票市值、股票交易总值，很多实证研究还表明养老基金和债券市场市值也呈正相关关系。

3. 个人账户基金有利于改善公司治理结构，促进经济增长

养老基金一般通过以下四个途径促进治理结构的完善：一是养老基金往往采用指数化投资方法，对于那些绩效差的公司，养老基金会通过减低投资份额甚至取消投资来施加压力，敦促其改善公司治理结构，提高赢利水平；二是养老基金要求更高的透明度和可问责性，特别是在安然公司、世界通信公司丑闻后，机构投资者更加关注投资公司的信息披露；三是养老基金会产生压力促进社会责任投资（Social Responsible Investment，SRI）；四是一些社会、道德和政治目标会促进养老基金投资于人力资本。另外，养老基金的股东积极主义会产生良好的外部性。养老基金的一些行为和倾向不仅有利于提高被关注公司的绩效，而且会对那些暂时没有被关注的公司产生压力，促进这些公司也提高绩效。因此，如果每个企业都能够建立完善的治理结构，提高企业微观效率，那么这必然会推动宏观的技术进步和经济增长。

4. 个人账户基金有利于提高劳动力市场绩效，促进经济发展

在现收现付制下，由于个人的缴费和待遇之间缺乏精算关系，劳动者往往把社保缴费看做税收，产生劳动力供给的扭曲，存在提前退休的激励，也不利于劳动力的流动。很多数据表明，很多国家65岁以上老年人的劳动参与率不断下降，这就是现收现付制对劳动力市场扭曲效应的具体体现。例如，以美国1959—2004年社会保障支出和老年人口劳动参与率为例（见图2—6），可以发现，随着社会保障支出占GDP的比重越来越高，老年人口的劳动参与率却越来越低，呈现出明显的负相关关系。而个人账户基金由于缴费和待遇之间具有精算关系，职工就不会把缴费看做税收，而是看做储蓄，因此能够降低对劳动力市场的扭曲效应，增加劳动供给，促进经济增长。另外，个人账户基金有利于增强劳动力流动，增强劳动力市场弹性，提高国民经济应对外部冲击的灵活性和能力，进而促进经济增长。

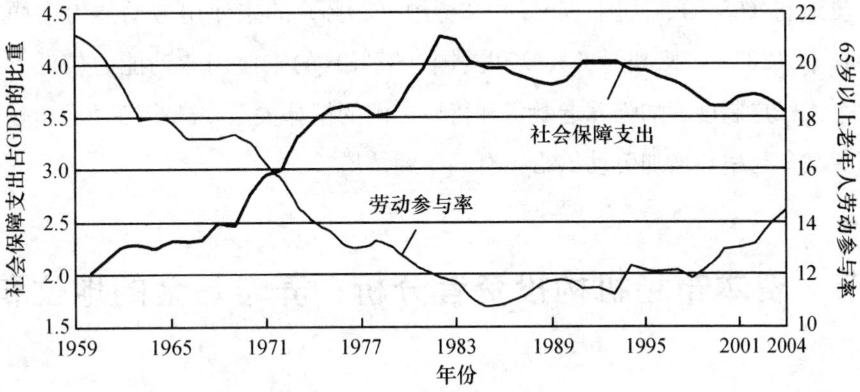

图 2—6　美国社会保障支出与老年人口劳动参与率之间的负相关关系（%）

资料来源：U. S. Department of Labor (2005b) and the Bureau of Labor Statistics, accessed at http://www.bls.gov.

跨国数据分析也表明，较高的社会保障税收将降低劳动参与率。图 2—7 总结了 OECD 中 12 个国家劳动参与率和退休激励之间的关系，给出的是未使用劳动能力和税收鼓励退休之间的散点图。未使用劳动能力的定义为：55～65 岁不工作男性占该年龄段总人口的非加权平均比例，税收鼓励退休衡量的是一个国家对提前退休的激励大小，其计算方法是达到最低提前退休年龄后继续工作的隐性税率之和。该值在 10（意大利、比利时）

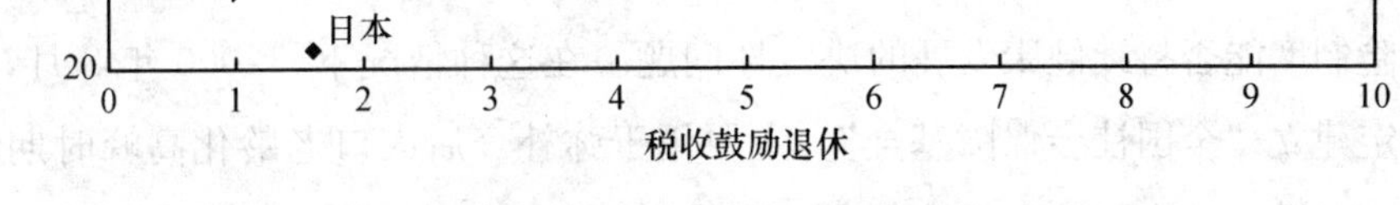

图 2—7　未使用劳动能力与税收鼓励退休

资料来源：Gruber, J., and D. A. Wise, *Social Security and Retirement around the World*. Chicago and London: University of Chicago Press, 1999. Hofer, H., and R. Koman, "Social Security and Retirement in Austria." Ludwig-Boltzmann-Institut zur Analyse wirtschaftspolitischer Aktivitäten, Research Memorandum no. 5/2001。转引自罗伯特·霍尔茨曼，爱德华·帕尔默. 名义账户制的理论与实践——社会保障改革新思想. 郑秉文等译. 北京：中国劳动社会保障出版社，2009：484.

到1.5（美国、日本）之间。在奥地利该值是5.88，接近样本中最高的一组。正如Gruber and Wise指出的，劳动力市场和退休行为之间的国际比较表明，继续工作的税收和劳动参与率之间存在很强的相关性。图中的实线是未使用劳动能力和税收激励（取对数）之间的回归曲线。大约80%的未使用劳动能力的差异可以由税收鼓励退休来解释。比利时（67%）、奥地利（65%）、法国（59%）和德国（59%）的未使用劳动能力在样本国家中较高。而日本（22%）、瑞典（35%）和美国（37%）的未使用劳动能力较低。这充分表明，建立个人账户制度，加强养老缴费和待遇之间的精算关系，减少劳动力市场扭曲，有利于提高劳动参与率，增加劳动供给，有利于经济增长。

第三节　资本市场机构投资者分析：养老基金的地位和前景

作为投资主体之一的机构投资者在资本市场中的地位越来越重要，而且随着人口老龄化的到来以及居民养老防老意识的增强，养老基金已经成为机构投资者中的佼佼者，养老基金机构投资者在产品、技术、制度和市场创新方面优势明显，养老基金机构投资者不仅有力地推动了技术进步，而且还积极地推动了金融监管立法，促进了资本市场的良性发展。

在美国，家庭作为证券持有者的重要性越来越弱，而机构投资者成为证券市场的主要参与者。在1950年，美国家庭拥有91%的证券；1994年，该比例下降到48%。养老基金在1950年拥有的证券资产不到1%；而1994年该比例超过了25%。养老基金和其他机构投资者（共同基金）拥有超过45%的证券资产。[①] 美国机构投资者管理的资产从1993年到2001年间翻了一番，达到19.258万亿美元。[②]

对于中国而言，养老基金主要来自四个部分，一是全国社会保障基金，二是城镇基本养老保险个人账户基金，三是企业年金个人账户基金，四是农村养老保险个人账户基金。其中，全国社会保障基金作为机构投资者，其规模越来越大，作用越来越明显。由于人口老龄化、养老保险制度转轨成本以及农村养老保险制度的资金需求，使中国养老保险制度在未来将面临着较大的资金支付压力，能否有效弥补养老保险制度的资金缺口，已成为中国养老保险制度能否持续健康发展的决定性问题。在这种情况下，2000年8月，党中央、国务院决定建立“全国社会保障基金”，主要用于弥补今后人口老龄化高峰时期的社会保障需要，同时设立“全国社会保障基金理事会”，负责管理运营全国社会保障基金。全国社会保障基金理事会根据财政部、人力资源和社会保障部的投资政策，负责制定基金投资策略，具体负责基金投资运用。全国社会保障基金规模稳步增长，资本总额从2000年的200亿元增加至2009年年底的7 765亿元（见表2—3）。

① 高顿·克拉克．养老金基金管理与投资．洪铮译．北京：中国金融出版社，2008：49．

② OECD，Institutional Investors Statistics Yearbook 1992-2001，p. 13.

表 2—3　　全国社会保障基金主要资金来源及资产总额　　单位：亿元

	2000 年	2001 年	2002 年	2003 年	2004 年	2005 年	2006 年	2007 年	2008 年	2009 年	2010 年
财政净拨入①	200	595.3	415.8	49.1	278.5	229	574	308.1	326.95	825.89	634.44
投资收益	0.17	7.42	19.8	44.7	36.7	71.2	619.8	1 453.50	−393.72	850.49	321.22
资产总额②	200	805	1 242	1 325	1 711	2 118	2 724	4 396.94	5 623.7	7 766.22	8 566.90

数据来源：全国社会保障基金理事会网站。

注：①包括中央财政预算拨款、国有股减持收入、彩票公益金收入等。

②资产总额中包括受托管理运营的个人账户中央财政补助资金。

在世界范围内，机构投资者拥有的资产规模越来越大，在金融市场中的作用也越来越明显。表 2—4 是部分国家机构投资者资产规模（10 亿美元）和相当于 GDP 的比重。从绝对量上看，OECD 国家机构投资者的资产规模从 1993 年的 2.42 万亿美元增加到 2001 年的大约 35.16 万亿美元。[①] 从相对量上看，在 1993 年，除荷兰、瑞典、英国和美国外，其他国家机构投资者资产规模相当于 GDP 的比重都小于 100%，到了 2001 年，在所列的 15 个国家中，只有德国、意大利、日本、韩国、墨西哥、西班牙和波兰 7 个国家的机构投资者资产相当于 GDP 的比重小于 100%。瑞士机构投资者资产规模相当于 GDP 的比重高达 232.7%，荷兰、英国和美国的比重超过 190%。这表明机构投资者的资产规模无论是绝对量还是相对量都增长较快。

表 2—4　　部分国家机构投资者资产规模（10 亿美元）和相当于 GDP 的比重

	1993 年	1994 年	1995 年	1996 年	1997 年	1998 年	1999 年	2000 年	2001 年
澳大利亚	242.1	279.2	311.2	381.1	372.4	396.4	498.9	467.9	458.1
%	82.0	78.0	85.9	92.3	104.6	111.9	125.8	129.6	129.7
加拿大	435.9	448.7	499.8	569.6	626.4	658.1	757.3	807.5	794.3
%	79.4	81.7	84.2	93.2	101.4	110.1	111.5	113.8	115.8
法国	906.3	1 006.2	1 230	1 314.9	1 329.6	1 629.2	1 691.1	1 737.1	1 701.3
%	73.9	71.7	77.7	86.6	97.0	106.9	124.2	131.8	131.8
德国	729.8	904.8	1 113.2	1 167.9	1 200.6	1 496.3	1 529	1 506.9	1 478.4
%	38.9	41.3	45.3	50.6	58.8	66.3	76.9	79.8	81.0
意大利	258.7	326.6	360.7	484.4	608.7	1 000.8	1 107.6	1 060.3	1 007.5
%	28.2	32.2	32.0	39.0	53.9	79.6	99.5	97.8	94.0
日本	3 610.7	4 018.5	4 297.2	3 903.3	3 490.8	4 004.5	4 928.2	4 367.5	3 644.8
%	83.0	81.5	88.6	88.4	86.7	89.6	98.9	97.8	94.7
韩国	189.7	220.5	266.2	282.9	169.2	325.1	375.9	297.8	319.9
%	55.1	53.7	54.7	57.3	63.3	88.1	88.5	72.2	77.2
墨西哥	29.7	14.5	10.8	14.9	19.4	23.7	40.2	46.9	73.9

① OECD, Institutional Investors Statistics Yearbook 1992-2001, p. 13.

续表

	1993年	1994年	1995年	1996年	1997年	1998年	1999年	2000年	2001年
%	7.3	5.4	4.5	4.6	4.9	6.1	8.3	8.2	11.7
荷兰	465.2	532.5	641.2	667.2	663.1	798.2	799.3	772.3	722.3
%	149.5	145.7	154.5	167.5	181.9	193.2	212.7	206.2	190.9
波兰	0.4	1.7	1.9	2.7	3.5	5.1	6.8	11.5	17.5
%	0.6	1.9	1.5	2.0	2.6	3.2	4.6	7.0	9.7
西班牙	—	170.5	211.6	271.5	312.6	419.9	384.3	361.8	355.2
%	—	33.2	35.3	46.1	57.7	68.2	67.7	63.8	61.9
瑞典	190.6	209.4	264.9	306.1	317.8	348.1	413.6	386.9	325.4
%	102.4	94.8	99.5	115.8	132.4	142.2	169.7	167.9	153.6
瑞士	165.6	385.1	237.8	446.1	237.6	554.5	283.8	551.2	575.5
%	70.0	141.3	75.3	164.2	93.1	200.9	116.9	222.4	232.7
英国	1 543.6	1 522	1 814.9	2 226	2 604	2 893	3 321	3 018	2 743
%	162.2	143.0	162.8	172.0	194.2	202.0	227.7	212.8	190.9
美国	9 051.7	9 585	11 237	12 729	14 843	16 856	19 274	19 523	19 258
%	136.3	135.9	151.8	162.9	178.4	192.0	207.8	198.7	191.0

资料来源：OECD，Institutional Investors Statistics Yearbook 1992-2001，p. 13 and p. 20.

机构投资者的重要性不仅体现在静态的绝对量上，更重要的是体现在动态的增量上。根据OECD的统计，1993—2001年，机构投资者管理的资产规模以年均9%的速度增长，其中投资公司的增长速度最高，年均高达15%，其次是养老基金，年均增长率为8%，保险公司和其他机构增长率为7%（见图2—8）。因此，从增量上看，虽然养老基金增长速度落后于投资公司，但是比保险公司和其他机构投资者的增长率都要快，这表明养老基金的增长势头良好。

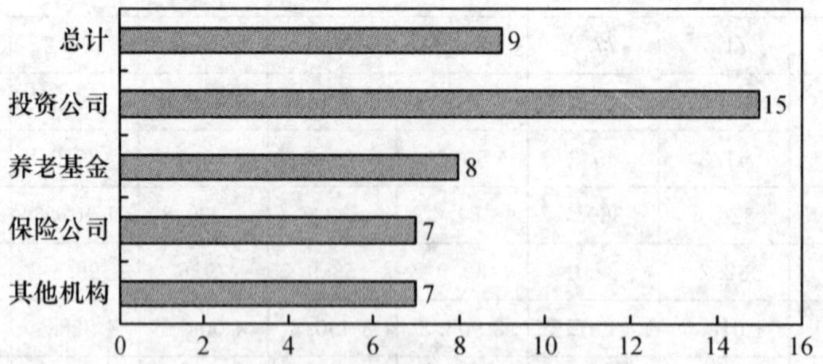

图2—8　1993—2001年OECD国家各类机构投资者资产规模年均增长率（%）

资料来源：OECD，Institutional Investors Statistics Yearbook 1992-2001，p. 13.

在OECD国家机构投资者所拥有的35.16万亿美元资产中，投资公司和保险公司各约占32%，养老基金约占27%，其他机构投资者约占9%。其中养老基金管理的资产由1993年的5.34万亿美元增加到2001年的9.56万亿美元，年均增长8.8%（见图2—9）。

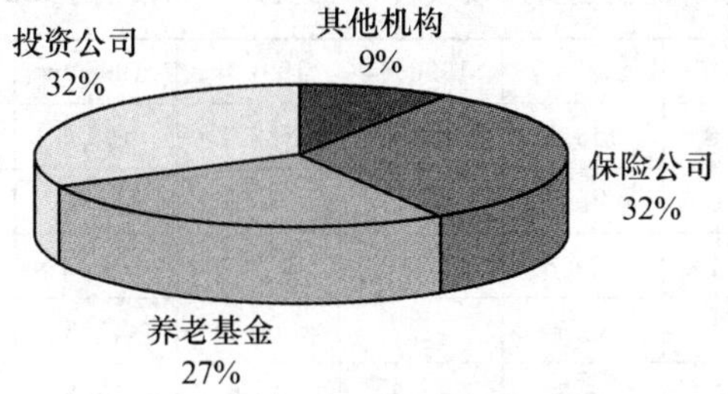

图 2—9　OECD 各类机构投资者的资产规模相对份额

资料来源：OECD，Institutional Investors Statistics Yearbook 1992-2001，p. 13.

在美国，2001 年各类机构投资者的资产大约为 19.257 万亿美元。其中，投资公司约占 34%，养老基金占 33%，保险公司占 21%，其他机构占 12%。[①] 而在荷兰、澳大利亚、加拿大和瑞士等国，养老基金的资产规模在机构投资者中的份额更大。例如，2001 年荷兰机构投资者资产规模大约为 7 223 亿美元，其中养老基金的份额为 55%，远高于保险公司的 33%和投资公司的 12%（见图 2—10）。在澳大利亚，2001 年机构投资资产总额为 4 581 亿美元，其中养老基金的份额为 52%，同样远高于保险公司的 31%、投资公司的 12%以及其他机构投资者的 4%。[②]

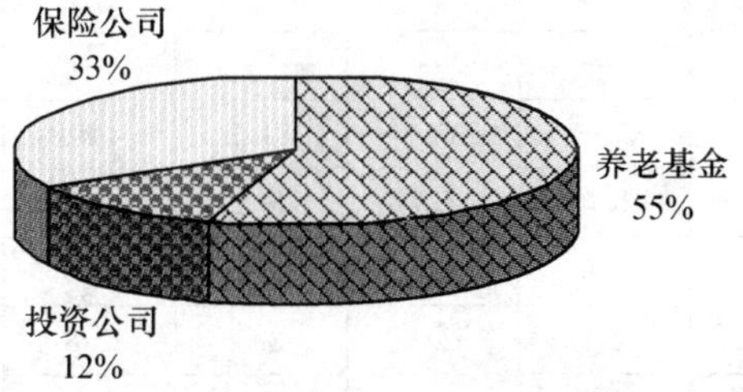

图 2—10　荷兰各类机构投资者的资产规模相对份额

资料来源：OECD，Institutional Investors Statistics Yearbook 1992-2001，p. 18.

因此，从 OECD 国家的整体情况来看，养老基金作为重要的机构投资者，可谓“三分天下有其一”，其重要性越来越显著。例如，澳大利亚 1993 年养老基金为 1 080 亿美元，相当于 GDP 的 36.6%，到 2001 年，养老基金资产为 2 382 亿美元，相当于 GDP 的 67.5%。在相对量上，荷兰、瑞士等国养老基金资产规模已经超过 GDP。1993 年，荷兰的养老金资产大约为 2 601 亿美元，相当于 GDP 的 83.6%；到了 2001 年，其资产规模达到 3 975 亿美元，相当于 GDP 的 105.1%。1994 年，瑞士的养老基金规模为 1 861 亿美元，相当于 GDP 的 68.3%；到了 2001 年，资产规模大约为 2 808 亿美元，相当于 GDP 的 113.5%。在绝对量上，美国、英国和日本的养老基金规模最大，2001 年分为了 63 513 亿美元、9 540 亿美元和 7 101 亿美元（见表 2—5）。

---

① OECD，Institutional Investors Statistics Yearbook 1992-2001，p. 19.

② OECD，Institutional Investors Statistics Yearbook 1992-2001，p. 16.

表 2—5　　部分国家养老基金资产规模（10 亿美元）和相当于 GDP 的比重

	1993 年	1994 年	1995 年	1996 年	1997 年	1998 年	1999 年	2000 年	2001 年
澳大利亚	108	125.8	145.5	182.5	182.1	190.6	253.5	242	238.2
%	36.6	35.1	40.2	44.2	51.2	53.8	63.9	67.0	67.5
加拿大	203.1	207.2	229.8	254.9	272.1	283.7	313.9	342.6	330.9
%	37.0	37.7	38.7	41.7	44.1	47.5	46.2	48.3	48.3
德国	47.6	55.5	65.3	64.8	60.5	69.3	63.3	62.2	60.5
%	2.5	2.5	2.7	2.8	3.0	3.1	3.2	3.3	3.3
意大利	33.9	35.5	39	39.2	34.4	38.7	51.3	48.8	47.3
%	3.7	3.5	3.5	3.2	3.0	3.1	4.6	4.5	4.4
日本	591.6	672.4	735.1	663.3	623.9	722.2	923.9	825.8	710.7
%	13.6	13.6	15.2	15.0	15.5	16.2	18.6	18.5	18.5
韩国	11.3	12.7	14.4	15.1	8.7	13.3	13.5	11.5	13.3
%	3.3	3.1	3.0	3.1	3.3	3.6	3.2	2.8	3.2
墨西哥	—	—	—	—	0.8	5.7	11.4	17.1	27.2
%	—	—	—	—	0.2	1.5	2.4	3.0	4.3
荷兰	260.1	293.8	352.1	370.7	368.2	444.2	448.4	426	397.5
%	83.6	80.4	84.8	93.1	101.0	107.5	119.3	113.7	105.1
波兰	—	—	—	—	—	—	0.5	2.3	4.8
%	—	—	—	—	—	—	0.4	1.4	2.6
西班牙	—	24.4	29.8	33.6	34.7	44.1	43.9	47.8	47.2
%	—	4.8	5.0	5.7	6.4	7.2	7.7	8.4	8.2
瑞典	3.7	4.4	5.6	6.1	6	6.8	7	6.9	7.9
%	2.0	2.0	2.1	2.3	2.5	2.8	2.9	3.0	3.7
瑞士	—	186.1	—	217.5	—	269.2	—	260.6	280.8
%	—	68.3	—	80.0	—	97.5	—	105.2	113.5
英国	683.2	660.5	759.7	893.2	1 058.4	1 136.5	1 281.5	1 116.3	954
%	71.8	62.0	68.2	69.0	78.9	79.3	87.9	78.7	66.4
美国	3 354.9	3 547.9	4 226.7	4 745.7	5 563.6	6 231.9	6 857.3	6 805	6 351.3
%	50.5	50.3	57.1	60.7	66.9	71.0	73.9	69.3	63.0

资料来源：OECD，Institutional Investors Statistics Yearbook 1992-2001，p. 28 and p. 22.

第四节　个人账户基金在优化居民家庭金融资产结构中的重要作用

中共十七大报告中首次提出“创造条件让更多群众拥有财产性收入”，至此财产性收入成为中国学术界的一个关注重点。根据国家统计局的数据，2009 年中国城镇居民平均每人全年收入为 18 858.09 元，其中工资性收入为 12 382.11 元，占年收入的 65.7%，而财产性收入为431.84元，占比仅为2.3%。但从发展趋势上看，1990年中国城镇居民财产性收入占年收入的1.0%，1995年上升到2.1%，近年来上升到2.3%。虽然财产性收入占比较低，但是发展趋势是不断扩大的，尽管增长速度较慢（见表2—6）。这表明中国财产性收入过低，财产积累较少，财产积累的空间还有待提升。

表2—6　中国城镇居民收入状况及其分布

项目	1990年	1995年	2000年	2007年	2008年	2009年
平均每人全部年收入（元）	1 516.21	4 279.02	6 295.91	14 908.61	17 067.78	18 858.09
工薪收入（元）	1 149.7	3 390.21	4 480.5	10 234.76	11 298.96	12 382.11
占比（%）	75.8	79.2	71.2	68.6	66.2	65.7
经营净收入（元）	22.5	72.62	246.24	940.72	1 453.57	1 528.68
占比（%）	1.5	1.7	3.9	6.3	8.5	8.1
财产性收入（元）	15.6	90.43	128.38	348.53	387.02	431.84
占比（%）	1.0	2.1	2.0	2.3	2.3	2.3
转移性收入（元）	328.41	725.76	1 440.78	3 384.6	3 928.23	4 515.45
占比（%）	21.7	17.0	22.9	22.7	23.0	23.9

资料来源：国家统计局. 中国统计年鉴2010. 北京：中国统计出版社，2010.

随着社会经济的发展，特别是人口老龄化的到来，城市居民的养老储蓄动机越来越强烈。从中国人民银行历年对全国城镇居民家庭储蓄动机进行抽样调查的数据中可以发现，进入20世纪90年代以来，养老储蓄动机已经跃居前三位，并且储蓄动机所占的比重越来越高。在1987年，主要的储蓄目的是为了教育、防意外和购买大额耐用消费品，养老动机仅占8.9%。在1991年，大约12%的居民选择养老储蓄，随着中国养老保险制度的改革，个人承担的责任越来越重，因此养老储蓄动机也越来越强，选择养老储蓄的人口比例越来越高，2004年达到12.7%。这表明居民养老意识越来越强烈，为养老金资产的提升创造了很大的发展空间（见表2—7）。

表2—7　中国城市居民储蓄动机调查

储蓄目的	选择人数占有的比例（%）								
	1987年	1991年	1993年	1995年	1997年	2001年	2002年	2003年	2004年
教育费	31	19	17	12.5	19	19.5	18.4	19.6	18
买（建）房或装修	—	13	15	9.7	13	15.3	14.5	14.3	13.7
养老	8.9	12	11	5.7	12	11.9	12.8	12.1	12.7
买大耐用消费品	22	—	11	—	—	11.4	10.8	10.9	11
防意外	30.9	—	—	4.68	—	9.4	9.9	9.1	9.4
生意周转	—	—	—	—	—	8.9	8.8	8.8	9.7
购买金融资产	—	—	—	—	—	5.7	6.3	6.8	6.4
买汽车	—	—	—	—	—	2.6	2.4	3	3.2
得利息	—	—	—	8.14	—	4.6	4.2	4.3	5

资料来源：王亚柯. 中国养老保险制度改革的经济绩效：再分配效应和储蓄效应. 上海：上海人民出版社，2008：113.

根据中国社会科学院经济研究所收入分配课题组2002年住户调查数据，城镇职工个人养老金资产的平均值为111 817元。其中，基础养老金资产均值为39 695.8元，占总养老金的比例为1/3多，而个人账户和过渡养老金之和为72 120.9元，所占比例接近2/3。同时，现有养老金财产和平均养老金财产的全体均值分别为80 000元和68 000元。①

虽然中国城镇居民养老储蓄动机越来越强、养老金资产规模不断增大，但与发达国家相比还有很大差距。截至2009年9月30日，美国养老金资产大约为15.6万亿美元，约占家庭金融总资产的35%。从历史上看，美国退休资产占家庭金融总资产的比例不断上升。在1978年，该比例仅为14%，到了20世纪80年代初期，该比例已经超过20%，到了90年代，该比例超过30%，目前稳定在35%左右（见图2—11）。因此，对照发达国家的情况，中国养老金资产提升的空间非常大。

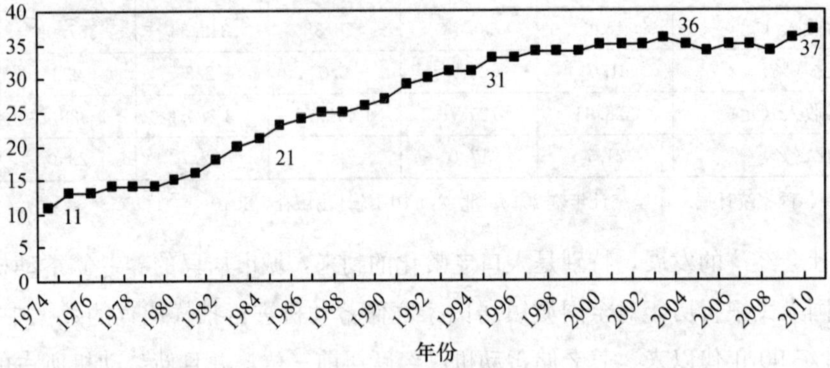

图2—11　美国退休资产占家庭金融总资产的比重（%）

资料来源：ICI，The U.S. Retirement Market，Fourth Quarter 2010.

根据国际经验，养老金资产规模和公共养老金替代率之间存在反向关系（见图2—12）。澳大利亚、丹麦、冰岛、美国和瑞士等国，公共养老金的替代率较低，而私人养老基金资产规模较大。这是因为公共养老金替代率较低，难以完全满足职工退休后的生活，增加了对私人养老金的需求，为养老基金的发展提供了广阔空间。而希腊、卢森堡和西班牙等国，公共养老金替代率较高，分别高达95.7%、88.3%和81.2%，完全能够满足职工的退休后生活，这样就对私人养老金的需求较低，因此养老基金规模较小。墨西哥、波兰和斯洛伐克等国，公共养老金替代率较低，而私人养老基金规模也较小，这主要受经济发展水平和历史因素的影响。但是，由于墨西哥、波兰、斯洛伐克和瑞典等国已经引入了强制性的私人养老金计划，可以预期这些国家养老基金的规模在不远的将来会有较快增长。而另一些国家，例如比利时、德国和日本，由于私人养老金计划是自愿性质的，因此其资产规模增长速度较慢。当然，养老基金资产规模除了受到公共养老基金替代率的影响外，还取决于其他一些因素，例如一个国家的年龄结构、私人养老金计划的覆盖率以及其他形式的储蓄工具。

① 王亚柯. 中国养老保险制度改革的经济绩效：再分配效应和储蓄效应. 上海：上海人民出版社，2008：62.

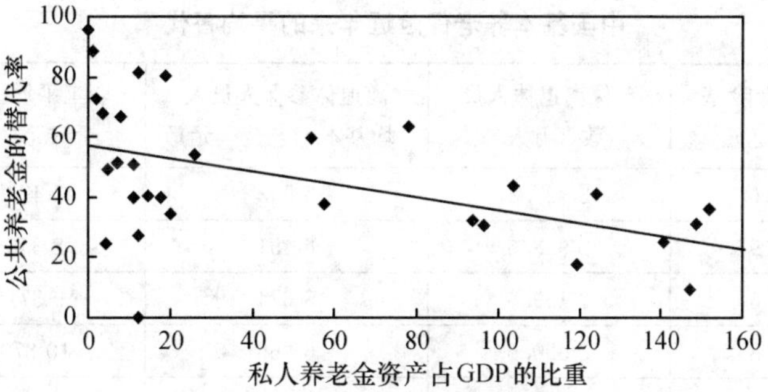

图 2—12 2007 年 OECD 国家私人养老金资产规模和公共养老金替代率的相关关系（%）

资料来源：OECD，Pension Markets in Focus，December 2008，Issue 5，p. 10.

近年来，中国基本养老保险的替代率呈现出不断下降的趋势，增加了对养老金资产的需求，这也为养老金资产提升扩大了空间。表 2—8 是中国基本养老保险计划近年来的平均替代率，即离退休人员人均基本养老金与职工平均工资的比例。表中计算了从 1998 年到 2009 年的平均替代率。从中可以发现，中国基本养老保险平均替代率水平呈现逐年下降的趋势。1998 年平均替代率为 74.1%，2003 年为 57.6%，2008 年为 47.7%，2009 年为 46.8%，平均每年降低 4.0 个百分点。根据世界银行的经验，一个典型全职职工强制性税收收入的替代率约为 40%时，其退休收入才能维持职工退休后的生活水平。[①] 虽然世界银行标准指的是个体替代率，但由于其典型，也可以作为平均替代率的一个对比基准。对比世界银行的标准，目前中国基本养老保险平均替代率在 48%左右是合理的，因此不应该过高地提高基本养老保险的平均替代率，因为平均替代率超过 60%将对养老保险缴费造成沉重负担，不利于制度可持续性。同时，为了满足部分群体的需求以及尽可能改善离退休职工生活水平，可以通过完善多支柱养老保障制度，通过其他支柱（比如职业年金）提高养老金替代率水平。基本养老保险平均替代率不断降低为养老金资产的提升扩大了空间。

近年来，中国城乡居民储蓄存款不断攀升，具备了积累养老金资产的能力，为养老金资产提升扩大了空间。根据国家统计局提供的数据，截至 2009 年，中国城乡居民储蓄存款达到 260 771.7 亿元，比 2008 年增加了 19.7%，从 1998 年到 2009 年平均增长率为 15.6%（见图 2—13）。中国城乡居民储蓄存款居高不下的原因来自两方面：一方面是中国社会保障制度不健全，预防性储蓄动机强烈，特别是由于养老、医疗、教育和住房保障等制度不完善，各项制度还处在不断改革变动中，因此城乡居民难以放开手脚消费；另一方面，中国金融市场不发达、金融产品不丰富，难以满足城乡居民的投资需求，只能把闲散资金存到银行。随着中国养老保障制度的不断完善，城乡居民养老防老意识的增强，越来越多的人会重视养老金资产的积累，把银行存款转变为养老金资产，既能够获得超高银行

① 罗伯特·霍尔茨曼等. 21 世纪的老年收入保障——养老金制度改革国际比较. 郑秉文等译. 北京：中国劳动社会保障出版社，2006：61.

表 2—8　　中国基本养老保险近年来的平均替代率

年份	基本养老保险基金支出（亿元）	参保离退休人员数（万人）	离退休参保人员人均基本养老金（元）	职工平均工资（元）	平均替代率（%）
1998	1 511.6	2 727.3	5 543	7 479	74.1
1999	1 924.9	2 983.6	6 451	8 346	77.3
2000	2 115.5	3 169.9	6 674	9 371	71.2
2001	2 321.3	3 380.6	6 866	10 870	63.2
2002	2 842.9	3 607.8	7 880	12 422	63.4
2003	3 122.1	3 860.2	8 088	14 040	57.6
2004	3 502.1	4 102.6	8 536	16 024	53.3
2005	4 040.3	4 367.5	9 251	18 364	50.4
2006	4 896.7	4 635.4	10 564	21 001	50.3
2007	5 964.9	4 953.7	12 041	24 932	48.3
2008	7 389.6	5 303.6	13 933	29 229	47.7
2009	8 894.4	5 806.9	15 317	32 736	46.8

资料来源：国家统计局．中国统计年鉴 2010．北京：中国统计出版社，2010.

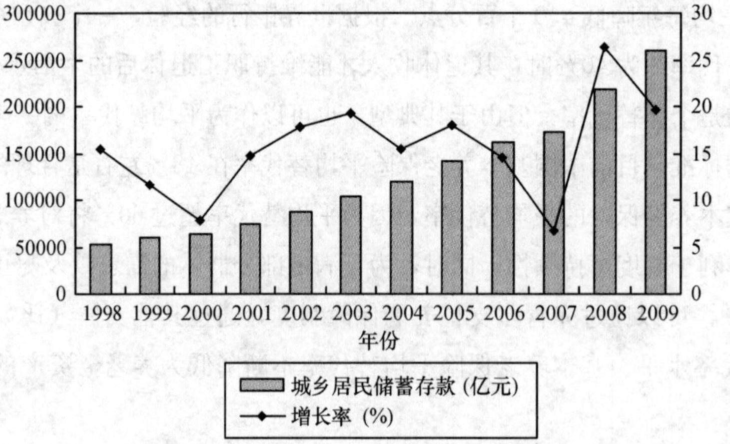

图 2—13　中国城乡居民储蓄存款及其增长率

资料来源：国家统计局．中国统计年鉴 2010．北京：中国统计出版社，2010.

存款的利息，又能够获得老年的收入保障。因此，中国城乡居民储蓄存款的不断攀升，具备了积累养老金资产的能力，必然会对中国养老金资产规模的扩大提供强大的推动力。

第三章 基本养老保险个人账户制度国际比较与借鉴

现代意义上的社会保障制度诞生已有120多年的历史，至今全世界已有170多个国家和地区建立了各种各样的社会保障制度。典型的基本养老保险个人账户作为社会保障制度的一个新生事物，诞生于1981年智利的养老金制度私有化改革，之后全球先后有30多个国家引入个人账户制度，其中有26个国家建立的个人账户制度属于严格意义上的基本养老保险范畴，这些国家主要分布在拉美和中东欧地区。本章首先介绍欧美发达国家的社会养老保障制度及其养老基金市场发展情况，然后重点比较全球范围内基本养老保险个人账户制度的不同管理模式，并分析金融危机背景下基本养老保险个人账户基金的投资情况，最后进行总结评价。

第一节 欧美发达国家社会养老保障制度和养老基金市场发展状况

欧美发达国家是现代社会保障制度的发源地，最早以立法形式出现的社会养老保险制度诞生在19世纪末的德国。在之后的100多年时间内，现收现付制不断发展壮大并向世界各地扩展，在社会养老保险制度中占据了统治地位。迄今为止，除个别进行结构式改革（引入个人账户）的国家外，大部分国家仍维持了传统的制度模式。

一、欧美发达国家社会养老保障制度的多支柱结构

按照OECD的划分方法，大部分OECD国家的社会养老保障制度可划分为三支柱结构（见图3—1）。[①] 第一支柱为发挥再收入分配作用的社会养老金计划，用以保障老年人获得一个最低水平的收入。其中社会养老金计划又分为三类：第一类是家计调查型的社会养老救助金（Social Assistance），主要针对低收入老年贫困人口；第二类是社会基本养老金（Basic Pension或Citizen Pension），这类养老金待遇标准对全体国民是一致的，资格

---

① 与世行的三支柱模式并非完全一致，为了引用和分析方便，此处采用OECD的三支柱划分标准。参见OECD, *Pensions at a Glance* 2009: *Retirement-Income Systems in OECD Countries*, 2009. http://s.maxthon.com/?q=OECD%2C+Pensions+at+a+Glance+2009%EF%BC%9ARetirement-Income+Systems+in+OECD+Countries%2C+2009.

基于公民的居住或工作年限，与个人过去的缴费情况无关；第三类是最低养老保障金（Minimum Pension），这类养老金往往与第二支柱的养老保险计划挂钩，在个人养老金低于一定标准时，由国家给予一个最低的社会养老金保障。

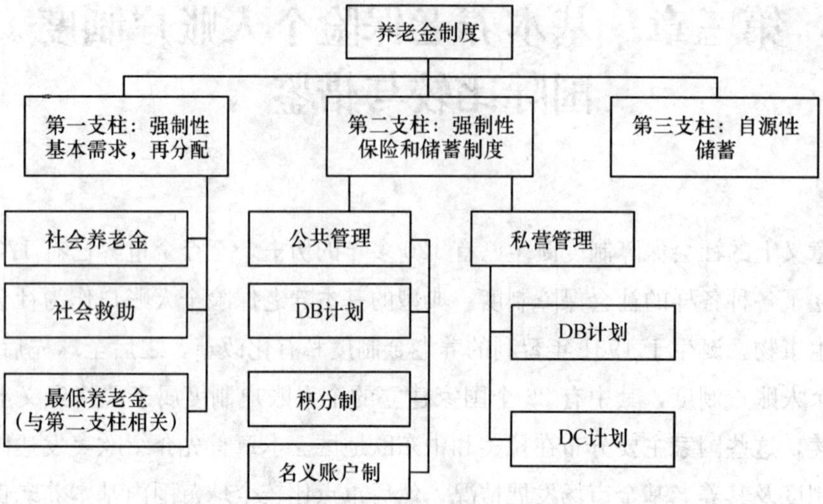

图 3—1　OECD 国家不同类型的养老金制度

资料来源：OECD，*Pensions at a Glance* 2009：*Retirement-Income Systems in OECD Countries*，http://s.maxthon.com/?q=OECD%2C+Pensions+at+a+Glance+2009%EF%BC%9ARetirement-Income+Systems+in+OECD+Countries%2C+2009.

第二支柱是强制性、缴费型的社会养老保险计划，它与个人工作生涯期间的工资收入关联，具有个人储蓄保险性质，在退休金收入中起到主要的支柱作用。在管理方式上，该类养老保险计划可分为公共管理和私营管理两大类；在待遇结构上，可分为待遇确定型、缴费确定型、积分制和名义账户制等。

第三支柱是自愿性的企业或个人养老金计划，用以补充社会养老保险计划。

表 3—1 列出了 30 个 OECD 国家第一支柱和第二支柱养老金计划的制度类型分布情况。在第一支柱中，实行家计调查型养老金计划的国家有 7 个，实行普享型社会基本养老金计划的国家有 13 个（以北欧国家为主），而建立社会最低养老保障金的国家则有 13 个。在第二支柱中，大部分国家采用待遇确定型现收现付制、公共管理的社会养老保险计划（包括积分制和名义账户制），少数国家实行私营管理的养老金计划。个人账户养老金计划可分为两种情况：一类是部分欧洲国家建有强制性或准强制性的、由行业或工会等私营部门发起的职业养老金计划（相当于中国的企业年金计划）；另一类是拉美和中东欧国家引入了私营管理的缴费确定型个人账户养老金计划。表 3—1 还列出了各国第一、第二支柱养老金在退休金收入中所占的比重情况，说明了各类养老金计划对收入替代的贡献程度。可以看出，大部分国家第一支柱养老金计划所提供的退休金份额都比较低，但少数实行“普享型”单一公共养老金制度的国家则较高，例如，爱尔兰和新西兰的社会基本养老金所占比重达到了 100%；在第二支柱中，大部分国家的退休金收入依赖于传统的待遇确定型现收现付公共养老金计划，这种情况在欧洲大陆实行俾斯麦式社会养老保险制度的国家

尤为明显，而在引入个人账户养老金的国家（中东欧国家）和实行私营职业养老金计划的国家（澳大利亚、冰岛、丹麦和荷兰），退休金收入的分布状态则较为分散，在部分国家私营养老金计划的作用甚至超过了公共养老金计划。

表 3—1　　　　OECD 国家养老金制度的支柱结构

	第一支柱养老金计划			第二支柱养老金计划				合计
	家计调查（占退休金比重%）	基本养老金（占退休金比重%）	最低养老金（占退休金比重%）	公共管理计划类型	公共计划（占退休金比重%）	私营管理计划类型	私营计划（占退休金比重%）	合计
澳大利亚	49.2					缴费确定	50.8	100
奥地利				待遇确定	100		0	100
比利时			4.5	待遇确定	95.5		0	100
加拿大	21.4	35.2		待遇确定	43.4		0	100
捷克		17.1		待遇确定	82.9		0	100
丹麦	13.8	26.3				缴费确定	59.7	100
芬兰			2.9	待遇确定	97.1		0	100
法国			4.7	待遇确定＋积分制	95.3		0	100
德国	1.5			积分制	98.5		0	100
希腊				待遇确定	100		0	100
匈牙利				待遇确定	65.9	缴费确定	34.1	100
冰岛	3.5	13				待遇确定	83.4	100
爱尔兰		100					0	100
意大利				N缴费确定	100		0	100
日本		44.3		待遇确定	55.7		0	100
韩国		60.1		待遇确定	39.9		0	100
卢森堡		15.8	0.2	待遇确定	84.1		0	100
墨西哥		14	10.3			缴费确定	75.7	100
荷兰		41.2				待遇确定	58.8	100
新西兰		100					0	100
挪威		32.4	1.2	积分制	56.5	缴费确定	10	100
波兰			1.5	N缴费确定	48.2	缴费确定	50.3	100
葡萄牙			1.8	待遇确定	98.2		0	100
斯洛伐克			0.3	积分制	44.9	缴费确定	54.8	100
西班牙			1.2	待遇确定	98.8		0	100
瑞典			4.5	N缴费确定	52.6	缴费确定	42.9	100
瑞士	0.2			待遇确定	72	待遇确定	27.8	100
土耳其			1.1	待遇确定	98.9		0	100
英国	0.7	50	36.4	待遇确定	12.9		0	100
美国				待遇确定	100		0	100

资料来源：OECD，*Pensions at a Glance* 2009：*Retirement-Income Systems in OECD Countries*，http://s.maxthon.com/?q=OECD%2C＋Pensions＋at＋a＋Glance＋2009%EF%BC%9ARetirement-Income＋Systems＋in＋OECD＋Countries%2C＋2009.

以下从养老金的缴费率、替代率和支出等方面的数据来说明 OECD 国家目前社会养老保险制度的基本发展情况。

(一) 养老金缴费率

自 20 世纪 90 年代中期以来，OECD 国家的养老金缴费率水平基本保持稳定。从总体上看，OECD 国家的公共养老金缴费率已处于较高水平。2007 年年末，这些国家公共养老金缴费占雇员总收入的平均比重为 21%，相对于 1994 年上升了 1 个百分点。①这 14 年大约 1/3 的 OECD 国家缴费率未发生变化（奥地利、比利时、卢森堡、土耳其和美国）；缴费水平明显上升的国家为加拿大和韩国，原因在于这两个国家的初始缴费率较低；缴费率发生微幅上升的国家有芬兰、法国、意大利和波兰，反映了这些国家公共养老金支出上升带来的压力；而在日本、斯洛伐克和西班牙，缴费率呈削减趋势（见表 3—2）。

2007 年年末，23 个 OECD 国家公共养老金缴费收入占 GDP 的平均比重为 5%，占政府税收收入（包括社保缴费）的比重为 14.1%，反映了这些国家较高的养老金缴费负担。希腊、波兰、西班牙和意大利四国的负担水平最高，缴费达到了税收收入的 22%以上；在澳大利亚、丹麦和新西兰三国，实行的是非缴费型的社会救助养老金，雇主和雇员不用缴费，养老金支出完全由财政负担。从雇主和雇员的缴费分摊情况来看，在一些国家（奥地利、比利时、加拿大、德国、日本、瑞士和美国），缴费由雇主和雇员平均分摊；而在捷克、芬兰、匈牙利、意大利和西班牙等国家，雇主承担了大部分的缴费负担。总的来看，雇主的平均缴费负担为 GDP 的 2.9%，高出雇员 1.1 个百分点（见表 3—2）。②

表 3—2　　OECD 国家公共养老金缴费率和缴费收入

	公共养老金缴费率				公共养老金缴费收入			
	占雇员总收入的比重%				占 GDP 比重%			占政府税收比重
	1994 年	1999 年	2004 年	2007 年	雇员	雇主	合计	
澳大利亚	仅有私营管理养老金				0	0	0	0
奥地利	22.8	22.8	22.8	22.8	3.5	3.7	7.9	18.9
比利时	16.4	16.4	16.4	16.4	2.2	2	4.6	10.4
加拿大	5.2	7	9.9	9.9	1.3	1.3	2.7	8.1
捷克	26.9	26	28	32.5	1.7	5.7	7.8	21.2
丹麦	仅有私营管理养老金				0	0	0	0
芬兰	18.6	21.5	21.4	20.9	1.6	6.9	8.9	20.5
法国	21.5	24	24	24				
德国	19.2	19.7	19.5	19.5	2.6	2.7	5.8	16.4
希腊	20	20	20	20	2.9	3.5	7.5	23.9

①② OECD, *Pensions at a Glance* 2009: *Retirement-Income Systems in OECD Countries*, 2009. http://s.maxthon.com/?q=OECD%2C+Pensions+at+a+Glance+2009%EF%BC%9ARetirement-Income+Systems+in+OECD+Countries%2C+2009.

续表

	公共养老金缴费率				公共养老金缴费收入			
	占雇员总收入的比重%				占 GDP 比重%			占政府税收比重
	1994 年	1999 年	2004 年	2007 年	雇员	雇主	合计	
匈牙利	30.5	30	26.5	26.5	1	4.8	5.8	15.7
冰岛	社保项目统一缴费（养老金缴费不单列）							
爱尔兰	社保项目统一缴费（养老金缴费不单列）							
意大利	28.3	32.7	32.7	32.7	2.2	7.3	9.4	22.4
日本	16.5	17.4	13.9	14.6	2.9	2.9	5.9	21
韩国	6	9	9	9	1.6	1	2.6	9.8
卢森堡	16	16	16	16	2.5	2.2	4.8	13.3
墨西哥	仅有私营管理养老金				0	0	0	0
荷兰	33.1	37.7	28.1	31.1				
新西兰	无公共养老金缴费				0	0	0	0
挪威	社保项目统一缴费（养老金缴费不单列）							
波兰		32.5	32.5	35	4.3	3.7	8.1	24
葡萄牙	社保项目统一缴费（养老金缴费不单列）							
斯洛伐克	28.5	27.5	26	24	1.3	2.3	5.2	17.4
西班牙	29.3	28.3	28.3	28.3	1.3	6.6	8.5	23.3
瑞典	19.1	15.1	18.9	18.9	2.5	3.6	6.2	12.7
瑞士	9.8	9.8	9.8	10.1	2.8	2.7	6	20.4
土耳其	20	20	20	20	1.1	1.1	2.2	8.8
英国	社保项目统一缴费（养老金缴费不单列）							
美国	12.4	12.4	12.4	12.4	2.3	2.3	4.6	17.2
各国平均	20	20.7	20.2	21	1.8	2.9	5	14.1

资料来源：OECD（various years），Taxing Wages；OECD（2008），Revenue Statistics；Social Security Administration，United States（various years），Social Security Programs throughout the World；OECD pension models and tax-benefit models.

注：平均缴费率数字的计算不包含无数据国家。

（二）养老金替代率

总体来看，OECD国家的公共养老金平均替代率水平是相当高的，各国平均达到了59%（以社会平均收入者为例），但不同国家的养老金平均替代率水平存在较大差距，北欧和南欧国家的养老金平均替代率水平普遍较高，最高的希腊高达95.7%。而具有盎格鲁—撒克逊传统的英语国家的公共养老金平均替代率水平则较低，例如美国只有38.7%。一般来说，公共养老金发达的国家，自愿性私营养老金计划的发展则较为滞后，而公共养老金平均替代率较低的国家，则往往具有较为发达的私营养老金计划，用以弥补公共养老金计划平均替代率的不足。例如，在英国、美国和爱尔兰等国家，虽然公共养老金的平均替代率不足40%，但加上自愿性养老金计划后，整体养老金平均替代率仍超过了70%，高于 OECD 国家 68.4%的平均水平。此外，随着居民收入水平的上升，大部分国家公共养老金的个体替代率呈下降趋势，这反映出公共养老金所体现出的再分配作用。例如，在 OECD 国家，对于收入为社会平均收入水平一半的人群来说，其养老金个体替代率要超出社会平均收入者 13 个百分点，超出 2 倍社会平均收入者 19 个百分点。在自愿性养老金计划中，有些国家为待遇确定型养老金计划，有些国家为缴费确定型养老金计划，而针对不同收入群体，自愿性养老金计划所提供的个体替代率则基本是一致的（见表 3—3）。

表 3—3　　OECD 国家社会养老金计划个体替代率　　单位：%

	强制性社会养老金计划个体替代率			自愿性缴费确定计划个体替代率			自愿性待遇确定计划个体替代率			全部养老金个体替代率合计		
收入档次	0.5	1	1.5	0.5	1	1.5	0.5	1	1.5	0.5	1	1.5
澳大利亚	67	41.6	33.1									
奥地利	80.1	80.1	76.4									
比利时	58.1	42	32.5	16.6	16.6	13				74.7	58.7	45.4
加拿大	76.5	44.5	29.7	33.2	33.2	33.2	26.4	26.4	30.8	93.2	72.6	59.4
捷克	79.2	49.7	36.4	11.6	11.6	11.6				90.8	61.3	48
丹麦	124	80.3	67.5									
芬兰	66.5	56.2	56.2									
法国	61.7	53.3	48.5									
德国	43	43	42.6	18.3	18.3	18.1				61.3	61.3	60.8
希腊	95.7	95.7	95.7									
匈牙利	76.9	76.9	76.9									
冰岛	108.3	90.2	87.5									
爱尔兰	68.4	34.2	22.8	40.8	40.8	40.8	0	15.7	27.1	109.2	75	63.6
意大利	67.9	67.9	67.9	27.7	27.7	27.7				95.6	95.6	95.6
日本	47.1	33.9	29.4									
韩国	64.1	42.1	33.6									
卢森堡	99.4	88.1	84.3									
墨西哥	55.3	36.1	34.5									
荷兰	93.4	88.3	86.6									
新西兰	77.5	38.7	25.8	15.9	15.9	15.9				93.3	54.6	41.7
挪威	66.2	59.3	49.8	9.1	12.8	18.1				75.2	72.1	67.9
波兰	61.2	61.2	61.2									
葡萄牙	63	53.9	53.1									
斯洛伐克	56.4	56.4	56.4									
西班牙	81.2	81.2	81.2									
瑞典	76.6	61.5	75.6									

续表

	强制性社会养老金计划个体替代率			自愿性缴费确定计划个体替代率			自愿性待遇确定计划个体替代率			全部养老金个体替代率合计		
瑞士	62.5	58.3	40.5									
土耳其	86.9	86.9	86.9									
英国	51	30.8	21.3	39.2	39.2	39.2	38.4	38.4	38.4	89.3	70	60.6
美国	50.3	38.7	34.1	40.1	40.1	40.1	30.6	30.6	30.6	90.4	78.8	74.2
各国平均	72.2	59	54.3							81.1	68.4	63.6

资料来源：OECD，*Pensions at a Glance* 2009：*Retirement-Income Systems in OECD Countries*，http://s. maxthon. com/? q=OECD%2C+Pensions+at+a+Glance+2009%EF%BC%9ARetirement-Income+Systems+in+OECD+Countries%2C+2009.

注：该表中将各国居民的收入划分为三个层次：1 代表收入水平相当于社会平均收入的人群；0.5 代表收入水平为社会平均收入一半的人群；2 代表收入水平为社会平均收入 2 倍的人群。

（三）养老金支出

表 3—4 说明了 1990—2005 年 OECD 国家公共养老金和遗属待遇的支出情况。1990—2005 年，30 个 OECD 国家公共养老金和遗属项目支出上升了 16.7%，占 GDP 的平均比重从 6.2%上升到 7.2%。意大利的支出水平最高，2005 年达到了 GDP 的 14%。支出水平超过 GDP 比重 10%的国家还有奥地利、法国、德国、希腊和波兰。在瑞士、澳大利亚、墨西哥等国家，由于私营养老金计划的存在，公共养老金和遗属项目的支出水平较低；在比利时、加拿大、西班牙、瑞典和美国五国，公共养老金和遗属支出水平在这 15 年间基本保持不变；还有些国家的支出水平呈下降趋势，例如新西兰、冰岛、卢森堡、荷兰和挪威等。表中最后一栏反映了公共养老金和遗属支出占政府预算支出的比重，这 15 年间，该数字上升了 0.6 个百分点。在意大利、奥地利、法国、德国、希腊和波兰等国家，该支出占政府预算支出的比重超过了 20%。[①]

表 3—4　　OECD 国家的公共养老金和遗属项目支出

	占 GDP%				变化幅度（%）	占政府支出%	
	1990 年	1995 年	2000 年	2005 年	1990—2005 年	1990 年	2005 年
澳大利亚	3.1	3.7	3.9	3.5	10.6	8.6	9.9
奥地利	11.7	12.6	12.3	12.6	7.8	22.7	25.3
比利时	9.1	9.3	8.9	9	−0.9	17.4	17.3
加拿大	4.2	4.7	4.3	4.1	−2.9	8.7	10.6
捷克	6.1	6.2	7.5	7.3	20.0		16.3
丹麦	5.1	6.2	5.3	5.4	6.1	9.2	10.3

① OECD，*Pensions at a Glance* 2009：*Retirement-Income Systems in OECD Countries*，http://s. maxthon. com/? q=OECD%2C+Pensions+at+a+Glance+2009%EF%BC%9ARetirement-Income+Systems+in+OECD+Countries%2C+2009.

续表

	占 GDP%				变化幅度（%）	占政府支出%	
	1990 年	1995 年	2000 年	2005 年	1990—2005 年	1990 年	2005 年
芬兰	7.3	8.8	7.6	8.4	16.4	15.1	16.7
法国	10.6	12	11.8	12.4	16.3	21.5	23
德国	10	10.5	11	11.4	14.0		24.3
希腊	9.9	9.6	10.7	11.5	16.6		26.6
匈牙利			7.3	8.5			17.1
冰岛	2.2	2.4	2.2	2	−10.5		4.7
爱尔兰	3.9	3.5	3.1	3.4	−12.1	9	10
意大利	10.1	11.4	13.6	14	37.9	19.2	29
日本	4.9	6.2	7.4	8.7	75.5		22.7
韩国	0.8	1.2	1.4	1.6	108.5	3.8	5.4
卢森堡	8.2	8.8	7.5	7.2	−11.2	21.6	17.3
墨西哥	0.5	0.8	0.9	1.3	161.6		
荷兰	6.7	5.8	5	5	−26.3	12.2	11
新西兰	7.5	5.8	5.1	4.4	−41.8	14	10.9
挪威	5.6	5.5	4.8	4.8	−14.3		11.5
波兰	5.1	9.4	10.5	11.4	121.6		26.3
葡萄牙	5	7.4	8.2	10.2	102.1		22
斯洛伐克		6.3	6.3	6.2			16.2
西班牙	7.9	9	8.6	8.1	1.9		21
瑞典	7.7	8.2	7.3	7.7	−0.3		13.9
瑞士	5.6	6.6	6.6	6.8	21.6	18.3	19.1
土耳其	3.2	3.7		7.8	146.1		
英国	4.9	5.4	5.4	5.7	15.4	11.9	12.8
美国	6.1	6.3	5.9	6	−0.7	16.1	16.2
各国平均	6.2	6.8	6.9	7.2	16.7	6.2	6.8

资料来源：OECD，*Pensions at a Glance* 2009：*Retirement-Income Systems in OECD Countries*，http://s.maxthon.com/？q=OECD%2C＋Pensions＋at＋a＋Glance＋2009%EF%BC%9ARetirement-Income＋Systems＋in＋OECD＋Countries%2C＋2009.

二、欧美发达国家社会养老保障制度的改革趋势

自20世纪末以来，欧美国家纷纷开始改革社会养老金制度，大部分国家的改革是不得已而为之。改革的压力主要来自人口老龄化和经济全球化的冲击。人口老龄化使许多OECD国家的养老金财政不堪重负；经济全球化要求降低企业的缴费负担，增加劳动力市场的灵活性，以增强国际竞争力。随着经济社会形势的变化，传统现收现付制存在的缺点逐步暴露出来，缴费激励差、福利刚性、就业保护和职业分隔等问题，对整个国家的经济效率和社会稳定都产生了负面影响。从改革内容上看，改革措施主要分为两大类：

一类是参量式改革调整，这类改革主要出于改善养老金制度财政状况的考虑，改革的措施包括提高退休年龄、提高缴费率、严格待遇资格享受条件以及降低待遇标准等方面。例如，从1983年开始，美国就推出计划将工人的退休年龄逐步从65岁提高到67岁；英国也从20世纪80年代开始调整养老金待遇的指数化方式，将待遇水平与工资挂钩改变为与物价挂钩；德国从20世纪90年代开始，逐步调整养老金待遇，并于2003年引入积分制，整体上增强了养老金财务的可持续性。日本于2004年开始在公共养老金制度改革中引入一种称为“宏观经济滑动”（Macroeconomic Slide）指数的自动稳定机制，将养老金待遇与人口结构变化、预期寿命和缴费人数等因素相关联。此外，一些实行男、女不同退休年龄的国家，也已出台立法将妇女退休年龄提高到与男性同等的水平。

另一类是结构式改革调整，即在多支柱的社会养老保障制度中，加强私营部门和个人在社会养老中的责任，调整社会养老金制度的结构。结构式改革体现出的一个主要特征是在许多国家越来越重视私营养老金计划，通过各种措施来促进企业养老金计划（一般由企业发起，例如企业年金计划）和个人养老金计划（一般由商业机构发起，例如个人向保险公司购买的养老保险产品）的发展。例如，澳大利亚自1992年开始实行强制性的超级年金制度（类似于企业年金计划但是强制的），使之成为社会保障制度的主要支柱；英国自20世纪90年代以来实行国家养老金的“协议退出”计划，鼓励个人或雇主从政府发起的公共养老金计划（State Earning Related Pension，SERPS）中退出，加入到雇主发起的企业年金计划或商业机构提供的个人养老金计划中去。此外，不少OECD国家纷纷出台税收优惠措施，鼓励自愿性私营养老金计划发展，最为典型的案例是美国，自20世纪70年代以来，美国的私营养老金计划市场快速发展，目前其市场份额占据OECD国家的一半以上。

在欧美发达国家中，仅有少数国家对传统现收现付养老金体系进行了制度变革，典型的案例为以瑞典为代表的名义账户制改革。名义账户制是一种将现收现付制的融资方式与缴费确定型给付公式结合的混合制度。从1996年开始，名义账户制已陆续被意大利、瑞典、拉脱维亚、波兰、蒙古、吉尔吉斯斯坦和俄罗斯7个国家所采用。相对于完全积累制的激进改革而言，名义账户制改革是一种较为缓和的方式，它在保留现收现付制融资方式的基础上，引入建立个人账户基础上的缴费确定型待遇方式。迄今为止，欧亚七国名义账户制已经取得了初步成效。

三、欧美发达国家养老基金市场的发展状况

从公私性质划分，欧美发达国家的养老基金分为公共养老基金和私人养老基金两大类。公共养老基金（Public Pension Fund）是指国家发起设立和管理的公共养老储备基金，它又分为两类，一类是由强制性基本养老保险制度形成的“社保储备基金”（Social Security Reserve Fund，SSRF），其资金主要来源于以立法形式规定的参保雇员和雇主双方缴费，是现收现付体制收支余额形成的基金储备；另一类是“主权养老基金”（Sovereign Pension Fund，SPF），是指近十几年来一些国家为应对未来人口老龄化而建立的养老储备基金，其资金来源于某些资源性产品的外汇收入以及财政拨款等渠道，旨在通过资产的市场化投资获取高收益，以加强社保制度在长期内的财务可持续性。私人养老基金是由雇主和雇员自愿建立的“企业养老金”（包括个人退休账户和养老保险合同）或称为职业年金，欧美国家的养老基金市场非常发达，通常指的就是私营养老基金市场。就基本养老保险个人账户基金而言，除瑞典等个别国家外，绝大多数欧美发达国家并未在社保改革中引入个人账户制度，因此，不存在个人账户基金的案例。

根据 OECD 的统计，2008 年年末，OECD 国家养老基金市值为 22.4 万亿美元，占 GDP 的平均比重为 63.4%。图 3—2 说明了各国养老基金占 GDP 比重的排序情况，养老基金占 GDP 比重最高的 3 个国家分别为冰岛、荷兰和瑞士，该数字均超过了 100%；其次为英国、芬兰、美国和加拿大，这四国的数字超过了 50%；最低的国家为奥地利等欧洲大陆国家。[①] 出现这一现象的原因在于：北欧国家有着非常发达的职业年金计划，有些国家的职业养老金是准强制性的，覆盖到各个行业，因此，养老基金非常发达；在具有盎格鲁—

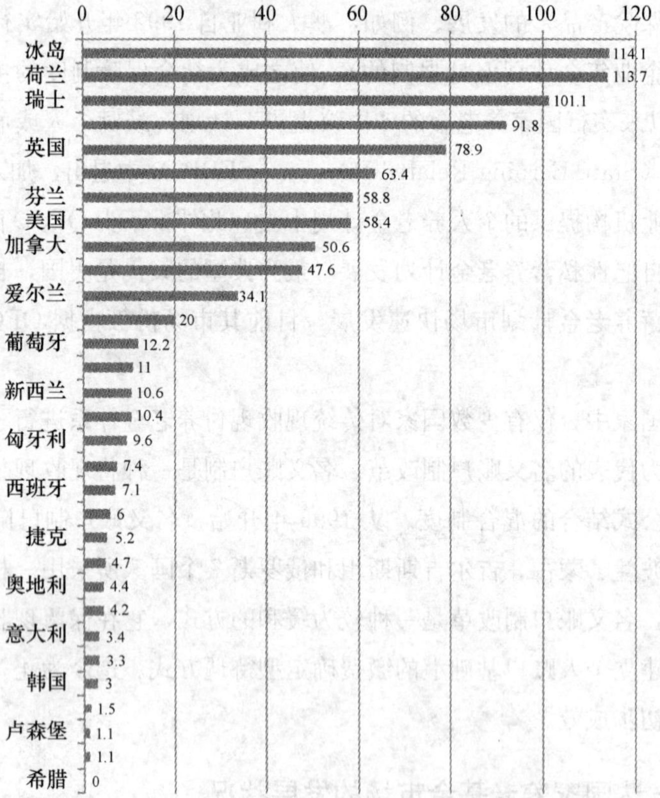

图 3—2　OECD 国家养老基金占 GDP 比重（%）

资料来源：http://www.oecd.org/document/46/0，3343，en_2649_34853_36091822_1_1_1_1,00.html.

① OECD，Pension Markets in Focus，No. 6，October 2009，http://www.oecd.org/dataoecd/30/40/43943964.pdf.

撒克逊传统的英、美国家，自愿性的私营养老金市场则非常发达，养老基金市场规模也很大；而在欧洲大陆国家，由于作为第一支柱的现收现付公共养老金替代率非常高，私营养老基金市场则发展滞后，积累性养老基金资产规模很小。

(一) OECD国家的公共养老基金

2008年年末，在OECD国家22.4万亿美元的养老基金总资产中，公共养老基金的规模为4.3万亿美元。其中基金规模最大的为美国，为2.4万亿美元，占了OECD国家的一半以上。日本位居第二，大约为1.2万亿美元，再次是韩国、瑞典和加拿大（见表3—5）。在14个OECD国家中，7个国家建立了社保储备基金（Social Security Reserve Fund，SSRF），分别为加拿大、日本、韩国、墨西哥、西班牙、美国和瑞典；另外7个国家建有主权养老基金（SPFs），分别为澳大利亚、法国、爱尔兰、新西兰、挪威、波兰和葡萄牙。就基金规模相对于GDP的比重而言，最高的4个国家分别为日本、瑞典、韩国和美国，分别为23.6%、23.5%、23.2和17%。①

表3—5　　2008年14个OECD国家公共养老储备基金的资产规模

基金类型	国家	基金名称	建立时间	资产（亿美元）	资产/GDP（%）
社保储备基金	加拿大	加拿大养老金计划（CPP）	1997年	1 020	6.8
	日本	政府养老金投资基金（GPIF）	2006年	11 596	23.6
	韩国	国民养老基金（NPF）	1988年	2 160	23.2
	墨西哥	社保储备基金（IMSS Reserve）	1943年	101	0.9
	西班牙	社保储备基金（FRSS）	1997年	837	5.2
	美国	社保信托基金（SSTF）	1940年	24 187	17.0
	瑞典	国民养老基金（AP1～AP4，AP6）	2000年	1 124	23.5
主权养老储备基金	澳大利亚	未来基金（Future Fund）	2006年	498	4.8
	法国	养老储备基金（FRR）	1999年	404	1.4
	爱尔兰	国家养老储备基金（NPRF）	2000年	236	8.7
	新西兰	超级年金（Superannuation Fund）	2001年	85	6.6
	挪威	政府养老基金（GPF）	2006年	159	3.5
	波兰	人口储备基金（DRF）	2002年	18	0.3
	葡萄牙	社保财政稳定基金（SSFSF）	1989年	122	5.0
	合计			42 546	

资料来源：OECD，Pension Markets in Focus，No. 6，October 2009，http://www.oecd.org/dataoecd/30/40/43943964.pdf.

① OECD，Pension Markets in Focus，No. 6，October 2009，http://www.oecd.org/dataoecd/30/40/43943964.pdf.

在投资策略上，社保储备基金（SSRF）分为两类：一类是实行市场化投资策略的国家，例如日本、韩国、加拿大和瑞典；另一类是未实行市场化投资策略的国家，包括美国、西班牙和墨西哥；而各国的主权养老基金则均实行市场化投资策略。图 3—3 说明了除墨西哥外的上述 13 个 OECD 国家公共养老储备基金的投资分布情况。在公共养老储备基金中，瑞典、日本、韩国和加拿大均有部分社保资产投资于股市，最高的为瑞典，比重接近 50%，而美国和西班牙则将资金全部投资于国债。可以看出，各国的主权养老基金均实行面向市场的多元化投资策略，其中爱尔兰、新西兰、挪威和法国的主权养老基金投资股票的比重均超过了 50%。

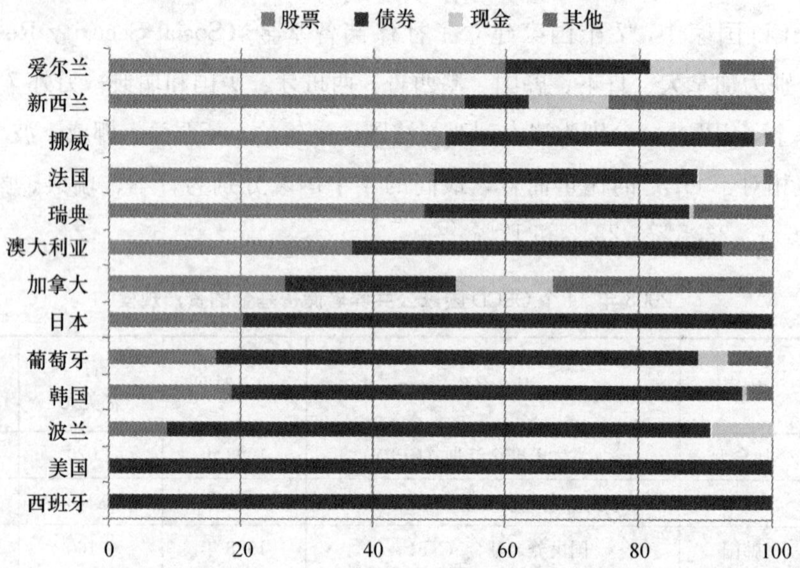

图 3—3　2008 年年末 13 个 OECD 国家公共养老储备基金的投资分布

资料来源：OECD，Pension Markets in Focus，No. 6，October 2009，http://www.oecd.org/dataoecd/30/40/43943964.pdf.

（二）OECD 国家的私人养老基金

在过去的 20 多年中，OECD 国家的私营养老基金市场发展迅猛。2001—2007 年，私营养老金资产占 GDP 的平均比重上升了 14.5%，至 2007 年年末，私营养老金积累达到 28 万亿美元。美国企业养老金规模为世界之最，几乎占世界一半多，高达 60%左右，为 17.1 万亿美元。排名第二位的是英国，企业养老金资产总计是 2.7 万亿美元，其后依次是加拿大 1.5 万亿美元、荷兰 1.1 万亿美元、澳大利亚 1 万亿美元、日本 0.9 万亿美元和瑞士 0.6 万亿美元。在几乎所有发达国家，企业养老金资产大约相当于其股市总市值的 50%左右。在瑞士、荷兰、冰岛等国家养老基金已超过 GDP 产值，其中最高的是荷兰，相当于总市值的 113%，其次是爱尔兰为 82%，再次是澳大利亚为 71%，冰岛是 67%，英国是 62%，OECD 成员国平均是 53%。在投资方面，债券和股票是私人养老基金投资份额最高的两大工具，2007 年年末两者的份额超过了养老金总资产的 80%。在部分国家，股票投资份额已超过债券，例如比利时私营养老基金股票相对债券的比重为48：21.5，加拿大为50：34.4，美国为59.2：22.4。私营养老基金投资的另一趋势是投资的国际化，许多国家将养老基金投到海外市场，例如荷兰养老基金投资海外的比重达到了82%。①

受金融危机的影响，2008年OECD国家养老基金的平均名义回报率为－21.4%，私营养老金总资产缩水近20%。其中，权益类投资比重越大的国家，在此次金融危机中损失就越大。例如，爱尔兰投资股票的平均比例为66%，大约损失了30%，其他损失惨重的国家依次是美国、英国和澳大利亚等。与2001年金融危机相比，此次金融危机造成的损失之所以较大，是因为权益类投资比重与2001年相比有所上升。虽然早在2007年许多国家就开始调整资产配置，债券比重有所提高，但股票比重仍总体高于债券。例如，截至2007年年底，比利时企业养老金持有股票为48%，债券是21.5%，加拿大分别是50%和34.4%，德国是31.3%和28.8%，美国是59.2%和22.4%。相比之下，对权益类投资工具实行严厉限制的国家则损失较小，业绩较好，甚至出现赢利，例如，土耳其和埃及等国。②

2009年OECD国家养老基金的投资状况有所改善。图3—4说明了2008年和2009年上半年OECD成员国养老基金（包括公共养老基金和私营养老基金）的投资回报率情况。从已公布数据的国家来看，2009年大部分国家的养老基金呈恢复性增长。至6月，养老基金名义平均回报率为3.5%，养老基金总量相对于2007年贬值14%，也就是说，在2008年21.4%的投资损失中，2009年挽回了10%。2009年上半年投资业绩最好的为挪威和土耳其，两国的名义回报率超过了10%，美国的名义回报率为4%，澳大利亚为1%。养老基金是长期的机构投资者，对短期流动性的要求不是太强烈，从长期投资回报看，OECD国家的养老基金投资业绩表现不俗。尽管在过去10年内，OECD国家经历过两次金融市场危机（2000—2002年和2007—2008年），养老基金的投资回报仍为正值。例如，在过去15年内，瑞典的年均名义回报率是7.2%（实际回报率为5.3%），美国为6.9%（实际为4.4%）。③

---

① OECD，*OECD Private Pensions Outlook* 2008，http://www.oecd.org/document/60/0,3343,en_2649_34853_41770428_1_1_1_1,00.html.

② 郑秉文，金融危机对全球养老资产的冲击及对中国养老资产投资体制的挑战. 国际经济评论，2009（9-10），http://ilas.cass.cn/zhengbingwen/%7B8ED54C8A-315E-448F-A694-E5455628FCC8%7D.pdf.

③ OECD，Pension Markets in Focus，No. 6，October 2009，http://www.oecd.org/dataoecd/30/40/43943964.pdf.

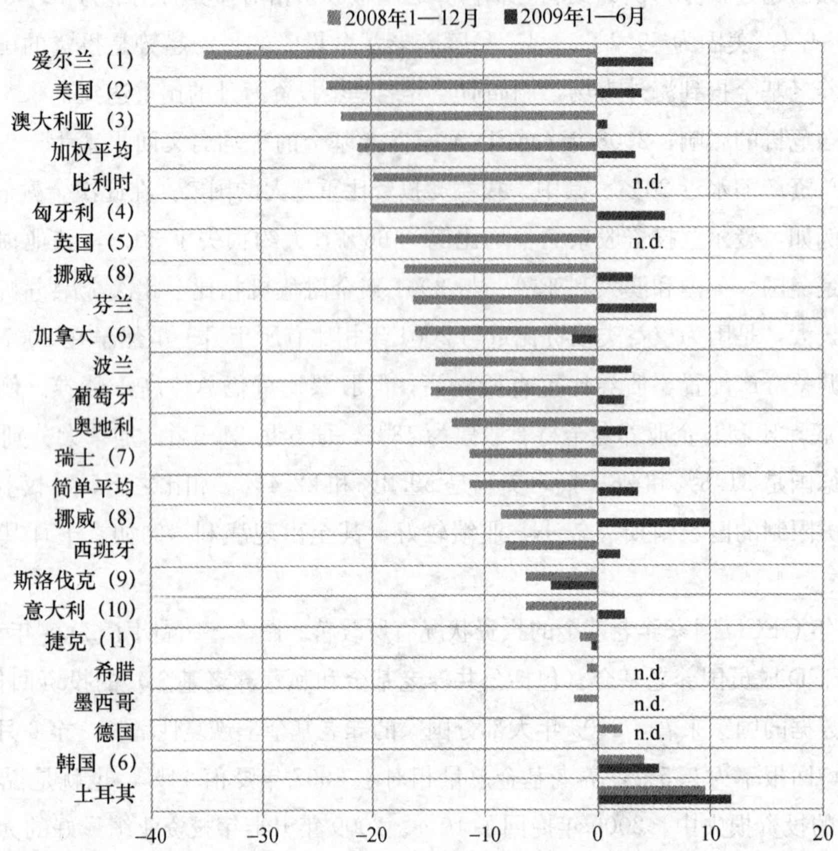

图 3—4　2008—2009 年 6 月 OECD 成员国养老基金的投资回报率（%）

资料来源：OECD，Pension Markets in Focus，No. 6，October 2009，http://www.oecd.org/dataoecd/30/13/43943610.xls.

注：1. 2009 年 1—6 月投资回报率为估计值。

2. 估计值包括 IRAs 养老金计划。

3. 数据来源为澳大利亚养老基金监管局（APRA），收集数据对象为 4 人以上、5 000 万澳元的养老基金。

4. 数据收集对象为强制性养老基金，自愿性养老基金 2009 年的回报率为 4.63%，2008 年为－10.67%。

5. 2008 年 1—12 月投资回报数据为估计值。

6. 数据为 2009 年 1—3 月值。

7. 数据为 2009 年 1—8 月值。

8. 数据收集对象为大型私营养老基金和政府养老基金，大约占所有养老金资产的 80%。

9. 数据为强制性第二支柱养老基金，2009 年第三支柱自愿性养老基金回报率为－0.16%，2008 年为－1.93%。

10. 数据为契约型养老基金，2009 年开放式养老基金的回报率为 3.0%，2008 年为－14.0%。

11. 估计数据。

第二节　基本养老保险个人账户管理模式国际比较

一、基本养老保险个人账户养老金计划的类型划分

从现实情况看，世界各国在基本养老保险中实行个人账户的情况分为三种类型：第一类是以分散型资本化账户为特征的完全积累制模式，也可称为智利模式，在部分拉美国家和中东欧国家得到广泛应用。其主要特点是：资金完全在个人账户里运转，由账户持有人根据其投资偏好进行分散决策；保险公司、基金投资管理公司和银行等金融机构经审查批准可以进入这个市场进行竞争，根据市场的需求自行设计多样化的风险与收益匹配的投资品种，账户持有人作为投资者进行选择，投资风险与投资收益完全对等，即前者由账户持有人个人承担，后者由其完全享有，等等。第二类是中央公积金模式，实行该制度的国家以原英属殖民地的 20 多个国家为主，典型代表为新加坡，也可以称为新加坡模式。这个模式的特点是个人账户按实际缴费记账，但资金由国家单一机构集中管理，投资决策和资产分布等一切投资业务均由中央政府统一安排，属于政府控制型的“集合”投资。第三类是部分积累制模式，是近 15 年来新出现的一种个人账户管理模式，即不做实的名义账户加上做实的个人账户的部分积累制模式，以瑞典为代表，也可称为瑞典模式。表 3—6 列出了世界各国和地区基本养老保险个人账户计划的发展情况，这些国家和地区个人账户计划都是强制性的，在多支柱养老金制度结构中，有些国家个人账户计划作为第一支柱养老金，有些国家和地区为第二支柱养老金，还有少数国家个人账户制度采取强制性的职业养老金计划，例如澳大利亚。

由于欧洲大部分国家采用的是传统现收现付养老金计划，仅有少数几个国家在最近十几年的改革中，引入了积累制个人账户计划（见表 3—6 第三部分），但其规模较小，因此，本节并未对这些国家做出集中介绍。以下主要阐述前两类积累制个人账户投资管理模式，即以新加坡为代表的中央公积金制模式和以拉美、中东欧国家为代表的分散型积累制投资模式。作为发展中国家，拉美和中东欧的积累制养老金投资管理做法，可以为中国提供相应的经验教训；而新加坡的中央公积金计划，也为中国基本养老保险个人账户管理模式的选择提供了参考借鉴。

表 3—6　　　　世界各国和地区基本养老保险个人账户制度

国家和地区	个人账户建立时间	第一支柱	第二支柱
一、完全积累制个人账户国家和地区			
智利	1981 年	完全积累制个人账户	
秘鲁	1993 年	现收现付或个人账户（选择性）	

续表

国家和地区	个人账户建立时间	第一支柱	第二支柱
哥伦比亚	1993年	现收现付或个人账户（选择性）	
乌拉圭	1995年	收入关联和家计调查型	现收现付或个人账户（选择性）
墨西哥	1997年	完全积累制个人账户	
玻利维亚	1997年	完全积累制个人账户	
萨尔瓦多	1998年	完全积累制个人账户	
哥斯达黎加	2000年	收入关联和家计调查型	强制性个人账户
多米尼加	2003年	完全积累制个人账户	
哈萨克斯坦	1998年	完全积累制个人账户	
匈牙利	1998年	收入关联型	强制性个人账户
保加利亚	2000年	收入关联型＋家计调查型	强制性个人账户
克罗地亚	2001年	收入关联型	强制性个人账户
爱沙尼亚	2002年	收入关联型＋家计调查型	强制性个人账户
中国	1997年	社会统筹＋积累制个人账户	
中国香港	2000年	完全积累制个人账户	
尼日利亚	2004年	完全积累制个人账户	
澳大利亚	1992年	家计调查型	强制性职业年金
丹麦	2002年	社会养老金	强制性职业年金
科索沃	2002年	社会养老金	强制性个人账户
二、中央公积金制国家（以新加坡为代表的23个亚非国家）	1950—1980年	中央公积金	
三、部分积累制个人账户国家			
意大利	1995年	名义账户制＋家计调查型	
吉尔吉斯斯坦	1997年	名义账户	
拉脱维亚	1996年	名义账户	积累制个人账户
瑞典	1999年	名义账户＋家计调查型	积累制个人账户
波兰	1999年	名义账户	积累制个人账户
蒙古	2000年	名义账户	积累个人账户
俄罗斯	2002年	社会养老金	名义账户＋积累制个人账户
斯洛伐克	2005年	名义账户	积累制个人账户

资料来源：Barbara E. Kritzer，Individual Accounts in Other Countries，www. socialsecurity. gov/policy/docs/ssb/v66n1/v66n1p31. pdf.

注：完全积累制个人账户：基于完全积累制的单一支柱；社会养老金（flat-rate）：基于工作年限或居住年限统一支付的养老金待遇，与个人收入无关，来自于一般财政预算；家计调查型养老金（means-tested）：基于财产或收入调查的社会救助养老金；收入关联型养老金（earnings-related）：与缴费收入相关联的养老金，来自于雇主和雇员的社会保险缴费；选择性计划：指雇员可自愿选择加入现收现付和个人账户其中的一种计划；协议性退出：是指在满足一定条件下，个人可以退出国家养老金计划，而加入个人账户计划。

二、中央公积金制

（一）制度的基本特征

中央公积金制是一种强制储蓄性退休金制度，雇主和雇员的缴费全部进入个人账户，资金汇集到中央政府管理机构建立的一个养老金资产池，由政府部门进行管理运作，账户基金获得增值利息，工人退休时，一次性领取账户养老金或按月领取年金。采用中央公积金制的国家大部分为亚洲和非洲的前英国殖民地国家。从20世纪50年代开始，一批前英国殖民地国家逐步得到独立，这些国家保留了英殖民地时期的两个养老金传统：一个是传统的公务员待遇确定型养老金计划，另一个是覆盖正规部门雇员的中央公积金制计划。根据John Dixon的统计，1993年全世界共有23个国家和地区实行了中央公积金制。[①]

表3—7说明了各国中央公积金制度的基本特点。

表3—7　　各国或地区中央公积金制度的基本特点

	制度建立时间	覆盖人群	参保人数（万人）	雇员缴费率（%）	雇主缴费率（%）	账户基金支取权利	其他社保项目待遇	贷款权利
斐济	1965年	雇员（不含公共部门）	12	7	7	年老、残障、死亡和移民	增值年金、丧葬和遗属	医疗
加纳	1965年	雇员（不含临时工和少于5人企业）	8.6	5	11.5	年老、残障、死亡、移民、疾病和失业		
印度	1952年	雇员（不含少于10人企业）	931	6.25～8	6.62～10.4	年老、残障、死亡、移民、失业和结婚	家庭养老、丧葬、人寿保险	个人贷款
印度尼西亚	1951年	雇员（扣除公共部门）		1	1	年老、残障、死亡、移民	人寿保险	
肯尼亚	1965年	雇员（不含公共部门和临时工）	91.6	5	5	年老、残障、死亡、移民	医疗支出	
马来西亚	1951年	雇员（不含公共部门）		6	7	年老、残障、死亡、移民和医疗	丧葬	
蒙特色拉特岛	1972年	雇员		5	5	年老、残障、死亡、移民		
尼泊尔	1962年	公共部门和部分私营部门雇员	11.8	10	10	年老、死亡和终止就业	丧葬	住房和个人贷款
尼日利亚	1961年	雇员（扣除公共部门、少于10人企业以及临时工）	202.5	6	6	年老、残障、死亡、移民、失业和疾病	人寿保险	

① John Dixon，National Provident Funds：The Challenge of Harmonizing Their Social Security，Social and Economic Objectives，*Review of Policy Research*，Volume 12 Issue 1-2，2005.

续表

	制度建立时间	覆盖人群	参保人数（万人）	雇员缴费率（%）	雇主缴费率（%）	账户基金支取权利	其他社保项目待遇	贷款权利
圣文森特岛	1970 年			5	5	年老、残障、死亡、移民		
新加坡	1953 年	雇员、自雇者（不含公共部门）	151.9	0～18	20～38	年老、残障、死亡、移民和医疗	人寿保险	购买住房教育支出
所罗门群岛	1976 年	雇员（不含公务员）	3.7	5	5	年老、残障、死亡、结婚	丧葬	
斯里兰卡	1958 年	雇员（不含公共部门和自雇者）	225.9	8	12	年老、残障、死亡、移民、结婚和失业		
斯威士兰	1974 年	雇员（不含临时工和公共部门）	9.7	5		年老、残障、死亡、移民		
坦桑尼亚	1964 年	雇员（不含少于4人企业和公共部门）	4.9	5	5	年老、残障、死亡、移民		
乌干达	1987 年	雇员（不含少于5人企业和公共部门）		5	5	年老、残障、死亡、移民和失业	丧葬	
西萨摩亚	1972 年	雇员	4.6	5	5	年老、残障、死亡、移民	丧葬和增值年金	
赞比亚	1965 年	雇员（不含临时工和公共部门）	107.4	5	5	年老、残障、死亡、移民、医疗和储蓄	丧葬和生育	购买住房

资料来源：John Dixon，National Provident Funds：The Challenge of Harmonizing Their Social Security，Social and Economic Objectives，*Review of Policy Research*，Volume 12 Issue 1-2，2005；John Dixon，Provident Funds in the Third World：a Cross-National Reviw，*Public Administration & Development*，Oct-Dec 1982：2，4.

覆盖面：公积金制度主要集中于城市工业和商业部门中的工薪阶层。在制度建立初期，临时工、小企业雇工、自雇者以及农业工人等群体通常被排除在制度之外。历史上许多发展中国家的公积金制存在较为突出的逃漏缴费现象，雇主通常不愿意为雇员提供公积金注册。为此，许多国家政府通常采取一些强制措施来提高遵缴率。

缴费率：缴费有两种主要方式，即定额缴费（flat rate）和按工资一定比率的缴费。大多数国家采用统一费率，印度和新加坡实行累进式的差别费率（公、私营部门不同或依企业规模大小制定费率）。除马来西亚和新加坡外，所有国家的缴费都以参保雇员的实际工资为基础。马来西亚的费基分为 24 档，新加坡分为 3 档。在大多数国家，缴费由雇主和雇员平均分摊，大多数国家制定了缴费上限，印度和新加坡对私营部门则规定最低缴费标准。

账户基金的支取权利：中央公积金的一个特点是允许参保成员及其遗属在有特殊社保需要或生活紧急需求情况下可以支取部分账户基金，个人在失去收入能力、年老、残障、工伤、失业或死亡时，可以使用账户资产。这些社保支出项目包括：所有国家都允许在特定年龄下（一般为55岁）提前领取养老金，并允许成员在永久失业或残障的情况下一次性或部分领取账户基金；部分国家允许个人移居国外时一次性提取账户基金；一些国家（印度、尼泊尔、斯里兰卡、肯尼亚和坦桑尼亚）允许个人在终止就业时全部或部分支取基金；还有的国家允许子女结婚（印度）、购置家产（新加坡、马来西亚和赞比亚）、储蓄需要（赞比亚）、购买股份（新加坡）以及住院（肯尼亚）等情况下使用资金。

公积金的支取方式：雇员退休时公积金一般有三种支取方式。一是根据保险精算确定的年金，年金由公积金账户的最终余额和相关精算因素来确定（例如，肯尼亚、斯威士兰、乌干达和赞比亚）；二是分期提取，加纳等国家允许参保者分期提取账户基金，由个人和公积金管理部门商定分期提款的规模或次数；三是增值年金，在斐济和西萨摩亚两国，政府提供的退休金待遇要高于精算基础之上的年金额，附加待遇融资来自于特定缴费或公积金投资收入。例如，斐济于1975年实行这种方式，退休金通常高于账户积累年金额的1/4左右。为此，雇员缴费的1/6（工资的2%）进入一个单独设立的储备基金，为这项待遇融资。[①]

其他社保项目待遇：许多国家的公积金提供社保辅助待遇。例如，印度、斐济、尼泊尔、马来西亚和西萨摩亚等国家为参保雇员的遗属提供免费的丧葬补助，赞比亚还提供免费的生育补助；有些国家还为参保者的家庭成员提供待遇。

雇员的贷款权利：许多国家的公积金计划允许雇员从账户资产中贷款。例如，在尼泊尔，雇员享有多贷款项目：医疗贷款（缴费需满1年，贷款上限为账户存款的25%，在4年内偿付）；紧急支出（缴费满4年，上限为存款额的50%，9年内偿付）；房产贷款（上限为40 000尼泊尔卢比，用来购买土地和房产，缴费满5年，偿付期为25年）；社会支出贷款（上限为账户存款的25%，用于结婚、葬礼等支出）。斐济、新加坡和赞比亚都有房屋支出贷款计划。一般来说，公积金的贷款利率是根据公积金的利息来制定的。[②]

（二）中央公积金制的投资方式：以新加坡为例

1. 制度基本概况

新加坡中央公积金制度（CPF）始建于1955年，所有私营部门雇员都要加入，自雇者可以自愿加入。自1968年以来，中央公积金的功能开始逐渐扩大，除了养老功能以外，逐渐加进了住房储蓄、医疗储蓄和投资等多项内容。至2009年6月末，参保成员为328万人，其中163万人为实际缴费人口。[③] 最初，公积金缴费存在一个单独账户中。20世纪

---

①② John Dixon，Provident Funds in the Third World：a Cross-National Review，*Public Administration & Development*，Oct-Dec 1982：2，4.

③ 新加坡中央公积金局，http://mycpf.cpf.gov.sg/CPF/About-Us/CPF-Stats/CPF_Stats2009q3.htm.

70年代新加坡引入了“普通账户”（OA）和“特别账户”（SA），1984年引入了“医疗储蓄账户”。普通账户主要用于住房、教育费用及其他计划，目前缴费率为18%～22%；特殊账户是专门用于退休资产积累的账户，缴费率为5%～7%；医疗储蓄账户用于成员个人或家属的特定医疗费用，进入医疗储蓄账户的缴费率为6%～8.5%。可以看出，在全部账户缴费中，用于退休金的部分仅占到1/3左右，因此公积金已不单是一个退休金计划，而是一个全面的社会福利计划。公积金参保成员达到55岁以后，可以领取账户退休金资产，但必须保留一笔最低存款，这笔款项可以用来向保险公司购买年金，使成员终身按月领取一笔收入，或存入银行，每月支取一笔款项，期限为20年。公积金成员也可以选择将最低存款留在公积金局，在退休后约20年期间里每月领取一笔生活费。

在投资方面，在公积金成立之初，参保成员不享有基金使用和投资权利，所有基金都由中央公积金局管理。随着时间的推移，政府开始逐步允许参保成员使用账户基金用于其他支出。1968年，新加坡政府引入了“家庭所有权”（HOS）计划，允许工人从公积金账户中借款购买国家住房委员会提供的公共住房；1978年，允许公积金购买新加坡公共汽车服务公司的股份；1981年，开始允许公积金用于私人家庭购买支出；1986年，允许公积金用于商业运作；1993年，公积金中引入了一个单独的投资计划，参保者首次有了投资自主权，最初只能用一少部分账户储蓄投资于指定资产，但该比重逐步上升，到2001年，特别账户（SA）自主投资的比重上升到100%。图3—5说明了中央公积金个人账户的结构和资金使用情况。

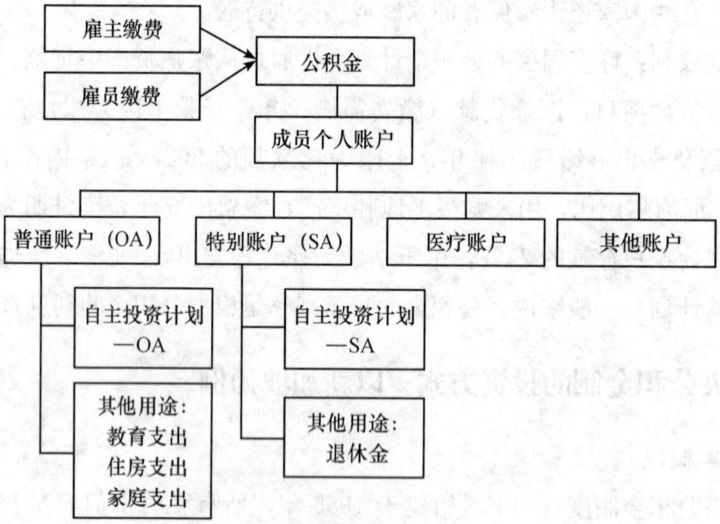

图3—5　中央公积金个人账户的结构

资料来源：Benedict S. K. Koh，Olivia S. Mitchell，Toto Tanuwidjaja and Joelle Fong，“Investment Patterns in Singapore's Central Provident Fund System”，University of Pennsylvania-Insurance & Risk Management Department，Pension Research Council WP2006-12，May 2007.

2. 中央公积金的投资管理体制

新加坡中央公积金由公积金局（CPF Board）管理。公积金局负责缴费征集、执行法规、管理不同种类计划等任务，而公积金投资职能则由新加坡政府投资公司（SGIC）和其他政府投资控股公司（如淡马锡）行使。财政部拥有中央公积金投资决策的管理权。公积金局实行理事会制，理事会包括12名成员，分别来自业界专家、政府代表、雇主代表和雇员代表。公积金局的上级行政管理部门为人力资源部，局长通常从执政党党员中任命。

在基金的投资管理方面，中央公积金分为三个资产池（见图3—6）。

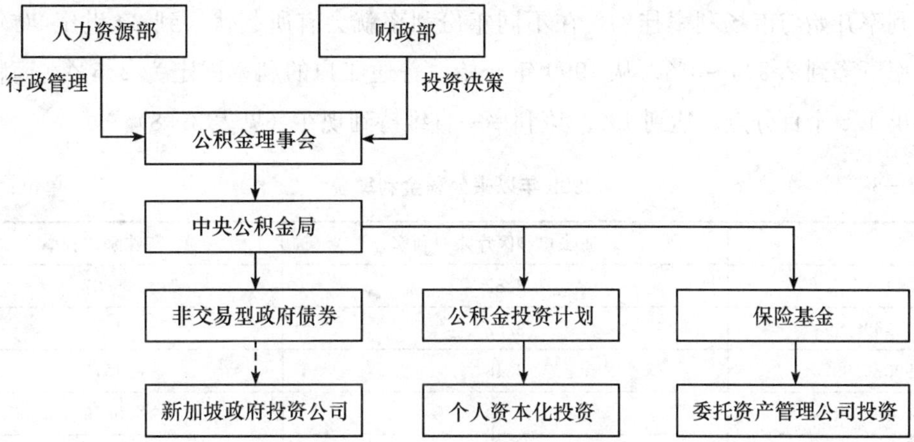

图3—6　新加坡中央公积金的投资管理结构

资料来源：作者绘制。

一是中央公积金局直接运作的基金，它是中央公积金最大的一个资产池，全部投资于非交易性政府债券。公积金局通过出售政府债券获得公积金资金后，再转由新加坡政府投资公司（SGIC）和其他政府投资控股公司（如淡马锡）来投资其他领域。政府债券利率按当地银行一年定期存款利率和储蓄存款利率的加权平均值确定，每季度修订一次。根据《中央公积金法案》，公积金资产可以获得2.5%的最低名义回报率保障；特殊账户可以在普通账户的收益率之外，获得1.5%的附加回报率。

二是公积金会员个人自主投资，被称为“公积金投资计划”（CPFIS）。为了分散投资风险，增加公积金成员个人的投资选择和积极性，从1986年开始，新加坡政府开始允许参保成员从普通账户和特殊账户中取出部分公积金资产，到指定的代理银行开户，进行个人自主投资。与中央公积金局进行的直接投资相比，“公积金投资计划”的投资范围很广，可投资于保险、信托基金（即基金）、股票、债券、黄金和其他产品。

三是保险基金。新加坡中央公积金包含多个保险计划（包括住房保险、家属保险、大病医疗保险等），保险计划基金的投资主要是外包给资产管理公司，可投资于定期存款、可转让存款凭证、股票和债券等。

3. 中央公积金的投资效果

近年来，新加坡中央公积金每年缴费额大约为150亿～180亿新元，如上所述，中央公积金不仅是一个退休计划，它还包含很多退休前提款计划，2003—2005年，公积金全部提款额相当于缴费额的70%左右。至2009年9月末，中央公积金资产达到1 635.98亿新元，其中寄存于普通账户的资产约占42%，特殊账户资产约占21%，医疗储蓄账户占28%，其他账户为9%。① 在中央公积金全部缴费中，大约占44%的资金被用于住房和其他实业投资；仅有29%的资金保留在普通账户和特殊账户中，这部分资金获得政府提供的保障利率；其余10%资产由“公积金投资计划”投资于资本市场。②

公积金制度刚开始实施时，政府制定的利率较低。从1955年到1962年，利率一直为2.5%；1963年上升为5%，此后升幅比较小；1974年上升到最高点6.5%。1986年3月，公积金利率开始与市场利率挂钩，在不同年份利率就会有所起伏。到20世纪90年代中期，利率下降到2.5%～3%。从1999年开始，普通账户的利率固定为2.5%，而特殊账户则高出1.5个百分点，达到4%。该利率一直维持到现在（见表3—8）。

表3—8　　1995年以来公积金利率表　　单位：%

	普通账户和医疗账户利率	特殊账户利率
1995年	3.82	5.07
1996年	3.52	4.77
1996—1997年	3.48	4.73
1998年	4.29	5.79
1999年	4.41	5.91
1999—2001年	2.5	4
2001年至今	2.5	4

资料来源：Benedict S. K. Koh，Olivia S. Mitchell，Toto Tanuwidjaja and Joelle Fong，“Investment Patterns in Singapore's Central Provident Fund System”，University of Pennsylvania-Insurance & Risk Management Department，Pension Research Council WP2006-12，May 2007.

尽管公积金局允许雇员可以将部分账户基金用于自主投资选择，但近几年的趋势表明公积金参保成员做出自主投资的情况并不多。近年来，参与“公积金投资计划”的成员数量呈下降趋势，最高时约有30%的成员加入了“公积金投资计划”。2006年年末，新加坡国内有400支信托基金和保险类产品供雇员选择，但参加“公积金投资计划”的成员不足1/6，仅有10%的公积金资产用于自主投资。这说明绝大多数公积金成员仍将资金保留在公积金账户中，获取国家提供的保障利率。据新加坡国内分析，其中可能的原因在于：一是雇员具有投资惰性或者不知道如何投资，从而选择政府提供的投资保障；二是雇员具有追求安全性的风险偏好，宁可获取低利率保障，也不愿从事风险投资；三是近两年公积金的投资回报形势较差。2006年在选择“公积金投资计划”的雇员中，大约3/4的成员面临亏损或者回报率低于2.5%。至2009年9月，“公积金投资计划”资产为339亿新元，其中67%的资产为年金保险类产品，14%为股票，其余为信托基金等金融产品。③从投资产

①③　新加坡中央公积金局，http://mycpf.cpf.gov.sg/CPF/About-Us/CPF-Stats/CPF_Stats2009q3.htm.

②　Benedict S. K. Koh，Olivia S. Mitchell，Toto Tanuwidjaja and Joelle Fong，“Investment Patterns in Singapore's Central Provident Fund System”，University of Pennsylvania-Insurance & Risk Management Department，Pension Research Council WP2006-12，May 2007.

品的选择上看，男性相比女性、高收入群体较低收入群体、高年龄人群较低年龄人群，风险投资的比重要高一些。

4. 面临的几个问题

第一，利率“管制”问题。公积金局给予公积金资产的回报率是经过“管理”的利率，与资金实际投资没有直接关联，这其中隐含着较高的政治风险。据国际货币基金组织的有关资料估计，新加坡政府投资公司在整个20世纪90年代的年均收益率至少是10%，而记入中央公积金的名义收益率只有3.35%，远远低于同期资金运作的实际收益。

第二，“社会投资”倾向问题。公积金账户的资金可以用于购买或租赁住房。20世纪60—80年代，新加坡中央公积金的“社会投资”日益增加，其中相当一部分用于公共住宅的开发。但新加坡的宪法和不成文法都没有对土地财产权做出规定，当房产被购买以后，房产下面的地产却依然还是属于国家。这样，住宅的产权价值在转换成养老基金的收入时就存在许多困难，严重地影响了中央公积金的资产流动性。新加坡大约85%的公民居住在这种公共住宅当中，造成的后果是在中央公积金的账面上似乎“价值很高”，但却很难变现。这种现象被称为“富资产、穷现钞现象”（Asset Rich Cash Poor Phenomenon）。

第三，养老金替代率不足问题。公积金名义收益率远远低于经济增长率和工资增长率，导致公积金成员人均账户资产增长率抵不上工资增长率，退休替代率呈下降趋势。在50～55岁的成员中，将近2/3的个人账户资产不到10万新元。相当大一部分人的公积金积累资产都低于最低存款额规定。缴费的成员平均资产仅有人均GNP的1.27倍，远远不够支付退休期生活需要。①

三、分散型资本化账户管理模式

分散型资本化账户是个人账户管理的典型模式。目前全球共有26个国家在基本养老保险制度中引入了强制性分散型资本化个人账户，这些国家的养老基金采取市场化投资运作方式并由私营金融机构运营管理。在地域分布上，主要集中在拉美地区和中东欧地区，且在投资管理体制上呈现出不同的特点。

（一）拉美国家的个人账户养老基金投资管理体制：智利的案例

拉美是西半球最早建立养老金制度的地区之一，早在20世纪二三十年代，乌拉圭、智利、阿根廷和巴西等南美国家就开始实施社会保险政策，以后逐渐向中北美地区扩展，到80年代中期，几乎所有的拉美和加勒比地区国家都已建立起社会养老金计划。受欧洲大陆社会保险模式的影响，拉美国家传统养老金制度采用的都是现收现付制的社会统筹保险模式。早期的退休金制度给付条件十分慷慨，随着养老金计划逐步扩展到社会各个阶层，养老金计划的财政状况日益恶化。从20世纪下半叶开始，传统现收现付体制的种种

① Mukul G. Asher，“Retirement Financing Dilemmas Facing Singapore” paper for International Conference on Pensions in Asia：Incentives，Compliance and Their Role in Retirement，p. 5. 2004.

弊端开始显露出来，许多国家的养老金制度越来越难以维持运营。面对传统公共养老金计划的困境，拉美国家开始寻求养老金制度改革的对策。

改革的先锋国家为智利。1973年智利皮诺切特军政府上台后，在经济和社会领域积极推行自由市场化政策，一批具有自由主义思想的“芝加哥学派”经济学家提出了一系列经济社会私有化改革方案，养老金制度改革是其中的一个重要方面。1980年11月4日，在军政府的强力推动下，智利通过养老金制度改革法案（3500号法令），引入了完全私有化运营的个人账户养老金体制。其特点是：（1）为每个雇员建立养老金个人账户，缴费为雇员工资的10%，全部存入个人账户；（2）专门成立单一经营目标的养老金管理公司，由其负责缴费的收集、账户的管理以及基金的投资运作；（3）雇员自由选择私营养老金管理公司，退休时账户积累资产转化为年金，支付给参保人；（4）成立养老金监管局，负责对私营养老金管理公司的监管，并且由政府提供最低养老金保障；（5）养老基金投资资本市场，政府采取严格的数量监管模式，防范养老基金的投资风险。

以1981年智利的养老金私有化改革为起点，拉美先后有11个国家进行了养老金私有化改革，引入个人账户养老金计划，其中部分国家养老金制度的基本特点见表3—9。可以看出，在个人账户养老基金的管理体制上，拉美国家有着共同的特点，即由单独成立的专业化养老基金管理公司管理养老基金。在智利，这种养老基金管理公司被称为AFP（Pension Fund Administrator）。① 根据立法，AFP公司是以管理养老基金并提供退休金为唯一目标的私营机构，它负责养老基金的收缴、记录以及投资运营等方面业务的全过程。以下以智利为案例，说明拉美养老金管理公司的基本特征。

表3—9　　拉美国家养老金制度改革的基本特点比较

	智利	秘鲁	哥伦比亚	阿根廷	乌拉圭	墨西哥	玻利维亚	萨尔瓦多	哥斯达黎加	多米尼加
原现收现付体制	停止	保留	保留	保留	保留	停止	停止	停止	保留	停止
改革前工薪税（%）	33.0	18.0	17.8	42.0	40.0	20.0	19.0	11.8	22.0	9.25
改革后工薪税（%）	20.0	20.5/22	33.8	46.0	40.0	26.0	24.0	13.5	26.0	20.0
新参保成员加入	强制	自愿	自愿	自愿	自愿	强制	强制	强制	强制	强制
自雇人员加入	自愿	自愿	自愿	强制	强制	自愿	自愿	自愿	自愿	强制
为公共部门职员保留养老金计划	不	不	是	不	不	是	不	不	—	是
养老金管理公司	AFP	AFP	AFP	AFJP	AFAP	AFORE	AFP	AFP	POC	AFP
个人账户缴费（%）	10.00	8.00	10.00	7.72	12.27	12.07	10.00	10.00	4.25	10.00

① 拉美建立养老金公司的国家只有几个少数将之称为其他名称，例如，墨西哥称之为“退休基金管理公司”（AFORE），其他十几个国家虽然在缩写上存在差别，但都将之称为养老金管理公司，例如乌拉圭是AFAP，哥斯达黎加是POC，厄瓜多尔是EDAP，阿根廷是ASJP，其他6个国家就连西文的缩写也是完全一样的即“AFP”，是“养老金管理公司”之意，这6个国家是智利、哥伦比亚、秘鲁、玻利维亚、萨尔瓦多、尼加拉瓜。正是由于这个原因，有学者将其称为三个字的革命。参见胡安·阿里斯蒂亚．AFP：三个字的革命——智利社会保障制度改革．北京：中央编译出版社，2001.

续表

	智利	秘鲁	哥伦比亚	阿根廷	乌拉圭	墨西哥	玻利维亚	萨尔瓦多	哥斯达黎加	多米尼加
佣金和保险费占缴费工资比重	2.31	3.73	3.49	3.28	2.68	4.48	2.50	3.00	—	2.0
允许账户在基金公司之间的转换频率（每年次数）	2	1	2	2	2	1	1	2	1	1
养老金给付形式	年金或计划领取	年金或计划领取	年金或计划领取	年金或计划领取	年金	年金或计划领取	年金	年金或计划领取	年金或计划领取	年金或计划领取
投资回报率上的最低要求	对照行业平均	对照行业平均	对照行业平均	对照行业平均	对照行业平均	无限制	无限制	对照行业平均	无	对照行业平均
最低养老金保障制度	有	有	有	有	有	有	无	有	有	有
社会救助养老金	有	无	无	有	有	无	有	无	有	有

资料来源：Indermit S. Gill，Truman Packard and Juan Yermo，*Keeping the Promise of Social Security in Latin America*，World Bank，2004.

1. AFP 的组建

AFPs 由养老基金监管局（Superintendency of Pension Fund Administrators，SAFP）批准建立，按照 3500 号法令规定：AFP 是以管理养老基金并提供退休金为唯一目标的私营机构。在性质上 AFP 属于公共有限责任公司，因此，它还要符合智利 18046 号公司法的相关要求。在组建一家 AFP 时，发起人首先要向监管当局提交一份可行性研究报告，包括如下内容：第一，业务活动的内容和目标；第二，公司发起人身份及出资证明；第三，业务活动战略分析；第四，项目经济评估；第五，业务活动计划。报告提交后，监管局将根据法律相关要求，对可行性研究报告进行评估，从而做出批准或拒绝的决定。如果申请获得通过，还要对公司进行验资鉴定。①

2. 经营活动基本法律要求

第一，最低资本金。AFP 公司的最低注册资本金为 5 000 UF，随着公司管理的养老金计划成员数量的增加而增长。当计划成员达到 5 000 人时，净资本金最低为 1 万 UF；达到 7 500 人时，资本金最低为 1.5 万 UF；1 万人以上时，资本金要求为 2 万 UF。② 如果 AFP 不能满足最低资本金要求，它有 6 个月的期限进行补足。达不到上述规定，AFPs 的营业执照就会被吊销，并进入破产清理。

第二，资产分离。法律规定 AFPs 管理的养老基金资产要独立于公司自身的净资产，账户养老金资产由托管银行保管。这样做的目的是出于安全性的考虑，即使在 AFPs 破产

① Superintendency of Pension Fund Administrators：*The Chilean Pension System*（*Fourth Edition*），2003，p. 106.

② Superintendency of Pension Fund Administrators：*The Chilean Pension System*（*Fourth Edition*），2003，p. 101.

的情况下，也不会影响到账户资产的安全性。

第三，佣金结构。AFPs 的经营利润来源于对其管理的养老金计划成员收取的佣金，视不同情况，佣金的征收对象为工资收入、账户余额以及账户转移资产等方面。依照法律规定的佣金结构，每家 AFP 可以自行设立各自的佣金收费水平，但对同一家公司内的全部参保成员，征收标准是统一的。表 3—10 说明了佣金的基准和收取方式。

表 3—10　　AFPs 的管理佣金结构

	养老金计划的缴费成员		领取养老金成员
费用项目	账户存款	账户基金转向另一家 AFP	临时支取或按计划领取养老金
费用结构	固定管理费用以及按缴税工资一定比例收取佣金	固定费用或按账户余额一定百分比收费	固定费用

资料来源：Superintendency of Pension Fund Administrators：*The Chilean Pension System*（*Fourth Edition*），2003，p. 91.

第四，AFP 的解散。在下列情况下 AFP 会被强制解散：一是法定期限内达不到最低资本金要求；二是法定期限内强制储备金无法达到应有水平；三是出现无法兑现养老基金投资回报达到最低回报率要求的情况；四是 6 个月之内，出现两次以上不遵守养老基金安全保管承诺的情况。在 AFP 破产的情况下，由 SAFP 负责公司资产的清算。但这并不会影响到该公司管理的养老基金，个人的账户基金会转移到其重新选择的养老基金管理公司中去。如果个人在法定期限内没有选择替代的 AFP，SAFP 会将其账户转移给一家住址或办公地点在这个参保成员工作所处城镇范围之内的公司。如果该范围内有两家这样的公司，则选择一家回报率相对高的公司；如果该范围内一家这样的公司也没有，SAFP 则按照地区的范围来划定这样的公司。

3. AFP 公司的主要业务范围

第一，管理个人账户。AFPs 负责个人账户基金（包括缴费、自愿储蓄以及补偿储蓄）的收缴和记录工作。收缴方式主要有两种，第一种方式是通过纸质文件和现金支付手段，AFPs 可以在自己的办公地点或分支机构收集资金，也可以和银行、家庭津贴赔偿基金（CCAFs）或其他 SAFP 许可的机构签订合同，由这些机构收集缴费。第二种方式是通过互联网收缴，在这种方式下，雇主或自雇者向网站同时发送两个电子指令，一个是支付通知，它会立即传送到 AFP；另一个是向银行发送的资金支付指令，发出后雇员个人账户就会立即产生一笔对银行的负债。

第二，进行养老基金投资。AFP 负责对成员的账户基金进行投资，基金投资的金融工具要在中央银行和 SAFP 限定的范围之内，并且在投资安全性、最低收益保障、风险评级和关联公司等诸多方面符合养老基金监管总署的相应要求。历史上 AFPs 只能设立一只投资基金，从 2002 年开始，AFPs 要为雇员设立 A、B、C、D、E 五只风险依次递减的投资基金，个人可以在五只基金中选择其一。

第三，确认和管理养老金给付。在养老金参保成员满足领取退休金的条件后，AFPs

需要对参保成员的养老金给付进行确认。为此，AFPs要和保险公司签订合同，为雇员提供退休年金以及伤残和遗属年金，并且还要确认并兑现存入参保成员个人账户的认购债券资金。

第四，提供服务和信息。为方便服务，AFPs在全国各地设立了分支。另外，AFPs聘请了专门培训过的代理业务员（营销人员），他们直接和参保成员联系，负责提供各地的信息，并解决各种社会保障事务问题。在信息服务方面，AFPs需要定期为其成员提供书面信息。例如，每4个月一次的账户管理报告文件，也可以通过互联网传送报告。

第五，境外业务活动。按照法律许可，AFPs还可以在国外进行一些与社会保障事务相关的顾问或投资业务活动，这些属于AFPs的辅助业务。

4. 投资监管政策

第一，在养老基金投资的渠道和范围上，政府采取了较为严格的数量监管方式。制度建立初期，养老金只允许投资于固定收益类工具，包括国债、金融机构债券以及公司债券等。从1985年智利开始允许养老基金投资于股票，1990年允许养老基金投资国外证券。目前政策允许的股票投资比重达30%以上，国外证券投资达到40%。

第二，实行养老金投资产品风险评级制度。法律要求私营机构发行的金融投资产品只有经过政府许可的风险评估公司的风险认定后，才能成为AFPs的投资对象。

第三，交易市场要求。一般情况下，涉及养老金投资产品的交易都要在正式的二级市场内进行。

第四，禁止AFP公司的关联交易，以防止养老金投资产生利益冲突问题。

第五，雇员的投资选择权。历史上AFP公司只能设立一只投资基金，2000年开始设立两只基金，2002年增加到A、B、C、D、E五只投资基金，各只基金具有不同的风险回报组合，其主要区别在于股票投资所占的份额上。在股票投资份额上，基金A为40%～80%，基金B为25%～60%，基金C为15%～40%，基金D为5%～20%，而基金E则不能投资股票。

5. 账户基金的担保机制

AFP公司的最低投资回报率和强制储备金要求。政府对AFPs的投资回报率有强制性的规定要求，即每家AFP每个月都要保障其管理的养老基金在过去36个月（2002年以前为12个月）的实际投资回报达到一定的最低标准，即它的最低收益率不能低于该类基金市场平均收益率2个百分点或低于市场平均收益率的50%（采用两个数据中的较低者）。为应对养老金投资波动可能造成无法满足最低回报率要求情况的出现，法律要求每家AFP都要建立储备金制度，即公司从自有资金中划出总量为其管理养老基金净值1%的资金作为储备金，并将储备金与其管理的养老基金一起进行投资。此外，管理当局还对养老基金的最高投资回报率制定了上限政策，即最高投资回报率超出AFP行业平均回报率的部分不能超过2个百分点或行业平均值的50%以上。超出的部分要作为一项养老基金的“利润储备金”储存起来。在AFPs的投资回报率下降时，储备金可以用于弥补实际投资回报率与最低投资回报率标准之间的差额。[①]

在智利个人账户养老金制度下，政府承担三方面的担保责任。首先是最低养老金保障。对于缴费满20年，但由于各种原因达不到领取最低养老金标准的参保成员，由政府补足其账户余额以达到社会最低养老金的标准。其次，保障养老金投资的最低回报率。当AFPs达不到前述投资回报率标准时，先由AFPs的储备金和自有资金补足，如此措施仍不满足回报率要求时，政府将对该基金管理公司进行清算并负责保证基金持有人的权益。最后，特殊情况下的担保。在养老基金管理公司停止支付或破产的情况下，政府要保证伤残和遗属保险金的支付。在保险公司破产的情况下，对于选择终身年金支付方式的参保成员，政府为其提供一定的养老金保障。

（二）中东欧国家和地区的个人账户养老基金管理体制

1. 20世纪90年代以来改革的基本情况

传统上，中东欧国家和地区都有着待遇确定型现收现付的社会养老金计划，在20世纪90年代的经济转型过程中，传统制度面临着人口老龄化、财政负担加重、覆盖面狭窄以及待遇下降等多方面问题。90年代中后期，该地区开始效仿拉美国家的养老金私有化改革方式，在基本养老保险中引入个人账户制度，该进程基本同拉美“第二代”养老金改革国家同步。1998年，匈牙利率先引入了个人账户养老金计划。至2009年，该地区接近一半的国家和地区已立法引入了强制性的个人账户养老金计划。表3—11说明了中东欧国家和地区个人账户养老金制度改革的基本情况。除科索沃外，其他中东欧国家的养老金制度均为部分积累制，大部分国家仍保留了原现收现付制度，少数国家则将原现收现付制度改造为名义账户制（例如拉脱维亚、波兰和俄罗斯）。就第二支柱积累制计划的缴费而言，所有国家和地区的费率都低于10%，低于现收现付计划的缴费比例。在大部分国家和地区，第二支柱的参保人群都为青年劳动力，中年劳动力（通常为31～50岁）可选择性加入，而临近退休参保者大多保留在原现收现付计划中。

2. 中东欧国家和地区的个人账户养老基金管理体制

在养老基金的管理体制上，中东欧国家和地区与拉美国家有很大相似之处，大部分国家和地区成立了专业养老基金管理公司来管理养老基金，这些公司提供养老金受托、账户管理以及投资运营等方面的“捆绑式”服务。例如，哈萨克斯坦、保加利亚、波兰、罗马尼亚和爱沙尼亚等国家。但在俄罗斯和匈牙利两国，养老基金则采取“拆分”方式，聘用外部金融机构充当养老基金的受托管理人，再由受托人将投资管理等业务分包出去。在缴费征缴方面，部分国家采用集中征缴方式，由国家养老金行政管理征收缴费，然后再转移给基金管理公司。例如，波兰和罗马尼亚。在个人账户养老金的账户管理方面，部分国家

① 例如，如果前3年行业的平均投资回报率为10%，一家AFP的回报率为17%，那么这家AFP的超额回报就为2%（17%－10%－10%×50%）；如果行业平均回报率为2%，一家AFP的回报率为4.5%，那么这家AFP的超额回报率就为0.5%（4.5%－2%－2%）。

表 3—11　　　　中东欧国家和地区基本养老保险个人账户制度的基本特征

	改革年份	改革立法	支柱结构（缴费率）	个人账户计划参保人群	基金管理公司	监管机构
匈牙利	1998	强制性私营养老金计划法	现收现付：18.5% 积累制账户：8%	所有就业人口	养老基金管理公司	国家金融监管局（HFSA）
波兰	1999	社会保障法	名义账户：12.22% 积累制账户：7.3%	31 岁以下全部加入	养老基金管理公司（PTE）	保险和养老基金监管委员会（KNUIFE）
拉脱维亚	2001	缴费确定型养老金计划法	名义账户：18% 积累制账户：4%	30 岁以下强制加入	养老基金管理公司	
保加利亚	2002	补充强制养老保险法	现收现付：18% 积累制账户：5%	40 岁以下者强制加入	养老基金管理公司	金融监管委员会（FSC）
克罗地亚	2002	强制和自愿性养老基金法	现收现付：12% 积累制账户：5%		养老基金管理公司	
爱沙尼亚	2002		现收现付：16% 积累制账户：6%	2002 年以后新加入劳动力市场人口	养老基金管理公司	金融监管局
科索沃	2002		完全积累制账户：10%	全体参保者	养老基金管理公司	银行和待遇管理局（BPK）
俄罗斯	2003	非政府养老基金法（NPF）	名义账户：8%～14% 积累制账户：6%		国有基金管理公司和私营基金管理公司	联邦金融市场服务局，隶属于俄罗斯国务院
立陶宛	2004	养老金积累法	现收现付：34% 积累制账户：5%	工人可以自愿选择加入个人账户或保留在现收现付计划中	人寿保险公司或资产管理公司	
斯洛伐克	2005	养老储蓄法	现收现付：— 积累制账户：9%	新参保者强制加入	养老金管理公司	
马其顿	2006	强制性积累制养老金保险法	现收现付：13.78% 积累制账户：7.42%	新就业者强制加入	养老金管理公司	完全积累制养老金监管局（MAPAS）

资料来源：World Bank，*Adequacy of Retirement Income after Pension Reforms in Central*，*Easten*，*and Southern Europe*，2009.

采用“集中清算”方式。例如，克罗地亚和拉脱维亚建立了养老基金清算所（Clearing House），清算所职能由个人账户养老金管理局执行，清算所与提供养老金投资的基金公司签订合同，集中缴费者的养老基金投资指令，然后由清算所对养老基金进行统一购买。清算所每天集中所有的个人交易指令，并对买卖净额进行转移，每天收集并公布基金投资的信息，提供个人账户的投资记录。

波兰：基本养老保险个人账户基金为开放式基金，由养老基金管理公司（PTE）负责管理运营。养老基金管理公司是依法成立的专业化公司，每家公司设立一只投资基金，进行市场化运营，相互竞争。同时，养老基金管理公司向参保人收取一定的初始费用和管理费用，用以弥补营销和管理成本并取得利润。个人账户养老金缴费由社会保障办公室（ZUS）收集，再转付给私营基金公司。在投资担保方面，养老金公司必须保证回报率不低于法定标准。每季度，监管委员会计算所有基金的平均回报，低于市场平均回报50%的水平或4个百分点的基金，必须从公司的准备金账户（资产价值的1%～3%）中补充。此外，国民证券托管局（National Securities Depository，NSD）还建有一个单独的保障基金（Guarantee Fund），在账户基金投资亏损时提供担保。2009年年初，波兰全国共有14家养老基金管理公司，参保成员为1 400万人，管理316亿欧元，其第二支柱养老基金规模在中东欧国家处于首位。在14家公司中，约有一半由保险公司成立，其他主要由银行和大企业设立。在市场份额上，保险公司主导的养老金公司占据领导地位，最大的3家公司垄断了65%的养老金资产和55%的参保者。①

斯洛伐克：个人账户养老基金由私营的养老金资产管理公司（Pension Asset Management Companies，PAMC）管理，每家公司可提供三只基金：一是成长型基金（高风险、高回报）；二是平衡型基金（中等风险）；三是保守型基金（低风险）。参保者可自愿加入一家基金管理公司，选择一只投资基金，但临近退休的人员只能选择保守型基金。2007年市场上有6家公司，前3家公司所占的市场份额（加入公司的参保者数量）超过了70%。至2007年年末，第二支柱参保者达到160万人，全部资产为21亿美元。国家银行（The National Bank of Slovakia）负责养老基金和保险公司的全部监管。②

罗马尼亚：罗马尼亚是中东欧国家中最后一个引入私营个人账户的国家，它于2004年初次通过立法，2007年才开始执行。强制性第二支柱针对35岁以下参保者，缴费来自雇员，由国家养老金办公室征缴（National House of Pensions，CNPAs），基金由国家养老基金监管局CSSPP监管。养老基金由养老金管理公司管理，一家公司只能管理一只基金，但可提供不同风险组合的产品，目前市场上有12家养老基金管理公司。

保加利亚：于2000年引入建立强制性第二支柱，有两种类型的强制性养老基金，即统一养老基金（UPFs）和职业养老基金（PPFs）。PPFs主要是针对特殊危险行业的雇员，雇员缴费率为12%，雇主为7%。2008年年末，参加人数大约有22.1万人，资产1.87亿欧元。UPFs于2002年开始实施，所有行业的雇员（包括自雇者）都要参加。自2007年开始，UPFs的缴费率为5%，雇主和雇员分别缴纳3%和2%。第二支柱养老金缴费和现收现付计划一起由国家统一的管理机构征缴，然后再转移给私营养老基金管理公司。私营养老基金的监管部门为金融监管委员会（KFN）。养老金管理公司的最低注册资本金为250万欧元，养老基金必须满足最低投资回报率要求，该回报率由金融监管委员会根据两年内的市场平均回报率水平制定。目前UPFs的最低投资回报率要求为－8.51%，

---

①② EFRP（European Federation for Retirement Provision），Facing up to the Challenges，http://www.fiap.cl/prontus_noticia/site/.../facing_up_to_the_challenges_eng.pdf.

PPFs为6.98%。自2005年以来，UPFs和PPFs内部必须建立托管委员会，该委员会代表雇主和雇员的利益，对基金进行监督并提供咨询。2008年年末，保加利亚有10家UPFs公司，参保人数为280万人。①

克罗地亚：第二支柱积累制养老基金于2004年引入，40岁以下就业人口都要参加，缴费率为5%，养老基金由私营养老金公司管理。2005年，克罗地亚金融服务监管局（Hanfa）成立，负责养老基金的监管。同时，克罗地亚还有一个专门的参保人员注册服务中心（Regos），负责参保人的注册、缴费征缴以及雇员在养老金公司间的转移、账户服务等工作。养老基金管理公司必须保障一定水平的最低回报率，该回报率根据市场平均水平制定。2009年，克罗地亚有4家养老基金管理公司，第二支柱参保成员有149万人，养老基金为32亿欧元。②

爱沙尼亚：于2002年引入第二支柱，改革前第一支柱的缴费率为20%，全部由雇主负担，改革之后下降为16%，在第二支柱中，雇员缴费为2%，政府提供4%的匹配缴费。1983年之后出生的人口都要加入积累制养老金计划。养老基金管理公司负责养老金计划管理，公司可以提供三种投资策略，全部投资于固定收益类产品的低风险投资策略；投资股票上限为25%的中等风险投资策略；投资股票投资份额不超过50%的高风险投资策略。这些公司大都隶属于国内最大的银行、保险公司和投资银行。在投资保障方面，爱沙尼亚并未要求养老基金提供最低收益率保障，但这些公司要向一个社会基金缴费，由该基金为投资提供担保。2009年，第二支柱个人账户计划参保人数约为58.4万人（总人口1.3亿），资产达到7.5亿欧元。③

拉脱维亚：第二支柱改革起步于1998年，但到2001年才正式实施。新就业的人口要加入个人账户计划，2009年个人账户计划缴费率为8%。在改革初期的18个月内，政府财政部负责管理私营养老基金，2003年私营养老基金管理公司开始运作，由金融资本市场委员会（FKTK）监管，2007年国家财政部退出市场。2008年年末，国内有10家养老基金管理公司，个人账户计划参保人数量为106.6万人，占劳动力总量的88.5%，总资产为6.6亿欧元。④

俄罗斯：2002年，俄罗斯在劳工养老金引入了积累制的个人账户养老金计划。在改革的最初两年内，账户基金的投资管理以及记录工作全部由“俄罗斯联邦国家养老基金”负责。从2004年开始，私营的非政府养老基金（NPF）开始参与账户基金的投资管理业务。当前，参保雇员可以自由选择“俄罗斯联邦国家养老基金”或一家非政府养老基金作为个人账户养老金的受托管理人。目前，俄罗斯国内从事养老基金投资业务的非政府养老基金有200多家。

匈牙利：第二支柱和第三支柱的个人账户养老金计划都登记为非营利性组织，属参保成员所有的独立法定实体，参保人每年都有两次机会参加职工大会，在理论上可以选择基

①②③④ EFRP（European Federation for Retirement Provision），Facing up to the Challenges，http://www.fiap.cl/prontus_noticia/site/.../facing_up_to_the_challenges_eng.pdf.

金管理人。强制性个人账户养老基金有开放式和封闭式两类，任何参保成员都可加入开放式基金，而封闭式基金则只针对公司内部雇员。与大多数中东欧国家由养老基金管理公司管理基金的方式不同，匈牙利采取雇用外部资产管理人的办法。一般来说，金融集团（银行、保险公司）或单个企业、企业集团公司都可以参与私营养老基金的管理运作。而封闭式基金则由养老金计划管理人自我管理。基金管理人提供三种风险组合的投资基金，第一种投资组合股票占10%以上，第二种组合股票占10%～40%，第三种组合股票占40%以上。私营养老基金的监管机构为金融监管局。2007年年末，全国有20个养老基金，全部资产为115亿美元，其中，5家最大的养老基金公司持有全部资产的80%以上。这些养老基金公司大都隶属于各个金融集团、银行、特殊信用机构和保险公司。①

3. **投资监管政策**

在中东欧国家，由于金融市场发育落后，资本市场规模小且风险性高，各国政府对个人账户基金都实行了较为严格的管制措施，这些措施体现在投资范围、费用和担保机制等方面。

各国的投资政策呈现出较大的差异性（见表3—12）。从总体上看，中东欧国家养老基金投资政策较拉美国家更为宽松一些。股票投资份额最能反映出投资政策的自由性。例如，捷克对养老基金投资股票份额并未设定上限，斯洛伐克股票投资的上限份额为80%，爱沙尼亚、匈牙利和罗马尼亚都为50%。在斯洛伐克和罗马尼亚两国，监管部门并未对养老基金投资银行存款、公司债券和投资基金采取数量限制。管制最为严格的国家是保加利亚，其养老基金投资股票的份额不得超过20%，投资国债的份额不得少于50%。克罗地亚、斯洛文尼亚和拉脱维亚三国养老基金投资股份不得超过30%。同时，拉脱维亚、匈牙利、克罗地亚和波兰针对公司债券投资也做出相应规定。就海外投资而言，投资份额最高的国家为捷克和斯洛文尼亚两国，其养老基金投资OECD国家的份额不设上限。波兰的自由度最低，养老基金投资海外份额仅为5%。②

表3—12　　中东欧国家的个人账户养老基金投资策略

国家	国债	银行存款	公司债券	股票	投资基金	海外投资
保加利亚	最低50%	无限制	无限制	20%	15%	15%
克罗地亚	最低50%	5%	30%	30%	30%	15%
捷克	无限制	10%	无限制	无限制	无限制	对OECD国家无限制
爱沙尼亚	35%	35%	无限制	50%	无限制	对中欧国家无限制
匈牙利	无限制	无限制	30%	50%	50%	30%
拉脱维亚	无限制	无限制	20%	30%	无限制	对中欧国家无限制

① Allianz Global Investors, Central and Eastern European Pensions 2007, Systems and Markets, http://www.projectm-online.com/.../July_07_Central_and_Eastern_European_Pensions_2007.pdf.

② Europeanvaluesnet, Liberalization of Pension Systems in Central and Eastern Europe, http://www.european-values.net/.../PP_Liberalization_of_Pension_Systems_in_Central_and_Eastern_Europe_09.pdf.

续表

国家	国债	银行存款	公司债券	股票	投资基金	海外投资
波兰	无限制	20%	40%	40%	开放式基金：15% 封闭式基金：10%	5%
罗马尼亚	70%	无限制	无限制	50%	无限制	—
斯洛伐克	最低 30%	无限制	无限制	80%	无限制	70%
斯洛文尼亚	无限制	30%	无限制	30%	30%	对 OECD 国家无限制

资料来源：Europeanvaluesnet，Liberalization of Pension Systems in Central and Eastern Europe，http://www.europeanvalues.net/.../PP_Liberalization_of_Pension_Systems_in_Central_and_Eastern_Europe_09.pdf.

在中东欧国家，养老基金管理公司的佣金征收通常有三种方式：一是按照养老金缴费的一定比例征收；二是按管理资产的固定比例征收；三是根据基金投资业绩抽取附加费用。表 3—13 说明了部分国家的佣金结构。

表 3—13　　　　中东欧国家个人账户养老基金的管理佣金结构

国家	从养老金缴费中抽取比例	从管理资产抽取固定比例费用	从投资回报中抽取附加管理费用
保加利亚	5%	1%	无
克罗地亚	0.80%	0.95%	投资回报的 25%
捷克	无规定	无规定	无
爱沙尼亚	1%	2%	无
匈牙利	4.5%	0.8%	无
拉脱维亚	无规定	无规定	无
立陶宛	10%	1%	无
波兰	7%	每月最高为 0.045%	最高回报基金每月利润的 0.005%
罗马尼亚	2.50%	0.60%	每年投资利润的 10%
斯洛伐克	1%	最高每月 0.07%	无
斯洛文尼亚	6%	1.50%	无

资料来源：Europeanvaluesnet，Liberalization of Pension Systems in Central and Eastern Europe，http://www.europeanvalues.net/.../PP_Liberalization_of_Pension_Systems_in_Central_and_Eastern_Europe_09.pdf.

表 3—14 说明了中东欧国家个人账户养老基金投资的担保政策。养老基金的投资担保机制分为两个方面：一是对个人账户基金最低投资回报率设定限制。例如，捷克要求养老基金的绝对回报率水平必须大于零；其他国家则实行相对收益保障规定，根据市场平均回报制定养老基金的最低回报率要求。二是引入社会最低保障养老金制度，在参保者个人账户积累额低于一定水平时，由国家保障其获得社会最低养老金。

表 3—14　　　　部分中东欧国家个人账户养老基金的投资担保机制

国家	绝对投资收益保证要求	相对投资收益保证要求	社会最低保障养老金及给付标准
保加利亚	—	是	官方公布最低工资的 19.70%
克罗地亚	—	是	每个保险年度 43.15 kuna
捷克	是	—	无

续表

国家	绝对投资收益保证要求	相对投资收益保证要求	社会最低保障养老金及给付标准
爱沙尼亚	—	—	平均净工资的20%
匈牙利	—	—	官方最低工资的28%
拉脱维亚	—	—	官方最低工资的48%～67%
立陶宛	—	—	最低生活水平的110%
波兰	—	是	平均工资的24%
罗马尼亚	—	是	无
斯洛伐克	—	是	最低生活标准的120%
斯洛文尼亚	—	是	国民净工资的64%

资料来源：David Snelbecker，Pension Reform in Eastern Europe and Eurasia：Experiences and Lessons Learned，2005.

第三节　金融危机对全球基本养老保险个人账户基金的影响

在大部分国家，基本养老保险个人账户基金都实行市场化投资策略。2008年以来的金融危机对各国个人账户基金带来巨大影响，几乎所有国家都未能幸免。但是，金融危机对个人账户基金的影响程度却不尽相同，这主要取决于资产组合中权益类产品的比重。一般来说，权益类比重越高，影响越大，消除影响时间也越长；反之亦然。

一、金融危机对拉美基本养老保险个人账户基金的影响

表3—15说明了拉美十国个人账户养老基金受金融危机影响的情况。根据国际养老基金管理公司联合会（FIAP）的统计，至2007年年末，拉美十国的个人账户养老基金资产市值为2 505亿美元，到2008年年末该数字下降为2 020亿美元，资产缩水接近20%。[①] 2008年3月，拉美十国全部个人账户养老基金资产市值为2 673亿美元，至2008年9月则下降至2 320亿美元，资产缩水353亿美元，降幅达11%。从2008年9月开始，玻利维亚、萨尔瓦多和哥斯达黎加等部分小国养老基金资产开始恢复增长，而智利、墨西哥、秘鲁和乌拉圭四国仍呈现出下降趋势。这说明金融危机对拉美养老基金大国的影响明显高于小国。表3—16说明了拉美十国2007年和2008年个人账户养老基金的投资回报率情况。2007年大部分拉美国家的投资回报率为正值，但2008年中，除哥伦比亚和多米尼加共和国外，其他8个国家投资均出现亏损，亏损幅度最大的依次为秘鲁、智利和乌拉圭，实际投资回报率分别为−26.74%、−21.97%和−20.81%。从表3—16中还可看出，虽然大部分国家在2008年出现大幅投资亏损，但从历史平均水平来看，大部分拉美国家个人账户养老基金自成立以来，仍然取得了较为丰厚的投资回报率，如智利和秘鲁两国历

① 阿根廷于2008年11月将私营养老基金收归国有，因此2008年年末的统计为排除阿根廷后的十国数据。

史上的累计年均回报率都超过了10%。[1]

表3—15 2007—2008年拉美国家基本养老保险个人账户基金的市值变化 单位：亿美元

国家	2007年12月	2008年3月	2008年6月	2008年9月	2008年12月
玻利维亚	29.11	31.65	34.28	36.41	38.85
哥伦比亚	253.34	280.63	277.45	258.63	260.2
哥斯达黎加	13.96	16.28	15.74	15.92	16.09
智利	1 110.37	1 213.36	1 059.07	923.33	743.12
萨尔瓦多	40.54	42.12	42.56	44.73	45.35
墨西哥	804.67	813.07	932.94	815.34	709.27
巴拿马	5.45	5.45	5.62	5.62	5.64
秘鲁	203.77	222.95	212.92	179.7	159.0
多米尼加	9.76	11.30	11.58	12.53	14.04
乌拉圭	33.92	36.57	39.75	37.39	28.72
合计	2 504.89	2 673.38	2 631.93	2 329.60	2 020.28

资料来源：国际养老基金管理公司协会，http://www.fiap.cl/prontus_fiap/site/edic/base/port/semestral.html.

表3—16 2007—2008年拉美国家基本养老保险个人账户养老基金投资回报率

国家	年实际回报率（%）		历史累计年均回报率（%）	
	2008年	2007年	2008年	2007年
玻利维亚	−1.65	−0.31	6.91	7.93
哥伦比亚	0.20	6.68	3.73	5.27
哥斯达黎加	−9.00	−0.73	3.61	5.68
智利	−21.97	6.50	8.79	10.03
萨尔瓦多	−2.36	1.43	7.20	8.47
墨西哥	−6.03	1.36	6.07	6.74
秘鲁	−26.74	20.24	7.55	10.57
多米尼加	7.23	−0.37	—	—
乌拉圭	−20.81	0.24	7.57	10.50

资料来源：国际养老基金管理公司协会，http://www.fiap.cl/prontus_fiap/site/edic/base/port/semestral.html.
注：年均回报以本币计算，扣除通胀因素影响；历史累计年均回报：自个人账户养老金制度成立伊始的年均回报率，以本币计量，扣除通胀因素。

表3—17说明了9个拉美国家2007年和2008年个人账户养老基金资产配置的对比情况。从大的投资方向划分，拉美国家的个人账户养老基金主要投资于四个部门，即政府部门发行的债券、金融机构发行的债券和股票、公司发行的债券和股票以及国外债券和股票。可以看出，风险投资比重最高的两个国家为秘鲁和智利，在2007年年末，这两国权益类投资产品的比重都超过了50%，并允许养老基金投资海外证券。而其他国家的养老基金投资则主要以固定收益类产品为主，在固定收益类产品中大部分是政府债券。因此，在2008年的金融危机中，投资受影响最大的两个国家是秘鲁和智利。面对突如其来的金融

① 国际养老基金管理公司协会，http://www.fiap.cl/prontus_fiap/site/edic/base/port/semestral.html.

表3—17　　拉美国家个人账户养老基金投资分布（各类资产所占份额）　　单位：%

国家	年份	政府部门	公司部门		金融部门		国外部门		其他部门	固定收益合计	权益合计
			固定收益	权益	固定收益	权益	固定收益	权益			
玻利维亚	2008	68.75	11.79	0.04	14.61	1.07	0.00	0.00	3.74	95.15	1.11
	2007	72.36	8.51	0.04	14.61	1.04	2.24	0.00	1.19	97.72	1.08
智利	2008	14.30	10.79	15.91	33.03	0.43	3.20	25.32	3.00	61.32	41.66
	2007	7.4	7.97	18.19	29.24	0.68	0.80	34.77	0.51	45.41	53.64
哥伦比亚	2008	48.35	7.85	12.98	10.40	8.96	5.51	3.87	2.09	72.11	25.81
	2007	44.12	9.71	14.26	9.09	8.84	5.35	6.61	2.03	68.27	29.71
哥斯达黎加	2008	66.36	2.09	0.55	16.45	5.57	8.55	0.43	0.00	93.45	6.55
	2007	65.16	2.19	0.35	13.56	5.3	13.13	0.24	0.00	94.04	5.89
萨尔瓦多	2008	76.60	0.79	0.00	17.55	0.00	3.63	0.00	1.42	98.57	0
	2007	76.82	0.67	0.00	15.98	0.00	4.17	0.00	2.36	97.64	0
墨西哥	2008	65.22	12.78	5.83	0.00	0.00	5.40	4.58	6.17	83.4	10.41
	2007	67.01	12.95	4.02	2.25	0.00	5.25	3.65	4.88	87.46	7.67
秘鲁	2008	25.23	14.47	25.41	16.41	6.87	4.21	8.21	0.79	60.32	39
	2007	21.94	10.27	38.28	7.96	8.25	2.08	11.11	0.12	42.25	57.64
多米尼加	2008	38.77	9.19	0.00	52.05	0.00	0.00	0.00	0.00	100.01	0
	2007	19.10	0.74	0.00	80.16	0.00	0.00	0.00	0.00	100	0
乌拉圭	2008	81.80	6.89	0.16	3.55	0.00	4.17	0.00	3.43	96.41	0.16
	2007	86.98	5.04	0.12	5.73	0.00	0.00	0.00	2.13	97.75	0.12

资料来源：国际养老基金管理公司协会，http://www.fiap.cl/prontus_fiap/site/edic/base/port/semestral.html.

危机，大部分拉美国家都收缩了权益类产品投资份额，增加了债券持有比重，这也反映出个人账户养老基金转身较快的特点。

个人账户养老基金市场化投资的一个特点是：股票类风险投资比重越高，在金融危机中投资损失越大。智利的私营养老金“多基金”制度充分反映了这一点。表3—18说明了智利五只基金在2008年实际投资回报率情况。智利A～E基金投资风险依次递减，其投资亏损也是依次递减的，其中A基金投资回报率为－40.26%，B基金为－30.08%，C基金为－18.94%，D基金为－9.86%，而E基金仅为－0.93%。但从历史累计投资回报水平看，智利的情况表明，高风险的基金依然可获得较高的投资回报，2002年9月至2008年12月6年来A基金的累计年均回报率为4.21%，而B、C和D基金则大致相近，E基金最低。这充分说明了养老基金市场化投资的特点，即风险高、收益高，但是波动幅度也较大。①

二、金融危机对中东欧国家个人账户养老基金的影响

自20世纪90年代起，中东欧国家先后有波兰、匈牙利、捷克、保加利亚、克罗地

① 国际养老基金管理公司协会，http://www.fiap.cl/prontus_fiap/site/edic/base/port/semestral.html.

表 3—18　　　　智利"多基金"的实际回报率

基金	2007 年 12 月至 2008 年 12 月（年回报%）	2002 年 9 月至 2008 年 12 月（累计回报%）	2002 年 9 月至 2008 年 12 月（年均回报%）
A 基金（最高风险）	−40.26	29.53	4.21
B 基金（高风险）	−30.08	22.84	3.33
C 基金（中等风险）	−18.94	23.50	3.42
D 基金（保守）	−9.86	23.53	3.43
E 基金（最保守）	−0.93	18.45	2.74

资料来源：国际养老基金管理公司协会，http://www.fiap.cl/prontus_fiap/site/edic/base/port/semestral.html.

亚、斯洛伐克、斯洛文尼亚、爱沙尼亚、拉脱维亚和立陶宛在内的十几个国家建立起多支柱养老金体系。表 3—19 说明了其中 10 个国家在 2008 年养老基金的投资亏损情况。2007 年 7 月，上述 10 国私营养老基金（包括强制性第二支柱和自愿性第三支柱）的资产额约为 700 亿欧元，至 2008 年 7 月，这些国家养老基金投资损失约为 90 亿欧元，亏损约占私营养老基金资产的 13%。其中，波兰的养老基金数额最大，损失也最高，达到了 59.8 亿欧元；其次是匈牙利，损失为 21.2 亿欧元；第三位是捷克（自愿性养老基金），损失了 2.1 亿欧元，这三个国家的损失额合计占到了所有国家损失的 93%。① 其他国家由于养老基金市场规模较小，投资损失不大。

表 3—19　　　　2008 年期间 10 个中东欧国家个人账户养老基金投资情况

国家	强制性第二支柱个人账户			自愿性第三支柱个人账户		
	参保人员（万人）	基金规模（亿欧元）	投资损失（亿欧元）	参保人员（万人）	基金规模（亿欧元）	投资损失（亿欧元）
波兰	1370	420	59.5			0.3
匈牙利	290	75	14.9		30	6.3
捷克				410	74	2.1
斯洛伐克	160	20	1.15		8	0.8
克罗地亚	145	31.9	1.35	13.6	1.24	0.11
波罗的海 3 国合计	245	17	0.85	20	2	0.15
保加利亚	294	9.03	0.45	60.5	3.18	0.5
斯洛文尼亚	50	12	0.64	3	0.5	0.16
合计	2 554	584.93	78.84	507.10	118.92	9.92

资料来源：The crisis melted down 9 billion Euros from the CEE pension funds，http://www.privatepensions.ro/The-crisis-melted-down-9-billion-Euros-from-the-CEE-pension-funds-article-1-205.htm.

表 3—20 列出了中东欧 7 个国家在金融危机爆发前个人账户养老基金历史上的实际回报情况。在制度启动至 2008 年以前，这 7 个国家的个人账户养老基金年均实际回报率略

① The crisis melted down 9 billion Euros from the CEE pension funds，http://www.privatepensions.ro/The-crisis-melted-down-9-billion-Euros-from-the-CEE-pension-funds-article-1-205.htm.

高于各国的GDP增长率，回报率最高的国家为波兰，最低的为拉脱维亚。总体来看，这些国家养老基金投资回报率要低于同期的拉美国家。

表3—20　　2008年前中东欧各国个人账户养老基金的实际投资回报

国家	养老基金启动时间	至2007年年均实际回报率（%）	回报率与GDP增长率比较（%）
保加利亚	2002年	3.2	0.5
爱沙尼亚	2002年	4.9	0.6
匈牙利	1998年	2.6	0.6
拉脱维亚	2001年	−3.5	−0.3
立陶宛	2004年	5.7	0.7
波兰	1999年	8.9	2.2
斯洛伐克	2005年	0.9	0.1

资料来源：World Bank，Pensions in Crisis：Europe and Central Asia Regional Policy Note，November 12，2009.

表3—21说明了中东欧国家第二支柱个人账户养老基金的实际投资分布情况。可以看出，大部分国家的养老基金投资以固定收益类为主，其中国债投资份额占到了50%以上，而股票投资份额大都在20%以下，说明这些国家的投资策略较为保守。

表3—21　　中东欧国家个人账户基金的实际投资分布情况

	波兰	匈牙利	斯洛伐克	罗马尼亚	保加利亚	克罗地亚	爱沙尼亚	立陶宛
国债	74.2	57.8	67.4	53.4		76.1		60.7
欧盟区主权债券				7	34.4			
地方政府债券				3.89	1			
国内公司债券				24.21	21.9	3.5	29	
抵押债券	0.4	3.5			3			
公司股票	20.6	12.6	6.4	3	14.5	12.1	6	22.2
投资基金	0.2	24.4		0.74		1.8	42	
银行存款和现金	2.1	1.7	21.3	7.8	23.2	4.3	21	15.1
其他	2.5		13.8		1.8	2.2		2.1

资料来源：Europeanvaluesnet，Liberalization of Pension Systems in Central and Eastern Europe，http://www.europeanvalues.net/.../PP_Liberalization_of_Pension_Systems_in_Central_and_Eastern_Europe_09.pdf.

三、各国个人账户养老金制度应对金融危机的改革调整和反应措施

针对金融危机的影响，拉美和中东欧国家纷纷出台保护措施，调整个人账户养老金体系。总体而言，经过金融危机的冲击，世界各国积累制养老金计划改革的进程遇到阻力，养老基金投资资本市场的步伐放缓。

（一）拉美国家的改革措施

拉美国家是养老金私有化改革的发源地，但经过20多年的实践后，个人账户养老金制度的一些缺陷逐步暴露出来。实际上自2005年以来，不少拉美国家开始采取一些新的

改革措施，相对于20世纪80年代第一轮私有化改革，这次改革被称为“第二轮改革”。这次改革呈现出的特点是逆私有化改革趋势，加强社会保障中的国家责任，调整和改善私营制度。主要举措体现在两个方面：

1. 扩大国家公共养老金计划的覆盖范围

第一，允许工人返回国家举办的原现收现付养老金计划中去。最为突出的例子是阿根廷的私营养老金“国有化”改革事件。2008年11月，阿根廷宣布对私人养老金进行国有化改革，经过14年的私有化改革后，阿根廷养老金制度又退回到改革前的传统中去，私有化改革宣告失败。[①] 2007年秘鲁出台法律规定，加入私营养老金计划并符合退休条件的工人，如果在1996年前曾参加过现收现付计划，可以选择按原制度规则领取养老金。此办法出台的目标在于：保护个人账户计划下养老金积累比较低的工人；2008年，乌拉圭也出台了类似办法，允许部分参保人重新加入公共养老金计划。事实上，在2008年“国有化”改革事件前，阿根廷已采取一些措施允许工人退出个人账户计划。

第二，加强“社会团结”和再分配机制。在20世纪80年代的第一轮改革中，大部分拉美国家取消了起再分配作用的社会养老金，对缓和急剧上升的社会收入差距贡献甚微。在第二轮改革中，许多国家开始加大国家财政补助，并建立由税收扶持的非缴费型社会养老金，以降低老年贫困。例如，近年来萨尔瓦多开始实行养老金补助制度，如果职工的账户养老金低于原现收现付计划提供的养老金，他们可以获得相应的财政资助；2008年年初，智利通过法令建立了全民普惠型的“社会团结”养老金，成为拉美地区中国家扶持社会养老最为突出的例子；早在2003年，哥伦比亚就引入“社会团结”养老金计划，并为低收入工人提供缴费补助。这些都反映出拉美地区越来越重视国家保障责任的发展趋势。

第三，建立公共养老储备基金。不少拉美国家出台法令着手建立独立的养老储备基金，以降低未来养老债务负担，加强社保制度的财务稳定性。例如，2006年，智利创建了“养老储备基金”和“经济社会稳定基金”两只主权财富基金。由于近年来，铜业销售为智利政府带来了大量财政盈余，国家将这笔资金储备起来，并进行投资运营，以应付未来不时之需。2007年，阿根廷也建立了一个“养老稳定基金”，该基金在多家机构监管下进行投资运营。

2. 调整和改进个人账户养老金计划

近年来，拉美国家政府逐步认识到了个人账户计划存在的缺陷以及加强政府干预的必要性，并开始采取一些改革措施。

第一，扩大个人账户计划的覆盖范围。在20世纪80年代的第一轮改革中，大多数国家规定从事灵活就业的自雇者可自愿加入私营计划，这是造成多年来覆盖面大幅下滑的一个重要原因。在第二轮改革中，不少国家开始实行强制性的自雇者参保措施。最早实行该举措的国家是哥斯达黎加和哥伦比亚；2007年，智利制订了一个在7年内将自雇者“全覆

① 郑秉文，房连泉．阿根廷私有化社保制度“国有化再改革”的过程、内容与动因．拉丁美洲研究，2009（2）．

盖”的发展计划；墨西哥也出台了强制自雇者参保的政策，并要求联邦公务员也加入个人账户计划。

第二，降低个人账户养老基金的管理成本。高额佣金为养老基金管理公司带来大笔利润，吞噬参保者缴费，成为个人账户养老金制度的一大痼疾。因此，在第二轮改革中，降低养老金管理成本是各国改革的一个焦点问题。在萨尔瓦多、智利和秘鲁等国家，针对个人账户基金管理公司的收费方式，政府开始出台相应的限制措施。例如，制定收费上限、基金公司承担投资亏损连带责任、公开收费标准等，借以规范公司的收费行为。为遏制行业垄断行为，2008 年墨西哥成立了一个养老金信息中心，定期公布不同基金公司提供的养老金投资回报水平，以使参保者有所辨别，选择基金公司，从而对养老金管理公司形成降低成本的压力。

第三，改进养老基金投资规则。传统上拉美国家的养老基金主要投资于政府债券，近年来，一些权益类投资工具开始出现。2008 年金融危机出现后，不少国家纷纷转身，降低风险类投资比重。应对风险的另一个重要举措是实行“多基金制度”，为工人提供不同风险投资组合的基金产品。例如，智利政府规定，基金管理公司（AFPs）要设立 A、B、C、D、E 五只风险依次递减的投资基金，年轻参保者可以选择风险较高的基金组合，而接近退休的老年参保者则只能选择以固定收益类产品为主的 E 基金，这样即使在金融危机面前，他们也不会有太大损失，保障了退休收入的稳定性。

表 3—22 列举了新一轮养老金改革中拉美各国的主要改革措施。总结起来看，拉美第二轮社保改革的特点是加强国家保障责任、纠正私营制度存在的缺陷，以扩大社会保障的覆盖面，降低贫困，促进社会公平。2008 年以来的金融危机进一步加快了拉美社保制度的转型步伐。在此过程中，阿根廷私营养老金制度的国有化回归只是一个极端例子，其他拉美国家则大都采用了较为缓和的调整措施。因此，从总体上分析，拉美第二轮改革并不像第一轮私有化改革那样激进。

表 3—22　　第二轮养老金改革中拉美国家的主要改革措施

	允许返回原现收现付计划	建立非缴费型养老金	调整养老金待遇水平	扩大覆盖面	降低账户管理成本	改变投资规则
阿根廷	2007 年开始允许工人返回现收现付计划；2009 年废除个人账户	取消非缴费型养老金数量限制	2007 年将现收现付体系的待遇计划公式计算系数从 0.85%提高到 1.5%	为教师、外交官等群体建立特殊制度，允许补缴		2007 年建立养老基金储备基金
玻利维亚		2002 年开始引入非缴费养老金	2007 年下调领取全额退休金年龄		2008 年国有运营机构接管两家私营养老基金管理公司的业务	

续表

	允许返回原现收现付计划	建立非缴费型养老金	调整养老金待遇水平	扩大覆盖面	降低账户管理成本	改变投资规则
智利		2008 年引入社会互济养老金，对 60% 的老年贫困人口提供养老补贴	严格退休资格条件	2008 年开始要求自雇者加入个人账户计划		2002 年开始允许投资海外，建立“多基金”制度，2006 年建立养老储备基金
哥伦比亚		引入社会互济养老金	废除特权养老金	要求自雇者加入		2008 年计划引入“多基金”制度，要求公司提供最低回报率
哥斯达黎加			提高缴费率，待遇计算基于过去 20 年的收入基础			
萨尔瓦多			对个人账户养老金待遇较低的参保者进行补贴		最高佣金占工资比重从 3% 下降到 2.7%	限制工人在基金公司间的转换频率（一年一次）
墨西哥				从 2005 年开始要求自雇者加入账户计划，2008 年要求公务员加入账户计划	从 2008 年开始要求基金公司按管理资产的比重征收佣金	2007 年开始每家公司设立五只基金，基金公司需保障最低回报水平，加大养老金股票投资和海外投资份额
秘鲁	从 2007 年开始，允许达到退休年龄的工人退回原现收现付计划				要求养老基金管理公司通过竞标来选择保险公司	2007 年开始每家公司设立三只基金，加大海外投资份额
乌拉圭	2008 年开始允许符合条件工人退回原现收现付计划					

资料来源：Fabio Bertranou，Esteban Calvo，and Evelina Bertranou，“Is Latin America Retreating From Individual Retirement Accounts?”，http://crr. bc. edu/briefs/ is_latin_america_retreating_from_individual_retirement_accounts _. html.

（二）中东欧国家个人账户养老基金的反应措施

总体而言，中东欧国家养老金体系受金融危机影响的程度要小于拉美国家，其原因在于：第一，中东欧国家的个人账户养老金体系仍较为年轻。最早改革的匈牙利也仅有10年的历史。大部分国家是在2000年以后引入积累制个人账户养老金计划，部分国家的改革还在推进过程中，例如斯洛文尼亚和罗马尼亚等国家。金融危机对养老金投资的影响意味着待遇的削减和资产价值的下降，这对处于退休年龄阶段的人来说影响最为明显。由于制度比较年轻，在中东欧地区退休人口还比较少，并且老年工人通常不加入第二支柱个人账户计划。因此，金融危机直接对老年退休人口造成的影响不大。第二，大部分中东欧国家的养老金体系为现收现付和积累制相结合的混合型体制，积累制部分所占的份额较低，大部分国家个人账户养老金缴费在养老金总体缴费中的比重不足30%。因此，相对于智利、萨尔瓦多和秘鲁等实行完全积累制的国家而言，金融危机对退休金收入的影响较小。第三，在许多中东欧国家，政府提供社会养老金或最低养老金保障，并针对第二支柱养老金投资实行最低收益率保障。这可在一定程度上避免养老金投资给参保人造成的巨大损失。

表3—23说明了部分中东欧国家近两年养老金制度改革举措以及正在考虑中的改革计划。总体上看，该地区养老金制度的主要改革措施体现在：调整养老金制度缴费率，提高退休年龄，遏制提前退休，调整待遇指数化机制以及削减待遇水平等。受金融危机和国内财政形势的影响，部分国家开始冻结或降低第二支柱积累制养老金计划的缴费率，还有少数国家允许工人从第二支柱返回到第一支柱养老金计划中去。这说明2008年以来的金融危机使中东欧国家的养老金私有化改革步伐放缓。

表3—23　　中东欧国家针对金融危机个人账户养老基金的改革措施

政策措施	立法改革	考虑中的改革措施
养老保险制度总缴费率的调整	罗马尼亚：2008年将缴费率从27.5%提高到31.3% 俄罗斯：将缴费率从20%提高到26% 马其顿：2009—2010年，将缴费率从19%削减到15%	保加利亚：2010年将缴费率由23%下降到21%，2013年下降到18% 立陶宛：2010年开始将缴费率提高2个百分点
调整第二支柱积累制养老金缴费率	罗马尼亚：将第二支柱缴费率冻结为2%（原计划为2.5%） 立陶宛：2009—2010年，第二支柱缴费率固定为2%（原计划为5%） 爱沙尼亚：政府原计划向第二支柱参保人员提供6%的缴费补助，自2009年1月开始，政府在未来两年内停止向第二支柱提供匹配缴费 拉脱维亚：从2010年开始，将第二支柱缴费率由8%缩减到2%，计划2011年再提高到4%，2012年继续提高到6%	
加入或退出第二支柱的选择	斯洛伐克：2008年11月至2009年1月，雇员选择加入或退出第二支柱 匈牙利：2009年年末前，53岁以上工人可退回到第一支柱	

续表

政策措施	立法改革	考虑中的改革措施
提高退休年龄	匈牙利：计划在2012年前，将退休年龄由62岁提高到65岁	乌克兰：男女退休年龄都提高到62岁 罗马尼亚：男女退休年龄都提高到65岁 克罗地亚：女性退休年龄提高到65岁 波兰：2030年男女退休年龄提高到67岁
抑制提前退休	波兰：取消诸多提前退休计划 匈牙利：加大对提前退休的惩罚，引入延迟退休的奖励机制 拉脱维亚：削减提前退休者养老金待遇，2012年取消提前退休	乌克兰：逐步消除提前退休制度 罗马尼亚：取消特殊待遇养老金和提前退休
养老金待遇调整规则	匈牙利：根据GDP增长率水平，制定待遇指数化调整规则 克罗地亚：2010年停止待遇指数化调整 拉脱维亚：降低第一支柱待遇 马其顿：2010年开始，待遇调整指数制定为工资×50%＋物价×50%	拉脱维亚：取消工资指数待遇调整机制 罗马尼亚：改变待遇调整机制，从工资指数变为通货指数 乌克兰：2010年计划停止待遇指数

资料来源：World Bank，Pensions in Crisis：Europe and Central Asia Regional Policy Note，November 12，2009.

第四节　总结与评价

一、积累制养老金制度改革的发展趋势

在人口老龄化和经济全球化的压力下，自20世纪80年代以来，世界各国社保制度改革的一个明显趋势就是由现收现付制向积累制转变，通过将养老基金投资资本市场来完成保值增值的使命，从而降低国家和个人的缴费负担，增强养老金制度的可持续性。这种制度变革可以为资本市场乃至整个宏观经济发展带来正向的外部效应。从智利近30年的改革成效看，学者们的一般研究结论认为，积累制养老金制度提高了国内的储蓄水平，刺激了劳动就业增加，并通过促进资本市场发展提高了资金配置效率，从而促进了经济增长率的提高，这种养老金制度变革的经济增长效应是显著的。世界银行在2005年出版的《21世纪的老年收入保障——养老金制度改革国际比较》一书中指出，时至今日，各国养老金制度改革已经同经济社会各种因素密切联系在一起，除了考虑到维护养老金制度自身需要实现的社会养老基本目标外，还要考虑到其对经济发展所作出的贡献，这是养老金制度变革的辅助性目标。因此，在全球性养老金制度改革进程中，积累制的吸引力会不断加大，尽管有的国家在短期内还不具备积累制养老基金投资所需要的条件，但从长远发展看，这是一种大势所趋。

不可否认，2008年以来的金融危机对积累制养老金制度改革是一个巨大冲击。在拉美地区，出现了阿根廷私营养老金“国有化”再改革回潮；在中东欧国家，部分国家发展

积累制养老金计划的进程也受到影响。在经历了20多年以来的改革浪潮后，积累制养老基金的发展势头受阻。这种现象与以下几方面原因相联系：第一，拉美和中东欧地区私有化养老金体系本身固有的一些问题一直未得到很好的解决，表现在覆盖面下降、管理成本过高和缺乏再分配机制等。第二，当前世界各国养老保障的改革趋势是建立多支柱体系，积累制养老金计划是其中的重要支柱之一，但不能完全依赖于单一的积累制计划。这次金融危机的冲击更加说明多支柱体系在分散风险方面的重要性，其实早在金融危机之前，最早进行私有化改革的智利就已经认识到单一支柱的缺陷，并在2007年进行较大幅度的改革，引入起再分配作用的“社会互济”零支柱养老金计划。第三，积累制养老金计划的建立需要一系列经济社会条件的支持，比如宏观经济的稳定性、金融市场投资环境和应对转型成本的财政能力等，这些前提条件限制了积累制养老金的改革步伐。

二、养老基金投资对资本市场发展的促进作用

养老基金与资本市场发展是相辅相成的关系，一方面，养老基金作为长期的机构投资者，为资本市场注入了新的资金并推进金融市场的创新；另一方面，养老基金投资离不开金融市场环境的支持。在养老基金与资本市场互动发展方面，智利近30年的养老金制度改革提供了一个良好例证。20世纪80年代初，智利国内资本市场规模还很小，整个金融行业以银行业为支撑，金融监管薄弱，并且缺乏必要的金融投资工具。自1981年开始，积累制养老基金为资本市场提供了长期稳定的资金来源，并逐步成长为资本市场上最重要的机构投资者。智利养老基金对金融系统的影响是广泛而又深刻的，主要表现在加快金融市场立法进程、创新金融产品、改善公司治理结构、加强金融监管和提高市场信息透明度等方面。同时，智利自80年代以来稳定的宏观经济环境、国有企业改革、金融基础设施的建设和监管制度的完善，也为养老基金投资提供了支持条件。智利的案例说明，对于资本市场处于初始发展期的发展中国家而言，养老基金可以成为促进资本市场发展的重要力量，甚至是起关键性影响作用的因素之一。在其他拉美国家，由于养老基金规模相对于GDP的比重较低，资本市场与养老基金互动发展的效果还不明显。而在中东欧地区，养老基金市场刚刚起步，这些国家的金融市场以银行业为主导，金融产品相对匮乏，监管力量薄弱，养老基金的投资受到很大制约。对于这些国家而言，养老基金作为一支新兴的市场力量，其意义在于中长期内对资本市场产生的深远影响。对于许多资本市场发育滞后的发展中国家来说，资本市场上急需长期有效的机构投资者，积累制养老基金可能是促进资本市场发展的一条切实途径。但是，在短期内，这种效果不应得到过分强调，养老金制度改革的最终目标在于维护参保人的利益，促进资本市场发展是其辅助性的改革目标，应服从于改革的主要目标。

三、积累制养老基金投资应具备一定的现实条件

在过去20多年中，世界各国积累制养老金计划的改革效果存在着明显差异，既有相

对成功的案例，例如智利，也有失败的案例，例如阿根廷。积累制养老金计划的成功实施需要满足一系列经济社会先决条件，如何建立适应积累制养老基金发展的宏观环境和政策条件一直是一个争论性的话题。世界银行在2009年的一份研究报告中，将积累制发展的政策环境分为四个层次①：

第一，政府必须承诺进行持续的改革。世界银行着重指出，为保障积累制养老金计划改革的成功，政府必须做出强有力的承诺，维护宏观经济环境的稳定性，制定资本市场的改革日程，并不断地改进立法和进行金融创新。积累制养老金改革的实施是一个持续过程，转型期间政府监管部门要有能力应对出现的各种问题，一个可行的建议是创建专门的委员会或指定政府机构来负责改革的实际执行过程，该委员会或机构必须有充足的资源和能力来满足监管的要求。

第二，应对转型成本的财政政策。转型成本的融资方式是向积累制转型的一个关键问题。实践证明，应对转型成本的最佳策略是混合型的，在改革初期可以通过发行国债来融资，在改革实施过程中逐步通过增加税收的方式来融资。从已进行积累制养老金改革的国家看，大部分国家财政赤字为GDP的3%左右，储蓄率为GDP的20%，公共债务率为GDP的30%。这些国家通过混合型的转型成本融资方式，养老金改革对储蓄率、金融资产多元化以及资本市场发展都产生了积极影响。

第三，金融基础设施和资本市场环境。首先，在养老金改革之前，国家就应建立起相应的养老基金投资环境和法律框架，基本的一些法律包括公司法、银行法、证券法、契约关系法、产权法、抵押法和破产法等。其次，制度启动时，应在注册、账户记录、资金管理、信息披露等方面具备相应的金融基础设施条件。在数据整合和信息传递方面，应建立统一的IT信息平台，并使用统一的社保卡；在账户基金管理方面，许多国家引入了自动清算所（Clear House），作为处理数据和转移业务的中心；在支付方面，银行系统应有足够的金融设施条件满足大规模待遇发放的要求；在证券交易方面，建立“银货对付”（Delivery Versus Payment，DVP）系统是十分必要的，以保障快捷安全的交易处理过程；在基金托管方面，存款机构应具有独立性，保障资金的安全记录；在信息披露方面，养老基金应接受独立的外部审计，资产评估要建立在准确、透明的市场价格基准之上。最后是养老基金投资金融产品的可获性。在改革最初阶段，养老基金主要投资于银行存款、信用凭证以及政府债券，政府应保障国债管理、银行存款产品的可信性。抵押债券和资产证券化产品也是养老基金投资的重要渠道，但这些投资产品需要得到法律、税收和会计等方面的政策支持，并满足证券化产品发行、抵押登记设施、利息转移以及破产保护影响等方面的监管要求。一般来说，养老基金一般会在5年内开始涉足股票和公司债券。投资私营部门发行的证券产品应满足一系列需要监管框架的要求，包括证券的公开发行、注册登记以及对小股东的保护等方面的规则，建立公开、透明的证券产品风险评估机制是非常必要

① Heinz Rudolph and Roberto Rocha，Enabling Conditions for Second Pillars of Pension Systems，April 2009，World Bank Working Paper WPS4890.

的。同时，在积累制养老金改革初期，还应为养老基金投资海外市场做好准备，在外币交易的程序和规则、资产评估以及风险管理等方面，引入相应的管理操作机制。

第四，对养老基金监管制度和框架的要求。在改革初期，养老基金监管机构应建立起合理的组织架构，具有充分的资源和能力来履行监管职能。在澳大利亚、哥伦比亚、荷兰、匈牙利、挪威、波兰、斯洛伐克和瑞典等国家，私营养老金行业是金融整体监管中的一部分，而不需要建立独立的监管机构。而在拉美和部分中东欧国家则建立起了专门的养老基金监管部门，在这种情况下，需要协调各政府管理部门之间的关系和利益冲突。在改革初期，监管机构要有能力处理审批、发放牌照以及注册登记等方面的业务，监管者要有专业能力来评估各类金融机构的优缺点和复杂的金融集团结构，以选择适合从事养老基金行业管理的金融机构。拉美和中东欧国家的实践说明，在改革实施的最初几年内，可能会出现大规模的养老金管理公司合并以及利用市场销售人员来拉拢客户等方面的不正当竞争行为，为此，监管部门应采取必要的反垄断措施。

应当指出的是，上述四方面的先决条件并不需要在养老金制度改革之前完全具备。在制度的实施进程中，养老基金的积累过程可以为政策制定者提供时间，不断改进制度和监管环境。世界银行对于中东欧国家的调查说明，在改革之前，该地区大部分国家的资本市场发展落后，金融监管能力薄弱，无法满足上述改革条件。但是，目前这些国家在改革过程中已取得很大进步，私营养老基金行业获得了快速发展。为此，世界银行着重提出，为保障积累制养老金计划的成功，政府必须承诺持续进行改革和创新，不断完善金融市场，为养老基金发展创造条件。

四、积累制养老基金投资管理体制的改革趋势

世界上有近 30 个国家在基本养老保险中引入了个人账户，在基金的投资管理体制上，分为集中型统一投资模式和分散型资本化账户两种模式。其中，前者的典型代表是中央公积金制度，后者的典型代表是智利养老金制度。中央公积金制的历史较长，主要存在于以新加坡为代表的部分亚、非前英属殖民地国家；分散型资本化账户是典型的养老基金投资方式，这种方式在智利 1981 年改革之后在拉美和中东欧国家得到广泛应用。从制度模式上分析，智利和新加坡虽然都采用缴费确定型完全积累制个人账户养老金计划，但投资模式大相径庭，智利模式属于完全市场化的投资运营方式，风险与收益全部由个人承担；而新加坡则是一种政府间接控制的投资方式，在很大程度上中央政府承担起保障养老基金投资回报的责任。

分散投资型账户的优点在于风险与收益对等，采用完全市场化的投资策略，通过专业化的私营养老金管理公司来管理养老金资产，政府财政责任得以下降。其缺点在于养老基金的投资风险较高，完全由参保人承担；另外，养老基金的管理成本较高，占用了大量缴费资源。从拉美和中东欧国家的实践情况看，分散型账户投资管理体制的改革趋势在于：第一，建立专业化的养老金管理公司是流行做法，在大部分拉美和中东欧国家，养老基金

都由专业的基金管理公司来投资运营，这些公司为参保人提供“一站式”的养老金管理业务服务，养老基金投资运营的市场效率较高，养老金行业也易于政府部门的监管。第二，在监管体制上，大部分国家采用了严格的数量监管方式，随着改革的推进，逐步放宽养老基金的投资渠道和范围。这种做法被证明是行之有效的，改革初期可以避免养老基金面临过高的市场风险。金融危机对拉美国家养老基金的影响表明，各国养老基金投资损失的大小在很大程度上与各国的投资监管政策相关，即投资组合限制政策越宽松、风险投资比重越高的国家，投资损失也越大。第三，高额的管理成本一直是私营养老金体系的一大痼疾，高成本在很大程度上与行业垄断、恶性竞争以及监管政策不当等因素相关联。在降低成本方面，目前大部分拉美和中东欧国家采取的做法包括限制养老金管理公司的佣金征收额度、公布佣金价格的市场信息披露、加强养老基金公司之间的竞争等，但效果还不明显。第四，大多数国家对第二支柱养老基金建立了投资担保机制。这种担保机制体现在两个方面：一是引入社会最低养老保障金，在参保者个人缴费满足一定年限的情况下，由政府担保可以获取社会最低养老金；二是规定养老金管理公司必须担保养老基金获得的一个最低投资回报率水平，该回报率根据市场平均回报率来制定。这种担保措施在金融危机面前显得尤为重要。

中央公积金制的优势在于集合投资，避免了分散型账户下参保人面临的市场风险，并且通过资金的集中管理，降低了账户基金投资运营的交易成本。其缺点有以下几个方面：一是采取“管制”利率，中央政府采取财政“暗补”形式对个人账户的收益率进行调节，长期下去，该制度会扭曲资本市场的真实回报率，不但对资本市场产生影响，而且对社保制度本身也会产生一定的影响，存在着蜕变为“名义待遇确定型”制度的可能性；二是大部分国家依赖于中央公积金制单一支柱，历史上公积金获得的利率水平是相对较低的，这些国家存在着养老金替代率不足的问题；三是许多国家的中央公积金制是一个综合的社会福利计划，除了养老功能外，还包括其他社会保障项目的支出用途，并且资金被广泛用于社会投资项目建设，这些都妨碍了公积金社会养老保障功能的行使。

第四章　中国基本养老保险个人账户基金投资管理模式改革的紧迫性[①]

在中国基本养老保险制度改革进程中，账户基金的投资运营体制改革已成为社会保险制度和社会保险基金投资体制改革的一个标志和“瓶颈”。在社会保险基金和基本养老保险基金规模逐年膨胀的巨大压力下，养老保险的账户基金投资体制改革是一个重要突破口。

第一节　现行“账户基金”投资管理的基本状况及其政策依据

中国基本养老保险制度实行的社会统筹与个人账户相结合的部分积累制度，即社会统筹部分实行的是待遇确定型现收现付制，个人账户部分实行的是缴费确定型完全积累制。

一、个人账户产生空账的根本原因

1997 年颁发的《国务院关于建立统一的企业职工基本养老保险制度的决定》（国发[1997] 26 号）正式将社会保险缴费比例确定为相当于工资的 28%，其中统筹和个人账户比例分别为 17%和 11%，单位缴费 20%，个人缴费 8%。于是，从名义上讲，个人账户基金的形成应由个人缴费形成，再从单位缴费划入 3%。由于 26 号文件首次统一了全国城镇基本养老保险总缴费率，明确了单位和个人的相应缴费比例，划分了社会统筹和个人账户的构成比例，所以，1997 年可被视为中国城镇基本养老保险制度的“元年”。

1997 年年底全国参加基本养老保险费用社会统筹的企业职工为 8 671 万人，参加基本养老保险费用社会统筹的企业离退休人员为 2 533.4 万人，制度赡养率为 29.2%。当年制度收入 1 337.9 亿元，制度支出 1 251.3 亿元[②]，由此推算，当年离退休费为每月 411 元。当年城镇国有企业职工年均工资为 6 679 元[③]，据此推算，1997 年的退休费的替代率为 73.8%。

---

① 本章征求了杨长汉博士的意见，他做出了有益评论，提出了宝贵建议，作者表示衷心感谢。

② 劳动和社会保障部，国家统计局. 1997 年度劳动事业发展统计公报. 2005，12.

③ 国家统计局. 中国统计年鉴 1998（光盘版）. 北京：中国统计出版社，1998：4-12.

上述历史数据的追溯与替代率的换算旨在说明，当时基本养老保险制度设计中的目标替代率为58.5%，如果将单位缴费的20%全部用于离退休费，从制度赡养率上讲，1997年个人账户当年就能做实一定的比例，比如6%～8%。

但是，从1997年开始至今，个人账户始终难以做实，个人账户空账问题便逐渐形成。形成空账的主要原因在于，一方面逐步设立个人账户，个人账户资金由个人缴费和单位划付形成。新进入制度的“新人”有实际缴费，个人账户可以形成资金积累。而进入制度的“老人”没有个人账户积累、“中人”个人账户积累不足，一直以来，国家对“老人”和“中人”养老保险个人账户不足部分没有明确的资金保障机制，这样就形成了制度性的空账。加之由于养老保险基金的地区结构性矛盾，一些地区统筹基金出现严重短缺，地方政府采取调剂个人账户基金用于统筹基金支付的需要，导致养老保险个人账户基金空账规模进一步扩大。

另一方面，中国养老保险制度改革一开始就是自下而上由地方做起，在长期实行财政“分灶吃饭”的体制下，养老保险基金统筹单位以地方为主，资金分级筹集，业务分级管理，界限难以清晰划分，尤其是资金流管理层级水平很低，进而形成了中央与地方分责的筹资模式；在政策制定上，虽然中央政府统一制定基本政策，但地方政府在实施过程中享有较大的政策制定和调整空间，即地方政府具体政策制定权也较大，且统一养老保险制度的推行是渐进的。例如，1997年共有12个省份先后制定发布了统一企业职工基本养老保险制度的实施方案，于是，即使当年养老保险基金滚存余额足以做实个人账户的一定比例，但在实际操作中也是不可行的。例如，1997年当年结余仅为86.58亿元，人均缴费职工的个人账户起码可做实99.9元，滚存结余仅为682.9亿元，人均缴费职工个人账户做实的理论值应为787.6元。

当然，账户难以做实还有其他一些原因，比如，制度赡养率实际上要高于老年人口赡养率。1997年年底，全国离休、退休、退职人员人数为3 350.7万人，离休、退休、退职人员人数与职工人数的比例为1∶4.4①，这个赡养率明显低于前述制度赡养率，但在支付养老金时却常常覆盖了这些离退休群体，这就意味着目前的基本养老保险制度承担着一定的计划经济时期遗留的企业人员养老的转型成本。

上述分析显示，统账结合制度下形成空账的原因较多，其中最大的障碍来自制度本身，或说主要是由统筹层次较低、地区之间发展严重失衡、统筹单位和统筹基金之间相互割裂等原因造成的，从而导致全国范围内的当期结余和滚存结余，都难以对全国普遍存在个人账户空账进行统一融资。在这个条件下，要想做实个人账户，只能从制度外进行融资，即只能用财政转移支付来解决这个转型成本，例如，截至2010年年底，尽管全国沉淀的养老保险结余收入高达1.54亿元，缴费职工个人账户如果以此来做实的话，人均账户做实的理论值可达7 919元，但实际上，做实账户只能在中央财政和地方财政给予补贴

① 劳动和社会保障部，国家统计局．1997年度劳动事业发展统计公报．2005，12.

的情况下进行，试点省份只有 13 个，做实账户资金仅为 2 039 亿元。①

二、个人账户基金投资管理体制现状及其政策根据

为实现养老保险统账结合的部分积累制，中央政府非常重视做实个人账户的工作，2000 年决定在辽宁省进行做实个人账户试点。10 年来，试点省份已达 13 个，中央和地方政府为其做实账户试点支付的财政补贴估计近 1 000 亿元②，占 2001—2010 年财政对基本养老保险基金全部补贴 7 763 亿元的 1/7 强。其中，仅全国社保基金理事会 2006—2009 年受托管理的天津等 9 个试点省份个人账户中的中央补助资金部分就达 346.1 亿元。③

众所周知，由于账户基金始终没有建立起一个独立于统筹基金的单独投资体制，所以，账户基金与统筹基金的投资政策始终如一，并采取相同、没有任何差别的投资体制和投资政策。

因此，虽然账户基金累计余额已达 2 039 亿元，但与统筹基金一样，他们的投资工具主要是银行协议存款和购买国债，其政策依然主要来自如下三个文件：

（一）1993 年的规定

1993 年 7 月，为了加强对企业职工养老保险基金的管理，确保基金的安全，根据《国务院关于企业职工养老保险制度改革的决定》（国发［1991］33 号）第 10 条关于“社会保险管理机构应根据国家的政策规定，建立健全基金管理的各项制度”的规定，劳动部颁发了《企业职工养老保险基金管理规定》（劳部发［1993］117 号），这是主管行政部门对养老保险基金保值增值做出的最早的规定，它明确指出，企业和职工个人缴纳的基本养老保险费和国家给予的财政补贴转入社会保险管理机构在银行开设的养老保险基金专户；各级社会保险管理机构对历年滚存结余的养老保险基金，在保证各项离退休费用正常开支 6 个月的需要，并留足必要的周转金的情况下，按照安全、有效的原则，可运用一部分结余基金增值，基金增值所获得的纯收益不计征税费，基金增值部分应全部转入基金，不准挪作他用；基金保值增值的方式有二，一是购买国库券以及国家银行发行的债券，二是委托国家银行、国家信托投资公司放款。还规定，各级社会保险管理机构不得经办放款业务，不得经商、办企业和购买各种股票，也不得为各类经济活动作经济担保。

---

① 人力资源和社会保障部. 2010 年度人力资源和社会保障事业发展统计公报，2011-05-24。其中人均个人账户余额理论值 7 919 元是根据该《公报》提供的数据计算得出。

② 关于两级财政对做实账户试点省份的补贴性质存在一些争议。有观点认为是补贴给了当期统筹缺口，个人账户做实的部分完全是由个人缴费形成的；也有观点认为是补贴给了个人账户，因为账户持有人的个人缴费用于弥补当期统筹存在的缺口，所以，财政补贴便对“空账”进行了补贴。

③ 记者何雨欣，李延霞. 社保基金个人账户年均收益率 18.9%. 中国证券报，2010-02-03（A02）。两级财政补贴超过 1 000 亿元的结论是根据如下信息推算得出：做实账户 8%，其中 3.75%由中央财政给予补贴，1.25%由地方财政给予补贴，截至 2010 年 13 个试点省份做实账户基金共计 2 039 亿元。其中，有的省份是“自费做实”，各省给予财政补贴的比例不一。2001—2009 年两级财政对养老保险制度的补贴 7 763 亿元（引自历年《人力资源和社会保障事业发展统计公报》，人力资源和社会保障部）。

（二）1996 年的规定

1996 年 4 月，《国务院办公厅关于一些地区挤占挪用社会保险基金等问题的通报》（国办发明电［1996］6 号）再次明确规定，社会保险基金结余主要用于购买国家债券，购买国家债券后仍有结余的应按规定存入银行专户，不得用于其他任何形式的投资，并要求各地区和各有关部门都要建立健全社会保险基金的管理和财务、会计制度，坚持专款专用，严格控制管理费的提取和使用，确保社会保险基金的安全与完整。国务院办公厅发布这个《通报》的目的，是为了要求有关部门和地区必须严格执行国务院此前颁发的《关于深化企业职工养老保险制度改革的通知》（国发［1995］6 号）和财政部、劳动部颁发的《关于加强企业职工社会保险基金投资管理的暂行规定》（［1994］财社字第 59 号），切实加强管理。

（三）2006 年的规定

2006 年 9 月，在发生上海社保案之后，劳动和社会保障部发布了《关于进一步加强社会保险基金管理监督工作的通知》（劳社部发［2006］34 号），再次明令“禁止社会保险基金违规投资运营”，并要求严格管理社会保险积累基金，除按规定预留必要的支付费用外，“全部存入银行和购买国债，在国家做出新的规定之前，一律不得进行其他投资”；最后，通知要求各级社会保险经办机构立即与同级财政部门核对财政专户的有关账目，对违规投资运营的资金予以查处。

三、基本养老保险基金规模不断增长及其原因

十几年来，虽然基本养老保险基金的投资体制和投资政策没有任何变化，但基本养老保险基金规模却发生了巨变：1997 年累计结余仅为 683 亿元，到 2010 年高达 1.54 万亿元，增长了 21.5 倍；1997 年当年收入仅为 1 338 亿元，2009 年则提高到 1.1 万亿元，增长了 7.2 倍；1997 年当年支出仅为 1 251 亿元，2010 年高达 1.05 万亿元，增长了 7.4 倍。尤其是 2006 年以来，养老保险基金当年结余规模突飞猛进，年均 2 000 多亿元；无论是当年结余还是累计结余，都上了一个新台阶。剔除 1997 年和 1998 年，1999—2009 年历年累计结余增长率平均高达 33.8%[①]，其中 2002 年和 2005 年分别为 52.5%和 51.4%（见图 4—1）。

城镇基本养老保险基金激增主要是由如下两个原因导致的。

（一）覆盖面扩大致使城镇基本养老基金规模不断扩大

城镇基本养老保险制度覆盖面不断扩大，这是养老保险基金规模不断扩大的主要原因之一。1997 年参保人数是 1.12 亿人，到 2009 年翻了一番，达 2.57 亿人；其中，参保职

① 国家统计局．中国统计年鉴 2010（光盘版）．北京：中国统计出版社，2010：22-43。累计结余年均增长率由作者据此计算得出。

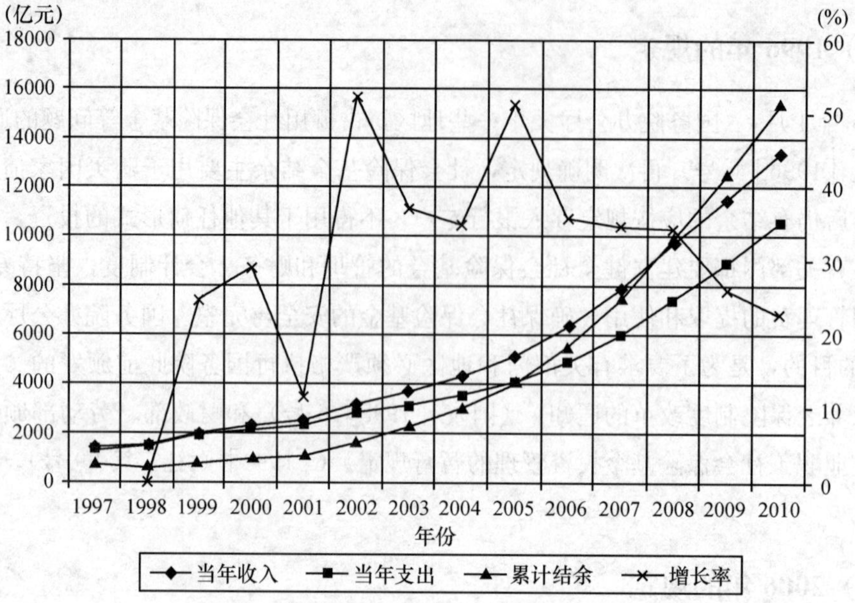

图 4—1　1997—2010 年城镇基本养老保险收支、累计结余与增长率

资料来源：国家统计局．中国统计年鉴 2010（光盘版）．北京：中国统计出版社，2010：22-43。2010 年数据引自：人力资源和社会保障部．2010 年度人力资源和社会保障事业发展统计公报．人社部网站，2011-05-24.

工从 8 671 万人增加到 1.94 亿人，翻了一番多，退休人数从 2 533 万人增加到 6 305 万人，增长了 1.4 倍（见图 4—2）。虽然养老保险制度赡养率从 1997 年的 29.2%上升到 32.7%①，但是，覆盖面的持续扩大为基金可持续性带来的根本性变化不但消化了制度赡养率带来的当年财务负担，而且还导致基金绝对规模激增。

覆盖面扩大的结果自然便是，养老保险支付规模增长率低于养老保险收入增长率。养老保险缴费增长的同时，不可能等比例同步提高养老保险的支付水平：1999 年以来当年收入曲线斜率大于当年支出曲线斜率，进而可清晰地看出，当年收入增长越来越大于当年支出增长，导致累计结余的规模不断扩大。

（二）财政补贴成为养老保险基金的重要来源之一

财政转移支付逐年增加，构成了城镇基本养老保险制度收入的重要来源之一。1998 年财政补贴仅为 24 亿元，占当年 GDP 的 0.03%，此后便连年增加，到 2009 年财政补贴高达 1 646 亿元，占 GDP 的 0.50%；12 年来财政补贴累计高达 8 300 元，占 2009 年年底基本养老保险制度历年累计结余 1.25 亿元的 66.4%。换言之，在当前养老保险基金滚存结余中有 50%以上来自财政转移支付。如果没有 12 年来连续的财政补贴，目前养老保险基金的实际规模仅为 4 200 亿元（见表 4—1）。

① 国家统计局．中国统计年鉴 2010（光盘版）．北京：中国统计出版社，2010：22-44。制度赡养率由作者据此计算得出。

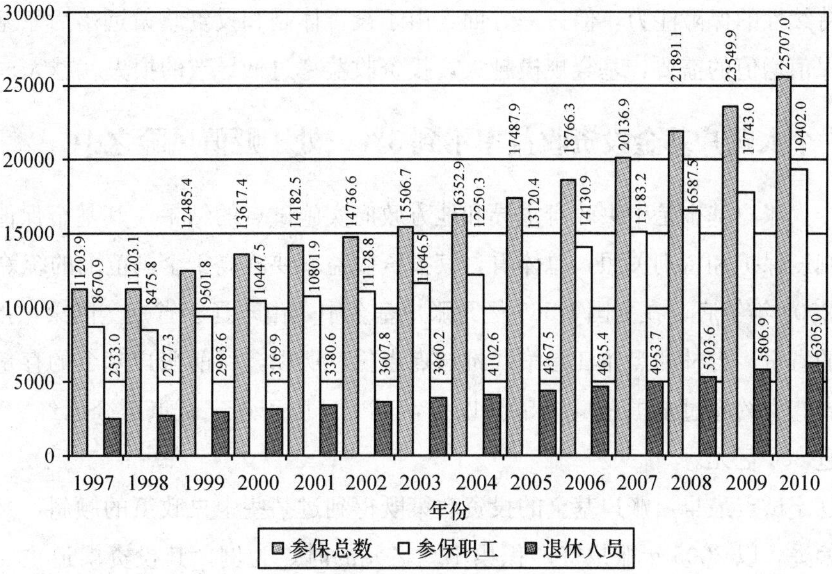

图 4—2　1997—2010 年城镇基本养老保险参保人员增加趋势（万人）

资料来源：国家统计局. 中国统计年鉴 2010（光盘版）. 北京：中国统计出版社，2010：22-44。2010 年数据引自：人力资源和社会保障部. 2010 年度人力资源和社会保障事业发展统计公报. 人社部网站，2011-05-24.

表 4—1　　1998—2010 年财政对养老保险基金的补贴　　单位：亿元

年份	中央补贴	地方补贴	小计	占 GDP 百分比
1998	na	na	24	0.03
1999	na	na	175	0.20
2000	na	na	338	0.34
2001	na	na	349	0.31
2002	408.2	na	408	0.34
2003	474.3	55.7	530	0.39
2004	522	92	614	0.38
2005	522	92	651	0.35
2006	774	197	971	0.46
2007	1 000	257	1 157	0.47
2008	na	na	1 437	0.48
2009	na	na	1 646	0.50
2010	na	na	1 954	0.65
合计	na	na	10 254	0.38

资料来源：根据历年《劳动和社会保障事业发展统计公报》数据计算；1998—2001 年的数据引自劳动保障部统计摘要。

四、个人账户基金投资收益率及其损失匡算

养老保险基金规模的不断扩大既是好事，也带来严峻挑战：一方面提高了养老保险制

度财务可持续性的保障能力，但另一方面，由于投资体制和投资政策远落后于基金规模不断增长和保值增值的需要，基金规模越大，投资收益率过低导致的损失就越大。

（一）个人账户基金投资收益率不到3%，处于贬值风险之中

由于个人账户基金是中央政府主导和地方政府实施试点的结果，其基金保值增值也带来一定的制度保护和特别关照，总体看，其投资收益率要略高于全国范围的统筹基金。

截至2009年年底，在全国1 569亿元账户基金中，由于辽宁省是全国第一批进行做实账户试点的省份，吉林和黑龙江是第二批试点省份，所以，目前账户基金的存量主要集中在东北三省，大约超过全国总量的50%以上，其中，由于辽宁试点至今已经10年，账户基金已超过600亿元。

由于辽宁试点最早，账户基金的投资政策既得到过某些中央政策的倾斜，又获辽宁地方政府的偏爱，以2005年账户资产积累120亿元的时点为例，其投资渠道主要有三：一是通过与商业银行签署债券结算代理协议，在中央国债登记结算公司开立托管账户，委托商业银行申购国债；二是购买财政部发行的定向国债，在国债发行市场购买国债43亿元，平均收益率达到2.4%；三是进行协议存款招标，在几次协议存款招标中，协议存款额度已超过60亿元，收益率达到3.4%（见表4—2）。

表4—2　　2005年辽宁个人账户基金资产配置状况

序号	品种	金额（亿元）	期限	购买时间	利率水平（%）
1	凭证式国债	3	三年期	2002年	2.22
2	记账式国债	10	两年期	2002年	2.30
3	记账式国债	10	三年期	2003年	2.40
4	记账式国债	5	三年期	2003年	2.40
5	记账式国债	8	两年期	2003年	2.77
6	定期存款	20	一年期	2002年	1.98
7	协议存款	10	61个月	2003年	2.89
8	协议存款	5	61个月	2003年	3.40
9	协议存款	5	61个月	2003年	3.40

资料来源：余永定，郑秉文. 2004—2005年中国宏观经济形势和财政政策. 见：中国经济前景分析——2005年春季报告（2005经济蓝皮书春季号）. 北京：社会科学文献出版社，2005：111.

据人力资源和社会保障部最近的一份调研报告显示，在辽宁省个人账户资产配置中，国债的比重越来越低，协议存款的比重越来越大，活期存款的比重大约维持在30亿～50亿元之间，2002—2006年的综合收益率是2.67%，略高于当年银行存款利率2.25%的水平（见表4—3）。①

① 人力资源和社会保障部社会保障研究所. 养老保险基金投资运营与监管研究. 人力资源和社会保障部科技项目，2010：84，86-87.

表 4—3　　　　　2002—2006 年辽宁省个人账户基金资产分布　　　　　单位：亿元

年份	协议存款	国债	对公存款	活期存款	总计
2002	0	13	20	—	—
2003	30	13	0	—	—
2004	75	31	0	29.2	—
2005	100	23	0	56.6	—
2006	145	22.7	85	32.3	285

资料来源：人力资源和社会保障部社会保障研究所．养老保险基金投资运营与监管研究．人力资源和社会保障部科技项目，2010：84.

该项调研报告的数据还显示，江苏某地账户基金的绝大部分资产是以商业银行存款为主，较少购买国债，且大都仅按 1 年期或略高于 1 年期的利率计息，最高可达 4%，低的大约为 2%。例如，某市 2006 年、2007 年和 2008 年的账户基金利率分别为 2.1%、2.12%和 3.7%，但同期银行利率分别为 2.52%、2.52%和 4.14%，据此推算，三年利差损高达 2 300 万元，占累计基金的 0.91%（见表 4—4）。

表 4—4　　　　　2006—2008 某市养老保险个人账户收益

年份	个人账户累计（万元）	利息收入（万元）	利率（%）
2006	75 658	1 588.82	2.10
2007	76 035	1 765.00	2.12
2008	101 478	3 754.69	3.70

资料来源：人力资源和社会保障部社会保障研究所．养老保险基金投资运营与监管研究．人力资源和社会保障部科技项目，2010：87.

综上，中国基本养老保险的账户基金持有的资产主要还是以银行协议存款为主，配以少量的国债；出于资金安全性的考虑，个别省市甚至只存银行，连国债也不许购买，例如天津就是这样。[①] 因此，全国范围的账户基金投资政策与统筹基金几乎完全一样，严格遵循和执行 1993 年、1996 年和 2006 年三个文件的规定，账户基金收益率与统筹基金收益率相差无几；试点省份账户基金收益率似略高于统筹基金，因为各级政府特事特办，为尽量获取较高收益率，在当时流动性过剩的大背景下不得不为银行协议存款而到处奔走，在国债难求的情况下不得公事私办，通过个人影响求购国债。据笔者推算，账户基金收益率大约为 2%～3%。例如，据项目调研结果估算，辽宁省账户基金的收益率 2001 年是 1.88%，2002 年是 1.57%，2003 年是 2.19%，2004 年是 2.67%，2005 年是 2.71%，2006 年为 3.12%；2001—2005 年年均约 2.39%。[②]

① 在 2006 年 12 月举行的部分省市职工基本养老保险个人账户中央财政补助部分委托全国社保基金理事会的签约仪式上，天津一位副市长说："在天津，社保基金只允许存银行，连国债我都不允许他们买。"见：齐轶．接管部分地方资金　全国社保基金要做称职"管家"．中国证券报，2006-12-21（A07）.

② 郑秉文．社保基金违规的制度分析与改革思路．中国人口科学，2007（4）（双月刊）：10.

（二）统筹基金收益率不到2%，贬值风险巨大

在目前1.25亿元基本养老保险基金中，账户基金仅为1 569亿元，只占13%，87%的养老基金即统筹基金的投资产品主要为银行存款，由于渠道不畅和数量有限，持有国债比重很小，所以，统筹基金的收益率整体上要低于账户基金的收益率，统筹基金贬值风险比账户基金还要大。

截至2010年年底，社会保险五项基金（养老、医疗、失业、工伤和生育）合计高达2.3万亿元。由于其他四项保险基金要求的流动性要高于养老保险基金，持有国债的比重更低，甚至几乎没有，完全以银行存款为主，所以，五项保险基金处于严重的贬值风险之中。据国家审计署2008年披露，“五项基金的年平均收益率不到2%”。[①]

相比之下，2000—2008年中国CPI平均为2.2%；毫无疑问，不到2%的收益率没有跑赢同期CPI增长率；2000—2010年的CPI平均指数为2.0%，与不到2.0%的社会保险基金收益率恰好相抵消。由此看来，社会保险五项基金处于贬值和缩水状态，且基金规模越大，贬值风险越大，保值增值压力越大。不到2%的名义收益率既低于国外任何一个实行国债投资策略的收益率，也低于国外任何一个实行市场化投资策略的收益率，几乎是世界上收益率最低的社会保险基金（见图4—3）。

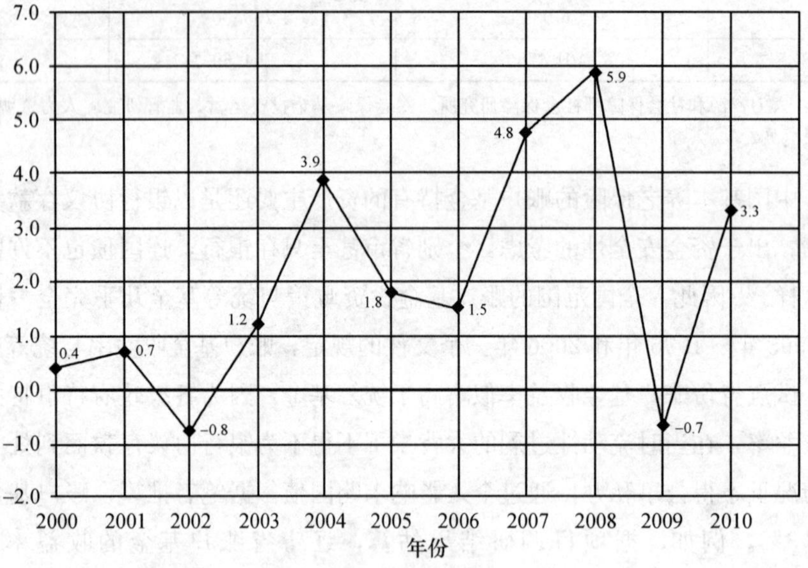

图4—3　2000—2010年中国CPI增长变化（%）

资料来源：国家统计局．中国统计年鉴2010（光盘版）．北京：中国统计出版社，2010，根据9—1“各种物价指数”得出。2010年数据引自：马建堂（国家统计局局长）．2010年国民经济运行态势总体良好．http://www.stats.gov.cn/tjfx/jdfx/t20110120_402699441.htm.

① 记者王光平．全国各类社保基金积累额近2.5万亿元，五项基金年均收益不到2%，五部委勾勒完善社会保障路线图．中国证券报，2008-11-07（A01-A02）.

再以 2009 年 12 月至 2010 年 11 月 CPI 的走势为例，CPI 从 1.7%一路攀升至 5.1%，其中，2010 年 1—11 月是 3.2%，社会保险基金的收益率早已是负利率，低于 CPI 增长率已超过 1 个百分点，包括养老保险基金在内的所有社会保险基金均处于缩水状况（见图 4—4）。

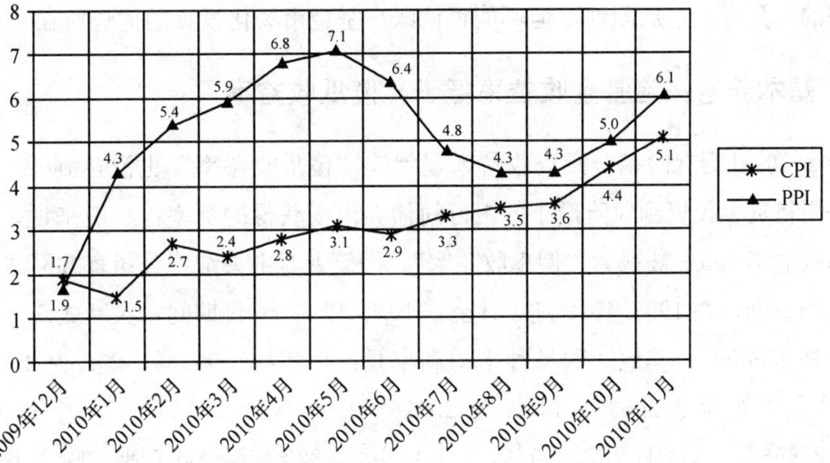

图 4—4　2009 年 12 月至 2010 年 11 月中国 CPI 和 PPI 变化趋势

资料来源：根据每个月发布的《国民经济主要指标数据》，见国家统计局网站，http://www.stats.gov.cn.

（三）账户基金贬值损失匡算

落后的投资体制导致过低的投资收益率，进而导致全国范围内基本保险基金损失巨大。这里选取两个基准来匡算一下。

2010 年 8 月，在全国社会保障基金设立十周年座谈会上，戴相龙理事长宣布，全国社会保障基金权益近 7 000 亿元，累计投资收益 2 448 亿元，年均投资收益率 9.8%。[①] 2009 年 9 月，新华网公布的 2006—2009 年养老保险第二支柱企业年金平均收益率为 10.5%。[②]

如果取其上述两个基准的平均数 10%为全国基本保险五项基金的基准收益率，剔除其 2%的名义收益率，那么，1997 年以来五险基金的投资收益损失将高达 6 000 亿元以上，相当于抵消了 2004—2009 年财政对养老保险制度的全部补贴。如果将 10%作为基本养老保险基金 1997—2009 年以来的基准收益率，基本养老保险的统筹基金和账户基金的损失合计将达 3 000 亿元。

其实，账户基金投资收益率还有一个更为合适的参考基准，即全国社保基金理事会 2007—2009 年受托管理的 346 亿元基本养老保险个人账户基金的收益率，这个收益率远高

① 戴相龙理事长在全国社会保障基金设立十周年座谈会上的讲话，2010-08-05，见全国社保基金理事会网站，http://www.ssf.gov.cn/zyjh/hldjhhbg/201008/t20100805_2795.html.

② 记者徐博. 企业年金逾 2000 亿元年收益率 10.5%. 2009-09-18，见新华网，http://news.xinhuanet.com/fortune/2009-09/18/content_12075687.htm.

于上述9.8%的收益率水平，几乎高出1倍：年均收益率18.9%。[①] 如果以此为账户基金的基准收益率的话，2001—2009年13个试点省份所有账户基金损失合计大约为600亿~700亿元。换言之，如果按照这个投资收益率来假设，目前全国的账户基金就应超过2 100亿元，而不是目前的1 569亿元。当然这个较高收益率是在外部市场条件较好的两年中取得的，具有一定局限性，但不能否认账户基金市场化投资的优势所在。

五、基本养老保险基金收益率低于“傻瓜收益率”

低于2%的社会保险基金投资收益率显然连“傻瓜收益率”也没达到。[②] 所谓傻瓜收益率，是指将资金投资到风险最小的银行间债券市场获得的利率，一般来说，6个月回购品种平均收益率3.5%被视为“傻瓜收益率”。据笔者对中央结算公司官方网站“中国债券信息网”的查询，在1999年12月1日至2010年12月26日期间，买断式6个月回购品种平均利率是3.500%；其他回购品种平均利率是：1天为1.562%，2天为2.209%，3天为1.639%，7天为2.296%，14天为2.426%，21天为2.354%，1个月为2.601%，2个月为2.656%，3个月为2.899%，4个月为2.782%[③]；由此看来，除3个品种外，养老保险基金2%的投资收益率不仅低于其他8个品种的利率，更低于6个月回购品种平均利率3.5%的“傻瓜收益率”，远低于国内2个基准收益率的水平，也低于国外实行市场化和多元化投资策略的社会保险基金，还低于国外实行国债投资的社会保险基金，几乎是世界各国中唯一低于CPI增长率的社会保险基金。

近几个月来，银行间债券市场的平均利率大幅上涨，就连1天回购品种的平均收益率都超过了3%。例如，根据中央结算公司2010年12月23日发布的《全国银行间债券市场交易结算2010年12月23日日报》，全国银行间债券各品种平均回购利率上涨情况分别为：1天回购品种3.255%，2天、3天没有发生，7天回购品种5.676%，14天回购品种4.844%，21天回购品种5.837%。[④]

十几年来投资收益率低于“傻瓜收益率”的养老保险基金明显地处于“本不应该发生”的巨大贬值风险之中，并且随着养老基金规模的扩大，这个“傻瓜损失”就越惊人：1997—2009年估计“傻瓜损失”额将近千亿元。

① 记者徐畅．社保基金个人账户收益率年均18.9%．中国证券报，2010-02-04（A02）。全国社保基金理事会自2006年12月开始受托管理天津、山西、河南、新疆、吉林、黑龙江、山东、湖南和湖北9个试点省（区、市）做实企业职工基本养老保险个人账户中的中央补助资金部分，地方财政的补贴仍由地方政府负责投资。截至2009年12月31日，全国社保基金会共受托管理个人账户基金346.12亿元。

② 国内投资业将银行间债券市场的3.5%利率戏称为“傻瓜收益率”，见：记者禹刚．社保基金“出海”只差一步．http://www.cnstock.com/ssnews/2006-3-13/touban/t20060313_1035429.htm；也有人将美国3.5%的国债利率称为“傻瓜收益率”，见：董玉峰．我国高额外汇储备的消极影响及对策．广东财经职业学院学报，2006（5）（双月刊）：45.

③ 见中国债券信息网，http://www.chinabond.com.cn/jsp/include/EJB/cb-lshq.jsp.

④ 冯淳．全国银行间债券市场交易结算2010年12月23日日报．见中国债券信息网，http://www.chinabond.com.cn/Info/10179963.

第二节　中国养老保险基金投资体制改革的两大国际参照系

前述分析表明，中国社会保险五项基金也好，基本养老保险基金也罢，养老保险的统筹基金也好，账户基金也罢，采取银行存款式的投资管理体制显然是不科学的，在各国社会保险基金投资管理模式中十分罕见，是一个异类。

一、国际养老基金投资管理体制的两大模式："国债型"与"市场型"

目前，世界各国养老保险基金（社会保险基金）投资体制有两大模式，或称两大趋势：一是传统的国债型投资体制趋势，二是市场化和多元化的投资体制改革趋势。而中国社会保险基金投资体制绝大部分资产存入商业银行，既不属于前者，更不属于后者，属于一个异类体制，所以，中国基本养老保险基金收益率既低于国外国债投资型的回报率，也低于股票投资型的回报率。正是这个异类的投资体制，才成为中国养老保险基金收益率低于任何一个国家社会保险基金的根本原因。

（一）国债型投资体制的收益率平均为4%～6%，高于通胀率

就非市场化投资趋势来看，目前只有少数几个国家还坚守这个传统的投资体制，其中，美国、英国、爱尔兰和西班牙四国是典型的非市场化的国债型投资体制国家。十几年来，它们不为进入资本市场获取的高利率收入所动，始终坚定实行国债投资策略，四国基金存量总规模在全球5.6万亿美元基本养老保险基金存量中占56%。[①] 国债投资策略的特点有三：一是收益率稳定且高于CPI；二是社会保险基金规模增长稳定，利息收入对社会保险基金增长贡献率较大；三是收益稳定，不受金融危机影响，2008年四国不但没有任何损失，而且利息总收入高达2 600亿美元。

英国"国家保险基金"（NIF）2000年总量仅为150亿英镑，目前已超过1 000亿英镑（与北爱尔兰NIF合计），9年来国债平均收益率为5%，基金规模增长近7倍。[②]

爱尔兰"社会保险基金"（SIF）利率为3.8%，目前总量大约40亿欧元，而2000年仅为10亿欧元，9年间翻了两番。[③]

西班牙基本养老保险基金"社保储备基金"（SSRF）膨胀速度可谓世界之最，2000年

① 引自郑秉文．金融危机对全球养老资产的冲击及对中国养老资产投资体制的挑战．国际经济评论，2009（9-10）（双月刊）：5-29.

② National Insurance Fund Account 2007-2008，London：The Stationery Office，17 January 2009，p. 12，19，28，20. Northern Ireland National Insurance Fund Account 2007-2008，London：The Stationery Office，27 January 2009，p. 12，18.

③ National Treasury Management Agency Report and Accounts for the year ended 31 December 2007，NTMA 30 June 2008，p. 18. National Treasury Management Agency Report and Financial Statements for the Year Ended 31 December 2000，NTMA. 29 June 2001，p. 54.

仅为8.1亿美元（6亿欧元），近9年来增长了94倍，已近800亿美元，2000年至今平均利率5%。[①]

美国基本养老保险基金（联邦政府养老、遗属、残疾信托基金）2010年8月发布的理事会《年报》显示，2009年年底其资产规模高达2.54万亿美元，全部投资国债，1998年其基金规模仅为6 531亿美元，12年几乎翻了两番；1990—2008年国债投资平均利率高达5.9%，而1998—2009年美国CPI仅为2.8%，不仅战胜了通胀，而且为社会保险基金增值作出了很大贡献，在1989—2009年的20年里，仅利息收入就高达1.37万亿美元[②]，正好占目前历年滚存2.6万亿美元结余的一半多（见图4—5）。

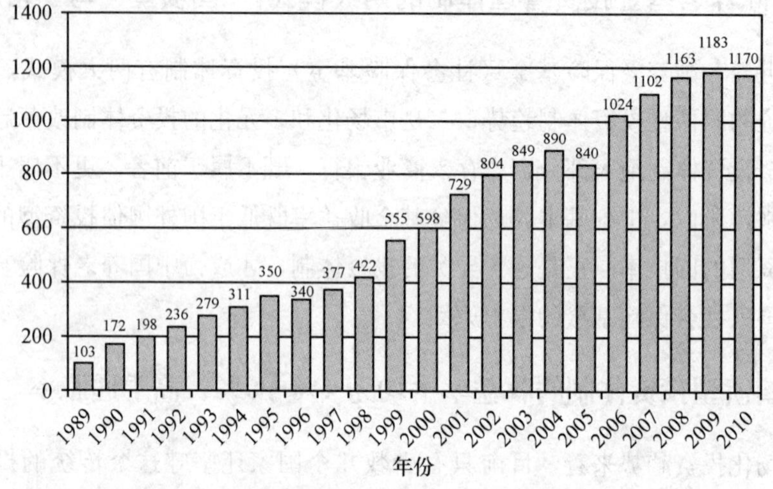

图4—5　1989—2010年美国社保信托基金购买国债利息收入（亿美元）

资料来源：数据引自历年《美国联邦政府老年、遗属和残障保险信托基金报告》，Board of Trustees of the Federal Old-Age and Survivors Insurance and Disability Insurance Trust Funds，*The Annual Report of the Board of Trustees of the Federal Old-Age and Survivors Insurance and Disability Insurance Trust Funds Communication*. Washington，D. C.，见美国社保总署网站，http://www.ssa.gov.

上述四国待遇确定型现收现付制基本养老保险基金资产虽然完全持有国债，但其收益率平均为4%～6%，不仅高于通胀率，而且还高于其社会平均工资增长率，实现了养老保险基金保值增值的制度目标。

---

① Fondo de. Reserva de la Seguridad Social，Evolucion，Actuaciones del ano 2008 y situacion a 31-12-2008，Informe a las Cortes Generales，p. 6，pp. 48-49.

② 2009年数据见Board of Trustees of the Federal Old-Age and Survivors Insurance and Disability Insurance Trust Funds，The 2010 Annual Report of the Board of Trustees of the Federal Old-Age and Survivors Insurance and Disability Insurance Trust Funds Communication. Washington，D. C.，August 5 2010. p. 94，98，103. 其他数据见历年《美国联邦政府老年、遗属和残障保险信托基金报告》，Board of Trustees of the Federal Old-Age and Survivors Insurance and Disability Insurance Trust Funds，*The Annual Report of the Board of Trustees of the Federal Old-Age and Survivors Insurance and Disability Insurance Trust Funds Communication*. Washington，D. C.，见美国社保总署网站，http://www.ssa.gov.

（二）市场化投资成为一个潮流，收益率普遍高于国债型投资收益率

基本养老保险基金的市场化和多元化投资趋势来势凶猛，不管是引入个人账户的缴费确定型积累制养老保险基金，还是传统的待遇确定型现收现付制养老保险基金，为了获取较高收益率，近十几年来，进入资本市场已经成为一个潮流。总体来看，实行市场化投资的养老保险基金运行特点主要有二：

一是受国内宏观经济形势和世界经济形势的影响较大，收益率波动较大，尤其是容易受到外部经济危机和金融危机的影响。在引入个人账户的缴费确定型积累制养老基金中，智利 2008 年为－21.97％，2009 年跃升至 27.73％，两年之间波动幅度达 49.6％；哥伦比亚 2008 年是 0.20％，而 2009 年为 11.37％；秘鲁 2008 年为－26.74％，而 2009 年则高达 32.88％，波动幅度高达 59.5％；中国香港强基金最高时达 22％，最低为－11％，波动幅度达 33％。在传统的待遇确定型现收现付制养老保险基金中，日本 2006 年是 3.7％，2007 年和 2008 年分别是－4.95％和－6.88％；加拿大 2004 年收益率高达 17.6％，而 2008 年为－0.3％；瑞典 2003 年高达 17.1％，而 2008 年则跳水至－34.4％；丹麦 2007 年收益率是 5.9％，而 2008 年是－3.2％。无论是缴费确定型积累制养老基金，还是待遇确定型现收现付制养老保险基金，据笔者对 19 个国家的统计，2008 年全球投资于资本市场的基本养老保险基金缩水 8％左右。①

二是长期收益率较高，一般都高于国债投资策略的收益率。例如，智利 1981—2009 年平均实际收益率是 8.71％，哥伦比亚 1995—2009 年平均实际收益率是 9.92％，秘鲁 1994—2009 年为 9.94％，韩国 2002—2007 股票平均收益率高达 28％②（见图 4—6、图 4—7、图 4—8、图 4—9）。

二、国际养老基金进入市场的两种方式：“间接投资模式”与“直接投资模式”

前述养老保险基金投资模式是对当前横向比较的一个概括。如果对养老保险基金投资体制演变进行一个纵向回顾，就会对养老保险基金投资管理发展趋势有一个更加深刻、更加深邃、更加宏大的认识。

（一）养老保险基金进入资本市场的三个阶段：从“间接投资模式”到“直接投资模式”

1. 养老保险基金进入资本市场的三个阶段

自 1889 年德国首创强制性基本社会养老保险制度以来，一直到第二次世界大战，全

---

① 以上数据引自郑秉文. 金融危机对全球养老资产的冲击及对中国养老资产投资体制的挑战. 国际经济评论，2009（9-10）（双月刊）：5-29.

② 以上数据引自 http://www.fiap.net.

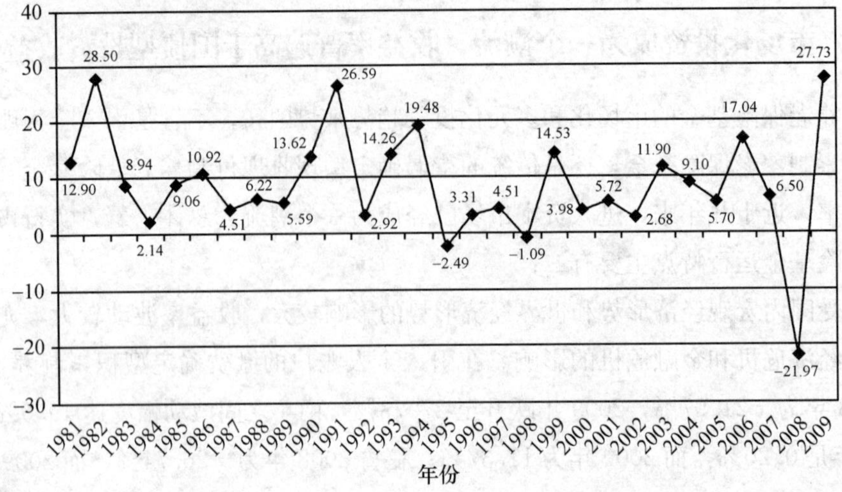

图 4—6 1981—2009 年智利养老保险基金市场化投资收益率（%）

资料来源：http：//www. fiap. net.

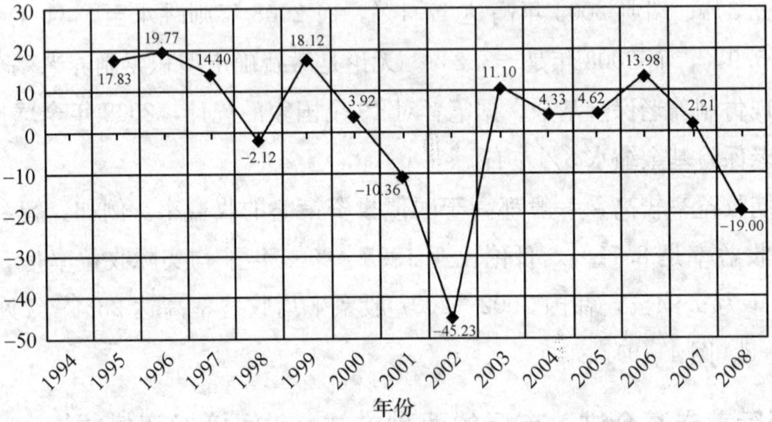

图 4—7 1994—2008 年阿根廷基本养老保险基金投资收益率变化（%）

资料来源：http：//www. fiap. net.

注：阿根廷养老金私有化改革始于 1994 年，2008 年 11 月予以再国有化改革，养老基金退出资本市场。

球基本养老保险基金几乎均为待遇确定型现收现付制，它们几乎只有一个投资策略，即实行国债型投资策略。但第二次世界大战以来，世界各国基本养老保险基金分三批先后开始进入资本市场进行市场化投资，由此，养老保险基金投资资本市场可分为三个阶段。

第一阶段是 20 世纪 50—60 年代，这是“中央公积金年代”，大约有 20 多个国家先后创建了中央公积金模式。该模式的主要特点是建立个人账户，雇主和雇员双方缴费全部划入个人账户，账户资产完全由中央政府负责管理并通过个人账户进入资本市场，投资策略基本采取多元化和市场化的方式，持有一定国债和股票资产，投资收益率基本能够跑赢通胀率。例如，成立于 1951 年的马来西亚的“雇员公积金”（EPF）名义收益率大约为 5%～7%，剔除通胀率，其真实收益率平均在 4%左右；成立于 1952 年的印度“雇员公积

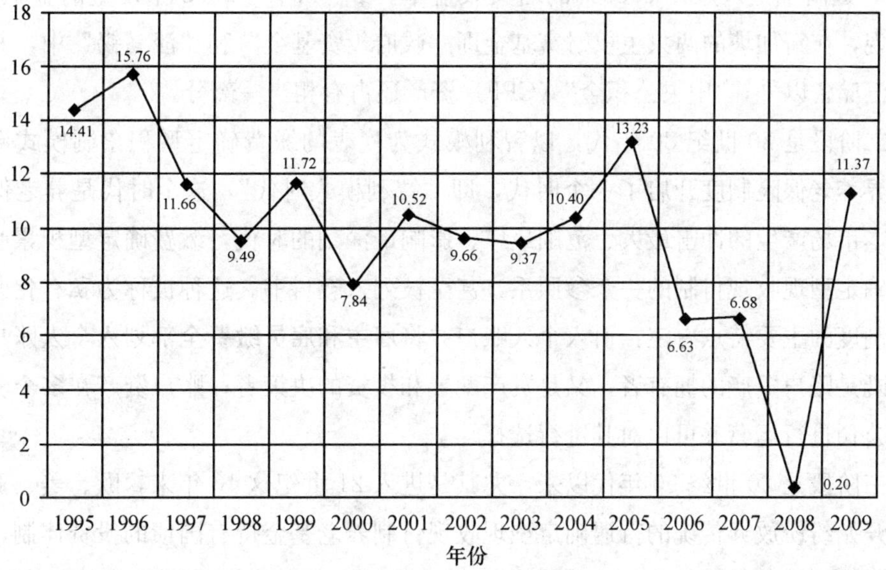

图 4—8 1995—2009 年哥伦比亚基本养老保险基金投资收益率变化（%）

资料来源：http://www. fiap. net.

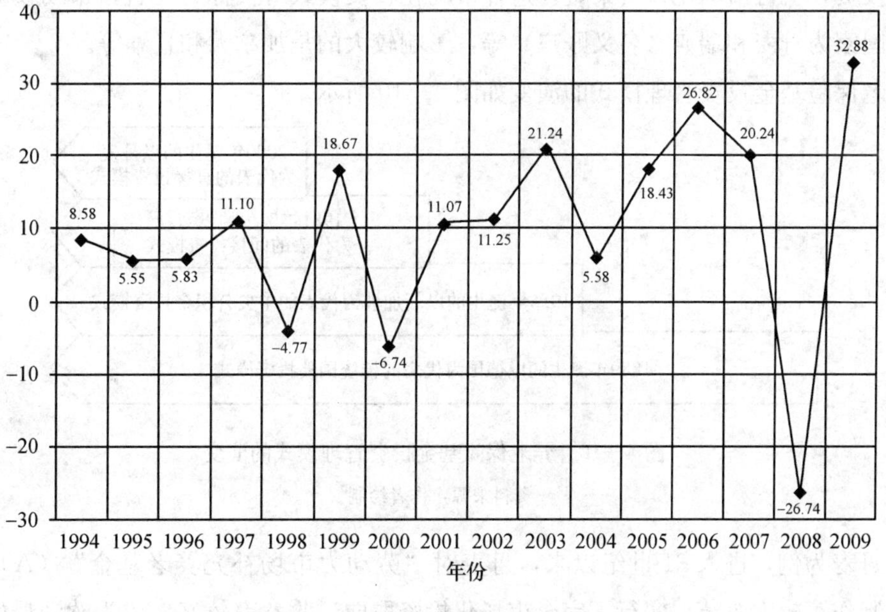

图 4—9 1994—2009 年秘鲁基本养老保险基金投资收益率变化（%）

资料来源：http://www. fiap. net.

金组织”（EPFO）采取的是“有管理的”名义利率，年均 10%以上，剔除通胀率之后大约为 3%；肯尼亚“全国社会保障基金”（NSSF）在 20 世纪 90 年代的收益率高达 7%以上，但其通胀率也在 7%以上；建立于 1955 年的新加坡中央公积金（CPF）实行的也是“有管理的”利率，1982—2001 年记入账户年均名义收益率为 3. 35%，剔除通胀率后，实际年均收益率为 1. 97%，据 IMF 的估计，整个 90 年代新加坡中央公积金年均收益率至少是10%，远高于记入账户3.35%的名义收益率。[①] 在2007—2008年发生的金融危机中，人们发现，在新加坡的两只主权财富基金即“政府投资基金”和“淡马锡”中，其资本构成除外汇储备以外，“中央公积金”（CPF）资产还占有相当一部分。[②]

第二阶段是20世纪80年代，以智利模式为代表的缴费确定型积累制模式诞生，从此，世界养老保险制度开启了一个时代，即“智利模式时代”，这个时代是养老保险基金进入资本市场产生的冲击最大、范围最广、影响最深刻的时代，缴费确定型积累制正式成为待遇确定型现收现付制的一个参照系，甚至被列入教科书。这种被称为私有化改革的养老保险制度的主要特点有三：引入个人账户并将雇主和雇员缴费全部划入个人账户；账户持有人既是账户资产的拥有者，又是资产配置和投资的决策者；账户资产在多个养老金专业管理公司进行运营并可以对其进行选择。

第三阶段是20世纪90年代以来，尤其是进入21世纪这10年来，欧、美、亚一些发达国家开始纷纷放弃传统的待遇确定型现收现付制养老基金持有国债的投资体制，在没有引入个人账户的条件下，将双方缴费收入形成的较大的养老资产余额直接投资于资本市场，开启了“直接市场投资模式”的一个新时代。在老龄化的预期压力下，为减轻政府的财政负担，获取较高的市场收益率，这些养老保险基金由国家出面，直接对资本市场进行大规模投资，实行市场化投资策略，这种市场化投资模式可被称为“直接市场投资模式”，其代表国家为丹麦和瑞典（名义账户）等，影响较大的是加拿大和日本等。

养老保险基金投资管理模式的演变如图4—10所示。

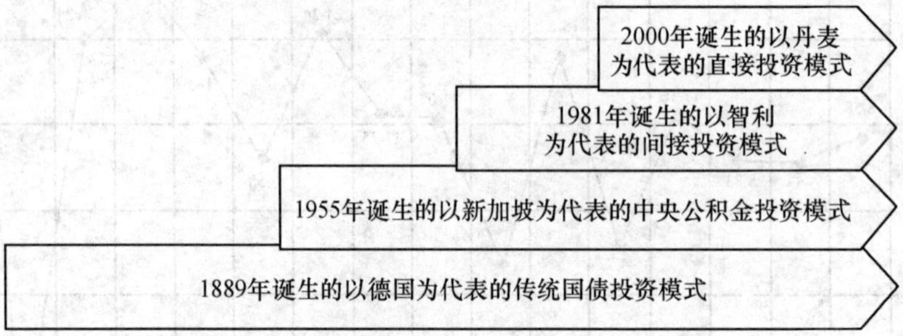

图4—10 养老保险基金投资管理模式的演变

资料来源：作者绘制。

以丹麦为例，进入21世纪以来，丹麦对“劳动力市场补充养老基金”（ATP集团）投资体制作了较大改革，实行了完全市场化投资取向，收益率较好，成为欧洲最好的机构投资者和养老基金之一，2006—2010年五年期的赢利目标是428亿克朗，但截至2010年第三季度末就已实现了476亿克朗的赢利。2010年前三个季度投资收益率高达5.7%，总收入达174亿丹麦克朗，大大超过预先设定的2010年全年赢利76亿克朗的任务；其中，

① 以上关于中央公积金特征的论述与数据，参见郑秉文．中央公积金投资策略的经验教训．辽宁大学学报，2004（1）（双月刊）：107-121.

② 郑秉文．中国建立“主权养老基金”的急迫性及国际比较——应对“中国威胁论”与外汇储备二次分流的战略思考．国际经济评论，2008（3-4）（双月刊）：43-53.

国内上市公司股票收益率为 10.7%，PE 收益率高达 15.8%，国外和国内债券收益率为 6.8%。截至 2010 年第三季度末，ATP 总市值为 7 849 亿克朗。①

再以日本为例，其基本养老保险基金“积立金”投资体制在 2001 年改革之前主要的投向是基础设施和福利事业，效果不好，损失较大。② 2001 年进入资本市场之后，投资收益率较为理想：2003 年为 8.40%，2004 年为 3.39%，2005 年为 9.88%，2006 年为 3.70%，2007 年为－4.59%，2008 年为－7.57%，2009 年为 7.91%；虽然 2007 年和 2008 年在金融危机中遭受损失较大，但 7 年平均投资收益率仍为 2.82%，而同期工资增长率仅为－0.73%，经济成长率仅为 0.37%；2009 年作为收益率最高的年份之一，7.91%的回报率就高达 919 万亿日元。③ 截至 2010 年 9 月底，日本积立金总市值已高达 117.6 万亿日元（见表 4—5）。

表 4—5　　2010 年 9 月底日本积立金资产配置与市值

	国内债券	国内股票	国外债券	国外股票	短期资产	合计
市值（万亿日元）	82.396	12.614	9.598	11.463	1.571	117.643
资产比重（%）	70.4	10.72	8.16	9.74	1.34	100.00

资料来源：Investment Results of the Second Quarter of Fiscal 2010, GPIF (Government Pension Investment Fund), p. 4.

2. 养老保险基金“间接投资模式”的政府管理方式与私人管理方式

社会养老保险制度诞生至今已有 120 多年。前 60 多年为“纯粹的国债投资”时期，后 60 年出现了一个分叉，在“国债投资”以外，“市场投资”诞生于部分发展中国家并以中央公积金的形式开始兴起，继而在拉丁美洲以智利模式的形式出现。由此，“间接投资模式”成为进入资本市场的一个主要方式。

对“间接投资模式”，我们会发现两个有趣的现象。

第一，采取中央公积金模式的国家大约有 12 个④，它们基本都是英国前殖民地国家；采取智利模式的国家大约也有 12 个，除中国香港以外，它们主要集中在拉美。换言之，实行“间接市场投资模式”的第一组和第二组国家均为发展中国家。

第二，“间接投资模式”可继续划分为两个小阶段：兴起于 20 世纪 50 年代的中央公积金模式在先，诞生于 80 年代的智利模式在后，它们虽然都是通过个人账户“间接”进入市场，但是，中央公积金模式可被视为账户基金“间接”进入市场的初级阶段，其特点是投资决策人为政府，属于政府管理方式，账户基金的投资管理由中央政府来执行；而后来诞生的智利模式应被看做账户基金“间接”进入市场的高级阶段，因为它属于私人管理

① The APT Group Quarterly Report for Qs 1-3 2010, The ATP Group-Interim Report, ATP, p. 1, 3, 20.

② 郑秉文，房连泉，王新梅. 日本社保基金“东亚化”投资的惨痛教训. 国际经济评论，2005 (3)（双月刊）：26-33.

③ Review of Operations in Fiscal 2009, GPIF (Government Pension Investment Fund), Japan, p. 8.

④ 在这 12 个国家中，阿根廷于 2008 年 11 月对私有化模式进行了“再国有化改革”，重新恢复了传统的待遇确定型现收现付制。见：郑秉文，房连泉. 阿根廷私有化社保制度“国有化再改革”的过程、内容与动因. 拉丁美洲研究，2009 (2)（双月刊）：7-24.

方式，其特点是，账户基金的投资管理由账户所有者个人来完成。

我们之所以认为中央公积金的政府管理方式为初级阶段，智利的私人管理方式为高级阶段，是因为后者对资本市场发达程度、制度设计和国民承受能力的要求都高于前者。

（二）养老保险基金“直接投资模式”的发展趋势：应对老龄化的一个举措

1. “直接投资模式”的发展趋势

近十几年来，欧美发达国家采取的“直接投资模式”方兴未艾，掀起了新一轮的养老金投资热。从国债投资到市场投资，从间接投资到直接投资，这个历史潮流无疑是应对老龄化的一个积极措施，其本质是从“非积累”（unfunded）向“预积累”（prefunded）转型；“预积累”即“预筹式”的养老基金融资方式显然优越于“非积累式”的融资方式，这样，可以为未来老龄化高峰时做好财务准备。

“预筹式”养老保险制度在某些发达国家实施改革方案时表述得非常直白。例如，1997年加拿大养老金计划（CPP）采取“前倾式主动型”上调费率的办法，将上调后的缴费收入部分直接投入资本市场，以求高额回报率；显然，与“后倾式被动型”上调费率相比，前者通过投资资本市场可以为未来老龄化高峰“预筹”一部分养老金；尽管都是上调费率，但其效率却大相径庭，“前倾式主动型”的预筹制度效率要高于“后倾式被动型”制度。[①] 1991年澳大利亚将“超级年金”缴费率最低标准从1993年的3%～4%，逐渐提高到2003年的9%[②]，由此形成一个投资于资本市场的资产池，这也是走向预筹式制度改革的一项重要举措。发达国家类似改革还有一些案例。

在代议制国家，对待遇确定型现收现付制养老保险制度采取适当提高雇主和雇员缴费率的方式，以“预筹”方式形成一个投资于资本市场的养老基金，以期获取较高利率，这种“前倾式主动型”上调费率的举措需达成社会共识，因此，也可被视为“投资型现收现付”或“半结构式”改革的一种实现形式，是应对老龄化的一个积极举措。

2. 中国养老保险基金应尽快采取市场化投资

2000年以来，随着做实账户试点的铺开和账户基金规模的扩大，保值增值的压力越来越大，尤其是，近年来养老基金规模快速激增，2010年突破1.5万亿元大关，在研究中国实行待遇确定型现收现付制的统筹基金的保值增值方案时，需要将其置于两个特殊的背景假定之下。

第一个背景假定是经济高速增长：中国将再有一个20～30年的经济高速增长期，其增长率保持在7%～9%之间，并假定社会平均工资增长率保持在10%以上，还假定CPI

① 关于加拿大的改革，见：郑秉文，何树方. 加拿大社保制度改革与建立“主权养老基金”十年回顾与评价. 当代亚太，2008（1）（双月刊）：88-107。1997年改革时费率为6%（雇员和雇主各缴纳一半），逐渐提高到2006年的9.9%并成为一个恒定费率，一直到2030年不变。但在旧制度下，到2016年上调的费率便高于新制度，并不得不逐年上调，一直要持续上调到2030年的14.2%，届时将高于新制度4.3个百分点。

② James Schulz，Old-Age Income Security：Australia Tries a Different Way，AARP Public Policy Institute，December 2005，p. 9.

在 2%～4%的区间波动。

第二个背景假定是基金规模高速增长：中国养老保险政策和制度框架基本保持不变（费率等），由此推定，在一个覆盖面狭小的制度条件下，随着覆盖面的不断扩大，到 2020 年实现党的十七大提出的建立基本覆盖城乡的社保体系的战略目标时，养老保险基金将突破 15 万亿元[①]，即未来中国基本养老保险基金将以异乎寻常的增速继续膨胀下去。

这“两个高速”的假定将待遇确定型现收现付制的统筹基金置于一个两难困境：如果一味恪守“先建立账户、后进入市场”的静态研究范式，那么，在目前统账结合制度下，如果不扩大账户比例规模，绝大部分养老基金即统筹基金就将难以进入资本市场；单一持有国债获取的收益只能跑赢 CPI，但却低于 GDP 增长率，大大低于社会平均工资增长率；养老保险基金规模越大，贬值风险就越大。长期看，面对不断增长的社会保险基金总量，实行市场化和多元化的投资策略是可行的，也是必要的。

这“两个高速”的假定也同样将个人账户基金置于一个“账户失灵”境地：建立了个人账户，但账户基金却与统筹基金享有同样的投资政策，账户基金就同样面临严重缩水状态，个人账户的投资功能受到阉割，个人账户的引入成为“画蛇添足”，个人账户的设立成为一个摆设。于是，统账结合就徒有虚名，智利的“账户模式”在中国出现“账户失灵”。其实，“账户失灵”还有另一层含义，那就是，面对“两个高速”增长，即使账户基金实施市场化投资，其收益率也未必能够战胜 GDP 增长率或社会平均工资增长率。但反过来说，也只有实施市场化投资，其收益率才能使基金损失降到最低，舍此并无他途。

鉴于上述“两个高速”的巨大压力和老龄化的惊人发展趋势，加之十多年来国外待遇确定型现收现付制养老保险基金“直接投资模式”已积累起较为丰富的经验，我们对养老基金投资范式的研究逐渐从“静态”向“动态”转变，认为在统账结合和做实账户的给定条件下，待遇确定型现收现付制的统筹基金可“先进入市场、再扩大账户规模”，尽快实施“直接投资模式”，旨在将不断膨胀的养老保险基金的投资收益率损失降到最低。换言之，在上述两个背景压力之下，统筹基金也好，账户基金也罢，它们都不应面对贬值风险而无动于衷，因此，市场化和多元化投资策略是大势所趋，是应对人口老龄化的必然举措。

第三节　中国养老保险基金“银行存款”投资体制在国际参照系中成为一个特殊个案

在前述“国债型”和“市场型”两大投资管理潮流中，中国社会保险基金投资体制选择没有满足购买国债的实际需要，导致投资收益损失增加，这是一个问题；也没能实行市

① 关于中国养老保险基金规模增长预测，见：郑秉文译者跋．中国社保“名义账户”改革新思路——混合型统账结合．载：罗伯特·霍尔茨曼、爱德华·帕尔默主编．名义账户制的理论与实践——社会保障改革新思想．郑秉文等译校．北京：中国劳动社会保障出版社，2009：615-643.

场化和多元化的投资策略，甚至不得不三令五申强令存入银行，这是一个无奈。

在上述“间接投资”和“直接投资”的两个方式中，账户基金至今没能通过“间接投资模式”进入资本市场，这是政策滞后的表现；统筹基金无法采取“直接投资模式”，不能实施市场化投资策略，这是制度约束的结果。

由此，中国养老保险基金采取了罕见的银行存款投资策略，既没有实施国际流行的国债型投资模式，又不能顺应市场投资的世界潮流，而是“选择”了一个特殊投资管理体制：将不断扩大的基金“静静”存入商业银行，获得的仅仅是一个活期存款利率，既不能战胜通胀，又远低于GDP的增长率，还大大低于社会平均工资的增长率，处于贬值风险之中。

一、中国养老保险基金采取“异类”投资管理的根本原因：统筹层次低下

中国养老保险基金之所以采取银行存款的投资体制，是由于养老保险制度统筹层次低下所致。换言之，统筹层次低下既是导致和派生许多其他制度缺陷和障碍的主要原因，也是养老保险基金不能采取“直接市场投资”模式进入资本市场的主要原因。

（一）统筹层次低下导致“行政分割”

自20世纪80年代末和90年代初中国养老保险制度雏形诞生起，由于财政体制的约束和保险制度自下而上的改革自发性，养老保险基金在中国从一开始就是“行政分割”，养老保险基金资金流的收入、支出、累计余额的投资管理均隶属行政；相对应地，地方行政对养老保险基金的财务能力和可持续性便负有兜底的义务，地方财政收入状况便对养老保险基金具有较大影响。归根到底，养老保险基金的收支核算单位层级太低，地方行政便对养老保险基金具有较大的控制权，而上级区域行政机构对下级统筹单位就不可能享有资金调动权。

从理论上讲，中央政府应是强制性基本养老保险制度的立法人、举办人和最终出资人，也是管理人，但事实上，在养老保险制度自下而上、摸着石头过河的自发改革进程中，养老保险制度最终形成的格局是中央政府与地方各级政府尤其是统筹单位地方政府“联合举办”的，尤其在基金流管理上，地方行政事实上扮演了“部分出资人”的角色和真正的管理人。

“行政分割”的后果自然是对赡养率较低的行政区域而言，养老保险基金在地方统筹单位自我循环、自我平衡，较大的累计余额便自然为这些行政区域所“拥有”，它们享有养老保险基金的“拥有权”；但在赡养率较高的区域，尤其是经济欠发达地区和劳动力输出区域，基金缺口只能由上级行政单位给以补贴，它们享有“补贴权”。

据不完全统计，目前全国拥有2 000多个统筹单位，即2 000多个养老基金“行政拥有者”。在统筹层级十分低下的条件下，上级行政单位和下级行政单位、中央政府与地方政府之间在养老基金投资管理上实际是“依法合作”的关系，各有各的义务和责任，它们

之间的利益不尽一致，时常存在博弈现象，养老基金的投资管理就难以跨越和打破这2 000多个“行政拥有者”的界限。

（二）统筹层次低下导致“人群分割”

养老保险基金不仅仅被“行政分割”开来，而且还存在着十分普遍的“人群分割”现象，尤其在发达地区，良好的人口流动性迫使很多地方政府不得不根据不同群体建立起一些小制度。此类案例繁多，其中，最小的案例可能当属吴江市，最大的案例当属上海市。

吴江市地处东部发达地区长三角，截至2007年年末，吴江市全市户籍总人口仅为80万，而登记外来人口则为76万。在这样一个150多万人口的县级市里就存在着四种制度（养老），即农保、土保、城保和公保（机关事业单位），每种制度里又套着一些小资金池。比如，在城保里，根据户籍性质和企业性质分为四个资金池[①]，见表4—6。

表4—6　　　　吴江市城保四个养老基金池费率情况

企业类别	用人单位费率（%）	参保人个人费率（%）	费率合计（%）
吴江市本地户籍职工	19	8	27
外来从业人员（外地城镇户籍）	19	8	27
外地农民工（城镇企业）	13	8	21
外地农民工（开发区企业）	10	8	18

资料来源：纪晓岚等．吴江市社会保障发展规划研究2008—2012（吴江市劳动和社会保障局委托课题）．华东理工大学国家小城镇社会保障研究中心，2008-07-28，表1—6.

上海市有四种制度，分别为城保、综保、镇保、农保。四种制度互相封闭，自我平衡；每个制度的基金积累状况存在较大差别，其中，综保是为外来人口单独设立的制度，其基金事实上是一个相对独立的资金池，该制度赡养率很低，财务状况很好，而其他三种制度则较差，甚至不得不每年申请财政补贴。

由于大部分按人群设立的制度形成的基金管理同时实行的又是属地化管理体制，所以，人群分割与行政分割相互交织，建立良好的法人治理结构和采取“直接投资模式”进入市场几乎是不可能的。

（三）统筹层次低下导致“基金分割”

统筹层次低下导致基金的数量比统筹单位的数量还要多。养老保险基金虽然存入财政专户，但在行政管理上由各级社会保险经办机构负责。

截至2008年年底，全国共有经办机构7 419个，其中省级69个，地市级1 008个，县区级6 342个。[②] 此外，考虑到“新农保”基金、被征地农民保险基金、部分事业单位

① 纪晓岚等．吴江市社会保障发展规划研究2008—2012（吴江市劳动和社会保障局委托课题）．华东理工大学国家小城镇社会保障研究中心，2008-07-28.

② 胡晓义主编．走向和谐：中国社会保障发展60年．北京：中国劳动社会保障出版社，2009：514.

养老保险基金等因素，养老保险基金的实际数量要多于统筹单位的数量。

从省级层面看（见表 4—7），除西藏 1.1 亿元和青海 33 亿元等几个省份基金累计结余规模很小以外，大多数省份的基金规模都有几百亿元。但事实上，“基金分割”导致每个资产池的实际规模都是很小的。如果这些属地分散且规模较小的基金分别进入资本市场，那么投资绩效只能是较低的，难以取得规模效益。

表 4—7　　2008 年中国养老保险基金各省分布

省份	收入（亿元）	支出（亿元）	滚存结余（亿元）	缴费者（a）		退休者（b）		参保者（a+b）	
				人数（万人）	人均结余（元）	人数（万人）	人均结余（元）	人数（万人）	人均结余（元）
全国	9 740.2	7 389.6	9 931.0	16 587.5	5 987.0	5 303.6	18 723.1	21 891.1	4 536.0
华北：滚存结余 1 060.1 亿元				2 161.9	4 903.6	763.0	13 893.8	2 925.1	3 624.1
北京	441.4	355.6	329.4	577.0	5 708.8	180.1	18 289.8	757.2	4 350.2
天津	239.0	195.3	176.0	247.2	7 119.7	129.3	13 611.8	376.5	4 674.6
河北	403.7	336.7	337.1	639.8	5 268.8	222.7	15 137.0	862.5	3 908.4
山西	288.2	189.1	390.8	411.4	9 499.2	128.0	30 531.3	539.4	7 245.1
内蒙古	189.4	145.4	156.2	286.5	5 452.0	102.9	15 179.8	389.5	4 010.3
东北：滚存结余 1 197.9 亿元				1 928.1	6 212.9	861.3	13 908.0	2 789.3	4 294.6
辽宁	661.6	526.7	568.9	976.4	5 826.5	429.9	13 233.3	1 406.2	4 045.7
吉林	225.4	175.3	265.6	369.9	7 180.3	155.4	17 091.4	525.3	5 056.2
黑龙江	377.0	307.8	363.4	581.8	6 246.1	276.0	13 166.7	857.8	4 238.4
华东：滚存结余 3 135.1 亿元				5 732.7	5 468.8	1 625.4	19 288.2	7 358.0	4 260.8
上海	675.1	639.2	368.8	609.9	6 046.9	357.8	10 307.4	967.7	3 811.1
江苏	776.7	549.8	756.7	1 373.1	5 510.9	378.6	19 986.8	1 751.6	4 320.1
浙江	496.8	319.3	829.3	1 192.1	6 956.6	194.8	42 571.9	1 386.9	5 979.5
安徽	263.5	196.2	213.4	420.3	5 077.3	158.1	13 497.8	578.4	3 689.5
福建	172.5	143.8	154.3	454.6	3 394.2	102.6	15 039.0	557.2	2 769.2
江西	161.6	130.4	132.2	421.9	3 133.4	128.5	10 288.0	550.3	2 402.3
山东	686.9	529.9	680.4	1260.8	5 396.6	305.0	22 308.2	1 565.9	4 345.1
华南：滚存结余 2 741.7 亿元				4 565.5	6 005.2	1 136.4	24 126.2	5 702.0	4 808.3
河南	353.9	296.9	346.0	732.9	4 721.0	239.1	14 470.9	972.0	3 559.7
湖北	379.4	294.9	260.9	680.4	3 843.5	252.0	10 353.2	932.3	2 711.2
湖南	339.5	263.6	282.1	593.7	4 751.6	235.3	11 989.0	829.1	3402.5
广东	787.1	448.6	1 621.0	2 171.2	7 466.0	273.0	59 377.3	2 444.3	6 631.8
广西	180.9	111.1	188.1	273.1	6 887.6	95.0	19 800.0	368.1	5 110.0
海南	63.8	50.4	43.6	114.2	3 817.9	42.0	10 381.0	156.2	2 791.3
西南：滚存结余 880.3 亿元				1 352.0	6 511.1	589.1	14 943.1	1 941.3	4 534.6
重庆	204.8	157.4	132.0	274.4	4 810.5	130.7	10 099.5	406.1	3 250.4
四川	515.1	372.4	503.0	711.1	7 073.5	306.7	16 400.4	1 017.1	4 945.4
贵州	100.1	75.0	105.8	156.6	6 756.1	59.3	17 841.5	215.9	4 900.4

续表

省份	收入（亿元）	支出（亿元）	滚存结余（亿元）	缴费者（a）		退休者（b）		参保者（a+b）	
				人数（万人）	人均结余（元）	人数（万人）	人均结余（元）	人数（万人）	人均结余（元）
云南	143.6	112.8	138.4	204.4	6 771.0	89.3	15 498.3	293.7	4 712.3
西藏	7.4	6.8	1.1	5.5	2 000.0	3.1	3 548.4	8.5	1 294.1
西北：滚存结余 580.4 亿元				828.1	7 008.8	323.4	17 946.8	1 151.1	5 042.1
陕西	203.4	170.8	130.1	309.0	4 210.4	124.4	10 458.2	433.4	3 001.8
甘肃	114.8	90.5	107.9	157.0	6 872.6	64.0	16 859.4	221.0	4 882.4
青海	39.8	31.4	33.0	49.7	6 639.8	18.6	17 741.9	68.3	4 831.6
宁夏	47.5	33.4	59.9	63.7	9 403.5	18.8	31 861.7	82.6	7 251.8
新疆	197.7	131.4	249.5	248.7	10 032.2	97.6	25 563.5	346.3	7 204.7

资料来源：国家统计局．中国统计年鉴 2009（光盘版）．北京：中国统计出版社，2009：22-42。其中，缴费者人均滚存结余、退休者人均滚存结余和参保者人均滚存结余由作者计算得出。

（四）提高统筹层次将产生财政风险

既然统筹层次低下导致养老保险基金面临被“肢解”的破碎局面，不能采取“直接投资模式”走向资本市场，只能忍受十分低下的银行活期存款利率，那么，为什么不能提高统筹层次呢？

在全国地区发展不平衡的“客观”条件下，由于基本养老保险统账结合的统筹部分实行的是待遇确定型现收现付制，统筹层次越低，其制度收入和支出的效率就越高；反之，统筹层次越高，制度收入和支出面临的风险就越大，统筹层次提高到哪个层次，哪个层次的财政就容易陷入风险之中。

信息经济学告诉人们，在养老保险制度中，与下级行政单位的信息完善程度相比，上级的信息是相对不完善和不对称的；提高统筹层次之后，下级统筹单位“利益受损”，道德风险将增大，收入趋于减少和支出趋于扩大将会普遍存在于制度的各个层面，最终必将导致养老保险基金面临逆向选择。事实证明，中西部经济欠发达地区对提高统筹层次是非常欢迎的，但发达地区和基金结余规模较大的地区恰好相反，于是，基金收入减少和支出规模相对扩大将有可能导致财政陷入风险之中。这就是多年来养老保险基金统筹层次始终没有提高的主要原因，于是，碎片化的养老保险基金不能采取“集中投资”的方式；如果采取地方统筹单位“分散投资”的方式，允许每个统筹单位作为一个投资主体并实行“直接投资模式”进入资本市场，养老保险基金面临的仍是较大的基金治理风险和市场风险；两害相权，最后只能被强制要求存放在银行之中，宁可受到低利率和 CPI 的侵蚀。这就是养老保险基金实行异类投资体制的主观制度原因和外部客观原因的综合结果。

在可预见的未来，在经济发展水平存在较大差距条件下，养老保险的资金流核算水平要想真正提高到全国层面即真正把基金统筹管理层次提高到全国水平，难度是非常大的，甚至提高到省级也存在较大困难。

二、中国养老保险基金改革三步走战略：由易到难

客观上，统筹层次低下为投资体制改革带来了巨大障碍，投资收益率低下成为无奈。主观上，诸多制度困境“聚焦”了决策者的改革关注度，分散了投资体制改革力度。几年来，投资体制改革整体陷入僵局。尤其是，上海社保案发生之后，社会保险基金成为一个“高压线”，社会保险基金安全性问题成为一个政治问题，投资体制改革进程也成为一个“雷区”，年复一年，任凭贬值，不敢越“雷池”一步便使之走到了另一个极端。

考虑到制度的复杂性、基金贬值的紧迫性和政府的公信力，笔者建议先易后难，分三步走，迅速启动社会保险基金投资体制改革的程序，旨在将社会保险基金收益率损失降到最低程度。

（一）第一步为“临时阶段”

在1～2年内，为满足社会保险基金保值的需要，对养老保险基金全额发行特种定向社保国债，彻底解决地方社会保险基金购买渠道问题，赢得时间，将社会保险基金的利息损失降到最小。鉴于通胀预期大约为4%，特种定向社保国债利率可暂定为4%～5%。在“临时阶段”，这是一个“双赢”的举措，既可提高社会保险基金收益率，免除负利率之害，还可为中央政府实行经济刺激计划进行融资。中央财政支出的利息成本相当于目前每年对基本养老保险制度1 000多亿元的转移支付的置换或抵消（2009年转移支付1 600亿元），此举并没有为中央财政带来额外成本，也不会影响中央对西部地区当期收不抵支缺口的转移支付，反而还起到了为其融资的效果，更不会影响地方政府对社会保险基金流动性的要求，因为在“临时阶段”可发行短期国债，且社会保险基金主要集中沉淀在一些发达省份，例如，仅广东一省就将近3 000亿元，3～5年期的短期债券对发达省份基金流动性不会造成任何影响。

这是一个临时性的紧急措施，作为国家应对老龄化战略部署的一个组成部分，对每年的增量部分应通过财政专户照单全收，除预留相当于几个月的支付费用外，全部取消银行商业存款，以保证较高利息收入和防止寻租行为的发生。

（二）第二步为“过渡阶段”

利用这1～2年的“临时阶段”，彻底梳理社会保险基金的管理体制，例如，从2012年开始对五险基金投资管理体制分门别类予以改革，旨在实现社会保险基金投资体制的市场化与资产配置的多元化，以提高社会保险基金的整体收益率。中国正处于高速增长期，社会平均工资增长率远超过10%以上，这是上述实行国债投资策略的四个发达国家所没有的特殊国情。

鉴于此，在统筹层次难以一步到位提高到投资管理所需要的程度情况下，设立一个“过渡阶段”便十分必要。设立“过渡阶段”的目的是在进入第三步“深化改革阶段”之

前，先采取一个变通办法，把多元化投资做起来。具体思路是：组建一全国养老保险基金投资管理机构，通过该机构对地方统筹单位公开承诺支付高于上述临时阶段国债利率的更高利率，“吸纳”各地社会基金对其实行“一揽子”投资；在基金流上解过程中，对中央政府而言，其“吸纳”方式相当于“赎买”，对地方统筹单位而言，其投资方式相当于是对中央资产池的“强制性垄断交易”，在地方政府需要并发生待遇支付需求时，基金流的下行过程对地方政府相当于“赎回”，对中央政府相当于是“还原”。这样一个带有储蓄性质的“半交易半行政”的投资体制，虽然没有改变制度核算的统筹层次，但却由于通过精算中性的方式将各地碎片化资金集中起来，2 000 多个统筹单位和上万只基金单位便可跨越地区发展不平衡的障碍，不仅可克服地方政府的道德风险，而且较高的收益率还对地方政府起到了激励作用，避免保险制度的逆向选择，进而整合成一个资产池，为实行中央政府统一投资体制创造条件。

在过渡期内，全国养老保险基金投资管理机构作为一个投资管理单位，负责对社会保险基金进行投资组合，实施多元化投资策略。资产配置可分为三个部分：一是根据各地实际需要统一“购买”由财政部发行的特种定向社保债券；二是权益类产品投资可采取竞标方式实施外包；三是与中央政府协商，对相关垄断性、资源性、基础性产业或实业划出一些“社保投资特区”，社会保险基金享有优先投资权。与上述临时阶段相比，过渡阶段中实施多元化的统一投资体制对社会保险基金而言不分险种，不分层次，其特点是使社保五险基金在整体上提高了费率水平，使之更加接近于社会平均工资增长率。

这个变通的投资管理体制的本质是“委托代理”机制，全国养老保险基金投资管理机构可提取一定比例的管理费，作为其行政成本。

（三）第三步为“深化改革阶段”

例如从 2013 年开始，将社保制度深化改革的任务提到案头，对制度结构进行改革。笔者之所以重提深化改革，是因为养老保险制度存在严重的结构性问题。做实个人账户便是一个例证。

众所周知，在目前制度结构下，巨大的空账与天量的养老基金规模两者平行增长，与日俱增：一方面全国养老保险基金沉淀的累计结余已达 1.25 万亿元，但另一方面空账已超过 1.3 万亿元；相同规模的养老资产沉淀却不能用来做实大致相同规模的空账：万亿元资产在贬值，万亿元空账却无法去做实。如果制度结构不改革，即使到 2020 年，这个令人尴尬的窘境将依然存在：一方面空账已扩大到几万亿元而无法做实，另一方面资产积累将超过 10 万亿元却正在贬值。人们不禁要问，资产是资产，它们在倍增，但却不能保值；而空账是空账，它们不断在翻番，资产与空账近在咫尺，同在一个养老保险制度里，但却不能用自己的资产去做实自己的空账。

贬值与空账的悖论告诉我们，中国的社保制度存在着严重的结构性问题，必须从制度结构的层面进行改革才能彻底解决这个悖论，否则，投资问题是不可能根本解决的。在

“深化改革阶段”，我们应对目前统账结合制度进行彻底梳理和改革，使制度架构能够适应在长达20～30年下一个高速增长期中投资的需要。在上述“过渡阶段”，变通的委托代理投资体制说到底只是一个应急的制度安排，是强加的“外生”机制；只有将基本养老保险统筹水平提高到全国水平，中央统一投资体制的建立才是“内生”的。所以，“深化改革阶段”需要解决的根本问题就是如何改变制度结构，使之能够提高到全国统筹层次，这一关我们必须要过。否则，不但投资体制永远也不能从根本上彻底解决，“直接投资模式”将难以实现，提高收益率始终是萦绕人们心头的一个困扰，而且，统筹水平低下将派生出许许多多意想不到的其他困难，例如，便携性很差，异地难以转移接续；碎片化难以克服，待遇水平相互攀比，造成严重的制度不公；投资管理体制十分混乱，潜在风险暗流涌动；财政补贴无效率，福利损失巨大，等等。

第五章　中国基本养老保险个人账户基金投资管理改革的模式选择[①]

如前所述，在养老保险基金中，如果统筹基金采取“直接投资模式”，那将存在诸多困难，如果提高统筹层次进行集中投资，也存在诸多障碍。但是，“账户基金”则不同，它没有任何困难。

第一节　中国基本养老保险“账户基金”采取“直接投资模式”的理论基础

账户基金是精算中性的，不存在提高统筹层次的问题。或者说，账户基金在征缴和上解过程中不存在道德风险问题，也不会出现逆向选择问题，早已具备了直接进入市场投资的条件，10年来采取与统筹基金同样的银行存款投资策略对账户基金而言是“不公平”的，说明账户基金投资政策和投资体制严重滞后，或者说，统筹基金的困难“拖累”了账户基金投资体制改革的进程。

一、引入个人账户的目的与改革初衷

在传统的待遇确定型现收现付制中引入个人账户，在不同国家和不同背景下，其目的和功能是多元的，但总的来看，引入个人账户的目的主要有二。

（一）引入个人账户的目的是为进入资本市场进行投资，以获取较高收益率

从规范研究的角度看，基本养老保险引入个人账户的目的主要有二：一是为了使养老基金能够顺利进入市场并进行市场化投资。1994—1996年，美国“社保顾问委员会”（SSAB）召集全美几十位著名经济学家，经过2年的研究，完成了一个报告[②]，正式同意确定将7%作为预测与评估股票市场收益率的基本依据，后来，美国“社会保障署精算总司”（OCACT）便一直将7%作为美国股市收益率的基本测算依据。二是为了避免大规模

① 本章征求了杨长汉博士的意见，他做出了有益评论，提出了宝贵建议，作者表示衷心感谢。

② Social Security Advisory Board (Aug. 2002), *Estimating the Real Rate of Return on Stocks Over the long Term*. Washington 缴费确定. pp. 36-37.

计划经济因素的回归，否则将存在着“社会化”和“社会投资”（social investment）的潜在风险，对资源的配置、公司决策、公司治理带来诸多副作用，进而引发社会各种利益之间的潜在冲突，最终很可能导致私人部门的一些所有权流到政府手里，对自由市场经济制度产生冲击。美国耶鲁大学法学院罗曼诺（Roberta Romano）教授在其1993年的著名论文中给出了非常翔实的案例，引起了学界的普遍关注。[①] 有的研究指出，“社会投资”的结果必将导致“社会化”，即增加指令性经济的因素，甚至引发“生产资料的政府所有”和“中央计划经济”的产生[②]，除非引入个人账户，明细个人产权性质。

从实证研究的角度看，一些国家引入个人账户的目的就是为了进入资本市场，以获取较高收益率。最典型的案例是美国。2001年布什总统发起建立了“加强社会保障总统委员会”（以下简称“总统委员会”），“总统委员会”耗资77万美元，耗时7个月，广泛地接触了大量的国会议员及社保总署、社保咨询委员会等学者，召开了8次“基调日程会议”和2次听证会议，34位专家出席提供证词，最终于2001年12月向总统提交了题目为“加强社会保障、为全体美国人民创造个人福祉”的长达256页的《总统委员会报告》（以下简称“布什报告”）。“布什报告”提出了三个引入个人账户的具体方案，每个方案的账户比例略有不同，设计也略有差异。根据“布什报告”的精算，美国“老、遗、残信托基金”（OASDI）在现行制度下，到2017年将开始出现当期收不抵支，到2041年其累计余额将完全枯竭；如要继续维持该信托基金的支付能力，未来的前景或是提高缴费50%，或是削减给付1/2；否则，2017—2075年债务总计将高达24.2万亿美元，是2002年联邦预算的12倍。但是，在引入个人账户之后，由于实现了资本化个人账户的目的，账户基金得以在股市进行投资，按7%收益率计算，上述三个方案都将对现行传统的BD型现收现付制养老保险制度财务状况有一定程度的改善。据测算，改革以后到2075年，“方案一”积累的资产将为10.3万亿美元，“方案二”为12.3万亿美元，“方案三”为15.3万亿美元。毫无疑问，布什改革的三个方案均属部分积累制，是中国统账结合的一个翻版[③]，见表5—1。

表5—1　　美国2002年引入个人账户的三个改革方案

个人账户	方案一	方案二	方案三
个人账户缴费规模	2%	每年4%，直至1 000美元，均与工资指数化挂钩	每年2.5%，直至1 000美元，均与工资指数化挂钩

① Roberta Romano (May, 1993), *Public Pension Fund Activism in Corporate Governance Reconsidered*, Columbia Law Review, Vol. 93, No. 4. pp. 795-853.

② 这里的引言和下属数据引自 Krzysztof M. Ostaszewski (January 14, 1997), Privatizing the Social Security Trust Fund? Don't Let the Government Invest, in The Cato Project on Social Security Privatization, Published by the Cato Institute, SSP No. 6.

③ 参见郑秉文. 围绕美国社会保障“私有化”的争论. 国际经济评论，2003 (1)（双月刊）：31-36。由于遭到民主党的激烈反对，布什引入个人账户的改革进程最终于2005年夏天被迫中断并宣告破产。

续表

个人账户	方案一	方案二	方案三
额外缴费	只是普通的 2%，是否缴费都可以	不需要	1%的额外缴费，通过折扣所得税方式予以补助
个人账户带来的实际收益增长率	3.5%	2.0%	2.5%
是否可以遗赠或离婚时是否可以进行分割	是	是	是

资料来源：根据下述资料绘制：President's Commission to Strengthen Social Security（21，Dec. 2001），*Strengthening Social Security and Creating Personal Wealth for All Americans*，President's Commission to Strengthen Social Security，p. 17，pp. 85-86.

（二）引入个人账户的目的是为引入个人责任，减轻政府的财务负担

从规范研究的角度看，建立个人账户之后，个人和单位的双方缴费可被视为某种性质的强制性储蓄，当前的双方缴费与未来的退休收益由此紧密联系起来。从本质上讲，建立个人账户之后，社保缴费就成为一种“边际税率性质的储蓄”。但在没有引入个人账户的现收现付制下，几乎任何“边际储蓄”因素都难以引入，即使人们想在劳动力市场上多提供劳动也几乎不能为其未来退休收益带来什么太大的收益，激励因素十分有限，不利于增加社保制度的总收入。因此，这是现收现付制不可克服的一个重大缺陷。2004 年诺贝尔经济学奖获得者普雷斯科特教授对美国现收现付制与引入个人账户后的完全积累制进行了比较，对产出、资本/产出、劳动供给、人均消费、社保隐形债务/净产出、福利收益六个方面进行了计算，发现在稳态下的两个制度里，积累制具有现收现付制不可比拟的优势：稳态经济下建立个人账户之后，劳动供给比现收现付制高出 11%，消费高出 17%，“终生消费等式”即福利收益高出 9%，其他指标也都好于没有建立个人账户的现收现付制（见表 5—2）。鉴于此，普雷斯科特教授强烈建议，为提高美国养老保险制度财务可持续性，应改造现行的现收现付制，引入个人账户，并为改革设计了一个具体方案，甚至还设计了一个过渡期。

表 5—2　　美国建立个人账户与没有建立个人账户之间各项指数的比较

制度类型	产出	资本/产出	劳动供给	人均消费	社保隐形债务/净产出	福利收益
现收现付制	100	2.77	100	100	4.62	100
完全积累制	123	4.91	111	117	0	109

资料来源：Prescott，Edward C.（July 2004），Why do Americans Work So Much More Than Europeans. *Federal Reserve Bank of Minneapolis Quarterly Review*，Vol. 28，No. 1，p. 10. 根据 Table 4.

从国际实践的角度看，20 世纪 50 年代以来 20 多个国家引入个人账户的中央公积金制度，80 年代以来十多个拉美国家建立个人账户和强化其个人投资功能的智利模式，90 年代末以来诸多欧美发达国家和新兴市场经济国家引入个人账户的实账积累模式和名义账户的虚账积累模式，这三组国家先后引入个人账户的重要目的之一都是为了将国家的财务责

任向个人和社会倾斜。传统的待遇确定型现收现付制具有良好的再分配功能，覆盖面比较宽，但随着老龄化的逼近，这个具有“大锅饭”性质的养老保险制度承受的财务压力越来越大，国家的财政补贴越来越大。2010 年爆发的希腊和爱尔兰主权债务危机震惊世界，养老保险制度的结构改革问题再次被提到各国政府的案头，IMF 和欧元区国家在救助希腊时纷纷提出了希腊人必须承担更多养老保险制度财务责任的要求，从提高退休年龄，到削减养老金待遇水平等，都成为他们救助希腊的苛刻条件。[①] 在这些传统待遇确定型现收现付养老保险制度中引入个人账户，几乎无一不是为了增加参保人的个人责任，调动参保人的缴费积极性，加强个人缴费和未来权益待遇之间的联系，鼓励多缴多得，提高制度的整体收入水平，强化养老保险制度的财务可持续性，弥补传统制度缺陷，说到底，引入个人账户是对传统养老保险制度的改良。

二、账户基金投资体制改革的急迫性

中国基本养老保险制度就是在上述国际大背景下建立的，个人账户由此“楔入”养老保险制度之中，最终建立起一个社会统筹与个人账户相结合的制度。鉴于此，中国养老保险基金的账户基金早已具备了进入资本市场的制度条件，投资体制改革早应提到议事日程。

(一) 账户基金不进入市场，引入个人账户的两个目的均未达到

1. 旨在加强个人缴费与未来权益的联系的目的没有实现

由于建立个人账户需要支付巨大的转型成本，于是，为了减少财政压力，账户比例从 1997 年的 11%降至 2005 年的 8%。账户比例缩小意味着个人责任的比重在同比例下降，个人激励的作用在不断下降。同时，为弥补连年下降的养老金替代率水平，中央政府不得不连年动用行政手段上调 10%养老金，2011 年已是连续上调的第 7 年。很显然，账户规模缩小和人为上调养老金这两个举措都是不得已而为之，是制度内生缺陷造成的结果，于是，决策者面临一个两难困境：引入账户的激励作用大打折扣，个人账户在待遇计发公式上的约束功能和激励机制越来越微乎其微。

2. 实行市场化投资的目的更没有实现

10 年来，账户基金与统筹基金实行的始终是同一个投资策略，主要用于银行协议存款和购买国债，这是建立账户和做实账户的一个极大讽刺，是对账户做实资金所进行的巨大财政转移支付的无比浪费，相当于画蛇添足。设立账户和做实账户实际上是两个问题，甚至是两个不同的制度模式。设立账户而没有做实，叫做“名义账户”制度，欧亚七国十多年来的成功实践足以告诉人们，这也是一个成功的模式；设立账户并且予以做实账户，这是完全积累制度，拉丁美洲十几个国家近 30 年的实践向人们昭示，这个模式基本也是

① 郑秉文. 福利危机中的两个欧洲. 人民日报，2010-11-15 (21).

成功的。但是，在设立账户和做实账户的制度条件下只实行协议存款和购买国债的投资政策，却是极其罕见的。

（二）账户基金不进入市场，统账结合制度的合法性将受到严峻挑战

长期来看，统账结合的部分积累制无疑需要对账户基金投资体制不断深化改革；近期看，既然已有13个省份的个人账户已经或正在进行做实账户试点，账户基金实行市场化投资就是必须要实现的，否则，部分积累制的统账结合制度就会半途而废，其统账结合的合法性就将面临质疑，银行存款的投资策略就会对做实账户试点和账户基金存在的合法性形成挑战，如果账户基金与统筹基金采取一个投资策略，就无须巨大的转移支付去做实个人账户，甚至无须设立个人账户，无须自找投资苦恼。鉴于此，将已经做实的个人账户基金投入市场，是将“制度包袱”转化为“制度动力”，将隐性的制度本质转化为显性的制度特征的一个必然，与其晚做，不如早做。

（三）账户基金不进入市场，统账结合制度有可能“蜕化”

账户基金进入市场和实行市场化投资的压力已经很大，情势十分紧迫。一方面，CPI连年增长，账户基金处于贬值风险之中；另一方面，随着试点省份范围的逐渐扩大及其每年缴费的不断滚动，账户基金累计余额逐年增加，每年达上百亿元。与此相反，辽宁统筹基金允许从本省账户资金中“借支”的口子一开，统筹基金不得从账户基金“透支”的“试点原则”一夜之间“归零”，这意味着统账结合的养老保险制度处于“蜕化”的边缘，“实账积累”将名存实亡。其前途有二：或是“蜕化”到“伪账户”的统账结合制度（combination of social pooling with feudal individual account），成为一个半途而废的账户制度；或是转向“名义账户”制度，如同新加坡实行“有管理”的利率的中央公积金制将有可能导致蜕变成“名义待遇确定型”（N待遇确定）。[①] 此时此刻，如不尽快将账户基金从统筹基金投资体制中剥离出来，不告别银行存款的投资策略，统账结合的部分积累制起码在形式上也很难维系下去。

三、账户基金投资体制改革的公平性

（一）退休金替代率水平将继续下降

统账结合的基本养老金由基础养老金和个人账户养老金组成，其中，个人账户养老金是基本养老金的重要组成部分。《国务院关于完善企业职工基本养老保险制度的决定》（国发［2005］38号）明确规定，1997年26号文“实施后参加工作、缴费年限（含视同缴费年限，下同）累计满15年的人员，退休后按月发给基本养老金……个人账户养老金月标

① 郑秉文．中央公积金投资策略的经验教训．辽宁大学学报，2004（1）（双月刊）：107-121.

准为个人账户储存额除以计发月数”。这就意味着，从2013年起，个人账户基金便开始出现支付，计发月数按该文件的附件《个人账户养老金计发月数表》（见表5—3）相对应的不同退休年龄来执行，即个人账户养老金月标准为参保人员退休时个人账户储存额除以计发月数。用公式表示为：个人账户养老金＝参保人员退休时个人账户储存额/本人退休年龄相对应的计发月数。

表5—3　　目前基本养老保险个人账户养老金计发月数表

退休年龄	40	41	42	43	44	45	46	47	48	49
计发月数	233	230	226	223	220	216	212	208	204	199
退休年龄	50	51	52	53	54	55	56	57	58	59
计发月数	195	190	185	180	175	170	164	158	152	145
退休年龄	60	61	62	63	64	65	66	67	68	69
计发月数	139	132	125	117	109	101	93	84	75	65

资料来源：《国务院关于完善企业职工基本养老保险制度的决定》（国发［2005］38号）附件《个人账户养老金计发月数表》。

根据《国务院关于完善企业职工基本养老保险制度的决定》规定的账户养老金8%缴费率及其计发公式，在其他条件既定的情况下，对个人账户养老金替代率影响最大的因素是个人账户基金投资收益率：投资收益率越高，其替代率也就越高；换言之，投资收益率越高，账户资产规模就越大，退休人员每月领取的账户养老金水平也就越高，基本养老金总体水平也就必然越高，这样，统筹部分的基础养老金替代率压力和基金支出压力也就越小。

根据本课题组的测算，假定从2010年开始参保并缴费15年后退休，如按目前低于2%的投资收益率来测算，其账户养老金退休时第一个月的替代率仅为9.2%，加上15%的基础养老金替代率之后，基本养老金替代率总体水平仅为24.2%（9.2%＋15%，基础养老金每缴费满一年替代率将提高一个百分点，下同）；但是，如按市场化投资收益率为9%来测算的话，账户养老金替代率将超过14.3%，总体替代率将达29.3%（14.3%＋15%）。换言之，银行存款投资体制下账户养老金替代率比市场化投资体制下低了5个多百分点。

如按从2010年开始参保并缴费35年来测算，即假定25岁硕士研究生毕业参加工作，60岁退休，那么，目前2%投资收益率所提供的第一年替代率仅为16.4%，还不到基础养老金35%替代率的一半，基础和账户养老金的替代率合计仅为51.4%（16.4%＋35%），但是，实行市场化9%的收益率所达到的替代率将高达48.4%，基本养老保险的替代率将高达83.4%（48.4%＋35%）。换言之，在35年缴费期条件下，银行存款投资体制下账户养老金替代率比市场化投资体制下低了32个百分点。

由此看来，无论在上述缴费满15年和35年哪个场景下，2%的银行存款投资收益率提供的账户养老金替代率都大大低于其各自场景下统筹基金提供的基础养老金替代率，成为养老金给付水平的一个拖累，“拉低”了基本养老保险替代率的总体水平；如采取市场化投资收益率9%来测算，前一场景下它几乎与基础养老金替代率相同，后一场景下已大大超过了基础养老金替代率水平；在后一场景中，仅在市场化投资收益率下账户养老金替代率水平就大大超过前一场景中市场化投资收益率下的2个替代率之和（29.3%）。

上述测算显示，银行存款模式势必“拉低”养老金的水平和替代率，致使企业职工养老金与机关公务员和事业单位人员养老金水平逐渐拉大。

（二）账户基金的“双重投资结构”为参保人造成“人为不公平”

由于做实个人账户试点的中央和地方财政补贴结构等原因，目前，中国基本养老保险个人账户基金“双重投资结构”特征日益明显。

做实的个人账户基金绝大部分由省级社会保险经办机构统一管理，纳入社会保障基金财政专户。2001年辽宁省试点以来，13个试点省份几乎全部按“归补两条线”的原则，由省社保局统一管理全省的个人账户做实基金，做实的个人账户基金纳入财政专户，实行年初预算、按月对账、按季上解、年终结算的管理办法，市县社保经办机构按季度将个人账户做实基金从收入户直接划入同级财政设立的做实个人账户基金归集财政专户，最终上解到省财政厅设立的做实个人账户基金归集财政专户；省级经办机构年终进行结算时确定各地当年应做实的个人账户基金，核定省、市、县财政应补助的数额。这部分账户基金主要以银行存款为主，总量大约占全国做实账户基金的4/5。

余下的1/5是天津、山西、河南、新疆、吉林、黑龙江、山东、湖南和湖北9个试点省（区、市）做实企业职工基本养老保险个人账户中的中央补助资金，2006年经国务院批准由全国社会保障基金受托管理。截至2009年12月31日，这部分账户基金达346亿元，保值和增值情况较好，投资收益93.41亿元，确认的记账收益为61亿元，风险准备金32亿元，年均收益率达18.9%。2009年金融危机期间投资收益率仍达16.10%。①

在账户基金的上述“双重投资结构”中，后者收益率是前者的8倍，长此以往，其他省份没有采取委托管理的中央补贴部分的收益率就会拉开差距，在地方部门利益驱使下，这明显是对参保人造成的一种“人为的收益不公平”，此为其一。其二，既然从2006年开始，中央补贴部分“顺理成章”进入全国社保基金理事会受托管理，那么，很显然，在不出意外的情况下，今后继续加入试点的省份的中央补贴部分也必将“自动沿用”这个模式，而地方财政补贴部分和缴费部分形成的账户基金则还将依照惯例由省级政府管理。随着时间的推移，账户基金的双重发展趋势将会固化起来，形成路径依赖，如同1999年以来形成的社保费由社保机构和税务部门“双重征缴”体制那样，利益格局一旦形成并固化，日后的改革将非常困难，甚至就连日前通过的《社会保险法》也无能为力，只能笼统地规定“社会保险费实行统一征收，实施步骤和具体办法由国务院规定”，就是说，4年立法过程的协调毫无结果。

① 记者徐畅．社保基金个人账户收益率年均18.9%．中国证券报，2010-02-04（A02）．

（三）地区之间不同的记账利率有失公平

人力资源和社会保障部办公厅2008年7月颁布的《关于建立企业职工基本养老保险个人账户记账利率专项报告制度的通知》（人社厅发［2008］52号）针对个人账户计息和结息等工作做出了明确规范，其中规定个人账户记账利率由各省、自治区、直辖市人民政府确定。在实际操作中，各地做法不一，多数地区主要参考银行同期存款利率，也有一些省份适当考虑了工资增长率等其他因素。例如，上海市2009年、天津市和浙江省2010年的城镇养老保险个人账户的记账利率均为2.25%，月记账利率为1.875‰[①]，而山西省和杭州市2008年是3.92%[②]，安徽省2008—2009年是2.98%[③]，江西省2010年是2.5%[④]，江苏省2010年是2.79%[⑤]，等等。

个人账户是职工参加基本养老保险的主要权益记录之一，也是职工退休时计算基本养老保险待遇的重要依据之一。地区间记账利率相差较大，必将对不同地区的养老金水平产生较大影响，人为导致地区间社会不公，成为一个潜在的社会不安定因素。

四、账户基金投资主体的选择

综上，与统筹基金相比，账户基金早已具备条件，完全可以先行一步，单独将其剔出，给予一个相对独立的设计，及早进入资本市场，实施市场化投资体制，既可将目前巨额养老金收益率损失降到最低，也可为统筹基金全面进入市场积累一些投资经验。

在对账户基金投资管理体制进行设计之前，首先将面对一个基本选择：账户基金的投资管理决策主体是由账户持有人来承担，还是由政府来主导，即实行私人分散投资管理模式，还是政府集中投资管理模式（见表5—4）。

表5—4　社会养老保险账户基金的私人分散管理模式与政府集中管理模式

私人分散投资管理	政府集中投资管理
智利、委内瑞拉、哥伦比亚、秘鲁、乌拉圭、玻利维亚、墨西哥、萨尔瓦多、英国、瑞典、瑞士、荷兰、澳大利亚、波兰、哈萨克斯坦、匈牙利、克罗地亚、中国香港	马来西亚、新加坡、肯尼亚、坦桑尼亚、斯威士兰、印度、尼泊尔、印度尼西亚、文莱、赞比亚、乌干达、土耳其

资料来源：根据如下表格编制，Palacios，R. and M. Pallares-Miralles（April 2000），*International Patterns of Pension Provision*，Human Development Network，Social Protection Discussion Working Paper Series，No. 0009. World Bank，Washington D. C. Table 3.1，p. 16.

① 参见《上海市人力资源和社会保障局关于公布2009年度本市养老保险个人账户记账利率的通知》（沪人社基发［2008］8号），《关于公布2010年度职工基本养老保险个人账户记账利率的通知》（津人社局函［2009］244号），《关于发布2009年企业职工基本养老保险个人账户记账利率的通知》（浙人社发［2010］86号）。

② 《杭州市人民政府关于发布2008年农村居民养老保险个人账户储存记账利率的通知》（杭政函［2009］118号）；《关于公布2008年度职工工资和基本养老保险个人账户储存额记账利率的通知》（晋劳社厅发［2009］36号）。

③ 《关于公布2008年度企业职工基本养老保险个人账户记账利率的通知》（皖人社险字［2009］1号）。

④ 《关于确定2010年企业职工基本养老保险个人账户储存额记账利率的通知》（赣府字［2010］124号）。

⑤ 《关于发布2010年度基本养老保险个人账户记账利率的通知》（苏人社发［2010］250号）。

据不完全统计，建立个人账户并实行市场投资体制的国家和地区大约有40多个，其中半数多实行的是私人分散投资管理模式，它们绝大部分是前西班牙殖民地国家和中东欧转型国家；不到半数采取的是政府集中投资管理模式，它们以东南亚和非洲的前英国殖民地国家居多，具有盎格鲁—撒克逊传统。

在私人分散投资管理模式中，个人账户基金实行的是账户持有人个人决策的投资体制，账户累积资产的投资策略完全由个人决定，个人享有完全的投资组合决策权，完全的基金管理人选择权，风险与收益对称，权利与义务对等；中央政府的作用只是提供金融服务和维护资本市场的秩序。在美国，联邦政府公职人员补充养老金“TSP养老基金”实行的是私人分散投资管理模式。[①] 几十年的运行实践显示，私人分散投资管理模式在这些国家基本是成功的，它们积累了较多经验。

在政府集中投资管理模式中，由中央政府负责按有关政策进行统一投资组合，投资决策权集中控制在政府手中，由政府具体操作，或是亲自投资，或是委托给投资管理人，或是兼而有之；实行政府集中投资管理的国家大都属于发展中国家，它们的资本市场不发达，没有健全和完善的金融监管制度，因此，在这些国家，账户持有人无权参与投资决策，其功能只是每月供款。政府集中投资管理模式有两个重要特点：一是实行多元化投资策略，资产配置既有实业领域，也有证券领域，甚至还有重大基础设施项目等；二是在某些国家或某些投资体制里，它们往往实行的利率不是“真实利率”，而是“有管理的利率”，或称“记账利率”，旨在以丰补歉，弥补投资亏损，或由财政给以一定的调剂，以保证参保人的个人权益。由于政府集中投资管理模式主要是指“公积金”制度（Provident Fund），甚或可将其直接称为“中央公积金”制度，所以，“有管理的利率”体制多发生在中央公积金模式下。

五、账户基金投资主体的争论

关于个人账户投资主体是采取私人分散投资管理模式，还是政府集中投资管理模式，国内存在一些争议。归纳起来，大致有如下一些观点：

一种观点认为，政府集中投资管理模式的实施条件不具备，因为在高储蓄的背景下，无须强制推行类似制度，政府投资的收益率不高，投资决策的激励约束机制难以构建，一旦放开国内外投资渠道，将会加剧金融风险向政府集中。

还有观点主张实行私人分散投资管理模式，因为个人账户的投资风险应由个人承担，因此，职工个人应享有投资决策权、知情权、监督权和转移权等；否则，如果政府代替个人做出选择，将违背个人账户的私人产权属性，同时，政府也无须为账户积累承担任何责任和投资风险。

也有观点认为，参保人应享有适度的个人选择权，指参保人有权选择的是养老基金的

---

① 郑秉文．缴费确定型积累制社保基金的优势与投资策略——美国“TSP模式”的启示与我国社保基金入市的路径选择．中国社会科学院研究生院学报，2004（1）（月刊）：27-40.

管理主体，但在投资工具、给付方式的选择方面应受到相应约束的权利安排。[①]

有观点主张，因个人账户与企业年金比较接近而可以合并，交由竞争性的基金管理公司进行管理。[②] 持这个观点的学者认为[③]，既然统账结合中的个人账户是空账，企业年金渐趋发展壮大，那么，就有可能将统账结合中的个人账户分解出来，整合到企业年金的个人账户管理之中，这样，可以消除空账造成的心理负担；合二为一之后便于统一管理，减少管理成本，减少企业负担，减轻政府在养老保险中的直接责任。

上述观点见仁见智。总的来说，绝大多数学者和决策者认为采取政府集中投资管理模式比较符合中国目前的国情。

很显然，现阶段采取私人分散投资管理模式在中国还很不现实：资本市场还不成熟，高效的投资机构还难以满足需要，具有丰富的养老基金管理经验的专业人士还很缺乏，法律环境还很不完善，地区发展差距较大，账户持有人受教育程度参差不齐，金融文化还没深入人心，属于基本养老保险的强制性个人账户养老基金如同股票账户那样由个人决策并且波动不定难以适应参保人的心理定式。

由于个人账户资产带有强烈的储蓄性质，政府投资管理模式是账户所有者的支配权对政府的让渡；账户基金投资决策权让渡的本质是委托代理。需要强调的是，政府投资管理与市场化投资管理之间并不是矛盾的，在市场经济条件下，政府的市场化投资管理完全可以实现委托人的投资目标，所以，政府管理和私人管理、行政管理或市场管理，关键在于是采取行政管理还是市场管理的问题。政府虽然成为投资主体，但完全可以采取市场管理的形式，在这方面，很多国家已有成熟的、现成的经验。

第二节　中国基本养老保险“账户基金”投资管理体制改革四个方案选择

几年前，在劳动和社会保障部主管部门主持的多次研讨会上，账户基金投资管理体制改革被设为讨论主题，其中2007年夏天大连会议欧盟项目办也作为主办单位举办了一次小型研讨会。在各种会议上，几乎所有省级地方社保行政管理部门和经办机构都提出过一些重要建议，它们的立场几乎是一致的；社保行政主管部门十分重视账户基金投资体制改

① 以上观点见以下两份资料：阎建军．养老保险个人账户投资管理如何走出两难困境．中国经济时报，2010-07-30，http://news.xinhuanet.com/fortune/2010-07/30/c_12390616.htm；李珍，杨帆，杨老金主编．基本养老保险个人账户基金管理体制研究．北京：中国劳动社会保障出版社，2008.

② 胡继晔．构建我国社保基金保值增值的法律体系．法制日报，2010-07-21（12）.

③ 戴卫东．虚与实：基本养老保险与企业年金的个人账户．中国社会保障，2004（6）：14-15.

革，已开始研究并提出相关方案[①]；国务院领导高度重视账户基金投资管理体制改革，多次做出重要指示。

一、四个方案的制度设计

由于角度的不同和利益的不同，多年来，账户基金投资管理体制始终没能确定下来，其犹豫的焦点主要集中在是省级政府投资管理还是中央政府投资管理的选择上。归纳多年来的讨论与争论，综合地方政府和中央政府的倾向性意见，这里提出四个改革方案。这四个方案和思路基本覆盖了4年来业内多次会议讨论的内容，参考了中央和地方主管部门、学术界和决策者等一些意见和看法，借鉴了国外一些经济体基本养老保险账户基金投资经验，吸取了它们统筹基金投资管理体制中的一些教训，并结合中国国情，提出了中国特色的阶段性改革方案。

（一）方案一：借用省级社保经办机构为账户基金投资管理主体

省级社保经办机构作为一个事业单位，承担受托人和账户管理人的职能。

在这个结构下，成立“××省账户基金投资管理理事会”，成员单位实行席位制，由省人力资源和社会保障厅、财政厅、税务局、审计局、工会、专家学者、雇主代表和雇员代表等组成，理事长由人力资源和社会保障厅厅长担任，副理事长由财政厅副厅长和社保局局长担任；该理事会不是运营机构，只是负责对省级社保经办机构进行咨询和监督的一个非常设机构；每年听取社保经办机构汇报账户基金运营情况并征得理事会2/3以上人数的通过。

省社保经办机构具有受托人和账户管理人的功能，负责账户基金的缴费归集与待遇发放、账户缴费记录、收益率记账、账户持有人的业务查询与服务等所有账户管理的日常业务；负责制定本省账户基金的投资经营策略，对国债和银行存款等固定收益类产品进行直接投资运作，对权益类产品负责招标和外包事宜，负责选择基金托管人和投资管理人并与其签署合同书，负责对其行政监督和对本省账户资产的投资运作与托管情况进行检查；定期向社会和账户持有人发布账户基金年度信息报告。

省社保经办机构对省人力资源和社会保障厅和财政厅负责，接受人力资源和社会保障厅、财政厅和审计局的监督和审计。账户运营费用和行政成本即可继续目前实行的财政转移支付体制，还可以从账户基金中提取，还可以两者兼而有之。

省社保经办机构提供的是“一站式”服务，包括账户基金的前端（归集）、中端（投资）、后端（发放）；这个架构的信托关系是，参保人是委托人，政府（经办机构）是账户

① 社保行政主管部门的研究机构提出了三个改革方案：方案一是省级经办机构为养老保险基金投资管理的主体；方案二为成立省级独立的养老保险基金资产管理委员会；方案三为建立国家级养老保险基金投资管理委员会。详见人力资源和社会保障部社会保障研究所. 养老保险基金投资运营与监管研究. 人力资源和社会保障部科技项目，2010年7月。

基金的受托人，账户基金则自然视为政府的“自有资金”，政府对“公共基金”实施行政管理和投资管理的“双重控制”（只有中端的权益类投资产品由政府实施直接招标方式进行“公共采购”）；在这个信托关系下，由于地方政府承担起受托人和账户管理人的功能，其信托属性带有浓厚的“行政受托”色彩。

（二）方案二：建立省级法人机构为本省账户基金投资管理主体

建立全额独资法人机构“××省养老保险账户基金投资管理公司”，作为本省账户基金的投资受托人和投资管理人，由银监会发放特殊信托类经营执照；设立董事会，董事长为法定代表人，下设总经理和副总经理；设立公司章程，对治理结构做出规定。

公司只负责账户基金的中端（投资运营、利率记账）业务，账户基金的前端（缴费征收、归集、记账，会计）和后端（账户养老金计发、支付派送）业务仍由省级社保经办机构负责，账户缴费收入由社保经办机构按时拨付给公司。因此，在这个信托关系中，社保经办机构是委托人和账户管理人，公司是受托人，是一个典型的“外部法人受托”模式，而不是地方社保行政部门和经办机构的附属物；这是养老保险基金进入市场的一个国际惯例，公司的唯一经营目标是为委托人服务和账户基金收益最大化；在“法人受托”模式下，固定收益类产品可由公司直接投资管理，权益类产品采取发包招标的方式实行外部投资管理；公司负责制定本省账户基金的投资经营策略，负责与外部投资管理人签署合同，定期向社会和账户持有人发布账户基金年度信息报告。

该投资公司下设资产自营部门、投资管理部门、账户会计部门等，设立投资风险委员会、薪酬委员会等，实行完全的市场化运作模式，属于一个政府特殊授权的账户基金专业管理的信托公司。

在法人受托模式下，公司应制定账户基金管理条例和公司章程，接受社会第三方的外部审计；公司行政费用从管理资产中按比例提取。

账户基金是基本养老保险基金的重要组成部分，因此，在方案二条件下，中央政府需要在全国范围内对组建省级账户基金法人机构及其治理结构和投资策略等，制定统一规范性文件，并将其作为《社会保险法》上位法之下养老保险基金投资管理体制的一个重要组成部分。

（三）方案三：统一由全国社保基金理事会受托管理

第三个方案是将全国全部账户基金统一委托给全国社保基金理事会，如同2006年12月部分省市将做实个人账户试点中央财政补助部分委托给全国社保基金理事会那样，将全国所有账户资产全部统一委托给全国社保基金理事会，既包括中央补助部分，也包括地方财政补助部分，还包括个人缴费形成的账户资产部分。

由此看来，方案三的信托关系与方案二一样，是典型的外部法人受托模式，即各省社保经办机构是委托人（兼任账户管理人），全国社保基金理事会是受托人；前者直接与后者签署委托代理合同，建立资金上解的专门通道，简化手续；全国社保基金理事会应建立一个专业部门负责账户基金的一站式服务项目，对投资策略规划、选择投资管理人和托管人等业务予以专业化，相对独立出来，承担起全国账户基金特殊授权投资管理人的角色。

具体执行中，应建立一个规范化和格式化的管理系统，制定一个账户基金委托管理条例，特别是对2006年那次委托签约中某些内容加以调整，例如，委托期限最短5年应适当延长，根据支付高峰的精算，可分为8年、10年等多个期限品种，以鼓励长期投资，获取较高利率；又如，2006年那次委托签约中承诺不收取管理费用，但从可持续性和制度化考虑，应收取一个“特别管理费用”，既有一定优惠，又要考虑到全国社保基金理事会的长期激励性；再如，2006年做出3.5%的承诺利率是一个“保底利率”，这是一个非商业化和非信托制的委托投资理财行为，但考虑到基本养老保险制度的特殊性和政策性，在立法上应对其做出专门规定，以规避与诸如信托法等相关立法的冲突，即应将账户基金在全国社会保障基金中相对独立出来，设立一个专门部门，对账户基金的投资管理制度进行“二次设计”，比如采取“有管理的利率”作为过渡阶段，以丰补歉、自我平衡、单独核算，平滑长期收益率曲线，待时机成熟再采取“真实利率”方式进行签约。

换言之，从某个意义上讲，“2006年委托”仅是一个权宜之计，如采取方案三，全国社保基金理事会受托管理的制度设计应予以调整和改造。

（四）方案四：建立国家法人机构为全国账户基金投资管理主体

建立一个全国性的国有独资法人机构“中国养老保险账户基金投资管理公司”，作为全国账户基金的投资管理机构，负责全国账户基金的投资运营和战略管理；公司为国务院直属事业单位，由国务院直接领导，接受国务院或国务院授权部门的监督；公司设立董事会，董事长为法定代表人，下设总经理和副总经理若干；公司将账户基金作为“自有资金”，各省社保经办机构设立账户基金管理处（科）并作为该公司的下辖系统单位，负责归集和上解资金，公司对各省账户养老金定期对口支付；从该公司的收入和支出角度，由于各省社保经办机构账户基金行政管理部门可被视为是该公司的下属机构，全国账户基金的归集、上解、投资、支付、派送等全部流程受该公司的领导，该公司是全国养老保险账户基金投资经营者、组织实施者、行政执行者、账户制度的运行者；从账户基金流管理来看，全国账户基金资金流是一个相对封闭的独立体系，该公司作为这个体系的龙头，可被视为“一站式”专业化的账户基金行政管理和投资管理机构，负责账户基金流全过程的行政领导：前端（缴费归集与上解）和后端（账户养老金计发与支付）由其各省社保经办机构账户基金处（科）来执行，公司本部直接负责的是中端即账户基金的投资管理与运营。

公司对权益类投资品实行外包式投资管理，自营部分仅负责固定收益类产品；对外包业务采取招标方式选择投资管理人和托管人；除常规的投资管理和行政管理等部门以外，公司还设立战略规划部，负责全国账户基金的中长期收入和支出预测。

按照国际惯例，公司本部的全部运营费用、全国各省社保经办机构负责账户基金处

（科）的行政费用即全国账户基金系统的全部费用，均从管理资产中按比例提取，实行自收自支和完全市场化的运营原则。

全国账户基金在集中起来之后，具备了主权养老基金的属性①，采取一定比例的海外投资策略，实施走出去战略，持有一定比例的海外权益类和固定收益类资产，使中国账户基金成为一只“主权养老基金”，与中国统筹基金、全国社会保障基金等主权养老基金并驾齐驱，对海外资本市场进行分层投资，各司其职，以分散投资风险。

如果采取这个方案，应适当调整和改革账户基金运营与管理的体制，对其进行二次设计，将其与统筹基金的管理模式相对分离出来，对资金归集、运营、支付等全部流程的管理体制进行一次改革。

方案四的信托关系较为复杂：它兼有外部法人受托的因素，因为投资主体是法人机构，但各省经办机构又不是它的委托人，而是它内部系统下属机构；还兼有行政受托的色彩，因为投资主体同时也是账户基金的行政管理者和经营者，但这个中央政府的投资主体又是一个独立法人。所以，方案四下建立的这个独立法人，既不是智利模式中的 AFP（养老金管理公司），也不完全是丹麦的 ATP（集团公司），而是中国特色的“直接信托”性质的账户基金管理公司，其直接服务对象应是参保人，而不是省级经办机构，或者说，参保人是委托人，公司是受托人，参保人与公司形成了直接的委托代理关系，这是与方案二的不同之处。

二、四个方案的利益关系

（一）四个方案的激烈博弈

由于养老保险基金统筹层次以市县为主，账户基金的管理层次是省级为主，资金流完全掌握在地方手中，所以，中国养老保险制度在本质上采取的是中央制定大政方针、地方主导运行的“央地合作体制”，甚至地方政府在相当程度上占主导地位。这个制度特征是国外任何一个经济体养老保险制度所不具有的独有特征，十分罕见。这个特征，既与中国二元经济社会发展特征有关，也与十几年来社保制度改革自下而上的自发性特征有关。

在四个改革方案中，地方政府必然对方案一和方案二持有欢迎的态度，而方案三和方案四则肯定不符合地方政府的利益，必然遭到地方政府的抵制。这个结果符合目前养老保险制度的运行特征，与统筹层次低下形成的利益格局十分吻合，要想走出这个格局存在较大障碍。但在地方政府中，态度也不尽然，养老保险基金沉淀较多的发达省份的态度会非常明显地支持方案一和方案二，而养老保险基金余额较少或连年收不抵支的欠发达省份则无所谓，它们的态度会较为暧昧，甚至主张方案三或方案四；这样，在改革方案的遴选和考量过程中，缴费余额规模十分惊人的省份利益较大，它们的发言权具有举足轻重的地位，对决策的影响力较大。

① 关于主权养老基金的属性分析，见：郑秉文. 中国建立“主权养老基金”的急迫性及国际比较——应对“中国威胁论”与外汇储备二次分流的战略思考. 国际经济评论，2008（3-4）（双月刊）：43-53.

（二）四个方案的取舍顺序

上述分析显示，方案一无疑是地方政府最积极和最合意的方案。其实，这个方案既是4年来账户基金投资体制改革研讨过程中地方政府始终坚持的一个意见，也是账户基金投资体制改革难以推动的难处所在。虽然方案二的结果与方案一差别不大，基金也留在省里，但与方案一相比，方案二的基金离政府稍远了一点，离市场稍近了一点，显然不如方案一更受欢迎，方案一最简单易行，更受欢迎，容易启动，方案二次之。总之，方案一和方案二符合地方的利益，因而呼声最高。

方案三和方案四的要旨是将账户基金的投资主体提升到国家级，由中央政府运作。在这两个方案之间，十分显然，方案三最容易操作，因为5年委托期限正好期满，2011年续签和展期便顺理成章，2006年委托已积累一些良好经验，投资业绩有目共睹，全国社保基金理事会态度积极，账户基金5年委托管理的路径依赖使之成为一个长期制度安排将是顺水推舟，十分简单方便。比较而言，方案四显得大动干戈，操作性要求较高，甚至认为没有必要。实际上，方案四涉及对中国未来养老保险制度乃至其他四项基本保险基金投资体制布局的长期考虑，涉及五项社会保险基金分类投资和监管的制度安排，还涉及五项社会保险基金发展前景的精算和预测，也涉及全国社会保障基金规模发展的预期和定位，甚至还涉及对养老保险制度未来继续深化改革的取向及其内在理解。起码，在表面上看，方案四要求对当前做实账户改革试点的进程、力度和速率做出一个10年预期的中期安排，还涉及中央编制安排。从这个意义上说，方案四的难度最大。

上述分析显示，方案一、二、三、四的排列顺序与投资体制改革难易程度的排序、牵涉利益主体多寡的排序、遇到阻力强弱程度的排序等，恰好对应起来，即方案一最容易通过，阻力最小，惯性最大；方案二次之，虽不如方案一更受欢迎，但也是目前改革阻力最小和振动最小的一个方案；一旦账户基金被升级为中央政府管理的一只公共基金，便会遇到地方政府的反对，改革难度远远大于方案一和方案二。但在方案三和方案四中，前者最为容易操作和启动，横向上不会受到其他部门的较大阻力，后者需要高层高屋建瓴，痛下决心。四个改革方案特征及其相互关系见表5—5。

表5—5　账户基金四个改革方案特征及其相互关系

方案	方案一：借用省级社保经办机构	方案二：建立省级独立法人机构	方案三：全国统一委托给社保基金理事会	方案四：建立全国独立法人机构
特征描述	政府作为受托人，这是典型的“行政受托”，属于地方政府直接控制，固定类产品为自营，权益类外包，是最简单的政府包办的投资模式	建立国有独资法人机构，这是将公共基金从政府剥离出去，典型的“法人受托”，具有完善的治理结构，属于地方政府间接控制，固定类和权益类产品均由该机构负责投资	延续和改造2006年部分省市账户做实试点的中央补助受托管理的模式，在全国社保基金理事会的内部管理上相对自成体系，进行增加期限品种，完善利率确定机制。此方案相对较为简单易行	建立全国独立法人机构，直属国务院事业单位，负责全国账户基金运营事宜和账户基金行政管理事宜，与省级经办机构共同成为“一站式”专业化管理，公司本部成为一支主权养老基金。需对账户基金管理体制进行较大调整，与统筹基金的管理分离出来

续表

方案	方案一：借用省级社保经办机构	方案二：建立省级独立法人机构	方案三：全国统一委托给社保基金理事会	方案四：建立全国独立法人机构
难易程度	这四个方案由易到难，可循序渐进，也可一步到位			

资料来源：作者制作。

第三节　中国基本养老保险“账户基金”投资管理体制的投资组合设计与担保机制

本章简单将四个账户基金改革方案的投资组合和担保机制的设计思路做一描述。由于四个方案存在较大差异，这里给出的仅是粗略设想，而不是具体的制度设计。

一、四个改革方案的投资组合

中央政府应制定“中国基本养老保险账户基金投资管理条例”，针对上述四个不同方案，对投资范围做出较为宽泛的投资规定，为账户基金市场化运营提供政策根据。

账户基金不同于统筹基金，投资范围应适当扩大。

在金融产品领域，可适当增加债券类投资品的配置，适当提高权益类产品的投资上限，扩大产品品种的范围，包括 PE 等，坚持价值投资，选择具有良好成长性或赢利性的股票作为长期投资。

在实业投资领域，全国社保基金理事会已积累了一定的经验，取得了较好的业绩。2008 年，国务院批准、财政部和人力资源社会保障部同意全国社保基金理事会投资经发改委批准的产业基金和在发改委备案的视窗化股权投资基金，投资比例不超过全国社会保障基金总资产的 10%，从此，全国社会保障基金可参与实业投资。实业投资领域可分为战略投资领域，例如，能源、矿产、粮食、原材料等关乎国民经济安全和命脉的某些领域；还有基础投资领域，例如，铁路和公路交通、邮政、电信、城市电力热力、供气等垄断领域；还包括创新投资领域，例如，在推行国家创新战略中，具有创新活力的某些难以获得银行和资本市场资金支持的中小企业。此外还应包括特殊投资领域，即由国家授权的某些特别投资项目，例如高铁项目等。上述这四个领域均应在“管理条例”中做出相应规定。

在政府债券方面，“管理条例”应做出原则规定，允许中央政府和地方省级政府发行两级政府特种定向社保国债，由账户基金专门持有，让参保人分享全国经济高速发展的成果和地方经济的差异性，分散账户基金的市场风险。

在海外投资方面，应积极实施“走出去”的发展战略，循序渐进，逐渐将账户基金打造成一只主权养老基金。与作为主权养老基金的统筹基金相比，账户基金的风险容忍度要高于统筹基金，因此，资产配置和投资组合中的国际股票比例可以稍高一些。

二、四个改革方案的担保机制

中国账户基金属于基本养老保险，涉及基本民生，因此，有必要对账户基金建立一个基本的、有限的担保和补偿机制，在一旦发生投资亏损时发挥作用。补偿机制不等于财政兜底。建立补偿机制的思路很多，许多国家有现成经验，且自愿性企业补充保险制度大部分也都建立起一定的担保基金，建议在账户基金投资体系中建立一个有效的担保机制。归纳起来，担保制度分为三大类。

（一）第一类是内在化担保制度即“风险准备金制度”

风险准备金的提取方式有如下四种：

第一种是以立法的形式强制性从自有资产中提取一个比例建立风险准备金。例如，智利法律要求养老金管理公司从自有资金中提取养老基金净值的1%，以此建立一个储备金，并允许将其与养老基金资产一起进行投资。

第二种是将超额收益率部分提取出来建立风险准备金，即对投资收益率做出强制性最高限额，超出部分被用于建立风险准备金。智利在做出上述扣除一定自有资产的规定的同时，还规定养老金管理公司实际投资回报率必须要达到一个最低标准和最高标准，对于超出最高标准的部分予以强制性提取，据此建立一个“利润储备金”，用于以丰补歉，以弥补实际投资回报率与最低投资回报率之间的差额。

第三种是从受托管理的基金资产中提取一个比例建立风险准备金。可对特许经营的专业养老金管理公司做出规定，强制性地从其管理的基金资产中提取一定比例用于建立风险准备金。香港强积金采取的就是这个模式。为弥补受托人由于不法行为和违规操作所造成的损失，保护受益人的利益和弥补受益人的潜在损失，香港强积金管理局要求受托人管理的强积金资产中强制性提取0.03%作为该公司的风险准备金。法律还规定，当该基金的数额不足以弥补损失的时候，财政司将有可能提供相应的援助和贷款。

第四种是从管理费中提取一定比例用做建立风险准备金。

上述四种提取方式可以采取其中一种，也可采取某几种相互搭配制定一个提取方式和提取比例。

（二）第二类是市场化担保制度即“商业再保险制度”

上述在投资主体内部建立风险准备金制度是内在化的风险担保制度。另一个思路是采取市场化的办法，即以立法的形式强制要求受托人购买商业保险公司的责任险。为建立一个补偿机制，澳大利亚超级年金引入了商业再保险机制，强制性要求受托人必须购买“受托人保险”，以补偿当受托人在履行其职责时可能发生的经济责任，但规定对受托人发生欺诈行为或民事判决的罚款处分行为，保险公司则有权不履行赔偿责任。

（三）第三类是政策性担保制度即成立“中央担保公司”

上述准备金制度属于内在化机制，再保险制度属于市场化办法，还有一类是政策性担保制度，即中央政府成立专门的养老保险担保公司。有研究建议[①]，社保基金建立起市场化投资体制之后，应成立专门的中央担保公司，负责养老保险个人账户基金的担保业务，并认为，中央担保公司向每只获取经营养老基金的投资管理人收取保险费，保险费按照由权威评级机构评定的每个投资管理人的风险等级进行差额缴纳。目前在发达国家中，只有美国和英国对补充养老保险制度建立了政策性担保机制。但总的来说，政策性担保公司的财务状况都很糟[②]，美国的担保公司 PBGC 和英国的担保公司 PPF 多年来始终收不抵支，陷入长期债务风险之中，广受社会舆论的诟病，政府财政风险很可能不期而遇。

成立中央担保公司的本质是将风险集中起来，建立起全国统一的风险补偿政策。其不成功的主要原因在参保公司的道德风险难以识别，合理的费率制度难以建立，道德风险难以识别，更难以防范。鉴于此，账户基金采用内在化和市场化的担保机制为上策，以完全规避账户基金投资风险转化为财政风险的可能性。

（四）账户基金四个改革方案的担保机制设想

在四个账户基金投资改革方案中，不同担保机制适用于不同的改革方案。

在方案一和方案二条件下，由于投资主体较多，风险点比较隐蔽，道德风险不易识别，经营风险和市场风险都难以避免，建议将风险准备金制度与商业再保险制度结合起来，采取“双保险”方式：既引入风险准备金制度，又同时建立强制购买商业再保险的制度。在建立风险准备金制度时，可根据情况采取多种或一种提取方式予以配合。三十几个投资主体存在一定市场需求，商业保险公司供给的新产品即“特种受托责任险”专供账户基金受托人购买。

在方案三和方案四条件下，市场化担保制度显然已不适用，而只能通过不同提取方式的相互搭配，采取内在化的机制，完善风险准备金制度，以此作为账户基金安全性和保障参保人权益的防火墙。

---

① 详见人力资源和社会保障部社会保障研究所．养老保险基金投资运营与监管研究．人力资源和社会保障部科技项目，2010-07.

② 郑秉文，黄念．美国待遇确定型企业年金计划担保机制的困境与前景．美国研究，2006（4）（季刊）：29-50.

第六章　基本养老保险个人账户基金投资管理与风险控制

随着基本养老保险个人账户基金积累规模的扩大，个人账户养老保险资金的投资运营与风险管理日益成为十分紧迫的问题。建立完善的投资运营政策、科学合理的投资策略以及风险管理机制是保证个人账户制度成功的关键。所谓个人账户的投资运营，是指用市场化的投资运作手段对个人账户资金进行投资并实现基金资产的保值增值，即在既定的投资原则和目标下，运用投资学的理论和方法，确定和优化个人账户基金的资产配置、投资组合、投资工具、投资策略等过程。个人账户基金投资营运的风险管理是指通过风险识别、衡量评估，从而选择有效手段降低投资运营风险的管理方法。在这一章，我们将对个人账户基金投资运营与风险管理的相关问题进行讨论和探索，为个人账户基金的实际运作提供建议。

第一节　个人账户基金投资运营的原则和目标

基本养老保险个人账户基金采取完全积累制，根据个人缴费、投资收益积累额和预期余命确定待遇水平，这种特殊属性决定了其投资运营基本的原则。个人账户基金投资运营的基本原则和目标是，在强调个人账户资产安全性的前提下，具有收益性和一定的流动性，实现资产长期的保值增值。个人账户的投资运营应该依据上述原则和目标来寻找最佳投资途径、最佳投资组合。

首先，安全性是个人账户投资运营最首要和最根本的政策原则。个人账户基金具有养老保险的保障属性，因此须将确保个人账户基金资产的安全放在首位。对于个人账户基金的安全性要求包括两个层面含义：一是账务安全，即确保个人账户资金不被政府、单位、个人随意挪用、占用和侵蚀，不产生巨大的亏损；二是价值安全，即在通货膨胀的条件下，通过资金的投资和运作必须实现账户保值增值以确保养老保险基金的支付水平。

其次，收益性是个人账户投资营运的直接目的。即在保证资产安全性和流动性的前提下，力争获取理想投资收益。如果仅基于安全性考虑对资金的投资运作采取过多限定，那将造成个人账户基金的投资收益率过低，从而使个人账户基金积累陷于通货膨胀贬值压力之中，同时也将降低养老金替代率水平。从我国 1997 年统账制度建立以来的实践看，由于养老保险基金长期受到政策的严格限定①，呈现出投资范围狭窄、投资工具单一、投资收益率低下的状况，这在当前中国经济快速成长、风险溢价高的市场环境下严重降低了参保人退休后生活水准以及养老金制度本身的可持续发展。

最后，个人账户基金采用积累制，缴费一般具有长期和稳定增长的特点，而给付期也可预测，因此个人账户基金对短期流动性要求较低。在个人账户基金进行长期投资时，个人账户基金应保持适度的流动性，一是有助于个人账户基金资产优化组合，在适当的时候可以灵活地调整投资组合，规避风险或实现收益最大化；二是可以满足临时的支付需求。

第二节 个人账户基金投资工具

从养老保障基金投资的发展历程来看，最初的养老金投资主要选择风险小的投资工具，如银行存款、国债、高信用等级的企业债券等，后逐步发展到以构建投资组合为形式的多元化投资。无论是现代投资理论，还是发达国家养老保障基金投资实践，都证明了有效的多元化的投资组合能够尽可能地分散风险。因此我们认为，分散性和多样性是保证养老基金安全、保值增值的必要前提。坚持多元化的核心投资策略是实现个人账户安全性、流动性、收益性原则和目标的重要途径。

目前，我国对于个人账户基金尚未建立独立于统筹基金的投资体制，个人账户基金仍采取与统筹基金相同的投资政策。根据 1993 年、1996 年国务院的规定，社会保险基金结余主要用于购买国家债券，购买国家债券后仍有结余的应按规定存入银行专户，不得用于其他任何形式的投资。2006 年上海社保案发生之后，劳动和社会保障部发布的《关于进一步加强社会保险基金管理监督工作的通知》（劳社部发［2006］34 号）中，再次明令“禁止社会保险基金违规投资运营”，并要求严格管理社会保险积累基金，除按规定预留必要的支付费用外，“全部存入银行和购买国债，在国家做出新的规定之前，一律不得进行其他投资”。由于投资渠道狭窄、个人账户基金投资收益率过低，积累制养老金制度下形成的巨额个人账户养老基金面临巨大的通货膨胀风险和经济增长风险，无法满足个人账户基金保值增值的需求，个人账户基金投资管理办法亟待进行调整和修改。2010 年 12 月，从人力资源和社会保障部及财政部获悉，筹备多年的《养老保险个人账户基金投资管理办法（草案稿）》已经完成，并在有关部门、机构和专家当中多次征求意见，等待报送国务院审批。随着个人账户基金投资管理体制的改革，账户基金投资方式和投资范围将拓宽，我们将分析不同类别投资工具的风险收益特征，并在此基础上对个人账户基金投资组合构建进行实证分析。

随着金融市场的不断发展创新，养老基金可投资资产类别不断拓宽。20 世纪 50—70

① 1997 年国务院发布的《关于建立统一的企业职工基本养老保险制度的决定》中规定：个人账户基金结余只能存入银行和购买国债。此后国务院曾多次发文，但这一原则几乎没有改动。

年代，养老基金可投资的资产类别是股票、债券和现金资产；80—90年代，金融自由化推动金融创新和放松监管，养老基金可投资的资产类别在这一期间迅速得到扩展，房地产、大宗商品、股权投资基金、直接项目投资、海外投资、对冲基金、金融衍生品等进入养老金资产配置的范围。

我国个人账户基金投资管理体制的改革，也将带来个人账户基金投资渠道的拓宽。下面参照全国社会保障基金、企业年金等养老金性质的资金可投资范围，对我国资本市场中主要的投资工具进行简要分析。

一、我国主要市场投资工具分析

1. 货币类投资工具

货币市场是短期资金市场，指发行和转让1年期以内的信用工具的金融市场。货币市场工具主要是政府、银行及非金融企业发行的短期信用工具，具有期限短、流动性强和风险小的特点。

（1）一年期以内（含一年期）银行存款

包括活期存款、3个月、6个月和1年定期银行存款。一年期银行存款具有较高的安全性和流动性，风险小，但收益低而且面临银行利率调整的影响，最主要的是银行存款无法抵御通货膨胀带来的贬值风险。从保值增值的角度看，银行存款在通胀情况下无法实现正的实际收益，一般只作为短期投资工具满足流动性需要。一年期定期存款收益率水平比较如图6—1所示。

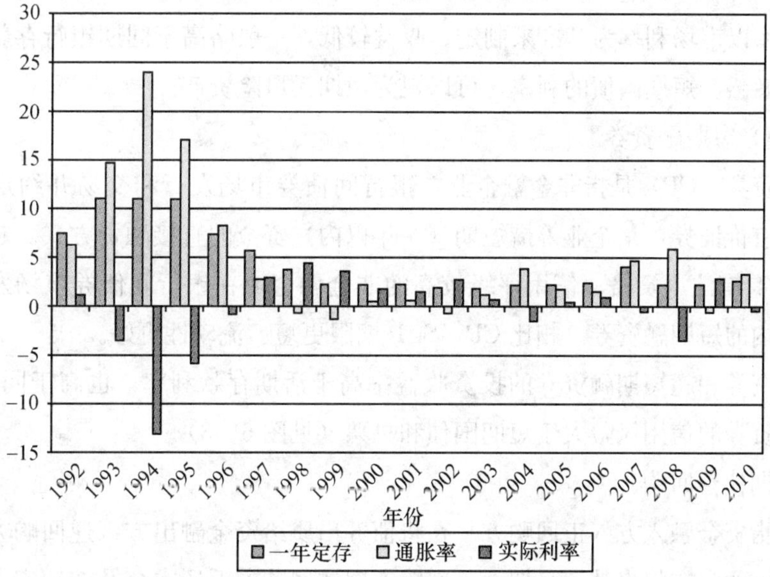

图6—1　银行一年期定期存款收益率水平比较

资料来源：根据中国人民银行网站数据整理。

（2）中央银行票据

中央银行票据（央票）是中央银行为调节商业银行超额准备金而向商业银行发行的短

期债务凭证。央票期限一般以一年以内居多。央票是准政府信用的债券，发行量大，市场存量大，参与主体多，流动性好。央票收益率与同期限政策性金融债相当，高于活期存款利率，低于一年期银行定期存款利率，风险与国债、银行存款大致相同。一年期央票利率的走势情况如图 6—2 所示。

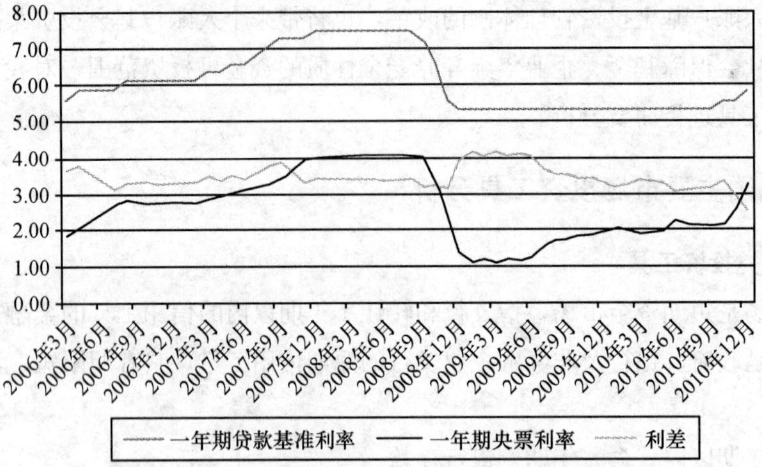

图 6—2　一年期央票利率与贷款基准利率走势比较

资料来源：根据中国人民银行网站数据整理。

（3）短期国债

国债以国家信用为基础，信用等级高，安全性好，是养老金投资的主要选择。短期国债期限有 3 个月、6 个月、9 个月和 12 个月等，具有风险低、流动性高、期限短等特点。我国国债利率以市场利率为基准来制定，收益较低，一般略高于同期银行存款利率，但对利率风险很敏感。短期国债的利率，可以视为短期无风险资产。

（4）（超）短期融资券

短期融资券（CP）是指非金融企业在银行间债券市场发行和交易并约定在一定期限还本付息的有价证券，是企业筹措短期（一年以内）资金的直接融资方式。超短期融资券（SCP）是指具有法人资格、信用评级较高的非金融企业在银行间债券市场发行的，期限在 270 天以内的短期融资券。相比 CP，SCP 期限更短、流动性更好。

短期融资券和超短期融资券的投资收益率高于活期存款利率，也高于同期短期国债，但是短期融资券的信用风险大于短期国债和央票（见图 6—3）。

（5）短期债券回购

回购是指资金融入方（正回购方）在将债券出质给资金融出方（逆回购方）融入资金的同时，双方约定在将来某一日期由正回购方向逆回购方返还本金及按约定回购利率计算的利息，逆回购方同时解冻原出质债券的交易。债券的回购交易期限可以视 1 天到 1 年中的任意天数。短期回购交易与短期债券类似，基本为无风险资产，但是交易所回购利率的波动率明显大于银行间市场利率。由于融资方必须有足额的债权作抵押，因此债券回购的安全性高、收益稳定（见图 6—4）。

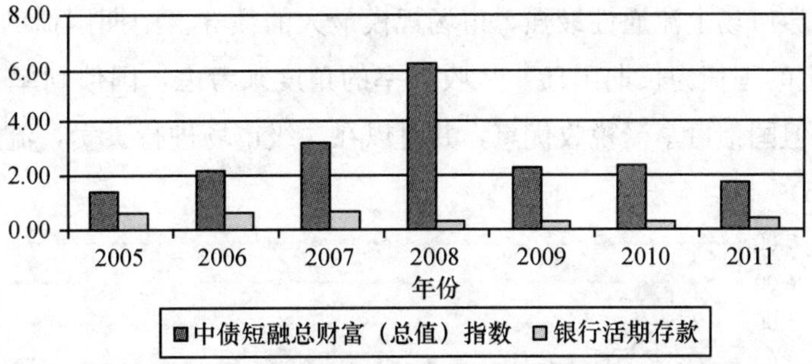

图 6—3　短期融资券与银行活期存款利率走势比较

数据来源：wind 资讯。

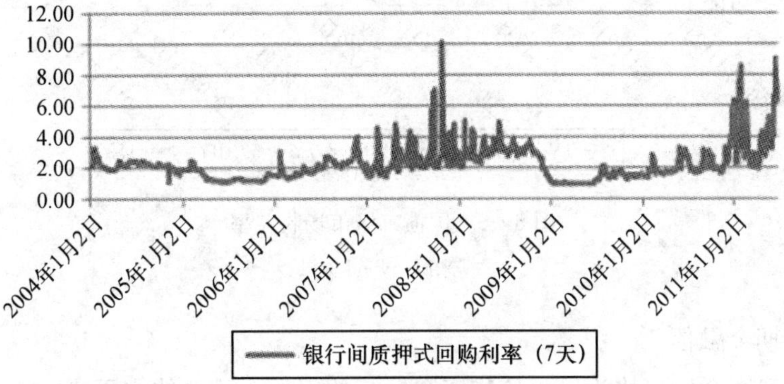

图 6—4　银行间质押式回购利率（7 天）

数据来源：wind 资讯。

（6）货币市场基金

货币市场基金是以货币市场工具为投资对象的基金，主要投资于债券、央行票据、回购等安全性极高的短期金融工具，也称“准储蓄产品”，具有本金安全、活期便利、每日计息、月度分红的特点，一般无申购赎回手续费，交易方便灵活。货币市场基金具有较高的流动性和收益稳定性，安全性接近银行同期存款，投资收益率高于同期银行存款利率。

2. 固定收益类投资工具

固定收益证券是指持券人可以在特定的时间内取得固定的收益并预先知道收益的数量和时间的债券，主要有定期存款、中长期国债、央票、企业债、金融债、中期票据、可转债和资产抵押证券等。

（1）定期存款与协议存款

定期存款是银行与存款人双方在存款时事先约定期限、利率，到期后支取本息的存款。协议存款是商业银行对我国境内存款人开办的、利率由市场决定的大额定期存款业务。这两种定期存款牺牲了一定流动性的存款投资，因此定期存款和协议存款的投资收益率一般略高于同期存款利率并且高于货币类资产，略低于同期债券的投资收益率。

（2）中长期国债

国债是以国家和政府的信用作为担保条件的债券，不存在违约风险，由于其安全性最高，几乎成为证券市场上流通性最强、市场规模最大的债券。中期国债的期限一般为 2～10 年，10 年以上的国债为长期国债。从收益率的角度来考虑，国债利率有些时候会低于银行存款利率，但国债可享受税收优惠，并可以在二级市场进行买卖，流动性远好于定期存款（见图 6—5）。

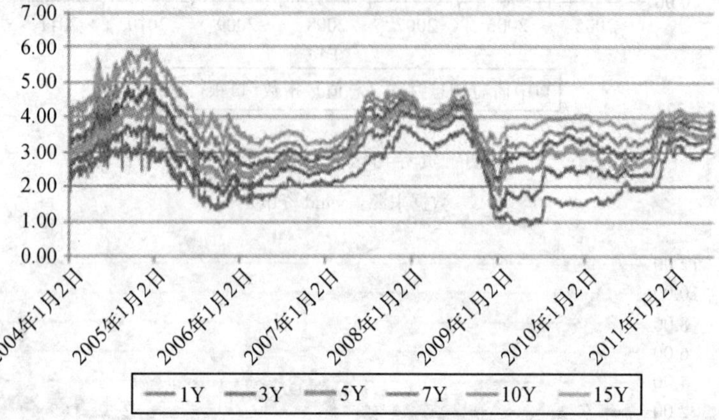

图 6—5　国债二级市场收益率

数据来源：wind 资讯。

（3）中长期金融债

金融债是我国金融机构为筹集信贷资金发行的债券。从总体水平来看，金融债的收益率要高于国债。金融债券一般都是由大型金融机构发行，由于发行人资金实力雄厚，能确保债券还本付息，与企业债相比投资风险小，与国债相比收益率高（见图 6—6）。

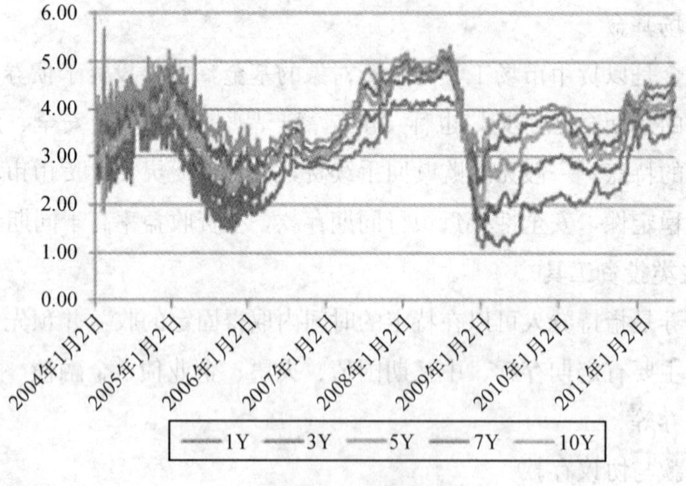

图 6—6　金融债二级市场收益率

数据来源：wind 资讯。

（4）企业（公司）债

企业（公司）债是由非金融企业发行的债券，分为信用债券和担保债券。企业（公司）债的平均期限要高于国债，基本为中长期债券。企业债券风险介于国债和股票之间，收益远高于同期定期存款利率。根据发债企业的经营状况和信用评级，企业债分为投资级企业债和非投资级企业债。投资级的企业债券信用较好，一般能保证支付利息和本金；而非投资级企业债有较大的信用违约风险，一般不在市场公开募集。在投资级企业债中，铁道部、国家电网等债券资信度很高，与国债相比具有收益率优势（见图 6—7）。

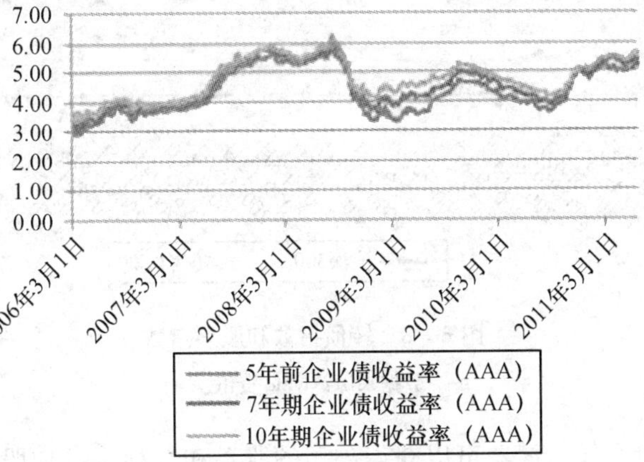

图 6—7 企业债券收益率

数据来源：wind 资讯。

（5）中期票据

中期票据是指具有法人资格的非金融企业在银行间债券市场按照计划分期发行的，约定在一定期限还本付息的债券。中期票据与公司债的关键区别在于发行的高度灵活性。中期票据的发行人在公布发行计划之后，可以分批次连续或间断地完成发行计划，各批次的发行量、期限、利率形式与利率水平均可灵活安排，这样更能切合公司的融资需求。

（6）可转换债券

可转换债券是指发行人依照法定程序发行、在一定期限内依据约定的条件可以转换成股票的公司债券。这种债券附加转换选择权，在转换之前是公司债券形式，转换后相当于增发了股票。可转换债券具有债券性和股票性的双重特性，其在不同的时期嵌入了不同的转换期权，在锁定期内是欧式期权，在转换期内是美式期权。其投资风险与收益水平介于公司债券与股票之间。可转换债券内部收益率较低，债券的票面利率低于普通债券，信用风险也较高。当企业出现破产清算时，可转换债券的索偿权一般在其他有资产抵押债券之后（见图 6—8）。

（7）债券基金

债券基金是专门投资于固定收益类资产的基金，它通过集中众多投资者的资金，对债券进行组合投资，寻求较为稳定的收益。国内债券基金的投资对象主要是国债、金融债和企业债。债券基金相对于银行存款，有更高更稳定的收益，相比较股票基金，债券基金具有收益稳定、风险较低的特点。

3. 权益类资本投资工具

（1）股票

股票是股份有限公司签发的、证明股东所持股份的凭证。股票实质上代表了股东对股

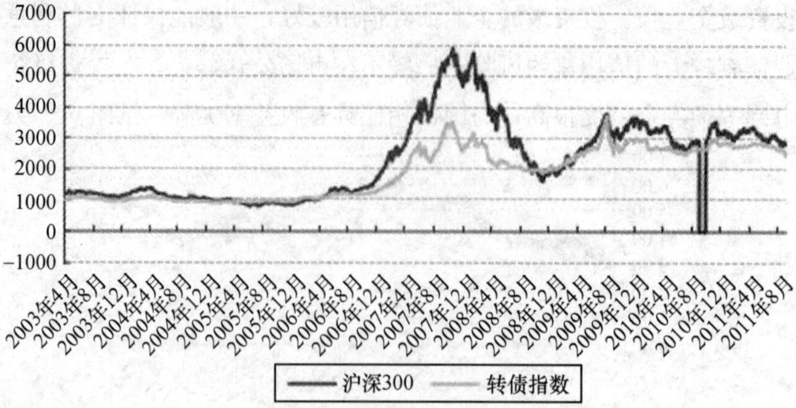

图 6—8　转债指数和股票指数

数据来源：wind 资讯。

份公司的所有权，股东凭借股票可以获得公司的股息和红利，参加股东大会并行使自己的权利，同时也承担相应的责任与风险。按股东享有权利的不同，股票可分为普通股票和优先股票。其中，普通股票的持有者享有股东的基本权利和义务，其股利完全随公司赢利的高低而变化。优先股票的股息率是固定的，其持有者的股东权利受到一定限制，但在公司赢利和剩余财产的分配顺序上比普通股票股东享有优先权。

股票的收入由股息收入和买卖差价两部分组成。股票是最能抵制由通货膨胀引起对资产贬值的影响的工具之一，但同时股票也存在收益不确定和股票价格不确定的风险。在 20 世纪 80 年代后，随着金融市场的日趋完善和各国养老金管理水平的提高，世界养老金投资出现证券化热潮，逐步提高了股票投资比例。

（2）股票基金

股票基金是主要以上市股票为主要投资对象的证券投资基金。在我国，根据《证券投资基金运作管理办法》的规定，60%以上的基金资产投资于股票，为股票投资基金。股票型基金按照投资理念的不同，可分为主动型和被动型两大类。主动型股票基金认为市场存在非有效性，通过主动选股和择时以获取超越市场的超额受益。被动型基金主要是指以交易所交易基金（ETF）为代表的指数基金。指数基金的特点和优势在于投资风险分散化、投资成本低廉、追求长期收益和投资组合透明化，并具有良好的流动性。但指数型基金需要投资者具备良好的择时能力，短期风险也相对较大。

二、未来个人账户基金投资工具的渠道拓展与延伸

我国资本市场的深度和广度都在不断拓展，养老基金为了实现保值增值和抵御相关风险的目标，必须在原有的传统投资工具基础上进行创新和拓展。基于养老保险的特殊性，我们可以在传统投资工具的基础上尝试选择如基础设施等风险相对可控、收益较高的投资领域。下面列举一些可以尝试的投资领域的拓展。

1. 大宗商品

个人账户基金投资的重要目的是为了保持资金的购买力，战胜通货膨胀，而商品价格

通常是与通货膨胀正相关的，这使得商品投资成为抵御通货膨胀的有效工具。投资商品可以有三个途径：第一个途径是投资商品现货；第二个途径是投资生产大宗商品的公司企业，持有这类公司的股权；第三个途径是投资商品期货，商品期货具有管理成本较低、流动性好、便于分散风险等多个优点，使其成为机构投资者投资商品的主要方式。

商品期货合约指的是合约双方在未来某一时点以约定好的价格买入（卖出）一定数量商品的承诺约定。期货合约的一方有责任在约定时点（合约到期时）以约定价格买入商品，是合约的多头（long position）；合约的另一方有责任在约定时点以约定价格卖出商品，是合约的空头（short position）。

近年来，机构投资者逐渐重视在大宗商品领域的投资，商品期货已成为一些西方养老基金资产配置策略中的组成部分。

2. REITs

根据国际养老金房地产协会（Pension Real Estate Association，PREA）的统计，房地产类资产是世界各国养老金资产配置中另类资产的重要构成部分。截至 2009 年年底，全球养老金在房地产方面的投资预计超过 7 500 亿美元，其中在美国、英国、澳大利亚、加拿大、荷兰、瑞士等成熟经济体中，其养老金投资房地产的规模都在 770 亿美元以上，房地产类资产是其养老金投资组合中除股票、债券外的重要投资品种。2011 年 2 月，全国社会保障基金以信托产品形式投资南京保障住房，这也是国内养老金首次涉水房地产投资。我们认为，个人账户可以借鉴国外及社保基金的经验，在风险可控的前提下，适当配置房地产类资产，这样不但可以为投资组合带来长期稳健的投资回报，还能有效分散组合的投资风险。从国外实践看，投资上市 REITs 是养老金参与房地产投资的最主要方式。上市 REITs 具有良好的长期回报、可期的稳定分红、专项税收优惠、特殊风险自控机制等优势。同时，上市 REITs 可以像买卖股票一样在交易所进行交易，比房地产直接投资具有更高的流动性

3. 私募股权基金

国际私募股权基金的一个重要资金来源就是公共和私人养老基金。以美国为首的发达资本主义国家，养老基金投资私募股权基金已经取得了成功的经验并有力地推动了经济发展。养老金基金是一种长期性资金，具有稳定的现金流量，保值增值和反通货膨胀的压力往往较大，并不需要马上套现和要求有很高的流动性，这使养老金基金具有较强的抗风险能力，意味着养老金基金倾向于理性的长期投资。而私募股权投资基金也是一种长期投资性资金，有 7～10 年的封闭期限，可以通过长期投资达到较高的回报，符合养老金基金增值要求。随着我国《合伙企业法》的修改，国内成立私募股权基金的法律准备也在不断完善。虽然私募股权基金具有高回报率且能促进经济发展，但也需要注意其对应的高投资风险，将其限制在较低的比例。

4. 股指期货

我国股票市场具有极高的波动性，系统性风险很大，这显然对以安全第一、平稳增值

为投资目标的养老金在股票市场的投资带来极大的困难。股指期货的推出，不但给养老金基金投资股票市场引入了合适的避险工具，而且给养老金投资组合运用有效投资策略创造了可能。股指期货作为一个新的投资工具，可以帮助养老金基金的投资运作建立套期保值机制，在保证基金安全的前提下争取稳定的收益。

在养老金的股指期货应用方面，1993 年美国有 1/3 左右的养老基金使用股指期货，其中 1/3 用来进行资产配置，1/3 用来套期保值，1/3 用来进行套利提高收益。[①] 1998 年 54%参与了海外股票衍生品，56%参与了国内股票衍生品，它们的名义价值分别占持有的海外与国内股票资产的 5%与 8%。在这些衍生品中，股指期货与期权占据了主要地位，且前者价值是后者的 2 倍。应用股指期货的目的依次排列为：套保、资产配置、增强收益、市场择时、增强基金杠杆、市场通道与减税。实证表明，金融衍生工具能够被用来管理风险和提高回报率，被养老基金用来实现战略资产配置。

5. 国际市场

从长期来看，个人账户基金投资于国外资本市场也是必然的选择。诸多历史经验显示，养老金的全球化配置不仅有利于规避投资单一国家市场带来的政策风险，而且有利于优化投资组合的风险收益率特征，扩展和提升组合的有效边际。现阶段，我国的社保基金已经投资于国外的资本市场，银行、基金、券商和保险等机构投资者可以通过 QDII 投资到国外市场，这些实践经验都为个人账户基金投资于国外资本市场创造了条件。

第三节　个人账户基金资产配置

资产配置是个人账户基金管理的首要环节，它是指资金在各类资产之间的合理分配。当把不同类别的资产组合在一起时，投资组合的收益和风险特征会得到改善，不同资产之间的弱相关性和负相关性会抵消掉一部分风险，从而使风险较小而收益较高成为可能。

一、个人账户基金组合资产配置

根据资产配置决策在投资过程中的功能和特点，资产配置决策可以划分为若干类型，主要包括战略资产配置、战术资产配置、动态资产配置、资产配置再平衡等。

资产配置对投资组合业绩的重要性已经得到业界一直公认。以美国为例，Brinson，Hood 和 Beebower（1986）率先对战略资产配置的重要性进行了系统研究，他们考察了 1977—1987 年 91 家大型公司的养老金业绩表现，发现战略资产配置可以解释 90%以上的基金收益随时间的波动。美国基金公司 Vanguard 对旗下的退休基金进行研究，发现 1987—1996 年资产配置为基金的季报酬率贡献了 88.7%。

---

① 摘自美国《机构投资者调查》报告。

战略资产配置和战术资产配置是学术界依据投资期限的长短对资产配置类型的一种划分，也是最为常用的一种资产配置分类方法。

战略资产配置（strategic asset allocation）是着眼于长期投资目标制订的资产配置计划。战略资产配置关心的是长期投资期限下的资产配置问题，投资期限通常达到5～10年。个人账户基金在确定了可投资的资产类别后，基于长期投资目标制订战略资产配置计划，通过相关手段预测资产的预期长期收益、长期风险和相关关系，利用最优化技术构建长期的最优组合，最后形成战略资产配置计划。战略资产配置一旦确定后，一般情况下在整个投资期内都比较稳定。

战术资产配置（tactic asset allocation）是着眼于短期投资目标制订的资产配置计划。战术资产配置属于短期资产配置，投资期限通常在一年以内。战术资产配置体现个人账户基金对资本市场短期趋势的判断，通过相关手段预测短期内资产的期望收益率、风险和相关关系等参数，然后利用最优化技术进行决策。战术资产配置的主要目的是利用市场机会获取超额收益。

积极资产配置和消极资产配置是学术界依据投资风格对资产配置类型的一种划分。积极资产配置（active asset allocation）又称为主动资产配置，指的是采取积极主动的态度进行资产配置，在分析宏观经济和资本市场基本面的基础上，对资产收益和风险的变化进行预测，进而积极调整各类资产的投资比例和投资期限。

消极资产配置（passive asset allocation）又称为被动资产配置，指的是采取消极被动的态度进行资产配置，在整个投资期间，不管宏观经济和资本市场状况如何变化都保持各类资产的既定投资比例，不进行主动调整。积极资产配置和消极资产配置的理论基础是市场效率理论，采取积极资产配置策略的投资者认为市场是非有效的，通过积极配置策略可能获取超额收益，而采取消极资产配置决策的投资者则认为市场是有效的，对公开信息和历史数据的分析无助于提高收益，被动跟踪投资基准是最好的投资策略。

动态资产配置（dynamic asset allocation）是在战略资产配置的基础上，对资产配置的比例进行动态管理。动态资产配置包含买入持有策略（buy and hold strategy）、固定比例混合策略（constant mix strategy）和投资组合保险策略（insured asset allocation）。买入持有策略是在按照战略资产配置构建投资组合后，在较长的时间内保持既有的投资组合，不改变资产配置状态，是一种典型的被动投资策略，买入持有策略具有最小的交易成本和很小的主动风险，但是忽略市场短期波动，放弃从市场变化中获取投资收益的机会。固定比例混合策略是按照战略资产配置目标，保持投资组合中各类资产的固定配置比例。由于投资过程中各类资产的价值在不断变化，各类资产在组合中所占的比例也在不断变化，因此固定比例混合配置策略需要通过购买或出售资产来保持各类资产在组合中的比重不变，在某类资产价格上涨后卖出这类资产，在资产价格下降后买入该类资产，固定比例混合策略在市场易变的条件下有可能是合适的。投资组合保险策略是一种利用金融工具锁定资产价格下跌风险，同时又分享资产价格上涨所带来获利机会的资产配置策略。

资产配置再平衡是根据资本市场环境和经济条件的变化，通过对个人账户基金投资组合收益和风险状况进行跟踪，在实际资产配置比例长期配置目标的情况下，按照既定的程序和相对被动的调整办法，调整实际资产配置的比例，使其能够贴近长期投资目标。理论上，有规则的再平衡可以有效利用资产收益周期性波动的特点，在资产价格较高时卖出资产，在资产价格较低时买入资产，由此达到降低组合风险提高组合收益的效果。资产配置再平衡效果与资产之间的相关系数有密切关系，资产之间的相关系数越小（完全负相关被看成是相关系数最小），再平衡的效果就越明显，当两类资产完全负相关时，再平衡的效果最大。

二、资产配置决策程序与方法

在进行资产配置时需要研究不同资产类别的收益和风险特征，并结合各种投资约束，在此基础上计算有效边界，确定出最优配置比例。具体来说，资产配置决策程序包括以下步骤：

第一步，预测各类可投资资产的收益率和协方差矩阵。战略资产配置和战术资产配置对参数预测有不同的要求。进行战略资产配置时，长期历史数据的平均值在预测值中占较大比重；进行战术资产配置时，未来情景状态在预测参数中的占比较大。

第二步，结合各类资产风险—收益状况，以及投资中面临的各种约束条件计算有效组合边界。以资产的预期收益率、协方差、投资数量约束等作为输入条件，运用最优化技术计算有效组合边界，有效组合边界代表投资者可以得到的投资机会。

第三步，确定最优组合。根据投资者的风险偏好、风险政策等条件，在有效边界上确定一个最适合投资者的组合。在得到模型生成的最优配置比例后，投资者还需要判断模型生成的结果是否适合自己的要求，如果模型结果过于偏激，就需要增加新的约束条件，重新进行最优化的计算。

（一）Markowitz 均值—方差模型

Markowitz（1952）提出的均值—方差分析，为资产配置问题提供了一个分析框架；Markowitz 投资组合理论，是当今投资界进行资产配置决策的主流方法之一。均值—方差组合模型，通过资产收益率的均值和方差，找出投资组合的有效边界，建立资产优化配置模型。有效边界就是在一定收益率水平下，方差最小的投资组合。均值—方差模型如下所示：

$$\begin{cases} Min\ Var(R_r) = \sum_{i=1}^{n} W_i{}^2 Var(R_i) + \sum_{i=1,\ i\neq j}^{n} W_i W_j Cov(R_i,\ R_j) \\ s.t. \begin{cases} E(R_r) = \sum_{i=1}^{n} W_i E(R_i) \\ \sum_{i=1}^{n} W_i = 1 \quad (i=1,\ 2\cdots n) \\ 0 \leqslant W_i \leqslant 1 \quad (i=1,\ 2\cdots n) \end{cases} \end{cases}$$

式中，$E(R_r)$ 为资产组合回报率；$Var(R_r)$ 为资产组合方差；$E(R_i)$ 为资产期望报酬率；$Var(R_i)$ 为资产方差；$Cov(R_i, R_j)$ 为资产 i 和 j 的协方差；W_i 为资产配置权重；资产的权重大于0，也就是资产不允许进行卖空。

不同的投资人风险厌恶水平不同，投资的目标不同。积极型的投资人爱好追求风险高的投资，保守型的投资人避免购买风险极高的投资组合。投资人不同的风险厌恶水平，导致不同的投资效用。以风险厌恶系数表示风险厌恶水平，采用Bodie，Kane和Marcus（1999）的效用函数表示投资者的效用，效用函数数学模型如下：

$$U(\gamma) = E(R_r) - 0.005 \cdot \gamma \cdot Var(R_r)$$

式中，$U(\gamma)$ 为投资人的效用函数；$E(R_r)$ 为风险资产投资组合的期望回报率；γ 为投资人的风险厌恶水平；$Var(R_r)$ 为风险资产投资组合的方差。

不同风险厌恶水平将影响投资者的效用函数，在模型中加入投资人风险厌恶因素，最大化个人效用。效用函数限制条件下的投资组合模型为：

$$Max\ U(\gamma) = E(R_e) - 0.005 \cdot \gamma \cdot Var(R_e)$$

$$s.t.\begin{cases} E(R_r) = \sum_{i=1}^{n} W_i E(R_i) \\ \sum_{i=1}^{n} W_i = 1 \quad (i = 1, 2 \cdots n) \\ 0 \leqslant W_i \leqslant 1 \quad (i = 1, 2 \cdots n) \end{cases}$$

均值—方差模型使金融投资理论发生了质的飞跃，但是在实际的投资实践中的运用却远不如在学术上那么广泛。由于传统的均值—方差模型在参数估计的过程中，主要是用历史数据法和情景分析法，但是这两种方法都存在不同程度的缺陷，投资理论的应用却受到了较大的限制。当使用历史收益率数据进行估计时，如果某种资产预期收益率较高，或者是和其他资产之间呈负相关关系，它都将会被赋予过高的权重而导致过高的配置；而情景分析法又很随意，主观性非常强，不被鼓励采用。另外，均值—方差模型中资产的配置对期望收益率的变化非常敏感，即使是收益率的微小变化，都会导致资产配置权重的很大改变。因此投资者认为均值—方差模型下的资产组合往往与直觉经验并不吻合，越来越多的市场参与者放弃了单纯的均值—方差模型，开始探索更接近市场的构建投资组合的方法，Black-Litterman模型就是在均值—方差模型的基础上发展起来的，旨在解决均值—方差模型的非直觉性、过度集中以及参数的敏感性等缺陷的模型。

（二）Black-Litterman 模型

针对Markowitz均值—方差模型在资产配置中存在的这些问题，Black and Litterman 1992年提出了新的预期收益合成方法——概率方法（Bayesian approach），模型表达方式如下：

$$E[R] = \left[(\tau\sum)-1 + PT\Omega - 1P\right]-1\left[(\tau\sum)-1\Pi + PT\Omega - 1Q\right]$$

式中 $E[R]$——新的加权后的收益向量（$n\times1$ 列向量）；

τ——比例关系（常数）；

P——涉及主观看法资产矩阵（$k\times n$ 矩阵）；

Ω——看法置信度矩阵（$k\times k$ 矩阵）；

Π——隐含均衡收益率向量（$N\times1$ 列向量）；

Q——看法向量（$k\times1$ 列向量）；

T——表示转置；

-1——表示逆矩阵。

Black-Litterman 模型假设有两个不同的关于预期超额收益的信息来源：投资者的看法和市场均衡。两种信息的来源都是不确定的，以概率分布的形式表示出来，它将先验信息与历史信息结合起来，是一种典型的贝叶斯分析方法，从而可以引入贝叶斯原理来求解最优组合。

Markowitz 均值—方差模型假定投资者对预期收益、标准差以及风险资产之间的相关性拥有一致的预期，但是在实际的投资活动中投资者可能拥有与一致预期收益不一样的主观的个人观点，而且投资者可能并不是对所有的资产都拥有主观观点，他可能只是对其中的某些资产拥有主观观点，而且投资者对自己的观点也不一定完全确定。相对于 Markowitz 均值—方差模型，Black-Litterman 模型允许投资者对未来的资产收益率有自己的主观判断，并且可以对每种观点赋予不同的信心水平。在 Black-Litterman 模型中，预期报酬率反映了投资人的主观预期以及该预期的强烈程度，这一模型的核心思想是假定市场一开始处于均衡状态下，以市场隐含的超额均衡收益率作为市场中性的起点出发，投资者通过在市场中性的基础上表达对不同资产的观点收益率，以及对每种观点指定各自的信心水平，然后应用贝叶斯方法将这些观点收益率与市场隐含的超额收益率结合形成一个新合成的收益率，最后在均值—方差方法下求解最优化问题就可以求得最优的资产配置权重。

三、个人账户基金投资组合构建

（一）流动性现金资产投资管理策略

流动性现金资产，指的是到期日在一年以内的现金以及现金等价资产。流动性现金资产的投资目的主要是为了保证个人账户基金日常的支付需求。对于流动性资产投资的目标是使其实际收益率为正。当实际利率很低的时候，为保证日常流动性资产投资，应在政策允许的范围内尽可能降低其占比。

（二）固定收益资产的投资管理策略

固定收益产品的投资，主要是指债券产品的投资和运营。主要分为消极投资组合管理和积极投资组合管理两大类。

1. 消极投资组合管理

消极投资组合管理采用买入并持有策略，即把市场价格看做均衡交易价格。消极投资组合管理不试图寻找低估的品种、不进行积极的市场交易来获取更高的收益，而只根据资金条件，寻找一些期限与资金投资期较为相近的品种来减少价格与再投资风险。消极投资组合管理策略主要有两种，一是指数化策略，即债券投资组合选择一种投资组合，使其表现与市场上某个债券指数基本吻合；二是免疫策略，目的是使所管理的债券资产组合免予市场利率波动的风险。

免疫策略所构造的组合是，当市场利率下降时，债券价格上升带来的收益抵消再投资受益的下降导致的损失之后还有盈余，以及当市场利率上升时，债券的再投资受益的增加在抵消债券价格下降导致的损失之后还有盈余。这样无论市场利率如何变化，都能保证债券组合的收益率不低于目标收益率。为使债券组合最大限度地避免市场利率变化，组合应满足：债券投资组合的久期等于负债的久期、投资组合的现金流量现值与未来负债的现值相等。

指数化策略和免疫策略的区别在于处理利率暴露风险的方式不同：债券质数化策略的风险报酬结构与所追踪的债券市场指数相近似，而免疫策略是建立一个几乎是零风险的债券资产组合。

2. 积极投资组合管理

积极的债券组合管理策略，是指运用各种方法，积极主动地寻找市场机会的策略。运用积极投资组合策略的动机是债券市场有效性不足，从而可以积极寻找那些价值被低估的投资工具进行适度的集中投资，同时选择适当的时机买进或卖出以获得收益。积极的组合管理策略主要是为了实现高风险/高回报的投资目标。投资策略制定时综合考虑宏观经济环境、债券久期、期限结构、资产配置、信用分析等因素，采用自上而下（Top-Down）和自下而上（Bottom-Up）结合的方式，确定组合构成。图 6—9 给出了积极债券投资策略的分析框架。

积极债券组合管理的具体策略有水平分析策略、债券互换策略、应急免疫策略以及骑乘收益率曲线策略。

水平分析是一种基于对未来利率预期的债券组合策略，如果预期利率上升，采取缩短债券组合的久期；如果预期利率下降，则增加债券组合的久期。

债券互换是同时买入和卖出具有相近特性的两个以上债券品种，从而获取收益级差的策略，具体有替代互换（在债券出现暂时市场定价偏差时，将一种债券替换成另一种完全可替代的债券，以获取超额收益）、市场间利差互换（即不同市场之间债券的互换）、税差激发互换（通过债券互换来减少年度的应付税款，从而提高债券组合税后收益）。

应急免疫是计算在当前利率水平下，在特定期限需要锁定多少投资进行利率免疫，才能保证未来债券组合的最低要求价值。

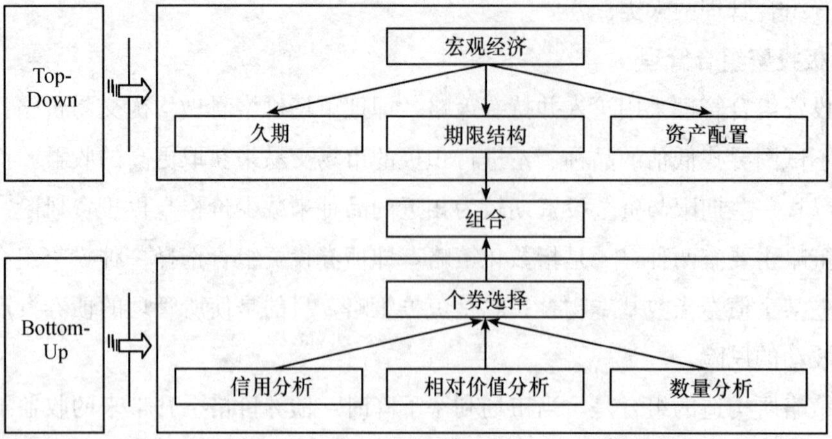

图 6—9　积极债券投资策略分析框架

骑乘收益率曲线策略，以债券收益率曲线形状变动的预期为依据来建立和调整债券组合头寸。常用的骑乘收益率曲线策略包括子弹式策略、两极策略和梯式策略。子弹式策略是使投资组合中债券的到期期限集中于收益率曲线的一点，两极策略将组合债券的到期期限集中于两极。子弹组合是否优于两极组合取决于收益率曲线的斜率：当收益率曲线很陡，子弹组合的业绩经常比两极组合好。

对于个人账户基金债券组合的管理，要通过仔细研究选择具体的管理策略。我们认为，当前债券市场具有一定的有效性，所以可采用指数化的消极管理策略。当对未来现金流量有特殊需求，可以采用适当的免疫和现金流匹配策略。

（三）股票类资产的投资管理策略

股票作为权益类资产，在个人账户基金中风险最高，为有效回避市场中的非系统性风险，实现整体投资收益的最大化，通常采用构建股票投资组合的策略。

1. 消极型投资管理策略

消极型投资管理策略，是指不对投资对象的价格转折点做预测，而以获得市场组合收益为目的的管理策略。消极型的投资策略主要是买入一个标的市场组合并持有，该种投资策略分享股票市场上涨带来的益处，获得股票市场的平均收益，交易和管理成本都很低。这种策略的实现方法有两种：一是根据标的指数的股票持仓及比重构建股票组合，二是直接申购以该标的指数为标的的股票指数基金。

2. 积极型投资管理策略

积极性投资管理利用市场较弱的有效性，通过股票选择和时机选择来实现超越标的指数的投资目标，即战胜市场。积极型股票投资管理策略归纳起来大致包括以下几种：在否定弱势有效市场前提下的以技术分析为基础的价格判断型投资策略，如道氏理论、平均移动线法、价格与交易量的关系等理论；在否定半强势有效市场前提下的以基本分析为基础的价值投资策略，如低市盈率法和现金流贴现模型等；结合对弱势有效市场和半强势有效市场，如市场异常策略，包括小公司效应、日历效应等。

（1）以基本分析为基础的价值投资策略

该策略以公司基本面状况为基础进行分析，包括公司的资本结构、资产运作效率、偿债能力、赢利能力和市场占有率等方面，还通过同行业的横向或上下游的纵向比较进行分析。价值投资策略方法之一是投资低市盈率、低市净率、相对估值低的股票。这里的市盈率和市净率不仅是静态的，而且是经过基本面分析后对未来的预测值，通过投资相对低估值的股票可以获得股票价值回归的收益，同时承受较小风险。另外，我们可以通过现金流贴现模型来选取绝对估值低的股票。

（2）市场异常策略

在长期投资实践中，具有某些特征的一类股票往往其收益高于市场总体水平，这些特征不是基于公司基本面也不能完全用技术分析指标来做出解释。以这类特殊股票为主要投资对象的策略通常称为市场异常策略。常见的市场异常策略包括小公司效应、被忽视的公司效应、日历效应、遵循公司内部人交易等策略。

（3）主题投资策略

主题投资来自于事件驱动，当这些事件集中表现为一种或者多种共有特征时，就形成了风格特征。主题投资是一种典型的自上而下的分析方法。作为一种投资理念与策略分析方式，主题投资并不按照一般的行业划分方法来选择股票，而是按照“主题”来选择股票。所谓主题是影响经济发展和企业赢利的关键性、趋势性因素，经济的本质是社会中每一个人单独决策之后形成的群体行为和表象，因此主题的发掘不能只局限在经济层面，而应该从宏观经济、政策制度、科技进步和社会文化等因素出发。它的内涵在于通过这种宏观层面的分析，发现经济体的长期发展趋势及其产生和持续的驱动因素，进而将能够受惠的相关产业和上市公司纳入投资范围。因此主题投资的范围是非常广的、不同的经济发展阶段，不同的宏观政策、不同的国际国内环境会给市场带来不同的主题投资机会。

第四节　个人账户基金投资组合资产配置实证分析

在本节个人账户基金投资组合资产配置实证分析中，主要考虑银行存款、中长期国债、企业债、股票等四大类传统资产，并根据现代马克维茨的投资组合理论，即均值—方差模型，从可选投资工具大类中选取适当工具构造有效资产组合。

一、方法与模型

为了简化讨论，我们将个人账户基金组合可投资的资产类别设定为银行存款、中长期国债、企业债、股票四大类。各种资产在总投资中所占的比重分别为 W_1，$W_2 \cdots W_4$，向量表示为 $W=(W_1, W_2 \cdots W_4)^T$，有 $W_1+W_2+\cdots+W_4=1$，且有卖空约束 $W_i>0$，各种资产的投资收益率分别为 r_1，$r_2 \cdots r_4$，用向量表示为 $R=(r_1, r_2 \cdots r_4)^T$，则该投资组合的投资收益率为各种证券收益率的加权平均，即：

$$r_p = \sum_{i=1}^{n} W_i r_i = W^T R$$

该组合的投资收益率方差为：

$$\sigma_p^2 = W^T \sum W$$

式中，W 为权重向量，$\sum$ 为资产收益率的方差—协方差矩阵。

为了使实证结果更具有普遍意义，我们选取上证综合指数、企债指数和国债指数代替股票投资、企业债券、国债投资。相应数据的截取时间为 2005—2010 年。

二、描述性统计以及收益—风险情景分析

个人账户是目前中国基本养老保险制度的一部分，资金用途的长期性决定了其更关注中长期的保值增值。因此，我们保守地以历史平均的大类资产收益情况结合对未来一定时期的判断来作为大类资产收益预测的基础。

（一）货币类资产

个人账户可投资货币类资产主要包括活期存款、债券回购等高流动性品种以及货币市场基金等。

我们保守地以银行间 7 天回购利率作为货币类资产预期收益率。计算 2005—2010 年银行间 7 天回购利率平均为 2.03%，波动率为 0.06%。

年份	7 天回购（%）
2005	1.37
2006	2.05
2007	2.81
2008	2.91
2009	1.26
2010	2.15
平均收益率	2.03

数据来源：wind 资讯。

（二）固定收益类

固定收益类投资品种包括国债、金融债、企业债等。我们分三种情景假设：（1）保守情景下，假设组合全部投资于国债品种；（2）中性情景下，假设组合固定收益类资产中 50%投资于国债，50%投资于企业债品种；（3）积极情景下，假设组合固定收益类资产中 20%投资于国债，80%投资于企业债品种。

1. 保守情景

我们以2005—2010年期间上证国债指数几何平均收益率作为债券类资产收益率，其波动率作为债券类资产波动率。计算得出上证国债指数平均收益率为4.75%，波动率为1.60%。

年份	上证国债指数收益率（%）
2005	14.07
2006	2.14
2007	−0.47
2008	9.41
2009	0.87
2010	3.21
平均收益率	4.75

数据来源：wind资讯。

2. 中性情景

我们以50%上证国债指数+50%上证企业债指数平均年收益率作为该类资产收益率，其波动率作为债券类资产波动率。计算得出平均收益率为5.85%，波动率为1.77%。

年份	50%上证国债指数+50%上证企业债指数（%）
2005	19.07
2006	1.46
2007	−2.97
2008	13.25
2009	0.77
2010	5.32
平均收益率	5.85

3. 积极情景

我们以20%上证国债指数+80%上证企业债指数平均年收益率作为该类资产收益率，其波动率作为债券类资产波动率。计算得出平均收益率为6.51%，波动率为2.21%。

年份	20%上证国债指数+80%上证企业债指数（%）
2005	22.08
2006	1.05
2007	−4.48
2008	15.56
2009	0.72
2010	6.58
几何平均收益率	6.51

（三）权益类资产

我们以同期沪深 300 指数年平均收益率作为权益类市场统计。

年份	沪深 300 收益率（%）
2005	−7.66
2006	121.02
2007	161.55
2008	−65.95
2009	96.71
2010	−12.51
平均收益率	20.93

数据来源：wind 资讯。

根据上表的统计可以看出，长期 A 股收益率为 20.93%。收益率中最好的情况是 161.55%，最差情况是 −65.95%，平均收益率 20.93%。沪深 300 年化波动率为 32.71%。

（四）大类资产相关性

1. 保守情景

货币类资产、固定收益类资产、权益类收益率的方差—协方差矩阵如下：

	沪深 300	上证国债指数	7 天回购
沪深 300	0.107 003 99	—	—
上证国债指数	−0.000 321 18	0.000 256 28	—
7 天回购	−0.000 112 6	−0.000 000 53	0.000 000 37

2. 中性情景

中性情景下，货币类资产、固定收益类资产、权益类资产收益率的方差—协方差矩阵如下：

	沪深 300	50%上证国债指数+50%上证企业债指数	7 天回购
沪深 300	0.107 003 99	—	—
50%上证国债指数+ 50%上证企业债指数	−0.000 459 62	0.000 312 22	—
7 天回购	−0.000 112 6	−0.000 000 72	0.000 000 37

3. 积极情景

积极情景下，货币类资产、固定收益类资产、权益类资产收益率的方差—协方差矩阵如下：

	沪深 300	20%上证国债+80%上证企业债指数	7 天回购
沪深 300	0.107 003 99	—	—
20%上证国债+80%上证企业债指数	−0.000 542 69	0.000 488 09	—
7 天回购	−0.000 011 26	−0.000 000 84	0.000 000 37

(五) 收益率测算

基于上述各类别资产的收益率和方差的统计数值，我们对不同资产权重下的组合收益率、标准差进行了测算。其中，货币类资产设定为 10%，以满足日常的流动性需求。

1. 保守情景

表 6—1 中的前三行是将所有基金资产投资于某一种资产的极端情况。由以上的数据可以看出，随着投资组合中权益类上升，投资组合的期望收益和标准差（风险）也相应上升。另外这些数据也体现了投资组合分散风险的特征，也就是当提高了较高风险的资产比例后，对应标准差（风险）的增加小于收益增加。根据表 6—1 的数据，我们可以拟出相应的资本市场线（见图 6—10）。

表 6—1　不同投资组合收益—风险情景下的组合收益率和标准差情况（一）　单位：%

货币类资产	固定收益类资产	权益类资产	组合收益率	组合标准差
100	0	0	2.03	0.06
0	100	0	4.75	1.60
0	0	100	20.93	32.71
10	85	5	5.28	2.06
10	80	10	6.09	3.44
10	75	15	6.90	4.98
10	70	20	7.71	6.57
10	65	25	8.52	8.18
10	60	30	9.33	9.80
10	55	35	10.14	11.43
10	50	40	10.95	13.06
10	45	45	11.76	14.69
10	40	50	12.57	16.33
10	35	55	13.38	17.97
10	30	60	14.19	19.60
10	25	65	15.00	21.24
10	20	70	15.81	22.88
10	15	75	16.62	24.52
10	10	80	17.43	26.16
10	5	85	18.23	27.80

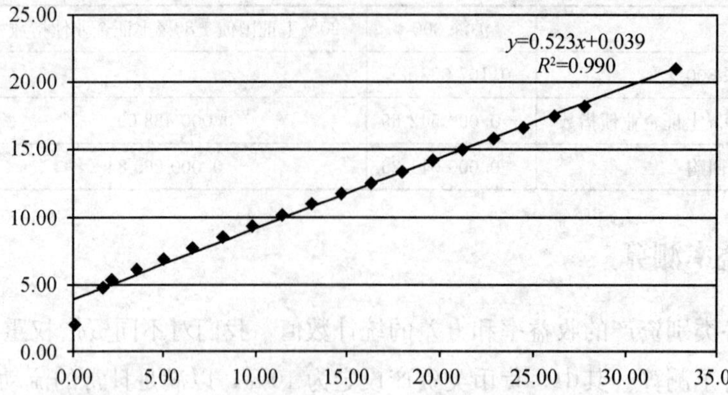

图 6—10　由样本数据拟出的资本市场线（%）

2. 中性情景（见表 6—2）

根据表 6—2 的数据，我们可以拟出相应的资本市场线（见图 6—11）。

表 6—2　不同投资组合收益—风险情景下的组合收益率和标准差情况（二）　单位：%

货币类资产	固定收益类资产	权益类资产	组合收益率	组合标准差
100	0	0	2.03	0.06
0	100	0	5.85	1.77
0	0	100	20.93	32.71
10	85	5	6.22	2.13
10	80	10	6.98	3.46
10	75	15	7.73	4.98
10	70	20	8.49	6.56
10	65	25	9.24	8.17
10	60	30	9.99	9.79
10	55	35	10.75	11.41
10	50	40	11.50	13.04
10	45	45	12.26	14.68
10	40	50	13.01	16.31
10	35	55	13.77	17.95
10	30	60	14.52	19.59
10	25	65	15.27	21.23
10	20	70	16.03	22.87
10	15	75	16.78	24.51
10	10	80	17.54	26.16
10	5	85	18.29	27.80

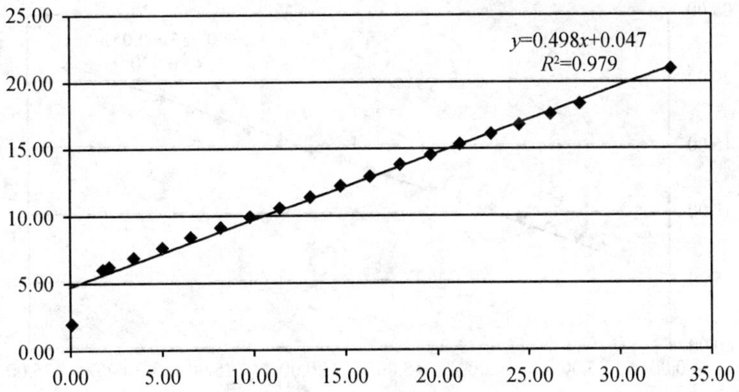

图 6—11　由样本数据拟出的资本市场线（一）（%）

3. 积极情景（见表 6—3）

根据表 6—3 的数据，我们可以拟出相应的资本市场线（见图 6—12）。

表 6—3　　不同投资组合收益—风险情景下的组合收益率和标准差情况（三）　　单位：%

货币类资产	固定收益类资产	权益类资产	组合收益率	组合标准差
100	0	0	2.03	0.06
0	100	0	6.51	2.21
0	0	100	20.93	32.71
10	85	5	6.79	2.40
10	80	10	7.51	3.60
10	75	15	8.23	5.06
10	70	20	8.95	6.61
10	65	25	9.67	8.20
10	60	30	10.39	9.80
10	55	35	11.11	11.42
10	50	40	11.83	13.05
10	45	45	12.55	14.68
10	40	50	13.28	16.31
10	35	55	14.00	17.95
10	30	60	14.72	19.59
10	25	65	15.44	21.23
10	20	70	16.16	22.87
10	15	75	16.88	24.51
10	10	80	17.60	26.15
10	5	85	18.32	27.80

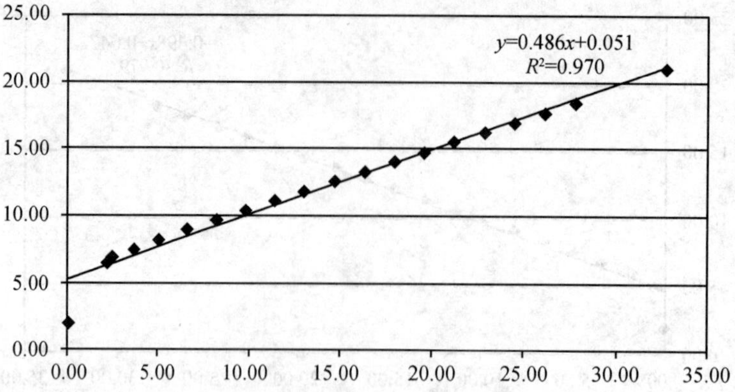

图 6—12　由样本数据拟出的资本市场线（二）（%）

三、目标收益率分析与最佳投资组合确定

由前文所述，个人账户基金的目标收益率需要以通货膨胀率、平均工资增长率、经济增长率等指标作为比较基准。从实现抵御通胀的角度来说，一方面，养老基金个人账户的名义收益率必须要高于通货膨胀率才能实现保值；另一方面，为了实现养老基金预定的替代率，养老基金投资的实际收益率须达到设定的实际利率水平，个人基金的投资收益率要相应提高。因此，由于投资风险的存在，个人账户基金的投资收益要高于通货膨胀风险和工资替代率风险的收益率水平。另外，经济增长率 GDP 应该是个人账户基金收益目标的上限。表 6—4 所列为 2002—2010 年相应基准指标情况。

表 6—4　　个人账户基金投资对比目标的收益率　　单位：%

	2005 年	2006 年	2007 年	2008 年	2009 年	2010 年	平均值
居民物价消费指数 CPI	1.80	1.50	4.80	5.90	−0.70	3.30	2.77
经济增长率	10.40	11.10	13	9	8.70	10.30	10.42

数据来源：根据国家统计局网站数据整理。

从上文可以看出，如果以平均通胀率水平为个人账户基金的目标收益目标，配置货币类资产以及固定收益类资产基本可以满足，但组合收益率很低，参保人完全可以自行购买国债或者银行定期存款来实现，个人账户基金市场化投资缺乏足够的吸引力。如果以经济增长率作为个人账户的目标收益率（10.42%），就必须加大股票资产的比重，按照我们的测算，即使在积极情景下，权益类比例上升到 35%，才可以达到该目标。但是，组合引入过多的系统风险造成 Sharpe 指标减小显然对于个人账户基金不合适。

结合实证和实际操作的可行性，如果个人账户基金的长期收益率应在 6%左右，这样不但能确保战胜通胀而且可以分享中国经济发展的长期增速。在中性情景下，货币类资产在 10%左右、债券类资产在 85%左右、股票在 5%左右的配置无论是从收益的保证还是从风险的可控来讲都是比较合适的。

四、结论

这里我们通过对货币类、固定收益类和权益类资产，对个人账户基金投资组合作了分析，得到如下结论：(1) 个人账户为实现保值增值并对个人具有吸引力，长期收益率应该保持在6%左右，债券类资产在85%左右，对应的股票投资比率在5%左右；(2) 为了保证个人账户基金的流动性，我们建议任何时候都应该持有相当于基金资产净值10%以上的现金或者现金等价物。值得注意的是，我们的实证分析并没有将其他工具纳入，而且市场数据的不平稳以及结构性变化导致模型在不同时期会对模型造成一定影响。

第五节　个人账户基金投资的绩效评估

个人账户基金投资的绩效评估是对个人账户基金投资的成本、收益、风险、绩效各方面的评估，是个人账户基金投资运营的重要环节。下面我们就简要分析一下个人账户基金投资绩效评估的程序和相关评估方法。

一、个人账户基金投资绩效评估的程序

个人账户基金投资绩效评估围绕收益与风险、收益归因等展开。绩效评估需要统一的绩效评估方法，以确保绩效评估的客观性、公正性和准确性。另外，在考察个人账户基金投资组合业绩时，必须同时对投资组合所承担的风险进行科学度量，对投资收益进行风险调整。总的来说，个人账户基金投资绩效评估主要有以下程序：

1. 收集相关投资绩效评估基础资料。这些基础资料包括个人账户基金受托管理机构和投资管理机构提供的相关投资管理报告等。绩效评估的数据应该使用完整的会计核算数据和交易数据。

2. 设定业绩基准。业绩基准是个人账户基金投资绩效评估的比较基准。业绩基准是根据个人账户基金受托管理合同和投资管理合同中设定的目标或指数来确定。个人账户基金投资绩效评估的业绩基准可以选取通货膨胀率、定期存款利率或者其他指标等。

3. 建立分类比较数据库。为更好地评价个人账户基金整体绩效以及各投资大类的投资情况，应该建立一系列相关比较的收益率数据库，比如股票型基金、货币型基金、债券基金、全国社保基金、其他养老保险基金等相关投资收益情况。

4. 计算净值增长率。一般来说，净值增长率采用时间加权收益率计算方法计算个人账户基金投资组合的净值增长率，包括周、月、季以及年度增长率，并且与相关业绩基准进行比较。

5. 风险分析与评估。计算个人账户基金资产的类别分布、行业分布、市盈率、市净率、持仓结构、重仓品种等，以投资收益与市场指数和业绩基准相比较。风险指标可以参

考波动率、贝塔系数、跟踪误差、VaR 等指标。

6. 计算经过风险调整后的基金业绩。不同的投资品种有不同的风险—收益情况，为了实现可比性，一般对基金业绩实行风险调整。可以使用单因素方法计算经风险调整的多种超额收益评价指标——夏普指数、特雷诺指数、詹森指数，也可以使用多因素的分析方法，如信息比率、Fama 收益风险归属、双贝塔方法等。

7. 计算经流动性风险调整后的业绩表现。个人账户基金需要保证一定的流动性，因此在评价个人账户基金投资业绩时，应该将流动性风险的高低当成业绩的抵减因子，根据流动性风险对业绩进行相应的调整。

8. 绩效归因分析。对个人账户基金的业绩从投资收益归属角度可以分解成市场基准业绩、资产配置业绩、资产选择业绩、行业配置业绩、市场择时业绩等。从投资风险归属角度，可以对投资标准差、跟踪误差、VaR 进行边际分析和成分分析。

9. 绩效业绩的持续性。我们可以通过多种方法，如对投资管理人理念、行为、方法、产品、风格等来评估和评价基金业绩的持续性。

二、净值收益率相关计算方法

净值收益率的计算、计算周期的不同会导致个人账户基金投资收益率的计算结果不同。使用相同的方法计算得到的基金净值收益率，才具有绩效评估可比性。

1. 简单收益率计算

基金简单净值收益率计算是不考虑分红再投资时间价值的影响，计算公式如下：

$$R=\frac{NAV_t+D-NAV_{t-1}}{NAV_{t-1}}\times 100\%$$

式中，R 是简单收益率；NAV_{t-1} 和 NAV_t 表示起初和期末的份额净值；D 表示考察期中每份基金的分红金额。

2. 时间加权收益率计算

时间加权收益率是红利除以除息前一日的单位净值减去每份基金分红后的份额净值立即进行再投资。分别计算分红前后的分段收益率，然后通过连乘得到：

$$R=\left(\frac{NAV_1}{NAV_0}\times\frac{NAV_2}{NAV_1-D_1}\times\cdots\times\frac{NAV_n}{NAV_{n-1}-D_{n-1}}-1\right)\times 100\%$$

式中，NAV 表示份额净值，表示除息前一日基金份额净值；D 表示份额基金分红。时间加权收益率比起简单收益率，考虑了分红再投资，是现在评估收益率的标准方法。

3. 年化收益率计算

个人账户基金投资收益的年度评估，需要将阶段收益率转换成年化收益率。年化收益率有简单年化收益率与精确年化收益率两种计算方法。例如，知道了季度收益率，简单的年化收益率为各个季度收益率相加，而精确的投资年化收益率则是 $R=\prod_{i=1}^{4}(1+R_i)$。以此类推，可以将周收益率、月收益率转化为年化收益率。

三、风险调整绩效评估方法

个人账户基金风险调整绩效评估方法是通过对收益加以风险调整，得出同时对收益与风险加以分析的综合指标。基金经典风险调整绩效评估方法有夏普指数、特雷诺指数、詹森指数，其他新颖的绩效评估方法有信息比率、M^2 测度等。对于风险调整绩效评估方法应综合考虑和应用。

1. 夏普指数

夏普指数是指超额收益（投资组合与无风险收益）与组合标准差的比值，即基金份额标准差的超额收益率。

$$S_p = \frac{R_p - R_f}{\sigma_p}$$

在收益率—标准差构成的坐标中，夏普指数是基金组合与无风险收益率连线的斜率。夏普指数同时考虑了绩效的深度与广度。夏普指数越大，绩效越好。在评价没有充分分散化的资产组合时，夏普指数比较合适。

2. 特雷诺指数

特雷诺指数是指基金份额系统风险的差额收益率。

$$S_p = \frac{R_p - R_f}{\beta_p}$$

在收益率—系统风险构成的坐标系中，特雷诺指数是无风险收益率与基金组合连线的斜率。特雷诺指数仅考虑了绩效的深度。特雷诺指数越大，绩效越好。特雷诺指数不能评估基金的风险分散程度，因此只有当一项资产只是充分分散的资产组合的一部分时，特雷诺指数可以作为评估绩效表现的恰当指标。

3. 詹森指数

詹森指数是将管理组合的实际收益率与具有相同风险水平的消极投资组合的期望收益率进行比较，两者的差可以作为绩效优劣的一种评估标准。

$$\alpha_p = E(R_p) - \beta_p E(R_m)$$

当 α_p 为零时，说明个人账户基金的组合收益率与处于同等风险水平的被动组合的收益率不存在显著差异，该基金表现为中性的。当大于零时，表示基金组合通过基金管理获得了超过市场相应风险的组合的超额收益。当小于零时，表示基金组合表现劣于市场相应风险的组合的收益，表现较差。在风险—收益坐标图上，詹森指数为基金组合的实际收益率与证券市场线上具有相同风险水平组合的期望收益率之间的偏差。

4. 信息比率

信息比率用以评估基金的均异特性：评估超额风险带来的超额收益。比率越高说明超额收益率越高，它表示单位主动风险所带来的差额收益。信息比率 IR 等于资产跟踪偏离度的样本均值与资产跟踪误差的比值。资产跟踪偏离度指基金收益率相对于基准组合收益率的均值，反映了基金收益率相对于基准组合收益率的表现。信息比率越大，表明个人账户基金单位跟踪误差所获得的超额收益越高。

第六节 个人账户基金投资运营的风险管理

投资运营的风险管理，是指如何在有风险的投资环境中将投资运营风险减至最低的一系列监测和管理过程，这其中包括了对于投资运营相关风险的识别、量度评估和处理等几个方面。从广义上来讲，个人账户基金投资运营的风险管理涉及政府监管、行政监管、行业自律监管、中介机构监督、市场监管等外部控制管理以及基金管理人内部风险控制管理。由于篇幅所限，我们在这一节主要就个人账户基金的投资风险管理进行阐述。

一、个人账户基金投资营运风险的识别

个人账户基金由于在进行投资运营时受经济环境、政治环境、市场环境、投资主体行为和投资运作过程本身等各种因素影响，而产生的各种风险。个人账户基金投资营运的风险是指引起投资收益发生损失的各种不确定性。

总的来说，个人账户基金可以划分成两大类：系统性风险和非系统性风险。系统性风险即市场风险，是指由整体政治、经济、社会等环境因素对证券价格所造成的影响，是对证券市场的整体影响。这种风险无法通过投资多项产品即分散投资来进行抵消，因此又称为不可分散风险。非系统性风险是指对某个特定的行业或个别股票产生影响的风险，它通常由某一特殊的因素引起，并不会与整个证券市场的价格存在系统而全面的联系，而只对个别或少数证券的收益产生影响。非系统风险称为可分散风险，可以通过投资组合来进行规避。两种风险存在于所有市场。下面我们给出个人账户基金面临的主要投资营运风险。

（一）系统性风险

1. 政策风险

政策风险主要是指政府有关证券市场、宏观经济以及投资政策、法律法规等变化所带来投资组合损失的可能性。对于个人账户基金而言，政策风险意识来自于养老保险行业本身的政策变化，以及来自基金所投资的金融证券市场和环境的变化。显而易见，对于我国这样一个受到资本限制较多、政策导向比较严重的市场，个人账户基金所面临的政策风险必须引起高度重视。

2. 市场风险

市场风险是指因资产和金融工具价格变动而导致投资组合价值蒙受潜在损失的风险。市场风险包括利率风险、汇率风险、股票价格风险和商品价格风险。其中，利率风险是指利率的变化对证券投资带来亏损的风险，主要体现在重定价风险、收益率曲线风险、基准风险和期权性风险；汇率风险指投资因汇率变动而蒙受损失的可能性。而股票价格风险和

商品价格风险是由于股票价格和商品价格波动而导致的投资收益损失的可能。

3. 通货膨胀风险（购买力风险）

通货膨胀风险是指由于通货膨胀、货币贬值所造成的实际收益水平下降、购买力降低的风险。购买力风险在不同资产上的表现也有所不同，货币资产作为收益最低的产品，其购买力风险最高且无法分散；商品和不动产由于价格随着通货膨胀率的上升而升值，购买力不因通货膨胀率的高企而有较大幅度的下降，是购买力风险最小的一类资产类别。

（二）非系统性风险

1. 信用风险（违约风险）

信用风险是指债务人由于种种原因不能按期还本付息、不履行债务契约的风险，即交易对手未能履行约定的义务而造成投资组合潜在的损失。信用风险揭示了由于发行人在财务状况不佳时出现违约和破产的可能，其主要受到证券发行人的经营能力、赢利水平、抵押担保能力等因素影响。违约风险主要是投资组合投资于投资债券、优先股和货币市场、固定收益证券所要面临的一种风险。

2. 操作风险

操作风险是由不完善的或有问题的内部程序、人员及系统以及外部事件所造成损失的风险。相对于市场风险而言，它是一种浅层次的风险，可以通过内部控制制度的完善来降低风险。我国基金业还处于发展阶段，基金投资管理人的管理水平良莠不齐，而且没有完全得到市场的检验，其自身不规范的问题将可能会给个人账户基金入市投资带来风险问题，比如集中投资、关联交易等。

3. 管理风险

管理风险主要是投资组合的管理人可能出现投资决策失误、管理费用高、财务不健全或是渎职等，从而影响投资组合发生损失的风险。管理风险还包括委托代理风险，是指通过委托代理关系，委托人（这里指个人账户基金的投保人或受益人）将资金交代理人（投资管理机构）进行投资运作，由于其委托代理双方之间的信息不对称而产生的市场不完全、外部性和垄断等问题，代理人侵害委托人的利益、发生逆向选择及道德风险，从而出现的风险。

4. 流动性风险

流动性风险主要包括两种形式：市场、产品的流动性风险和现金流（融资）、资金的流动性风险。前者是指由于市场交易不足而无法按照当前的市场价值进行交易所造成的损失。后者是指现金流不能满足债务支出的需求。对于个人账户基金而言，流动性风险主要是由于资金收支的不匹配（包括数量上和时间上的不匹配），为了抛售资产引起的价格打折、利率损失等投资收益损失的可能。

二、个人账户基金投资营运风险的度量分析

投资营运风险的评估分析，是指对基金投资各种风险相关联的损失进行估计和测量，

目标在于衡量市场环境发生变化时，某一市场投资组合的收益或市场价值的变化程度。风险的度量分析是整个投资营运风险管理中的重要环节，它直接影响到投资管理决策的有效性。风险的评估分析，可结合定性方法与定量方法相结合的方法。

定性方法是对投资组合风险总体变化趋势的总体判断。借鉴风险管理的定性方法，可使用专家调查法（Delphi）。该方法是以问卷形式向众多的专家个别征求对某事的看法，在此基础上进行决策。专家调查法可以保证所收集的信息具有权威性和普遍性，同时可以避免专家之间立场相互干扰，保证信息的代表性和客观性。个人账户基金投资时可以与监管机构、经济学家、行业分析师等进行广泛的交流和探讨，共同为投资决策提供参考意见。

定量方法是通过一些指标的计算和测量，客观地评估投资风险的大小。定量方法运用概率统计方法，并借助科学计算技术提高风险衡量的准确性。定量的风险评估工具或方法可归为四类：简单算术法，如价差率；波动性分析，即方差或标准差法；灵敏度分析，如beta 系数法；下方风险的测量技术，如风险价值 VaR 法、情景分析法、压力测试法等。对于固定收益证券，基点价格值、价格变动收益率值、久期和凸性是最为常用的风险指标。下面我们分别对较为常用和重要的方法进行相关介绍。

（一）波动分析法（方差或标准差法）

波动分析法也叫方差或标准差法。这种方法是运用概率论中的方差或标准差来度量市场投资组合的收益或市场价值因环境条件的变化而偏离期望值的程度。如果偏离程度用 $[r_i-E(r)]^2$ 来度量，那么平均偏离程度成为方差 σ^2：

$$\sigma^2 = \sum_{i=1}^{n}[r_i - E(r)]^2 \times p_i$$

波动性分析法的应用很广，首先，它为投资者提供投资决策依据。投资者可以依据金融资产或组合的波动性大小（风险）来进行投资决策和风险管理。其次，能够进行风险定价，最典型的应用就是资本资产定价模型。

（二）灵敏度分析法

灵敏度是某金融资产收益的方差与产生这一方差的某一市场随机变量（市场因子，如利率、汇率等）的方差之比，它是两个方差的比值。设以 V 表示收益，x 表示影响收益的市场随机变量，S 表示收益 V 对 x 的灵敏度，则 $S=\Delta V/\Delta x$，或以两方差的百分比的比值表示为：$S=(\Delta V/V)/(\Delta x/x)$。

灵敏度表示当市场因子变化一个百分数单位时金融资产价值变化的百分数，描述了金融资产的市场风险，灵敏度越大的金融资产，受市场因子变化的影响越大，风险越大。如果某金融资产的收益或价值受到几个市场因子的影响，那么该金融资产的风险就需要由这几个灵敏度组成的灵敏度变量来描绘。

β 系数法是灵敏度分析的一种重要拓展，β 系数的含义为：某种证券或组合的收益率相对于总体市场收益率的波动性或者敏感程度。它反映的是某一投资对象对于总体市场的表现情况。绝对值越大，表示其收益变化幅度相对于市场变化幅度越大；反之，表示越小。如果是负值，则表明其变化方向与大盘的变化方向相反。

设 β_i 表示某证券 i 的 β 系数，那么 $\beta_i=\frac{\sigma_{iM}}{\sigma_M^2}$。

在对组合评估风险时，可先通过 β_i 系数的计算评价单个证券风险，再通过系数成分的加权平均计算出投资组合的 β 系数，$\beta=x_1\beta_1+x_2\beta_2+\cdots+x_n\beta_n$，权数（$x_i$）是单个证券在组合中的市场价值除以组合的总市场价值。风险控制部门利用 β 系数对组合投资进行调整控制，以控制 β 系数过高的证券投资比例。

（三）风险价值 VaR 法（Value-at-Risk）

上述所提到的敏感性方法和波动性方法都是利用统计学原理对历史数据进行分析，从而对风险进行量度。这些方法却不能回答有多大可能性产生损失，并且无法度量不同市场中的总风险，不能将各个不同市场中的风险加总，在更加复杂的金融市场环境下具有很大的局限性。VaR 方法是使用合理的金融理论和数理统计理论，定量对给定的资产所面临的市场风险进行全面的度量。VaR 方法在风险测量、监管等领域获得非常广泛的应用，成为金融市场风险测度的主流。当前，许多金融机构和监管当局开始把这种方法作为行业衡量风险的一种标准来看待。

VaR 称为“风险价值”或者“在险价值”，是指在市场正常的波动条件和给定的置信度（通常为 95%或者 99%）内，任何一种金融资产或资产组合在未来既定时期内所面临的市场风险大小和可能遭受的潜在最大价值损失。用公式表示为：

$$Prob(\Delta V > VaR) = 1-\alpha$$

式中，ΔV 为资产组合在持有期内的损失，VaR 为在置信水平 α 的在险价值。“未来既定时期”的时期单位可以是 1 天、2 天、1 周等，对于一些期限较长的头寸，如养老保险基金可以以每月甚至更长时间作为周期。“给定的置信度”是概率条件。VaR 方法的最大优点是提供了一个统一的方法来测量风险，把风险管理中所涉及的主要方面，即投资组合价值的潜在损失，用货币单位来表示。VaR 可以测量不同市场因子、不同金融工具构成的复杂证券组合和不同业务部门的总体市场风险暴露，使得不同类型资产的风险之间具有可比性。最重要的是，VaR 可以事前计算。应用 VaR 模型时存在几条重要的前提假设：一是市场是有效的；二是市场波动是随机的，不存在自相关现象；三是资产价格日收益率要服从独立同分布。

依据资产组合中资产的变化特征及风险管理的需要，目前对 VAR 的计算可以有多种方法。可以归纳为两种：一是局部估值法，通过仅在资产组合的初始状态做一次估值，并利用局部求导来推断可能的资产变化而得出风险衡量值，如 Delta—正态分布法。二是完全估值法，通过对各种情景下投资组合的重新定价来衡量风险，如历史模拟法和 Monte Carlo 模拟法。

1. Delta—正态分布法

假设组合的收益服从正态分布，利用正态分布的良好特性，即置信度与分位数的对应性计算的组合的 VaR 等于组合收益率的标准差与相应置信度下分位数的乘积。正态分布大大简化了计算量，但是无法处理实际数据中的厚尾现象，具有局部测量性等不足的问题。

2. 历史模拟法

历史模拟法借助于计算过去一段时间内的资产组合风险收益的频度分布，通过找到历史上一段时间内的平均收益，以及在既定置信水平 α 下的最低收益率，计算资产组合的 VaR 值。历史模拟法的核心在于根据市场因子的历史样本变化模拟证券组合的未来损益分布，利用分位数给出一定置信度下的 VaR 估计。其核心是将当前的权数放到历史的资产收益率时间序列中。历史模拟法非常直观，无须进行分布假设，可以有效处理非对称和厚尾问题。但是缺点是需要大量的历史样本数据，而且需要假定市场因子的未来变化与历史完全一样。

3. Monte Carlo 模拟法

Monte Carlo 模拟法是基于历史数据和既定分布假定的参数特征，借助随机产生的方法模拟出大量的资产组合收益的数值，然后计算 VaR 数值。Monte Carlo 模拟法中的市场价格变化不是来自于历史观察值，而是通过随机数模拟得到，基本思路是假设资产价格的变动依附在服从某种随机过程的形态，产生随机价格的途径，构建资产收益的分布，在此基础上求得 VaR。Monte Carlo 模拟法的优点是可涵盖非线性。

资产头寸的价格风险、波动性风险，可以处理时间变异的变量、厚尾、不对称等非正态分布和极端状况等特殊情形。缺点则是需要大量复杂的抽样，费时而且昂贵。另外对于随机模型的依赖程度很大，随机模型选择不当将带来很大的风险。

总的来说，VAR 法是当前风险管理的核心方法，其在风险管理与控制、资产配置与决策、绩效评价和风险监管等方面有重要的应用。现代风险管理强调以 VaR 为核心，用敏感性和压力测试等形成不同类型的风险限额组合。VaR 方法也存在缺陷，它没有给出最坏情景下的损失，而且 VaR 的度量结果存在误差、头寸变化造成风险失真等问题。

（四）基点价格值、价格变动收益率值、久期和凸性

投资债券等固定收益证券，需要对债券价格波动性和债券价格利率风险进行计量。通常的指标有基点价格值、价格变动收益率值、久期和凸性。

基点价格值是指应计收益率每变化一个基点时引起的债券价格的绝对变动额。价格变动（x 元时）收益率值是，当债券价格下降 x 元时的到期收益率值与价格变动前初始收益率值的差额。当其他条件相同时，债券价格收益率值越小，说明债券价格波动性越大，风险越大。

对于固定收益证券来说，利率风险主要通过债券久期、凸性等指标来识别和防范。久期衡量债券到期时间，它是以未来收益的现值为权数计算的到期时间。久期是衡量收益率

变化 1%所引起的债券全价变化的百分比。久期用来衡量债券价格对利率变化的敏感性。

$$久期=\frac{债券价格变化的百分比}{收益率变化的百分比}=-\frac{1}{p}\cdot\frac{\mathrm{d}P}{\mathrm{d}Y}$$

凸性是指在某一到期收益率下，到期收益率发生变动而引起的价格变动幅度的变动程度。凸性是对债券价格曲线弯曲程度的度量。凸性越大，债券价格曲线弯曲程度越大，对于到期收益率发生变动而引起价格变动幅度的变动程度越小，利率风险就越小。

$$凸性=\frac{久期变化的百分比}{收益率变化的百分比}=-\frac{1}{p}\cdot\frac{\mathrm{d}^2P}{\mathrm{d}Y^2}$$

第七章　中国基本养老保险个人账户基金测算

第一节　2005—2070 年基本养老保险个人账户参保人数测算

一、2005—2070 年全国分年龄人口数量测算

未来人口数量和结构变动状况是定量研究社会基本养老保险制度的基础数据，本文将利用现有的人口统计资料和部分学术成果对中国 2005—2070 年的人口总量和年龄结构进行测算。

（一）人口测算方法简略评述与选取

1. 增长速度设定法

这种方法是根据基年人口总数和假设未来人口增长速度直接推算未来的人口总数。这种方法的特点是计算简单，所需数据较少，适合于进行短期要求精算不高的人口预测，而对于长期的人口预测具有较大的偏差，且不能给出人口的年龄结构状况。

2. 曲线拟合

这种方法是根据人口发展的历史数据，选择一条能够反映人口数量变化趋势的曲线，以时间为自变量，建立人口预测模型。常用的曲线有指数曲线、修正指数曲线、罗吉斯蒂曲线、冈珀兹曲线和多项式曲线等。该方法的关键是曲线的选择，即曲线的选择一要与历史数据具有较好的拟合程度，二要对未来人口变化趋势具有较强的预测能力。在实际应用中，一般要把定性和定量分析结合起来，为了能较好反映未来人口的变动趋势，往往要牺牲对历史数据的部分拟合程度。

3. 回归预测

这种方法是利用历史数据建立人口和其他变量之间的回归关系，假设这种关系保持不变，根据自变量的变化趋势利用所建立的回归方程预测总人口的变化趋势。回归预测的关键是选择合适的自变量，并能较准确地预测自变量的未来趋势，通常采用曲线拟合或回归的方法。回归预测比前两种方法烦琐，人口预测的精度不仅取决于回归方程本身是否合适，还取决于对自变量预测是否准确，这大大限制了它的应用。

4. 比率方法

这种方法是结合其他预测方法用来对一个大区域内的子区域的人口进行预测。用其他方法得到大区域的人口预测结果，根据子区域内人口和大区域人口的比率推算子区域的人

口。该方法的关键是估计出子区域人口和大区域人口之间的比率，一般可以假设保持基年的比率不变，也可以计算出比率的历史数据建立趋势外推或回归模型。

5. 分要素预测法

这种方法考虑了影响人口规模变动的要素，根据出生、死亡和迁移的变动来推算未来人口总数和结构。基本方法是利用人口平衡方程来预测人口总数。已知期初人口数 P_0、预测期间的出生人数 B、死亡人数 D、迁入人数 I 和迁出人数 E，则预测期末的人口数 P_1 为：

$$P_1 = P_0 + B - D + I - E \tag{7—1}$$

这种方法的优点在于不仅能了解人口总量变化的原因并对人口总量变化做出较为精确的测算，而且还能得出人口结构变化的预测数据。

通过对以上五种方法的比较会发现，前四种方法的共同特点是使用历史数据，所需数据较少，且容易获得。由于统计软件的普及，使得烦琐的计算变得非常容易，对于缺乏详细的人口数据的小区域人口预测较为适合。但是它们都没有考虑影响人口规模变动的要素，而是基于一个假定的人口增长水平，或人口过去随时间或其他变量的变化模式来预测未来总人口的规模，不适用于作长期的人口预测，也不适合对人口剧烈变动地区进行预测。因此，只有分要素预测法才适合于时间跨度较长且对人口年龄结构特别敏感的社会基本养老保险研究。

（二）利用分要素预测法对中国人口进行测算

1. 测算模型

影响人口状态变化有生育率、死亡率和人口迁移三大变量，对于中国而言，是一个人口相对封闭的国家，因此对中国人口进行测算，只考虑生育率和死亡率两大因素，而忽略人口迁移因素。则公式（7—1）变为：

$$P_1 = P_0 + B - D \tag{7—2}$$

为了使预测结果更为精确，本文使用分性别、分年龄人口进行测算，最后将男、女人数相加得到最终结果。因此，在基年 $0-\omega$ 岁人口基础上，利用人口动态平衡方程，即某年 i 岁的人数等于前一年 $i-1$ 岁活到 i 岁的人数，表达式如下：

$$\begin{aligned}
P_{0,t} &= s_b \times B_{0,t-1} \\
P_{1,t} &= s_0 \times P_{0,t-1} \\
P_{2,t} &= s_1 \times P_{1,t-1} \\
&\cdots \\
P_{x,t} &= s_{x-1} \times P_{x-1,t-1} \\
&\cdots \\
P_{\omega,t} &= s_{\omega-1} \times P_{\omega-1,t-1}
\end{aligned} \tag{7—3}$$

式中　$P_{x,t}$——t 年 x 岁的人数。

$B_{0,t-1}$——$t-1$ 到 t 年新出生人口数。可以表示为：

$$B_{0,t-1}=\sum f_{x,t-1}\times L_{x,t-1} \tag{7—4}$$

$f_{x,t-1}$——$t-1$ 年 x 岁妇女生育率。

$L_{x,t-1}$——$t-1$ 年 x 岁育龄妇女人数。一般指的是 15～49 岁的妇女。

s_b——出生婴儿的存活概率。

s_{x-1}——$x-1$ 岁的人在未来一年内存活的概率，即 $s_{x-1}=1-q_{x-1}$（q_{x-1} 为 $x-1$ 岁的人在未来一年内死亡的概率）。

2. 数据来源与前提假设

（1）基年分性别、分年龄的人口数

本文采用 2005 年全国 1%人口抽样调查数据。

（2）生命表和死亡率

根据人口测算模型的设定需要使用全国人口生命表来确定死亡率。但是，现有的全国人口生命表是根据 1989—1990 年全国人口调查得到的，时间较早，随着这几年城乡居民生活水平的提高和医疗条件的改善，已经不能准确反映现实人口健康和预期寿命状况，因此，本文利用 2005 年全国 1%人口抽样调查数据编制一套全国人口生命表，其中包括全国人口生命表（男女混合）、全国人口生命表（男性）和全国人口生命表（女性），分别见附录 A 中的表 A—1、表 A—2 和表 A—3。

（3）生育率

由于中国实行了多年的计划生育政策，人口的生育率比起其他发展中国家较低，但是，随着大量独生子女逐渐进入婚育期，按现行政策规定，双方均为独生子女的夫妇可以生育两个孩子，因此，我国的生育率在近几年会呈现一定上升趋势。本文的总和生育率采用 2007 年联合国人口司公布的中国人口预测数据中的中方案假定，即妇女的总和生育率在 2005—2009 年为 1.73，2010—2014 年为 1.78，2015—2019 年为 1.83 和 2020 年及以后为 1.85。

（4）出生婴儿性别比

作为各种人口性别结构基础的出生人口的性别结构主要是由生物因素决定的，比较稳定，大量的统计资料表明，出生婴儿性别比一般在 105±2 的范围。但 2005 年全国 1%人口抽样调查的数据显示，出生婴儿的性别比为 118.88，这可能与我国医疗保健水平及重男轻女的封建思想有关。估计今后几十年内也很难改变，因此本文假定全国出生婴儿性别比为 118。

3. 全国人口测算结果

根据以上模型和假定，可以推算出 2005—2070 年全国分年龄人口测算结果（见图 7—1）。具体数据见附录 A 中的表 A—4。

二、2005—2070 年城镇分年龄人口数量测算

人口城市化是伴随着工业化的兴起而产生和发展的，其水平也随着工业化的发展而不

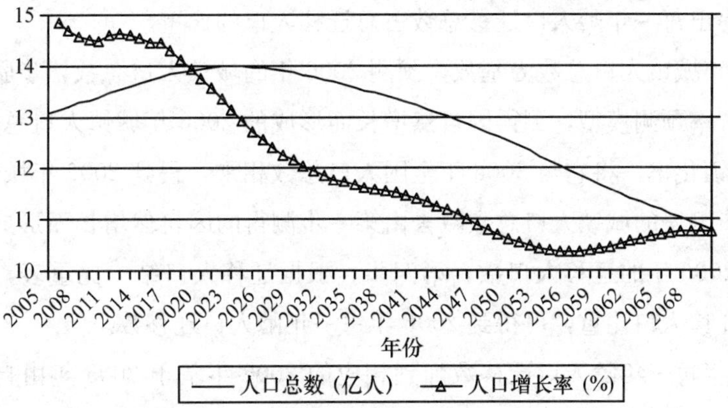

图 7—1　2005—2070 年全国人口总数及增长率预测

资料来源：作者绘制。

断提高，因此，人口城市化是近现代社会的一个普遍现象和规律。中国改革开放以后，人口城市化速度开始加快，尤其这几年，中国人口城市化无论是在广度还是深度上都是史无前例的，并且可以预见在未来的几十年内，这种趋势还将得以保持。城镇人口比例增加有两个主要原因：一个是城镇自身人口的增长，另一个是由农村地区向城镇地区人口迁移的增长。后者是人口城市化进程的主要基础和动力。

（一）城镇人口预测方法及具体步骤

1. 城镇人口预测方法的选取

城镇人口预测方法和一般的人口预测方法相同，一般可以分为趋势预测、构成预测和因素预测。趋势预测即假定某种变化趋势保持不变，按已形成的发展状态推测未来。常用的是直线、二次曲线或指数曲线拟合城镇人口或城镇化的时间系列，推算出此趋势线将来时点的数值，从而得到预测值。构成预测是通过模拟将来的地域人口构成的动态变化，从而得到各部分区域的人口预测值。因素预测是通过对城市、农村的人口因素，如出生、死亡、迁入和迁出的分析，来确定这种因素的时间系列变化和它的变化趋势，由此确定未来城市人口和农村人口以及城市化水平。

在社会养老保险研究中对城镇人口进行测算的目的是要得到精确的人口结构状态数据，并根据其抚养比变化规律，在此基础上来确定或验证相应的社会养老保险模式及替代率、缴费率。因此，这一部分运用因素预测法来对中国城镇人口进行预测，同时与全国的总人口预测方法保持一致。

2. 城镇人口预测的具体步骤

（1）利用因素法测算出未来目标期间的全国人口总数。

（2）根据中国人口统计年鉴的数据计算 2001 年城镇分年龄人口总数，按照生命表中的各年龄人口死亡率推算在不考虑人口迁徙情况下未来 4 年的人口变化，然后对比 2005 年实际的分年龄人口总数，两者的差额便是 4 年来人口迁移总数，由此构造每年的迁移人口结构比重表，得出每一年龄人口迁移总数占总迁移人口的比重。

（3）以2005年城镇人口总数为基数，预测2006年的城镇人口总数，步骤如下：第一步，利用总和生育率预测模型，测得因自然增长而形成的2006年城镇人口总数；第二步，假定2006年的城镇化率，将它与2006年全国人口总数相乘，得到2006年城镇人口总数；第三步，将第二步测得的城镇人口总数减去由第一步测得的因自然增长而形成的人口总数得到的数值便是2006年的迁移人口数；第四步，根据迁移人口结构比重表，用迁移人口总数乘以各年龄迁移人口比重，可得到2006年每一年龄人口迁移数。

（4）将2006年每一年龄人口迁移数加到相应的2006年基于2005年由自然增长所形成的城镇分年龄人口数中，便得到2006年城镇分年龄人口数。

（5）采用上述的2006年城镇分年龄人口数并考虑人口迁移的年龄结构测算2007年城镇分年龄人口数，方法与测算2006年城镇分年龄人口数一样。以此类推，得到未来各年城镇分年龄人口数。

（二）利用因素预测法对中国城镇人口进行测算

1. 数据来源与前提假设

（1）基年分性别、分年龄的人口数

本文采用2005年全国1%人口抽样调查数据。

（2）生命表和死亡率

根据人口测算模型的设定需要使用全国人口生命表来确定死亡率。但是，目前没有城镇人口生命表，只有全国的人口生命表，而且是根据1989—1990年全国人口调查得到的，时间较早，随着这几年城乡居民生活水平的提高和医疗条件的改善，已经不能反映现实人口健康和预期寿命状况。因此，本文利用2005年全国1%人口抽样调查数据编制一套城镇人口生命表，其中包括城镇人口生命表（男女混合）、城镇人口生命表（男性）和城镇人口生命表（女性），分别见附录A中表A—5、表A—6和表A—7。

（3）生育率

前文在测算全国人口总数时采用的是联合国人口司公布的总和生育率数据，但是该机构没有给出城镇人口生育率的相应部分，因此这一部分所用到的城镇人口总和生育率是基于2005年全国人口1%抽样调查的数据，算出城镇人口生育率占全国生育率的比例来确定，即每一年的城镇人口总和生育率是与全国相对应的。经过计算，2005—2009年的城镇人口总和生育率为1.35，2010—2014年为1.39，2015—2019年为1.42，2020年及以后为1.44。

（4）出生婴儿性别比

2005年全国1%人口抽样调查的数据显示，城镇人口出生婴儿性别比为115。比起全国出生婴儿性别比的118，城镇人口出生婴儿性别比低了3个点，这也印证了农村重男轻女的传统思想比城镇更为严重。因此本文直接采纳115作为城镇人口出生婴儿的性别比，并不随着年份进行调整。

（5）人口城镇化率

从20世纪90年代中期开始，我国人口进入快速城镇化的进程。截至2005年，城镇人口占总人口的比例为43%，这一比例相对发达国家70%以上的城镇化水平还是比较低，因此可以肯定在21世纪的前半期中国的城镇化进程必然得以延续。根据一些学者对中国城镇化率的研究成果①，本文对21世纪中期以前的中国城镇化水平做出如下假定：2006—2010年人口城镇化率年均增长1.4%，2011—2020年为1.0%，2021—2030年为0.5%，2031—2040年为0.3%，2041—2050年为0.2%，最终达到城镇人口占总人口的70%，然后基本维持不变，或者说城乡人口流动基本平衡。

（6）分年龄迁移人口比重

中国是一个传统的农业国家，农业人口长期占总人口的比重较高，而且近些年来的人口城镇化进程也不同于西方发达国家早期的发展进程，例如英国的圈地运动和美国早期殖民地工业的建立。中国的城镇化的主要动力是由二元经济下的城镇工业生产力水平高于农村农业生产力水平所导致的青壮年人口的自愿流动，而且中国的人口迁移基本是单向的。因为这种人口迁移的动力长期保持不变，所以本文假定未来各年迁移人口的年龄结构保持不变，分年龄迁移人口比重见表7—1。

表7—1　　分年龄迁移人口比重

年龄	比重（%）	年龄	比重（%）	年龄	比重（%）	年龄	比重（%）	年龄	比重（%）
0	0.2	18	2.5	36	1.7	54	0.6	72	0.3
1	0.2	19	2.5	37	1.7	55	0.6	73	0.3
2	0.3	20	2.5	38	1.6	56	0.6	74	0.3
3	0.5	21	2.5	39	1.5	57	0.5	75	0.2
4	0.9	22	2.5	40	1.5	58	0.5	76	0.2
5	1.2	23	2.5	41	1.4	59	0.5	77	0.2
6	1.4	24	2.4	42	1.3	60	0.4	78	0.2
7	1.5	25	2.4	43	1.3	61	0.4	79	0.2
8	1.7	26	2.3	44	1.2	62	0.4	80	0.2
9	1.9	27	2.3	45	1.1	63	0.4	81	0.2
10	2.0	28	2.3	46	1.1	64	0.4	82	0.1
11	2.0	29	2.2	47	1.0	65	0.3	83	0.1
12	2.2	30	2.1	48	0.9	66	0.3	84	0.1
13	2.3	31	2.1	49	0.9	67	0.3	85	0.1
14	2.4	32	2.0	50	0.8	68	0.3		
15	2.4	33	1.9	51	0.8	69	0.3		
16	2.4	34	1.9	52	0.7	70	0.3		
17	2.5	35	1.8	53	0.7	71	0.3		

资料来源：作者根据推算出来的近几年的分年龄迁徙人数利用四次多项式拟合而得。

① 孔凡文，许世卫．我国城镇化发展速度分析及预测．沈阳建筑大学学报：社会科学版，2006，8（2）：131-135.

(7) 迁移人口男女比例

目前没有迁徙人口男女比例的相关统计数字，为了计算简便，假设迁移人口中男女比例为1∶1。

(8) 迁移人口总和生育率

假设从农村向城镇迁移的妇女一旦融入城市的生活环境，其总和生育率便与城镇妇女总和生育率相同。

2. 城镇人口测算结果

根据以上假定条件，可以推算出2005—2070年城镇分年龄人口测算结果（见图7—2）。详细数据见附录A中的表A—8。

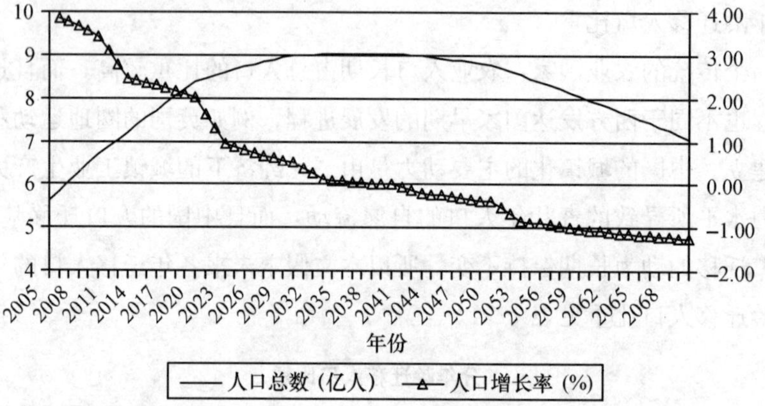

图7—2　2005—2070年城镇人口总数及增长率预测

资料来源：作者绘制。

三、2005—2070年城镇参保在职和退休职工人数测算

（一）2005—2070年城镇参保在职职工人数测算

1. 测算模型

一般来说，城镇职工基本养老保险参保在职职工的确定主要取决于每年城镇就业人口数。但是中国要在2020年完成社会保障城乡全覆盖的目标，因此，在2020年以前，除了城镇就业人数这个重要的变量以外，每年的扩面速度也要作为测算参保在职职工人数的重要变量。

城镇每年的就业人数是由当年的经济活动人口在一定的失业率假定下确定的，而经济活动人口是通过劳动年龄人口和劳动参与率相乘求得。其中，劳动年龄人口按照国际上通行的标准是指一个国家或地区年龄在15～64岁的全体成员。城镇就业人数作为社会基本养老保险的目标人群一旦确定，根据每年的养老保险参保率（经过换算可以直接得到每年的扩面速度）便可求得最终参保在职职工人数。

根据以上分析，可以得到求解2005—2070年每年参保在职职工的分年龄人数计算公式如下：

$$\overline{N_{x,t}} = \overline{L_{x,t}} \times \overline{lr_{x,t}} \times (1-\overline{u_{x,t}}) \times \overline{pr_{x,t}} \tag{7—5}$$

式中 $\overline{L_{x,t}}$——t 年 x 岁的劳动年龄人口数；

$\overline{lr_{x,t}}$——t 年 x 岁的劳动参与率；

$\overline{u_{x,t}}$——t 年 x 岁的失业率；

$\overline{pr_{x,t}}$——t 年 x 岁的城镇基本养老保险参保率。

2. 数据来源与前提假定

（1）分年龄劳动年龄人口数

劳动年龄人口数是指城镇 15～64 岁人口数，见附录 A 中的表 A—8。

（2）分年龄劳动死亡率

城镇参保在职职工的死亡率等同于城镇人口的死亡率。

（3）分年龄劳动参与率

根据全国第五次人口普查，2000 年城镇劳动参与率为 67.67%，处于一个较低的水平，仅相当于美国 1997 年的水平，以后随着改革的推进和市场经济的成熟，这一指标还会提高。因此，本文假定到 2020 年劳动参与率将逐渐提高到 70%，并保持不变。

对于分年龄的劳动参与率在已有的五普数据基础上并根据就业人口年龄结构的变化做出如下假定：首先进行趋势估计，分别给出 2005 年、2010 年、2015 年、2020 年和 2030 年的分年龄劳动参与率估计值，见表 7—2 和图 7—3。其次，在此基础上采用内插法确定 2030 年以前各年份的分年龄劳动参与率。最后，假定 2030 年以后的分年龄劳动参与率与 2030 年保持一致。

表 7—2　　分年龄劳动参与率估计　　单位：%

年龄	2005 年	2010 年	2015 年	2020 年	2030 年
15	6.78	6.67	6.62	6.55	6.28
16	21.87	21.51	21.35	21.10	20.25
17	35.07	34.49	34.24	33.84	32.47
18	46.38	45.61	45.29	44.75	42.94
19	55.81	54.89	54.49	53.85	51.67
20	64.91	63.83	63.37	62.63	60.09
21	72.45	71.25	70.74	69.90	67.08
22	78.11	76.81	76.26	75.36	72.32
23	80.94	79.59	79.02	78.09	74.93
24	82.82	81.45	80.86	79.91	76.68
25	82.70	81.32	80.74	79.79	76.56
26	83.17	81.79	81.20	80.24	77.00
27	83.36	81.97	81.38	80.42	77.17
28	83.50	82.11	81.52	80.56	77.30

续表

年龄	2005年	2010年	2015年	2020年	2030年
29	83.59	82.20	81.61	80.65	77.39
30	83.07	81.69	81.11	80.15	76.91
31	83.54	82.16	81.57	80.61	77.35
32	83.73	82.34	81.75	80.79	77.52
33	83.87	82.48	81.89	80.93	77.65
34	83.97	82.57	81.98	81.02	77.74
35	84.14	82.74	82.15	81.18	77.90
36	84.19	82.79	82.19	81.23	77.94
37	84.00	82.60	82.01	81.04	77.77
38	83.90	82.51	81.92	80.95	77.68
39	83.81	82.42	81.83	80.86	77.59
40	83.07	81.69	81.10	80.14	76.90
41	82.59	81.22	80.64	79.69	76.47
42	81.84	80.48	79.90	78.96	75.77
43	81.18	80.02	79.44	78.51	75.33
44	80.61	79.55	78.98	78.05	74.90
45	79.77	79.09	78.52	77.60	74.46
46	77.88	78.63	78.06	77.14	74.02
47	74.11	78.16	77.60	76.69	73.59
48	70.34	77.70	77.14	76.23	73.15
49	68.45	77.23	76.68	75.78	72.71
50	64.34	72.60	76.22	75.32	72.28
51	60.57	67.96	75.76	74.87	71.84
52	56.80	63.33	75.30	74.41	71.41
53	53.03	58.69	74.84	73.96	70.97
54	49.25	54.06	74.38	73.50	70.53
55	47.41	49.42	67.01	73.05	70.10
56	43.64	44.78	59.65	72.59	69.66
57	39.86	40.15	52.29	72.14	69.22
58	36.09	35.51	44.92	71.68	68.79
59	32.32	30.88	37.56	71.23	68.35
60	27.92	26.24	30.19	43.94	67.91
61	24.15	23.75	23.57	25.74	67.48
62	20.38	20.04	19.89	19.66	67.04
63	16.60	16.33	16.21	16.02	66.60
64	12.83	12.62	12.53	12.38	66.17

资料来源：作者估算。

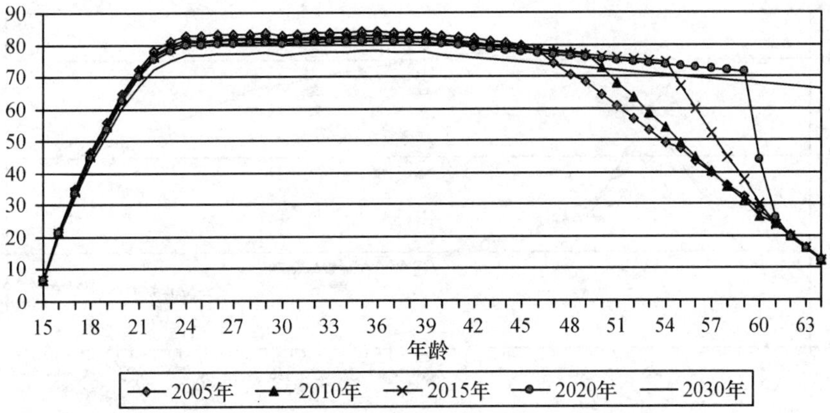

图 7—3　城镇劳动参与率变化趋势估计（%）

资料来源：作者绘制。

（4）分年龄失业率

根据历年的劳动统计年鉴的数据，假设未来的城镇劳动力失业率为 4%并保持不变，以此确定每年的城镇就业人口总数。然后，再根据劳动统计年鉴给出的失业率人口年龄结构的构成情况（假定不随时间改变）结合各个年龄段占城镇就业总人口的比重进行换算，得到每年的分年龄失业率估计值。

（5）分年龄养老保险参保率

首先，确定每年的养老保险参保总人数。假定从 2007 年开始，养老保险的扩面速度即参保人数增长率为年均增长 8%，直到 2015 年随着社会保障全覆盖目标临近完成，扩面速度渐次降低，最终在 2020 年基本实现全覆盖。对于 2020 年以后的参保人数增长率，本文假定等于城镇就业人口的增长率。由此便可以确定每年的养老保险参保总人数。

其次，确定基年的分年龄养老保险参保率和分年龄参保人数。本文人口部分的测算基年定在 2005 年。因为没有 2005 年分年龄养老保险参保率的相关统计数据，所以假定 2005 年的各个年龄养老保险参保率就等于总的参保率，即为 49%。根据这个参保率就可以得到 2005 年的养老保险分年龄参保人数。

最后，确定其余各年的分年龄养老保险参保率。以 2006 年为例，假定制度扩面工作的目标人群为年龄 16～44 岁的未参保职工。养老保险参保总人数扣除 45 岁以上的参保职工便得到 16～44 岁职工的参保总人数，后者除以 16～44 岁城镇就业人口总数就得到这个年龄段的分年龄养老保险参保率，而 45 岁及以上职工的参保率就是 2005 年的 44 岁及以上参保职工基于城镇人口生命表的死亡率扣除之后的分年龄参保职工人数除以 2006 年城镇就业人员相应年龄人数。2007 年及以后年份的分年龄养老保险参保率以此类推。

3. 各年分年龄参保在职职工测算结果

根据以上模型和假定，可以测算出 2005—2070 年分年龄参保在职职工人数（见图 7—4）。详细数据见附录 A 中的表 A—9。

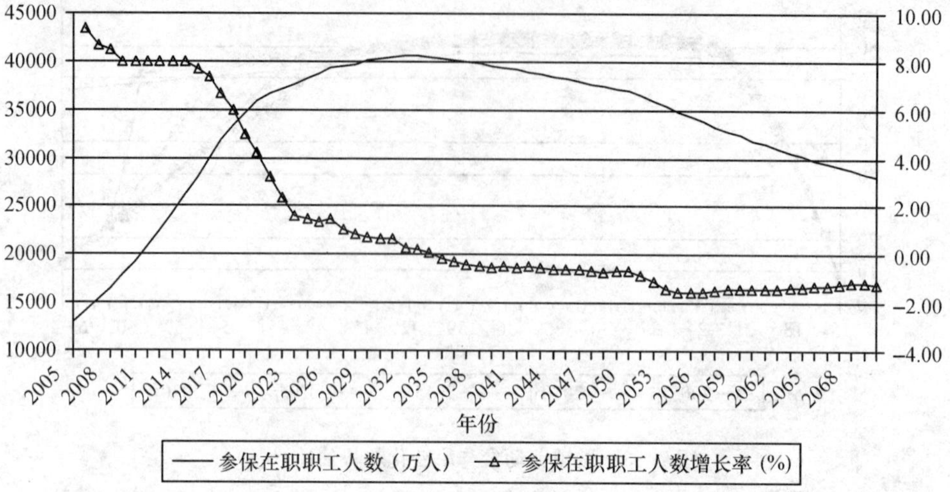

图 7—4　2005—2070 年城镇参保在职职工人数及增长率预测

资料来源：作者绘制。

（二）2005—2070 年城镇参保退休职工人数测算

1. 基本假定

（1）因为退休制度不规范，提前退休现象难以避免，因此假定目前参保的最低退休年龄为 45 岁。

（2）因为没有城镇参保退休职工的年龄结构数据，因此本文假定 2005 年 45～59 岁参保退休职工的年龄结构等同于城镇全部退休人员的年龄结构；60 岁及以上参保退休职工的年龄结构等同于城镇人口的年龄结构。

（3）参保退休职工的死亡率等同于城镇人口的死亡率。

2. 参保退休职工人数的测算步骤

（1）估算 2005 年城镇 45～59 岁分年龄退休人数。如图 7—3 所示，假定 2020 年与 2005 年的城镇劳动参与率变化趋势线在 45～59 岁的垂直距离即为退休人数占相应年龄城镇人口的比例构成，由此可以估算出 2005 年城镇 45～59 岁分年龄退休人数。

（2）计算 2005 年城镇 45～59 岁分年龄参保退休人数。用前文确定的 45～59 岁分年龄参保率乘以相应年龄的退休人数便得到 2005 年城镇 45～59 岁分年龄参保退休人数。

（3）计算 2005 年城镇 60 岁及以上分年龄参保退休人数。已知 2005 年总参保退休职工人数为 4367 万人，扣除 45～59 岁分年龄参保退休人数，剩余部分的人数除以 60 岁及以上的全部城镇人口数就得到城镇 60 岁及以上人口的参保率，再分别乘以相应年龄的城镇人口数便得到 2005 年城镇 60 岁及以上分年龄参保退休人数。至此，全部 2005 年参保退休职工人数分年龄构成情况得以确定。

（4）估算 2006—2020 年分年龄参保退休职工人数。45～59 岁分年龄退休人数的估算方法同 2005 年；2005 年 59 岁及以上分年龄退休职工人数经过各年龄城镇人口死亡率扣除以后便得到 2006 年 60 岁及以上分年龄参保退休职工人数。2007—2020 年以此类推。

(5) 估算2021年及以后的分年龄参保退休职工人数。2021年及以后只有进入法定退休年龄的职工才能退休，因此，60岁的退休职工人数就等于2020年59岁参保在职职工人数经过59岁的城镇人口死亡率扣除以后的计算结果；61岁及以上的退休职工人数就等于2020年60岁及以上参保退休职工人数经过相应年龄的城镇人口死亡率扣除以后的计算结果。

3. 2005—2070年城镇参保退休职工人数的测算结果

根据以上分析，经过计算得到2005—2070年城镇参保退休职工人数（见图7—5）。详细数据见附录A中的表A—10。

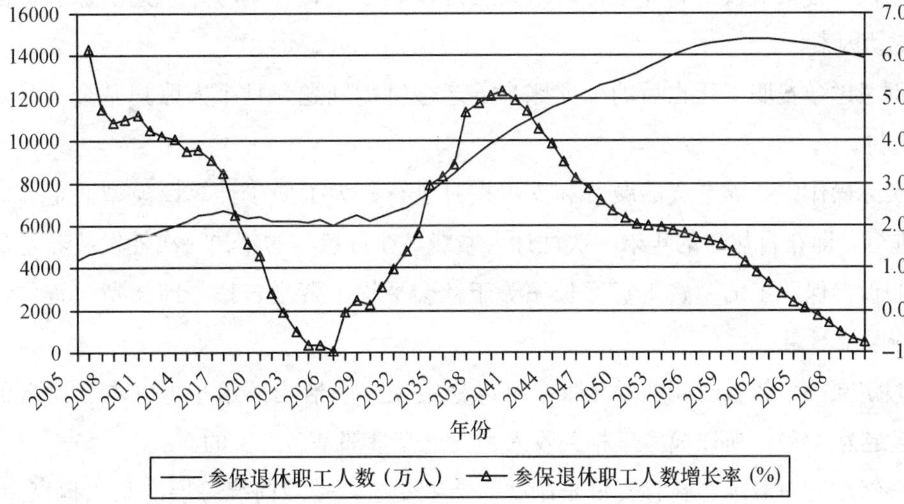

图7—5　2005—2070年城镇参保退休职工人数及增长率预测

资料来源：作者绘制。

注：不同的退休调整方案导致的退休职工人数波动情况不同，图中参保退休职工人数增长率在2030年以前出现的大幅波动是退休年龄调整的结果，但不影响本文对退休职工人数变动的总体趋势分析，也不影响后续测算分析。

第二节　个人账户养老金替代率和全国账户基金累计规模测算模型

基于现有的制度设计，利用经济和人口数据以及一些相关的学术研究成果，建构个人账户养老金标准替代率和全国账户基金累计规模精算模型，对不同投资政策下的养老金替代率和全国账户基金累计规模进行模拟测算，以此考察个人账户基金投资收益率与标准养老金替代率水平之间的关系、个人账户基金投资收益率和全国账户基金累计规模之间的关系。

一、模型构建

（一）基本假设

1. 模型参数一律采取全国的总量指标，因此测算过程和结果不反映人口和经济数据的地区差异。同样道理，不考虑因为社会基本养老保险统筹层次过低导致的各地个人账户基金投资回报的差异，即假定个人账户基金可以在全国范围内进行统一投资，各个账户基金投资的收益和风险完全一致。

2. 假设社会就业政策和养老保险政策会逐步趋于完善，不考虑中途退保和提前退休的人口变动因素。

3. 不考虑缴费职工死亡后的个人账户养老金继承问题，且个人账户基金一旦发放完就停止支付。

4. 实际操作中，养老金的缴费和支出按月进行。为了便于计算，模型假定养老金收支按年进行，即在自然年的年末一次性计入缴费，在自然年的年初一次性发放养老金。

5. 假设参保职工的缴费工资增长率等于社会平均工资增长率，即缴费工资占实际工资的比例保持不变。

6. 假定在一个较长时期通货膨胀率可以稳定在一个恰当的水平上（本文隐含的通货膨胀率假定为3%），所以模型里相关收入和支出变量都是名义上的。

7. 各级政府对养老金转移支付是制度的外生变量，是当前统筹层次难以提高造成的，在测算过程中都属于不可控变量，所以本文测算过程中不考虑各级政府对个人账户养老基金的转移支付。

8. 做实个人账户基金是“统账结合”制度应有之意，因此，假定从2011年开始逐步做实个人账户基金，即从2011年开始做实部分占记账规模的比例每年增加10%，到2020年做实全部记账资产。

（二）个人账户标准养老金替代率精算模型

养老金替代率是指参保职工退休后，养老金收入与工资的比率，一般可分为平均替代率和个体替代率。平均替代率指在一定时期内、一定区域内所有退休职工平均养老金与所有的在职职工平均工资的比率，是表示同一时期内退休职工养老金水平相对于在职职工工资收入水平的指标。个体替代率指退休职工的养老金与其退休前一年工资的比率，是度量职工个人退休前后收入水平变动的指标。本文选取同一年龄组的某一代表性职工来建立养老金替代率模型，称之为标准替代率（后文如没特殊说明，都是指这一替代率），一则可以近似地反映社会平均替代率水平，二则也描述了最具代表性的个体替代率水平。根据账户基金的纵向平衡原则，养老金替代率测算模型推导过程如下：

该职工在工作最后一年的个人账户缴费积累额终值（即第t年退休年初账户积累额）为：

$$FVI_t = \overline{W_{a,\,t-b+a}} \times \sum_{i=a}^{b-1} c \times \theta_{t-b+a+1}^{t-b+i} \times \vartheta_{a+1}^{i} \times \gamma_{t-b+i+1}^{t-1} \qquad (7\text{—}6)$$

式中　a——参保起始年龄。

b——退休年龄，也即首次领取养老金的年龄。

$\overline{W_{a,\,t-b+a}}$——该职工在 a 岁时的缴费工资，即其参保第一年的缴费工资。

c——职工个人账户缴费率，即 8%。

$\theta_{t-b+a+1}^{t-b+i}$——社会因素引起的工资增长率积累系数，是缴费工资增长率 w_j 的函数，在这里可以表示为：

$$\theta_{t-b+a+1}^{t-b+i} = \prod_{t-b+a+1}^{t-b+i} (1+w_j) \quad (i \neq a) \qquad (7\text{—}7)$$

$$\theta_{t-b+a+1}^{t-b+a} = 1 \quad (i = a)$$

ϑ_{a+1}^{i}——个人因素引起的工资增长率积累系数，是工龄工资增长率 ψ_i 的函数，其表达式如下：

$$\vartheta_{a+1}^{i} = \prod_{a+1}^{i} (1+\psi_i) \quad (i \neq a) \qquad (7\text{—}8)$$

$$\vartheta_{a+1}^{a} = 1 \quad (i = a)$$

$\gamma_{t-b+i+1}^{t-1}$——该账户的收益率积累系数，是根据全国账户基金收益率 r_j 进行计算后得出的，具体如下：

$$\gamma_{t-b+i+1}^{t-1} = \prod_{t-b+i+1}^{t-1} (1+r_j) \quad (i \neq b-1) \qquad (7\text{—}9)$$

$$\gamma_t^{t-1} = 1 \quad (i = b-1)$$

现有计发办法下的退休第一年养老金替代率为：

$$R_t = \frac{FVI_t}{Mons \times \overline{W'_{t-1}}} \qquad (7\text{—}10)$$

式中，$Mons$ 为个人账户养老金计发月数，见表 7—3。

表 7—3　　计发月数表

退休年龄	40	41	42	43	44	45	46	47	48	49	50
计发月数	233	230	226	223	220	216	212	208	204	199	195
退休年龄	51	52	53	54	55	56	57	58	59	60	61
计发月数	190	185	180	175	170	164	158	152	145	139	132
退休年龄	62	63	64	65	66	67	68	69	70		
计发月数	125	117	109	101	93	84	75	65	56		

资料来源：《国务院关于完善企业职工基本养老保险制度的决定》（国发［2005］38 号）。

$\overline{W'_{t-1}}$——退休前一年的社会平均工资，计算公式如下：

$$\overline{W'_{t-1}} = \overline{W'_{t-b+a}} \times \theta_{t-b+a+1}^{t-1} \qquad (7\text{—}11)$$

式中　$\overline{W'_{t-b+a}}$——参保第一年的社会平均工资。

将公式（7—6）和公式（7—11）代入公式（7—10）可得到退休第一年养老金替代率：

$$R_t = \frac{B_t}{W'_{t-1}} = \frac{\overline{W_{a,\,t-b+a}} \times \sum_{i=a}^{b-1} c \times \theta_{t-b+a+1}^{t-b+i} \times \vartheta_{a+1}^{i} \times \gamma_{t-b+i+1}^{t-1}}{\overline{W'_{t-b+a}} \times \theta_{t-b+a+1}^{t-1} \times Mons} \tag{7—12}$$

（三）全国账户基金累计余额精算模型

本文采取总体法建全国账户基金累计规模精算模型。基本思路是：各个年龄段参保在职职工人数与个人账户缴费率相乘并加总，求得目标年份的全国账户基金收入额；各个年龄段参保退休职工的养老金发放额和对应人数相乘并加总，求得目标年份的全国账户基金支出额；最后，根据目标年份全国账户基金的收入额、支出额和上一年的全国账户基金积累额来求目标年份的全国账户基金累计额。具体步骤如下：

1. 全国账户基金收入模型

t 年全国账户基金的收入为：

$$I_t = \mu \times \sum_{i=a}^{b-1} c \times \overline{W_{a,\,t-i+a}} \times \theta_{t-i+a+1}^{t} \times \vartheta_{a+1}^{i} \times \left(\frac{\overline{N_{i-1,\,t-1}} + \overline{N_{i,\,t}}}{2}\right) \tag{7—13}$$

式中 μ——缴费密度，即缴费职工人数占参保职工人数之比。对于典型参保人来说，也等于缴费年数除以参保年数。

$\overline{W_{a,\,t-i+a}}$——$t-i+a$ 年 a 岁缴费职工的平均缴费工资，即 t 年 i 岁缴费职工在其工作第一年的平均工资。

$\overline{N_{i-1,\,t-1}}$——$t-1$ 年底 $i-1$ 岁参保在职职工人数，相当于 t 年初 i 岁在职参保职工人数。

$\overline{N_{i,\,t}}$——t 年底 i 岁参保在职职工人数。

2. 全国账户基金支出模型

t 年全国账户基金的支出为：

$$E_t = \sum_{i=b}^{75} R_{t-i+b} \times \overline{W'_{t-i+a}} \times \theta_{t-i+a+1}^{t-i+b-1} \times \left(\frac{\overline{N'_{i-1,\,t-1}} + \overline{N'_{i,\,t}}}{2}\right) \tag{7—14}$$

式中 R_{t-i+b}——退休职工在 $t-i+b$ 年即退休后第一年的养老金替代率；

$\overline{N'_{i-1,\,t-1}}$——$t-1$ 年底 $i-1$ 岁参保退休职工人数，相当于 t 年初 i 岁参保退休职工人数；

$\overline{N'_{i,\,t}}$——t 年底 i 岁参保退休职工人数；

$\overline{W'_{t-i+a}}$——参保第一年的社会平均工资。

3. 全国账户基金累计余额模型

$$G_t = (G_{t-1} - E_t) \times (1 + r_t) + I_t \tag{7—15}$$

式中 r_t——t 年全国账户基金收益率。

二、参数设定与说明

1. 测算期间与测算基年

测算期间为 2011—2070 年，共计 60 年。从人口数量与结构上来说，这段时间既包含了人口总量的正增长时期，也包含了人口总量的负增长时期；既包括了人口结构的有利时期，即人口红利期（21 世纪 20 年代之前），又包括了人口结构的不利时期，即人口重度老龄化时期（21 世纪 30 年代之后）。从经济发展的角度来说，既包括了工资较快增长时期，又包括了工资增长趋于基本稳定时期。从社会保障制度建设和发展的角度来看，既包括了制度的幼稚期，又包含了制度的成熟期。

2. 平均参保起始年龄

根据劳动保障部社会保险研究所“中国养老社会保险基金测算与管理”课题组对北京、上海、大连、成都和西安 5 个城市抽样调查数据：1999 年参保职工就业年龄为 16 岁。同时，该研究对 2001—2050 年中国城镇在职职工平均就业年龄做出预测，2001 年平均就业年龄为 16 岁，2005 年平均就业年龄为 17 岁，2010 年以后平均就业年龄为 18 岁。[①] 但考虑到要实现 2020 年基本养老保险全覆盖的目标，扩面人口中不仅包括刚刚参加工作的新职工，也包括已经参加工作多年的老职工，所以本文设定 1998 年及以前各年的平均参保起始年龄为 17 岁，随后逐步提高参保起始年龄，到 2014 年提高到 27 岁，随着社保扩面任务的完成，再逐步降低参保起始年龄，到 2020 年参保起始年龄稳定在 22 岁，以后保持不变。参保起始年龄部分取值见表 7—4。

表 7—4　　社会基本养老保险基本参数设定一览表

年份	平均参保起始年龄（岁）	平均退休年龄（岁）	缴费工资增长率（%）
2011	24	55.0	11.5
2012	25	55.0	11.0
2013	26	56.0	10.5
2014	27	56.0	10.0
2015	26	57.0	9.5
2016	25	57.0	9.0
2017	24	58.0	8.5
2018	23	58.0	8.0
2019	22	59.0	7.5
2020	22	59.0	7.0
2021	22	60.0	6.8
2022	22	60.0	6.6
2023	22	61.0	6.4
2024	22	61.0	6.2
2025	22	62.0	6.0
2026	22	62.0	5.8

① 劳动保障部法制司，社会保险研究所，博时基金管理有限公司. 中国养老社会保险基金测算与管理. 北京：经济科学出版社，2001：208.

续表

年份	平均参保起始年龄（岁）	平均退休年龄（岁）	缴费工资增长率（%）
2027	22	63.0	5.6
2028	22	63.0	5.4
2029	22	64.0	5.2
2030	22	64.0	5.0
2031+	22	65.0	5.0

资料来源：作者绘制。

3. 平均退休年龄

根据已有规定（《劳动和社会保障部办公厅关于企业职工“法定退休年龄”含义的复函》，2001），国家法定的职工退休年龄为：男职工 60 岁；女职工又分干部和工人，干部是 55 岁，工人是 50 岁。另外，在不同时期，国家对正常退休年龄以外还有一些提前退休的规定（《关于制止和纠正违反国家规定办理企业职工提前退休有关问题的通知》，1999）。此外，某些地方为了解决国有企业职工下岗分流问题，违规现象时有发生，为不符合条件的职工办理提前退休，根据有关媒体的报道，我国平均的退休年龄只有 53 岁。[①] 但是随着国有企业改革的推进和完成，提前退休现象已得到有效遏止，可以预见未来退休年龄将进一步提高。本文假定 2011 年的平均退休年龄为 55 岁，然后逐步提高到 2021 年的 60 岁（主要是提高女性干部和工人的退休年龄，使男女平均退休年龄一致）。2020 年以后，随着人口红利逐步消失，劳动人口将变得相对稀缺，为中国进一步提高退休年龄提供了可能性。因此，本文建议从 2023 年开始，进一步提高退休年龄，到 2031 年使得社会平均退休年龄逐步过渡到 65 岁，然后保持这一退休年龄基本不变。平均退休年龄取值见表 7—4。

4. 缴费工资增长率

因为现有统计资料没有缴费工资增长率的相关数据，而缴费工资增长率与城镇单位在岗职工平均工资增长率高度相关，因此本文采用城镇单位在岗职工平均工资增长率作为缴费工资的增长率。2001—2006 年劳动和社会保障事业发展统计公报提供的数据显示，2001 年以来的城镇单位在岗职工平均工资增长率都在 14%左右，均高于同期的 GDP 增长率。出现这种现象主要是因为我国在改革以前实行的是“低工资、高就业、高补贴、高福利”的政策，制度改革所释放的巨大能量，使得我国的经济以超乎寻常的速度高速发展，以及工资制度的改革，国家曾多次对职工货币工资水平进行普调，故这样的工资增长率是很难持续的。[②] 本文假定缴费工资增长率由目前的 14%逐步下降到 2020 年的 7%。2020 年以后，“人口红利”在国民经济发展中的贡献将趋于消失，根据发达国家的经验，越来越多的企业将采用长期激励计划，如股票优先认购权等。本文假定到 2030 年，缴费工资增长率将下降到 5%，其间各年的缴费工资增长率采用直线内插法确定，而 2030 年以后的

① 参见新浪网，http://news.sina.com.cn/c/2006-07-07/15429399129s.shtml.

② 邓大松，刘昌平．中国养老社会保险基金敏感性实证研究．经济科学，2001（6）：17.

缴费工资增长率保持5%不变。具体取值见表7—4。

5. **工龄工资增长率**

在周渭兵[①]、王晓军[②]等学者的研究中假定，工龄工资增长率为1%。但是，根据张思锋对陕西省统计资料的研究，2001年21岁职工的缴费工资相当于当年社会平均工资的65%[③]，又根据劳动保障部社会保险研究所“中国养老社会保险基金测算与管理”课题组对北京、上海、大连、成都和西安5个城市抽样调查数据：缴费工资占实际工资的比例为87%。[④] 假设后两者的数据也适用于全国（平均意义上的），那么可以确定21岁职工的缴费工资是社会平均缴费工资的75%（65%除以87%），如果按照工龄工资增长率为1%的假定，经过计算可得，职工只有到50岁才能取得社会平均工资，显然这与实际情况不符，因为就目前平均退休年龄只有53岁多一点的实际情况来看，取得社会平均工资的人群应该为40岁左右，因此本文将对周渭兵和王晓军的假定进行修正。具体如下：职工22岁开始每年的工龄工资增长率为1.5%，直到40岁达到社会平均工资；从41岁开始到59岁工龄工资增长率为1%；而21岁及以前工资增长率和60岁及以后的工资增长率为零，即16～21岁缴费工资占社会平均缴费工资的比率全部取为75%，60岁及以后的缴费工资占社会平均缴费工资的比率全部取为120%（经过计算）。

6. **加权平均缴费工资**

根据2001—2006年劳动和社会保障事业发展统计公报提供的数据，统一按照社会基本养老保险缴费占缴费工资总额的28%计算，得到历年以参保职工人数为基础的加权平均缴费工资和其占社会平均工资的比例，见表7—5。

表7—5　加权平均缴费工资和其占社平工资的比例推算（以参保职工人数为基础）

年份	缴费收入（亿元）	参保职工（万人）	加权人均缴费额[a]（元）	加权平均缴费工资（元）	社会平均工资（元）	加权缴费工资占比（%）
2001	2 091.8	10 802	2 133	7 619	10 870	0.70
2002	2 551.4	11 128	2 526	9 021	12 422	0.73
2003	3 044	11 646	2 880	10 284	14 040	0.73
2004	3 585	12 250	3 224	11 515	16 024	0.72
2005	4 312	13 120	3 621	12 931	18 364	0.70
2006	5 215	14 131	4 066	14 520	21 001	0.69

资料来源：作者测算。

注：a　加权人均缴费额是用缴费收入除以加权参保人数而得，而加权参保人数是对各个年龄段参保人数以相应各个年龄段缴费工资占平均缴费工资的比值为权重求和而得。

由表中的计算结果可以看出，加权平均缴费工资占社会平均工资的比率主要集中在

① 周渭兵. 社会养老保险精算理论、方法及其应用. 北京：经济管理出版社，2004：135-138.

② 王晓军. 对我国养老保险制度财务可持续性的分析. 市场与人口分析，2002（3）：26-29.

③ 张思锋. 社会保障精算理论与应用. 北京：人民出版社，2006：249.

④ 劳动保障部法制司，社会保险研究所，博时基金管理有限公司. 中国养老社会保险基金测算与管理. 北京：经济科学出版社，2001：28.

69%～73%之间，本文取值为70%，与劳动保障部社会保险研究所“中国养老社会保险基金测算与管理”课题组对北京、上海、大连、成都和西安5个城市抽样调查的缴费工资占实际工资的比例87%差距较大。造成以上结果可能既有来自政策面的因素也有来自企业和个人层面的原因，大体归纳原因如下：一是根据现有的政策规定，企业缴纳社会养老保险费是以社会平均工资的60%和300%为限，高于社会平均工资300%的工资收入并不在征缴范围之内。二是社会自由就业人员的缴费基数按照上一年度的社会平均工资计算，而不是当年已经增加了社会平均工资。三是企业为了减轻缴费负担，为缴费年限满足领取养老保险资格的职工办理提前退休和内退，使缴费人群年龄结构低龄化。四是企业因为经营不善无法及时为职工缴费或有意识地逃避缴费，导致职工虽然参保但拖欠缴费。五是职工虽然已经参保，但因为个人原因中途离职或失业没能连续缴纳社会养老保险费。

出现这样不一致的结果除了与制度的不完善有关外，有些因素也是制度本身不可避免的，为了简化模型的测算变量，又能使测算过程与现实情况较好地衔接起来，引入缴费密度这一指标来归集上述不确定性因素。由此可以设定缴费密度为80%（70%除以87%），并假定在整个测算期间保持不变。在确定了缴费密度之后就可以得到2006年加权平均缴费工资为18 150元（以实际缴费职工人数为基础）。

另外，考虑到未来的扩面人群主要由农民工、自由职业者等非正规就业人口构成，而这些人工资收入水平不高，因此在测算中，假定这部分目标覆盖人群的平均缴费工资仅为现有参保缴费职工的一半。

7. 职工生存极限年龄和退休后平均余命

职工生存极限年龄设定为100岁，各个年龄的退休后平均余命由城镇人口生命表（综合）给定。城镇人口生命表（综合）是作者使用2005年全国人口1%抽样调查公布数据计算而得，见附录A。

第三节　测算场景模拟与结果分析

在费率和计发办法既定的情况下，对个人账户养老金替代率和全国账户基金累计余额影响最大的因素就是个人账户基金投资收益率。因此，本文将重点考察不同投资政策下对个人账户养老金替代率和全国账户基金累计余额的影响。基于已有的投资政策和未来可能的选择，个人账户基金有三种投资政策。

投资政策一：保持现有投资政策不变，即个人账户基金只能购买国债和协议存款，假定平均年化投资收益率为2%～3%，本文分别取年化投资收益率为2%和3%进行测算。

投资政策二：中央或地方政府发行特殊定向国债，允许个人账户基金无限制购买（类似于美国社会保障基金投资方式），假定年化投资收益率为5%～6%，本文分别取年化投资收益率为5%和6%进行测算。

投资政策三：允许个人账户基金进行市场化投资（类似于智利和瑞典基本养老保险个人账户的投资方式），假定年化投资收益率为 9%～10%，本文分别取年化投资收益率为 9%和 10%进行测算。

一、个人账户养老金替代率测算结果分析

根据已构建模型测算得到上述三种情况下典型参保人退休第一年的养老金替代率，具体结果见表 7—6 和图 7—6。

表 7—6　　不同投资政策下退休第一年个人账户标准养老金替代率预测　　单位：%

年份	协议存款和购买国债		定向国债投资		完全市场化投资	
	2%	3%	5%	6%	8%	9%
2011	5.46	5.46	5.46	5.46	5.46	5.46
2012	5.42	5.42	5.43	5.44	5.45	5.45
2013	5.58	5.59	5.62	5.64	5.66	5.68
2014	5.60	5.63	5.68	5.71	5.77	5.80
2015	5.89	5.93	6.03	6.08	6.18	6.23
2016	5.96	6.03	6.18	6.26	6.41	6.48
2017	6.33	6.43	6.65	6.76	6.98	7.09
2018	6.45	6.59	6.88	7.03	7.33	7.49
2019	6.94	7.13	7.53	7.73	8.16	8.38
2020	7.06	7.30	7.79	8.05	8.60	8.88
2021	7.60	7.90	8.55	8.90	9.63	10.02
2022	7.75	8.11	8.89	9.30	10.20	10.68
2023	8.35	8.79	9.75	10.26	11.39	12.00
2024	8.52	9.02	10.11	10.71	12.03	12.75
2025	9.22	9.80	11.11	11.83	13.44	14.33
2026	9.49	10.14	11.61	12.44	14.29	15.33
2027	10.38	11.15	12.90	13.89	16.14	17.41
2028	10.61	11.44	13.37	14.47	16.99	18.44
2029	11.76	12.74	15.03	16.35	19.43	21.21
2030	12.02	13.08	15.57	17.03	20.45	22.45
2031	13.30	14.54	17.47	19.20	23.30	25.72
2032	13.59	14.91	18.07	19.95	24.47	27.17
2033	13.87	15.27	18.66	20.71	25.66	28.65
2034	14.13	15.62	19.25	21.46	26.86	30.15
2035	14.38	15.96	19.82	22.20	28.07	31.69
2036	14.63	16.28	20.39	22.94	29.29	33.25
2037	14.86	16.59	20.95	23.67	30.53	34.84
2038	15.08	16.89	21.49	24.39	31.77	36.45
2039	15.29	17.18	22.02	25.10	33.02	38.10

续表

年份	协议存款和购买国债		定向国债投资		完全市场化投资	
	2%	3%	5%	6%	8%	9%
2040	15.49	17.46	22.55	25.81	34.28	39.76
2041	15.68	17.73	23.06	26.51	35.55	41.45
2042	15.87	17.99	23.56	27.19	36.81	43.16
2043	16.04	18.24	24.05	27.87	38.09	44.88
2044	16.21	18.48	24.53	28.54	39.36	46.63
2045	16.37	18.71	24.99	29.19	40.64	48.39
2046	16.47	18.87	25.33	29.69	41.64	49.81
2047	16.56	19.00	25.64	30.14	42.58	51.14
2048	16.64	19.12	25.91	30.54	43.43	52.37
2049	16.70	19.22	26.15	30.89	44.19	53.47
2050	16.75	19.30	26.33	31.17	44.81	54.39
2051	16.77	19.34	26.43	31.33	45.20	54.98
2052	16.76	19.33	26.44	31.35	45.30	55.14
2053	16.83	19.44	26.66	31.68	45.99	56.15
2054	16.90	19.53	26.87	31.98	46.61	57.04
2055	16.95	19.61	27.04	32.23	47.14	57.81
2056	17.00	19.68	27.19	32.44	47.60	58.46
2057	17.04	19.74	27.31	32.62	47.97	59.01
2058	17.07	19.79	27.41	32.77	48.28	59.44
2059	17.23	20.03	27.93	33.53	49.88	61.78
2060	17.39	20.26	28.44	34.28	51.51	64.16
2061	17.41	20.29	28.52	34.40	51.76	64.52
2062	17.43	20.32	28.58	34.49	51.96	64.81
2063	17.45	20.35	28.63	34.57	52.12	65.03
2064	17.47	20.37	28.68	34.63	52.25	65.22
2065	17.48	20.38	28.71	34.68	52.35	65.37
2066	17.48	20.40	28.74	34.72	52.43	65.49
2067	17.49	20.41	28.76	34.75	52.50	65.58
2068	17.50	20.41	28.77	34.77	52.54	65.65
2069	17.50	20.42	28.78	34.78	52.57	65.69
2070	17.50	20.42	28.79	34.79	52.59	65.72

资料来源：作者测算。

注："统账结合"制度对"中人"和"新人"的划分是以1998年是否已经参加工作为界；另外，享受基本养老保险待遇的最低缴费年限为15年，缴费不足15年的，退休后不享受基础养老金，其个人账户储存额一次支付给本人。因此，参保人得到真正意义上的个人账户养老金要从2013年算起，之前个人账户养老金虽有支出，但发放总额和比例较小，可以忽略。本文为了便于读者阅读，将2011年和2012年的养老金替代率一并给出，但并不意味实际发生。

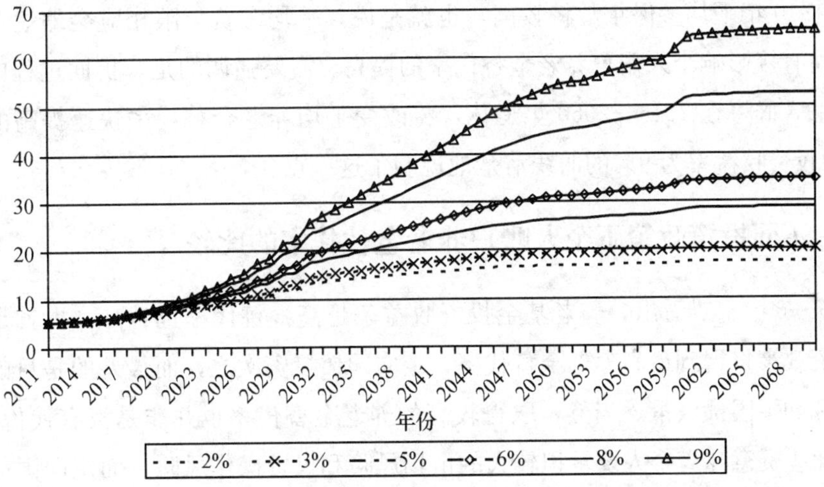

图 7—6　不同投资政策下退休第一年个人账户标准养老金替代率的趋势比较（%）

资料来源：作者测算。

(一) 个人账户养老金替代率的未来变化走势

从时间上看，无论哪种投资政策，个人账户养老金替代率都将经历三个阶段并逐步提高，这三个阶段分别是：第一阶段，2011—2030 年，个人账户养老金替代率较低，但提高速度较快；第二阶段，2031—2060 年，个人账户养老金替代率继续提高但速度开始放慢；第三阶段，2061—2070 年，个人账户养老金替代率在出现一定增长后便稳定下来，此后基本保持不变（见图 7—6）。导致出现这一现象主要有如下三点原因：

第一，改革开放以来，城镇职工的工资增长率一直较高，如前文所述，很多年份的工资增长率甚至超过了 10%，而目前中国正在致力于通过扩大内需转变经济增长方式，提高工资收入在国民收入中的比重在未来若干年将是大势所趋，所以工资的较快增长将难以在短时间内改变，也就是说，较高的工资增长率将抵消养老基金投资的部分效果，导致养老金替代率偏低。但随着国民收入分配结构的改善，工资增长率会慢慢降下来，稳定在一个合理的水平上，正如本文所假定的一样，2030 年以后城镇职工名义工资增长率将稳定在 5%的较低水平上，与此同时，养老金替代率才能有较大提高。

第二，人口老龄化是世界性的普遍现象，中国也不例外，而且中国实行了 30 年的计划生育政策更是加速了人口老龄化进程。在目前老龄化比较严重的欧美国家，提高退休年龄已经成为一种必然的政策选择，很多国家退休年龄已经超过 65 岁，而且还有望进一步提高。相比之下，中国目前的平均退休年龄只有 53 岁（如前文所述），面对日趋严重的人口老龄化现象，在未来 20 年内逐步提高退休年龄已无法回避。在积累制个人账户制度下，较低的退休年龄必然意味着较低的替代率，反之亦然。

第三，中国政府已经明确提出要在 2020 年实现社会保障全覆盖的目标，但是目前社会保障覆盖面非常有限，未来扩面工作任重而道远。扩面目标人群既有初次进入劳动力市场的年轻人，也有就业多年但没有被社会保障覆盖进来的灵活就业者或其他劳动者。因此，在未来10年平均参保年龄将较高，也就是说，平均缴费年限相应会缩短，而较短的缴费年限将直接影响个人账户养老金替代率的提高。需要强调的是，扩面过程中参保的已工作多年的人群将在2045—2060年退休，将改变平均养老金替代率快速提高的趋势，在图7—6中投资收益率为9%的曲线清楚地说明了这一点。

（二）不同投资政策下个人账户养老金替代率的比较

从图7—6中不难看出，养老基金投资收益率越高，替代率也越高。也就是说，完全市场化投资政策将得到最高养老金替代率，定向国债投资次之，而最差的是目前所实行的协议存款和购买国债政策。当然，取得较高的养老金替代率也并非是没有代价的。例如，完全市场化投资意味着个人要承担较大的市场风险和投资操作风险；而定向国债投资政策虽然不需要承担直接风险，但也是有代价的，因为政府增加发债将导致资本市场利率的提高，进而可能挤出私人投资，不利于国民经济的长期增长，进而可能对未来个人就业和劳动报酬产生各种不利影响。但本文将重点探讨个人账户投资政策对养老金目标替代率的实现情况。

中国引入"统账结合"养老金制度的初衷之一是实现58.5%的目标替代率，但目前城镇退休人员养老金经过7年上调仍难以达到这一标准，其中一个主要原因是"统账结合"制度还处在过渡阶段，并没有实现制度的完全转型，个人账户的优势还一时难以体现出来。按照制度设计者的最初构想，如果一个典型参保者从22岁开始工作，到60岁退休，缴费密度为80%，那么该典型个体到退休时将缴费30年，其中社会统筹部分提供的养老金替代率为30%（根据现有的养老金计发办法，每缴费满一年社会统筹养老金替代率将提高1个百分点），而个人账户提供的替代率为28.5%，应该说，这是一个中短期标准。

另外，几乎所有发达国家的经验告诉我们，随着人口平均寿命的延长，提高退休年龄是大势所趋，中国的退休年龄也将逐步达到65岁。基于这个判断，对一个典型参保者来说，从22岁工作到65岁退休，缴费密度仍然为80%，那么该典型个体的缴费年数将为34年，从社会统筹部分得到34%的养老金替代率，而个人账户只需提供24.5%的替代率就能满足制度设计的初衷，这是一个长期标准。但是，中国从20世纪90年代开始引入"统账结合"制度，客观上需要为制度转型预留一定的过渡期，应该说，这个过渡期上限为30～40年是合适的，因为这个时间跨度大体等于一代人的缴费期，即在新制度下参保并在新制度下退休。从这一点来说，要到2030年左右才能完成制度转型，但到那时，退休年龄或许已经被提高到65岁，因此，中短期目标对"统账结合"制度已经没有意义。因此，本文将只考察长期目标的实现情况。

根据本文测算，现有的投资政策（即个人账户养老基金只购买国债和协议存款）最多只能提供20.4%的替代率，无论如何也达不到24.5%的个人账户既定替代率目标。在购买特殊定向国债的投资政策下，当投资收益率为5%时，直到2044年才能达到既定的养老金替代率目标；当投资收益率为6%时，达到预期养老金替代率目标为2039年，显然，虽然实现了“统账结合”制度的初衷，但需要经历较长的时间。在市场化投资政策下，如果投资收益率为8%，那么将在2033年实现个人账户养老金替代率目标；如果投资收益率为9%，那么实现个人账户替代率目标则将进一步提前到2031年（见表7—6）。可以看出，这一时间点正好与制度完成转型的时间是完全契合的。因此，只有市场化投资政策才是可行的。

此外，需要注意的是，根据个人账户计发公式，个人账户制度是定额给付的，即在退休时确定了个人账户第一年养老金替代率，以后每个月的待遇给付是一样的，这就意味着退休后养老金替代率是逐渐下降的。具体来时，如果工资上涨率为5%，那么每年的养老金替代率将以几乎5%的速度递减。因此，完全市场化投资的优势还在于为这种替代率不断下降提供了巨大的缓冲区间，避免在退休后几年养老金替代率下降到一个无法接受的程度，而这是投资定向国债政策所无法企及的。

综上，本文从替代率的角度论述了中国“统账结合”制度下个人账户基金采取市场化投资的必要性。我们应该看到，自从“统账结合”制度建立以来，已经十几年过去了，直到今天个人账户市场化投资政策依然没有出台，“统账结合”制度预设的目标已经越行越远，制度面临巨大的破产风险。更重要的是，如果不能在2030年之前实现既定的替代率目标，我们将何以应对届时出现的人口老龄化高峰？

二、全国账户基金收支规模和累计资产测算结果分析

（一）全国账户基金年度收支规模与收支差额比较

在三种投资政策下，全国账户基金年度收入的变化是相同的，但年度支出的变化却有着显著区别，进而对全国账户基金年度收支平衡产生了不同影响。具体来说，在现有投资政策下，不论投资收益率是2%还是3%，全国账户基金始终保持收大于支，既然直到2070年都无须动用养老基金积累储备，说明个人账户制度只是个摆设，“统账结合”制度没有发挥其应有的作用。在购买特殊定向国债的投资政策下，当收益率分别为5%和6%时，全国账户基金收不抵支情况则相应分别出现在2057年和2050年。在市场化投资政策下，如果投资收益率为8%，那么全国账户基金将在2042年出现收不抵支的情况；如果投资收益率为9%，那么全国账户基金出现收不抵支情况将进一步提前到2040年。总之，投资收益率越高，全国账户基金支出规模越大，年度收不抵支情况出现的时间也越早（见表7—7、表7—8）。

应该看到，在未来人口老龄化的背景下，全国账户基金出现年度收不抵支现象很正常，反而是没有出现年度赤字的情况却应该引起我们的注意。换句话说，如果养老基金年度收支能永远保证不出现缺口，就没有引入个人账户的必要了。既然人口老龄化不可避免，事实也的确如此，那么在个人账户基金收益率为2%和3%时全国账户基金却始终没有出现收不抵支的情况恰恰说明了个人账户制度合法性存在着问题。其实道理也不难理

解，本文假定未来的名义工资增长率不低于5%（见前文），只要未来制度缴费人口增长率不低于−3%，那么制度的内部收益率就应该在2%以上，即在制度内部收益率大于投资收益率（满足艾伦条件）的前提下，全国账户基金就不可能出现年度收支缺口。但问题是目前这种投资政策下的较低收益率既不能保障参保者老有所养（如前文对替代率的分析），也将导致养老金基金的大幅贬值，从而使得积累制的优势难以发挥。进一步，2030年后中国人口将进入深度老龄化阶段，需要借助全国账户基金储备来提高制度的支付能力，也就是说，2030年后全国账户基金年度收支赤字出现得越早就越能说明设立这一制度的合理性和必要性。从这个角度上来看，完全市场化投资是最优选择。需要强调的是，现在距离2030年已经只有20年时间了，如果个人账户制度还不尽快完善起来、还不尽快实现做实目标，中国养老金制度改革将错过最后的时间窗口。

表7—7　　不同投资政策下全国账户基金年度收入额和支出额预测　　单位：亿元

年份	收入	支出					
		协议存款和购买国债		定向国债投资		完全市场化投资	
		2%	3%	5%	6%	8%	9%
2011	2 176.37	—	—	—	—	—	—
2012	2 596.89	—	—	—	—	—	—
2013	3 061.64	73.33	73.53	73.91	74.10	74.49	74.68
2014	3 595.84	164.45	165.11	166.43	167.09	168.42	169.09
2015	4 198.79	277.56	279.16	282.38	284.00	287.26	288.90
2016	4 883.69	396.18	399.22	405.37	408.48	414.77	417.95
2017	5 650.06	521.73	526.87	537.31	542.61	553.38	558.85
2018	6 493.20	605.38	612.37	626.62	633.88	648.69	656.25
2019	7 418.74	654.42	662.81	680.00	688.78	706.77	715.97
2020	8 407.23	700.02	710.05	730.68	741.28	763.07	774.27
2021	9 548.80	748.47	760.63	785.76	798.75	825.64	839.54
2022	10 703.16	848.10	865.12	900.71	919.32	958.29	978.67
2023	11 777.64	957.40	980.45	1 029.18	1 054.93	1 109.41	1 138.23
2024	13 016.78	1 127.05	1 160.36	1 231.64	1 269.79	1 351.52	1 395.28
2025	14 116.05	1 364.75	1 413.67	1 519.73	1 577.18	1 701.83	1 769.42
2026	15 265.25	1 536.51	1 597.91	1 732.05	1 805.29	1 965.44	2 052.96
2027	16 522.68	1 867.05	1 953.73	2 145.38	2 251.25	2 485.63	2 615.25
2028	17 714.16	2 264.66	2 383.69	2 649.72	2 798.27	3 130.75	3 316.61
2029	19 221.75	2 726.88	2 885.90	3 244.88	3 447.31	3 905.06	4 163.54
2030	20 366.34	3 205.73	3 408.55	3 870.44	4 133.16	4 732.62	5 074.15
2031	21 571.59	3 771.97	4 029.24	4 620.39	4 959.63	5 740.95	6 190.20
2032	23 217.20	4 689.57	5 038.28	5 848.59	6 318.79	7 414.53	8 051.89
2033	24 469.19	5 707.27	6 108.81	7 175.33	7 800.19	9 271.31	10 135.66
2034	25 787.46	6 794.99	7 223.08	8 589.39	9 397.20	11 317.52	12 456.53
2035	27 194.37	7 979.36	8 522.05	10 251.22	11 282.91	13 759.31	15 242.16

续表

年份	收入	支出					
		协议存款和购买国债		定向国债投资		完全市场化投资	
		2%	3%	5%	6%	8%	9%
2036	28 576.14	9 266.61	10 054.19	12 201.10	13 492.88	16 621.89	18 512.31
2037	30 022.11	10 785.51	11 788.82	14 416.89	16 011.09	19 906.92	22 281.18
2038	31 469.46	12 449.69	13 570.52	16 726.43	18 656.55	23 415.46	26 341.17
2039	32 982.88	14 147.67	15 329.91	19 049.74	21 344.11	27 053.52	30 595.38
2040	34 545.31	15 791.78	17 116.03	21 434.11	24 119.73	30 863.97	35 085.32
2041	36 158.80	17 444.88	18 695.64	23 603.77	26 683.30	34 491.59	39 425.15
2042	37 849.36	18 880.85	20 170.21	25 664.07	29 140.99	38 041.56	43 718.10
2043	39 633.61	20 258.73	21 906.33	28 064.24	31 992.37	42 137.57	48 664.64
2044	41 476.45	21 871.25	23 681.33	30 543.14	34 954.80	46 450.28	53 910.96
2045	43 429.10	23 530.10	25 496.32	33 104.52	38 034.63	50 996.09	59 482.44
2046	45 441.18	25 208.19	27 280.32	35 653.61	41 121.68	55 624.95	65 203.78
2047	47 528.51	26 909.71	29 145.57	38 333.65	44 379.41	60 554.84	71 329.97
2048	49 742.25	28 641.39	31 027.72	41 057.25	47 705.07	65 641.94	77 690.22
2049	52 031.16	30 355.66	32 917.76	43 806.05	51 073.18	70 839.10	84 221.64
2050	54 338.53	32 014.23	34 741.17	46 473.74	54 354.80	75 951.88	90 683.00
2051	56 841.17	33 770.33	36 696.02	49 321.11	57 852.08	81 393.68	97 562.34
2052	59 470.87	35 788.95	38 955.32	52 574.40	61 825.81	87 515.89	105 270.13
2053	62 201.52	38 079.87	41 552.69	56 296.83	66 362.89	94 483.27	114 033.42
2054	64 908.81	40 627.64	44 413.62	60 387.07	71 343.51	102 123.70	123 643.32
2055	67 510.88	43 293.29	47 401.47	64 655.07	76 539.76	110 098.85	133 681.52
2056	70 243.94	46 019.06	50 440.24	68 993.27	81 821.18	118 209.49	143 897.49
2057	73 046.03	48 730.70	53 469.26	73 317.53	87 086.38	126 301.21	154 096.25
2058	75 925.11	51 408.35	56 408.02	77 515.51	92 200.14	134 170.39	164 023.21
2059	79 021.90	54 123.99	59 437.14	81 892.27	97 567.99	142 558.96	174 695.07
2060	82 277.01	56 983.80	62 675.03	86 618.51	103 399.66	151 798.52	186 538.34
2061	85 660.06	59 913.63	66 048.22	91 533.02	109 456.85	161 371.98	198 794.37
2062	89 221.77	62 991.02	69 454.22	96 499.87	115 581.21	171 059.23	211 200.40
2063	92 878.44	66 051.23	72 709.71	101 270.72	121 479.78	180 441.36	223 248.79
2064	96 748.83	68 979.15	75 802.86	105 811.95	127 100.36	189 402.04	234 770.09
2065	100 791.29	71 822.83	78 824.15	110 248.45	132 591.91	198 159.32	246 031.65
2066	105 007.57	74 584.86	81 843.60	114 675.26	138 066.58	206 873.20	257 226.69
2067	109 487.11	77 370.91	84 930.75	119 189.44	143 641.00	215 717.58	268 570.80
2068	114 114.07	80 097.79	87 997.52	123 666.02	149 163.58	224 461.51	279 774.23
2069	118 981.19	82 894.35	91 165.18	128 276.25	154 841.52	233 419.21	291 230.39
2070	124 134.15	86 047.14	94 630.46	133 255.76	160 928.86	242 866.54	303 208.38

资料来源：作者测算。

注：“统账结合”制度对“中人”和“新人”的划分是以1998年是否已经参加工作为界；另外，享受基本养老保险待遇的最低缴费年限为15年，缴费不足15年的，退休后不享受基础养老金，其个人账户储存额一次支付给本人。因此，参保人得到真正意义上的个人账户养老金要从2013年算起，之前个人账户养老金虽有支出，但发放总额和比例较小，本文为了简化计算，假定个人账户养老金支出从2013年开始计入。

表 7—8　　不同投资政策下全国账户基金年度收支差额预测　　单位：亿元

年份	协议存款和购买国债		定向国债投资		完全市场化投资	
	2%	3%	5%	6%	8%	9%
2011	2 176.37	2 176.37	2 176.37	2 176.37	2 176.37	2 176.37
2012	2 596.89	2 596.89	2 596.89	2 596.89	2 596.89	2 596.89
2013	2 988.30	2 988.11	2 987.73	2 987.53	2 987.15	2 986.95
2014	3 431.39	3 430.74	3 429.42	3 428.75	3 427.42	3 426.76
2015	3 921.22	3 919.63	3 916.41	3 914.79	3 911.53	3 909.88
2016	4 487.50	4 484.46	4 478.31	4 475.20	4 468.92	4 465.74
2017	5 128.33	5 123.19	5 112.75	5 107.45	5 096.68	5 091.21
2018	5 887.82	5 880.84	5 866.59	5 859.32	5 844.51	5 836.96
2019	6 764.33	6 755.93	6 738.75	6 729.96	6 711.97	6 702.77
2020	7 707.21	7 697.18	7 676.55	7 665.95	7 644.16	7 632.96
2021	8 800.32	8 788.17	8 763.04	8 750.04	8 723.16	8 709.26
2022	9 855.06	9 838.04	9 802.45	9 783.83	9 744.87	9 724.48
2023	10 820.24	10 797.19	10 748.46	10 722.71	10 668.22	10 639.41
2024	11 889.73	11 856.43	11 785.14	11 746.99	11 665.27	11 621.50
2025	12 751.30	12 702.37	12 596.32	12 538.87	12 414.21	12 346.63
2026	13 728.74	13 667.34	13 533.20	13 459.97	13 299.81	13 212.29
2027	14 655.64	14 568.95	14 377.31	14 271.43	14 037.05	13 907.43
2028	15 449.50	15 330.47	15 064.43	14 915.88	14 583.41	14 397.54
2029	16 494.87	16 335.85	15 976.87	15 774.44	15 316.69	15 058.21
2030	17 160.61	16 957.79	16 495.90	16 233.18	15 633.72	15 292.19
2031	17 799.61	17 542.35	16 951.19	16 611.95	15 830.64	15 381.39
2032	18 527.63	18 178.92	17 368.61	16 898.41	15 802.67	15 165.31
2033	18 761.92	18 360.38	17 293.86	16 669.00	15 197.87	14 333.53
2034	18 992.47	18 564.38	17 198.07	16 390.26	14 469.94	13 330.93
2035	19 215.01	18 672.32	16 943.15	15 911.46	13 435.06	11 952.22
2036	19 309.53	18 521.95	16 375.04	15 083.26	11 954.25	10 063.83
2037	19 236.60	18 233.30	15 605.22	14 011.02	10 115.19	7 740.94
2038	19 019.77	17 898.94	14 743.02	12 812.90	8 053.99	5 128.28
2039	18 835.21	17 652.97	13 933.14	11 638.76	5 929.35	2 387.50
2040	18 753.54	17 429.28	13 111.21	10 425.59	3 681.35	−540.01
2041	18 713.92	17 463.16	12 555.03	9 475.50	1 667.20	−3 266.36
2042	18 968.51	17 679.15	12 185.29	8 708.37	−192.20	−5 868.74
2043	19 374.88	17 727.29	11 569.37	7 641.24	−2 503.96	−9 031.03
2044	19 605.20	17 795.12	10 933.31	6 521.65	−4 973.84	−12 434.52
2045	19 899.00	17 932.78	10 324.58	5 394.47	−7 566.99	−16 053.34
2046	20 232.99	18 160.85	9 787.57	4 319.50	−10 183.77	−19 762.60
2047	20 618.80	18 382.94	9 194.86	3 149.10	−13 026.33	−23 801.46

续表

年份	协议存款和购买国债		定向国债投资		完全市场化投资	
	2%	3%	5%	6%	8%	9%
2048	21 100.86	18 714.53	8 685.01	2 037.18	−15 899.69	−27 947.97
2049	21 675.50	19 113.40	8 225.11	957.98	−18 807.94	−32 190.48
2050	22 324.30	19 597.36	7 864.78	−16.27	−21 613.36	−36 344.47
2051	23 070.83	20 145.14	7 520.05	−1 010.92	−24 552.51	−40 721.17
2052	23 681.92	20 515.55	6 896.47	−2 354.94	−28 045.01	−45 799.26
2053	24 121.65	20 648.83	5 904.69	−4 161.37	−32 281.75	−51 831.90
2054	24 281.17	20 495.19	4 521.74	−6 434.70	−37 214.89	−58 734.51
2055	24 217.59	20 109.41	2 855.81	−9 028.89	−42 587.98	−66 170.64
2056	24 224.88	19 803.69	1 250.66	−11 577.24	−47 965.55	−73 653.56
2057	24 315.33	19 576.76	−271.50	−14 040.35	−53 255.18	−81 050.22
2058	24 516.76	19 517.09	−1 590.40	−16 275.02	−58 245.28	−88 098.09
2059	24 897.91	19 584.76	−2 870.37	−18 546.09	−63 537.06	−95 673.17
2060	25 293.21	19 601.98	−4 341.50	−21 122.65	−69 521.51	−104 261.33
2061	25 746.44	19 611.84	−5 872.95	−23 796.79	−75 711.92	−113 134.31
2062	26 230.75	19 767.55	−7 278.09	−26 359.44	−81 837.46	−121 978.63
2063	26 827.21	20 168.73	−8 392.28	−28 601.34	−87 562.92	−130 370.35
2064	27 769.69	20 945.97	−9 063.12	−30 351.53	−92 653.21	−138 021.26
2065	28 968.46	21 967.13	−9 457.17	−31 800.62	−97 368.03	−145 240.37
2066	30 422.71	23 163.97	−9 667.69	−33 059.01	−101 865.63	−152 219.12
2067	32 116.20	24 556.35	−9 702.33	−34 153.89	−106 230.47	−159 083.69
2068	34 016.28	26 116.55	−9 551.96	−35 049.51	−110 347.44	−165 660.16
2069	36 086.83	27 816.00	−9 295.06	−35 860.33	−114 438.02	−172 249.20
2070	38 087.01	29 503.69	−9 121.61	−36 794.71	−118 732.39	−179 074.23

资料来源：作者测算。

注："统账结合"制度对"中人"和"新人"的划分是以 1998 年是否已经参加工作为界；另外，享受基本养老保险待遇的最低缴费年限为 15 年，缴费不足 15 年的，退休后不享受基础养老金，其个人账户储存额一次支付给本人。因此，参保人得到真正意义上的个人账户养老金要从 2013 年算起，之前个人账户养老金虽有支出，但发放总额和比例较小，本文为了简化计算，假定个人账户养老金支出从 2013 年开始计人。

（二）全国账户基金累计资产测算结果比较

总的来看，三种投资政策都将导致全国账户基金记账资产规模持续快速增加，但增加幅度不同，即投资收益率越高，全国账户基金积累速度越快。先以 2020 年为例，在现有投资政策下，当投资收益率分别为 2%和 3%时，全国账户基金资产分别为 6.34 万亿元和 6.55 万亿元。在定向国债投资政策下，当投资收益率分别为 5%和 6%时，全国账户基金资产分别为 6.99 万亿元和 7.23 万亿元。在完全市场化投资政策下，当投资收益率分别为 8%和 9%时，全国账户基金资产分别为 7.92 万亿元和 7.98 万亿元。不难求出，投资收益率为 9%时的全国账户基金资产规模比投资收益率为 2%时高出 25.8%。再以 2070 年为例，在现有投资政策下，当投资收益率分别为 2%和 3%时，全国账户基金资产分别是 180.35 万亿元和 214.67 万亿元。在定向国债投资政策下，当投资收益率分别为 5%和 6%时，全国账户基金资产分别是 284.97 万亿元和 336.35 万亿元。在完全市场化投资政策下，当投资收益率分别为 8%和 9%时，全国账户基金资产分别高达 498.95 万亿元和 630.86 万亿元。投资收益率为 9%时的全国账户基金资产规模比投资收益率为 2%时高出 249.8%，远远超过 2020 年的相应差距（见表 7—9 和图 7—7）。

表 7—9 不同投资政策下全国账户基金年度累计记账资产（含做实部分）预测 单位：万亿元

年份	协议存款和购买国债		定向国债投资		完全市场化投资	
	2%	3%	5%	6%	8%	9%
2011	1.43	1.43	1.43	1.43	1.43	1.43
2012	1.65	1.65	1.65	1.66	1.66	1.66
2013	2.23	2.24	2.26	2.27	2.29	2.30
2014	2.59	2.61	2.65	2.67	2.71	2.73
2015	3.01	3.04	3.10	3.14	3.20	3.24
2016	3.49	3.54	3.64	3.70	3.80	3.86
2017	4.05	4.13	4.28	4.36	4.52	4.61
2018	4.70	4.81	5.04	5.15	5.39	5.52
2019	5.46	5.62	5.93	6.10	6.45	6.63
2020	6.34	6.55	6.99	7.23	7.72	7.98
2021	7.35	7.62	8.22	8.53	9.20	9.56
2022	8.48	8.83	9.60	10.02	10.91	11.39
2023	9.73	10.18	11.15	11.68	12.84	13.47
2024	11.11	11.66	12.88	13.55	15.02	15.83
2025	12.60	13.28	14.78	15.61	17.45	18.47
2026	14.23	15.04	16.86	17.88	20.16	21.44
2027	15.97	16.94	19.13	20.37	23.16	24.73
2028	17.83	18.98	21.58	23.06	26.44	28.37
2029	19.83	21.17	24.24	26.00	30.06	32.39
2030	21.94	23.49	27.08	29.16	33.99	36.79
2031	24.15	25.94	30.11	32.54	38.24	41.58
2032	26.48	28.52	33.32	36.15	42.83	46.77
2033	28.87	31.19	36.68	39.94	47.70	52.32
2034	31.33	33.96	40.19	43.92	52.87	58.25
2035	33.87	36.82	43.85	48.07	58.33	64.55
2036	36.46	39.75	47.62	52.39	64.06	71.20
2037	39.09	42.73	51.49	56.83	70.04	78.18
2038	41.75	45.76	55.45	61.41	76.26	85.49
2039	44.44	48.85	59.52	66.13	82.74	93.15
2040	47.17	52.01	63.70	71.00	89.48	101.16

续表

年份	协议存款和购买国债		定向国债投资		完全市场化投资	
	2%	3%	5%	6%	8%	9%
2041	49.95	55.26	68.02	76.05	96.53	109.59
2042	52.81	58.63	72.51	81.31	103.92	118.47
2043	55.76	62.09	77.16	86.76	111.65	127.79
2044	58.79	65.66	81.96	92.40	119.71	137.56
2045	61.91	69.35	86.92	98.26	128.13	147.80
2046	65.12	73.17	92.07	104.34	136.91	158.54
2047	68.43	77.11	97.40	110.65	146.08	169.79
2048	71.85	81.20	102.93	117.21	155.65	181.57
2049	75.40	85.45	108.68	124.03	165.65	193.94
2050	79.07	89.87	114.67	131.14	176.14	206.94
2051	82.89	94.47	120.91	138.56	187.12	220.62
2052	86.85	99.24	127.38	146.27	198.59	234.94
2053	90.92	104.16	134.06	154.23	210.49	249.88
2054	95.09	109.20	140.91	162.41	222.79	265.38
2055	99.32	114.34	147.92	170.80	235.48	281.45
2056	103.64	119.60	155.10	179.40	248.57	298.12
2057	108.05	124.99	162.46	188.23	262.12	315.45
2058	112.56	130.52	170.03	197.35	276.19	333.56
2059	117.19	136.22	177.84	206.75	290.79	352.44
2060	121.95	142.07	185.86	216.42	305.89	372.05
2061	126.84	148.10	194.11	226.37	321.50	392.44
2062	131.88	154.31	202.61	236.62	337.67	413.66
2063	137.07	160.74	211.39	247.23	354.48	435.84
2064	142.45	167.43	220.52	258.27	372.06	459.15
2065	148.05	174.41	230.05	269.79	390.50	483.74
2066	153.90	181.71	240.02	281.84	409.90	509.74
2067	160.04	189.37	250.45	294.47	430.34	537.29
2068	166.48	197.40	261.40	307.74	451.94	566.56
2069	173.25	205.83	272.90	321.69	474.79	597.70
2070	180.35	214.67	284.97	336.35	498.95	630.86

资料来源：作者测算。

注：正如前文假定，从2011年开始每年做实部分占记账规模的比例增加10%，到2020年做实全部记账资产，因此根据表中数据不难推算2011—2020年的做实资产规模。以投资收益率2%一栏为例（其他以此类推），2011年做实资产为记账资产1.43万亿元的10%，即0.14万亿元；2012年做实资产为记账资产1.65万亿元的20%，即0.33万亿元；2013年做实资产为记账资产2.23万亿元的30%，即0.67万亿元；2014年做实资产为记账资产2.59万亿元的40%，即1.04万亿元；同样，2015—2020年的做实资产分别为1.51万亿元、2.09万亿元、2.84万亿元、3.76万亿元、4.91万亿元和6.34万亿元。

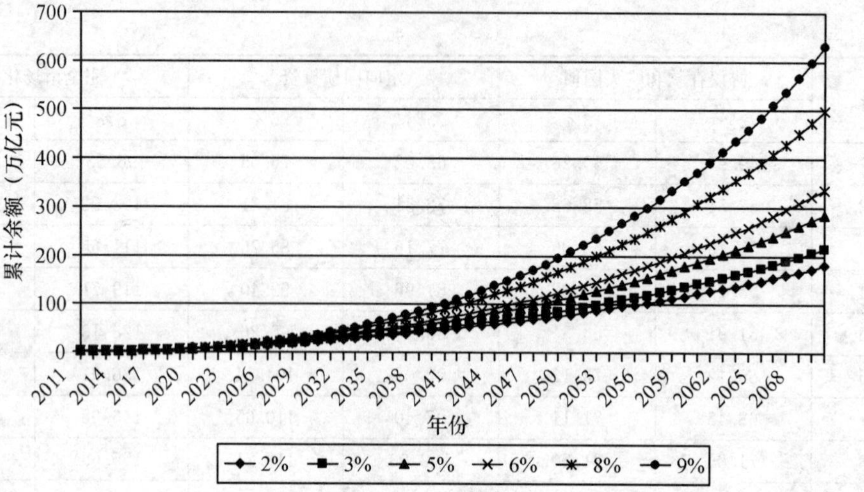

图 7—7　不同投资政策下全国账户基金年度累计记账资产（含做实部分）的变化趋势

资料来源：作者测算。

第四节　主要结论

满足退休者基本生活消费需求并避免老年人陷入贫困是各国基本养老保险的最低标准。中国从 1993 年开始尝试引入“统账结合”的城镇职工基本养老保险制度以来，替代率一直处于下降过程中，到 2009 年全国城镇企业退休职工养老金平均替代率只有 46.8%①，已经非常接近国际上公认 40%的基本养老保险替代率水平，也低于制度设立之初 58.5%的养老金替代率目标。而且，中国企业年金制度自从建立以来发展的并不理想，其作用几乎可以忽略不计，对大多数人来说，还无法真正构成退休收入的第二支柱。因此，目前城镇基本养老保险的替代率水平不仅无法再降低，而且应该适度提高。

根据前文的测算不难看出，即使统筹部分能够提供 34%的养老金替代率水平，也给个人账户带来极大的压力。具体来说，如果要达到制度最初设定的 58.5%的目标替代率水平，那么个人账户需要提供 24.5%的养老金替代率，但在目前协议存款和购买国债的投资政策下根本无法实现这一目标。如果采取特殊定向国债投资政策，虽然 2040 年左右可以满足这一目标，但时间跨度较长，无法及时应对 2030 年后可能出现的人口老龄化危机。如果采取市场化投资政策，养老金替代率水平将大为改观，不仅在退休第一年可以轻松满足制度的目标替代率，而且也为退休后个人账户养老金继续满足目标替代率提供了巨大潜力。另外，采取完全市场化投资政策可以在实现目标替代率、完成制度转型和应对人口老龄化压力三者之间取得时间上的同步，即都在 2030 年左右一并解决这些问题，达到时间上的完美契合。因此，从养老金替代率上来讲，个人账户基金必须尽快做实并采取市场化

① 根据《中国统计年鉴 2009》和《2009 年度人力资源和社会保障事业发展统计公报》提供的数据计算而得。

投资政策，否则将丧失最后的时间窗口。

财务可持续是养老保险制度健康运行的基础，也是近几十年西方现收现付养老金制度改革的主要目标，其中一个主要应对措施是引入积累制个人账户制度，但对许多现收现付制度已经基本定型并处于稳态发展的发达国家而言，这几乎是难以实现的。对于中国而言，既然已经引入积累制个人账户制度，就应该尽快完成做实目标，并在“人口红利窗口”即将关闭之前尽可能多地积累起足够的养老金资产，为应对人口老龄化冲击做好最充分准备。而要尽快积累起足够的养老金资产，最有效的办法无疑是尽快做实个人账户并采取市场化投资。

附录A 2005—2070年个人账户基金测算基础数据

表A—1　　　　　　　　　　　　全国人口生命表（男女混合）

年龄	年平均人口	死亡人口	死亡率	生存人数	死亡人数	生存人年数		平均余命
x	原始数据	原始数据	q_x	l_x	d_x	L_x	T_x	e_x
0	188 574	2 417	0.012 736	1 000 000	12 736	993 632	75 778 147	75.78
1	173 372	233	0.001 343	987 264	1 326	986 601	74 784 515	75.75
2	179 105	163	0.000 910	985 938	897	985 490	73 797 913	74.85
3	183 858	113	0.000 614	985 042	605	984 739	72 812 423	73.92
4	196 707	99	0.000 503	984 436	495	984 189	71 827 684	72.96
5	201 677	109	0.000 540	983 941	532	983 675	70 843 496	72.00
6	207 638	91	0.000 438	983 409	431	983 194	69 859 821	71.04
7	216 034	74	0.000 342	982 978	337	982 810	68 876 627	70.07
8	225 189	80	0.000 355	982 642	349	982 467	67 893 816	69.09
9	245 438	108	0.000 440	982 293	432	982 077	66 911 349	68.12
10	246 594	100	0.000 405	981 861	398	981 662	65 929 272	67.15
11	253 653	105	0.000 414	981 463	406	981 259	64 947 611	66.17
12	274 597	115	0.000 419	981 056	411	980 851	63 966 351	65.20
13	289 690	93	0.000 321	980 646	315	980 488	62 985 500	64.23
14	330 752	128	0.000 387	980 331	379	980 141	62 005 012	63.25
15	335 475	158	0.000 471	979 952	461	979 721	61 024 871	62.27
16	297 086	176	0.000 592	979 490	580	979 200	60 045 150	61.30
17	285 228	176	0.000 617	978 910	604	978 608	59 065 950	60.34
18	245 419	206	0.000 839	978 306	821	977 896	58 087 342	59.38
19	209 115	188	0.000 899	977 485	878	977 046	57 109 446	58.42
20	192 996	166	0.000 860	976 607	840	976 187	56 132 400	57.48
21	194 059	166	0.000 855	975 767	834	975 350	55 156 213	56.53
22	217 048	218	0.001 004	974 933	979	974 444	54 180 863	55.57
23	230 207	177	0.000 769	973 954	749	973 580	53 206 419	54.63
24	205 059	180	0.000 877	973 206	854	972 779	52 232 839	53.67
25	222 863	209	0.000 937	972 352	911	971 896	51 260 061	52.72
26	221 148	185	0.000 836	971 440	812	971 034	50 288 165	51.77
27	216 164	206	0.000 953	970 628	925	970 166	49 317 130	50.81
28	227 247	228	0.001 003	969 703	972	969 217	48 346 965	49.86
29	247 346	301	0.001 216	968 731	1 178	968 142	47 377 747	48.91
30	262 370	276	0.001 051	967 553	1 017	967 044	46 409 606	47.97
31	284 300	331	0.001 164	966 536	1 125	965 973	45 442 561	47.02
32	303 137	397	0.001 309	965 411	1 264	964 779	44 476 588	46.07

续表

年龄	年平均人口	死亡人口	死亡率	生存人数	死亡人数	生存人年数		平均余命
x	原始数据	原始数据	q_x	l_x	d_x	L_x	T_x	e_x
33	310 749	396	0.001 274	964 147	1 228	963 534	43 511 809	45.13
34	334 193	469	0.001 402	962 920	1 350	962 244	42 548 275	44.19
35	334 137	474	0.001 418	961 569	1 363	960 888	41 586 031	43.25
36	361 371	555	0.001 535	960 206	1 474	959 469	40 625 143	42.31
37	312 206	506	0.001 619	958 733	1 553	957 956	39 665 674	41.37
38	301 722	515	0.001 705	957 180	1 632	956 364	38 707 718	40.44
39	334 877	596	0.001 778	955 548	1 699	954 698	37 751 354	39.51
40	326 270	631	0.001 932	953 848	1 843	952 927	36 796 656	38.58
41	352 456	745	0.002 112	952 005	2 010	951 000	35 843 729	37.65
42	355 863	712	0.001 999	949 995	1 899	949 046	34 892 729	36.73
43	198 215	467	0.002 353	948 096	2 231	946 981	33 943 683	35.80
44	173 962	437	0.002 509	945 865	2 373	944 679	32 996 702	34.89
45	193 360	525	0.002 711	943 492	2 558	942 213	32 052 023	33.97
46	213 231	644	0.003 016	940 934	2 838	939 515	31 109 810	33.06
47	267 184	849	0.003 173	938 097	2 976	936 608	30 170 294	32.16
48	257 591	938	0.003 635	935 120	3 399	933 421	29 233 686	31.26
49	253 506	916	0.003 607	931 721	3 361	930 041	28 300 265	30.37
50	274 650	1 090	0.003 961	928 361	3 677	926 522	27 370 224	29.48
51	257 379	1 028	0.003 986	924 684	3 686	922 841	26 443 702	28.60
52	251 485	1 145	0.004 543	920 998	4 184	918 906	25 520 861	27.71
53	222 394	1 071	0.004 804	916 814	4 405	914 612	24 601 955	26.83
54	207 689	1 217	0.005 843	912 410	5 331	909 744	23 687 343	25.96
55	213 111	1 250	0.005 848	907 079	5 305	904 426	22 777 599	25.11
56	180 285	1 172	0.006 480	901 774	5 843	898 852	21 873 173	24.26
57	170 398	1 155	0.006 755	895 931	6 052	892 904	20 974 320	23.41
58	163 800	1 281	0.007 790	889 878	6 932	886 412	20 081 416	22.57
59	156 306	1 384	0.008 815	882 946	7 784	879 054	19 195 004	21.74
60	142 246	1 413	0.009 884	875 162	8 650	870 837	18 315 950	20.93
61	134 297	1 360	0.010 076	866 512	8 731	862 147	17 445 112	20.13
62	129 128	1 510	0.011 626	857 781	9 972	852 795	16 582 966	19.33
63	125 173	1 615	0.012 819	847 809	10 868	842 375	15 730 171	18.55
64	127 460	1 800	0.014 023	836 940	11 736	831 072	14 887 796	17.79
65	114 122	1 816	0.015 787	825 204	13 028	818 690	14 056 724	17.03
66	113 187	1 869	0.016 377	812 176	13 301	805 526	13 238 034	16.30
67	113 636	2 169	0.018 907	798 875	15 104	791 323	12 432 508	15.56
68	107 987	2 297	0.021 047	783 771	16 496	775 523	11 641 186	14.85
69	111 214	2 762	0.024 530	767 275	18 822	757 864	10 865 663	14.16

续表

年龄	年平均人口	死亡人口	死亡率	生存人数	死亡人数	生存人年数		平均余命
x	原始数据	原始数据	q_x	l_x	d_x	L_x	T_x	e_x
70	100 340	2 745	0.026 988	748 453	20 199	738 353	10 107 799	13.50
71	99 630	2 746	0.027 187	728 254	19 799	718 354	9 369 446	12.87
72	88 837	2 999	0.033 198	708 455	23 519	696 695	8 651 091	12.21
73	78 770	2 933	0.036 554	684 935	25 037	672 417	7 954 396	11.61
74	78 333	3 083	0.038 598	659 898	25 471	647 163	7 281 980	11.04
75	67 633	3 018	0.043 649	634 427	27 692	620 581	6 634 817	10.46
76	61 004	2 938	0.047 028	606 735	28 534	592 468	6 014 236	9.91
77	57 793	3 037	0.051 204	578 201	29 606	563 398	5 421 768	9.38
78	47 855	2 918	0.059 172	548 595	32 461	532 364	4 858 370	8.86
79	44 981	3 045	0.065 479	516 133	33 796	499 235	4 326 006	8.38
80	40 066	2 956	0.071 153	482 338	34 320	465 178	3 826 771	7.93
81	34 461	2 707	0.075 584	448 018	33 863	431 086	3 361 593	7.50
82	28 458	2 464	0.082 991	414 155	34 371	396 969	2 930 507	7.08
83	24 304	2 389	0.093 692	379 784	35 583	361 992	2 533 538	6.67
84	21 230	2 303	0.102 897	344 201	35 417	326 492	2 171 546	6.31
85	16 352	1 962	0.113 194	308 784	34 953	291 307	1 845 054	5.98
86	12 571	1 515	0.113 666	273 831	31 125	258 268	1 553 746	5.67
87	9 616	1 350	0.131 183	242 706	31 839	226 786	1 295 478	5.34
88	7 683	1 069	0.130 088	210 867	27 431	197 151	1 068 692	5.07
89	6 449	1 039	0.149 100	183 436	27 350	169 760	871 541	4.75
90	4 855	945	0.177 382	156 085	27 687	142 242	701 780	4.50
91	3 729	640	0.158 064	128 399	20 295	118 251	559 538	4.36
92	2 713	597	0.198 240	108 104	21 430	97 388	441 287	4.08
93	1 976	433	0.197 491	86 673	17 117	78 115	343 898	3.97
94	1 370	343	0.222 511	69 556	15 477	61 817	265 784	3.82
95	943	236	0.222 432	54 079	12 029	48 065	203 966	3.77
96	618	176	0.249 292	42 050	10 483	36 809	155 902	3.71
97	488	116	0.212 454	31 567	6 707	28 214	119 093	3.77
98	317	95	0.260 631	24 861	6 479	21 621	90 879	3.66
99	259	49	0.172 840	18 381	3 177	16 793	69 258	3.77
100+	419	142	0.289 796	15 204	4 406	52 465	52 465	3.45

资料来源：根据2005年全国人口抽样调查结果中的全国分年龄、性别死亡人口状况（2004.11.01—2005.10.31）（摘自：中国人口统计年鉴2006. 北京：中国统计出版社，2006）计算而得。

表A—2　　全国人口生命表（男性）

年龄	年平均人口	死亡人口	死亡率	生存人数	死亡人数	生存人年数		平均余命
x	原始数据	原始数据	q_x	l_x	d_x	L_x	T_x	e_x
0	103 170	1 186	0.011 430	1 000 000	11 430	994 285	73 439 000	73.44
1	96 594	120	0.001 242	988 570	1 227	987 956	72 444 715	73.28
2	99 174	93	0.000 937	987 343	925	986 880	71 456 759	72.37
3	101 295	67	0.000 661	986 417	652	986 091	70 469 879	71.44
4	108 079	54	0.000 500	985 765	492	985 519	69 483 787	70.49
5	110 172	60	0.000 544	985 273	536	985 004	68 498 269	69.52
6	113 221	68	0.000 600	984 736	591	984 441	67 513 264	68.56
7	117 599	56	0.000 476	984 145	469	983 911	66 528 823	67.60
8	121 639	56	0.000 460	983 676	453	983 450	65 544 913	66.63
9	132 528	79	0.000 596	983 224	586	982 931	64 561 463	65.66
10	132 317	74	0.000 559	982 638	549	982 363	63 578 532	64.70
11	134 726	68	0.000 505	982 088	496	981 841	62 596 169	63.74
12	146 218	78	0.000 533	981 593	523	981 331	61 614 328	62.77
13	153 430	61	0.000 397	981 069	390	980 874	60 632 997	61.80
14	175 448	80	0.000 456	980 679	447	980 456	59 652 123	60.83
15	175 794	107	0.000 608	980 232	596	979 934	58 671 667	59.85
16	154 844	120	0.000 775	979 636	759	979 256	57 691 733	58.89
17	146 854	113	0.000 769	978 877	753	978 500	56 712 477	57.94
18	125 493	146	0.001 163	978 124	1 137	977 555	55 733 976	56.98
19	105 286	127	0.001 206	976 987	1 178	976 398	54 756 421	56.05
20	93 545	120	0.001 282	975 809	1 251	975 183	53 780 023	55.11
21	92 334	112	0.001 212	974 558	1 181	973 967	52 804 840	54.18
22	103 893	149	0.001 433	973 377	1 395	972 679	51 830 872	53.25
23	110 607	124	0.001 120	971 982	1 089	971 437	50 858 193	52.32
24	98 275	125	0.001 271	970 893	1 234	970 275	49 886 756	51.38
25	107 611	129	0.001 198	969 658	1 162	969 078	48 916 481	50.45
26	107 277	129	0.001 202	968 497	1 164	967 915	47 947 403	49.51
27	105 619	148	0.001 400	967 333	1 355	966 656	46 979 488	48.57
28	111 295	167	0.001 499	965 978	1 448	965 254	46 012 833	47.63
29	121 018	208	0.001 717	964 530	1 656	963 702	45 047 579	46.70
30	128 501	191	0.001 485	962 873	1 430	962 158	44 083 877	45.78
31	139 602	237	0.001 696	961 443	1 631	960 628	43 121 719	44.85
32	149 421	261	0.001 745	959 813	1 675	958 975	42 161 091	43.93
33	153 405	259	0.001 687	958 137	1 616	957 329	41 202 116	43.00
34	164 908	322	0.001 951	956 521	1 866	955 588	40 244 787	42.07
35	164 224	332	0.002 020	954 655	1 928	953 691	39 289 198	41.16
36	178 001	361	0.002 026	952 727	1 930	951 762	38 335 507	40.24

续表

年龄	年平均人口	死亡人口	死亡率	生存人数	死亡人数	生存人年数		平均余命
x	原始数据	原始数据	q_x	l_x	d_x	L_x	T_x	e_x
37	153 378	320	0.002 084	950 797	1 982	949 806	37 383 745	39.32
38	148 654	358	0.002 405	948 815	2 282	947 674	36 433 939	38.40
39	165 919	393	0.002 366	946 533	2 239	945 413	35 486 265	37.49
40	162 053	451	0.002 779	944 294	2 624	942 982	34 540 851	36.58
41	175 180	509	0.002 901	941 669	2 732	940 303	33 597 870	35.68
42	178 220	511	0.002 863	938 937	2 688	937 593	32 657 566	34.78
43	97 773	309	0.003 155	936 249	2 954	934 772	31 719 973	33.88
44	86 019	302	0.003 505	933 295	3 271	931 659	30 785 201	32.99
45	97 185	352	0.003 615	930 024	3 362	928 343	29 853 542	32.10
46	107 531	429	0.003 982	926 661	3 690	924 817	28 925 199	31.21
47	135 447	585	0.004 310	922 972	3 978	920 983	28 000 383	30.34
48	128 633	603	0.004 677	918 994	4 298	916 845	27 079 400	29.47
49	126 770	607	0.004 777	914 696	4 369	912 511	26 162 555	28.60
50	139 350	689	0.004 932	910 327	4 490	908 082	25 250 043	27.74
51	129 768	676	0.005 196	905 837	4 707	903 484	24 341 961	26.87
52	126 402	741	0.005 845	901 130	5 267	898 497	23 438 478	26.01
53	111 018	688	0.006 178	895 863	5 535	893 096	22 539 981	25.16
54	105 011	790	0.007 495	890 329	6 673	886 992	21 646 885	24.31
55	109 507	841	0.007 650	883 656	6 760	880 275	20 759 893	23.49
56	91 745	737	0.008 001	876 895	7 016	873 387	19 879 617	22.67
57	87 169	731	0.008 351	869 879	7 264	866 247	19 006 230	21.85
58	83 533	826	0.009 840	862 615	8 488	858 371	18 139 983	21.03
59	79 193	857	0.010 763	854 127	9 193	849 530	17 281 612	20.23
60	73 069	888	0.012 079	844 934	10 206	839 830	16 432 082	19.45
61	69 053	854	0.012 291	834 727	10 260	829 597	15 592 251	18.68
62	66 281	932	0.013 963	824 467	11 512	818 711	14 762 654	17.91
63	64 195	1 012	0.015 641	812 955	12 716	806 597	13 943 943	17.15
64	65 279	1 143	0.017 357	800 240	13 890	793 295	13 137 345	16.42
65	57 746	1 145	0.019 634	786 349	15 439	778 630	12 344 051	15.70
66	58 112	1 166	0.019 865	770 911	15 314	763 253	11 565 421	15.00
67	58 290	1 344	0.022 794	755 596	17 223	746 985	10 802 167	14.30
68	54 786	1 416	0.025 516	738 373	18 841	728 953	10 055 183	13.62
69	55 241	1 665	0.029 693	719 532	21 365	708 850	9 326 230	12.96
70	49 533	1 665	0.033 058	698 167	23 080	686 627	8 617 380	12.34
71	49 697	1 657	0.032 795	675 087	22 140	664 017	7 930 753	11.75
72	43 663	1 772	0.039 776	652 947	25 972	639 961	7 266 736	11.13
73	38 700	1 691	0.042 761	626 975	26 810	613 570	6 626 775	10.57

续表

年龄	年平均人口	死亡人口	死亡率	生存人数	死亡人数	生存人年数		平均余命
x	原始数据	原始数据	q_x	l_x	d_x	L_x	T_x	e_x
74	38 156	1 827	0.046 763	600 165	28 065	586 133	6 013 205	10.02
75	32 344	1 735	0.052 241	572 100	29 887	557 156	5 427 072	9.49
76	28 543	1 603	0.054 627	542 213	29 619	527 403	4 869 916	8.98
77	26 968	1 663	0.059 821	512 593	30 664	497 261	4 342 513	8.47
78	22 034	1 614	0.070 662	481 929	34 054	464 902	3 845 251	7.98
79	19 947	1 566	0.075 543	447 875	33 834	430 958	3 380 349	7.55
80	17 557	1 532	0.083 611	414 041	34 618	396 732	2 949 390	7.12
81	14 825	1 371	0.088 392	379 423	33 538	362 654	2 552 658	6.73
82	11 889	1 201	0.096 161	345 885	33 261	329 255	2 190 004	6.33
83	9 924	1 162	0.110 614	312 625	34 581	295 334	1 860 749	5.95
84	8 367	1 025	0.115 434	278 044	32 096	261 996	1 565 415	5.63
85	6 153	883	0.133 899	245 948	32 932	229 482	1 303 419	5.30
86	4 614	657	0.132 929	213 016	28 316	198 858	1 073 937	5.04
87	3 351	547	0.150 917	184 700	27 874	170 763	875 078.7	4.74
88	2 671	449	0.155 068	156 825	24 319	144 666	704 315.9	4.49
89	2 045	389	0.173 699	132 507	23 016	120 999	559 649.8	4.22
90	1 579	364	0.206 701	109 490	22 632	98 175	438 651.1	4.01
91	1 134	216	0.173 913	86 859	15 106	79 306	340 476.5	3.92
92	832	205	0.219 369	71 753	15 740	63 883	261 170.7	3.64
93	590	141	0.213 475	56 013	11 957	50 034	197 288	3.52
94	376	88	0.209 524	44 055	9 231	39 440	147 254.2	3.34
95	242	72	0.258 993	34 825	9 019	30 315	107 814.2	3.10
96	138	50	0.306 748	25 805	7 916	21 847	77 499.22	3.00
97	106	30	0.247 934	17 890	4 435	15 672	55 651.78	3.11
98	78	29	0.313 514	13 454	4 218	11 345	39 979.92	2.97
99	68	21	0.267 516	9 236	2 471	8 001	28 634.81	3.10
100+	102	40	0.327 869	6 765	6 765	20 634.12	20 634.12	3.05

资料来源：根据 2005 年全国人口抽样调查结果中的全国分年龄、性别死亡人口状况（2004.11.01—2005.10.31）（摘自：中国人口统计年鉴 2006. 北京：中国统计出版社，2006）计算而得。

表 A—3　　　　全国人口生命表（女性）

年龄	年平均人口	死亡人口	死亡率	生存人数	死亡人数	生存人年数		平均余命
x	原始数据	原始数据	q_x	l_x	d_x	L_x	T_x	e_x
0	85 404	1 231	0.014 311	1 000 000	14 311	992 845	78 254 903	78.25
1	76 778	113	0.001 471	985 689	1 450	984 964	77 262 058	78.38
2	79 931	70	0.000 875	984 240	862	983 809	76 277 094	77.50
3	82 562	45	0.000 545	983 378	536	983 110	75 293 285	76.57
4	88 628	45	0.000 508	982 842	499	982 593	74 310 175	75.61

续表

年龄	年平均人口	死亡人口	死亡率	生存人数	死亡人数	生存人年数		平均余命
x	原始数据	原始数据	q_x	l_x	d_x	L_x	T_x	e_x
5	91 505	49	0.000 535	982 343	526	982 080	73 327 582	74.65
6	94 416	23	0.000 244	981 817	239	981 698	72 345 502	73.69
7	98 436	18	0.000 183	981 578	179	981 489	71 363 804	72.70
8	103 550	24	0.000 232	981 399	227	981 285	70 382 315	71.72
9	112 910	29	0.000 257	981 171	252	981 045	69 401 030	70.73
10	114 277	26	0.000 227	980 919	223	980 808	68 419 985	69.75
11	118 927	36	0.000 303	980 696	297	980 548	67 439 177	68.77
12	128 379	36	0.000 280	980 399	275	980 262	66 458 629	67.79
13	136 259	33	0.000 242	980 125	237	980 006	65 478 367	66.81
14	155 304	48	0.000 309	979 887	303	979 736	64 498 361	65.82
15	159 681	50	0.000 313	979 584	307	979 431	63 518 625	64.84
16	142 241	56	0.000 394	979 278	385	979 085	62 539 194	63.86
17	138 374	63	0.000 455	978 892	446	978 669	61 560 109	62.89
18	119 925	60	0.000 500	978 447	489	978 202	60 581 440	61.92
19	103 829	61	0.000 587	977 957	574	977 670	59 603 238	60.95
20	99 451	47	0.000 472	977 383	462	977 152	58 625 568	59.98
21	101 725	54	0.000 531	976 921	518	976 662	57 648 416	59.01
22	113 155	69	0.000 610	976 403	595	976 105	56 671 754	58.04
23	119 600	52	0.000 435	975 807	424	975 595	55 695 649	57.08
24	106 783	55	0.000 515	975 383	502	975 132	54 720 054	56.10
25	115 252	80	0.000 694	974 881	676	974 543	53 744 921	55.13
26	113 871	57	0.000 500	974 205	488	973 961	52 770 379	54.17
27	110 544	58	0.000 525	973 717	511	973 462	51 796 418	53.19
28	115 952	61	0.000 526	973 206	512	972 950	50 822 956	52.22
29	126 327	93	0.000 736	972 694	716	972 336	49 850 006	51.25
30	133 869	85	0.000 635	971 979	617	971 670	48 877 669	50.29
31	144 698	94	0.000 649	971 362	631	971 046	47 905 999	49.32
32	153 716	136	0.000 884	970 731	858	970 302	46 934 953	48.35
33	157 343	136	0.000 864	969 872	838	969 453	45 964 652	47.39
34	169 285	147	0.000 868	969 034	841	968 614	44 995 198	46.43
35	169 913	143	0.000 841	968 193	814	967 786	44 026 584	45.47
36	183 370	194	0.001 057	967 379	1 023	966 867	43 058 798	44.51
37	158 828	186	0.001 170	966 356	1 131	965 790	42 091 931	43.56
38	153 068	157	0.001 025	965 225	990	964 730	41 126 141	42.61
39	168 958	203	0.001 201	964 235	1 158	963 656	40 161 411	41.65
40	164 217	180	0.001 096	963 078	1 055	962 550	39 197 754	40.70
41	177 276	236	0.001 330	962 022	1 280	961 383	38 235 204	39.74

续表

年龄	年平均人口	死亡人口	死亡率	生存人数	死亡人数	生存人年数		平均余命
x	原始数据	原始数据	q_x	l_x	d_x	L_x	T_x	e_x
42	177 644	201	0.001 131	960 743	1 086	960 199	37 273 822	38.80
43	100 442	157	0.001 562	959 656	1 499	958 907	36 313 622	37.84
44	87 943	136	0.001 545	958 157	1 481	957 417	35 354 716	36.90
45	96 175	172	0.001 787	956 677	1 709	955 822	34 397 299	35.95
46	105 700	215	0.002 032	954 967	1 940	953 997	33 441 477	35.02
47	131 737	265	0.002 010	953 027	1 915	952 069	32 487 480	34.09
48	128 958	335	0.002 594	951 112	2 468	949 878	31 535 410	33.16
49	126 735	310	0.002 443	948 644	2 318	947 485	30 585 532	32.24
50	135 300	401	0.002 959	946 327	2 801	944 926	29 638 047	31.32
51	127 612	352	0.002 755	943 526	2 599	942 226	28 693 121	30.41
52	125 083	404	0.003 225	940 927	3 034	939 410	27 750 894	29.49
53	111 375	383	0.003 433	937 893	3 220	936 283	26 811 485	28.59
54	102 678	427	0.004 150	934 673	3 879	932 734	25 875 202	27.68
55	103 604	409	0.003 940	930 794	3 667	928 961	24 942 468	26.80
56	88 540	435	0.004 901	927 127	4 544	924 855	24 013 507	25.90
57	83 229	423	0.005 069	922 583	4 677	920 245	23 088 652	25.03
58	80 267	455	0.005 653	917 906	5 189	915 312	22 168 408	24.15
59	77 112	527	0.006 811	912 718	6 216	909 609	21 253 096	23.29
60	69 177	525	0.007 561	906 501	6 854	903 074	20 343 487	22.44
61	65 244	506	0.007 726	899 647	6 950	896 172	19 440 413	21.61
62	62 847	578	0.009 155	892 697	8 172	888 611	18 544 240	20.77
63	60 978	603	0.009 840	884 525	8 704	880 173	17 655 629	19.96
64	62 182	657	0.010 510	875 821	9 205	871 218	16 775 457	19.15
65	56 376	671	0.011 832	866 616	10 254	861 489	15 904 238	18.35
66	55 075	703	0.012 683	856 362	10 862	850 931	15 042 750	17.57
67	55 346	825	0.014 796	845 500	12 510	839 245	14 191 818	16.79
68	53 201	881	0.016 424	832 990	13 681	826 150	13 352 573	16.03
69	55 973	1 097	0.019 409	819 310	15 902	811 359	12 526 423	15.29
70	50 807	1 080	0.021 033	803 408	16 898	794 959	11 715 064	14.58
71	49 933	1 090	0.021 594	786 510	16 984	778 018	10 920 105	13.88
72	45 174	1 227	0.026 798	769 526	20 622	759 215	10 142 088	13.18
73	40 070	1 243	0.030 547	748 904	22 877	737 466	9 382 872	12.53
74	40 177	1 256	0.030 781	726 028	22 348	714 854	8 645 406	11.91
75	35 290	1 283	0.035 707	703 680	25 126	691 117	7 930 552	11.27
76	32 461	1 335	0.040 298	678 554	27 344	664 882	7 239 435	10.67
77	30 825	1 374	0.043 602	651 210	28 394	637 013	6 574 553	10.10
78	25 821	1 304	0.049 258	622 816	30 678	607 476	5 937 540	9.53

续表

年龄	年平均人口	死亡人口	死亡率	生存人数	死亡人数	生存人年数		平均余命
x	原始数据	原始数据	q_x	l_x	d_x	L_x	T_x	e_x
79	25 034	1 478	0.057 347	592 137	33 957	575 159	5 330 064	9.00
80	22 509	1 423	0.061 282	558 180	34 206	541 077	4 754 905	8.52
81	19 635	1 336	0.065 803	523 973	34 479	506 734	4 213 829	8.04
82	16 569	1 264	0.073 484	489 494	35 970	471 509	3 707 095	7.57
83	14 380	1 226	0.081 771	453 524	37 085	434 982	3 235 585	7.13
84	12 863	1 278	0.094 653	416 439	39 417	396 730	2 800 604	6.73
85	10 200	1 080	0.100 559	377 022	37 913	358 066	2 403 873	6.38
86	7 957	858	0.102 313	339 109	34 695	321 761	20 458 08	6.03
87	6 265	803	0.120 453	304 414	36 668	286 080	17 240 46	5.66
88	5 012	620	0.116 498	267 746	31 192	252 150	14 379 66	5.37
89	4 403	650	0.137 479	236 554	32 521	220 294	11 858 16	5.01
90	3 276	581	0.162 905	204 033	33 238	187 414	965 522	4.73
91	2 595	424	0.151 051	170 795	25 799	157 896	778 108	4.56
92	1 881	391	0.188 298	144 996	27 302	131 345	620 212	4.28
93	1 386	292	0.190 601	117 694	22 433	106 478	488 867	4.15
94	993	255	0.227 577	95 261	21 679	84 422	382 389	4.01
95	701	164	0.209 451	73 582	15 412	65 876	297 968	4.05
96	480	126	0.232 044	58 170	13 498	51 421	232 091	3.99
97	382	86	0.202 353	44 672	9 040	40 152	180 670	4.04
98	239	66	0.242 647	35 633	8 646	31 310	140 518	3.94
99	191	28	0.136 585	26 986	3 686	25 144	109 208	4.05
100+	317	102	0.277 174	23 301	23 301	84 065	84 065	3.61

资料来源：根据2005年全国人口抽样调查结果中的全国分年龄、性别死亡人口状况（2004.11.01—2005.10.31）（摘自：中国人口统计年鉴2006. 北京：中国统计出版社，2006）计算而得。

表A—4　　2005—2070年全国分年龄人口测算表　　单位：万人

年份	2005	2006	2007	2008	2009	2010	2011	2012
总计	130 756.0	131 486.5	132 155.5	132 780.9	133 381.5	133 973.8	134 620.2	135 274.2
增长率（%）	—	0.56	0.51	0.47	0.45	0.44	0.48	0.49
0	1 596.4	1 562.5	1 535.8	1 527.2	1 537.2	1 564.4	1 653.0	1 695.8
1	1 374.9	1 594.3	1 560.4	1 533.7	1 525.1	1 535.1	1 562.2	1 650.8
2	1 330.4	1 373.7	1 592.8	1 559.0	1 532.3	1 523.7	1 533.7	1 560.8
3	1 380.0	1 329.6	1 372.8	1 591.8	1 558.1	1 531.4	1 522.8	1 532.8
4	1 489.9	1 379.3	1 328.9	1 372.1	1 591.0	1 557.3	1 530.6	1 522.0
5	1 541.1	1 489.1	1 378.6	1 328.2	1 371.4	1 590.2	1 556.5	1 529.8
6	1 501.9	1 540.4	1 488.4	1 378.0	1 327.6	1 370.8	1 589.5	1 555.8
7	1 672.3	1 501.3	1 539.9	1 487.9	1 377.5	1 327.2	1 370.3	1 588.9
8	1 693.2	1 671.7	1 500.8	1 539.3	1 487.4	1 377.0	1 326.7	1 369.8

续表

年份	2005	2006	2007	2008	2009	2010	2011	2012
9	1 751.9	1 692.4	1 671.0	1 500.1	1 538.6	1 486.7	1 376.4	1 326.1
10	1 963.9	1 751.2	1 691.8	1 670.3	1 499.5	1 538.0	1 486.1	1 375.8
11	1 870.0	1 963.1	1 750.4	1 691.1	1 669.6	1 498.9	1 537.4	1 485.5
12	2 079.8	1 869.3	1 962.3	1 749.7	1 690.3	1 668.9	1 498.3	1 536.7
13	2 146.9	2 079.1	1 868.6	1 961.6	1 749.1	1 689.8	1 668.4	1 497.8
14	2 350.8	2 146.1	2 078.3	1 867.9	1 960.9	1 748.5	1 689.1	1 667.7
15	2 662.9	2 349.7	2 145.1	2 077.4	1 867.0	1 960.0	1 747.6	1 688.3
16	2 424.9	2 661.3	2 348.3	2 143.8	2 076.1	1 865.9	1 958.8	1 746.6
17	2 143.2	2 423.4	2 659.7	2 346.8	2 142.5	2 074.8	1 864.8	1 957.6
18	2 148.7	2 141.4	2 421.4	2 657.4	2 344.8	2 140.7	2 073.1	1 863.2
19	1 725.4	2 146.7	2 139.5	2 419.2	2 655.0	2 342.7	2 138.7	2 071.2
20	1 515.2	1 723.8	2 144.8	2 137.6	2 417.0	2 652.6	2 340.6	2 136.8
21	1 475.7	1 513.9	1 722.3	2 142.9	2 135.7	2 414.9	2 650.3	2 338.5
22	1 530.8	1 474.2	1 512.4	1 720.6	2 140.7	2 133.5	2 412.4	2 647.5
23	1 814.3	1 529.6	1 473.1	1 511.2	1 719.2	2 139.0	2 131.8	2 410.4
24	1 639.5	1 812.7	1 528.3	1 471.8	1 509.9	1 717.7	2 137.1	2 129.9
25	1 622.3	1 638.0	1 811.0	1 526.8	1 470.4	1 508.4	1 716.0	2 135.1
26	1 720.5	1 620.9	1 636.6	1 809.5	1 525.5	1 469.2	1 507.2	1 714.6
27	1 708.1	1 718.9	1 619.4	1 635.1	1 807.8	1 524.1	1 467.8	1 505.7
28	1 647.3	1 706.4	1 717.2	1 617.8	1 633.4	1 806.0	1 522.6	1 466.4
29	1 843.1	1 645.3	1 704.3	1 715.1	1 615.9	1 631.5	1 803.8	1 520.8
30	1 938.0	1 841.2	1 643.5	1 702.5	1 713.3	1 614.2	1 629.8	1 802.0
31	2 137.1	1 935.7	1 839.1	1 641.6	1 700.5	1 711.3	1 612.3	1 627.9
32	2 247.3	2 134.3	1 933.2	1 836.7	1 639.5	1 698.3	1 709.1	1 610.2
33	2 345.9	2 244.5	2 131.6	1 930.7	1 834.3	1 637.4	1 696.2	1 706.9
34	2 454.4	2 342.6	2 241.3	2 128.6	1 928.0	1 831.8	1 635.1	1 693.8
35	2 702.9	2 450.9	2 339.3	2 238.1	2 125.6	1 925.3	1 829.2	1 632.8
36	2 501.7	2 698.7	2 447.2	2 335.7	2 234.7	2 122.3	1 922.3	1 826.4
37	2 758.7	2 497.7	2 694.3	2 443.2	2 331.9	2 231.1	2 118.9	1 919.2
38	2 228.5	2 754.0	2 493.4	2 689.8	2 439.0	2 327.9	2 227.3	2 115.3
39	2 511.6	2 224.5	2 749.1	2 489.0	2 685.0	2 434.7	2 323.8	2 223.3
40	2 571.8	2 506.7	2 220.3	2 743.8	2 484.2	2 679.8	2 430.0	2 319.4
41	2 462.6	2 566.3	2 501.4	2 215.6	2 738.1	2 479.0	2 674.2	2 424.9
42	2 916.2	2 457.7	2 561.2	2 496.5	2 211.2	2 732.7	2 474.1	2 668.9
43	2 183.1	2 909.3	2 452.0	2 555.2	2 490.6	2 206.0	2 726.3	2 468.3
44	1 215.2	2 177.6	2 902.0	2 445.8	2 548.8	2 484.4	2 200.5	2 719.4
45	1 549.1	1 212.0	2 171.7	2 894.2	2 439.2	2 541.9	2 477.7	2 194.6
46	1 414.9	1 544.4	1 208.4	2 165.2	2 885.5	2 431.9	2 534.3	2 470.3

续表

年份	2005	2006	2007	2008	2009	2010	2011	2012
47	1 845.7	1 410.4	1 539.5	1 204.6	2 158.4	2 876.4	2 424.3	2 526.3
48	2 098.2	1 839.0	1 405.2	1 533.9	1 200.2	2 150.6	2 865.9	2 415.5
49	1 917.0	2 090.6	1 832.3	1 400.2	1 528.4	1 195.9	2 142.8	2 855.6
50	2 093.1	1 909.4	2 082.3	1 825.1	1 394.6	1 522.4	1 191.2	2 134.4
51	2 033.4	2 084.8	1 901.9	2 074.0	1 817.8	1 389.1	1 516.4	1 186.5
52	1 884.2	2 024.2	2 075.3	1 893.3	2 064.6	1 809.6	1 382.8	1 509.5
53	1 893.9	1 875.2	2 014.5	2 065.3	1 884.2	2 054.6	1 800.9	1 376.1
54	1 605.2	1 882.8	1 864.2	2 002.7	2 053.2	1 873.3	2 042.7	1 790.4
55	1 609.1	1 595.9	1 871.9	1 853.4	1 991.1	2 041.3	1 862.5	2 030.8
56	1 545.1	1 598.7	1 585.6	1 859.8	1 841.5	1 978.3	2 028.1	1 850.5
57	1 324.8	1 534.6	1 587.9	1 574.9	1 847.3	1 829.1	1 965.0	2 014.5
58	1 304.7	1 314.5	1 522.6	1 575.6	1 562.7	1 833.0	1 815.0	1 949.8
59	1 190.1	1 293.1	1 302.9	1 509.2	1 561.7	1 549.0	1 816.9	1 799.1
60	1 158.3	1 178.4	1 280.4	1 290.1	1 494.3	1 546.4	1 533.8	1 799.1
61	1 062.2	1 146.7	1 166.6	1 267.5	1 277.2	1 479.2	1 530.9	1 518.5
62	993.7	1 049.9	1 133.4	1 153.1	1 252.8	1 262.4	1 462.1	1 513.2
63	959.2	981.0	1 036.4	1 118.9	1 138.3	1 236.8	1 246.3	1 443.3
64	958.7	945.8	967.2	1 021.9	1 103.3	1 122.5	1 219.5	1 228.9
65	976.8	943.4	930.9	951.9	1 005.7	1 085.9	1 104.8	1 200.3
66	800.2	960.8	928.0	915.7	936.4	989.3	1 068.3	1 086.8
67	888.6	785.1	942.8	910.4	898.4	918.8	970.6	1 048.2
68	845.9	869.9	768.6	923.0	891.2	879.6	899.5	950.2
69	814.9	825.0	848.4	749.7	900.4	869.3	858.0	877.4
70	831.1	792.9	802.6	825.4	729.4	876.1	845.7	834.8
71	714.2	808.6	771.3	780.8	802.9	709.5	852.3	822.7
72	745.9	690.5	781.8	745.7	754.8	776.2	686.0	824.1
73	630.3	718.6	665.3	753.2	718.4	727.1	747.7	660.9
74	560.4	605.9	690.8	639.6	724.2	690.7	699.0	718.8
75	585.5	535.8	579.4	660.6	611.7	692.6	660.5	668.3
76	457.0	557.9	510.5	552.1	629.4	582.9	659.9	629.4
77	453.4	433.6	529.2	484.3	523.8	597.0	553.0	626.1
78	393.6	426.5	408.0	497.8	455.5	492.7	561.5	520.2
79	323.8	367.7	398.5	381.1	465.0	425.5	460.2	524.5
80	336.3	300.7	341.4	370.0	353.9	431.7	395.0	427.3
81	264.1	310.8	277.9	315.5	341.9	327.1	398.9	364.9
82	225.4	242.1	285.0	254.7	289.1	313.4	299.7	365.5
83	193.1	204.2	219.3	258.2	230.7	261.8	283.8	271.5
84	165.8	173.1	183.1	196.7	231.5	206.8	234.7	254.4

续表

年份	2005	2006	2007	2008	2009	2010	2011	2012
85	136.8	146.9	153.4	162.2	174.2	205.1	183.1	207.7
86	100.5	121.2	130.1	135.8	143.6	154.2	181.6	162.1
87	79.3	87.2	105.3	112.9	117.8	124.6	133.8	157.5
88	62.2	69.0	75.9	91.5	98.1	102.4	108.2	116.2
89	47.7	52.8	58.6	64.5	77.8	83.3	86.9	91.9
90	39.5	39.2	43.4	48.2	53.0	63.9	68.5	71.4
91	29.4	33.3	33.0	36.6	40.6	44.6	53.8	57.6
92	22.1	23.6	26.7	26.5	29.3	32.6	35.8	43.1
93	16.4	17.7	18.9	21.4	21.2	23.5	26.1	28.7
94	10.7	12.7	13.8	14.7	16.7	16.5	18.3	20.3
95	8.0	8.3	9.9	10.7	11.4	12.9	12.8	14.2
96	5.0	6.0	6.2	7.4	8.0	8.5	9.7	9.5
97	3.4	3.9	4.7	4.9	5.8	6.3	6.7	7.6
98	2.6	2.5	2.0	3.5	3.6	4.3	4.6	4.9
99	1.8	2.2	2.1	2.4	2.9	3.0	3.5	3.9
100+	3.6	3.9	4.3	4.6	5.0	5.7	6.2	6.9

年份	2013	2014	2015	2016	2017	2018	2019	2020
总计	135 922.9	136 553.0	137 148.1	137 742.7	138 275.8	138 740.0	139 129.1	139 436.7
增长率（%）	0.48	0.46	0.44	0.43	0.39	0.34	0.28	0.22
0	1 725.2	1 741.4	1 741.1	1 775.0	1 749.3	1 714.0	1 673.3	1 626.6
1	1 693.6	1 722.9	1 739.1	1 738.8	1 772.6	1 746.9	1 711.7	1 671.1
2	1 649.3	1 692.0	1 721.3	1 737.5	1 737.2	1 771.0	1 745.3	1 710.1
3	1 559.9	1 648.3	1 691.0	1 720.2	1 736.4	1 736.2	1 769.9	1 744.3
4	1 532.0	1 559.1	1 647.4	1 690.1	1 719.4	1 735.6	1 735.3	1 769.1
5	1 521.2	1 531.2	1 558.2	1 646.5	1 689.2	1 718.5	1 734.6	1 734.3
6	1 529.1	1 520.5	1 530.5	1 557.6	1 645.8	1 688.5	1 717.7	1 733.9
7	1 555.2	1 528.6	1 520.0	1 530.0	1 557.0	1 645.3	1 687.9	1 717.1
8	1 588.4	1 554.7	1 528.1	1 519.5	1 529.4	1 556.5	1 644.7	1 687.3
9	1 369.2	1 587.7	1 554.0	1 527.4	1 518.8	1 528.8	1 555.8	1 644.0
10	1 325.6	1 368.6	1 587.0	1 553.4	1 526.8	1 518.2	1 528.1	1 555.2
11	1 375.3	1 325.0	1 368.1	1 586.4	1 552.7	1 526.1	1 517.6	1 527.5
12	1 484.9	1 374.7	1 324.5	1 367.5	1 585.7	1 552.1	1 525.5	1 516.9
13	1 536.2	1 484.4	1 374.2	1 324.0	1 367.1	1 585.2	1 551.6	1 525.0
14	1 497.2	1 535.6	1 483.8	1 373.7	1 323.5	1 366.5	1 584.6	1 551.0
15	1 666.9	1 496.5	1 534.9	1 483.1	1 373.1	1 322.9	1 365.9	1 583.8
16	1 687.3	1 665.9	1 495.6	1 534.0	1 482.2	1 372.2	1 322.1	1 365.0
17	1 745.5	1 686.3	1 664.9	1 494.7	1 533.0	1 481.3	1 371.4	1 321.2
18	1 955.9	1 744.0	1 684.8	1 663.5	1 493.4	1 531.7	1 480.0	1 370.2

续表

年份	2013	2014	2015	2016	2017	2018	2019	2020
19	1 861.5	1 954.1	1 742.4	1 683.3	1 661.9	1 492.0	1 530.3	1 478.6
20	2 069.3	1 859.8	1 952.3	1 740.8	1 681.7	1 660.4	1 490.6	1 528.9
21	2 134.9	2 067.5	1 858.1	1 950.6	1 739.2	1 680.2	1 658.9	1 489.3
22	2 336.0	2 132.6	2 065.3	1 856.2	1 948.5	1 737.4	1 678.5	1 657.2
23	2 645.4	2 334.2	2 130.9	2 063.6	1 854.7	1 946.9	1 736.0	1 677.1
24	2 408.2	2 643.0	2 332.0	2 129.0	2 061.7	1 853.0	1 945.2	1 734.4
25	2 127.8	2 405.9	2 640.5	2 329.8	2 126.9	2 059.8	1 851.2	1 943.3
26	2 133.2	2 126.0	2 403.9	2 638.2	2 327.8	2 125.1	2 058.0	1 849.6
27	1 712.9	2 131.2	2 123.9	2 401.5	2 635.6	2 325.5	2 123.0	2 055.9
28	1 504.2	1 711.1	2 129.0	2 121.7	2 399.0	2 632.8	2 323.1	2 120.8
29	1 464.6	1 502.4	1 709.0	2 126.3	2 119.1	2 396.0	2 629.5	2 320.1
30	1 519.2	1 463.1	1 500.8	1 707.2	2 124.1	2 116.8	2 393.4	2 626.7
31	1 799.9	1 517.4	1 461.4	1 499.0	1 705.2	2 121.5	2 114.3	2 390.6
32	1 625.8	1 797.6	1 515.5	1 459.5	1 497.1	1 702.9	2 118.7	2 111.5
33	1 608.2	1 623.7	1 795.3	1 513.6	1 457.7	1 495.2	1 700.8	2 116.0
34	1 704.6	1 606.0	1 621.5	1 792.8	1 511.5	1 455.7	1 493.1	1 698.4
35	1 691.4	1 702.1	1 603.7	1 619.2	1 790.3	1 509.4	1 453.6	1 491.0
36	1 630.3	1 688.8	1 699.5	1 601.3	1 616.7	1 787.6	1 507.1	1 451.4
37	1 823.4	1 627.7	1 686.1	1 696.8	1 598.7	1 614.1	1 784.7	1 504.6
38	1 916.0	1 820.3	1 624.9	1 683.3	1 693.9	1 596.1	1 611.4	1 781.7
39	2 111.6	1 912.6	1 817.1	1 622.0	1 680.3	1 690.9	1 593.3	1 608.6
40	2 219.1	2 107.5	1 908.9	1 813.6	1 618.9	1 677.1	1 687.7	1 590.2
41	2 314.5	2 214.4	2 103.1	1 904.9	1 809.9	1 615.5	1 673.6	1 684.2
42	2 420.1	2 309.9	2 210.0	2 099.0	1 901.1	1 806.3	1 612.4	1 670.3
43	2 662.6	2 414.4	2 304.5	2 204.9	2 094.1	1 896.7	1 802.1	1 608.6
44	2 462.1	2 656.0	2 408.4	2 298.7	2 199.4	2 088.8	1 891.9	1 797.6
45	2 712.1	2 455.5	2 648.8	2 401.9	2 292.6	2 193.5	2 083.3	1 886.8
46	2 188.0	2 704.0	2 448.2	2 640.9	2 394.7	2 285.7	2 186.9	2 077.1
47	2 462.6	2 181.2	2 695.6	2 440.5	2 632.7	2 387.2	2 278.6	2 180.1
48	2 517.1	2 453.7	2 173.3	2 685.8	2 431.7	2 623.2	2 378.6	2 270.3
49	2 406.9	2 508.1	2 444.9	2 165.5	2 676.2	2 423.0	2 613.8	2 370.1
50	2 844.3	2 397.4	2 498.2	2 435.3	2 157.0	2 665.7	2 413.5	2 603.5
51	2 126.0	2 833.1	2 387.9	2 488.3	2 425.7	2 148.5	2 655.2	2 404.0
52	1 181.2	2 116.4	2 820.3	2 377.2	2 477.1	2 414.7	2 138.9	2 643.3
53	1 502.3	1 175.6	2 106.2	2 806.7	2 365.8	2 465.3	2 403.2	2 128.7
54	1 368.1	1 493.5	1 168.8	2 094.0	2 790.5	2 352.2	2 451.0	2 389.3
55	1 780.0	1 360.2	1 484.9	1 162.1	2 082.0	2 774.4	2 338.6	2 436.9
56	2 017.7	1 768.5	1 351.4	1 475.4	1 154.7	2 068.6	2 756.5	2 323.7

续表

年份	2013	2014	2015	2016	2017	2018	2019	2020
57	1 838.1	2 004.2	1 756.7	1 342.3	1 465.5	1 147.0	2 054.8	2 738.1
58	1 998.8	1 824.0	1 988.7	1 743.1	1 331.9	1 454.2	1 138.2	2 039.0
59	1 932.7	1 981.3	1 808.0	1 971.2	1 727.8	1 320.3	1 441.5	1 128.3
60	1 781.4	1 913.7	1 961.8	1 790.4	1 951.9	1 710.9	1 307.3	1 427.4
61	1 781.2	1 763.6	1 894.6	1 942.2	1 772.6	1 932.4	1 693.8	1 294.3
62	1 501.0	1 760.6	1 743.3	1 872.8	1 919.7	1 752.2	1 910.1	1 674.3
63	1 493.9	1 481.9	1 738.3	1 721.2	1 849.0	1 895.3	1 730.1	1 885.8
64	1 423.2	1 473.1	1 461.4	1 714.1	1 697.3	1 823.3	1 869.0	1 706.2
65	1 209.6	1 400.7	1 450.0	1 438.5	1 687.3	1 670.7	1 794.8	1 839.7
66	1 180.8	1 190.0	1 377.9	1 426.4	1 415.2	1 660.0	1 643.7	1 765.7
67	1 066.4	1 158.6	1 167.6	1 351.9	1 399.7	1 388.7	1 629.0	1 613.0
68	1 026.2	1 044.1	1 134.3	1 143.2	1 323.6	1 370.5	1 359.8	1 595.0
69	926.8	1 001.1	1 018.6	1 106.5	1 115.3	1 291.1	1 337.0	1 326.7
70	853.7	901.8	974.1	991.1	1 076.7	1 085.3	1 256.2	1 301.1
71	812.1	830.5	877.3	947.8	964.3	1 047.6	1 056.0	1 222.2
72	795.3	785.2	803.0	848.1	916.4	932.4	1 012.9	1 021.1
73	794.0	766.2	756.5	773.7	817.1	883.0	898.5	976.0
74	635.4	763.4	736.5	727.4	743.9	785.6	849.1	864.0
75	687.3	607.6	730.1	704.3	695.6	711.4	751.2	812.1
76	636.7	654.8	578.9	695.7	671.0	662.8	677.9	715.8
77	597.1	604.0	621.1	549.2	660.1	636.5	628.8	643.1
78	588.9	561.6	568.1	584.2	516.6	621.0	598.6	591.5
79	486.0	550.2	524.7	530.6	545.6	482.6	580.2	559.1
80	486.9	451.2	510.8	487.1	492.5	506.5	448.0	538.7
81	394.7	449.8	416.9	472.0	450.0	455.0	467.9	413.9
82	334.3	361.7	412.1	382.1	432.5	412.4	416.8	428.7
83	330.9	302.7	327.5	373.1	346.0	391.7	373.4	377.3
84	243.3	296.6	271.3	293.5	334.4	310.1	351.1	334.7
85	225.2	215.4	262.5	240.1	259.8	295.9	274.5	310.8
86	183.8	199.3	190.7	232.3	212.4	229.9	261.8	242.9
87	140.6	159.4	172.8	165.4	201.4	184.1	199.3	227.0
88	136.8	122.1	138.4	150.1	143.6	174.8	159.8	173.0
89	98.7	116.2	103.6	117.4	127.3	121.8	148.2	135.5
90	75.5	81.0	95.4	85.0	96.3	104.5	100.0	121.6
91	60.0	63.5	68.1	80.2	71.5	81.0	87.8	84.0
92	46.1	48.1	50.8	54.6	64.2	57.2	64.8	70.3
93	34.6	37.0	38.6	40.8	43.7	51.5	45.9	52.0
94	22.3	26.9	28.8	30.0	31.7	34.1	40.1	35.7

续表

年份	2013	2014	2015	2016	2017	2018	2019	2020
95	15.8	17.3	20.9	22.3	23.2	24.5	26.4	31.0
96	10.6	11.8	12.9	15.5	16.6	17.3	18.3	19.6
97	7.5	8.3	9.2	10.1	12.2	13.0	13.6	14.3
98	5.6	5.5	6.1	6.8	7.5	9.0	9.6	10.0
99	4.1	4.7	4.6	5.1	5.7	6.2	7.5	8.0
100+	7.7	8.4	9.4	10.0	10.7	11.7	12.8	14.4
年份	2021	2022	2023	2024	2025	2026	2027	2028
总计	139 677.4	139 828.9	139 890.9	139 862.8	139 748.7	139 562.1	139 311.2	139 005.3
增长率（%）	0.17	0.11	0.04	−0.02	−0.08	−0.13	−0.18	−0.22
0	1 593.2	1 541.1	1 486.0	1 431.2	1 382.5	1 344.6	1 318.1	1 298.2
1	1 624.4	1 591.0	1 539.1	1 484.0	1 429.2	1 380.6	1 342.8	1 316.3
2	1 669.5	1 622.9	1 589.6	1 537.7	1 482.6	1 427.9	1 379.3	1 341.6
3	1 709.1	1 668.5	1 621.9	1 588.6	1 536.7	1 481.7	1 427.1	1 378.5
4	1 743.4	1 708.2	1 667.7	1 621.1	1 587.8	1 535.9	1 481.0	1 426.3
5	1 768.1	1 742.4	1 707.3	1 666.8	1 620.2	1 587.0	1 535.1	1 480.2
6	1 733.6	1 767.3	1 741.7	1 706.6	1 666.1	1 619.5	1 586.3	1 534.4
7	1 733.3	1 733.0	1 766.7	1 741.1	1 706.0	1 665.5	1 619.0	1 585.7
8	1 716.5	1 732.7	1 732.4	1 766.1	1 740.5	1 705.4	1 664.9	1 618.4
9	1 686.6	1 715.7	1 731.9	1 731.6	1 765.3	1 739.7	1 704.6	1 664.2
10	1 643.3	1 685.9	1 715.1	1 731.2	1 730.9	1 764.6	1 739.0	1 703.9
11	1 554.5	1 642.6	1 685.2	1 714.3	1 730.5	1 730.2	1 763.9	1 738.3
12	1 526.9	1 553.9	1 641.9	1 684.5	1 713.6	1 729.8	1 729.5	1 763.1
13	1 516.4	1 526.4	1 553.4	1 641.4	1 683.9	1 713.1	1 729.2	1 728.9
14	1 524.4	1 515.8	1 525.8	1 552.8	1 640.8	1 683.3	1 712.4	1 728.5
15	1 550.2	1 523.7	1 515.1	1 525.1	1 552.0	1 640.0	1 682.5	1 711.6
16	1 582.9	1 549.3	1 522.8	1 514.2	1 524.2	1 551.1	1 639.0	1 681.5
17	1 364.2	1 581.9	1 548.3	1 521.8	1 513.3	1 523.2	1 550.1	1 638.0
18	1 320.1	1 363.0	1 580.5	1 547.0	1 520.5	1 512.0	1 521.9	1 548.8
19	1 368.9	1 318.9	1 361.7	1 579.1	1 545.6	1 519.1	1 510.6	1 520.5
20	1 477.3	1 367.6	1 317.7	1 360.5	1 577.6	1 544.2	1 517.7	1 509.2
21	1 527.5	1 475.9	1 366.4	1 316.5	1 359.2	1 576.2	1 542.8	1 516.4
22	1 487.7	1 525.9	1 474.4	1 365.0	1 315.1	1 357.8	1 574.5	1 541.2
23	1 655.8	1 486.5	1 524.6	1 473.2	1 363.8	1 314.0	1 356.7	1 573.3
24	1 675.6	1 654.3	1 485.1	1 523.2	1 471.8	1 362.6	1 312.8	1 355.4
25	1 732.7	1 673.9	1 652.7	1 483.7	1 521.7	1 470.4	1 361.2	1 311.5
26	1 941.6	1 731.2	1 672.5	1 651.2	1 482.4	1 520.4	1 469.1	1 360.0
27	1 847.8	1 939.6	1 729.5	1 670.8	1 649.6	1 480.9	1 518.9	1 467.6
28	2 053.8	1 845.8	1 937.6	1 727.7	1 669.1	1 647.8	1 479.3	1 517.3

续表

年份	2021	2022	2023	2024	2025	2026	2027	2028
29	2 118.1	2 051.2	1 843.5	1 935.2	1 725.5	1 666.9	1 645.7	1 477.5
30	2 317.6	2 115.8	2 049.0	1 841.5	1 933.1	1 723.6	1 665.1	1 643.9
31	2 623.5	2 314.8	2 113.3	2 046.5	1 839.3	1 930.7	1 721.5	1 663.1
32	2 387.4	2 620.0	2 311.7	2 110.4	2 043.8	1 836.8	1 928.1	1 719.2
33	2 108.8	2 384.3	2 616.6	2 308.7	2 107.7	2 041.1	1 834.4	1 925.6
34	2 113.0	2 105.8	2 380.9	2 612.9	2 305.4	2 104.7	2 038.2	1 831.8
35	1 695.9	2 110.0	2 102.7	2 377.4	2 609.1	2 302.0	2 101.6	2 035.2
36	1 488.7	1 693.3	2 106.7	2 099.4	2 373.7	2 605.0	2 298.4	2 098.3
37	1 449.1	1 486.3	1 690.5	2 103.2	2 096.0	2 369.8	2 600.7	2 294.6
38	1 502.1	1 446.7	1 483.7	1 687.6	2 099.6	2 092.4	2 365.7	2 596.2
39	1 778.6	1 499.5	1 444.1	1 481.1	1 684.6	2 095.8	2 088.6	2 361.4
40	1 605.5	1 775.2	1 496.6	1 441.4	1 478.3	1 681.3	2 091.8	2 084.5
41	1 587.0	1 602.2	1 771.5	1 493.5	1 438.4	1 475.1	1 677.8	2 087.3
42	1 680.9	1 583.9	1 599.0	1 768.1	1 490.6	1 435.6	1 472.2	1 674.4
43	1 666.4	1 677.0	1 580.2	1 595.3	1 764.0	1 487.2	1 432.3	1 468.8
44	1 604.6	1 662.2	1 672.8	1 576.3	1 591.4	1 759.6	1 483.5	1 428.7
45	1 792.8	1 600.3	1 657.8	1 668.3	1 572.1	1 587.1	1 755.0	1 479.6
46	1 881.2	1 787.4	1 595.5	1 652.9	1 663.4	1 567.5	1 582.4	1 749.8
47	2 070.6	1 875.3	1 781.9	1 590.5	1 647.7	1 658.2	1 562.6	1 577.5
48	2 172.2	2 063.1	1 868.6	1 775.4	1 584.8	1 641.8	1 652.2	1 557.0
49	2 262.2	2 164.5	2 055.8	1 861.9	1 769.1	1 579.2	1 636.0	1 646.4
50	2 360.8	2 253.3	2 156.0	2 047.7	1 854.6	1 762.2	1 573.0	1 629.6
51	2 593.3	2 351.5	2 244.5	2 147.5	2 039.7	1 847.3	1 755.3	1 566.8
52	2 393.2	2 581.6	2 340.9	2 234.4	2 137.8	2 030.6	1 839.0	1 747.4
53	2 630.7	2 381.8	2 569.3	2 329.8	2 223.7	2 127.7	2 020.9	1 830.2
54	2 116.4	2 615.5	2 368.1	2 554.5	2 316.3	2 210.9	2 115.4	2 009.3
55	2 375.6	2 104.2	2 600.5	2 354.5	2 539.8	2 303.0	2 198.2	2 103.3
56	2 421.2	2 360.4	2 090.8	2 583.9	2 339.5	2 523.6	2 288.3	2 184.2
57	2 308.2	2 405.1	2 344.7	2 076.9	2 566.7	2 323.9	2 506.8	2 273.1
58	2 717.0	2 290.4	2 386.6	2 326.7	2 061.0	2 547.0	2 306.1	2 487.6
59	2 021.2	2 693.2	2 270.5	2 365.7	2 306.4	2 043.0	2 524.8	2 286.0
60	1 117.3	2 001.5	2 666.9	2 248.4	2 342.7	2 284.0	2 023.1	2 500.3
61	1 413.2	1 106.2	1 981.6	2 640.4	2 226.0	2 319.4	2 261.4	2 003.1
62	1 279.4	1 397.0	1 093.6	1 958.8	2 610.0	2 200.5	2 292.8	2 235.5
63	1 653.0	1 263.1	1 379.3	1 079.8	1 934.1	2 577.0	2 172.8	2 263.8
64	1 859.7	1 630.1	1 245.6	1 360.2	1 064.9	1 907.4	2 541.4	2 142.8
65	1 679.6	1 830.6	1 604.6	1 226.1	1 339.0	1 048.4	1 877.7	2 501.8
66	1 809.8	1 652.5	1 800.9	1 578.6	1 206.3	1 317.4	1 031.6	1 847.4

续表

年份	2021	2022	2023	2024	2025	2026	2027	2028
67	1 732.7	1 776.0	1 621.7	1 767.3	1 549.2	1 183.7	1 292.9	1 012.4
68	1 579.4	1 696.7	1 738.9	1 588.1	1 730.5	1 516.9	1 159.1	1 266.0
69	1 556.2	1 541.0	1 655.3	1 696.5	1 549.5	1 688.3	1 480.0	1 130.9
70	1 291.1	1 514.5	1 499.7	1 611.0	1 651.0	1 508.2	1 643.1	1440.4
71	1 266.0	1 256.3	1 473.7	1 459.3	1 567.6	1 606.4	1 467.7	1 598.8
72	1 181.7	1 224.2	1 215.0	1 425.1	1 411.3	1 516.0	1 553.5	1 419.6
73	983.9	1 138.6	1 179.7	1 170.9	1 373.4	1 360.1	1 461.0	1497.0
74	938.5	946.2	1 094.7	1 134.4	1 126.1	1 320.9	1 308.1	1 405.1
75	826.4	897.6	905.0	1 047.0	1 085.1	1 077.3	1 263.6	1251.4
76	773.9	787.5	855.3	862.5	997.6	1 034.2	1 026.8	1 204.4
77	679.1	734.3	747.3	811.6	818.4	946.5	981.4	974.4
78	605.0	638.8	690.8	703.1	763.5	770.1	890.5	923.4
79	552.6	565.2	596.7	645.5	656.9	713.4	719.6	831.9
80	519.0	513.1	524.8	554.0	599.4	610.1	662.5	668.3
81	497.8	479.5	474.1	484.9	511.8	553.9	563.8	612.2
82	379.3	456.2	439.3	434.5	444.3	469.0	507.7	516.8
83	388.1	343.4	413.1	397.7	393.4	402.4	424.7	459.8
84	338.2	347.8	307.8	370.3	356.4	352.7	360.7	380.6
85	296.2	299.2	307.7	272.4	327.9	315.4	312.2	319.3
86	275.0	262.1	264.7	272.2	241.0	290.2	279.0	276.3
87	210.6	238.5	227.3	229.4	236.0	208.9	251.6	241.9
88	196.9	182.8	207.0	197.2	199.1	204.7	181.3	218.4
89	146.7	167.0	155.1	175.6	167.3	168.8	173.6	153.8
90	111.1	120.4	137.0	127.3	144.1	137.3	138.5	142.4
91	102.2	93.4	101.2	115.1	107.0	121.1	115.4	116.4
92	67.3	81.8	74.8	81.0	92.1	85.6	96.9	92.3
93	56.4	53.9	65.5	59.9	64.9	73.8	68.6	77.7
94	40.5	43.9	42.0	51.0	46.6	50.5	57.5	53.4
95	27.6	31.3	33.9	32.5	39.4	36.0	39.0	44.4
96	23.1	20.5	23.2	25.2	24.1	29.3	26.8	29.0
97	15.4	18.1	16.1	18.2	19.8	18.9	22.9	21.0
98	10.6	11.3	13.3	11.9	13.4	14.5	13.9	16.9
99	8.3	8.7	9.4	11.0	9.8	11.1	12.0	11.5
100+	16.0	17.3	18.5	19.9	22.0	22.7	24.0	25.7
年份	2029	2030	2031	2032	2033	2034	2035	2036
总计	138 651.2	138 251.3	137 813.1	137 338.8	136 837.4	136 314.5	135 770.9	135 212.7
增长率（%）	−0.25	−0.29	−0.32	−0.34	−0.37	−0.38	−0.40	−0.41
0	1 285.1	1 277.7	1 274.3	1 276.8	1 284.7	1 297.2	1 313.0	1 330.5

续表

年份	2029	2030	2031	2032	2033	2034	2035	2036
1	1 296.4	1 283.3	1 276.0	1 272.6	1 275.1	1 283.0	1 295.4	1 311.2
2	1 315.1	1 295.2	1 282.2	1 274.9	1 271.4	1 274.0	1 281.8	1 294.3
3	1 340.8	1 314.3	1 294.4	1 281.4	1 274.1	1 270.7	1 273.2	1 281.1
4	1 377.8	1 340.1	1 313.7	1 293.8	1 280.8	1 273.4	1 270.0	1 272.5
5	1 425.6	1 377.1	1 339.4	1 313.0	1 293.1	1 280.1	1 272.8	1 269.3
6	1 479.5	1 424.9	1 376.5	1 338.8	1 312.4	1 292.5	1 279.5	1 272.2
7	1 533.9	1 479.0	1 424.5	1 376.0	1 338.3	1 311.9	1 292.1	1 279.1
8	1 585.2	1 533.4	1 478.5	1 424.0	1 375.5	1 337.8	1 311.5	1 291.6
9	1 617.7	1 584.5	1 532.7	1 477.9	1 423.3	1 374.9	1 337.3	1 310.9
10	1 663.5	1 617.0	1 583.8	1 532.1	1 477.3	1 422.7	1 374.3	1 336.7
11	1 703.2	1 662.8	1 616.4	1 583.2	1 531.4	1 476.6	1 422.2	1 373.8
12	1 737.5	1 702.5	1 662.1	1 615.7	1 582.5	1 530.8	1 476.0	1 421.6
13	1 762.6	1 737.0	1 702.0	1 661.6	1 615.2	1 582.0	1 530.3	1 475.5
14	1 728.2	1 761.9	1 736.3	1 701.3	1 660.9	1 614.5	1 581.4	1 529.7
15	1 727.7	1 727.4	1 761.0	1 735.5	1 700.5	1 660.1	1 613.8	1 580.6
16	1 710.6	1 726.7	1 726.4	1 760.0	1 734.4	1 699.5	1 659.1	1 612.8
17	1 680.4	1 709.5	1 725.6	1 725.3	1 758.9	1 733.4	1 698.4	1 658.1
18	1 636.6	1 679.0	1 708.0	1 724.1	1 723.8	1 757.4	1 731.9	1 696.9
19	1 547.4	1 635.1	1 677.4	1 706.5	1 722.5	1 722.2	1 755.8	1 730.3
20	1 519.1	1 546.0	1 633.6	1 675.9	1 704.9	1 721.0	1 720.7	1 754.2
21	1 507.8	1 517.7	1 544.6	1 632.1	1 674.4	1 703.4	1 719.4	1 719.1
22	1 514.8	1 506.3	1 516.1	1 542.9	1 630.4	1 672.6	1 701.6	1 717.6
23	1 539.9	1 513.6	1 505.0	1 514.9	1 541.7	1 629.1	1 671.3	1 700.2
24	1 571.8	1 538.5	1 512.2	1 503.7	1 513.5	1 540.3	1 627.6	1 669.7
25	1 354.1	1 570.3	1 537.0	1 510.7	1 502.2	1 512.1	1 538.8	1 626.0
26	1 310.3	1 352.9	1 568.9	1 535.7	1 509.4	1 500.9	1 510.7	1 537.4
27	1 358.7	1 309.0	1 351.5	1 567.4	1 534.1	1 507.9	1 499.4	1 509.2
28	1 466.0	1 357.2	1 307.6	1 350.1	1 565.7	1 532.5	1 506.3	1 497.8
29	1 515.3	1 464.2	1 355.5	1 305.9	1 348.4	1 563.7	1 530.6	1 504.4
30	1 475.9	1 513.7	1 462.6	1 354.0	1 304.5	1 346.9	1 562.0	1 528.9
31	1 641.9	1 474.1	1 511.8	1 460.8	1 352.3	1 302.9	1 345.3	1 560.1
32	1 660.9	1 639.7	1 472.1	1 509.8	1 458.8	1 350.5	1 301.1	1 343.4
33	1 717.0	1 658.7	1 637.6	1 470.1	1 507.8	1 456.9	1 348.7	1 299.4
34	1 922.8	1 714.5	1 656.3	1 635.2	1 468.0	1 505.6	1 454.8	1 346.8
35	1 829.1	1 920.0	1 711.9	1 653.8	1 632.8	1 465.8	1 503.4	1 452.6
36	2 032.0	1 826.2	1 917.0	1 709.2	1 651.2	1 630.2	1 463.5	1 501.0
37	2 094.8	2 028.6	1 823.2	1 913.8	1 706.4	1 648.5	1 627.5	1 461.1
38	2 290.6	2 091.2	2 025.1	1 820.0	1 910.4	1 703.4	1 645.6	1 624.6

续表

年份	2029	2030	2031	2032	2033	2034	2035	2036
39	2 591.5	2 286.5	2 087.4	2 021.4	1 816.7	1 906.9	1 700.3	1 642.6
40	2 356.8	2 586.4	2 281.9	2 083.2	2 017.4	1 813.1	1 903.1	1 696.9
41	2 080.1	2 351.7	2 580.8	2 277.0	2 078.7	2 013.0	1 809.2	1 899.0
42	2 083.1	2 075.9	2 347.0	2 575.6	2 272.4	2 074.5	2 008.9	1 805.5
43	1 670.4	2 078.2	2 070.9	2 341.4	2 569.4	2 266.9	2 069.5	2 004.1
44	1 465.1	1 666.2	2 072.9	2 065.6	2 335.4	2 562.8	2 261.1	2 064.2
45	1 424.9	1 461.2	1 661.7	2 067.3	2 060.0	2 329.0	2 555.8	2 254.9
46	1 475.2	1 420.7	1 456.8	1 656.7	2 061.0	2 053.8	2 321.9	2 548.0
47	1 744.4	1 470.6	1 416.3	1 452.3	1 651.4	2 054.5	2 047.2	2 314.5
48	1 571.9	1 738.1	1 465.4	1 411.3	1 447.0	1 645.4	2 047.0	2 039.8
49	1 551.5	1 566.3	1 732.0	1 460.2	1 406.3	1 441.8	1 639.5	2 039.6
50	1 639.9	1 545.5	1 560.2	1 725.3	1 454.5	1 400.8	1 436.2	1 633.0
51	1 623.2	1 633.5	1 539.5	1 554.1	1 718.5	1 448.8	1 395.4	1 430.5
52	1 559.8	1 615.9	1 626.2	1 532.6	1 547.1	1 710.9	1 442.4	1 389.2
53	1 739.1	1 552.4	1 608.3	1 618.5	1 525.4	1 539.8	1 702.8	1 435.6
54	1 819.7	1 729.1	1 543.4	1 599.0	1 609.2	1 516.7	1 531.0	1 693.1
55	1 997.8	1 809.2	1 719.2	1 534.6	1 589.9	1 600.0	1 508.1	1 522.3
56	2 089.9	1 985.1	1 797.7	1 708.2	1 524.8	1 579.8	1 589.8	1 498.5
57	2 169.6	2 076.0	1 971.9	1 785.7	1 696.9	1 514.7	1 569.3	1 579.3
58	2 255.6	2 153.0	2 060.1	1 956.8	1 772.1	1 683.9	1 503.1	1 557.3
59	2 465.9	2 236.0	2 134.3	2 042.2	1 939.8	1 756.6	1 669.3	1 490.1
60	2 263.8	2 441.9	2 214.2	2 113.5	2 022.3	1 921.0	1 739.6	1 653.1
61	2 475.5	2 241.4	2 417.7	2 192.3	2 092.6	2 002.3	1 902.0	1 722.3
62	1 980.2	2 447.1	2 215.7	2 390.1	2 167.2	2 068.6	1 979.4	1 880.3
63	2 207.3	1 955.2	2 416.3	2 187.8	2 360.0	2 139.9	2 042.6	1 954.5
64	2 232.5	2 176.9	1 928.3	2 383.1	2 157.8	2 327.5	2 110.4	2 014.5
65	2 109.5	2 197.8	2 143.1	1 898.4	2 346.1	2 124.3	2 291.4	2 077.7
66	2 461.4	2 075.6	2 162.4	2 108.6	1 867.9	2 308.4	2 090.2	2 254.6
67	1 813.0	2 415.6	2 037.0	2 122.2	2 069.5	1 833.3	2 265.6	2 051.4
68	991.5	1 775.5	2 365.5	1 994.9	2 078.2	2 026.7	1 795.4	2 218.8
69	1 235.3	967.5	1 732.4	2 308.0	1 946.6	2 027.8	1 977.7	1 752.0
70	1 100.6	1 202.3	941.8	1 686.2	2 246.4	1 894.7	1 973.7	1 925.1
71	1 401.6	1 071.0	1 170.0	916.6	1 641.0	2 186.1	1 844.0	1 920.8
72	1 546.2	1 355.5	1 035.7	1 131.6	886.6	1 587.2	2 114.4	1 783.6
73	1 368.2	1 490.1	1 306.3	998.1	1 090.6	854.6	1 529.8	2 037.8
74	1 439.7	1 316.1	1 433.1	1 256.4	960.0	1 049.1	822.2	1 471.6
75	1 344.2	1 377.2	1 259.2	1 370.9	1 201.9	918.4	1 003.7	786.8
76	1 192.8	1 281.2	1 312.6	1 200.4	1 306.7	1 145.6	875.3	956.8

续表

年份	2029	2030	2031	2032	2033	2034	2035	2036
77	1 143.0	1 132.0	1 215.9	1 245.6	1 139.4	1 240.1	1 087.3	830.7
78	917.0	1 075.7	1 065.3	1 144.3	1 172.1	1 072.5	1 167.0	1 023.3
79	862.9	857.0	1 005.3	995.7	1 069.4	1 095.4	1 002.5	1 090.7
80	772.5	801.4	796.1	933.8	924.9	993.4	1 017.4	931.4
81	617.6	713.8	740.7	735.9	863.2	855.0	918.3	940.4
82	561.1	566.1	654.1	679.0	674.6	791.4	783.9	841.9
83	468.1	508.2	512.8	592.4	615.1	611.3	717.0	710.3
84	412.2	419.6	455.6	459.8	531.0	551.5	548.1	643.0
85	336.9	365.0	371.6	403.4	407.1	470.1	488.4	485.5
86	282.5	298.1	323.0	328.9	357.0	360.4	416.0	432.4
87	239.5	245.0	258.5	280.2	285.3	309.6	312.6	360.8
88	209.9	207.9	212.7	224.3	243.3	247.7	268.8	271.5
89	185.3	178.0	176.4	180.4	190.3	206.4	210.2	228.1
90	126.2	152.1	146.0	144.7	148.0	156.1	169.4	172.6
91	119.7	106.1	127.8	122.7	121.7	124.4	131.2	142.4
92	93.1	95.8	84.9	102.3	98.2	97.4	99.6	105.0
93	74.0	74.6	76.7	68.0	82.0	78.6	78.0	79.8
94	60.5	57.6	58.1	59.7	53.0	63.9	61.2	60.8
95	41.3	46.8	44.5	44.9	46.2	40.9	49.4	47.3
96	33.0	30.7	34.7	33.1	33.3	34.3	30.4	36.7
97	22.7	25.8	24.0	27.2	25.9	26.1	26.8	23.8
98	15.4	16.7	19.0	17.7	20.0	19.1	19.2	19.7
99	13.9	12.7	13.8	15.7	14.6	16.6	15.8	15.8
100＋	26.5	28.7	29.5	30.8	33.1	33.9	35.9	36.8

年份	2037	2038	2039	2040	2041	2042	2043	2044
总计	134 642.0	134 058.0	133 461.0	132 846.6	132 209.8	131 548.5	130 863.3	130 150.1
增长率（%）	−0.42	−0.43	−0.45	−0.46	−0.48	−0.50	−0.52	−0.54
0	1 348.6	1 364.6	1 376.9	1 384.6	1 386.9	1 384.1	1 376.2	1 363.1
1	1 328.8	1 346.8	1 362.8	1 375.1	1 382.7	1 385.0	1 382.2	1 374.4
2	1 310.0	1 327.5	1 345.6	1 361.6	1 373.8	1 381.4	1 383.7	1 381.0
3	1 293.5	1 309.2	1 326.7	1 344.8	1 360.7	1 373.0	1 380.6	1 382.9
4	1 280.4	1 292.8	1 308.5	1 326.1	1 344.1	1 360.0	1 372.3	1 379.9
5	1 271.8	1 279.7	1 292.1	1 307.8	1 325.4	1 343.4	1 359.3	1 371.6
6	1 268.8	1 271.3	1 279.2	1 291.6	1 307.3	1 324.8	1 342.8	1 358.7
7	1 271.8	1 268.4	1 270.9	1 278.7	1 291.1	1 306.8	1 324.3	1 342.3
8	1 278.6	1 271.3	1 267.9	1 270.4	1 278.3	1 290.7	1 306.4	1 323.9
9	1 291.1	1 278.1	1 270.8	1 267.3	1 269.8	1 277.7	1 290.1	1 305.8
10	1 310.4	1 290.5	1 277.5	1 270.2	1 266.8	1 269.3	1 277.2	1 289.6

续表

年份	2037	2038	2039	2040	2041	2042	2043	2044
11	1 336.2	1 309.8	1 290.0	1 277.0	1 269.7	1 266.3	1 268.8	1 276.7
12	1 373.2	1 335.6	1 309.3	1 289.5	1 276.5	1 269.2	1 265.8	1 268.3
13	1 421.1	1 372.7	1 335.2	1 308.9	1 289.0	1 276.1	1 268.8	1 265.4
14	1 475.0	1 420.6	1 372.2	1 334.6	1 308.3	1 288.5	1 275.6	1 268.3
15	1 529.0	1 474.3	1 419.9	1 371.6	1 334.0	1 307.7	1 287.9	1 275.0
16	1 579.7	1 528.1	1 473.4	1 419.0	1 370.7	1 333.2	1 306.9	1 287.2
17	1 611.8	1 578.7	1 527.1	1 472.5	1 418.1	1 369.9	1 332.4	1 306.1
18	1 656.7	1 610.4	1 577.3	1 525.8	1 471.2	1 416.9	1 368.7	1 331.2
19	1 695.4	1 655.2	1 608.9	1 575.9	1 524.4	1 469.9	1 415.6	1 367.4
20	1 728.7	1 693.8	1 653.7	1 607.5	1 574.4	1 523.0	1 468.5	1 414.3
21	1 752.6	1 727.1	1 692.3	1 652.2	1 606.0	1 573.0	1 521.6	1 467.2
22	1 717.3	1 750.7	1 725.3	1 690.5	1 650.4	1 604.3	1 571.4	1 520.0
23	1 716.2	1 715.9	1 749.3	1 723.9	1 689.2	1 649.1	1 603.0	1 570.1
24	1 698.6	1 714.6	1 714.3	1 747.7	1 722.3	1 687.6	1 647.6	1 601.5
25	1 668.1	1 697.0	1 713.0	1 712.7	1 746.0	1 720.7	1 686.0	1 646.0
26	1 624.6	1 666.7	1 695.5	1 711.5	1 711.2	1 744.5	1 719.2	1 684.5
27	1 535.9	1 622.9	1 665.0	1 693.8	1 709.8	1 709.5	1 742.8	1 717.5
28	1 507.6	1 534.3	1 621.2	1 663.3	1 692.0	1 708.0	1 707.7	1 740.9
29	1 495.9	1 505.7	1 532.4	1 619.2	1 661.2	1 689.9	1 705.8	1 705.5
30	1 502.7	1 494.3	1 504.1	1 530.7	1 617.4	1 659.3	1 688.1	1 704.0
31	1 527.1	1 500.9	1 492.5	1 502.3	1 528.8	1 615.5	1 657.3	1 686.0
32	1 558.0	1 525.0	1 498.9	1 490.5	1 500.2	1 526.8	1 613.3	1 655.1
33	1 341.7	1 556.0	1 523.0	1 496.9	1 488.5	1 498.3	1 524.8	1 611.2
34	1 297.5	1 339.7	1 553.7	1 520.8	1 494.8	1 486.4	1 496.1	1 522.6
35	1 344.8	1 295.6	1 337.7	1 551.4	1 518.6	1 492.6	1 484.2	1 493.9
36	1 450.3	1 342.6	1 293.5	1 335.6	1 549.0	1 516.2	1 490.2	1 481.8
37	1 498.5	1 447.9	1 340.4	1 291.3	1 333.3	1 546.4	1 513.7	1 487.7
38	1 458.5	1 495.8	1 445.3	1 338.0	1 289.0	1 331.0	1 543.7	1 511.0
39	1 621.6	1 455.8	1 493.1	1 442.6	1 335.5	1 286.7	1 328.5	1 540.8
40	1 639.3	1 618.4	1 452.9	1 490.1	1 439.7	1 332.8	1 284.1	1 325.8
41	1 693.2	1 635.7	1 614.8	1 449.7	1 486.8	1 436.6	1 329.9	1 281.2
42	1 895.1	1 689.7	1 632.4	1 611.5	1 446.7	1 483.8	1 433.6	1 327.2
43	1 801.1	1 890.5	1 685.7	1 628.4	1 607.6	1 443.2	1 480.2	1 430.1
44	1 999.0	1 796.5	1 885.7	1 681.3	1 624.2	1 603.4	1 439.5	1 476.3
45	2 058.5	1 993.5	1 791.6	1 880.5	1 676.7	1 619.7	1 599.0	1 435.5
46	2 248.0	2 052.2	1 987.4	1 786.1	1 874.7	1 671.5	1 614.8	1 594.0
47	2 539.8	2 240.8	2 045.6	1 981.0	1 780.3	1 868.6	1 666.1	1 609.5
48	2 306.0	2 530.5	2 232.5	2 038.1	1 973.7	1 773.8	1 861.7	1 659.9

续表

年份	2037	2038	2039	2040	2041	2042	2043	2044
49	2 032.4	2 297.6	2 521.3	2 224.4	2 030.6	1 966.5	1 767.3	1 854.9
50	2 031.5	2 024.3	2 288.5	2 511.2	2 215.5	2 022.5	1 958.6	1 760.2
51	1 626.5	2 023.4	2 016.2	2 279.4	2 501.2	2 206.6	2 014.4	1 950.7
52	1 424.1	1 619.2	2 014.2	2 007.0	2 268.9	2 489.7	2 196.5	2 005.2
53	1 382.6	1 417.3	1 611.4	2 004.6	1 997.3	2 258.0	2 477.6	2 185.8
54	1 427.4	1 374.7	1 409.1	1 602.0	1 992.9	1 985.7	2 244.7	2 463.1
55	1 683.5	1 419.3	1 366.9	1 401.1	1 592.8	1 981.3	1 974.1	2 231.7
56	1 512.6	1 672.8	1 410.3	1 358.2	1 392.1	1 582.5	1 968.5	1 961.4
57	1 488.7	1 502.6	1 661.8	1 401.0	1 349.3	1 382.9	1 571.9	1 955.3
58	1 567.2	1 477.4	1 491.2	1 649.1	1 390.3	1 339.0	1 372.3	1 559.8
59	1 543.8	1 553.7	1 464.6	1 478.3	1 634.9	1 378.3	1 327.5	1 360.3
60	1 475.6	1 528.9	1 538.6	1 450.5	1 464.0	1 619.1	1 365.0	1 314.7
61	1 636.8	1 461.0	1 513.8	1 523.4	1 436.2	1 449.6	1 603.2	1 351.6
62	1 702.6	1 618.1	1 444.3	1 496.5	1 506.0	1 419.9	1 433.1	1 585.0
63	1 856.7	1 681.2	1 597.8	1 426.2	1 477.7	1 487.1	1 402.2	1 415.1
64	1 927.6	1 831.2	1 658.1	1 575.8	1 406.6	1 457.5	1 466.8	1 383.1
65	1 983.2	1 897.7	1 802.9	1 632.4	1 551.4	1 384.8	1 435.0	1 444.1
66	2 044.3	1 951.4	1 867.3	1 774.0	1 606.2	1 526.6	1 362.7	1 412.0
67	2 212.8	2 006.4	1 915.2	1 832.7	1 741.2	1 576.4	1 498.3	1 337.4
68	2 009.1	2 167.0	1 964.9	1 875.7	1 794.9	1 705.3	1 543.8	1 467.5
69	2 165.1	1 960.5	2 114.6	1 917.4	1 830.3	1 751.5	1 664.1	1 506.5
70	1 705.4	2 107.6	1 908.4	2 058.4	1 866.4	1 781.7	1 705.0	1 620.0
71	1 873.6	1 659.8	2 051.2	1 857.4	2 003.4	1 816.5	1 734.1	1 659.4
72	1 857.9	1 812.2	1 605.5	1 984.1	1 796.7	1 937.9	1 757.1	1 677.3
73	1 719.2	1 790.7	1 746.8	1 547.6	1 912.6	1 731.9	1 868.0	1 693.7
74	1 960.2	1 653.9	1 722.5	1 680.5	1 488.8	1 840.0	1 666.2	1 797.1
75	1 408.0	1 875.5	1 582.5	1 648.2	1 608.1	1 424.7	1 760.7	1 594.5
76	750.1	1 342.2	1 787.8	1 508.7	1 571.2	1 533.1	1 358.3	1 678.6
77	908.1	712.1	1 274.1	1 696.9	1 432.1	1 491.4	1 455.3	1 289.4
78	781.8	854.8	670.4	1 199.3	1 597.2	1 348.2	1 403.9	1 370.1
79	956.3	730.7	799.0	626.7	1 121.1	1 492.9	1 260.3	1 312.3
80	1 013.1	888.4	678.7	742.3	582.4	1 041.6	1 387.1	1 171.1
81	861.2	936.5	821.2	627.4	686.3	538.6	963.1	1 282.4
82	862.1	789.7	858.6	752.9	575.3	629.3	494.0	883.2
83	762.8	781.0	715.7	778.0	682.2	521.2	570.3	447.8
84	636.9	684.0	700.3	641.9	697.6	611.8	467.4	511.5
85	569.6	564.2	606.0	620.3	568.8	618.0	542.0	414.1
86	429.9	504.3	499.6	536.5	549.2	503.8	547.2	479.9

续表

年份	2037	2038	2039	2040	2041	2042	2043	2044
87	375.1	373.0	437.6	433.5	465.5	476.4	437.3	474.8
88	313.2	325.8	324.0	380.1	376.6	404.4	413.8	380.0
89	230.4	265.7	276.5	275.1	322.7	319.8	343.4	351.3
90	187.2	189.2	218.0	227.0	225.9	265.0	262.6	282.0
91	145.1	157.4	159.0	183.3	190.9	190.0	222.9	220.9
92	114.0	116.2	126.0	127.4	146.7	152.9	152.2	178.5
93	84.1	91.4	93.1	101.0	102.1	117.6	122.5	122.0
94	62.2	65.5	71.2	72.5	78.6	79.5	91.6	95.4
95	47.0	48.1	50.7	55.0	56.1	60.8	61.5	70.8
96	35.1	34.9	35.7	37.6	40.9	41.7	45.2	45.7
97	28.7	27.5	27.3	28.0	29.5	32.1	32.7	35.4
98	17.5	21.2	20.2	20.1	20.6	21.7	23.6	24.1
99	16.3	14.5	17.5	16.7	16.6	17.0	17.9	19.5
100+	37.4	38.2	37.5	39.1	39.7	40.1	40.6	41.7
年份	2045	2046	2047	2048	2049	2050	2051	2052
总计	129 406.1	128 629.0	127 815.1	126 971.6	126 099.4	125 200.6	124 283.5	123 344.2
增长率（%）	−0.57	−0.60	−0.63	−0.66	−0.69	−0.71	−0.73	−0.76
0	1 345.2	1 323.3	1 298.3	1 271.7	1 244.5	1 217.9	1 192.7	1 169.7
1	1 361.2	1 343.4	1 321.5	1 296.6	1 270.0	1 242.8	1 216.2	1 191.1
2	1 373.1	1 360.0	1 342.2	1 320.3	1 295.4	1 268.8	1 241.7	1 215.1
3	1 380.1	1 372.3	1 359.2	1 341.4	1 319.5	1 294.6	1 268.0	1 240.9
4	1 382.2	1 379.4	1 371.6	1 358.5	1 340.7	1 318.8	1 293.9	1 267.4
5	1 379.2	1 381.5	1 378.7	1 370.8	1 357.8	1 340.0	1 318.1	1 293.2
6	1 371.0	1 378.6	1 380.9	1 378.1	1 370.3	1 357.2	1 339.4	1 317.5
7	1 358.3	1 370.5	1 378.1	1 380.4	1 377.6	1 369.8	1 356.7	1 338.9
8	1 341.9	1 357.8	1 370.0	1 377.6	1 379.9	1 377.1	1 369.3	1 356.2
9	1 323.3	1 341.3	1 357.2	1 369.4	1 377.0	1 379.3	1 376.5	1 368.7
10	1 305.2	1 322.7	1 340.7	1 356.6	1 368.9	1 376.4	1 378.7	1 376.0
11	1 289.0	1 304.7	1 322.2	1 340.2	1 356.1	1 368.3	1 375.9	1 378.2
12	1 276.1	1 288.5	1 304.2	1 321.6	1 339.6	1 355.5	1 367.7	1 375.3
13	1 267.9	1 275.7	1 288.1	1 303.7	1 321.2	1 339.2	1 355.1	1 367.3
14	1 264.9	1 267.4	1 275.2	1 287.6	1 303.2	1 320.7	1 338.7	1 354.5
15	1 267.7	1 264.3	1 266.8	1 274.6	1 287.0	1 302.6	1 320.1	1 338.0
16	1 274.2	1 266.9	1 263.5	1 266.0	1 273.9	1 286.2	1 301.8	1 319.3
17	1 286.4	1 273.4	1 266.1	1 262.7	1 265.2	1 273.1	1 285.4	1 301.0
18	1 305.0	1 285.3	1 272.3	1 265.0	1 261.6	1 264.1	1 272.0	1 284.3
19	1 330.0	1 303.8	1 284.1	1 271.1	1 263.9	1 260.5	1 263.0	1 270.8
20	1 366.2	1 328.8	1 302.6	1 282.9	1 270.0	1 262.7	1 259.3	1 261.8

续表

年份	2045	2046	2047	2048	2049	2050	2051	2052
21	1 413.1	1 365.0	1 327.6	1 301.4	1 281.7	1 268.8	1 261.6	1 258.2
22	1 465.6	1 411.6	1 363.5	1 326.2	1 300.1	1 280.4	1 267.5	1 260.3
23	1 518.8	1 464.5	1 410.4	1 362.4	1 325.1	1 299.0	1 279.4	1 266.5
24	1 568.7	1 517.4	1 463.1	1 409.1	1 361.2	1 323.9	1 297.8	1 278.2
25	1 600.0	1 567.1	1 516.0	1 461.7	1 407.8	1 359.9	1 322.6	1 296.6
26	1 644.5	1 598.6	1 565.8	1 514.6	1 460.4	1 406.5	1 358.7	1 321.5
27	1 682.8	1 642.9	1 597.0	1 564.2	1 513.1	1 459.0	1 405.1	1 357.3
28	1 715.7	1 681.1	1 641.2	1 595.3	1 562.6	1 511.5	1 457.4	1 403.7
29	1 738.7	1 713.5	1 678.9	1 639.1	1 593.3	1 560.6	1 509.6	1 455.6
30	1 703.7	1 736.8	1 711.6	1 677.1	1 637.3	1 591.6	1 558.9	1 508.0
31	1 701.9	1 701.6	1 734.7	1 709.5	1 675.1	1 635.3	1 589.6	1 557.0
32	1 683.7	1 699.6	1 699.3	1 732.4	1 707.2	1 672.8	1 633.1	1 587.5
33	1 652.9	1 681.5	1 697.4	1 697.1	1 730.1	1 705.0	1 670.6	1 631.0
34	1 608.8	1 650.5	1 679.1	1 694.9	1 694.6	1 727.6	1 702.5	1 668.2
35	1 520.3	1 606.5	1 648.1	1 676.6	1 692.4	1 692.1	1 725.1	1 700.0
36	1 491.6	1 517.9	1 603.9	1 645.5	1 674.0	1 689.7	1 689.5	1 722.3
37	1 479.4	1 489.1	1 515.4	1 601.3	1 642.8	1 671.2	1 686.9	1 686.7
38	1 485.1	1 476.8	1 486.4	1 512.7	1 598.4	1 639.9	1 668.2	1 684.0
39	1 508.2	1 482.4	1 474.1	1 483.7	1 510.0	1 595.5	1 636.9	1 665.2
40	1 537.8	1 505.2	1 479.4	1 471.1	1 480.8	1 506.9	1 592.3	1 633.6
41	1 322.9	1 534.4	1 501.9	1 476.2	1 467.9	1 477.6	1 503.7	1 588.9
42	1 278.6	1 320.2	1 531.3	1 498.9	1 473.2	1 464.9	1 474.5	1 500.6
43	1 323.9	1 275.5	1 317.0	1 527.6	1 495.2	1 469.6	1 461.4	1 471.0
44	1 426.4	1 320.5	1 272.1	1 313.5	1 523.6	1 491.4	1 465.8	1 457.6
45	1 472.2	1 422.4	1 316.8	1 268.6	1 309.9	1 519.4	1 487.2	1 461.8
46	1 431.1	1 467.7	1 418.1	1 312.7	1 264.6	1 305.8	1 514.7	1 482.7
47	1 588.9	1 426.4	1 462.9	1 413.4	1 308.5	1 260.5	1 301.5	1 509.8
48	1 603.6	1 583.0	1 421.1	1 457.5	1 408.2	1 303.6	1 255.8	1 296.7
49	1 653.8	1 597.7	1 577.1	1 415.9	1 452.1	1 403.0	1 298.7	1 251.1
50	1 847.5	1 647.2	1 591.3	1 570.8	1 410.2	1 446.2	1 397.3	1 293.5
51	1 753.1	1 840.0	1 640.5	1 584.8	1 564.4	1 404.5	1 440.3	1 391.6
52	1 941.8	1 745.1	1 831.5	1 633.0	1 577.5	1 557.2	1 398.0	1 433.7
53	1 995.4	1 932.3	1 736.6	1 822.6	1 625.0	1 569.8	1 549.6	1 391.1
54	2 172.9	1 983.7	1 920.9	1 726.3	1 811.8	1 615.4	1 560.5	1 540.4
55	2 448.7	2 160.2	1 972.0	1 909.7	1 716.2	1 801.1	1 605.9	1 551.3
56	2 217.2	2 432.8	2 146.1	1 959.2	1 897.2	1 705.0	1 789.4	1 595.4
57	1 948.2	2 202.3	2 416.4	2 131.6	1 946.0	1 884.4	1 693.5	1 777.2
58	1 940.2	1 933.1	2 185.1	2 397.6	2 115.0	1 930.8	1 869.7	1 680.2

续表

年份	2045	2046	2047	2048	2049	2050	2051	2052
59	1 546.1	1 923.2	1 916.1	2 165.9	2 376.4	2 096.3	1 913.7	1 853.1
60	1 347.1	1 531.0	1 904.3	1 897.2	2 144.6	2 353.0	2 075.6	1 894.8
61	1 301.8	1 333.7	1 515.7	1 885.3	1 878.3	2 123.0	2 329.3	2 054.7
62	1 336.3	1 287.0	1 318.5	1 498.3	1 863.6	1 856.6	2 098.5	2 302.3
63	1 565.2	1 319.6	1 270.9	1 301.9	1 479.3	1 839.9	1 832.9	2 071.7
64	1 395.8	1 543.8	1 301.6	1 253.6	1 284.0	1 458.8	1 814.4	1 807.5
65	1 361.8	1 374.3	1 520.1	1 281.5	1 234.3	1 264.1	1 436.0	1 786.0
66	1 421.0	1 340.1	1 352.3	1 495.9	1 261.1	1 214.6	1 243.8	1 412.8
67	1 385.9	1 394.8	1 315.4	1 327.4	1 468.3	1 237.9	1 192.3	1 220.7
68	1 309.9	1 357.4	1 366.0	1 288.5	1 300.1	1 438.2	1 212.5	1 167.8
69	1 432.1	1 278.3	1 324.7	1 333.1	1 257.6	1 268.8	1 403.7	1 183.4
70	1 466.5	1 394.1	1 244.4	1 289.6	1 297.8	1 224.4	1 235.3	1 366.6
71	1 576.8	1 427.3	1 356.9	1 211.2	1 255.2	1 263.3	1 191.9	1 202.5
72	1 605.2	1 525.4	1 380.7	1 312.6	1 171.6	1 214.3	1 222.1	1 153.2
73	1 616.9	1 547.3	1 470.4	1 330.9	1 265.3	1 129.4	1 170.6	1 178.1
74	1 629.4	1 555.5	1 488.7	1 414.7	1 280.4	1 217.4	1 086.7	1 126.3
75	1 719.7	1 559.2	1 488.5	1 424.6	1 354.0	1 225.3	1 165.1	1 040.0
76	1 520.2	1 639.5	1 486.5	1 419.2	1 358.2	1 290.9	1 168.2	1 110.9
77	1 593.6	1 443.1	1 556.4	1 411.1	1 347.2	1 289.4	1 225.6	1 109.0
78	1 214.0	1 500.3	1 358.7	1 465.3	1 328.5	1 268.4	1 214.0	1 154.0
79	1 280.9	1 134.9	1 402.6	1 270.2	1 369.9	1 242.0	1 185.8	1 135.0
80	1 219.3	1 190.2	1 054.7	1 303.4	1 180.4	1 273.0	1 154.2	1 102.0
81	1 083.0	1 127.4	1 100.7	975.3	1 205.4	1 091.7	1 177.3	1 067.3
82	1 176.0	993.2	1 033.9	1 009.5	894.6	1 105.6	1 001.3	1 079.8
83	800.5	1 065.8	900.3	937.1	915.1	811.0	1 002.2	907.8
84	401.8	718.0	955.9	807.6	840.6	820.9	727.5	899.1
85	453.2	356.1	636.3	847.0	715.8	744.9	727.6	644.9
86	366.7	401.4	315.5	563.6	750.2	634.1	659.8	644.6
87	416.4	318.1	348.4	273.9	489.2	651.1	550.4	572.7
88	412.4	361.8	276.4	302.8	238.1	425.2	565.8	478.4
89	322.8	350.2	307.2	234.7	257.1	202.3	361.1	480.5
90	288.4	265.2	287.6	252.3	192.7	211.2	166.3	296.7
91	237.1	242.5	223.1	241.8	212.2	162.1	177.7	139.9
92	176.9	190.0	194.3	178.7	193.7	170.0	129.8	142.4
93	143.1	141.8	152.3	155.7	143.3	155.3	136.3	104.1
94	95.0	111.4	110.4	118.5	121.2	111.5	120.9	106.1
95	73.8	73.5	86.2	85.5	91.8	93.8	86.4	93.6
96	52.6	54.9	54.7	64.2	63.6	68.3	69.8	64.3

续表

年份	2045	2046	2047	2048	2049	2050	2051	2052
97	35.8	41.2	43.0	42.9	50.3	49.9	53.5	54.7
98	26.1	26.4	30.3	31.7	31.6	37.1	36.8	39.5
99	19.9	21.6	21.8	25.1	26.2	26.2	30.7	30.5
100+	43.6	45.2	47.5	49.4	53.0	56.4	58.8	63.7
年份	2053	2054	2055	2056	2057	2058	2059	2060
总计	122 393.5	121 438.9	120 479.9	119 528.5	118 585.8	117 655.2	116 746.0	115 857.0
增长率（%）	−0.77	−0.78	−0.79	−0.79	−0.79	−0.78	−0.77	−0.76
0	1 149.5	1 132.4	1 118.7	1 108.5	1 101.8	1 098.4	1 098.1	1 100.0
1	1 168.1	1 147.9	1 130.9	1 117.2	1 107.0	1 100.3	1 097.0	1 096.6
2	1 190.0	1 167.1	1 146.9	1 129.9	1 116.2	1 106.0	1 099.3	1 096.0
3	1 214.4	1 189.3	1 166.4	1 146.2	1 129.2	1 115.5	1 105.3	1 098.6
4	1 240.3	1 213.8	1 188.7	1 165.8	1 145.6	1 128.6	1 115.0	1 104.8
5	1 266.7	1 239.6	1 213.1	1 188.0	1 165.1	1 145.0	1 128.0	1 114.4
6	1 292.7	1 266.2	1 239.1	1 212.6	1 187.5	1 164.6	1 144.5	1 127.5
7	1 317.1	1 292.2	1 265.7	1 238.6	1 212.2	1 187.1	1 164.2	1 144.1
8	1 338.5	1 316.6	1 291.8	1 265.3	1 238.2	1 211.7	1 186.7	1 163.8
9	1 355.6	1 337.9	1 316.0	1 291.2	1 264.7	1 237.7	1 211.2	1 186.2
10	1 368.1	1 355.1	1 337.3	1 315.5	1 290.7	1 264.2	1 237.1	1 210.7
11	1 375.4	1 367.6	1 354.5	1 336.8	1 315.0	1 290.2	1 263.7	1 236.6
12	1 377.6	1 374.8	1 367.0	1 353.9	1 336.2	1 314.4	1 289.6	1 263.2
13	1 374.8	1 377.1	1 374.4	1 366.6	1 353.5	1 335.8	1 314.0	1 289.2
14	1 366.7	1 374.3	1 376.6	1 373.8	1 366.0	1 353.0	1 335.3	1 313.5
15	1 353.9	1 366.1	1 373.7	1 375.9	1 373.2	1 365.4	1 352.3	1 334.6
16	1 337.2	1 353.1	1 365.3	1 372.8	1 375.1	1 372.4	1 364.6	1 351.5
17	1 318.4	1 336.4	1 352.2	1 364.4	1 372.0	1 374.3	1 371.5	1 363.7
18	1 299.9	1 317.3	1 335.2	1 351.1	1 363.3	1 370.8	1 373.1	1 370.3
19	1 283.1	1 298.7	1 316.1	1 334.0	1 349.8	1 362.0	1 369.5	1 371.8
20	1 269.6	1 281.9	1 297.5	1 314.9	1 332.8	1 348.6	1 360.8	1 368.3
21	1 260.7	1 268.5	1 280.8	1 296.4	1 313.7	1 331.6	1 347.4	1 359.5
22	1 256.9	1 259.4	1 267.2	1 279.4	1 295.0	1 312.3	1 330.2	1 346.0
23	1 259.2	1 255.9	1 258.3	1 266.1	1 278.4	1 294.0	1 311.3	1 329.1
24	1 265.3	1 258.1	1 254.7	1 257.2	1 265.0	1 277.2	1 292.8	1 310.1
25	1 277.0	1 264.1	1 256.9	1 253.5	1 256.0	1 263.8	1 276.0	1 291.5
26	1 295.4	1 275.8	1 263.0	1 255.8	1 252.4	1 254.9	1 262.6	1 274.9
27	1 320.2	1 294.1	1 274.6	1 261.7	1 254.5	1 251.2	1 253.6	1 261.4
28	1 355.9	1 318.8	1 292.8	1 273.2	1 260.4	1 253.2	1 249.8	1 252.3
29	1 401.9	1 354.2	1 317.1	1 291.2	1 271.6	1 258.8	1 251.6	1 248.3
30	1 454.0	1 400.4	1 352.7	1 315.7	1 289.7	1 270.2	1 257.4	1 250.2

续表

年份	2053	2054	2055	2056	2057	2058	2059	2060
31	1 506.1	1 452.2	1 398.7	1 351.1	1 314.1	1 288.2	1 268.7	1 255.9
32	1 554.9	1 504.1	1 450.3	1 396.8	1 349.2	1 312.3	1 286.4	1 267.0
33	1 585.4	1 552.9	1 502.1	1 448.4	1 394.9	1 347.5	1 310.6	1 284.8
34	1 628.6	1 583.1	1 550.6	1 500.0	1 446.3	1 392.9	1 345.5	1 308.7
35	1 665.7	1 626.2	1 580.8	1 548.3	1 497.8	1 444.2	1 390.9	1 343.5
36	1 697.3	1 663.1	1 623.7	1 578.3	1 545.9	1 495.4	1 441.9	1 388.7
37	1 719.5	1 694.5	1 660.4	1 621.0	1 575.7	1 543.3	1 492.9	1 439.5
38	1 683.7	1 716.4	1 691.5	1 657.4	1 618.1	1 572.9	1 540.6	1 490.3
39	1 680.9	1 680.6	1 713.3	1 688.4	1 654.4	1 615.1	1 570.0	1 537.8
40	1 661.9	1 677.5	1 677.2	1 709.9	1 685.1	1 651.1	1 611.9	1 566.9
41	1 630.1	1 658.3	1 673.9	1 673.6	1 706.2	1 681.4	1 647.5	1 608.4
42	1 585.6	1 626.7	1 654.9	1 670.4	1 670.2	1 702.7	1 678.0	1 644.1
43	1 497.0	1 581.8	1 622.8	1 650.9	1 666.4	1 666.1	1 698.6	1 673.9
44	1 467.1	1 493.1	1 577.7	1 618.6	1 646.6	1 662.1	1 661.8	1 694.2
45	1 453.5	1 463.1	1 489.0	1 573.3	1 614.1	1 642.0	1 657.5	1 657.2
46	1 457.3	1 449.1	1 458.6	1 484.4	1 568.5	1 609.2	1 637.0	1 652.4
47	1 477.9	1 452.6	1 444.4	1 453.9	1 479.6	1 563.4	1 603.9	1 631.7
48	1 504.2	1 472.4	1 447.2	1 439.1	1 448.5	1 474.1	1 557.6	1 598.0
49	1 291.9	1 498.7	1 467.0	1 441.9	1 433.7	1 443.2	1 468.7	1 551.9
50	1 246.1	1 286.7	1 492.6	1 461.1	1 436.1	1 428.0	1 437.4	1 462.8
51	1 288.2	1 241.0	1 281.4	1 486.6	1 455.2	1 430.3	1 422.2	1 431.6
52	1 385.2	1 282.3	1 235.2	1 275.5	1 479.7	1 448.5	1 423.7	1 415.7
53	1 426.6	1 378.4	1 276.0	1 229.1	1 269.2	1 472.5	1 441.4	1 416.7
54	1 382.9	1 418.2	1 370.2	1 268.4	1 221.8	1 261.6	1 463.8	1 432.9
55	1 531.2	1 374.7	1 409.8	1 362.1	1 260.8	1 214.5	1 254.1	1 455.1
56	1 541.2	1 521.2	1 365.7	1 400.5	1 353.1	1 252.5	1 206.6	1 245.9
57	1 584.5	1 530.7	1 510.9	1 356.4	1 391.0	1 343.9	1 244.0	1 198.3
58	1 763.3	1 572.1	1 518.7	1 499.0	1 345.7	1 380.0	1 333.3	1 234.2
59	1 665.4	1 747.7	1 558.1	1 505.2	1 485.6	1 333.8	1 367.7	1 321.4
60	1 834.8	1 648.9	1 730.3	1 542.7	1 490.3	1 470.9	1 320.5	1 354.1
61	1 875.7	1 816.3	1 632.3	1 712.9	1 527.1	1 475.2	1 456.0	1 307.1
62	2 030.8	1 853.9	1 795.2	1 613.3	1 692.9	1 509.3	1 458.0	1 438.9
63	2 272.9	2 004.8	1 830.2	1 772.3	1 592.6	1 671.2	1 489.9	1 439.3
64	2 042.8	2 241.2	1 976.8	1 804.6	1 747.4	1 570.3	1 647.7	1 469.0
65	1 779.1	2 010.7	2 205.9	1 945.6	1 776.1	1 719.8	1 545.5	1 621.6
66	1 757.1	1 750.2	1 978.1	2 170.0	1 913.9	1 747.1	1 691.8	1 520.3
67	1 386.5	1 724.3	1 717.5	1 941.0	2 129.2	1 877.9	1 714.3	1 659.9
68	1 195.5	1 357.7	1 688.4	1 681.7	1 900.4	2 084.6	1 838.5	1 678.3

续表

年份	2053	2054	2055	2056	2057	2058	2059	2060
69	1 139.8	1 166.6	1 324.7	1 647.3	1 640.6	1 853.9	2 033.6	1 793.4
70	1 152.2	1 109.7	1 135.6	1 289.2	1 603.1	1 596.6	1 804.1	1 978.8
71	1 330.4	1 121.6	1 080.3	1 105.3	1 254.6	1 560.0	1 553.5	1 755.3
72	1 163.3	1 287.2	1 085.2	1 045.2	1 069.1	1 213.3	1 508.6	1 502.3
73	1 111.9	1 121.6	1 241.0	1 046.3	1 007.7	1 030.6	1 169.4	1 453.9
74	1 133.6	1 070.0	1 079.2	1 194.2	1 006.8	969.8	991.5	1 124.7
75	1 078.0	1 084.9	1 024.2	1 033.0	1 143.1	963.8	928.3	948.8
76	991.5	1 027.9	1 034.5	976.7	985.0	1 090.1	919.1	885.2
77	1 054.7	941.4	975.9	982.2	927.5	935.3	1 035.2	872.7
78	1 044.1	993.1	886.4	919.0	924.9	873.6	880.8	974.9
79	1 079.0	976.2	928.5	828.7	859.3	864.8	817.0	823.6
80	1 054.8	1 002.8	907.2	862.9	770.2	798.6	803.8	759.5
81	1 019.1	975.5	927.5	839.0	798.1	712.4	738.7	743.5
82	979.0	934.7	894.8	850.8	769.5	732.1	653.5	677.7
83	978.9	887.5	847.4	811.2	771.5	697.6	663.8	592.5
84	814.4	878.2	796.1	760.2	727.8	692.2	625.9	595.6
85	797.0	721.9	778.4	705.7	673.9	645.1	613.7	554.8
86	571.3	706.1	639.6	689.7	625.2	597.0	571.6	543.8
87	559.6	496.0	613.0	555.3	598.7	542.7	518.3	496.3
88	497.8	486.5	431.2	532.9	482.8	520.5	471.8	450.6
89	406.4	422.8	413.3	366.4	452.8	410.2	442.3	400.9
90	394.8	334.0	347.4	339.7	301.1	372.2	337.2	363.5
91	249.6	332.1	281.0	292.2	285.8	253.3	313.1	283.7
92	112.1	200.0	266.1	225.2	234.2	229.0	203.1	250.9
93	114.2	89.9	160.4	213.4	180.6	187.8	183.7	162.9
94	81.0	88.8	70.0	124.8	166.0	140.5	146.1	142.9
95	82.1	62.7	68.8	54.2	96.7	128.6	108.9	113.2
96	69.6	61.1	46.7	51.2	40.4	72.0	95.7	81.1
97	50.5	54.6	47.9	36.6	40.2	31.7	56.5	75.1
98	40.3	37.2	40.2	35.3	27.0	29.6	23.4	41.7
99	32.7	33.4	30.9	33.3	29.3	22.4	24.6	19.4
100+	67.1	71.0	74.4	75.0	77.1	75.8	69.9	67.3

年份	2061	2062	2063	2064	2065	2066	2067	2068
总计	114 995.1	114 156.7	113 340.6	112 546.0	111 770.4	111 009.7	110 263.5	109 524.2
增长率（%）	−0.74	−0.73	−0.71	−0.70	−0.69	−0.68	−0.67	−0.67
0	1 103.7	1 108.3	1 113.0	1 117.1	1 120.1	1 121.4	1 120.6	1 117.4
1	1 098.6	1 102.2	1 106.8	1 111.5	1 115.6	1 118.6	1 119.9	1 119.1
2	1 095.6	1 097.6	1 101.2	1 105.8	1 110.5	1 114.6	1 117.6	1 118.9

续表

年份	2061	2062	2063	2064	2065	2066	2067	2068
3	1 095.3	1 094.9	1 096.9	1 100.6	1 105.1	1 109.8	1 113.9	1 116.9
4	1 098.1	1 094.7	1 094.4	1 096.3	1 100.0	1 104.5	1 109.2	1 113.4
5	1 104.2	1 097.5	1 094.2	1 093.8	1 095.7	1 099.4	1 103.9	1 108.6
6	1 113.9	1 103.7	1 097.0	1 093.7	1 093.3	1 095.3	1 098.9	1 103.5
7	1 127.1	1 113.5	1 103.3	1 096.6	1 093.3	1 092.9	1 094.9	1 098.6
8	1 143.7	1 126.7	1 113.1	1 102.9	1 096.2	1 092.9	1 092.5	1 094.5
9	1 163.3	1 143.2	1 126.2	1 112.6	1 102.4	1 095.8	1 092.4	1 092.0
10	1 185.7	1 162.8	1 142.7	1 125.8	1 112.2	1 102.0	1 095.3	1 092.0
11	1 210.2	1 185.2	1 162.4	1 142.3	1 125.3	1 111.7	1 101.5	1 094.9
12	1 236.1	1 209.7	1 184.7	1 161.9	1 141.8	1 124.8	1 111.2	1 101.1
13	1 262.8	1 235.7	1 209.3	1 184.3	1 161.5	1 141.4	1 124.5	1 110.9
14	1 288.7	1 262.3	1 235.2	1 208.9	1 183.9	1 161.0	1 141.0	1 124.0
15	1 312.9	1 288.1	1 261.7	1 234.7	1 208.3	1 183.3	1 160.5	1 140.4
16	1 333.8	1 312.1	1 287.3	1 260.9	1 233.9	1 207.6	1 182.6	1 159.8
17	1 350.7	1 333.0	1 311.3	1 286.5	1 260.1	1 233.1	1 206.8	1 181.9
18	1 362.5	1 349.5	1 331.9	1 310.1	1 285.4	1 259.0	1 232.1	1 205.8
19	1 369.1	1 361.3	1 348.3	1 330.6	1 308.9	1 284.2	1 257.9	1 231.0
20	1 370.6	1 367.8	1 360.0	1 347.1	1 329.4	1 307.7	1 283.1	1 256.7
21	1 367.1	1 369.3	1 366.6	1 358.8	1 345.8	1 328.2	1 306.6	1 281.9
22	1 358.1	1 365.6	1 367.9	1 365.1	1 357.4	1 344.4	1 326.8	1 305.2
23	1 344.9	1 357.0	1 364.5	1 366.8	1 364.1	1 356.3	1 343.3	1 325.8
24	1 327.9	1 343.6	1 355.8	1 363.3	1 365.5	1 362.8	1 355.0	1 342.1
25	1 308.8	1 326.6	1 342.3	1 354.5	1 361.9	1 364.2	1 361.5	1 353.7
26	1 290.4	1 307.7	1 325.4	1 341.2	1 353.3	1 360.7	1 363.0	1 360.3
27	1 273.6	1 289.1	1 306.4	1 324.1	1 339.8	1 351.9	1 359.4	1 361.7
28	1 260.1	1 272.3	1 287.7	1 305.0	1 322.7	1 338.4	1 350.5	1 358.0
29	1 250.7	1 258.5	1 270.7	1 286.1	1 303.3	1 321.1	1 336.7	1 348.8
30	1 246.9	1 249.4	1 257.1	1 269.3	1 284.7	1 301.9	1 319.6	1 335.3
31	1 248.7	1 245.4	1 247.8	1 255.6	1 267.7	1 283.1	1 300.3	1 318.0
32	1 254.2	1 247.0	1 243.7	1 246.2	1 253.9	1 266.0	1 281.4	1 298.6
33	1 265.3	1 252.6	1 245.4	1 242.1	1 244.5	1 252.2	1 264.4	1 279.7
34	1 282.9	1 263.5	1 250.8	1 243.6	1 240.3	1 242.7	1 250.4	1 262.5
35	1 306.8	1 281.0	1 261.6	1 248.9	1 241.8	1 238.4	1 240.9	1 248.6
36	1 341.4	1 304.7	1 279.0	1 259.6	1 246.9	1 239.8	1 236.5	1 238.9
37	1 386.4	1 339.2	1 302.5	1 276.9	1 257.5	1 244.9	1 237.8	1 234.4
38	1 436.9	1 383.9	1 336.8	1 300.2	1 274.6	1 255.3	1 242.7	1 235.6
39	1 487.5	1 434.3	1 381.4	1 334.4	1 297.9	1 272.3	1 253.0	1 240.4
40	1 534.7	1 484.6	1 431.5	1 378.6	1 331.7	1 295.3	1 269.7	1 250.5

续表

年份	2061	2062	2063	2064	2065	2066	2067	2068
41	1 563.5	1 531.4	1 481.4	1 428.3	1 375.6	1 328.8	1 292.5	1 267.0
42	1 605.1	1 560.3	1 528.2	1 478.3	1 425.4	1 372.8	1 326.1	1 289.8
43	1 640.2	1 601.2	1 556.5	1 524.5	1 474.7	1 422.0	1 369.5	1 322.9
44	1 669.6	1 635.9	1 597.1	1 552.5	1 520.6	1 470.9	1 418.3	1 366.0
45	1 689.5	1 665.0	1 631.4	1 592.7	1 548.2	1 516.4	1 466.9	1 414.4
46	1 652.1	1 684.3	1 659.8	1 626.4	1 587.8	1 543.4	1 511.7	1 462.3
47	1 647.1	1 646.8	1 678.8	1 654.5	1 621.1	1 582.6	1 538.4	1 506.8
48	1 625.7	1 641.0	1 640.7	1 672.6	1 648.3	1 615.1	1 576.8	1 532.7
49	1 592.1	1 619.7	1 634.9	1 634.6	1 666.5	1 642.3	1 609.2	1 571.0
50	1 545.7	1 585.7	1 613.2	1 628.4	1 628.1	1 659.8	1 635.7	1 602.7
51	1 456.9	1 539.4	1 579.3	1 606.6	1 621.8	1 621.5	1 653.1	1 629.1
52	1 425.0	1 450.1	1 532.3	1 572.0	1 599.2	1 614.3	1 614.0	1 645.4
53	1 408.7	1 418.0	1 443.1	1 524.8	1 564.4	1 591.4	1 606.4	1 606.1
54	1 408.3	1 400.4	1 409.6	1 434.5	1 515.8	1 555.1	1 582.0	1 596.9
55	1 424.4	1 400.0	1 392.1	1 401.3	1 426.1	1 506.9	1 545.9	1 572.7
56	1 445.6	1 415.1	1 390.9	1 383.1	1 392.1	1 416.7	1 497.0	1 535.8
57	1 237.4	1 435.8	1 405.5	1 381.4	1 373.7	1 382.7	1 407.1	1 486.9
58	1 188.8	1 227.6	1 424.5	1 394.5	1 370.6	1 362.9	1 371.8	1 396.1
59	1 223.1	1 178.2	1 216.6	1 411.8	1 382.1	1 358.4	1 350.8	1 359.6
60	1 308.2	1 210.9	1 166.4	1 204.5	1 397.8	1 368.4	1 344.9	1 337.4
61	1 340.4	1 295.0	1 198.6	1 154.6	1 192.2	1 383.7	1 354.5	1 331.3
62	1 291.9	1 324.7	1 279.8	1 184.6	1 141.0	1 178.3	1 367.5	1 338.7
63	1 420.4	1 275.2	1 307.6	1 263.3	1 169.3	1 126.3	1 163.0	1 349.9
64	1 419.0	1 400.4	1 257.3	1 289.2	1 245.5	1 152.8	1 110.3	1 146.6
65	1 445.7	1 396.5	1 378.1	1 237.3	1 268.7	1 225.6	1 134.4	1 092.6
66	1 595.1	1 422.0	1 373.6	1 355.5	1 217.0	1 247.8	1 205.5	1 115.7
67	1 491.6	1 565.0	1 395.1	1 347.7	1 329.8	1 193.9	1 224.2	1 182.6
68	1 625.1	1 460.3	1 532.1	1 365.8	1 319.3	1 301.8	1 168.7	1 198.3
69	1 637.1	1 585.2	1 424.4	1 494.3	1 332.1	1 286.8	1 269.6	1 139.9
70	1 745.0	1 592.9	1 542.4	1 385.9	1 453.9	1 296.0	1 251.9	1 235.1
71	1 925.2	1 697.7	1 549.7	1 500.6	1 348.3	1 414.3	1 260.8	1 217.8
72	1 697.3	1 861.5	1 641.4	1 498.3	1 450.8	1 303.6	1 367.3	1 218.8
73	1 447.7	1 635.5	1 793.7	1 581.5	1 443.7	1 397.8	1 256.0	1 317.3
74	1 398.3	1 392.2	1 572.8	1 724.7	1 520.6	1 388.1	1 344.0	1 207.6
75	1 076.1	1 337.7	1 331.8	1 504.3	1 649.6	1 454.3	1 327.5	1 285.3
76	904.6	1 025.7	1 275.0	1 269.3	1 433.7	1 572.0	1 385.8	1 265.0
77	840.6	858.7	973.5	1 210.0	1 204.5	1 360.4	1 491.5	1 314.8
78	822.0	791.7	808.5	916.3	1 138.8	1 133.4	1 280.0	1 403.3

续表

年份	2061	2062	2063	2064	2065	2066	2067	2068
79	911.8	768.7	740.4	755.9	856.4	1 064.3	1 059.2	1 196.0
80	765.6	847.6	714.6	688.4	702.4	795.6	988.6	983.8
81	702.7	708.3	784.2	661.1	636.8	649.6	735.5	913.9
82	682.1	644.8	649.8	719.5	606.6	584.4	595.8	674.4
83	614.5	618.5	584.9	589.3	652.7	550.2	530.0	540.2
84	531.6	551.4	555.0	524.9	528.8	585.7	493.8	475.7
85	528.0	471.3	488.9	492.1	465.6	469.0	519.5	438.0
86	491.6	467.9	417.6	433.3	436.1	412.7	415.7	460.5
87	472.2	426.8	406.3	362.6	376.2	378.7	358.5	361.0
88	431.5	410.6	371.0	353.3	315.3	327.2	329.3	311.9
89	382.9	366.6	348.9	315.3	300.2	267.9	278.1	279.9
90	329.5	314.7	301.4	286.9	259.1	246.8	220.3	228.7
91	305.8	277.2	264.8	253.6	241.4	218.0	207.7	185.4
92	227.4	245.1	222.2	212.2	203.3	193.5	174.8	166.5
93	201.3	182.4	196.6	178.2	170.2	163.0	155.2	140.2
94	126.7	156.6	141.9	153.0	138.7	132.4	126.9	120.8
95	110.7	98.2	121.3	109.9	118.5	107.4	102.6	98.3
96	84.3	82.5	73.2	90.4	81.9	88.3	80.1	76.5
97	63.6	66.1	64.7	57.4	71.0	64.3	69.3	62.8
98	55.4	47.0	48.8	47.8	42.4	52.4	47.5	51.2
99	34.6	45.9	39.0	40.5	39.7	35.2	43.5	39.4
100+	61.8	68.7	81.7	86.0	90.1	92.5	91.0	95.8
年份	2069	2070						
总计	108 790.3	108 057.5						
增长率（%）	−0.67	−0.67						
0	1 111.8	1 103.8						
1	1 115.9	1 110.3						
2	1 118.1	1 114.9						
3	1 118.2	1 117.4						
4	1 116.3	1 117.6						
5	1 112.8	1 115.7						
6	1 108.1	1 112.3						
7	1 103.1	1 107.8						
8	1 098.2	1 102.7						
9	1 094.0	1 097.7						
10	1 091.6	1 093.6						
11	1 091.5	1 091.2						
12	1 094.4	1 091.1						

续表

年份	2069	2070						
13	1 100.7	1 094.1						
14	1 110.4	1 100.3						
15	1 123.5	1 109.9						
16	1 139.7	1 122.8						
17	1 159.1	1 139.0						
18	1 180.8	1 158.1						
19	1 204.7	1 179.8						
20	1 229.8	1 203.6						
21	1 255.6	1 228.7						
22	1 280.5	1 254.3						
23	1 304.1	1 279.5						
24	1 324.5	1 302.9						
25	1 340.8	1 323.3						
26	1 352.5	1 339.6						
27	1 358.9	1 351.2						
28	1 360.2	1 357.5						
29	1 356.2	1 358.5						
30	1 347.3	1 354.8						
31	1 333.6	1 345.7						
32	1 316.2	1 331.8						
33	1 296.9	1 314.5						
34	1 277.9	1 295.0						
35	1 260.7	1 276.0						
36	1 246.6	1 258.7						
37	1 236.9	1 244.5						
38	1 232.3	1 234.7						
39	1 233.3	1 230.0						
40	1 237.9	1 230.9						
41	1 247.8	1 235.2						
42	1 264.4	1 245.2						
43	1 286.7	1 261.3						
44	1 319.5	1 283.3						
45	1 362.2	1 315.8						
46	1 410.0	1 358.0						
47	1 457.6	1 405.5						
48	1 501.3	1 452.2						
49	1 527.1	1 495.7						
50	1 564.7	1 521.0						

续表

年份	2069	2070						
51	1 596.2	1 558.3						
52	1 621.6	1 588.9						
53	1 637.4	1 613.6						
54	1 596.6	1 627.7						
55	1 587.5	1 587.2						
56	1 562.4	1 577.1						
57	1 525.4	1 551.8						
58	1 475.2	1 513.4						
59	1 383.7	1 462.1						
60	1 346.1	1 369.9						
61	1 323.8	1 332.5						
62	1 315.8	1 308.4						
63	1 321.5	1 298.9						
64	1 330.9	1 303.0						
65	1 128.3	1 309.8						
66	1 074.6	1 109.7						
67	1 094.5	1 054.2						
68	1 157.6	1 071.4						
69	1 168.7	1 129.0						
70	1 108.9	1 136.9						
71	1 201.5	1 078.7						
72	1 177.3	1 161.4						
73	1 174.2	1 134.2						
74	1 266.4	1 128.8						
75	1 154.8	1 211.0						
76	1 224.7	1 100.4						
77	1 200.1	1 162.0						
78	1 236.9	1 129.0						
79	1 311.2	1 155.6						
80	1 110.8	1 217.6						
81	909.3	1 026.6						
82	837.9	833.6						
83	611.1	759.2						
84	484.6	548.1						
85	421.9	429.5						
86	388.3	374.0						
87	400.0	337.2						
88	314.0	348.0						

续表

年份	2069	2070						
89	265.2	266.9						
90	230.2	218.2						
91	192.4	193.7						
92	148.6	154.3						
93	133.6	119.2						
94	109.1	103.9						
95	93.6	84.5						
96	73.3	69.8						
97	60.0	57.5						
98	46.4	44.3						
99	42.5	38.5						
100+	96.4	99.0						

资料来源：根据 2005 年全国人口抽样调查结果中的全国分年龄、性别人口数（2004.11.01—2005.10.31）（摘自：中国人口统计年鉴 2006. 北京：中国统计出版社，2006）计算而得。

表 A—5　　　　城镇人口生命表（男女混合）

年龄	年平均人口	死亡人口	死亡率	生存人数	死亡人数	生存人年数		平均余命
x	原始数据	原始数据	q_x	l_x	d_x	L_x	T_x	e_x
0	73 556	574	0.007 773	1 000 000	7 773	996 113	78 616 161	78.62
1	64 493	51	0.000 790	992 227	784	991 835	77 620 048	78.23
2	69 158	28	0.000 405	991 442	401	991 242	76 628 214	77.29
3	71 546	35	0.000 489	991 041	485	990 799	75 636 972	76.32
4	77 625	24	0.000 309	990 556	306	990 403	74 646 173	75.36
5	78 589	31	0.000 394	990 250	391	990 055	73 655 770	74.38
6	80 144	22	0.000 274	989 860	272	989 724	72 665 715	73.41
7	83 634	29	0.000 347	989 588	343	989 416	71 675 991	72.43
8	86 814	18	0.000 207	989 245	205	989 142	70 686 575	71.46
9	93 235	25	0.000 268	989 040	265	988 907	69 697 432	70.47
10	94 153	22	0.000 234	988 775	231	988 659	68 708 525	69.49
11	95 781	21	0.000 219	988 544	217	988 435	67 719 866	68.50
12	101 666	31	0.000 305	988 327	301	988 176	66 731 431	67.52
13	104 526	28	0.000 268	988 026	265	987 893	65 743 254	66.54
14	120 095	33	0.000 275	987 761	271	987 625	64 755 361	65.56
15	128 010	43	0.000 336	987 490	332	987 324	63 767 736	64.58
16	126 181	42	0.000 333	987 158	329	986 994	62 780 412	63.60
17	132 646	45	0.000 339	986 829	335	986 662	61 793 418	62.62
18	118 912	59	0.000 496	986 495	489	986 250	60 806 756	61.64
19	103 541	47	0.000 454	986 005	447	985 782	59 820 506	60.67
20	96 261	36	0.000 374	985 558	369	985 374	58 834 725	59.70

续表

年龄	年平均人口	死亡人口	死亡率	生存人数	死亡人数	生存人年数		平均余命
x	原始数据	原始数据	q_x	l_x	d_x	L_x	T_x	e_x
21	99 381	48	0.000 483	985 189	476	984 951	57 849 351	58.72
22	112 807	65	0.000 576	984 714	567	984 430	56 864 400	57.75
23	120 569	48	0.000 398	984 146	392	983 951	55 879 970	56.78
24	104 468	53	0.000 507	983 755	499	983 505	54 896 019	55.80
25	116 698	44	0.000 377	983 256	371	983 070	53 912 514	54.83
26	117 615	54	0.000 459	982 885	451	982 659	52 929 443	53.85
27	114 687	68	0.000 593	982 434	582	982 143	51 946 784	52.88
28	120 568	73	0.000 605	981 852	594	981 554	50 964 641	51.91
29	130 361	99	0.000 759	981 257	745	980 885	49 983 087	50.94
30	135 551	78	0.000 575	980 512	564	980 230	49 002 202	49.98
31	146 117	85	0.000 582	979 948	570	979 663	48 021 972	49.00
32	155 380	118	0.000 759	979 378	743	979 007	47 042 308	48.03
33	157 237	116	0.000 737	978 635	722	978 274	46 063 302	47.07
34	166 893	145	0.000 868	977 913	849	977 489	45 085 028	46.10
35	163 465	151	0.000 923	977 064	902	976 613	44 107 539	45.14
36	175 146	179	0.001 021	976 162	997	975 663	43 130 926	44.18
37	144 956	158	0.001 089	975 165	1 062	974 633	42 155 263	43.23
38	137 211	153	0.001 114	974 102	1 086	973 560	41 180 629	42.28
39	155 526	190	0.001 221	973 017	1 188	972 423	40 207 070	41.32
40	154 539	222	0.001 435	971 829	1 395	971 131	39 234 647	40.37
41	172 713	253	0.001 464	970 434	1 421	969 723	38 263 516	39.43
42	171 654	261	0.001 519	969 013	1 472	968 277	37 293 792	38.49
43	92 847	175	0.001 883	967 541	1 822	966 630	36 325 515	37.54
44	86 244	162	0.001 877	965 719	1 812	964 813	35 358 885	36.61
45	95 897	193	0.002 011	963 907	1 938	962 938	34 394 073	35.68
46	101 862	260	0.002 549	961 969	2 452	960 743	33 431 135	34.75
47	123 760	311	0.002 510	959 516	2 408	958 312	32 470 392	33.84
48	116 316	340	0.002 919	957 108	2 794	955 711	31 512 080	32.92
49	112 998	330	0.002 916	954 315	2 783	952 923	30 556 368	32.02
50	121 540	425	0.003 491	951 532	3 322	949 871	29 603 445	31.11
51	112 787	374	0.003 310	948 210	3 139	946 641	28 653 574	30.22
52	106 625	381	0.003 567	945 071	3 371	943 386	27 706 933	29.32
53	94 520	403	0.004 255	941 700	4 007	939 697	26 763 548	28.42
54	88 501	433	0.004 881	937 694	4 577	935 405	25 823 851	27.54
55	90 484	456	0.005 027	933 117	4 691	930 772	24 888 445	26.67
56	75 409	384	0.005 079	928 426	4 716	926 069	23 957 673	25.80
57	70 919	410	0.005 765	923 711	5 325	921 048	23 031 605	24.93

续表

年龄	年平均人口	死亡人口	死亡率	生存人数	死亡人数	生存人年数		平均余命
x	原始数据	原始数据	q_x	l_x	d_x	L_x	T_x	e_x
58	68 461	421	0.006 131	918 386	5 630	915 571	22 110 557	24.08
59	64 136	471	0.007 317	912 756	6 679	909 416	21 194 986	23.22
60	58 133	462	0.007 916	906 077	7 172	902 491	20 285 570	22.39
61	54 718	486	0.008 843	898 905	7 949	894 930	19 383 079	21.56
62	53 711	548	0.010 151	890 956	9 044	886 434	18 488 148	20.75
63	52 775	562	0.010 593	881 912	9 342	877 241	17 601 714	19.96
64	53 730	568	0.010 516	872 570	9 176	867 982	16 724 473	19.17
65	48 597	625	0.012 779	863 394	11 033	857 878	15 856 491	18.37
66	48 780	654	0.013 318	852 361	11 352	846 686	14 998 613	17.60
67	48 565	781	0.015 953	841 010	13 417	834 301	14 151 927	16.83
68	46 460	845	0.018 024	827 593	14 916	820 135	13 317 626	16.09
69	47 091	963	0.020 243	812 677	16 451	804 451	12 497 491	15.38
70	42 628	943	0.021 880	796 226	17 421	787 515	11 693 040	14.69
71	42 157	969	0.022 724	778 805	17 698	769 956	10 905 525	14.00
72	37 397	976	0.025 762	761 107	19 608	751 303	10 135 569	13.32
73	32 935	1 008	0.030 144	741 499	22 352	730 323	9 384 266	12.66
74	32 180	1 039	0.031 774	719 147	22 850	707 722	8 653 943	12.03
75	28 189	1 059	0.036 875	696 297	25 676	683 459	7 946 222	11.41
76	25 103	992	0.038 752	670 621	25 988	657 627	7 262 763	10.83
77	23 617	1 061	0.043 938	644 633	28 324	630 471	6 605 136	10.25
78	19 499	996	0.049 807	616 309	30 697	600 961	5 974 665	9.69
79	18 050	1 018	0.054 852	585 612	32 122	569 551	5 373 705	9.18
80	15 809	1 000	0.061 316	553 490	33 938	536 521	4 804 154	8.68
81	13 724	905	0.063 838	519 552	33 167	502 969	4 267 632	8.21
82	11 415	812	0.068 691	486 385	33 410	469 680	3 764 663	7.74
83	9 822	830	0.081 078	452 975	36 726	434 612	3 294 984	7.27
84	8 404	806	0.091 518	416 248	38 094	397 201	2 860 372	6.87
85	6 543	622	0.090 750	378 154	34 317	360 995	2 463 171	6.51
86	5 032	555	0.104 530	343 837	35 941	325 866	2 102 176	6.11
87	3 994	478	0.112 922	307 895	34 768	290 511	1 776 310	5.77
88	3 129	422	0.126 347	273 127	34 509	255 873	1 485 798	5.44
89	2 597	394	0.141 016	238 618	33 649	221 794	1 229 926	5.15
90	2 017	354	0.161 349	204 969	33 072	188 433	1 008 132	4.92
91	1 596	216	0.126 761	171 898	21 790	161 003	819 698	4.77
92	1 163	227	0.177 830	150 108	26 694	136 761	658 696	4.39
93	836	169	0.183 596	123 414	22 658	112 085	521 935	4.23
94	570	127	0.200 474	100 756	20 199	90 656	409 850	4.07

续表

年龄	年平均人口	死亡人口	死亡率	生存人数	死亡人数	生存人年数		平均余命
x	原始数据	原始数据	q_x	l_x	d_x	L_x	T_x	e_x
95	414	91	0.198 041	80 557	15 954	72 580	319 193	3.96
96	256	74	0.252 560	64 603	16 316	56 445	246 613	3.82
97	195	39	0.181 818	48 287	8 779	43 897	190 168	3.94
98	125	42	0.287 671	39 508	11 365	33 825	146 271	3.70
99	104	21	0.183 406	28 142	5 161	25 562	112 446	4.00
100+	187	57	0.264 501	22 981	22 981	86 884	86 884	3.78

资料来源：根据 2005 年城镇人口抽样调查结果中的城市和镇分年龄、性别死亡人口状况（2004.11.01—2005.10.31）（摘自：中国人口统计年鉴 2006. 北京：中国统计出版社，2006）计算而得。

表 A—6　　城镇人口生命表（男性）

年龄	年平均人口	死亡人口	死亡率	生存人数	死亡人数	生存人年数		平均余命
x	原始数据	原始数据	q_x	l_x	d_x	L_x	T_x	e_x
0	39 794	301	0.007 535	1 000 000	7535	996 232	76 209 036	76.21
1	35 433	31	0.000 875	992 465	868	992 031	75 212 804	75.78
2	37 679	22	0.000 584	991 597	579	991 307	74 220 773	74.85
3	38 614	22	0.000 570	991 018	564	990 736	73 229 466	73.89
4	42 172	11	0.000 261	990 453	258	990 324	72 238 731	72.94
5	42 589	18	0.000 423	990 195	418	989 986	71 248 406	71.95
6	43 390	15	0.000 346	989 777	342	989 606	70 258 421	70.98
7	45 150	24	0.000 531	989 435	526	989 172	69 268 815	70.01
8	46 807	13	0.000 278	988 909	275	988 771	68 279 643	69.05
9	50 212	21	0.000 418	988 634	413	988 427	67 290 872	68.06
10	50 349	16	0.000 318	988 221	314	988 064	66 302 444	67.09
11	50 646	13	0.000 257	987 907	254	987 780	65 314 381	66.11
12	54 254	24	0.000 442	987 653	437	987 435	64 326 601	65.13
13	55 459	17	0.000 306	987 216	303	987 065	63 339 166	64.16
14	63 433	19	0.000 299	986 914	296	986 766	62 352 101	63.18
15	66 706	36	0.000 540	986 618	532	986 352	61 365 335	62.20
16	65 017	27	0.000 415	986 086	409	985 881	60 378 983	61.23
17	66 488	27	0.000 406	985 677	400	985 476	59 393 102	60.26
18	59 283	34	0.000 573	985 276	565	984 994	58 407 625	59.28
19	51 187	35	0.000 684	984 711	673	984 375	57 422 631	58.31
20	46 141	29	0.000 628	984 038	618	983 729	56 438 256	57.35
21	47 156	32	0.000 678	983 420	667	983 086	55 454 527	56.39
22	53 731	46	0.000 856	982 753	841	982 332	54 471 441	55.43
23	57 343	31	0.000 540	981 912	531	981 647	53 489 108	54.47
24	49 537	40	0.000 807	981 381	792	980 985	52 507 462	53.50
25	56 024	25	0.000 446	980 589	437	980 370	51 526 477	52.55

续表

年龄	年平均人口	死亡人口	死亡率	生存人数	死亡人数	生存人年数		平均余命
x	原始数据	原始数据	q_x	l_x	d_x	L_x	T_x	e_x
26	56 615	33	0.000 583	980 152	571	979 866	50 546 106	51.57
27	55 512	56	0.001 008	979 580	988	979 087	49 566 240	50.60
28	58 528	59	0.001 008	978 593	986	978 100	48 587 153	49.65
29	63 373	75	0.001 183	977 607	1 156	977 029	47 609 054	48.70
30	66 671	50	0.000 750	976 451	732	976 085	46 632 025	47.76
31	71 791	63	0.000 877	975 719	856	975 291	45 655 940	46.79
32	77 067	82	0.001 063	974 863	1 037	974 344	44 680 650	45.83
33	78 161	80	0.001 023	973 826	996	973 328	43 706 306	44.88
34	83 559	106	0.001 268	972 830	1 233	972 213	42 732 978	43.93
35	81 578	114	0.001 396	971 596	1 357	970 918	41 760 765	42.98
36	87 236	128	0.001 466	970 240	1 423	969 528	40 789 847	42.04
37	72 312	99	0.001 368	968 817	1 325	968 154	39 820 318	41.10
38	68 166	104	0.001 525	967 492	1 475	966 754	38 852 164	40.16
39	78 239	131	0.001 673	966 017	1 616	965 209	37 885 410	39.22
40	78 311	168	0.002 143	964 400	2 067	963 367	36 920 201	38.28
41	87 125	176	0.002 018	962 334	1 942	961 363	35 956 834	37.36
42	87 189	189	0.002 165	960 392	2 080	959 352	34 995 472	36.44
43	46 846	125	0.002 665	958 312	2 554	957 035	34 036 120	35.52
44	43 412	108	0.002 485	955 758	2 375	954 571	33 079 084	34.61
45	48 729	131	0.002 685	953 384	2 560	952 104	32 124 513	33.70
46	51 909	176	0.003 385	950 824	3 218	949 215	31 172 409	32.78
47	62 615	226	0.003 603	947 606	3 414	945 899	30 223 194	31.89
48	57 958	215	0.003 703	944 192	3 496	942 444	29 277 296	31.01
49	56 496	240	0.004 239	940 696	3 988	938 702	28 334 852	30.12
50	61 169	286	0.004 665	936 708	4 369	934 523	27 396 150	29.25
51	56 004	248	0.004 418	932 338	4 120	930 279	26 461 627	28.38
52	52 693	238	0.004 507	928 219	4 183	926 127	25 531 348	27.51
53	46 473	264	0.005 665	924 036	5 234	921 419	24 605 221	26.63
54	44 087	272	0.006 151	918 802	5 651	915 976	23 683 802	25.78
55	45 306	295	0.006 490	913 150	5 926	910 187	22 767 826	24.93
56	37 404	234	0.006 237	907 224	5 658	904 395	21 857 639	24.09
57	35 331	252	0.007 107	901 566	6 408	898 362	20 953 244	23.24
58	34 143	274	0.007 993	895 158	7 155	891 581	20 054 882	22.40
59	31 794	285	0.008 924	888 003	7 925	884 041	19 163 301	21.58
60	28 952	275	0.009 454	880 079	8 320	875 919	18 279 260	20.77
61	27 346	314	0.011 417	871 759	9 953	866 783	17 403 341	19.96
62	26 766	332	0.012 327	861 806	10 624	856 494	16 536 558	19.19

续表

年龄	年平均人口	死亡人口	死亡率	生存人数	死亡人数	生存人年数		平均余命
x	原始数据	原始数据	q_x	l_x	d_x	L_x	T_x	e_x
63	26 106	354	0.013 469	851 182	11 464	845 450	15 680 064	18.42
64	26 433	355	0.013 341	839 718	11 202	834 117	14 834 614	17.67
65	23 662	382	0.016 015	828 516	13 268	821 881	14 000 497	16.90
66	24 131	434	0.017 825	815 247	14 532	807 981	13 178 616	16.17
67	24 196	480	0.019 643	800 715	15 729	792 851	12 370 634	15.45
68	23 191	504	0.021 499	784 987	16 876	776 549	11 577 783	14.75
69	22 865	585	0.025 262	768 111	19 404	758 409	10 801 234	14.06
70	20 732	581	0.027 637	748 707	20 692	738 361	10 042 826	13.41
71	20 914	594	0.028 004	728 015	20 388	717 821	9 304 465	12.78
72	18 428	580	0.030 986	707 627	21 927	696 664	8 586 644	12.13
73	16 361	600	0.036 012	685 700	24 694	673 354	7 889 981	11.51
74	16 140	646	0.039 240	661 007	25 938	648 038	7 216 627	10.92
75	13 861	641	0.045 200	635 069	28 705	620 717	6 568 589	10.34
76	11 937	558	0.045 678	606 364	27 697	592 516	5 947 872	9.81
77	11 146	600	0.052 420	578 667	30 334	563 500	5 355 357	9.25
78	9 180	566	0.059 812	548 333	32 797	531 935	4 791 857	8.74
79	8 223	549	0.064 607	515 536	33 307	498 883	4 259 922	8.26
80	7 113	513	0.069 611	482 229	33 569	465 445	3 761 040	7.80
81	5 891	446	0.072 947	448 660	32 729	432 296	3 295 595	7.35
82	4 816	397	0.079 170	415 932	32 929	399 467	2 863 299	6.88
83	4 099	430	0.099 675	383 002	38 176	363 914	2 463 832	6.43
84	3 374	366	0.102 896	344 826	35 481	327 086	2 099 918	6.09
85	2 477	281	0.107 354	309 345	33 210	292 740	1 772 832	5.73
86	1 853	262	0.132 056	276 136	36 465	257 903	1 480 091	5.36
87	1 423	189	0.124 547	239 670	29 850	224 745	1 222 189	5.10
88	1 087	191	0.161 522	209 820	33 891	192 875	997 443	4.75
89	838	160	0.174 292	175 929	30 663	160 598	804 569	4.57
90	671	137	0.185 260	145 266	26 912	131 810	643 971	4.43
91	466	79	0.156 281	118 354	18 497	109 106	512 161	4.33
92	387	71	0.168 047	99 858	16 781	91 467	403 055	4.04
93	249	47	0.172 477	83 077	14 329	75 912	311 587	3.75
94	162	39	0.214 876	68 748	14 772	61 362	235 675	3.43
95	115	21	0.167 331	53 976	9 032	49 460	174 313	3.23
96	59	23	0.326 241	44 944	14 663	37 613	124 853	2.78
97	47	13	0.242 991	30 281	7 358	26 602	87 241	2.88
98	31	12	0.324 324	22 923	7 435	19 206	60 638	2.65
99	28	8	0.250 000	15 489	3 872	13 553	41 432	2.68
100+	38	20	0.416 667	11 617	11 617	27 880	27 880	2.40

资料来源：根据 2005 年城镇人口抽样调查结果中的城市和镇分年龄、性别死亡人口状况（2004.11.01—2005.10.31）（摘自：中国人口统计年鉴 2006. 北京：中国统计出版社，2006）计算而得。

表 A—7 城镇人口生命表（女性）

年龄	年平均人口	死亡人口	死亡率	生存人数	死亡人数	生存人年数		平均余命
x	原始数据	原始数据	q_x	l_x	d_x	L_x	T_x	e_x
0	33 762	273	0.008 053	1 000 000	8 053	995 973	81 119 260	81.12
1	29 060	19	0.000 654	991 947	648	991 622	80 123 287	80.77
2	31 479	6	0.000 191	991 298	189	991 204	79 131 665	79.83
3	32 932	13	0.000 395	991 109	391	990 914	78 140 461	78.84
4	35 453	13	0.000 367	990 718	363	990 537	77 149 547	77.87
5	36 000	12	0.000 333	990 355	330	990 190	76 159 011	76.90
6	36 754	7	0.000 190	990 025	189	989 931	75 168 821	75.93
7	38 484	7	0.000 182	989 836	180	989 746	74 178 890	74.94
8	40 007	5	0.000 125	989 656	124	989 594	73 189 144	73.95
9	43 023	4	0.000 093	989 533	92	989 487	72 199 549	72.96
10	43 804	6	0.000 137	989 441	136	989 373	71 210 063	71.97
11	45 135	8	0.000 177	989 305	175	989 217	70 220 690	70.98
12	47 412	8	0.000 169	989 130	167	989 046	69 231 473	69.99
13	49 067	11	0.000 224	988 963	222	988 852	68 242 426	69.00
14	56 662	16	0.000 282	988 741	279	988 602	67 253 574	68.02
15	61 304	7	0.000 114	988 462	113	988 406	66 264 973	67.04
16	61 164	15	0.000 245	988 349	242	988 228	65 276 567	66.05
17	66 158	18	0.000 272	988 107	269	987 972	64 288 339	65.06
18	59 629	24	0.000 402	987 838	398	987 639	63 300 367	64.08
19	52 354	13	0.000 248	987 440	245	987 318	62 312 728	63.11
20	50 120	6	0.000 120	987 195	118	987 136	61 325 410	62.12
21	52 225	16	0.000 306	987 077	302	986 926	60 338 273	61.13
22	59 076	18	0.000 305	986 775	301	986 624	59 351 347	60.15
23	63 226	17	0.000 269	986 474	265	986 342	58 364 723	59.16
24	54 931	13	0.000 237	986 209	233	986 092	57 378 381	58.18
25	60 674	20	0.000 330	985 976	325	985 813	56 392 289	57.19
26	61 000	22	0.000 361	985 651	355	985 473	55 406 476	56.21
27	59 175	12	0.000 203	985 295	200	985 195	54 421 003	55.23
28	62 040	13	0.000 210	985 095	206	984 992	53 435 808	54.24
29	66 988	24	0.000 358	984 889	353	984 713	52 450 815	53.26
30	68 880	29	0.000 421	984 536	414	984 329	51 466 103	52.27
31	74 326	22	0.000 296	984 122	291	983 976	50 481 774	51.30
32	78 313	37	0.000 472	983 831	465	983 598	49 497 798	50.31
33	79 076	35	0.000 443	983 366	435	983 148	48 514 199	49.33
34	83 334	39	0.000 468	982 931	460	982 701	47 531 051	48.36
35	81 887	37	0.000 452	982 471	444	982 249	46 548 350	47.38
36	87 910	51	0.000 580	982 027	570	981 742	45 566 101	46.40

续表

年龄	年平均人口	死亡人口	死亡率	生存人数	死亡人数	生存人年数		平均余命
x	原始数据	原始数据	q_x	l_x	d_x	L_x	T_x	e_x
37	72 644	58	0.000 798	981 457	783	981 066	44 584 359	45.43
38	69 045	49	0.000 709	980 674	696	980 326	43 603 293	44.46
39	77 287	59	0.000 763	979 978	748	979 605	42 622 967	43.49
40	76 228	55	0.000 721	979 231	706	978 877	41 643 363	42.53
41	85 588	76	0.000 888	978 524	869	978 090	40 664 485	41.56
42	84 465	72	0.000 852	977 656	833	977 239	39 686 395	40.59
43	46 001	50	0.001 086	976 823	1 061	976 292	38 709 156	39.63
44	42 832	54	0.001 260	975 762	1 229	975 147	37 732 864	38.67
45	47 168	62	0.001 314	974 532	1 280	973 892	36 757 717	37.72
46	49 953	84	0.001 680	973 252	1 635	972 434	35 783 825	36.77
47	61 145	86	0.001 406	971 617	1 366	970 934	34 811 390	35.83
48	58 358	125	0.002 140	970 251	2 076	969 213	33 840 456	34.88
49	56 502	89	0.001 574	968 175	1 524	967 413	32 871 243	33.95
50	60 371	139	0.002 300	966 651	2 223	965 540	31 903 830	33.00
51	56 783	126	0.002 217	964 428	2 138	963 359	30 938 290	32.08
52	53 932	143	0.002 648	962 291	2 548	961 017	29 974 930	31.15
53	48 047	139	0.002 889	959 743	2 773	958 356	29 013 914	30.23
54	44 414	162	0.003 641	956 970	3 484	955 228	28 055 557	29.32
55	45 178	162	0.003 579	953 486	3 413	951 779	27 100 329	28.42
56	38 005	151	0.003 965	950 073	3 767	948 189	26 148 550	27.52
57	35 588	158	0.004 430	946 306	4 192	944 210	25 200 361	26.63
58	34 318	147	0.004 274	942 114	4 027	940 100	24 256 151	25.75
59	32 342	186	0.005 735	938 087	5 380	935 397	23 316 051	24.85
60	29 181	187	0.006 388	932 707	5 958	929 728	22 380 654	24.00
61	27 372	171	0.006 228	926 749	5 772	923 863	21 450 926	23.15
62	26 945	216	0.007 984	920 978	7 353	917 301	20 527 063	22.29
63	26 669	208	0.007 769	913 624	7 098	910 075	19 609 762	21.46
64	27 297	213	0.007 773	906 526	7 046	903 003	18 699 686	20.63
65	24 935	243	0.009 698	899 480	8 723	895 118	17 796 683	19.79
66	24 649	220	0.008 886	890 757	7 915	886 799	16 901 565	18.97
67	24 369	301	0.012 276	882 842	10 838	877 423	16 014 765	18.14
68	23 269	341	0.014 548	872 004	12 686	865 661	15 137 342	17.36
69	24 226	378	0.015 482	859 318	13 304	852 666	14 271 681	16.61
70	21 896	362	0.016 397	846 014	13 872	839 078	13 419 015	15.86
71	21 243	375	0.017 498	832 142	14 561	824 861	12 579 937	15.12
72	18 969	396	0.020 661	817 581	16 892	809 135	11 755 076	14.38
73	16 574	408	0.024 318	800 689	19 471	790 954	10 945 941	13.67

续表

年龄	年平均人口	死亡人口	死亡率	生存人数	死亡人数	生存人年数		平均余命
x	原始数据	原始数据	q_x	l_x	d_x	L_x	T_x	e_x
74	16 040	393	0.024 205	781 218	18 909	771 764	10 154 988	13.00
75	14 328	418	0.028 754	762 309	21 920	751 349	9 383 224	12.31
76	13 166	434	0.032 429	740 389	24 010	728 384	8 631 875	11.66
77	12 471	461	0.036 295	716 379	26 001	703 379	7 903 491	11.03
78	10 319	430	0.040 820	690 378	28 181	676 288	7 200 112	10.43
79	9 827	469	0.046 613	662 197	30 867	646 763	6 523 825	9.85
80	8 696	487	0.054 477	631 330	34 393	614 133	5 877 062	9.31
81	7 833	459	0.056 930	596 936	33 984	579 945	5 262 928	8.82
82	6 599	415	0.060 971	562 953	34 324	545 791	4 682 984	8.32
83	5 723	400	0.067 533	528 629	35 700	510 779	4 137 193	7.83
84	5 030	440	0.083 810	492 929	41 312	472 273	3 626 414	7.36
85	4 066	341	0.080 491	451 617	36 351	433 441	3 154 141	6.98
86	3 179	293	0.088 107	415 266	36 588	396 972	2 720 700	6.55
87	2 571	289	0.106 426	378 678	40 301	358 527	2 323 729	6.14
88	2 042	232	0.107 507	338 377	36 378	320 188	1 965 201	5.81
89	1 759	234	0.124 733	301 999	37 669	283 164	1 645 014	5.45
90	1346	216	0.148 556	264 329	39 268	244 696	1 361 850	5.15
91	1 130	137	0.114 310	225 062	25 727	212 198	1 117 154	4.96
92	776	157	0.183 733	199 335	36 624	181 023	904 956	4.54
93	587	122	0.188 272	162 711	30 634	147 394	723 933	4.45
94	408	88	0.194 690	132 077	25 714	119 220	576 539	4.37
95	299	70	0.209 581	106 363	22 292	95 217	457 319	4.30
96	197	51	0.229 213	84 071	19 270	74 436	362 102	4.31
97	148	26	0.161 491	64 801	10 465	59 569	287 666	4.44
98	94	31	0.283 105	54 336	15 383	46 645	228 098	4.20
99	75	13	0.159 509	38 953	6 213	35 847	181 453	4.66
100+	150	38	0.224 852	32 740	32 740	145 606	145 606	4.45

资料来源：根据2005年城镇人口抽样调查结果中的城市和镇分年龄、性别死亡人口状况（2004.11.01—2005.10.31）（摘自：中国人口统计年鉴2006.北京：中国统计出版社，2006）计算而得。

表A—8　　2005—2070年城镇分年龄人口测算表　　单位：万人

年份	2005	2006	2007	2008	2009	2010	2011	2012
总计	56 212.0	58 380.0	60 527.2	62 672.6	64 823.4	66 986.9	68 656.3	70 342.6
增长率（%）	—	3.86	3.68	3.54	3.43	3.34	2.49	2.46
0	647.8	611.0	627.2	646.5	670.0	696.4	745.0	765.2
1	518.6	650.9	614.2	630.3	649.7	673.2	698.5	747.1
2	473.8	523.9	656.1	619.4	635.5	654.9	676.8	702.2
3	516.7	482.7	532.7	664.9	628.2	644.4	661.1	683.2

续表

年份	2005	2006	2007	2008	2009	2010	2011	2012
4	555.9	533.1	498.9	548.9	681.1	644.5	655.9	672.9
5	581.8	577.7	554.7	520.6	570.6	702.8	660.0	671.6
6	557.9	607.4	603.0	580.0	546.0	596.1	720.9	678.4
7	618.2	585.2	634.5	630.1	607.2	573.2	615.5	740.6
8	627.8	649.3	616.1	665.3	661.0	638.1	595.4	637.9
9	646.5	662.5	683.7	650.5	699.7	695.6	662.9	620.4
10	711.0	683.1	698.8	720.0	686.8	736.2	721.6	689.2
11	685.7	747.6	719.3	735.0	756.3	723.2	762.2	748.0
12	738.3	725.9	787.4	759.1	774.9	796.3	751.8	791.1
13	755.1	780.3	767.6	829.0	800.8	816.8	826.2	782.1
14	809.8	799.0	823.8	811.0	872.5	844.5	848.0	857.8
15	938.3	853.6	842.4	867.2	854.5	916.2	875.7	879.5
16	931.9	982.0	897.0	885.8	910.6	898.2	947.3	907.2
17	918.1	977.5	1 027.2	942.2	931.0	956.1	930.6	980.1
18	980.0	963.6	1 022.6	1 072.2	987.3	976.3	988.3	963.3
19	814.7	1 025.5	1 008.6	1 067.6	1 117.2	1 032.6	1 008.6	1 021.1
20	719.2	860.4	1 070.6	1 053.7	1 112.7	1 162.6	1 064.9	1 041.4
21	716.3	764.8	905.4	1 115.6	1 098.8	1 157.9	1 194.7	1 097.6
22	754.8	761.8	809.9	950.4	1 160.5	1 143.9	1 190.0	1 227.2
23	909.7	800.4	807.0	855.0	995.6	1 205.8	1 176.2	1 222.7
24	812.3	953.3	843.7	850.2	898.3	1 039.0	1 236.6	1 207.4
25	797.6	856.1	996.6	887.0	893.6	941.9	1 070.0	1 267.9
26	874.2	839.5	897.5	1 038.0	928.5	935.3	971.6	1 100.0
27	870.4	915.9	880.8	938.9	1 079.3	970.1	964.9	1 001.5
28	837.7	912.1	957.3	922.1	980.2	1 120.8	999.6	994.8
29	933.2	877.4	951.4	996.6	961.5	1 019.8	1 148.7	1 028.0
30	971.4	971.2	915.2	989.1	1 034.3	999.4	1 046.7	1 176.0
31	1 047.4	1 009.4	1 008.9	952.8	1 026.8	1 072.1	1 026.4	1 073.9
32	1 109.1	1 083.4	1 045.0	1 044.5	988.6	1 062.6	1 097.5	1 052.1
33	1 145.2	1 143.2	1 117.1	1 078.9	1 078.4	1 022.6	1 086.7	1 121.9
34	1 186.2	1 179.1	1 176.8	1 150.8	1 112.6	1 112.2	1 046.6	1 111.0
35	1 277.7	1 218.2	1 210.8	1 208.5	1 182.5	1 144.5	1 134.8	1 069.6
36	1 168.0	1 307.6	1 247.8	1 240.5	1 238.2	1 212.4	1 165.6	1 156.2
37	1 262.2	1 197.9	1 337.1	1 277.4	1 270.1	1 268.0	1 233.4	1 186.9
38	969.2	1 290.2	1 225.7	1 364.7	1 305.2	1 298.0	1 287.5	1 253.2
39	1 102.5	995.6	1 315.9	1 251.5	1 390.4	1 331.0	1 316.1	1 305.9
40	1 157.6	1 128.4	1 021.5	1 341.3	1 277.1	1 415.9	1 348.8	1 334.1
41	1 137.2	1 181.6	1 152.3	1 045.5	1 364.9	1 300.8	1 432.1	1 365.4

续表

年份	2005	2006	2007	2008	2009	2010	2011	2012
42	1 376.8	1 159.4	1 203.5	1 174.2	1 067.6	1 386.7	1 315.9	1 447.2
43	987.6	1 398.1	1 180.9	1 224.9	1 195.7	1 089.4	1 401.1	1 330.7
44	563.2	1 007.8	1 417.3	1 200.5	1 244.4	1 215.4	1 103.1	1 414.4
45	730.4	582.3	1 025.8	1 434.5	1 218.1	1 262.1	1 227.4	1 115.5
46	661.6	748.7	600.8	1 043.2	1 450.9	1 235.2	1 273.3	1 238.9
47	835.1	678.3	765.0	617.5	1 058.8	1 465.5	1 245.2	1 283.3
48	918.9	849.2	692.7	779.2	632.1	1 072.1	1 473.0	1 253.5
49	826.7	932.8	863.1	707.0	793.3	646.7	1 080.8	1 480.7
50	882.4	838.6	944.1	874.6	719.1	805.2	655.0	1 087.6
51	866.2	894.1	850.4	955.5	886.3	731.4	813.0	663.4
52	775.3	876.0	903.7	860.1	964.8	895.9	737.9	819.4
53	770.4	784.8	885.0	912.5	869.1	973.5	901.2	744.0
54	654.4	777.6	791.9	891.6	919.0	875.9	976.6	904.8
55	653.2	662.2	784.7	798.9	898.0	925.3	879.4	979.7
56	626.0	660.9	669.7	791.6	805.7	904.4	928.5	882.8
57	529.0	631.6	666.2	675.0	796.2	810.3	905.8	929.7
58	522.3	534.9	636.8	671.2	680.0	800.5	811.9	906.9
59	476.5	527.6	540.1	641.2	675.4	684.1	801.2	812.6
60	451.7	480.0	530.7	543.1	643.4	677.4	684.0	800.2
61	415.2	455.0	483.1	533.3	545.6	645.1	676.7	683.3
62	389.5	418.3	457.7	485.5	535.2	547.5	643.8	675.1
63	388.1	392.7	421.2	460.2	487.6	536.9	546.9	642.3
64	387.9	391.4	395.8	424.0	462.6	489.8	536.5	546.5
65	394.9	388.5	391.8	396.2	424.1	462.2	487.5	533.6
66	331.5	395.2	388.7	392.1	396.4	423.9	460.0	485.0
67	366.7	331.7	394.4	388.0	391.3	395.6	421.1	456.7
68	345.9	365.6	331.3	392.8	386.5	389.8	392.4	417.5
69	338.1	344.3	363.6	330.0	390.4	384.1	385.9	388.4
70	334.7	336.2	342.2	361.1	328.3	387.4	379.7	381.4
71	294.1	332.7	334.0	339.9	358.4	326.4	382.6	375.1
72	302.5	292.0	329.6	330.9	336.7	354.7	321.9	376.8
73	252.7	298.9	288.7	325.2	326.5	332.0	348.0	316.3
74	222.8	250.2	294.9	285.1	320.5	321.7	325.5	341.0
75	232.1	218.2	244.7	287.7	278.3	312.4	312.6	316.2
76	183.2	226.7	213.3	238.8	280.2	271.2	303.0	303.1
77	179.2	178.8	220.3	207.6	231.9	271.5	261.9	292.4
78	153.6	173.9	173.5	212.9	200.8	224.0	260.5	251.5
79	127.0	148.8	168.0	167.6	204.8	193.4	214.3	248.8

续表

年份	2005	2006	2007	2008	2009	2010	2011	2012
80	127.6	122.8	143.3	161.3	160.9	195.8	184.1	203.8
81	101.7	123.1	118.6	137.7	154.6	154.2	185.8	174.8
82	86.7	96.5	116.4	112.2	130.0	145.7	144.8	174.2
83	75.1	81.5	90.5	108.7	104.8	121.1	135.0	134.2
84	64.3	70.0	75.8	84.0	100.5	96.9	111.3	123.9
85	51.7	60.2	65.4	70.7	78.1	93.1	89.3	102.3
86	39.5	46.3	53.9	58.5	63.2	69.8	83.1	79.7
87	30.8	35.1	41.1	47.7	51.8	56.0	61.9	73.7
88	24.8	26.9	30.6	35.8	41.6	45.2	48.8	53.9
89	18.4	21.3	23.1	26.2	30.7	35.6	38.7	41.8
90	15.4	15.4	17.9	19.4	22.0	25.8	29.9	32.4
91	12.2	13.5	13.4	15.6	16.9	19.2	22.5	26.0
92	9.2	10.0	11.1	11.0	12.8	13.9	15.8	18.5
93	6.7	7.5	8.2	9.0	9.0	10.5	11.4	12.9
94	4.3	5.4	6.0	6.5	7.2	7.2	8.4	9.1
95	3.3	3.4	4.3	4.8	5.3	5.8	5.8	6.7
96	2.0	2.5	2.6	3.2	3.6	3.9	4.3	4.3
97	1.3	1.6	2.0	2.1	2.6	2.9	3.2	3.5
98	1.0	0.9	1.2	1.4	1.5	1.8	2.1	2.2
99	0.8	0.8	0.8	1.0	1.2	1.2	1.5	1.7
100+	1.5	1.6	1.8	1.9	2.1	2.4	2.7	3.1
年份	2013	2014	2015	2016	2017	2018	2019	2020
总计	135 922.9	136 553.0	137 148.1	137 742.7	138 275.8	138 740.0	139 129.1	139 436.7
增长率（%）	0.48	0.46	0.44	0.43	0.39	0.34	0.28	0.22
0	1 725.2	1 741.4	1 741.1	1 775.0	1 749.3	1 714.0	1 673.3	1 626.6
1	1 693.6	1 722.9	1 739.1	1 738.8	1 772.6	1 746.9	1 711.7	1 671.1
2	1 649.3	1 692.0	1 721.3	1 737.5	1 737.2	1 771.0	1 745.3	1 710.1
3	1 559.9	1 648.3	1 691.0	1 720.2	1 736.4	1 736.2	1 769.9	1 744.3
4	1 532.0	1 559.1	1 647.4	1 690.1	1 719.4	1 735.6	1 735.3	1 769.1
5	1 521.2	1 531.2	1 558.2	1 646.5	1 689.2	1 718.5	1 734.6	1 734.3
6	1 529.1	1 520.5	1 530.5	1 557.6	1 645.8	1 688.5	1 717.7	1 733.9
7	1 555.2	1 528.6	1 520.0	1 530.0	1 557.0	1 645.3	1 687.9	1 717.1
8	1 588.4	1 554.7	1 528.1	1 519.5	1 529.4	1 556.5	1 644.7	1 687.3
9	1 369.2	1 587.7	1 554.0	1 527.4	1 518.8	1 528.8	1 555.8	1 644.0
10	1 325.6	1 368.6	1 587.0	1 553.4	1 526.8	1 518.2	1 528.1	1 555.2
11	1 375.3	1 325.0	1 368.1	1 586.4	1 552.7	1 526.1	1 517.6	1 527.5
12	1 484.9	1 374.7	1 324.5	1 367.5	1 585.7	1 552.1	1 525.5	1 516.9
13	1 536.2	1 484.4	1 374.2	1 324.0	1 367.1	1 585.2	1 551.6	1 525.0

续表

年份	2013	2014	2015	2016	2017	2018	2019	2020
14	1 497.2	1 535.6	1 483.8	1 373.7	1 323.5	1 366.5	1 584.6	1 551.0
15	1 666.9	1 496.5	1 534.9	1 483.1	1 373.1	1 322.9	1 365.9	1 583.8
16	1 687.3	1 665.9	1 495.6	1 534.0	1 482.2	1 372.2	1 322.1	1 365.0
17	1 745.5	1 686.3	1 664.9	1 494.7	1 533.0	1 481.3	1 371.4	1 321.2
18	1 955.9	1 744.0	1 684.8	1 663.5	1 493.4	1 531.7	1 480.0	1 370.2
19	1 861.5	1 954.1	1 742.4	1 683.3	1 661.9	1 492.0	1 530.3	1 478.6
20	2 069.3	1 859.8	1 952.3	1 740.8	1 681.7	1 660.4	1 490.6	1 528.9
21	2 134.9	2 067.5	1 858.1	1 950.6	1 739.2	1 680.2	1 658.9	1 489.3
22	2 336.0	2 132.6	2 065.3	1 856.2	1 948.5	1 737.4	1 678.5	1 657.2
23	2 645.4	2 334.2	2 130.9	2 063.6	1 854.7	1 946.9	1 736.0	1 677.1
24	2 408.2	2 643.0	2 332.0	2 129.0	2 061.7	1 853.0	1 945.2	1 734.4
25	2 127.8	2 405.9	2 640.5	2 329.8	2 126.9	2 059.8	1 851.2	1 943.3
26	2 133.2	2 126.0	2 403.9	2 638.2	2 327.8	2 125.1	2 058.0	1 849.6
27	1 712.9	2 131.2	2 123.9	2 401.5	2 635.6	2 325.5	2 123.0	2 055.9
28	1 504.2	1 711.1	2 129.0	2 121.7	2 399.0	2 632.8	2 323.1	2 120.8
29	1 464.6	1 502.4	1 709.0	2 126.3	2 119.1	2 396.0	2 629.5	2 320.1
30	1 519.2	1 463.1	1 500.8	1 707.2	2 124.1	2 116.8	2 393.4	2 626.7
31	1 799.9	1 517.4	1 461.4	1 499.0	1 705.2	2 121.5	2 114.3	2 390.6
32	1 625.8	1 797.6	1 515.5	1 459.5	1 497.1	1 702.9	2 118.7	2 111.5
33	1 608.2	1 623.7	1 795.3	1 513.6	1 457.7	1 495.2	1 700.8	2 116.0
34	1 704.6	1 606.0	1 621.5	1 792.8	1 511.5	1 455.7	1 493.1	1 698.4
35	1 691.4	1 702.1	1 603.7	1 619.2	1 790.3	1 509.4	1 453.6	1 491.0
36	1 630.3	1 688.8	1 699.5	1 601.3	1 616.7	1 787.6	1 507.1	1 451.4
37	1 823.4	1 627.7	1 686.1	1 696.8	1 598.7	1 614.1	1 784.7	1 504.6
38	1 916.0	1 820.3	1 624.9	1 683.3	1 693.9	1 596.1	1 611.4	1 781.7
39	2 111.6	1 912.6	1 817.1	1 622.0	1 680.3	1 690.9	1 593.3	1 608.6
40	2 219.1	2 107.5	1 908.9	1 813.6	1 618.9	1 677.1	1 687.7	1 590.2
41	2 314.5	2 214.4	2 103.1	1 904.9	1 809.9	1 615.5	1 673.6	1 684.2
42	2 420.1	2 309.9	2 210.0	2 099.0	1 901.1	1 806.3	1 612.4	1 670.3
43	2 662.6	2 414.4	2 304.5	2 204.9	2 094.1	1 896.7	1 802.1	1 608.6
44	2 462.1	2 656.0	2 408.4	2 298.7	2 199.4	2 088.8	1 891.9	1 797.6
45	2 712.1	2 455.5	2 648.8	2 401.9	2 292.6	2 193.5	2 083.3	1 886.8
46	2 188.0	2 704.0	2 448.2	2 640.9	2 394.7	2 285.7	2 186.9	2 077.1
47	2 462.6	2 181.2	2 695.6	2 440.5	2 632.7	2 387.2	2 278.6	2 180.1
48	2 517.1	2 453.7	2 173.3	2 685.8	2 431.7	2 623.2	2 378.6	2 270.3
49	2 406.9	2 508.1	2 444.9	2 165.5	2 676.2	2 423.0	2 613.8	2 370.1
50	2 844.3	2 397.4	2 498.2	2 435.3	2 157.0	2 665.7	2 413.5	2 603.5
51	2 126.0	2 833.1	2 387.9	2 488.3	2 425.7	2 148.5	2 655.2	2 404.0

续表

年份	2013	2014	2015	2016	2017	2018	2019	2020
52	1 181.2	2 116.4	2 820.3	2 377.2	2 477.1	2 414.7	2 138.9	2 643.3
53	1 502.3	1 175.6	2 106.2	2 806.7	2 365.8	2 465.3	2 403.2	2 128.7
54	1 368.1	1 493.5	1 168.8	2 094.0	2 790.5	2 352.2	2 451.0	2 389.3
55	1 780.0	1 360.2	1 484.9	1 162.1	2 082.0	2 774.4	2 338.6	2 436.9
56	2 017.7	1 768.5	1 351.4	1 475.4	1 154.7	2 068.6	2 756.5	2 323.7
57	1 838.1	2 004.2	1 756.7	1 342.3	1 465.5	1 147.0	2 054.8	2 738.1
58	1 998.8	1 824.0	1 988.7	1 743.1	1 331.9	1 454.2	1 138.2	2 039.0
59	1 932.7	1 981.3	1 808.0	1 971.2	1 727.8	1 320.3	1 441.5	1 128.3
60	1 781.4	1 913.7	1 961.8	1 790.4	1 951.9	1 710.9	1 307.3	1 427.4
61	1 781.2	1 763.6	1 894.6	1 942.2	1 772.6	1 932.4	1 693.8	1 294.3
62	1 501.0	1 760.6	1 743.3	1 872.8	1 919.7	1 752.2	1 910.1	1 674.3
63	1 493.9	1 481.9	1 738.3	1 721.2	1 849.0	1 895.3	1 730.1	1 885.8
64	1 423.2	1 473.1	1 461.4	1 714.1	1 697.3	1 823.3	1 869.0	1 706.2
65	1 209.6	1 400.7	1 450.0	1 438.5	1 687.3	1 670.7	1 794.8	1 839.7
66	1 180.8	1 190.0	1 377.9	1 426.4	1 415.2	1 660.0	1 643.7	1 765.7
67	1 066.4	1 158.6	1 167.6	1 351.9	1 399.7	1 388.7	1 629.0	1 613.0
68	1 026.2	1 044.1	1 134.3	1 143.2	1 323.6	1 370.5	1 359.8	1 595.0
69	926.8	1 001.1	1 018.6	1 106.5	1 115.3	1 291.1	1 337.0	1 326.7
70	853.7	901.8	974.1	991.1	1 076.7	1 085.3	1 256.2	1 301.1
71	812.1	830.5	877.3	947.8	964.3	1 047.6	1 056.0	1 222.2
72	795.3	785.2	803.0	848.1	916.4	932.4	1 012.9	1 021.1
73	794.0	766.2	756.5	773.7	817.1	883.0	898.5	976.0
74	635.4	763.4	736.5	727.4	743.9	785.6	849.1	864.0
75	687.3	607.6	730.1	704.3	695.6	711.4	751.2	812.1
76	636.7	654.8	578.9	695.7	671.0	662.8	677.9	715.8
77	597.1	604.0	621.1	549.2	660.1	636.5	628.8	643.1
78	588.9	561.6	568.1	584.2	516.6	621.0	598.6	591.5
79	486.0	550.2	524.7	530.6	545.6	482.6	580.2	559.1
80	486.9	451.2	510.8	487.1	492.5	506.5	448.0	538.7
81	394.7	449.8	416.9	472.0	450.0	455.0	467.9	413.9
82	334.3	361.7	412.1	382.1	432.5	412.4	416.8	428.7
83	330.9	302.7	327.5	373.1	346.0	391.7	373.4	377.3
84	243.3	296.6	271.3	293.5	334.4	310.1	351.1	334.7
85	225.2	215.4	262.5	240.1	259.8	295.9	274.5	310.8
86	183.8	199.3	190.7	232.3	212.4	229.9	261.8	242.9
87	140.6	159.4	172.8	165.4	201.4	184.1	199.3	227.0
88	136.8	122.1	138.4	150.1	143.6	174.8	159.8	173.0
89	98.7	116.2	103.6	117.4	127.3	121.8	148.2	135.5

续表

年份	2013	2014	2015	2016	2017	2018	2019	2020
90	75.5	81.0	95.4	85.0	96.3	104.5	100.0	121.6
91	60.0	63.5	68.1	80.2	71.5	81.0	87.8	84.0
92	46.1	48.1	50.8	54.6	64.2	57.2	64.8	70.3
93	34.6	37.0	38.6	40.8	43.7	51.5	45.9	52.0
94	22.3	26.9	28.8	30.0	31.7	34.1	40.1	35.7
95	15.8	17.3	20.9	22.3	23.2	24.5	26.4	31.0
96	10.6	11.8	12.9	15.5	16.6	17.3	18.3	19.6
97	7.5	8.3	9.2	10.1	12.2	13.0	13.6	14.3
98	5.6	5.5	6.1	6.8	7.5	9.0	9.6	10.0
99	4.1	4.7	4.6	5.1	5.7	6.2	7.5	8.0
100+	7.7	8.4	9.4	10.0	10.7	11.7	12.8	14.4
年份	2021	2022	2023	2024	2025	2026	2027	2028
总计	139 677.4	139 828.9	139 890.9	139 862.8	139 748.7	139 562.1	139 311.2	139 005.3
增长率（%）	0.17	0.11	0.04	−0.02	−0.08	−0.13	−0.18	−0.22
0	1 593.2	1 541.1	1 486.0	1 431.2	1 382.5	1 344.6	1 318.1	1 298.2
1	1 624.4	1 591.0	1 539.1	1 484.0	1 429.2	1 380.6	1 342.8	1 316.3
2	1 669.5	1 622.9	1 589.6	1 537.7	1 482.6	1 427.9	1 379.3	1 341.6
3	1 709.1	1 668.5	1 621.9	1 588.6	1 536.7	1 481.7	1 427.1	1 378.5
4	1 743.4	1 708.2	1 667.7	1 621.1	1 587.8	1 535.9	1 481.0	1 426.3
5	1 768.1	1 742.4	1 707.3	1 666.8	1 620.2	1 587.0	1 535.1	1 480.2
6	1 733.6	1 767.3	1 741.7	1 706.6	1 666.1	1 619.5	1 586.3	1 534.4
7	1 733.3	1 733.0	1 766.7	1 741.1	1 706.0	1 665.5	1 619.0	1 585.7
8	1 716.5	1 732.7	1 732.4	1 766.1	1 740.5	1 705.4	1 664.9	1 618.4
9	1 686.6	1 715.7	1 731.9	1 731.6	1 765.3	1 739.7	1 704.6	1 664.2
10	1 643.3	1 685.9	1 715.1	1 731.2	1 730.9	1 764.6	1 739.0	1 703.9
11	1 554.5	1 642.6	1 685.2	1 714.3	1 730.5	1 730.2	1 763.9	1 738.3
12	1 526.9	1 553.9	1 641.9	1 684.5	1 713.6	1 729.8	1 729.5	1 763.1
13	1 516.4	1 526.4	1 553.4	1 641.4	1 683.9	1 713.1	1 729.2	1 728.9
14	1 524.4	1 515.8	1 525.8	1 552.8	1 640.8	1 683.3	1 712.4	1 728.5
15	1 550.2	1 523.7	1 515.1	1 525.1	1 552.0	1 640.0	1 682.5	1 711.6
16	1 582.9	1 549.3	1 522.8	1 514.2	1 524.2	1 551.1	1 639.0	1 681.5
17	1 364.2	1 581.9	1 548.3	1 521.8	1 513.3	1 523.2	1 550.1	1 638.0
18	1 320.1	1 363.0	1 580.5	1 547.0	1 520.5	1 512.0	1 521.9	1 548.8
19	1 368.9	1 318.9	1 361.7	1 579.1	1 545.6	1 519.1	1 510.6	1 520.5
20	1 477.3	1 367.6	1 317.7	1 360.5	1 577.6	1 544.2	1 517.7	1 509.2
21	1 527.5	1 475.9	1 366.4	1 316.5	1 359.2	1 576.2	1 542.8	1 516.4
22	1 487.7	1 525.9	1 474.4	1 365.0	1 315.1	1 357.8	1 574.5	1 541.2
23	1 655.8	1 486.5	1 524.6	1 473.2	1 363.8	1 314.0	1 356.7	1 573.3

续表

年份	2021	2022	2023	2024	2025	2026	2027	2028
24	1 675.6	1 654.3	1 485.1	1 523.2	1 471.8	1 362.6	1 312.8	1 355.4
25	1 732.7	1 673.9	1 652.7	1 483.7	1 521.7	1 470.4	1 361.2	1 311.5
26	1 941.6	1 731.2	1 672.5	1 651.2	1 482.4	1 520.4	1 469.1	1 360.0
27	1 847.8	1 939.6	1 729.5	1 670.8	1 649.6	1 480.9	1 518.9	1 467.6
28	2 053.8	1 845.8	1 937.6	1 727.7	1 669.1	1 647.8	1 479.3	1 517.3
29	2 118.1	2 051.2	1 843.5	1 935.2	1 725.5	1 666.9	1 645.7	1 477.5
30	2 317.6	2 115.8	2 049.0	1 841.5	1 933.1	1 723.6	1 665.1	1 643.9
31	2 623.5	2 314.8	2 113.3	2 046.5	1 839.3	1 930.7	1 721.5	1 663.1
32	2 387.4	2 620.0	2 311.7	2 110.4	2 043.8	1 836.8	1 928.1	1 719.2
33	2 108.8	2 384.3	2 616.6	2 308.7	2 107.7	2 041.1	1 834.4	1 925.6
34	2 113.0	2 105.8	2 380.9	2 612.9	2 305.4	2 104.7	2 038.2	1 831.8
35	1 695.9	2 110.0	2 102.7	2 377.4	2 609.1	2 302.0	2 101.6	2 035.2
36	1 488.7	1 693.3	2 106.7	2 099.4	2 373.7	2 605.0	2 298.4	2 098.3
37	1 449.1	1 486.3	1 690.5	2 103.2	2 096.0	2 369.8	2 600.7	2 294.6
38	1 502.1	1 446.7	1 483.7	1 687.6	2 099.6	2 092.4	2 365.7	2 596.2
39	1 778.6	1 499.5	1 444.1	1 481.1	1 684.6	2 095.8	2 088.6	2 361.4
40	1 605.5	1 775.2	1 496.6	1 441.4	1 478.3	1 681.3	2 091.8	2 084.5
41	1 587.0	1 602.2	1 771.5	1 493.5	1 438.4	1 475.1	1 677.8	2 087.3
42	1 680.9	1 583.9	1 599.0	1 768.1	1 490.6	1 435.6	1 472.2	1 674.4
43	1 666.4	1 677.0	1 580.2	1 595.3	1 764.0	1 487.2	1 432.3	1 468.8
44	1 604.6	1 662.2	1 672.8	1 576.3	1 591.4	1 759.6	1 483.5	1 428.7
45	1 792.8	1 600.3	1 657.8	1 668.3	1 572.1	1 587.1	1 755.0	1 479.6
46	1 881.2	1 787.4	1 595.5	1 652.9	1 663.4	1 567.5	1 582.4	1 749.8
47	2 070.6	1 875.3	1 781.9	1 590.5	1 647.7	1 658.2	1 562.6	1 577.5
48	2 172.2	2 063.1	1 868.6	1 775.4	1 584.8	1 641.8	1 652.2	1 557.0
49	2 262.2	2 164.5	2 055.8	1 861.9	1 769.1	1 579.2	1 636.0	1 646.4
50	2 360.8	2 253.3	2 156.0	2 047.7	1 854.6	1 762.2	1 573.0	1 629.6
51	2 593.3	2 351.5	2 244.5	2 147.5	2 039.7	1 847.3	1 755.3	1 566.8
52	2 393.2	2 581.6	2 340.9	2 234.4	2 137.8	2 030.6	1 839.0	1 747.4
53	2 630.7	2 381.8	2 569.3	2 329.8	2 223.7	2 127.7	2 020.9	1 830.2
54	2 116.4	2 615.5	2 368.1	2 554.5	2 316.3	2 210.9	2 115.4	2 009.3
55	2 375.6	2 104.2	2 600.5	2 354.5	2 539.8	2 303.0	2 198.2	2 103.3
56	2 421.2	2 360.4	2 090.8	2 583.9	2 339.5	2 523.6	2 288.3	2 184.2
57	2 308.2	2 405.1	2 344.7	2 076.9	2 566.7	2 323.9	2 506.8	2 273.1
58	2 717.0	2 290.4	2 386.6	2 326.7	2 061.0	2 547.0	2 306.1	2 487.6
59	2 021.2	2 693.2	2 270.5	2 365.7	2 306.4	2 043.0	2 524.8	2 286.0
60	1 117.3	2 001.5	2 666.9	2 248.4	2 342.7	2 284.0	2 023.1	2 500.3
61	1 413.2	1 106.2	1 981.6	2 640.4	2 226.0	2 319.4	2 261.4	2 003.1

续表

年份	2021	2022	2023	2024	2025	2026	2027	2028
62	1 279.4	1 397.0	1 093.6	1 958.8	2 610.0	2 200.5	2 292.8	2 235.5
63	1 653.0	1 263.1	1 379.3	1 079.8	1 934.1	2 577.0	2 172.8	2 263.8
64	1 859.7	1 630.1	1 245.6	1 360.2	1 064.9	1 907.4	2 541.4	2 142.8
65	1 679.6	1 830.6	1 604.6	1 226.1	1 339.0	1 048.4	1 877.7	2 501.8
66	1 809.8	1 652.5	1 800.9	1 578.6	1 206.3	1 317.4	1 031.6	1 847.4
67	1 732.7	1 776.0	1 621.7	1 767.3	1 549.2	1 183.7	1 292.9	1 012.4
68	1 579.4	1 696.7	1 738.9	1 588.1	1 730.5	1 516.9	1 159.1	1 266.0
69	1 556.2	1 541.0	1 655.3	1 696.5	1 549.5	1 688.3	1 480.0	1 130.9
70	1 291.1	1 514.5	1 499.7	1 611.0	1 651.0	1 508.2	1 643.1	1 440.4
71	1 266.0	1 256.3	1 473.7	1 459.3	1 567.6	1 606.4	1 467.7	1 598.8
72	1 181.7	1 224.2	1 215.0	1 425.1	1 411.3	1 516.0	1 553.5	1 419.6
73	983.9	1 138.6	1 179.7	1 170.9	1 373.4	1 360.1	1 461.0	1 497.0
74	938.5	946.2	1 094.7	1 134.4	1 126.1	1 320.9	1 308.1	1 405.1
75	826.4	897.6	905.0	1 047.0	1 085.1	1 077.3	1 263.6	1 251.4
76	773.9	787.5	855.3	862.5	997.6	1 034.2	1 026.8	1 204.4
77	679.1	734.3	747.3	811.6	818.4	946.5	981.4	974.4
78	605.0	638.8	690.8	703.1	763.5	770.1	890.5	923.4
79	552.6	565.2	596.7	645.5	656.9	713.4	719.6	831.9
80	519.0	513.1	524.8	554.0	599.4	610.1	662.5	668.3
81	497.8	479.5	474.1	484.9	511.8	553.9	563.8	612.2
82	379.3	456.2	439.3	434.5	444.3	469.0	507.7	516.8
83	388.1	343.4	413.1	397.7	393.4	402.4	424.7	459.8
84	338.2	347.8	307.8	370.3	356.4	352.7	360.7	380.6
85	296.2	299.2	307.7	272.4	327.9	315.4	312.2	319.3
86	275.0	262.1	264.7	272.2	241.0	290.2	279.0	276.3
87	210.6	238.5	227.3	229.4	236.0	208.9	251.6	241.9
88	196.9	182.8	207.0	197.2	199.1	204.7	181.3	218.4
89	146.7	167.0	155.1	175.6	167.3	168.8	173.6	153.8
90	111.1	120.4	137.0	127.3	144.1	137.3	138.5	142.4
91	102.2	93.4	101.2	115.1	107.0	121.1	115.4	116.4
92	67.3	81.8	74.8	81.0	92.1	85.6	96.9	92.3
93	56.4	53.9	65.5	59.9	64.9	73.8	68.6	77.7
94	40.5	43.9	42.0	51.0	46.6	50.5	57.5	53.4
95	27.6	31.3	33.9	32.5	39.4	36.0	39.0	44.4
96	23.1	20.5	23.2	25.2	24.1	29.3	26.8	29.0
97	15.4	18.1	16.1	18.2	19.8	18.9	22.9	21.0
98	10.6	11.3	13.3	11.9	13.4	14.5	13.9	16.9
99	8.3	8.7	9.4	11.0	9.8	11.1	12.0	11.5
100+	16.0	17.3	18.5	19.9	22.0	22.7	24.0	25.7

续表

年份	2029	2030	2031	2032	2033	2034	2035	2036
总计	138 651.2	138 251.3	137 813.1	137 338.8	136 837.4	136 314.5	135 770.9	135 212.7
增长率（%）	−0.25	−0.29	−0.32	−0.34	−0.37	−0.38	−0.40	−0.41
0	1 285.1	1 277.7	1 274.3	1 276.8	1 284.7	1 297.2	1 313.0	1 330.5
1	1 296.4	1 283.3	1 276.0	1 272.6	1 275.1	1 283.0	1 295.4	1 311.2
2	1 315.1	1 295.2	1 282.2	1 274.9	1 271.4	1 274.0	1 281.8	1 294.3
3	1 340.8	1 314.3	1 294.4	1 281.4	1 274.1	1 270.7	1 273.2	1 281.1
4	1 377.8	1 340.1	1 313.7	1 293.8	1 280.8	1 273.4	1 270.0	1 272.5
5	1 425.6	1 377.1	1 339.4	1 313.0	1 293.1	1 280.1	1 272.8	1 269.3
6	1 479.5	1 424.9	1 376.5	1 338.8	1 312.4	1 292.5	1 279.5	1 272.2
7	1 533.9	1 479.0	1 424.5	1 376.0	1 338.3	1 311.9	1 292.1	1 279.1
8	1 585.2	1 533.4	1 478.5	1 424.0	1 375.5	1 337.8	1 311.5	1 291.6
9	1 617.7	1 584.5	1 532.7	1 477.9	1 423.3	1 374.9	1 337.3	1 310.9
10	1 663.5	1 617.0	1 583.8	1 532.1	1 477.3	1 422.7	1 374.3	1 336.7
11	1 703.2	1 662.8	1 616.4	1 583.2	1 531.4	1 476.6	1 422.2	1 373.8
12	1 737.5	1 702.5	1 662.1	1 615.7	1 582.5	1 530.8	1 476.0	1 421.6
13	1 762.6	1 737.0	1 702.0	1 661.6	1 615.2	1 582.0	1 530.3	1 475.5
14	1 728.2	1 761.9	1 736.3	1 701.3	1 660.9	1 614.5	1 581.4	1 529.7
15	1 727.7	1 727.4	1 761.0	1 735.5	1 700.5	1 660.1	1 613.8	1 580.6
16	1 710.6	1 726.7	1 726.4	1 760.0	1 734.4	1 699.5	1 659.1	1 612.8
17	1 680.4	1 709.5	1 725.6	1 725.3	1 758.9	1 733.4	1 698.4	1 658.1
18	1 636.6	1 679.0	1 708.0	1 724.1	1 723.8	1 757.4	1 731.9	1 696.9
19	1 547.4	1 635.1	1 677.4	1 706.5	1 722.5	1 722.2	1 755.8	1 730.3
20	1 519.1	1 546.0	1 633.6	1 675.9	1 704.9	1 721.0	1 720.7	1 754.2
21	1 507.8	1 517.7	1 544.6	1 632.1	1 674.4	1 703.4	1 719.4	1 719.1
22	1 514.8	1 506.3	1 516.1	1 542.9	1 630.4	1 672.6	1 701.6	1 717.6
23	1 539.9	1 513.6	1 505.0	1 514.9	1 541.7	1 629.1	1 671.3	1 700.2
24	1 571.8	1 538.5	1 512.2	1 503.7	1 513.5	1 540.3	1 627.6	1 669.7
25	1 354.1	1 570.3	1 537.0	1 510.7	1 502.2	1 512.1	1 538.8	1 626.0
26	1 310.3	1 352.9	1 568.9	1 535.7	1 509.4	1 500.9	1 510.7	1 537.4
27	1 358.7	1 309.0	1 351.5	1 567.4	1 534.1	1 507.9	1 499.4	1 509.2
28	1 466.0	1 357.2	1 307.6	1 350.1	1 565.7	1 532.5	1 506.3	1 497.8
29	1 515.3	1 464.2	1 355.5	1 305.9	1 348.4	1 563.7	1 530.6	1 504.4
30	1 475.9	1 513.7	1 462.6	1 354.0	1 304.5	1 346.9	1 562.0	1 528.9
31	1 641.9	1 474.1	1 511.8	1 460.8	1 352.3	1 302.9	1 345.3	1 560.1
32	1 660.9	1 639.7	1 472.1	1 509.8	1 458.8	1 350.5	1 301.1	1 343.4
33	1 717.0	1 658.7	1 637.6	1 470.1	1 507.8	1 456.9	1 348.7	1 299.4
34	1 922.8	1 714.5	1 656.3	1 635.2	1 468.0	1 505.6	1 454.8	1 346.8
35	1 829.1	1 920.0	1 711.9	1 653.8	1 632.8	1 465.8	1 503.4	1 452.6

续表

年份	2029	2030	2031	2032	2033	2034	2035	2036
36	2 032.0	1 826.2	1 917.0	1 709.2	1 651.2	1 630.2	1 463.5	1 501.0
37	2 094.8	2 028.6	1 823.2	1 913.8	1 706.4	1 648.5	1 627.5	1 461.1
38	2 290.6	2 091.2	2 025.1	1 820.0	1 910.4	1 703.4	1 645.6	1 624.6
39	2 591.5	2 286.5	2 087.4	2 021.4	1 816.7	1 906.9	1 700.3	1 642.6
40	2 356.8	2 586.4	2 281.9	2 083.2	2 017.4	1 813.1	1 903.1	1 696.9
41	2 080.1	2 351.7	2 580.8	2 277.0	2 078.7	2 013.0	1 809.2	1 899.0
42	2 083.1	2 075.9	2 347.0	2 575.6	2 272.4	2 074.5	2 008.9	1 805.5
43	1 670.4	2 078.2	2 070.9	2 341.4	2 569.4	2 266.9	2 069.5	2 004.1
44	1 465.1	1 666.2	2 072.9	2 065.6	2 335.4	2 562.8	2 261.1	2 064.2
45	1 424.9	1 461.2	1 661.7	2 067.3	2 060.0	2 329.0	2 555.8	2 254.9
46	1 475.2	1 420.7	1 456.8	1 656.7	2 061.0	2 053.8	2 321.9	2 548.0
47	1 744.4	1 470.6	1 416.3	1 452.3	1 651.4	2 054.5	2 047.2	2 314.5
48	1 571.9	1 738.1	1 465.4	1 411.3	1 447.0	1 645.4	2 047.0	2 039.8
49	1 551.5	1 566.3	1 732.0	1 460.2	1 406.3	1 441.8	1 639.5	2 039.6
50	1 639.9	1 545.5	1 560.2	1 725.3	1 454.5	1 400.8	1 436.2	1 633.0
51	1 623.2	1 633.5	1 539.5	1 554.1	1 718.5	1 448.8	1 395.4	1 430.5
52	1 559.8	1 615.9	1 626.2	1 532.6	1 547.1	1 710.9	1 442.4	1 389.2
53	1 739.1	1 552.4	1 608.3	1 618.5	1 525.4	1 539.8	1 702.8	1 435.6
54	1 819.7	1 729.1	1 543.4	1 599.0	1 609.2	1 516.7	1 531.0	1 693.1
55	1 997.8	1 809.2	1 719.2	1 534.6	1 589.9	1 600.0	1 508.1	1 522.3
56	2 089.9	1 985.1	1 797.7	1 708.2	1 524.8	1 579.8	1 589.8	1 498.5
57	2 169.6	2 076.0	1 971.9	1 785.7	1 696.9	1 514.7	1 569.3	1 579.3
58	2 255.6	2 153.0	2 060.1	1 956.8	1 772.1	1 683.9	1 503.1	1 557.3
59	2 465.9	2 236.0	2 134.3	2 042.2	1 939.8	1 756.6	1 669.3	1 490.1
60	2 263.8	2 441.9	2 214.2	2 113.5	2 022.3	1 921.0	1 739.6	1 653.1
61	2 475.5	2 241.4	2 417.7	2 192.3	2 092.6	2 002.3	1 902.0	1 722.3
62	1 980.2	2 447.1	2 215.7	2 390.1	2 167.2	2 068.6	1 979.4	1 880.3
63	2 207.3	1 955.2	2 416.3	2 187.8	2 360.0	2 139.9	2 042.6	1 954.5
64	2 232.5	2 176.9	1 928.3	2 383.1	2 157.8	2 327.5	2 110.4	2 014.5
65	2 109.5	2 197.8	2 143.1	1 898.4	2 346.1	2 124.3	2 291.4	2 077.7
66	2 461.4	2 075.6	2 162.4	2 108.6	1 867.9	2 308.4	2 090.2	2 254.6
67	1 813.0	2 415.6	2 037.0	2 122.2	2 069.5	1 833.3	2 265.6	2 051.4
68	991.5	1 775.5	2 365.5	1 994.9	2 078.2	2 026.7	1 795.4	2 218.8
69	1 235.3	967.5	1 732.4	2 308.0	1 946.6	2 027.8	1 977.7	1 752.0
70	1 100.6	1 202.3	941.8	1 686.2	2 246.4	1 894.7	1 973.7	1 925.1
71	1 401.6	1 071.0	1 170.0	916.6	1 641.0	2 186.1	1 844.0	1 920.8
72	1 546.2	1 355.5	1 035.7	1 131.6	886.6	1 587.2	2 114.4	1 783.6
73	1 368.2	1 490.1	1 306.3	998.1	1 090.6	854.6	1 529.8	2 037.8

续表

年份	2029	2030	2031	2032	2033	2034	2035	2036
74	1 439.7	1 316.1	1 433.1	1 256.4	960.0	1 049.1	822.2	1 471.6
75	1 344.2	1 377.2	1 259.2	1 370.9	1 201.9	918.4	1 003.7	786.8
76	1 192.8	1 281.2	1 312.6	1 200.4	1 306.7	1 145.6	875.3	956.8
77	1 143.0	1 132.0	1 215.9	1 245.6	1 139.4	1 240.1	1 087.3	830.7
78	917.0	1 075.7	1 065.3	1 144.3	1 172.1	1 072.5	1 167.0	1 023.3
79	862.9	857.0	1 005.3	995.7	1 069.4	1 095.4	1 002.5	1 090.7
80	772.5	801.4	796.1	933.8	924.9	993.4	1 017.4	931.4
81	617.6	713.8	740.7	735.9	863.2	855.0	918.3	940.4
82	561.1	566.1	654.1	679.0	674.6	791.4	783.9	841.9
83	468.1	508.2	512.8	592.4	615.1	611.3	717.0	710.3
84	412.2	419.6	455.6	459.8	531.0	551.5	548.1	643.0
85	336.9	365.0	371.6	403.4	407.1	470.1	488.4	485.5
86	282.5	298.1	323.0	328.9	357.0	360.4	416.0	432.4
87	239.5	245.0	258.5	280.2	285.3	309.6	312.6	360.8
88	209.9	207.9	212.7	224.3	243.3	247.7	268.8	271.5
89	185.3	178.0	176.4	180.4	190.3	206.4	210.2	228.1
90	126.2	152.1	146.0	144.7	148.0	156.1	169.4	172.6
91	119.7	106.1	127.8	122.7	121.7	124.4	131.2	142.4
92	93.1	95.8	84.9	102.3	98.2	97.4	99.6	105.0
93	74.0	74.6	76.7	68.0	82.0	78.6	78.0	79.8
94	60.5	57.6	58.1	59.7	53.0	63.9	61.2	60.8
95	41.3	46.8	44.5	44.9	46.2	40.9	49.4	47.3
96	33.0	30.7	34.7	33.1	33.3	34.3	30.4	36.7
97	22.7	25.8	24.0	27.2	25.9	26.1	26.8	23.8
98	15.4	16.7	19.0	17.7	20.0	19.1	19.2	19.7
99	13.9	12.7	13.8	15.7	14.6	16.6	15.8	15.8
100+	26.5	28.7	29.5	30.8	33.1	33.9	35.9	36.8
年份	2037	2038	2039	2040	2041	2042	2043	2044
总计	134 642.0	134 058.0	133 461.0	132 846.6	132 209.8	131 548.5	130 863.3	130 150.1
增长率（%）	−0.42	−0.43	−0.45	−0.46	−0.48	−0.50	−0.52	−0.54
0	1 348.6	1 364.6	1 376.9	1 384.6	1 386.9	1 384.1	1 376.2	1 363.1
1	1 328.8	1 346.8	1 362.8	1 375.1	1 382.7	1 385.0	1 382.2	1 374.4
2	1 310.0	1 327.5	1 345.6	1 361.6	1 373.8	1 381.4	1 383.7	1 381.0
3	1 293.5	1 309.2	1 326.7	1 344.8	1 360.7	1 373.0	1 380.6	1 382.9
4	1 280.4	1 292.8	1 308.5	1 326.1	1 344.1	1 360.0	1 372.3	1 379.9
5	1 271.8	1 279.7	1 292.1	1 307.8	1 325.4	1 343.4	1 359.3	1 371.6
6	1 268.8	1 271.3	1 279.2	1 291.6	1 307.3	1 324.8	1 342.8	1 358.7
7	1 271.8	1 268.4	1 270.9	1 278.7	1 291.1	1 306.8	1 324.3	1 342.3

续表

年份	2037	2038	2039	2040	2041	2042	2043	2044
8	1 278.6	1 271.3	1 267.9	1 270.4	1 278.3	1 290.7	1 306.4	1 323.9
9	1 291.1	1 278.1	1 270.8	1 267.3	1 269.8	1 277.7	1 290.1	1 305.8
10	1 310.4	1 290.5	1 277.5	1 270.2	1 266.8	1 269.3	1 277.2	1 289.6
11	1 336.2	1 309.8	1 290.0	1 277.0	1 269.7	1 266.3	1 268.8	1 276.7
12	1 373.2	1 335.6	1 309.3	1 289.5	1 276.5	1 269.2	1 265.8	1 268.3
13	1 421.1	1 372.7	1 335.2	1 308.9	1 289.0	1 276.1	1 268.8	1 265.4
14	1 475.0	1 420.6	1 372.2	1 334.6	1 308.3	1 288.5	1 275.6	1 268.3
15	1 529.0	1 474.3	1 419.9	1 371.6	1 334.0	1 307.7	1 287.9	1 275.0
16	1 579.7	1 528.1	1 473.4	1 419.0	1 370.7	1 333.2	1 306.9	1 287.2
17	1 611.8	1 578.7	1 527.1	1 472.5	1 418.1	1 369.9	1 332.4	1 306.1
18	1 656.7	1 610.4	1 577.3	1 525.8	1 471.2	1 416.9	1 368.7	1 331.2
19	1 695.4	1 655.2	1 608.9	1 575.9	1 524.4	1 469.9	1 415.6	1 367.4
20	1 728.7	1 693.8	1 653.7	1 607.5	1 574.4	1 523.0	1 468.5	1 414.3
21	1 752.6	1 727.1	1 692.3	1 652.2	1 606.0	1 573.0	1 521.6	1 467.2
22	1 717.3	1 750.7	1 725.3	1 690.5	1 650.4	1 604.3	1 571.4	1 520.0
23	1 716.2	1 715.9	1 749.3	1 723.9	1 689.2	1 649.1	1 603.0	1 570.1
24	1 698.6	1 714.6	1 714.3	1 747.7	1 722.3	1 687.6	1 647.6	1 601.5
25	1 668.1	1 697.0	1 713.0	1 712.7	1 746.0	1 720.7	1 686.0	1 646.0
26	1 624.6	1 666.7	1 695.5	1 711.5	1 711.2	1 744.5	1 719.2	1 684.5
27	1 535.9	1 622.9	1 665.0	1 693.8	1 709.8	1 709.5	1 742.8	1 717.5
28	1 507.6	1 534.3	1 621.2	1 663.3	1 692.0	1 708.0	1 707.7	1 740.9
29	1 495.9	1 505.7	1 532.4	1 619.2	1 661.2	1 689.9	1 705.8	1 705.5
30	1 502.7	1 494.3	1 504.1	1 530.7	1 617.4	1 659.3	1 688.1	1 704.0
31	1 527.1	1 500.9	1 492.5	1 502.3	1 528.8	1 615.5	1 657.3	1 686.0
32	1 558.0	1 525.0	1 498.9	1 490.5	1 500.2	1 526.8	1 613.3	1 655.1
33	1 341.7	1 556.0	1 523.0	1 496.9	1 488.5	1 498.3	1 524.8	1 611.2
34	1 297.5	1 339.7	1 553.7	1 520.8	1 494.8	1 486.4	1 496.1	1 522.6
35	1 344.8	1 295.6	1 337.7	1 551.4	1 518.6	1 492.6	1 484.2	1 493.9
36	1 450.3	1 342.6	1 293.5	1 335.6	1 549.0	1 516.2	1 490.2	1 481.8
37	1 498.5	1 447.9	1 340.4	1 291.3	1 333.3	1 546.4	1 513.7	1 487.7
38	1 458.5	1 495.8	1 445.3	1 338.0	1 289.0	1 331.0	1 543.7	1 511.0
39	1 621.6	1 455.8	1 493.1	1 442.6	1 335.5	1 286.7	1 328.5	1 540.8
40	1 639.3	1 618.4	1 452.9	1 490.1	1 439.7	1 332.8	1 284.1	1 325.8
41	1 693.2	1 635.7	1 614.8	1 449.7	1 486.8	1 436.6	1 329.9	1 281.2
42	1 895.1	1 689.7	1 632.4	1 611.5	1 446.7	1 483.8	1 433.6	1 327.2
43	1 801.1	1 890.5	1 685.7	1 628.4	1 607.6	1 443.2	1 480.2	1 430.1
44	1 999.0	1 796.5	1 885.7	1 681.3	1 624.2	1 603.4	1 439.5	1 476.3
45	2 058.5	1 993.5	1 791.6	1 880.5	1 676.7	1 619.7	1 599.0	1 435.5

续表

年份	2037	2038	2039	2040	2041	2042	2043	2044
46	2 248.0	2 052.2	1 987.4	1 786.1	1 874.7	1 671.5	1 614.8	1 594.0
47	2 539.8	2 240.8	2 045.6	1 981.0	1 780.3	1 868.6	1 666.1	1 609.5
48	2 306.0	2 530.5	2 232.5	2 038.1	1 973.7	1 773.8	1 861.7	1 659.9
49	2 032.4	2 297.6	2 521.3	2 224.4	2 030.6	1 966.5	1 767.3	1 854.9
50	2 031.5	2 024.3	2 288.5	2 511.2	2 215.5	2 022.5	1 958.6	1 760.2
51	1 626.5	2 023.4	2 016.2	2 279.4	2 501.2	2 206.6	2 014.4	1 950.7
52	1 424.1	1 619.2	2 014.2	2 007.0	2 268.9	2 489.7	2 196.5	2 005.2
53	1 382.6	1 417.3	1 611.4	2 004.6	1 997.3	2 258.0	2 477.6	2 185.8
54	1 427.4	1 374.7	1 409.1	1 602.0	1 992.9	1 985.7	2 244.7	2 463.1
55	1 683.5	1 419.3	1 366.9	1 401.1	1 592.8	1 981.3	1 974.1	2 231.7
56	1 512.6	1 672.8	1 410.3	1 358.2	1 392.1	1 582.5	1 968.5	1 961.4
57	1 488.7	1 502.6	1 661.8	1 401.0	1 349.3	1 382.9	1 571.9	1 955.3
58	1 567.2	1 477.4	1 491.2	1 649.1	1 390.3	1 339.0	1 372.3	1 559.8
59	1 543.8	1 553.7	1 464.6	1 478.3	1 634.9	1 378.3	1 327.5	1 360.3
60	1 475.6	1 528.9	1 538.6	1 450.5	1 464.0	1 619.1	1 365.0	1 314.7
61	1 636.8	1 461.0	1 513.8	1 523.4	1 436.2	1 449.6	1 603.2	1 351.6
62	1 702.6	1 618.1	1 444.3	1 496.5	1 506.0	1 419.9	1 433.1	1 585.0
63	1 856.7	1 681.2	1 597.8	1 426.2	1 477.7	1 487.1	1 402.2	1 415.1
64	1 927.6	1 831.2	1 658.1	1 575.8	1 406.6	1 457.5	1 466.8	1 383.1
65	1 983.2	1 897.7	1 802.9	1 632.4	1 551.4	1 384.8	1 435.0	1 444.1
66	2 044.3	1 951.4	1 867.3	1 774.0	1 606.2	1 526.6	1 362.7	1 412.0
67	2 212.8	2 006.4	1 915.2	1 832.7	1 741.2	1 576.4	1 498.3	1 337.4
68	2 009.1	2 167.0	1 964.9	1 875.7	1 794.9	1 705.3	1 543.8	1 467.5
69	2 165.1	1 960.5	2 114.6	1 917.4	1 830.3	1 751.5	1 664.1	1 506.5
70	1 705.4	2 107.6	1 908.4	2 058.4	1 866.4	1 781.7	1 705.0	1 620.0
71	1 873.6	1 659.8	2 051.2	1 857.4	2 003.4	1 816.5	1 734.1	1 659.4
72	1 857.9	1 812.2	1 605.5	1 984.1	1 796.7	1 937.9	1 757.1	1 677.3
73	1 719.2	1 790.7	1 746.8	1 547.6	1 912.6	1 731.9	1 868.0	1 693.7
74	1 960.2	1 653.9	1 722.5	1 680.5	1 488.8	1 840.0	1 666.2	1 797.1
75	1 408.0	1 875.5	1 582.5	1 648.2	1 608.1	1 424.7	1 760.7	1 594.5
76	750.1	1 342.2	1 787.8	1 508.7	1 571.2	1 533.1	1 358.3	1 678.6
77	908.1	712.1	1 274.1	1 696.9	1 432.1	1 491.4	1 455.3	1 289.4
78	781.8	854.8	670.4	1 199.3	1 597.2	1 348.2	1 403.9	1 370.1
79	956.3	730.7	799.0	626.7	1 121.1	1 492.9	1 260.3	1 312.3
80	1 013.1	888.4	678.7	742.3	582.4	1 041.6	1 387.1	1 171.1
81	861.2	936.5	821.2	627.4	686.3	538.6	963.1	1 282.4
82	862.1	789.7	858.6	752.9	575.3	629.3	494.0	883.2
83	762.8	781.0	715.7	778.0	682.2	521.2	570.3	447.8

续表

年份	2037	2038	2039	2040	2041	2042	2043	2044
84	636.9	684.0	700.3	641.9	697.6	611.8	467.4	511.5
85	569.6	564.2	606.0	620.3	568.8	618.0	542.0	414.1
86	429.9	504.3	499.6	536.5	549.2	503.8	547.2	479.9
87	375.1	373.0	437.6	433.5	465.5	476.4	437.3	474.8
88	313.2	325.8	324.0	380.1	376.6	404.4	413.8	380.0
89	230.4	265.7	276.5	275.1	322.7	319.8	343.4	351.3
90	187.2	189.2	218.0	227.0	225.9	265.0	262.6	282.0
91	145.1	157.4	159.0	183.3	190.9	190.0	222.9	220.9
92	114.0	116.2	126.0	127.4	146.7	152.9	152.2	178.5
93	84.1	91.4	93.1	101.0	102.1	117.6	122.5	122.0
94	62.2	65.5	71.2	72.5	78.6	79.5	91.6	95.4
95	47.0	48.1	50.7	55.0	56.1	60.8	61.5	70.8
96	35.1	34.9	35.7	37.6	40.9	41.7	45.2	45.7
97	28.7	27.5	27.3	28.0	29.5	32.1	32.7	35.4
98	17.5	21.2	20.2	20.1	20.6	21.7	23.6	24.1
99	16.3	14.5	17.5	16.7	16.6	17.0	17.9	19.5
100+	37.4	38.2	37.5	39.1	39.7	40.1	40.6	41.7
年份	**2045**	**2046**	**2047**	**2048**	**2049**	**2050**	**2051**	**2052**
总计	129 406.1	128 629.0	127 815.1	126 971.6	126 099.4	125 200.6	124 283.5	123 344.2
增长率（%）	−0.57	−0.60	−0.63	−0.66	−0.69	−0.71	−0.73	−0.76
0	1 345.2	1 323.3	1 298.3	1 271.7	1 244.5	1 217.9	1 192.7	1 169.7
1	1 361.2	1 343.4	1 321.5	1 296.6	1 270.0	1 242.8	1 216.2	1 191.1
2	1 373.1	1 360.0	1 342.2	1 320.3	1 295.4	1 268.8	1 241.7	1 215.1
3	1 380.1	1 372.3	1 359.2	1 341.4	1 319.5	1 294.6	1 268.0	1 240.9
4	1 382.2	1 379.4	1 371.6	1 358.5	1 340.7	1 318.8	1 293.9	1 267.4
5	1 379.2	1 381.5	1 378.7	1 370.8	1 357.8	1 340.0	1 318.1	1 293.2
6	1 371.0	1 378.6	1 380.9	1 378.1	1 370.3	1 357.2	1 339.4	1 317.5
7	1 358.3	1 370.5	1 378.1	1 380.4	1 377.6	1 369.8	1 356.7	1 338.9
8	1 341.9	1 357.8	1 370.0	1 377.6	1 379.9	1 377.1	1 369.3	1 356.2
9	1 323.3	1 341.3	1 357.2	1 369.4	1 377.0	1 379.3	1 376.5	1 368.7
10	1 305.2	1 322.7	1 340.7	1 356.6	1 368.9	1 376.4	1 378.7	1 376.0
11	1 289.0	1 304.7	1 322.2	1 340.2	1 356.1	1 368.3	1 375.9	1 378.2
12	1 276.1	1 288.5	1 304.2	1 321.6	1 339.6	1 355.5	1 367.7	1 375.3
13	1 267.9	1 275.7	1 288.1	1 303.7	1 321.2	1 339.2	1 355.1	1 367.3
14	1 264.9	1 267.4	1 275.2	1 287.6	1 303.2	1 320.7	1 338.7	1 354.5
15	1 267.7	1 264.3	1 266.8	1 274.6	1 287.0	1 302.6	1 320.1	1 338.0
16	1 274.2	1 266.9	1 263.5	1 266.0	1 273.9	1 286.2	1 301.8	1 319.3
17	1 286.4	1 273.4	1 266.1	1 262.7	1 265.2	1 273.1	1 285.4	1 301.0

续表

年份	2045	2046	2047	2048	2049	2050	2051	2052
18	1 305.0	1 285.3	1 272.3	1 265.0	1 261.6	1 264.1	1 272.0	1 284.3
19	1 330.0	1 303.8	1 284.1	1 271.1	1 263.9	1 260.5	1 263.0	1 270.8
20	1 366.2	1 328.8	1 302.6	1 282.9	1 270.0	1 262.7	1 259.3	1 261.8
21	1 413.1	1 365.0	1 327.6	1 301.4	1 281.7	1 268.8	1 261.6	1 258.2
22	1 465.6	1 411.6	1 363.5	1 326.2	1 300.1	1 280.4	1 267.5	1 260.3
23	1 518.8	1 464.5	1 410.4	1 362.4	1 325.1	1 299.0	1 279.4	1 266.5
24	1 568.7	1 517.4	1 463.1	1 409.1	1 361.2	1 323.9	1 297.8	1 278.2
25	1 600.0	1 567.1	1 516.0	1 461.7	1 407.8	1 359.9	1 322.6	1 296.6
26	1 644.5	1 598.6	1 565.8	1 514.6	1 460.4	1 406.5	1 358.7	1 321.5
27	1 682.8	1 642.9	1 597.0	1 564.2	1 513.1	1 459.0	1 405.1	1 357.3
28	1 715.7	1 681.1	1 641.2	1 595.3	1 562.6	1 511.5	1 457.4	1 403.7
29	1 738.7	1 713.5	1 678.9	1 639.1	1 593.3	1 560.6	1 509.6	1 455.6
30	1 703.7	1 736.8	1 711.6	1 677.1	1 637.3	1 591.6	1 558.9	1 508.0
31	1 701.9	1 701.6	1 734.7	1 709.5	1 675.1	1 635.3	1 589.6	1 557.0
32	1 683.7	1 699.6	1 699.3	1 732.4	1 707.2	1 672.8	1 633.1	1 587.5
33	1 652.9	1 681.5	1 697.4	1 697.1	1 730.1	1 705.0	1 670.6	1 631.0
34	1 608.8	1 650.5	1 679.1	1 694.9	1 694.6	1 727.6	1 702.5	1 668.2
35	1 520.3	1 606.5	1 648.1	1 676.6	1 692.4	1 692.1	1 725.1	1 700.0
36	1 491.6	1 517.9	1 603.9	1 645.5	1 674.0	1 689.7	1 689.5	1 722.3
37	1 479.4	1 489.1	1 515.4	1 601.3	1 642.8	1 671.2	1 686.9	1 686.7
38	1 485.1	1 476.8	1 486.4	1 512.7	1 598.4	1 639.9	1 668.2	1 684.0
39	1 508.2	1 482.4	1 474.1	1 483.7	1 510.0	1 595.5	1 636.9	1 665.2
40	1 537.8	1 505.2	1 479.4	1 471.1	1 480.8	1 506.9	1 592.3	1 633.6
41	1 322.9	1 534.4	1 501.9	1 476.2	1 467.9	1 477.6	1 503.7	1 588.9
42	1 278.6	1 320.2	1 531.3	1 498.9	1 473.2	1 464.9	1 474.5	1 500.6
43	1 323.9	1 275.5	1 317.0	1 527.6	1 495.2	1 469.6	1 461.4	1 471.0
44	1 426.4	1 320.5	1 272.1	1 313.5	1 523.6	1 491.4	1 465.8	1 457.6
45	1 472.2	1 422.4	1 316.8	1 268.6	1 309.9	1 519.4	1 487.2	1 461.8
46	1 431.1	1 467.7	1 418.1	1 312.7	1 264.6	1 305.8	1 514.7	1 482.7
47	1 588.9	1 426.4	1 462.9	1 413.4	1 308.5	1 260.5	1 301.5	1 509.8
48	1 603.6	1 583.0	1 421.1	1 457.5	1 408.2	1 303.6	1 255.8	1 296.7
49	1 653.8	1 597.7	1 577.1	1 415.9	1 452.1	1 403.0	1 298.7	1 251.1
50	1 847.5	1 647.2	1 591.3	1 570.8	1 410.2	1 446.2	1 397.3	1 293.5
51	1 753.1	1 840.0	1 640.5	1 584.8	1 564.4	1 404.5	1 440.3	1 391.6
52	1 941.8	1 745.1	1 831.5	1 633.0	1 577.5	1 557.2	1 398.0	1 433.7
53	1 995.4	1 932.3	1 736.6	1 822.6	1 625.0	1 569.8	1 549.6	1 391.1
54	2 172.9	1 983.7	1 920.9	1 726.3	1 811.8	1 615.4	1 560.5	1 540.4
55	2 448.7	2 160.2	1 972.0	1 909.7	1 716.2	1 801.1	1 605.9	1 551.3

续表

年份	2045	2046	2047	2048	2049	2050	2051	2052
56	2 217.2	2 432.8	2 146.1	1 959.2	1 897.2	1 705.0	1 789.4	1 595.4
57	1 948.2	2 202.3	2 416.4	2 131.6	1 946.0	1 884.4	1 693.5	1 777.2
58	1 940.2	1 933.1	2 185.1	2 397.6	2 115.0	1 930.8	1 869.7	1 680.2
59	1 546.1	1 923.2	1 916.1	2 165.9	2 376.4	2 096.3	1 913.7	1 853.1
60	1 347.1	1 531.0	1 904.3	1 897.2	2 144.6	2 353.0	2 075.6	1 894.8
61	1 301.8	1 333.7	1 515.7	1 885.3	1 878.3	2 123.0	2 329.3	2 054.7
62	1 336.3	1 287.0	1 318.5	1 498.3	1 863.6	1 856.6	2 098.5	2 302.3
63	1 565.2	1 319.6	1 270.9	1 301.9	1 479.3	1 839.9	1 832.9	2 071.7
64	1 395.8	1 543.8	1 301.6	1 253.6	1 284.0	1 458.8	1 814.4	1 807.5
65	1 361.8	1 374.3	1 520.1	1 281.5	1 234.3	1 264.1	1 436.0	1 786.0
66	1 421.0	1 340.1	1 352.3	1 495.9	1 261.1	1 214.6	1 243.8	1 412.8
67	1 385.9	1 394.8	1 315.4	1 327.4	1 468.3	1 237.9	1 192.3	1 220.7
68	1 309.9	1 357.4	1 366.0	1 288.5	1 300.1	1 438.2	1 212.5	1 167.8
69	1 432.1	1 278.3	1 324.7	1 333.1	1 257.6	1 268.8	1 403.7	1 183.4
70	1 466.5	1 394.1	1 244.4	1 289.6	1 297.8	1 224.4	1 235.3	1 366.6
71	1 576.8	1 427.3	1 356.9	1 211.2	1 255.2	1 263.3	1 191.9	1 202.5
72	1 605.2	1 525.4	1 380.7	1 312.6	1 171.6	1 214.3	1 222.1	1 153.2
73	1 616.9	1 547.3	1 470.4	1 330.9	1 265.3	1 129.4	1 170.6	1 178.1
74	1 629.4	1 555.5	1 488.7	1 414.7	1 280.4	1 217.4	1 086.7	1 126.3
75	1 719.7	1 559.2	1 488.5	1 424.6	1 354.0	1 225.3	1 165.1	1 040.0
76	1 520.2	1 639.5	1 486.5	1 419.2	1 358.2	1 290.9	1 168.2	1 110.9
77	1 593.6	1 443.1	1 556.4	1 411.1	1 347.2	1 289.4	1 225.6	1 109.0
78	1 214.0	1 500.3	1 358.7	1 465.3	1 328.5	1 268.4	1 214.0	1 154.0
79	1 280.9	1 134.9	1 402.6	1 270.2	1 369.9	1 242.0	1 185.8	1 135.0
80	1 219.3	1 190.2	1 054.7	1 303.4	1 180.4	1 273.0	1 154.2	1 102.0
81	1 083.0	1 127.4	1 100.7	975.3	1 205.4	1 091.7	1 177.3	1 067.3
82	1 176.0	993.2	1 033.9	1 009.5	894.6	1 105.6	1 001.3	1 079.8
83	800.5	1 065.8	900.3	937.1	915.1	811.0	1 002.2	907.8
84	401.8	718.0	955.9	807.6	840.6	820.9	727.5	899.1
85	453.2	356.1	636.3	847.0	715.8	744.9	727.6	644.9
86	366.7	401.4	315.5	563.6	750.2	634.1	659.8	644.6
87	416.4	318.1	348.4	273.9	489.2	651.1	550.4	572.7
88	412.4	361.8	276.4	302.8	238.1	425.2	565.8	478.4
89	322.8	350.2	307.2	234.7	257.1	202.3	361.1	480.5
90	288.4	265.2	287.6	252.3	192.7	211.2	166.3	296.7
91	237.1	242.5	223.1	241.8	212.2	162.1	177.7	139.9
92	176.9	190.0	194.3	178.7	193.7	170.0	129.8	142.4
93	143.1	141.8	152.3	155.7	143.3	155.3	136.3	104.1

续表

年份	2045	2046	2047	2048	2049	2050	2051	2052
94	95.0	111.4	110.4	118.5	121.2	111.5	120.9	106.1
95	73.8	73.5	86.2	85.5	91.8	93.8	86.4	93.6
96	52.6	54.9	54.7	64.2	63.6	68.3	69.8	64.3
97	35.8	41.2	43.0	42.9	50.3	49.9	53.5	54.7
98	26.1	26.4	30.3	31.7	31.6	37.1	36.8	39.5
99	19.9	21.6	21.8	25.1	26.2	26.2	30.7	30.5
100+	43.6	45.2	47.5	49.4	53.0	56.4	58.8	63.7
年份	2053	2054	2055	2056	2057	2058	2059	2060
总计	122 393.5	121 438.9	120 479.9	119 528.5	118 585.8	117 655.2	116 746.0	115 857.0
增长率（%）	−0.77	−0.78	−0.79	−0.79	−0.79	−0.78	−0.77	−0.76
0	1 149.5	1 132.4	1 118.7	1 108.5	1 101.8	1 098.4	1 098.1	1 100.0
1	1 168.1	1 147.9	1 130.9	1 117.2	1 107.0	1 100.3	1 097.0	1 096.6
2	1 190.0	1 167.1	1 146.9	1 129.9	1 116.2	1 106.0	1 099.3	1 096.0
3	1 214.4	1 189.3	1 166.4	1 146.2	1 129.2	1 115.5	1 105.3	1 098.6
4	1 240.3	1 213.8	1 188.7	1 165.8	1 145.6	1 128.6	1 115.0	1 104.8
5	1 266.7	1 239.6	1 213.1	1 188.0	1 165.1	1 145.0	1 128.0	1 114.4
6	1 292.7	1 266.2	1 239.1	1 212.6	1 187.5	1 164.6	1 144.5	1 127.5
7	1 317.1	1 292.2	1 265.7	1 238.6	1 212.2	1 187.1	1 164.2	1 144.1
8	1 338.5	1 316.6	1 291.8	1 265.3	1 238.2	1 211.7	1 186.7	1 163.8
9	1 355.6	1 337.9	1 316.0	1 291.2	1 264.7	1 237.7	1 211.2	1 186.2
10	1 368.1	1 355.1	1 337.3	1 315.5	1 290.7	1 264.2	1 237.1	1 210.7
11	1 375.4	1 367.6	1 354.5	1 336.8	1 315.0	1 290.2	1 263.7	1 236.6
12	1 377.6	1 374.8	1 367.0	1 353.9	1 336.2	1 314.4	1 289.6	1 263.2
13	1 374.8	1 377.1	1 374.4	1 366.6	1 353.5	1 335.8	1 314.0	1 289.2
14	1 366.7	1 374.3	1 376.6	1 373.8	1 366.0	1 353.0	1 335.3	1 313.5
15	1 353.9	1 366.1	1 373.7	1 375.9	1 373.2	1 365.4	1 352.3	1 334.6
16	1 337.2	1 353.1	1 365.3	1 372.8	1 375.1	1 372.4	1 364.6	1 351.5
17	1 318.4	1 336.4	1 352.2	1 364.4	1 372.0	1 374.3	1 371.5	1 363.7
18	1 299.9	1 317.3	1 335.2	1 351.1	1 363.3	1 370.8	1 373.1	1 370.3
19	1 283.1	1 298.7	1 316.1	1 334.0	1 349.8	1 362.0	1 369.5	1 371.8
20	1 269.6	1 281.9	1 297.5	1 314.9	1 332.8	1 348.6	1 360.8	1 368.3
21	1 260.7	1 268.5	1 280.8	1 296.4	1 313.7	1 331.6	1 347.4	1 359.5
22	1 256.9	1 259.4	1 267.2	1 279.4	1 295.0	1 312.3	1 330.2	1 346.0
23	1 259.2	1 255.9	1 258.3	1 266.1	1 278.4	1 294.0	1 311.3	1 329.1
24	1 265.3	1 258.1	1 254.7	1 257.2	1 265.0	1 277.2	1 292.8	1 310.1
25	1 277.0	1 264.1	1 256.9	1 253.5	1 256.0	1 263.8	1 276.0	1 291.5
26	1 295.4	1 275.8	1 263.0	1 255.8	1 252.4	1 254.9	1 262.6	1 274.9
27	1 320.2	1 294.1	1 274.6	1 261.7	1 254.5	1 251.2	1 253.6	1 261.4

续表

年份	2053	2054	2055	2056	2057	2058	2059	2060
28	1 355.9	1 318.8	1 292.8	1 273.2	1 260.4	1 253.2	1 249.8	1 252.3
29	1 401.9	1 354.2	1 317.1	1 291.2	1 271.6	1 258.8	1 251.6	1 248.3
30	1 454.0	1 400.4	1 352.7	1 315.7	1 289.7	1 270.2	1 257.4	1 250.2
31	1 506.1	1 452.2	1 398.7	1 351.1	1 314.1	1 288.2	1 268.7	1 255.9
32	1 554.9	1 504.1	1 450.3	1 396.8	1 349.2	1 312.3	1 286.4	1 267.0
33	1 585.4	1 552.9	1 502.1	1 448.4	1 394.9	1 347.5	1 310.6	1 284.8
34	1 628.6	1 583.1	1 550.6	1 500.0	1 446.3	1 392.9	1 345.5	1 308.7
35	1 665.7	1 626.2	1 580.8	1 548.3	1 497.8	1 444.2	1 390.9	1 343.5
36	1 697.3	1 663.1	1 623.7	1 578.3	1 545.9	1 495.4	1 441.9	1 388.7
37	1 719.5	1 694.5	1 660.4	1 621.0	1 575.7	1 543.3	1 492.9	1 439.5
38	1 683.7	1 716.4	1 691.5	1 657.4	1 618.1	1 572.9	1 540.6	1 490.3
39	1 680.9	1 680.6	1 713.3	1 688.4	1 654.4	1 615.1	1 570.0	1 537.8
40	1 661.9	1 677.5	1 677.2	1 709.9	1 685.1	1 651.1	1 611.9	1 566.9
41	1 630.1	1 658.3	1 673.9	1 673.6	1 706.2	1 681.4	1 647.5	1 608.4
42	1 585.6	1 626.7	1 654.9	1 670.4	1 670.2	1 702.7	1 678.0	1 644.1
43	1 497.0	1 581.8	1 622.8	1 650.9	1 666.4	1 666.1	1 698.6	1 673.9
44	1 467.1	1 493.1	1 577.7	1 618.6	1 646.6	1 662.1	1 661.8	1 694.2
45	1 453.5	1 463.1	1 489.0	1 573.3	1 614.1	1 642.0	1 657.5	1 657.2
46	1 457.3	1 449.1	1 458.6	1 484.4	1 568.5	1 609.2	1 637.0	1 652.4
47	1 477.9	1 452.6	1 444.4	1 453.9	1 479.6	1 563.4	1 603.9	1 631.7
48	1 504.2	1 472.4	1 447.2	1 439.1	1 448.5	1 474.1	1 557.6	1 598.0
49	1 291.9	1 498.7	1 467.0	1 441.9	1 433.7	1 443.2	1 468.7	1 551.9
50	1 246.1	1 286.7	1 492.6	1 461.1	1 436.1	1 428.0	1 437.4	1 462.8
51	1 288.2	1 241.0	1 281.4	1 486.6	1 455.2	1 430.3	1 422.2	1 431.6
52	1 385.2	1 282.3	1 235.2	1 275.5	1 479.7	1 448.5	1 423.7	1 415.7
53	1 426.6	1 378.4	1 276.0	1 229.1	1 269.2	1 472.5	1 441.4	1 416.7
54	1 382.9	1 418.2	1 370.2	1 268.4	1 221.8	1 261.6	1 463.8	1 432.9
55	1 531.2	1 374.7	1 409.8	1 362.1	1 260.8	1 214.5	1 254.1	1 455.1
56	1 541.2	1 521.2	1 365.7	1 400.5	1 353.1	1 252.5	1 206.6	1 245.9
57	1 584.5	1 530.7	1 510.9	1 356.4	1 391.0	1 343.9	1 244.0	1 198.3
58	1 763.3	1 572.1	1 518.7	1 499.0	1 345.7	1 380.0	1 333.3	1 234.2
59	1 665.4	1 747.7	1 558.1	1 505.2	1 485.6	1 333.8	1 367.7	1 321.4
60	1 834.8	1 648.9	1 730.3	1 542.7	1 490.3	1 470.9	1 320.5	1 354.1
61	1 875.7	1 816.3	1 632.3	1 712.9	1 527.1	1 475.2	1 456.0	1 307.1
62	2 030.8	1 853.9	1 795.2	1 613.3	1 692.9	1 509.3	1 458.0	1 438.9
63	2 272.9	2 004.8	1 830.2	1 772.3	1 592.6	1 671.2	1 489.9	1 439.3
64	2 042.8	2 241.2	1 976.8	1 804.6	1 747.4	1 570.3	1 647.7	1 469.0
65	1 779.1	2 010.7	2 205.9	1 945.6	1 776.1	1 719.8	1 545.5	1 621.6

续表

年份	2053	2054	2055	2056	2057	2058	2059	2060
66	1 757.1	1 750.2	1 978.1	2 170.0	1 913.9	1 747.1	1 691.8	1 520.3
67	1 386.5	1 724.3	1 717.5	1 941.0	2 129.2	1 877.9	1 714.3	1 659.9
68	1 195.5	1 357.7	1 688.4	1 681.7	1 900.4	2 084.6	1 838.5	1 678.3
69	1 139.8	1 166.6	1 324.7	1 647.3	1 640.6	1 853.9	2 033.6	1 793.4
70	1 152.2	1 109.7	1 135.6	1 289.2	1 603.1	1 596.6	1 804.1	1 978.8
71	1 330.4	1 121.6	1 080.3	1 105.3	1 254.6	1 560.0	1 553.5	1 755.3
72	1 163.3	1 287.2	1 085.2	1 045.2	1 069.1	1 213.3	1 508.6	1 502.3
73	1 111.9	1 121.6	1 241.0	1 046.3	1 007.7	1 030.6	1 169.4	1 453.9
74	1 133.6	1 070.0	1 079.2	1 194.2	1 006.8	969.8	991.5	1 124.7
75	1 078.0	1 084.9	1 024.2	1 033.0	1 143.1	963.8	928.3	948.8
76	991.5	1 027.9	1 034.5	976.7	985.0	1 090.1	919.1	885.2
77	1 054.7	941.4	975.9	982.2	927.5	935.3	1 035.2	872.7
78	1 044.1	993.1	886.4	919.0	924.9	873.6	880.8	974.9
79	1 079.0	976.2	928.5	828.7	859.3	864.8	817.0	823.6
80	1 054.8	1 002.8	907.2	862.9	770.2	798.6	803.8	759.5
81	1 019.1	975.5	927.5	839.0	798.1	712.4	738.7	743.5
82	979.0	934.7	894.8	850.8	769.5	732.1	653.5	677.7
83	978.9	887.5	847.4	811.2	771.5	697.6	663.8	592.5
84	814.4	878.2	796.1	760.2	727.8	692.2	625.9	595.6
85	797.0	721.9	778.4	705.7	673.9	645.1	613.7	554.8
86	571.3	706.1	639.6	689.7	625.2	597.0	571.6	543.8
87	559.6	496.0	613.0	555.3	598.7	542.7	518.3	496.3
88	497.8	486.5	431.2	532.9	482.8	520.5	471.8	450.6
89	406.4	422.8	413.3	366.4	452.8	410.2	442.3	400.9
90	394.8	334.0	347.4	339.7	301.1	372.2	337.2	363.5
91	249.6	332.1	281.0	292.2	285.8	253.3	313.1	283.7
92	112.1	200.0	266.1	225.2	234.2	229.0	203.1	250.9
93	114.2	89.9	160.4	213.4	180.6	187.8	183.7	162.9
94	81.0	88.8	70.0	124.8	166.0	140.5	146.1	142.9
95	82.1	62.7	68.8	54.2	96.7	128.6	108.9	113.2
96	69.6	61.1	46.7	51.2	40.4	72.0	95.7	81.1
97	50.5	54.6	47.9	36.6	40.2	31.7	56.5	75.1
98	40.3	37.2	40.2	35.3	27.0	29.6	23.4	41.7
99	32.7	33.4	30.9	33.3	29.3	22.4	24.6	19.4
100+	67.1	71.0	74.4	75.0	77.1	75.8	69.9	67.3
年份	2061	2062	2063	2064	2065	2066	2067	2068
总计	114 995.1	114 156.7	113 340.6	112 546.0	111 770.4	111 009.7	110 263.5	109 524.2
增长率（%）	−0.74	−0.73	−0.71	−0.70	−0.69	−0.68	−0.67	−0.67

续表

年份	2061	2062	2063	2064	2065	2066	2067	2068
0	1 103.7	1 108.3	1 113.0	1 117.1	1 120.1	1 121.4	1 120.6	1 117.4
1	1 098.6	1 102.2	1 106.8	1 111.5	1 115.6	1 118.6	1 119.9	1 119.1
2	1 095.6	1 097.6	1 101.2	1 105.8	1 110.5	1 114.6	1 117.6	1 118.9
3	1 095.3	1 094.9	1 096.9	1 100.6	1 105.1	1 109.8	1 113.9	1 116.9
4	1 098.1	1 094.7	1 094.4	1 096.3	1 100.0	1 104.5	1 109.2	1 113.4
5	1 104.2	1 097.5	1 094.2	1 093.8	1 095.7	1 099.4	1 103.9	1 108.6
6	1 113.9	1 103.7	1 097.0	1 093.7	1 093.3	1 095.3	1 098.9	1 103.5
7	1 127.1	1 113.5	1 103.3	1 096.6	1 093.3	1 092.9	1 094.9	1 098.6
8	1 143.7	1 126.7	1 113.1	1 102.9	1 096.2	1 092.9	1 092.5	1 094.5
9	1 163.3	1 143.2	1 126.2	1 112.6	1 102.4	1 095.8	1 092.4	1 092.0
10	1 185.7	1 162.8	1 142.7	1 125.8	1 112.2	1 102.0	1 095.3	1 092.0
11	1 210.2	1 185.2	1 162.4	1 142.3	1 125.3	1 111.7	1 101.5	1 094.9
12	1 236.1	1 209.7	1 184.7	1 161.9	1 141.8	1 124.8	1 111.2	1 101.1
13	1 262.8	1 235.7	1 209.3	1 184.3	1 161.5	1 141.4	1 124.5	1 110.9
14	1 288.7	1 262.3	1 235.2	1 208.9	1 183.9	1 161.0	1 141.0	1 124.0
15	1 312.9	1 288.1	1 261.7	1 234.7	1 208.3	1 183.3	1 160.5	1 140.4
16	1 333.8	1 312.1	1 287.3	1 260.9	1 233.9	1 207.6	1 182.6	1 159.8
17	1 350.7	1 333.0	1 311.3	1 286.5	1 260.1	1 233.1	1 206.8	1 181.9
18	1 362.5	1 349.5	1 331.9	1 310.1	1 285.4	1 259.0	1 232.1	1 205.8
19	1 369.1	1 361.3	1 348.3	1 330.6	1 308.9	1 284.2	1 257.9	1 231.0
20	1 370.6	1 367.8	1 360.0	1 347.1	1 329.4	1 307.7	1 283.1	1 256.7
21	1 367.1	1 369.3	1 366.6	1 358.8	1 345.8	1 328.2	1 306.6	1 281.9
22	1 358.1	1 365.6	1 367.9	1 365.1	1 357.4	1 344.4	1 326.8	1 305.2
23	1 344.9	1 357.0	1 364.5	1 366.8	1 364.1	1 356.3	1 343.3	1 325.8
24	1 327.9	1 343.6	1 355.8	1 363.3	1 365.5	1 362.8	1 355.0	1 342.1
25	1 308.8	1 326.6	1 342.3	1 354.5	1 361.9	1 364.2	1 361.5	1 353.7
26	1 290.4	1 307.7	1 325.4	1 341.2	1 353.3	1 360.7	1 363.0	1 360.3
27	1 273.6	1 289.1	1 306.4	1 324.1	1 339.8	1 351.9	1 359.4	1 361.7
28	1 260.1	1 272.3	1 287.7	1 305.0	1 322.7	1 338.4	1 350.5	1 358.0
29	1 250.7	1 258.5	1 270.7	1 286.1	1 303.3	1 321.1	1 336.7	1 348.8
30	1 246.9	1 249.4	1 257.1	1 269.3	1 284.7	1 301.9	1 319.6	1 335.3
31	1 248.7	1 245.4	1 247.8	1 255.6	1 267.7	1 283.1	1 300.3	1 318.0
32	1 254.2	1 247.0	1 243.7	1 246.2	1 253.9	1 266.0	1 281.4	1 298.6
33	1 265.3	1 252.6	1 245.4	1 242.1	1 244.5	1 252.2	1 264.4	1 279.7
34	1 282.9	1 263.5	1 250.8	1 243.6	1 240.3	1 242.7	1 250.4	1 262.5
35	1 306.8	1 281.0	1 261.6	1 248.9	1 241.8	1 238.4	1 240.9	1 248.6
36	1 341.4	1 304.7	1 279.0	1 259.6	1 246.9	1 239.8	1 236.5	1 238.9
37	1 386.4	1 339.2	1 302.5	1 276.9	1 257.5	1 244.9	1 237.8	1 234.4

续表

年份	2061	2062	2063	2064	2065	2066	2067	2068
38	1 436.9	1 383.9	1 336.8	1 300.2	1 274.6	1 255.3	1 242.7	1 235.6
39	1 487.5	1 434.3	1 381.4	1 334.4	1 297.9	1 272.3	1 253.0	1 240.4
40	1 534.7	1 484.6	1 431.5	1 378.6	1 331.7	1 295.3	1 269.7	1 250.5
41	1 563.5	1 531.4	1 481.4	1 428.3	1 375.6	1 328.8	1 292.5	1 267.0
42	1 605.1	1 560.3	1 528.2	1 478.3	1 425.4	1 372.8	1 326.1	1 289.8
43	1 640.2	1 601.2	1 556.5	1 524.5	1 474.7	1 422.0	1 369.5	1 322.9
44	1 669.6	1 635.9	1 597.1	1 552.5	1 520.6	1 470.9	1 418.3	1 366.0
45	1 689.5	1 665.0	1 631.4	1 592.7	1 548.2	1 516.4	1 466.9	1 414.4
46	1 652.1	1 684.3	1 659.8	1 626.4	1 587.8	1 543.4	1 511.7	1 462.3
47	1 647.1	1 646.8	1 678.8	1 654.5	1 621.1	1 582.6	1 538.4	1 506.8
48	1 625.7	1 641.0	1 640.7	1 672.6	1 648.3	1 615.1	1 576.8	1 532.7
49	1 592.1	1 619.7	1 634.9	1 634.6	1 666.5	1 642.3	1 609.2	1 571.0
50	1 545.7	1 585.7	1 613.2	1 628.4	1 628.1	1 659.8	1 635.7	1 602.7
51	1 456.9	1 539.4	1 579.3	1 606.6	1 621.8	1 621.5	1 653.1	1 629.1
52	1 425.0	1 450.1	1 532.3	1 572.0	1 599.2	1 614.3	1 614.0	1 645.4
53	1 408.7	1 418.0	1 443.1	1 524.8	1 564.4	1 591.4	1 606.4	1 606.1
54	1 408.3	1 400.4	1 409.6	1 434.5	1 515.8	1 555.1	1 582.0	1 596.9
55	1 424.4	1 400.0	1 392.1	1 401.3	1 426.1	1 506.9	1 545.9	1 572.7
56	1 445.6	1 415.1	1 390.9	1 383.1	1 392.1	1 416.7	1 497.0	1 535.8
57	1 237.4	1 435.8	1 405.5	1 381.4	1 373.7	1 382.7	1 407.1	1 486.9
58	1 188.8	1 227.6	1 424.5	1 394.5	1 370.6	1 362.9	1 371.8	1 396.1
59	1 223.1	1 178.2	1 216.6	1 411.8	1 382.1	1 358.4	1 350.8	1 359.6
60	1 308.2	1 210.9	1 166.4	1 204.5	1 397.8	1 368.4	1 344.9	1 337.4
61	1 340.4	1 295.0	1 198.6	1 154.6	1 192.2	1 383.7	1 354.5	1 331.3
62	1 291.9	1 324.7	1 279.8	1 184.6	1 141.0	1 178.3	1 367.5	1 338.7
63	1 420.4	1 275.2	1 307.6	1 263.3	1 169.3	1 126.3	1 163.0	1 349.9
64	1 419.0	1 400.4	1 257.3	1 289.2	1 245.5	1 152.8	1 110.3	1 146.6
65	1 445.7	1 396.5	1 378.1	1 237.3	1 268.7	1 225.6	1 134.4	1 092.6
66	1 595.1	1 422.0	1 373.6	1 355.5	1 217.0	1 247.8	1 205.5	1 115.7
67	1 491.6	1 565.0	1 395.1	1 347.7	1 329.8	1 193.9	1 224.2	1 182.6
68	1 625.1	1 460.3	1 532.1	1 365.8	1 319.3	1 301.8	1 168.7	1 198.3
69	1 637.1	1 585.2	1 424.4	1 494.3	1 332.1	1 286.8	1 269.6	1 139.9
70	1 745.0	1 592.9	1 542.4	1 385.9	1 453.9	1 296.0	1 251.9	1 235.1
71	1 925.2	1 697.7	1 549.7	1 500.6	1 348.3	1 414.3	1 260.8	1 217.8
72	1 697.3	1 861.5	1 641.4	1 498.3	1 450.8	1 303.6	1 367.3	1 218.8
73	1 447.7	1 635.5	1 793.7	1 581.5	1 443.7	1 397.8	1 256.0	1 317.3
74	1 398.3	1 392.2	1 572.8	1 724.7	1 520.6	1 388.1	1 344.0	1 207.6
75	1 076.1	1 337.7	1 331.8	1 504.3	1 649.6	1 454.3	1 327.5	1 285.3

续表

年份	2061	2062	2063	2064	2065	2066	2067	2068
76	904.6	1 025.7	1 275.0	1 269.3	1 433.7	1 572.0	1 385.8	1 265.0
77	840.6	858.7	973.5	1 210.0	1 204.5	1 360.4	1 491.5	1 314.8
78	822.0	791.7	808.5	916.3	1 138.8	1 133.4	1 280.0	1 403.3
79	911.8	768.7	740.4	755.9	856.4	1 064.3	1 059.2	1 196.0
80	765.6	847.6	714.6	688.4	702.4	795.6	988.6	983.8
81	702.7	708.3	784.2	661.1	636.8	649.6	735.5	913.9
82	682.1	644.8	649.8	719.5	606.6	584.4	595.8	674.4
83	614.5	618.5	584.9	589.3	652.7	550.2	530.0	540.2
84	531.6	551.4	555.0	524.9	528.8	585.7	493.8	475.7
85	528.0	471.3	488.9	492.1	465.6	469.0	519.5	438.0
86	491.6	467.9	417.6	433.3	436.1	412.7	415.7	460.5
87	472.2	426.8	406.3	362.6	376.2	378.7	358.5	361.0
88	431.5	410.6	371.0	353.3	315.3	327.2	329.3	311.9
89	382.9	366.6	348.9	315.3	300.2	267.9	278.1	279.9
90	329.5	314.7	301.4	286.9	259.1	246.8	220.3	228.7
91	305.8	277.2	264.8	253.6	241.4	218.0	207.7	185.4
92	227.4	245.1	222.2	212.2	203.3	193.5	174.8	166.5
93	201.3	182.4	196.6	178.2	170.2	163.0	155.2	140.2
94	126.7	156.6	141.9	153.0	138.7	132.4	126.9	120.8
95	110.7	98.2	121.3	109.9	118.5	107.4	102.6	98.3
96	84.3	82.5	73.2	90.4	81.9	88.3	80.1	76.5
97	63.6	66.1	64.7	57.4	71.0	64.3	69.3	62.8
98	55.4	47.0	48.8	47.8	42.4	52.4	47.5	51.2
99	34.6	45.9	39.0	40.5	39.7	35.2	43.5	39.4
100+	61.8	68.7	81.7	86.0	90.1	92.5	91.0	95.8
年份	2069	2070						
总计	108 790.3	108 057.5						
增长率（%）	−0.67	−0.67						
0	1 111.8	1 103.8						
1	1 115.9	1 110.3						
2	1 118.1	1 114.9						
3	1 118.2	1 117.4						
4	1 116.3	1 117.6						
5	1 112.8	1 115.7						
6	1 108.1	1 112.3						
7	1 103.1	1 107.8						
8	1 098.2	1 102.7						
9	1 094.0	1 097.7						

续表

年份	2069	2070						
10	1 091.6	1 093.6						
11	1 091.5	1 091.2						
12	1 094.4	1 091.1						
13	1 100.7	1 094.1						
14	1 110.4	1 100.3						
15	1 123.5	1 109.9						
16	1 139.7	1 122.8						
17	1 159.1	1 139.0						
18	1 180.8	1 158.1						
19	1 204.7	1 179.8						
20	1 229.8	1 203.6						
21	1 255.6	1 228.7						
22	1 280.5	1 254.3						
23	1 304.1	1 279.5						
24	1 324.5	1 302.9						
25	1 340.8	1 323.3						
26	1 352.5	1 339.6						
27	1 358.9	1 351.2						
28	1 360.2	1 357.5						
29	1 356.2	1 358.5						
30	1 347.3	1 354.8						
31	1 333.6	1 345.7						
32	1 316.2	1 331.8						
33	1 296.9	1 314.5						
34	1 277.9	1 295.0						
35	1 260.7	1 276.0						
36	1 246.6	1 258.7						
37	1 236.9	1 244.5						
38	1 232.3	1 234.7						
39	1 233.3	1 230.0						
40	1 237.9	1 230.9						
41	1 247.8	1 235.2						
42	1 264.4	1 245.2						
43	1 286.7	1 261.3						
44	1 319.5	1 283.3						
45	1 362.2	1 315.8						
46	1 410.0	1 358.0						
47	1 457.6	1 405.5						

续表

年份	2069	2070					
48	1 501.3	1 452.2					
49	1 527.1	1 495.7					
50	1 564.7	1 521.0					
51	1 596.2	1 558.3					
52	1 621.6	1 588.9					
53	1 637.4	1 613.6					
54	1 596.6	1 627.7					
55	1 587.5	1 587.2					
56	1 562.4	1 577.1					
57	1 525.4	1 551.8					
58	1 475.2	1 513.4					
59	1 383.7	1 462.1					
60	1 346.1	1 369.9					
61	1 323.8	1 332.5					
62	1 315.8	1 308.4					
63	1 321.5	1 298.9					
64	1 330.9	1 303.0					
65	1 128.3	1 309.8					
66	1 074.6	1 109.7					
67	1 094.5	1 054.2					
68	1 157.6	1 071.4					
69	1 168.7	1 129.0					
70	1 108.9	1 136.9					
71	1 201.5	1 078.7					
72	1 177.3	1 161.4					
73	1 174.2	1 134.2					
74	1 266.4	1 128.8					
75	1 154.8	1 211.0					
76	1 224.7	1 100.4					
77	1 200.1	1 162.0					
78	1 236.9	1 129.0					
79	1 311.2	1 155.6					
80	1 110.8	1 217.6					
81	909.3	1 026.6					
82	837.9	833.6					
83	611.1	759.2					
84	484.6	548.1					
85	421.9	429.5					

续表

年份	2069	2070						
86	388.3	374.0						
87	400.0	337.2						
88	314.0	348.0						
89	265.2	266.9						
90	230.2	218.2						
91	192.4	193.7						
92	148.6	154.3						
93	133.6	119.2						
94	109.1	103.9						
95	93.6	84.5						
96	73.3	69.8						
97	60.0	57.5						
98	46.4	44.3						
99	42.5	38.5						
100+	96.4	99.0						

资料来源：根据2005年全国人口抽样调查结果中的城镇分年龄、性别人口数（2004.11.01—2005.10.31）（摘自：中国人口统计年鉴2006. 北京：中国统计出版社，2006）计算而得。

表A—9　　2005—2070年城镇分年龄参保在职职工人数测算表　　单位：万人

年份	2005	2006	2007	2008	2009	2010	2011	2012
总计	13 120.0	14 131.0	15 261.5	16 482.4	17 801.0	19 225.1	20 763.1	22 424.1
增长率（%）	—	7.71	8.00	8.00	8.00	8.00	8.00	8.00
16	96.6	105.6	100.8	104.2	112.5	116.8	130.9	133.5
17	152.6	168.6	185.0	177.7	184.5	199.4	206.2	231.3
18	215.4	219.8	243.6	267.5	258.7	269.3	289.6	300.7
19	215.5	281.4	289.1	320.5	352.3	342.7	355.6	383.5
20	214.6	266.6	346.7	357.3	396.3	435.7	424.0	441.6
21	238.6	264.5	327.3	422.2	436.8	484.4	531.0	519.5
22	271.0	284.1	315.6	387.8	497.3	515.9	570.1	626.2
23	338.5	309.3	325.9	361.5	442.1	563.5	583.9	646.4
24	309.3	376.9	348.6	367.9	408.2	496.9	628.2	653.2
25	307.5	342.6	416.7	388.4	411.0	455.9	550.2	694.4
26	339.0	337.9	377.4	457.1	429.5	455.3	502.5	605.9
27	338.2	369.5	371.2	414.4	500.3	473.3	500.1	552.9
28	326.1	368.6	404.1	407.7	455.2	547.7	519.0	550.2
29	363.7	355.0	402.1	441.1	447.0	498.9	597.1	569.2
30	374.2	388.4	382.4	432.8	475.4	483.4	537.9	643.6
31	405.8	406.0	424.0	419.3	474.6	521.5	530.4	591.1
32	430.7	436.7	440.2	460.7	458.0	518.1	568.5	580.4

续表

年份	2005	2006	2007	2008	2009	2010	2011	2012
33	445.4	461.6	471.4	476.7	500.4	499.4	563.8	619.9
34	461.9	476.7	497.1	509.0	516.9	543.8	543.6	614.6
35	498.7	493.6	512.7	535.8	550.7	560.9	590.8	593.1
36	456.1	530.2	528.7	550.3	576.9	594.5	607.2	641.5
37	491.8	484.6	565.2	565.4	590.5	620.4	641.1	657.1
38	377.2	521.4	517.5	603.4	606.1	634.3	668.5	693.0
39	428.6	401.9	555.0	552.7	644.9	649.7	682.5	721.3
40	448.3	453.6	429.0	590.0	589.9	688.3	696.7	733.9
41	437.9	472.3	481.2	457.2	626.9	628.8	735.5	746.9
42	525.3	459.2	498.0	508.8	485.9	664.2	669.7	784.4
43	373.8	549.5	485.2	527.2	540.8	518.8	708.9	717.1
44	211.7	393.5	578.5	513.5	559.5	575.5	554.9	757.8
45	276.0	211.2	392.7	577.4	512.5	558.3	574.3	553.8
46	244.1	275.3	210.7	391.7	575.9	511.2	556.9	572.9
47	293.1	243.4	274.6	210.2	390.7	574.4	509.9	555.5
48	306.2	292.3	242.7	273.8	209.6	389.5	572.8	508.4
49	268.1	305.3	291.4	242.0	273.0	208.9	388.4	571.1
50	272.7	267.1	304.2	290.4	241.2	272.0	208.2	387.0
51	252.0	271.8	266.2	303.2	289.5	240.4	271.1	207.5
52	211.5	251.1	270.8	265.3	302.1	288.4	239.5	270.2
53	196.2	210.6	250.0	269.7	264.2	300.8	287.2	238.5
54	154.8	195.3	209.6	248.8	268.4	262.9	299.4	285.8
55	150.3	154.1	194.3	208.5	247.6	267.0	261.6	297.9
56	132.6	149.5	153.3	193.3	207.5	246.3	265.6	260.2
57	102.3	131.8	148.7	152.4	192.2	206.3	244.9	264.1
58	91.5	101.7	131.0	147.7	151.5	191.0	205.0	243.4
59	74.7	90.8	101.0	130.0	146.7	150.3	189.6	203.5
年份	2013	2014	2015	2016	2017	2018	2019	2020
总计	24 218.1	26 155.5	27 986.4	29 945.4	31 742.2	33 329.3	34 662.4	35 490.4
增长率（%）	8.00	8.00	7.00	7.00	6.00	5.00	4.00	2.39
16	143.0	154.5	155.5	171.7	176.7	175.8	170.2	178.3
17	236.7	254.0	271.3	273.5	298.1	303.0	297.6	282.9
18	337.2	346.2	367.4	392.1	391.6	420.8	421.9	406.7
19	399.1	447.7	455.1	482.7	509.4	503.0	532.2	523.3
20	476.4	496.9	550.2	559.7	587.0	611.1	595.6	616.8
21	542.0	585.7	604.6	668.4	673.3	696.9	715.2	684.2
22	614.8	643.1	687.1	709.6	774.8	771.3	787.1	791.6
23	710.2	700.2	724.8	774.0	791.2	851.7	836.8	837.1

续表

年份	2013	2014	2015	2016	2017	2018	2019	2020
24	723.2	795.5	777.3	804.9	849.9	858.1	909.7	877.1
25	723.5	801.9	871.7	853.5	874.7	911.6	908.2	943.1
26	762.3	796.1	871.9	947.0	918.7	929.9	955.4	933.6
27	665.2	834.9	862.8	943.9	1 013.3	972.1	970.8	977.5
28	608.2	730.7	903.4	933.7	1 009.6	1 069.3	1 013.3	992.4
29	604.1	668.5	791.7	975.0	997.3	1 063.7	1 110.4	1 033.1
30	615.8	655.0	716.1	845.4	1 026.3	1 036.7	1 089.6	1 114.5
31	706.1	678.8	714.0	779.7	908.0	1 084.7	1 081.0	1 113.2
32	646.8	772.1	735.8	773.9	835.2	957.8	1 125.2	1 099.7
33	634.3	707.5	833.1	795.5	827.7	881.2	994.4	1 142.3
34	676.0	693.7	764.4	897.8	849.8	872.9	915.9	1 011.1
35	670.4	738.3	749.8	825.3	956.9	895.8	907.5	932.9
36	645.4	730.1	794.6	807.4	878.4	1 003.4	928.1	921.8
37	695.0	701.4	783.7	852.3	857.2	919.9	1 034.4	939.6
38	711.5	754.1	753.4	840.7	903.9	898.1	949.8	1 045.4
39	748.8	770.7	807.9	807.7	890.7	944.9	926.5	960.0
40	776.6	808.1	823.0	862.6	853.9	928.8	971.4	934.4
41	787.8	835.2	859.7	875.8	908.2	888.2	952.0	975.8
42	797.8	843.2	884.0	910.1	917.5	939.4	906.8	952.2
43	839.9	856.3	895.0	938.2	955.7	951.7	961.0	910.2
44	767.8	899.9	907.7	948.6	983.8	989.7	972.3	962.8
45	756.3	766.2	898.1	905.9	946.7	981.8	987.7	970.4
46	552.4	754.4	764.3	895.8	903.6	944.3	979.3	985.2
47	571.4	551.0	752.5	762.4	893.6	901.3	941.9	976.8
48	553.9	569.7	549.4	750.3	760.1	890.9	898.7	939.2
49	506.9	552.3	568.1	547.8	748.1	757.9	888.4	896.1
50	569.1	505.1	550.3	566.1	545.9	745.5	755.3	885.2
51	385.8	567.2	503.5	548.5	564.2	544.0	743.0	752.8
52	206.8	384.4	565.2	501.7	546.6	562.2	542.1	740.3
53	269.0	205.9	382.8	562.8	499.5	544.2	559.8	539.8
54	237.3	267.7	204.9	380.9	560.0	497.1	541.6	557.1
55	284.4	236.1	266.3	203.9	379.0	557.2	494.6	538.9
56	296.3	282.9	234.9	265.0	202.8	377.0	554.4	492.1
57	258.7	294.6	281.3	233.6	263.5	201.7	374.9	551.2
58	262.5	257.1	292.8	279.6	232.2	261.8	200.4	372.6
59	241.6	260.6	255.3	290.7	277.5	230.5	259.9	199.0
年份	2021	2022	2023	2024	2025	2026	2027	2028
总计	36 200.1	36 715.7	37 495.4	37 921.4	38 657.1	38 862.2	39 515.7	39 676.6

续表

年份	2021	2022	2023	2024	2025	2026	2027	2028
增长率（%）	2.00	1.42	2.12	1.14	1.94	0.53	1.68	0.41
16	198.9	185.5	183.8	183.4	183.7	185.1	190.3	189.9
17	288.8	321.7	301.4	298.8	297.5	298.1	299.2	307.2
18	377.9	385.9	430.5	403.9	399.7	398.0	397.4	398.4
19	493.6	459.4	470.5	524.3	491.5	486.4	482.7	481.4
20	593.5	560.4	523.6	536.1	595.2	558.1	550.3	545.5
21	692.9	667.6	632.9	592.3	605.0	670.7	627.4	618.1
22	742.4	752.3	727.4	690.6	645.6	659.2	727.3	680.2
23	825.0	774.9	787.5	762.3	722.9	676.3	688.1	757.5
24	860.7	849.0	800.7	814.1	786.9	746.5	696.8	708.0
25	893.3	877.6	868.8	820.6	832.8	805.3	762.1	711.3
26	951.8	902.8	890.0	881.8	831.9	844.1	813.8	769.8
27	939.1	958.0	912.1	900.0	890.1	840.2	849.6	818.6
28	982.3	944.8	966.7	921.6	907.8	897.9	845.3	853.7
29	995.9	986.6	952.4	975.0	928.3	914.5	901.7	848.4
30	1 022.5	986.8	980.8	947.8	968.4	922.2	905.6	892.1
31	1 121.9	1 030.8	998.4	993.2	958.4	979.0	929.7	912.1
32	1 116.1	1 125.7	1 038.5	1 006.9	1 000.0	965.2	982.5	932.5
33	1 101.7	1 118.9	1 132.3	1 046.1	1 012.8	1 005.8	967.9	984.2
34	1 143.2	1 103.8	1 124.7	1 139.0	1 051.1	1 017.9	1 007.7	969.0
35	1 013.7	1 146.1	1 110.7	1 132.5	1 144.9	1 057.1	1 020.5	1 009.4
36	933.7	1 014.8	1 150.2	1 115.9	1 135.7	1 148.0	1 057.1	1 019.8
37	920.1	932.6	1 016.3	1 152.0	1 115.9	1 135.7	1 144.3	1 053.1
38	938.2	919.6	935.2	1 019.5	1 152.7	1 116.8	1 132.9	1 140.2
39	1 042.5	937.1	921.8	938.1	1 020.3	1 152.9	1 113.6	1 128.4
40	955.4	1 037.9	936.8	922.5	937.2	1 018.9	1 146.9	1 106.9
41	927.7	949.2	1 034.1	934.8	919.1	933.6	1 011.2	1 136.5
42	964.6	918.1	942.5	1 027.3	927.6	912.1	923.4	998.7
43	944.2	957.2	914.5	939.5	1 021.8	923.2	904.9	915.1
44	902.3	936.6	952.7	911.2	934.5	1 016.0	915.4	896.5
45	960.9	900.5	934.7	950.8	909.4	932.6	1 014.0	913.6
46	967.9	958.4	898.2	932.3	948.4	907.1	930.2	1 011.4
47	982.7	965.5	956.0	895.9	930.0	946.0	904.8	927.9
48	974.0	979.8	962.7	953.2	893.3	927.3	943.3	902.2
49	936.5	971.1	977.0	959.9	950.5	890.7	924.6	940.5
50	893.0	933.2	967.7	973.6	956.5	947.2	887.6	921.3
51	882.3	890.0	930.1	964.5	970.3	953.3	944.0	884.7
52	750.1	879.2	886.8	926.8	961.1	966.9	949.9	940.6

续表

年份	2021	2022	2023	2024	2025	2026	2027	2028
53	737.2	746.9	875.4	883.1	922.8	957.0	962.8	945.9
54	537.2	733.6	743.3	871.2	878.7	918.3	952.3	958.1
55	554.3	534.5	729.9	739.5	866.8	874.3	913.7	947.6
56	536.1	551.5	531.8	726.2	735.8	862.4	869.9	909.1
57	489.2	533.0	548.3	528.7	722.0	731.5	857.4	864.9
58	547.8	486.2	529.8	544.9	525.4	717.6	727.0	852.1
59	369.9	543.8	482.7	525.9	540.9	521.6	712.3	721.7
60	197.4	366.9	539.5	478.9	521.7	536.7	517.5	706.7
61	—	—	363.7	534.7	474.6	517.1	531.9	512.9
62	—	—	—	—	529.3	469.8	511.9	526.5
63	—	—	—	—	—	—	464.8	506.4

年份	2029	2030	2031	2032	2033	2034	2035	2036
总计	40 308.2	40 426.8	40 582.0	40 752.2	40 742.7	40 724.9	40 591.0	40 456.5
增长率（%）	1.59	0.29	0.38	0.42	−0.02	−0.04	−0.33	−0.33
16	189.3	188.3	186.8	189.4	187.7	186.3	185.1	184.1
17	306.7	305.6	303.9	301.5	305.7	303.1	301.0	299.3
18	409.2	408.4	406.8	404.6	401.5	407.2	403.8	401.3
19	482.8	495.6	494.5	492.6	490.1	486.5	493.5	489.7
20	544.2	545.4	559.6	558.3	556.2	553.5	549.6	557.7
21	613.0	611.4	612.7	628.4	627.2	625.0	622.2	618.2
22	670.6	664.9	663.2	664.6	681.7	680.6	678.5	675.8
23	709.4	699.2	693.4	691.5	693.2	711.1	710.2	708.4
24	778.9	729.7	719.7	713.7	712.0	713.9	732.5	731.9
25	723.1	794.4	745.2	735.1	729.2	727.7	729.8	749.1
26	719.4	731.0	803.1	753.6	743.6	737.8	736.6	739.1
27	775.2	724.8	736.7	808.9	759.5	749.6	744.2	743.2
28	823.3	779.9	730.1	742.0	814.5	765.2	755.6	750.4
29	857.3	826.8	784.6	734.7	746.8	819.5	770.4	761.0
30	840.3	848.6	820.2	778.4	729.3	741.3	813.3	765.2
31	899.1	847.1	857.1	828.4	786.6	737.4	749.7	822.4
32	915.6	902.3	852.4	862.3	833.8	792.0	742.9	755.6
33	935.0	917.8	907.0	856.9	867.1	838.6	797.0	748.2
34	985.7	936.5	921.9	911.0	861.1	871.3	843.0	801.7
35	971.5	987.8	941.7	926.9	916.2	866.2	876.7	848.7
36	1 009.3	971.3	990.9	944.6	930.0	919.4	869.7	880.4
37	1 016.7	1 006.0	971.7	991.0	945.0	930.6	920.2	870.8
38	1 050.5	1 014.1	1 007.1	972.7	992.1	946.4	932.1	922.0
39	1 136.4	1 047.0	1 014.9	1 007.8	973.6	993.0	947.5	933.6

续表

年份	2029	2030	2031	2032	2033	2034	2035	2036
40	1 122.2	1 129.8	1 045.6	1 013.5	1 006.6	972.6	992.1	947.0
41	1 097.7	1 112.5	1 124.8	1 041.1	1 009.2	1 002.4	968.8	988.4
42	1 122.5	1 084.0	1 103.5	1 115.6	1 032.7	1 001.3	994.7	961.6
43	990.0	1 111.7	1 078.6	1 097.8	1 109.8	1 027.6	996.5	990.2
44	907.1	980.6	1 105.9	1 072.9	1 091.9	1 103.8	1 022.4	991.8
45	894.7	905.3	978.7	1 103.7	1 070.7	1 089.7	1 101.6	1 020.3
46	911.3	892.4	903.0	976.2	1 100.9	1 068.0	1 086.9	1 098.8
47	1 008.9	909.0	890.2	900.7	973.7	1 098.1	1 065.3	1 084.2
48	925.2	1 005.9	906.3	887.6	898.1	970.9	1 094.9	1 062.2
49	899.5	922.5	1 003.0	903.7	885.0	895.5	968.1	1 091.7
50	937.2	896.4	919.3	999.5	900.5	881.9	892.4	964.7
51	918.3	934.1	893.4	916.2	996.2	897.6	879.0	889.4
52	881.5	915.0	930.8	890.3	912.9	992.6	894.4	875.8
53	936.6	877.7	911.1	926.8	886.5	909.1	988.4	890.5
54	941.3	932.1	873.5	906.7	922.3	882.1	904.6	983.6
55	953.2	936.6	927.4	869.1	902.1	917.7	877.7	900.1
56	942.7	948.4	931.8	922.7	864.7	897.5	913.0	873.2
57	903.8	937.3	942.9	926.4	917.4	859.7	892.4	907.7
58	859.6	898.3	931.6	937.2	920.7	911.7	854.4	886.9
59	845.9	853.3	891.7	924.7	930.3	914.0	905.1	848.1
60	716.0	839.2	846.5	884.7	917.4	922.9	906.8	897.9
61	700.5	709.7	831.8	839.0	876.8	909.3	914.8	898.8
62	507.7	693.3	702.5	823.4	830.5	867.9	900.1	905.5
63	520.9	502.3	686.0	695.0	814.6	821.7	858.7	890.5
64	501.1	515.5	497.0	678.8	687.7	806.1	813.1	849.7
年份	2037	2038	2039	2040	2041	2042	2043	2044
总计	40 284.8	40 082.2	39 871.9	39 672.7	39 424.9	39 222.7	38 984.5	38 725.7
增长率（%）	−0.42	−0.50	−0.52	−0.50	−0.62	−0.51	−0.61	−0.66
16	184.7	181.5	178.2	174.8	170.8	167.3	164.3	161.8
17	297.7	298.7	293.8	288.5	282.0	275.8	270.2	265.4
18	399.1	397.1	398.6	392.1	383.9	375.4	367.2	360.0
19	486.7	484.3	481.9	483.8	474.5	464.7	454.6	444.9
20	553.5	550.3	547.6	545.1	545.4	534.9	524.1	512.8
21	627.3	622.8	619.4	616.5	611.7	612.1	600.6	588.7
22	671.6	681.6	676.9	673.3	668.1	663.0	663.7	651.5
23	705.7	701.5	712.0	707.3	701.4	696.0	691.0	691.9
24	730.1	727.5	723.4	734.3	727.2	721.3	716.1	711.2
25	748.6	747.0	744.6	740.5	749.4	742.4	736.7	731.6

续表

年份	2037	2038	2039	2040	2041	2042	2043	2044
26	758.5	758.2	756.7	754.4	748.2	757.2	750.5	744.9
27	745.8	765.4	765.3	763.9	759.4	753.4	762.6	756.0
28	749.5	752.3	772.1	772.0	768.6	764.2	758.3	767.8
29	755.9	755.2	758.2	778.0	775.9	772.6	768.4	762.7
30	756.0	751.1	750.5	753.5	771.1	769.1	766.0	762.0
31	774.1	765.0	760.2	759.7	760.7	778.5	776.7	773.8
32	828.4	780.1	771.1	766.4	764.0	765.1	783.2	781.6
33	760.8	833.8	785.6	776.7	770.2	767.9	769.2	787.4
34	752.9	765.7	838.7	790.6	779.9	773.5	771.4	772.9
35	807.2	758.5	771.4	844.5	794.7	784.0	777.8	775.9
36	852.3	811.0	762.3	775.3	846.8	797.0	786.6	780.5
37	881.5	853.6	812.5	764.1	775.4	846.7	797.3	787.1
38	872.7	883.4	855.6	814.7	764.9	776.2	847.5	798.4
39	923.3	874.3	884.9	857.3	815.0	765.4	776.9	848.1
40	933.0	922.9	874.1	884.8	855.9	813.9	764.7	776.3
41	943.6	929.7	919.7	871.3	880.5	851.9	810.4	761.7
42	980.9	936.6	922.9	913.0	863.8	873.0	844.9	804.0
43	957.3	976.4	932.4	918.8	907.8	859.1	868.4	840.6
44	985.3	952.7	971.7	928.0	913.4	902.5	854.4	863.7
45	989.8	983.4	950.8	969.7	926.1	911.6	900.7	852.7
46	1 017.7	987.2	980.9	948.4	967.3	923.8	909.3	898.4
47	1 096.1	1 015.2	984.8	978.4	946.0	964.8	921.5	907.0
48	1 081.0	1 092.9	1 012.2	981.9	975.5	943.2	962.0	918.8
49	1 059.1	1 077.9	1 089.7	1 009.3	979.0	972.7	940.5	959.2
50	1 087.9	1 055.4	1 074.1	1 085.9	1 005.7	975.6	969.3	937.2
51	961.5	1 084.3	1 051.9	1 070.6	1 082.3	1 002.4	972.4	966.1
52	886.2	958.1	1 080.4	1 048.1	1 066.7	1 078.4	998.8	968.9
53	872.1	882.5	954.0	1 075.9	1 043.7	1 062.2	1 073.8	994.6
54	886.2	867.9	878.2	949.3	1 070.6	1 038.6	1 057.0	1 068.6
55	978.6	881.7	863.5	873.7	944.6	1 065.2	1 033.4	1 051.7
56	895.5	973.7	877.3	859.1	869.3	939.8	1 059.8	1 028.1
57	868.2	890.3	968.0	872.2	854.2	864.3	934.3	1 053.7
58	902.2	862.9	884.9	962.1	866.9	848.9	859.0	928.6
59	880.4	895.6	856.6	878.4	955.1	860.5	842.7	852.7
60	841.4	873.4	888.5	849.8	871.5	947.5	853.7	836.0
61	890.0	834.0	865.7	880.6	842.3	863.7	939.1	846.2
62	889.6	880.9	825.5	856.9	871.7	833.7	855.0	929.6
63	895.9	880.2	871.6	816.8	847.8	862.5	824.9	845.9
64	881.2	886.5	871.0	862.4	808.2	838.9	853.4	816.2

续表

年份	2045	2046	2047	2048	2049	2050	2051	2052
总计	36 956.6	36 712.7	36 392.4	36 154.0	35 928.0	35 688.9	35 272.7	34 743.4
增长率（%）	−0.59	−0.66	−0.87	−0.66	−0.63	−0.67	−1.17	−1.50
16	38 496.5	38 242.4	37 908.8	37 660.4	37 425.0	37 175.9	36 742.4	36 191.0
17	−0.59	−0.66	−0.87	−0.66	−0.63	−0.67	−1.17	−1.50
18	159.9	158.4	157.2	155.5	154.2	153.2	150.9	148.9
19	261.5	258.5	256.2	254.2	251.6	249.5	245.5	241.9
20	353.7	348.6	344.6	341.6	339.1	335.7	329.8	324.5
21	436.3	428.9	422.7	418.0	414.5	411.5	403.7	396.7
22	502.0	492.4	484.1	477.2	472.1	468.2	460.6	451.9
23	576.3	564.3	553.7	544.5	537.0	531.2	522.3	513.9
24	638.7	625.5	612.7	601.3	591.5	583.5	572.3	562.7
25	679.4	666.3	652.7	639.6	627.9	617.8	604.3	592.9
26	712.1	699.5	686.2	672.4	659.1	647.2	631.8	618.1
27	726.8	728.0	715.3	701.9	688.0	674.6	657.4	641.8
28	739.9	735.2	736.4	723.7	710.4	696.5	678.0	660.8
29	750.5	745.7	741.0	742.4	729.8	716.6	697.6	679.2
30	761.3	756.0	751.2	746.6	748.1	735.6	717.3	698.4
31	772.3	765.9	760.7	756.0	751.5	753.1	735.8	717.5
32	756.5	766.1	759.9	754.8	750.3	745.9	743.0	725.9
33	769.9	764.5	774.2	768.0	763.1	758.6	749.7	746.8
34	778.7	775.0	769.6	779.4	773.4	768.5	759.7	750.8
35	785.9	783.2	779.5	774.3	784.2	778.3	769.2	760.4
36	791.2	789.8	787.2	783.6	778.5	788.5	778.4	769.4
37	777.4	796.0	794.7	792.1	788.7	783.6	789.7	779.6
38	778.7	780.4	799.0	797.8	795.4	792.0	783.2	789.3
39	781.1	779.5	781.2	799.8	798.8	796.4	789.3	780.6
40	788.3	782.5	780.9	782.8	801.5	800.4	794.5	787.6
41	799.3	789.4	783.7	782.2	784.1	802.8	798.5	792.7
42	847.3	798.9	789.0	783.5	782.1	784.1	799.5	795.2
43	773.3	844.0	795.9	786.3	780.9	779.6	778.5	793.8
44	756.0	767.6	837.5	790.1	780.6	775.3	771.2	770.2
45	800.2	752.7	764.2	833.7	786.8	777.4	769.4	765.3
46	836.3	796.3	749.2	760.8	829.8	783.3	771.4	763.5
47	862.0	834.6	794.7	747.7	759.2	828.2	781.7	769.9
48	850.5	859.8	832.5	792.7	745.8	757.3	826.1	779.7
49	896.1	848.4	857.6	830.4	790.7	743.9	755.4	824.0
50	904.3	893.5	845.9	855.1	827.9	788.4	741.7	753.2
51	916.1	901.7	890.9	843.4	852.7	825.5	786.1	739.6

续表

年份	2045	2046	2047	2048	2049	2050	2051	2052
52	955.9	912.9	898.5	887.8	840.5	849.7	822.6	783.3
53	934.1	952.7	909.9	895.6	884.9	837.7	846.9	819.9
54	962.6	930.7	949.3	906.6	892.4	881.7	834.7	843.8
55	964.8	958.5	926.8	945.3	902.8	888.6	877.9	831.2
56	989.7	960.1	953.9	922.3	940.7	898.4	884.2	873.7
57	1 063.2	984.8	955.3	949.1	917.6	935.9	893.9	879.8
58	1 046.4	1 057.8	979.8	950.4	944.3	913.0	931.2	889.3
59	1 022.2	1 040.3	1 051.7	974.1	944.9	938.8	907.7	925.8
60	1 047.2	1 015.9	1 034.0	1 045.3	968.1	939.1	933.1	902.1
61	921.8	1 039.6	1 008.5	1 026.4	1 037.6	961.1	932.3	926.2
62	846.0	914.5	1 031.3	1 000.5	1 018.3	1 029.4	953.4	924.9
63	828.6	838.5	906.4	1 022.2	991.7	1 009.3	1 020.3	945.0
64	837.6	820.2	830.0	897.2	1 011.9	981.6	999.0	1 009.9
年份	2053	2054	2055	2056	2057	2058	2059	2060
总计	35 663.8	35 114.8	34 549.7	34 054.0	33 581.7	33 111.3	32 665.7	32 198.0
增长率（%）	−1.46	−1.54	−1.61	−1.43	−1.39	−1.40	−1.35	−1.43
16	147.1	145.5	144.1	142.9	141.6	140.0	138.5	136.9
17	238.7	235.8	233.3	231.1	229.1	227.0	224.5	222.0
18	319.8	315.6	311.8	308.5	305.5	302.9	300.2	296.8
19	390.3	384.7	379.6	375.1	371.1	367.5	364.3	361.1
20	444.1	437.1	430.8	425.2	420.1	415.6	411.6	408.0
21	504.2	495.6	487.7	480.7	474.4	468.8	463.8	459.3
22	553.8	543.4	534.0	525.6	518.0	511.3	505.1	499.8
23	582.9	573.7	562.9	553.2	544.5	536.6	529.7	523.3
24	606.4	596.3	586.8	575.8	565.9	557.0	548.9	541.8
25	627.9	616.0	605.7	596.1	584.9	574.8	565.7	557.5
26	645.2	631.2	619.3	609.0	599.3	588.0	577.9	568.7
27	661.9	646.3	632.3	620.4	610.1	600.4	589.1	578.9
28	679.9	662.7	647.1	633.1	621.2	610.8	601.1	589.8
29	698.7	680.3	663.0	647.4	633.4	621.5	611.1	601.4
30	708.0	689.4	671.2	654.3	638.9	625.1	613.3	603.1
31	729.7	711.7	693.0	674.8	657.7	642.2	628.4	616.5
32	747.9	730.9	712.8	694.2	675.9	658.8	643.3	629.4
33	751.6	748.8	731.7	713.6	694.9	676.6	659.6	644.0
34	760.7	751.9	749.0	732.0	713.9	695.2	676.9	659.8
35	770.6	762.0	753.1	750.3	733.2	715.2	696.4	678.0
36	779.3	770.4	761.7	752.9	750.1	733.0	714.9	696.2
37	786.8	776.8	767.9	759.3	750.5	747.7	730.7	712.6

续表

年份	2053	2054	2055	2056	2057	2058	2059	2060
38	778.9	785.1	775.2	766.3	757.7	749.0	746.2	729.1
39	785.8	777.2	783.4	773.5	764.6	756.1	747.4	744.5
40	789.5	782.6	774.1	780.2	770.4	761.6	753.0	744.3
41	789.6	784.0	777.1	768.7	774.8	765.0	756.3	747.7
42	785.4	781.3	775.7	769.0	760.6	766.7	757.0	748.3
43	764.4	779.5	775.4	769.9	763.2	754.9	760.9	751.3
44	759.5	758.6	773.6	769.6	764.1	757.5	749.3	755.2
45	761.9	758.0	757.1	772.0	768.0	762.6	756.0	747.8
46	767.9	760.0	756.1	755.2	770.1	766.1	760.6	754.0
47	777.8	766.0	758.1	754.2	753.3	768.1	764.2	758.7
48	821.6	775.5	763.8	755.9	752.0	751.1	765.9	761.9
49	751.0	819.2	773.2	761.5	753.7	749.8	748.9	763.6
50	737.0	748.4	816.3	770.5	758.9	751.0	747.1	746.3
51	780.7	734.6	745.9	813.6	768.0	756.4	748.5	744.7
52	817.0	777.9	731.9	743.2	810.7	765.2	753.7	745.9
53	840.3	813.5	774.6	728.8	740.1	807.3	762.0	750.4
54	827.1	836.2	809.6	770.9	725.3	736.5	803.3	758.3
55	869.3	822.9	831.9	805.5	767.0	721.6	732.7	799.3
56	875.3	864.9	818.8	827.7	801.4	763.1	718.0	729.0
57	884.2	870.3	859.9	814.0	823.0	796.8	758.7	713.8
58	920.1	878.8	864.9	854.6	809.1	817.9	791.9	754.0
59	895.5	913.4	872.3	858.6	848.3	803.1	811.9	786.1
60	918.9	888.5	906.2	865.4	851.8	841.6	796.8	805.5
61	916.7	910.8	880.6	898.2	857.8	844.3	834.2	789.7
62	935.4	907.4	901.5	871.7	889.0	849.1	835.7	825.7
63	999.3	925.5	897.8	892.0	862.4	879.6	840.1	826.9
64	978.0	988.7	915.8	888.3	882.6	853.4	870.4	831.2

年份	2061	2062	2063	2064	2065	2066	2067	2068
总计	31 765.0	31 340.6	30 921.6	30 540.6	30 146.2	29 771.1	29 425.4	29 114.5
增长率（%）	−1.34	−1.34	−1.34	−1.23	−1.29	−1.24	−1.16	−1.06
16	135.2	133.5	131.8	130.1	128.3	126.6	124.9	122.4
17	219.5	216.8	214.0	211.2	208.5	205.7	203.0	200.2
18	293.5	290.2	286.6	283.0	279.2	275.6	272.0	268.3
19	357.0	353.0	349.0	344.8	340.3	335.8	331.5	327.1
20	404.4	399.8	395.4	390.9	386.1	381.1	376.0	371.0
21	455.3	451.2	446.1	441.1	436.0	430.7	425.1	419.3
22	494.9	490.5	486.1	480.6	475.2	469.8	464.0	457.9
23	517.7	512.6	508.1	503.5	497.8	492.2	486.5	480.5

续表

年份	2061	2062	2063	2064	2065	2066	2067	2068
24	535.2	529.5	524.3	519.7	515.0	509.1	503.3	497.5
25	550.2	543.5	537.7	532.5	527.8	523.0	517.0	511.1
26	560.5	553.1	546.4	540.5	535.2	530.5	525.7	519.6
27	569.7	561.4	554.0	547.3	541.4	536.1	531.3	526.4
28	579.6	570.3	562.0	554.7	547.9	542.0	536.6	531.8
29	590.0	579.8	570.5	562.2	554.8	548.1	542.1	536.7
30	593.4	582.2	572.1	563.0	554.7	547.4	540.7	534.7
31	606.2	596.5	585.2	575.0	565.8	557.5	550.1	543.3
32	617.4	607.1	597.4	586.0	575.9	566.6	558.3	550.8
33	630.0	618.1	607.7	597.9	586.6	576.4	567.1	558.7
34	644.2	630.2	618.2	607.8	598.1	586.7	576.4	567.1
35	660.8	645.2	631.2	619.2	608.8	599.0	587.5	577.2
36	677.8	660.6	644.9	630.9	618.9	608.4	598.6	587.1
37	693.9	675.5	658.4	642.8	628.8	616.8	606.3	596.5
38	711.1	692.4	674.1	656.9	641.3	627.4	615.3	604.8
39	727.5	709.4	690.8	672.5	655.4	639.8	625.8	613.8
40	741.4	724.4	706.5	687.9	669.7	652.6	637.0	623.1
41	739.0	736.2	719.3	701.5	683.0	664.8	647.9	632.4
42	739.8	731.2	728.3	711.7	694.0	675.7	657.7	640.8
43	742.6	734.2	725.6	722.8	706.2	688.7	670.4	652.5
44	745.6	737.0	728.6	720.1	717.2	700.8	683.3	665.2
45	753.6	744.1	735.5	727.1	718.6	715.8	699.4	681.9
46	745.8	751.7	742.2	733.6	725.3	716.8	714.0	697.6
47	752.2	744.0	749.8	740.3	731.8	723.4	715.0	712.2
48	756.5	750.0	741.8	747.7	738.2	729.6	721.3	712.9
49	759.7	754.3	747.8	739.6	745.5	736.0	727.5	719.2
50	761.0	757.0	751.7	745.2	737.1	742.9	733.4	725.0
51	743.8	758.5	754.5	749.2	742.7	734.6	740.4	731.0
52	742.0	741.2	755.8	751.8	746.5	740.0	732.0	737.8
53	742.7	738.9	738.0	752.5	748.7	743.3	736.9	728.9
54	746.8	739.1	735.3	734.4	748.9	745.0	739.7	733.3
55	754.4	743.0	735.4	731.6	730.7	745.1	741.3	736.0
56	795.2	750.6	739.3	731.6	727.8	727.0	741.3	737.5
57	724.8	790.6	746.3	735.0	727.4	723.6	722.8	737.0
58	709.4	720.4	785.8	741.7	730.5	722.9	719.2	718.4
59	748.5	704.2	715.1	780.0	736.3	725.1	717.7	713.9
60	779.9	742.6	698.7	709.4	773.9	730.5	719.4	712.0
61	798.4	773.0	736.0	692.5	703.2	767.0	724.0	713.0

续表

年份	2061	2062	2063	2064	2065	2066	2067	2068
62	781.7	790.3	765.1	728.6	685.5	696.0	759.2	716.6
63	817.0	773.4	781.9	757.0	720.8	678.2	688.7	751.2
64	818.2	808.4	765.3	773.7	749.1	713.3	671.1	681.4
年份	2069	2070						
总计	28 786.2	28 389.2						
增长率（%）	−1.13	−1.38						
16	119.9	117.5						
17	196.1	192.1						
18	264.6	259.2						
19	322.6	318.2						
20	366.0	361.0						
21	413.8	408.2						
22	451.7	445.7						
23	474.1	467.7						
24	491.3	484.8						
25	505.2	498.9						
26	513.7	507.7						
27	520.3	514.4						
28	526.9	520.8						
29	531.9	526.9						
30	529.4	524.6						
31	537.3	531.9						
32	544.0	538.0						
33	551.2	544.4						
34	558.7	551.2						
35	567.8	559.4						
36	576.8	567.4						
37	585.0	574.7						
38	595.0	583.6						
39	603.3	593.5						
40	611.1	600.7						
41	618.5	606.6						
42	625.5	611.8						
43	635.8	620.6						
44	647.4	630.8						
45	663.8	646.1						
46	680.2	662.1						
47	695.8	678.5						

续表

年份	2069	2070						
48	710.1	693.8						
49	710.8	708.0						
50	716.7	708.4						
51	722.6	714.3						
52	728.4	720.0						
53	734.6	725.3						
54	725.3	731.0						
55	729.6	721.7						
56	732.2	725.9						
57	733.2	728.0						
58	732.5	728.7						
59	713.1	727.2						
60	708.3	707.5						
61	705.7	702.0						
62	705.8	698.5						
63	709.1	698.3						
64	743.3	701.6						

资料来源：作者测算。

表 A—10　　2005—2070 年城镇分年龄参保退休职工人数测算表　　单位：万人

年份	2005	2006	2007	2008	2009	2010	2011	2012
总计	4 367.0	4 635.0	4 793.3	4 982.5	5 218.3	5 489.0	5 628.8	5 813.9
增长率（%）	—	6.14	3.42	3.95	4.73	5.19	2.55	3.29
45	2.5	1.5	2.1	2.1	0.9	0.0	0.0	0.0
46	7.1	6.4	3.7	4.5	3.3	0.9	0.0	0.0
47	23.3	15.3	12.8	6.5	5.9	3.3	0.9	0.0
48	41.3	31.0	18.9	13.9	6.4	5.9	3.3	0.9
49	48.0	42.8	30.9	18.8	13.9	6.4	5.9	3.3
50	62.8	51.9	48.3	36.4	22.5	17.1	10.4	14.4
51	76.4	72.7	61.7	60.0	47.9	32.4	28.6	16.0
52	81.7	88.0	85.3	74.4	74.9	62.5	40.0	32.7
53	94.3	93.9	102.6	101.4	90.7	93.8	67.9	40.2
54	91.3	108.6	109.2	121.2	122.0	111.3	94.3	67.6
55	95.8	95.8	117.3	122.1	140.6	146.8	114.9	101.9
56	102.5	114.1	114.9	142.1	149.8	174.4	157.9	128.6
57	95.7	122.9	137.5	139.8	175.0	186.2	192.8	180.8
58	103.4	115.8	149.5	169.0	173.6	219.3	212.0	226.4
59	102.5	126.8	142.7	186.1	212.6	220.6	257.8	256.5

续表

年份	2005	2006	2007	2008	2009	2010	2011	2012
60	222.7	237.7	215.9	241.8	313.7	356.4	368.0	443.8
61	204.8	225.3	235.6	213.9	239.6	310.9	353.3	364.7
62	192.1	207.1	223.0	233.2	211.8	237.2	307.7	349.7
63	191.4	194.4	204.9	220.6	230.7	209.5	234.7	304.5
64	191.3	193.8	192.4	202.8	218.3	228.3	207.3	232.2
65	194.8	192.3	191.3	189.9	200.2	215.5	225.3	204.7
66	163.5	195.7	189.7	188.7	187.4	197.5	212.6	222.3
67	180.8	164.2	192.5	186.7	185.7	184.4	194.3	209.3
68	170.6	181.0	161.3	189.1	183.4	182.4	181.1	190.8
69	166.7	170.5	177.3	158.0	185.2	179.6	178.7	177.4
70	165.1	166.4	166.7	173.4	154.5	181.2	175.7	174.8
71	145.0	164.7	162.7	163.0	169.5	151.0	177.1	171.7
72	149.2	144.6	160.5	158.5	158.8	165.1	147.1	172.5
73	124.6	148.0	140.2	155.6	153.7	154.0	160.1	142.7
74	109.9	123.9	143.3	135.8	150.7	148.8	149.1	155.1
75	114.4	108.0	119.3	138.0	130.7	145.1	143.3	143.6
76	90.3	112.2	103.8	114.7	132.7	125.7	139.5	137.8
77	88.4	88.5	107.3	99.3	109.6	126.8	120.2	133.4
78	75.7	86.1	84.1	102.0	94.3	104.2	120.5	114.2
79	62.6	73.7	81.4	79.5	96.4	89.2	98.5	113.9
80	62.9	60.8	69.1	76.4	74.6	90.5	83.7	92.4
81	50.2	60.9	56.9	64.7	71.5	69.8	84.7	78.3
82	42.7	47.8	56.7	53.0	60.3	66.6	65.0	78.9
83	37.0	40.3	43.9	52.1	48.7	55.4	61.2	59.8
84	31.7	34.7	36.6	39.9	47.4	44.3	50.3	55.6
85	25.5	29.8	31.5	33.3	36.3	43.1	40.2	45.8
86	19.5	22.9	26.7	28.2	29.8	32.5	38.6	36.0
87	15.2	17.4	20.3	23.7	25.0	26.5	28.8	34.2
88	12.2	13.3	15.2	17.8	20.7	21.9	23.1	25.2
89	9.1	10.5	11.4	13.0	15.3	17.8	18.8	19.9
90	7.6	7.6	8.8	9.6	10.9	12.8	14.9	15.8
91	6.0	6.7	6.7	7.7	8.4	9.5	11.2	13.0
92	4.5	5.0	5.5	5.5	6.4	6.9	7.8	9.2
93	3.3	3.7	4.1	4.5	4.5	5.2	5.6	6.4
94	2.1	2.7	3.0	3.2	3.6	3.6	4.1	4.5
95	1.6	1.7	2.1	2.4	2.6	2.9	2.9	3.3
96	1.0	1.2	1.3	1.6	1.8	1.9	2.1	2.1
97	0.7	0.8	1.0	1.0	1.3	1.5	1.6	1.8

续表

年份	2005	2006	2007	2008	2009	2010	2011	2012
98	0.5	0.5	0.6	0.7	0.7	0.9	1.0	1.1
99	0.4	0.4	0.4	0.5	0.6	0.6	0.8	0.9
100+	0.7	0.8	0.9	0.9	1.0	1.2	1.3	1.5
年份	2013	2014	2015	2016	2017	2018	2019	2020
总计	6 021.5	6 260.9	6 507.5	6 632.7	6 757.5	6 855.7	6 884.7	6 931.0
增长率（%）	3.57	3.97	3.94	1.92	1.88	1.45	0.42	0.67
49	0.9	0.0	0.0	0.0	0.0	0.0	0.0	0.0
50	13.9	6.1	0.0	0.0	0.0	0.0	0.0	0.0
51	19.4	14.0	6.1	0.0	0.0	0.0	0.0	0.0
52	16.1	19.4	13.9	6.1	0.0	0.0	0.0	0.0
53	32.5	16.0	19.3	13.9	6.1	0.0	0.0	0.0
54	40.0	32.4	15.9	19.2	13.8	6.0	0.0	0.0
55	72.9	42.7	32.2	18.0	24.7	23.8	10.4	0.0
56	119.8	91.9	59.5	51.4	28.3	33.7	23.9	10.3
57	153.0	149.9	121.9	75.1	59.4	28.4	33.6	23.8
58	219.3	193.0	196.9	134.1	75.5	59.0	28.2	33.3
59	282.0	282.4	256.6	197.8	133.2	74.9	58.6	28.0
60	456.3	519.5	538.6	507.9	484.6	407.4	303.0	316.0
61	439.9	452.3	514.9	533.9	503.4	480.3	403.8	300.3
62	361.0	435.5	447.7	509.7	528.4	498.3	475.5	399.7
63	346.0	357.2	430.8	443.0	504.3	522.9	493.0	470.4
64	301.3	342.3	353.4	426.3	438.3	499.0	517.4	487.8
65	229.3	297.4	338.0	348.9	420.9	432.7	492.6	510.7
66	202.0	226.2	293.4	333.5	344.3	415.3	426.9	486.0
67	218.8	198.7	222.6	288.8	328.2	338.8	408.6	420.1
68	205.5	214.9	195.1	218.6	283.6	322.2	332.7	401.3
69	187.0	201.3	210.5	191.2	214.2	277.8	315.7	326.0
70	173.5	182.9	196.9	205.9	187.0	209.5	271.7	308.8
71	170.8	169.6	178.7	192.4	201.2	182.8	204.7	265.6
72	167.3	166.4	165.2	174.1	187.5	196.0	178.1	199.4
73	167.3	162.3	161.4	160.2	168.9	181.8	190.1	172.7
74	138.2	162.0	157.1	156.3	155.1	163.5	176.1	184.1
75	149.3	133.1	156.0	151.3	150.5	149.4	157.5	169.6
76	138.0	143.6	127.9	150.0	145.4	144.7	143.6	151.4
77	131.7	132.0	137.2	122.3	143.4	139.1	138.3	137.3
78	126.7	125.1	125.4	130.4	116.2	136.2	132.1	131.4
79	107.9	119.8	118.3	118.5	123.3	109.8	128.8	124.9
80	106.9	101.3	112.4	111.0	111.2	115.7	103.1	120.9

续表

年份	2013	2014	2015	2016	2017	2018	2019	2020
81	86.5	100.1	94.8	105.2	103.9	104.1	108.3	96.5
82	73.0	80.6	93.2	88.3	98.0	96.8	97.0	100.9
83	72.5	67.0	74.1	85.7	81.2	90.1	89.0	89.1
84	54.3	65.8	60.9	67.3	77.8	73.7	81.8	80.8
85	50.6	49.4	59.9	55.4	61.2	70.8	67.0	74.4
86	41.0	45.3	44.2	53.6	49.6	54.8	63.4	60.0
87	32.0	36.3	40.2	39.2	47.6	44.0	48.6	56.2
88	29.9	27.9	31.8	35.1	34.3	41.5	38.4	42.5
89	21.6	25.7	24.0	27.3	30.1	29.4	35.7	33.0
90	16.7	18.1	21.5	20.1	22.9	25.3	24.7	29.9
91	13.8	14.5	15.8	18.8	17.6	20.0	22.1	21.6
92	10.7	11.3	12.0	13.0	15.5	14.4	16.4	18.1
93	7.5	8.7	9.2	9.8	10.6	12.6	11.8	13.4
94	5.1	6.0	7.0	7.4	7.8	8.5	10.1	9.4
95	3.6	4.1	4.8	5.6	5.9	6.3	6.8	8.1
96	2.5	2.7	3.1	3.6	4.2	4.4	4.7	5.1
97	1.8	2.0	2.2	2.5	2.9	3.4	3.6	3.8
98	1.3	1.2	1.4	1.6	1.8	2.1	2.4	2.6
99	0.9	1.0	1.0	1.2	1.3	1.5	1.7	2.0
100+	1.7	2.0	2.2	2.4	2.6	2.9	3.2	3.6

年份	2021	2022	2023	2024	2025	2026	2027	2028
总计	6 712.1	6 683.4	6 452.1	6 576.0	6 331.4	6 606.2	6 347.1	6 542.9
增长率（%）	−3.16	−0.43	−3.46	1.92	−3.72	4.34	−3.92	3.08
57	10.3	0.0	0.0	0.0	0.0	0.0	0.0	0.0
58	23.6	10.2	0.0	0.0	0.0	0.0	0.0	0.0
59	33.1	23.5	10.1	0.0	0.0	0.0	0.0	0.0
60	27.8	32.8	23.3	10.1	0.0	0.0	0.0	0.0
61	313.2	223.2	32.6	23.1	10.0	0.0	0.0	0.0
62	297.3	310.0	220.9	392.2	22.8	9.9	0.0	0.0
63	395.5	294.1	306.7	218.6	388.1	546.3	9.8	0.0
64	465.5	391.3	291.0	303.5	216.3	384.0	540.6	469.6
65	481.6	459.5	386.3	287.3	299.6	213.5	379.1	533.6
66	503.9	475.1	453.4	381.2	283.5	295.6	210.7	374.0
67	478.3	495.9	467.6	446.2	375.1	279.0	290.9	207.3
68	412.6	469.7	487.0	459.1	438.1	368.3	273.9	285.7
69	393.1	404.2	460.2	477.1	449.8	429.3	360.9	268.4
70	318.8	384.5	395.4	450.1	466.7	440.0	419.9	353.0
71	301.8	311.6	375.8	386.4	439.9	456.1	430.0	410.3

续表

年份	2021	2022	2023	2024	2025	2026	2027	2028
72	258.7	294.0	303.5	366.1	376.4	428.5	444.3	418.9
73	193.4	250.9	285.2	294.4	355.1	365.1	415.6	430.9
74	167.2	187.3	243.0	276.1	285.0	343.8	353.5	402.4
75	177.3	161.0	180.4	234.0	265.9	274.5	331.1	340.4
76	163.0	170.4	154.8	173.4	224.9	255.6	263.9	318.3
77	144.7	155.8	162.9	148.0	165.8	215.0	244.4	252.3
78	130.5	137.5	148.1	154.8	140.6	157.5	204.3	232.2
79	124.2	123.3	130.0	139.9	146.3	132.9	148.9	193.1
80	117.2	116.6	115.7	122.0	131.4	137.4	124.8	139.7
81	113.2	109.7	109.1	108.4	114.2	123.0	128.6	116.8
82	89.9	105.4	102.2	101.7	100.9	106.4	114.5	119.8
83	92.7	82.6	96.8	93.9	93.4	92.7	97.7	105.2
84	81.0	84.2	75.0	88.0	85.3	84.9	84.2	88.8
85	73.5	73.6	76.6	68.2	80.0	77.6	77.2	76.6
86	66.6	65.8	65.9	68.6	61.1	71.6	69.5	69.1
87	53.3	59.1	58.4	58.5	60.8	54.2	63.5	61.6
88	49.1	46.5	51.6	51.0	51.1	53.1	47.4	55.5
89	36.5	42.2	40.0	44.4	43.8	43.9	45.6	40.7
90	27.7	30.6	35.4	33.5	37.2	36.7	36.8	38.3
91	26.1	24.2	26.7	30.9	29.3	32.5	32.1	32.1
92	17.7	21.5	19.9	22.0	25.4	24.1	26.7	26.4
93	14.8	14.5	17.5	16.2	17.9	20.7	19.6	21.8
94	10.7	11.8	11.6	14.0	13.0	14.3	16.6	15.7
95	7.6	8.6	9.5	9.3	11.2	10.4	11.5	13.3
96	6.0	5.7	6.4	7.1	6.9	8.4	7.8	8.6
97	4.2	4.9	4.6	5.3	5.8	5.7	6.9	6.4
98	2.7	3.0	3.5	3.3	3.7	4.1	4.0	4.9
99	2.1	2.2	2.4	2.9	2.7	3.1	3.4	3.3
100+	4.1	4.6	5.0	5.5	6.1	6.5	7.0	7.7
年份	2029	2030	2031	2032	2033	2034	2035	2036
总计	6 268.6	6 484.2	6 703.3	6 892.5	7 250.0	7 603.3	8 059.4	8 506.9
增长率（%）	−4.19	3.44	3.38	2.82	5.19	4.87	6.00	5.55
65	463.6	494.7	508.9	490.7	670.1	678.9	795.8	802.7
66	526.5	457.4	488.1	502.1	484.1	661.2	669.9	785.2
67	368.0	518.1	450.1	480.3	494.1	476.4	650.6	659.2
68	203.6	361.4	508.8	442.0	471.7	485.2	467.8	638.9
69	279.9	199.5	354.1	498.5	433.1	462.1	475.4	458.4
70	262.5	273.8	195.1	346.4	487.6	423.6	452.0	465.0

续表

年份	2029	2030	2031	2032	2033	2034	2035	2036
71	345.0	256.5	267.5	190.7	338.5	476.5	414.0	441.8
72	399.8	336.1	249.9	260.7	185.8	329.8	464.2	403.3
73	406.3	387.7	325.9	242.4	252.8	180.2	319.8	450.2
74	417.2	393.4	375.4	315.6	234.7	244.8	174.4	309.7
75	387.6	401.8	378.9	361.6	303.9	226.0	235.7	168.0
76	327.2	372.6	386.3	364.2	347.5	292.2	217.3	226.6
77	304.3	312.9	356.2	369.3	348.2	332.3	279.3	207.7
78	239.7	289.2	297.3	338.4	350.9	330.9	315.7	265.4
79	219.5	226.6	273.3	281.0	319.9	331.7	312.7	298.4
80	181.3	206.0	212.7	256.5	263.8	300.3	311.3	293.5
81	130.8	169.7	192.9	199.1	240.2	246.9	281.1	291.4
82	108.8	121.8	158.1	179.6	185.4	223.7	230.0	261.8
83	110.0	100.0	112.0	145.2	165.0	170.4	205.5	211.3
84	95.6	100.0	90.8	101.7	131.9	149.9	154.8	186.7
85	80.7	86.9	90.9	82.6	92.5	120.0	136.3	140.8
86	68.6	72.3	77.9	81.4	73.9	82.8	107.4	122.1
87	61.3	60.8	64.1	69.1	72.2	65.6	73.5	95.3
88	53.8	53.5	53.2	56.0	60.3	63.1	57.3	64.2
89	47.7	46.2	46.0	45.7	48.1	51.8	54.2	49.2
90	34.1	40.0	38.8	38.6	38.3	40.4	43.5	45.4
91	33.4	29.8	34.9	33.9	33.7	33.4	35.3	38.0
92	26.4	27.5	24.5	28.7	27.8	27.7	27.5	29.0
93	21.5	21.6	22.4	20.0	23.4	22.7	22.6	22.4
94	17.4	17.2	17.2	17.9	16.0	18.7	18.2	18.1
95	12.6	14.0	13.8	13.8	14.4	12.8	15.0	14.6
96	9.9	9.4	10.4	10.3	10.3	10.8	9.6	11.2
97	7.0	8.1	7.7	8.5	8.4	8.5	8.8	7.8
98	4.5	5.0	5.8	5.5	6.1	6.0	6.0	6.3
99	4.0	3.7	4.1	4.7	4.5	5.0	4.9	4.9
100+	8.1	8.9	9.2	9.8	10.7	11.2	11.9	12.3

年份	2037	2038	2039	2040	2041	2042	2043	2044
总计	8 974.8	9 456.3	9 926.3	10 363.4	10 774.3	11 114.0	11 467.2	11 817.7
增长率（%）	5.50	5.37	4.97	4.40	3.97	3.15	3.18	3.06
65	838.9	869.9	875.1	859.8	851.4	797.9	828.2	842.5
66	792.0	827.7	858.3	863.5	848.4	840.1	787.2	817.2
67	772.6	779.4	814.5	844.6	849.7	834.8	826.7	774.7
68	647.3	758.7	765.3	799.8	829.4	834.4	819.8	811.8
69	626.0	634.2	743.4	749.8	783.6	812.6	817.5	803.2

续表

年份	2037	2038	2039	2040	2041	2042	2043	2044
70	448.3	612.3	620.3	727.1	733.4	766.5	794.8	799.6
71	454.4	438.1	598.4	606.3	710.6	716.8	749.0	776.8
72	430.4	442.7	426.9	583.0	590.6	692.3	698.3	729.8
73	391.2	417.4	429.3	414.0	565.4	572.8	671.4	677.2
74	435.9	378.7	404.1	415.7	400.8	547.4	554.6	650.1
75	298.2	419.9	364.8	389.2	400.4	386.1	527.2	534.2
76	161.5	286.7	403.6	350.6	374.1	384.9	371.1	506.8
77	216.6	154.4	274.1	385.9	335.2	357.7	367.9	354.8
78	197.4	205.9	146.7	260.4	366.6	318.5	339.9	349.6
79	250.9	186.6	194.6	138.7	246.1	346.5	301.1	321.2
80	280.1	235.5	175.1	182.6	130.2	231.1	325.3	282.6
81	274.8	262.2	220.4	163.9	171.0	121.9	216.3	304.5
82	271.4	255.9	244.2	205.3	152.7	159.2	113.5	201.4
83	240.6	249.4	235.2	224.4	188.7	140.3	146.3	104.3
84	192.0	218.5	226.6	213.6	203.9	171.4	127.5	132.9
85	169.8	174.5	198.7	206.0	194.3	185.4	155.8	115.9
86	126.0	152.0	156.3	177.9	184.5	174.0	166.0	139.5
87	108.3	111.8	134.9	138.7	157.8	163.7	154.3	147.3
88	83.3	94.6	97.7	117.8	121.1	137.9	143.0	134.8
89	55.1	71.5	81.3	83.9	101.2	104.1	118.5	122.8
90	41.3	46.2	60.0	68.2	70.4	84.9	87.3	99.3
91	39.7	36.0	40.4	52.4	59.5	61.4	74.1	76.2
92	31.2	32.6	29.6	33.2	43.1	48.9	50.5	60.9
93	23.7	25.5	26.6	24.2	27.1	35.2	40.0	41.2
94	17.9	18.9	20.4	21.3	19.3	21.7	28.1	31.9
95	14.5	14.4	15.2	16.3	17.1	15.5	17.4	22.5
96	10.9	10.8	10.8	11.3	12.2	12.8	11.6	13.0
97	9.2	8.9	8.9	8.8	9.3	10.0	10.4	9.5
98	5.6	6.5	6.3	6.3	6.3	6.6	7.1	7.4
99	5.1	4.6	5.3	5.2	5.2	5.1	5.4	5.8
100+	12.7	13.1	13.0	13.5	13.7	13.9	14.0	14.3
年份	2045	2046	2047	2048	2049	2050	2051	2052
总计	12 114.5	12 413.8	12 767.6	13 013.7	13 225.1	13 427.4	13 676.8	14 016.3
增长率（%）	2.51	2.47	2.85	1.93	1.62	1.53	1.86	2.48
65	805.8	826.3	898.4	809.5	792.7	802.2	867.2	977.9
66	831.3	795.1	815.3	886.5	798.7	782.2	791.5	855.6
67	804.1	818.0	782.4	802.3	872.3	786.0	769.7	778.8
68	760.7	789.6	803.3	768.3	787.9	856.6	771.8	755.8

续表

年份	2045	2046	2047	2048	2049	2050	2051	2052
69	795.3	745.3	773.7	787.0	752.7	771.9	839.3	756.2
70	785.6	777.9	729.0	756.7	769.8	736.3	755.0	820.9
71	781.4	767.8	760.3	712.4	739.5	752.3	719.5	737.9
72	756.8	761.3	748.0	740.7	694.1	720.5	732.9	701.0
73	707.8	734.0	738.4	725.4	718.3	673.2	698.8	710.8
74	655.7	685.3	710.6	714.9	702.4	695.5	651.8	676.6
75	626.1	631.5	660.0	684.4	688.5	676.5	669.9	627.7
76	513.5	601.8	607.1	634.4	657.9	661.9	650.3	643.9
77	484.5	490.9	575.4	580.4	606.5	629.0	632.8	621.7
78	337.1	460.4	466.5	546.7	551.5	576.3	597.7	601.3
79	330.4	318.6	435.1	440.9	516.7	521.2	544.7	564.9
80	301.6	310.2	299.1	408.5	413.8	485.1	489.3	511.3
81	264.6	282.3	290.4	280.0	382.4	387.4	454.1	458.0
82	283.6	246.4	262.9	270.4	260.8	356.1	360.8	422.9
83	185.1	260.6	226.4	241.6	248.5	239.6	327.2	331.6
84	94.7	168.2	236.8	205.7	219.5	225.8	217.7	297.3
85	120.9	86.1	152.9	215.3	187.0	199.6	205.3	197.9
86	103.8	108.2	77.1	136.9	192.8	167.5	178.7	183.8
87	123.8	92.1	96.0	68.4	121.5	171.0	148.6	158.5
88	128.6	108.2	80.4	83.9	59.8	106.1	149.4	129.8
89	115.8	110.5	92.9	69.1	72.1	51.4	91.2	128.3
90	103.0	97.1	92.7	77.9	57.9	60.4	43.1	76.4
91	86.8	89.9	84.8	80.9	68.0	50.6	52.8	37.6
92	62.7	71.3	74.0	69.7	66.5	55.9	41.6	43.4
93	49.7	51.1	58.2	60.4	56.9	54.3	45.7	34.0
94	33.0	39.8	40.9	46.6	48.3	45.5	43.4	36.5
95	25.6	26.4	31.9	32.8	37.3	38.7	36.5	34.8
96	16.8	19.1	19.8	23.8	24.5	27.9	28.9	27.3
97	10.6	13.8	15.7	16.2	19.5	20.1	22.8	23.7
98	6.8	7.6	9.8	11.2	11.5	13.9	14.3	16.3
99	6.1	5.5	6.2	8.0	9.1	9.4	11.3	11.7
100+	14.8	15.3	15.3	15.8	17.5	19.6	21.3	24.0
年份	2053	2054	2055	2056	2057	2058	2059	2060
总计	14 307.3	14 595.8	14 874.1	15 060.0	15 200.8	15 317.5	15 390.8	15 466.3
增长率（%）	2.08	2.02	1.91	1.25	0.93	0.77	0.48	0.49
65	948.7	965.5	976.1	904.1	877.0	871.3	842.4	859.2
66	964.9	936.1	952.7	963.1	892.0	865.3	859.7	831.2
67	842.0	949.5	921.1	937.5	947.7	877.8	851.5	846.0

续表

年份	2053	2054	2055	2056	2057	2058	2059	2060
68	764.8	826.8	932.4	904.5	920.6	930.7	862.0	836.2
69	740.5	749.3	810.1	913.5	886.2	902.0	911.8	844.5
70	739.6	724.3	732.9	792.3	893.6	866.8	882.2	891.9
71	802.3	722.8	707.9	716.3	774.3	873.2	847.1	862.2
72	718.9	781.6	704.2	689.6	697.8	754.4	850.8	825.3
73	679.9	697.2	758.0	683.0	668.9	676.8	731.6	825.1
74	688.2	658.3	675.0	733.9	661.3	647.6	655.3	708.4
75	651.6	662.9	634.0	650.1	706.9	636.9	623.7	631.1
76	603.4	626.4	637.2	609.4	624.9	679.5	612.2	599.5
77	615.6	576.9	598.8	609.2	582.6	597.5	649.6	585.3
78	590.7	585.0	548.2	569.0	578.8	553.6	567.7	617.3
79	568.3	558.3	552.9	518.1	537.8	547.1	523.3	536.6
80	530.3	533.4	524.1	519.0	486.3	504.8	513.5	491.2
81	478.7	496.4	499.4	490.6	485.8	455.3	472.6	480.8
82	426.6	445.8	462.3	465.1	456.9	452.5	424.0	440.1
83	388.6	392.0	409.7	424.8	427.4	419.9	415.8	389.6
84	301.2	353.0	356.1	372.2	385.9	388.3	381.5	377.7
85	270.3	273.9	321.0	323.8	338.4	350.9	353.0	346.8
86	177.2	242.1	245.3	287.5	290.0	303.0	314.2	316.1
87	163.1	157.2	214.7	217.6	255.0	257.2	268.8	278.8
88	138.5	142.5	137.4	187.6	190.1	222.8	224.7	234.8
89	111.5	119.0	122.4	118.0	161.1	163.3	191.4	193.0
90	107.6	93.5	99.8	102.6	99.0	135.1	136.9	160.5
91	66.8	94.0	81.6	87.1	89.6	86.4	118.0	119.6
92	30.9	54.9	77.3	67.1	71.6	73.7	71.0	97.0
93	35.4	25.2	44.8	63.1	54.8	58.5	60.2	58.0
94	27.2	28.3	20.2	35.8	50.4	43.8	46.8	48.1
95	29.3	21.8	22.7	16.2	28.7	40.4	35.1	37.5
96	26.0	21.9	16.3	17.0	12.1	21.5	30.2	26.3
97	22.3	21.3	17.9	13.3	13.9	9.9	17.6	24.7
98	16.9	15.9	15.2	12.8	9.5	9.9	7.1	12.5
99	13.3	13.8	13.0	12.4	10.4	7.7	8.1	5.8
100+	26.3	29.1	31.5	32.7	33.2	32.1	29.3	27.5
年份	2061	2062	2063	2064	2065	2066	2067	2068
总计	15 490.7	15 490.7	15 471.8	15 401.9	15 334.2	15 236.4	15 100.8	14 920.7
增长率（%）	0.16	0.00	−0.12	−0.45	−0.44	−0.64	−0.89	−1.19
65	820.6	807.7	798.1	755.5	763.8	739.5	704.1	662.5
66	847.8	809.7	797.0	787.4	745.5	753.6	729.6	694.8

续表

年份	2061	2062	2063	2064	2065	2066	2067	2068
67	818.0	834.3	796.8	784.2	774.9	733.6	741.6	718.0
68	830.7	803.2	819.2	782.4	770.1	760.9	720.3	728.2
69	819.2	813.9	787.0	802.7	766.6	754.5	745.5	705.8
70	826.1	801.3	796.1	769.7	785.1	749.8	738.0	729.2
71	871.6	807.3	783.1	778.0	752.3	767.3	732.8	721.2
72	840.0	849.2	786.5	762.9	758.0	732.9	747.5	713.9
73	800.4	814.6	823.6	762.8	739.9	735.1	710.8	725.0
74	798.9	775.0	788.8	797.4	738.5	716.4	711.8	688.2
75	682.3	769.4	746.4	759.7	768.0	711.3	690.0	685.5
76	606.7	655.8	739.6	717.5	730.2	738.2	683.7	663.3
77	573.2	580.0	627.0	707.1	686.0	698.1	705.8	653.7
78	556.2	544.7	551.1	595.8	671.9	651.8	663.4	670.6
79	583.4	525.7	514.8	520.9	563.1	635.0	616.1	627.0
80	503.7	547.6	493.4	483.2	489.0	528.6	596.1	578.3
81	459.8	471.5	512.7	461.9	452.4	457.7	494.8	558.0
82	447.7	428.2	439.1	477.5	430.2	421.3	426.3	460.8
83	404.5	411.4	393.5	403.5	438.8	395.3	387.1	391.7
84	354.0	367.4	373.8	357.5	366.6	398.6	359.1	351.7
85	343.5	321.9	334.1	339.9	325.1	333.3	362.4	326.5
86	310.6	307.6	288.2	299.2	304.3	291.1	298.5	324.5
87	280.4	275.5	272.8	255.7	265.4	270.0	258.2	264.8
88	243.5	245.0	240.7	238.4	223.4	231.9	235.9	225.6
89	201.7	209.2	210.4	206.8	204.7	191.9	199.2	202.6
90	161.9	169.2	175.4	176.5	173.4	171.7	160.9	167.0
91	140.1	141.4	147.7	153.2	154.1	151.4	149.9	140.5
92	98.3	115.2	116.2	121.5	126.0	126.7	124.5	123.3
93	79.2	80.3	94.1	94.9	99.2	102.8	103.4	101.6
94	46.4	63.3	64.2	75.2	75.9	79.3	82.2	82.7
95	38.6	37.2	50.8	51.5	60.3	60.8	63.6	65.9
96	28.0	28.8	27.8	38.0	38.5	45.1	45.5	47.5
97	21.5	22.9	23.6	22.7	31.1	31.5	36.9	37.2
98	17.6	15.3	16.3	16.8	16.2	22.1	22.4	26.3
99	10.2	14.4	12.5	13.3	13.7	13.2	18.1	18.3
100+	24.4	25.5	29.3	30.8	32.4	34.0	34.7	38.8
年份	2069	2070						
总计	14 751.2	14 643.0						
增长率（%）	−1.14	−0.73						
65	672.7	733.8						

续表

年份	2069	2070						
66	653.7	663.8						
67	683.7	643.2						
68	705.1	671.4						
69	713.5	690.8						
70	690.3	697.9						
71	712.6	674.6						
72	702.7	694.3						
73	692.4	681.5						
74	701.9	670.4						
75	662.8	676.0						
76	659.0	637.1						
77	634.1	630.0						
78	621.1	602.5						
79	633.8	587.1						
80	588.5	595.0						
81	541.4	551.0						
82	519.7	504.2						
83	423.5	477.6						
84	355.9	384.7						
85	319.8	323.6						
86	292.4	286.4						
87	287.9	259.4						
88	231.3	251.5						
89	193.8	198.7						
90	169.9	162.5						
91	145.9	148.4						
92	115.5	119.9						
93	100.6	94.3						
94	81.3	80.5						
95	66.3	65.2						
96	49.3	49.6						
97	38.9	40.3						
98	26.5	27.7						
99	21.5	21.6						
100+	42.0	46.7						

资料来源：作者测算。

附录 B 智利养老金体系的 3500 号律令

智利重要机构、法律名称（中、西文对照）[①]：

地区医学委员会 Comisión Médica Regional

动产证券交易所 Bolsa de Valores Mobiliarios

风险评估委员会（评估委员会）Comisión Clasificadora de Riesgo

官方日报 Diario Oficial

财政部 Ministerio de Hacienda

公共部 Ministerio Público

共和国审计总署 Contralería General de la República

国防保障局 Caja de Previsión de la Defensa Nacional

国家安全委员会 Consejo de Defensa del Estado

国家财政总署 Tesorería General de la República

国家公务员和记者管理局 Caja Nacional de Empleados Públicos y Periodistas

国家健康基金 Fondo Nacional de Salud

国家经济委员会 Comisión Económica Nacional

国家救助性养老基金 Fondo Nacional de Pensiones Asistenciales

国家人类环境改变委员会 Comisión Ergonómica Nacional

国内税务管理局 Servicio de Impuestos Internos

共和国财政总署 Tesorería General de la República

养老金体系用户委员会 Comisión de Usuarios del Sistema de Pensiones

技术委员会 Comisión Técnica

家庭福利和失业补助统一体系 Sistema Unico de Prestaciones Familiares y Subsidio de Cesantía

家庭福利和失业补贴计划 Régimen de Prestaciones Familiares y Subsidio de Cesantía

金融分析局 Unidad de Análisis Financiero

劳动保障管理局 Instituto de Segurdad Laboral

劳动法 Código del Trabajo

劳动和社会保障部 Ministerio del Trabajo y Previsión Social

劳动局 Dirección del Trabajo

建立养老基金管理机构监管局（AFP 监管局）Superintendencia de Administradoras de Fondos de Pensiones

---

① 译者对上下文中涉及的重要机构和固定表达方式（主要是法律名称）进行了整理，以便读者登录相关网站，进一步查询相关信息。

民事诉讼法 Código de Procedimiento Civil

全国经济检察院 Fiscalía Nacional Económica

上诉法庭 Corte de Apelaciones

失业基金管理公司 Sociedad Administradora de Fondos de Cesantía

卫生和安全劳资混委员会 Comité Paritario de Higiene y Seguridad

社会保障服务机构 Servicio de Seguro Social

社会保障管理局 Instituto de Prevision Social

社会报站各监管局 Superintendencia de Seguridad Social

银行通律 Ley General de Bancos

养老金标准化管理局 Instituto de Normalización Previsional

养老金监管局 Superintendencia de Pensiones

遗产、遗赠和捐赠税法 Ley de Impuesto de Herencias，Asignaciones y Donaciones

中央医学委员会 Comisión Médica Central

译者说明：

原文涉及法律的引用和修改，上下文中多处同义不同文的地方多次出现。为便于理解，中文译文尽量做到同文同义，但疏忽难免。以下是对中文文本中同义不同文的说明：

- 本文中的“复议”与“申诉”同义。
- 本文中的“年老养老金”即“养老金”，即参加人正常退休时领取的养老金。
- 本文中提到的“退休”和“开始领取养老金”同义。
- “最高养老金加上互助性供款”与“含有互助性资助的最高养老金”是同一个概念。

基于个人资本化的社会养老制度

建立新养老金体系的3500号律令

（1980年11月13日公布于《官方日报》）

今天，即1980年11月4日，根据1973年1号和128号律令、1974年527号律令和1976年991号律令，颁布3500号律令。

智利共和国政府委员会批准颁布如下律令：

第一章 总 则

第1条[①]

建立一个资本化的年老、伤残和遗属养老金体系，由本法进行调整。

该体系由养老基金管理机构（AFP）实行资本化管理。

第2条[②]

参加工作时其未参加养老保险的劳动者自动加入本体系并据此承担对AFP的缴费义务。独立劳动者另行规定。

劳动者和本体系的法律关系因劳动者加入而产生，其权利和义务，特别是劳动者缴费义务和体系提供社会福利的义务依法建立。

劳动者同本体系的关系具有唯一性和永久性。劳动者一旦加入，无论是否工作，无论同时或先后从事一个或多个工作，无论是否改换AFP，劳动者与本体系之间的法律关系一直存在。

每个劳动者，即使服务于多个雇主，也只能向一个AFP缴费。

劳动者工作开始或者结束后30日内，雇主应向劳动者加入的AFP通报劳动者工作起

① 本条3款被2008年3月17日颁布的20.255号律令38条取消。

② 详见1993年12月4日颁布的19.260号律令。本条5、6款经20.255号律令91条修改。

始和结束的时间。违者将被处以相当于 0.2 个促进单位①的罚款，罚款上缴国家财政。具体执行办法由本法第 19 条第 8 款规定。

劳动者工作开始后 30 日内应当向其雇主告知其所加入的 AFP。未能按本规定告知的，雇主将需履行本法 19 条设定的义务，向根据实施条例确定的 AFP 缴费。劳动者属新近加入本体系的，雇主应当向本法 15 章指定的 AFP 实施缴费。

AFP 不得拒绝劳动者根据本法递交的加入申请。

第二章 受益人和参加人本人

第 3 条②

加入体系后，年满 65 周岁的男性参加人，年满 60 周岁的女性参加人即有权享受（年老）养老金，本规定不得与 68 条的内容抵触。

符合前款要求的，如不行使享有养老金的权利，将不得申请伤残养老金。相关 AFP 将因此免除 54 条规定的支付遗属养老金的责任和义务。

第 4 条③

不能依据本法退休的，即未满退休年龄，但因疾病、生理或智力残疾导致劳动能力永久性损害的可根据如下规定享受：

a）丧失 2/3 以上劳动能力的享受 100%的伤残养老金；

b）丧失 2/3 以下、50%以上（含）劳动能力的享受部分伤残养老金。

经 11 条所指提到的各医学委员会对参加人的伤残养老金申请进行核实，确认申请人是否符合前款规定的条件。对符合条件的，医学委员会将作出授权享受全部或者部分伤残养老金的决定，权利起始时间为宣布伤残之时；对不符合条件的，医学委员会将按规定驳回申请。医学委员会作出的全部伤残养老金的决定建议是唯一和终局的。

第一个授权享有部分伤残养老金的决定作出后满三年，医学委员会将通过相关 AFP

---

① 促进单位（The Unit of Foment，UF）是一种根据 CPI 的变化随之调整的会计单位。1967 年智利财政部颁布法令规定 1 UF= 100 埃斯库多（Escudos，即当时的智利货币）。根据 CPI 的变化，每季度的第一天调整一次 UF 的价值。1975 年 5 月的法令改为每月调整一次。1977 年 8 月的法令改为每天调整一次。

1990 年的 05-03-900105 号法令规定，UF 的计算方法如下：

Rd 为 UF 每日调整系数＝$(1+vCPI_{-1}/100)(1/d)$

d＝UF 每日价值所针对时间段的天数

$vCPI_{-1}$＝ 上月 CPI 的变动幅度（%）由智利国家统计局提供

这样，UF 的当日价值＝UF 昨天价值×Rd——译者注。

② 详见 1987 年 8 月 29 日颁布的 18.646 号法。2008 年 3 月 17 日颁布的 20.255 号法 19 条第 2 款对本条第 2 款进行了修改。

③ 详见 1990 年 3 月 10 日颁布的 18.964 号法。2008 年 3 月 18 日颁布的 20.255 号法对本条第 2、4、5 款和最后一款进行的修改，20.255 号法 19 条第 3 款取代了本条第 3 款。

约见受益人，根据第 2 款 a）目、b）目的规定，重新鉴定其伤残情况，并据此作出第二个授权决定，确认、修改或者取消第一个决定。三年内达到退休年龄的部分伤残者，可通过 AFP 向医学委员会申请享有养老金。未提出申请的参加人，如其伤残情况在满法定退休年龄后经重新鉴定，其对第 53 条规定的补充性供款的权利得以保留。

约见通知须以书面形式作出，发出前须已支付三年期最后 3 个月的伤残养老金。相关伤残养老金受益人在通知约见日满 3 个月未能参加约见的，其伤残养老金将从第 4 个月起中止支付。6 个月未能参加约见的，其伤残状况将被视为不存在。

符合本条第 2 款 a）目规定的伤残养老金受益人，如在第二个决定中被宣布属于部分伤残、未申请过养老金且不符合第 3 条第 1 款的规定，有权领取全部伤残养老金。本款不与上述条款的规定形成抵触。

各医学委员会可以在第 3 款规定的期限内，以决议（决议须说明理由）的方式，约见那些在第一个决定中被确定为可以领取伤残养老金的受益人，要求重新检查其伤残情况，并视情理作出第二个决定。约见通知将以书面形式作出，发出前须已支付约见日前 3 个月的伤残养老金，并按照第 4 款规定的方式，就有关中止发放伤残养老金或令第一个决定无效的情况作出说明。

附加第 4 条[①]

在不违反本法规定的情况下，参与本体系的女性、年满 60～65 岁未领取养老金的，有权领取伤残养老金和本法第 54 条规定的产生遗属养老金的补充性供款，补充性供款从第 59 条所指的保险中支付。

第 5 条[②]

参加人本人的家庭成员，包括其配偶、婚生和非婚生子女、继子女、非婚生子女的父和/或母为遗属养老金受益人。

参加人应当通过适当的法定形式向相关 AFP 证明，一旦参加人死亡，是否存在受益人。

第 6 条[③]

如参加人死亡，从其死亡之日起向前推算，其配偶与参加人的婚姻关系需满 6 个月才能成为遗属养老金受益人。如参加人死亡时已经领取养老金或伤残养老金，从其死亡之日起向前推算，其配偶与参加人的婚姻关系需满 3 年才能成为遗属养老金受益人。

参加人配偶如怀孕或同参与参加人育有子女的，不受前款规定的时间限制。

---

① 本条是根据 20.225 号法第 85 条第 1 款添加的。

②③ 详见 1981 年 2 月 21 日颁布的 3.626 号法令。20.255 号法律第 85 条 2 款对本条 1 款进行了修改。

第7条[①]

废止。

第8条[②]

参加人的子女需符合如下条件，且未婚，才能成为遗属养老金受益人：

a）未满18周岁。

b）年满18周岁但不满24周岁，是正在接受初级、中级、技术或高等教育的学生。学生身份需在参加人死亡前获得，或者在24周岁前获得。

c）子女具有第4条意义上伤残情况的，无年龄限制。

伤残可以是参加人死亡后造成的，但伤残事件发生时，相关子女未满本条b）目规定的最高年龄。

第9条[③]

参加人非婚生子女的父或母，如符合如下条件，可以成为未亡人养老金受益人：

a）鳏或寡；

b）依靠参加人生活。

第10条

参加人如无上述亲属，其死亡前所赡养的父母可以提取遗属养老金。参加人赡养父母的情况需经主管机构认可。

第11条[④]

本法第4条、7条和8条c）目所指的伤残需根据“养老金体系参加人伤残等级评估鉴定标准”确定。各大区[⑤]派三名外科医生组成专门委员会对伤残等级进行评估和鉴定。组成委员会的外科医生由AFP监管局依法指派。劳动人口众多或者分散的大区，可酌情设两个以上伤残等级评估鉴定委员会。

参加人具有第54条a)、b）目指明的情况时，应当向隶属于AFP监管局并归其管理

① 详见1981年2月21日颁布的3.626号法令。20.255号法律85条4款撤销了本条。

② 详见1981年2月21日颁布的3.626号法令。20.255号法律91条4款对本条前两款进行了修改。

③ 详见1981年2月21日颁布的3.626号法令。20.255号法律85条对本条1款和最后一款进行了修改，并用第5款取代第2款。

④ 详见1988年10月28日颁布的18.753号法令，1990年3月10日颁布的18.964号法令。本条2款由20.255号法38条2款增加，6款被20.255号法91条5款取代。本条3款被20.255号法91条取消，4、5、7、8、9和20款被91条修改。

⑤ 在行政管理方面，智利现分为15个行政大区，包括圣地亚哥大都市区。大区在智利国家行政管理中的地位相当于我国的省——译者注。

的注册外科医生提交能够支持其伤残申请的医疗诊断资料。认为伤残申请合理的，该外科医生将通告所属大区的医学委员会。大区医学委员会认可伤残申请后，派一名注册外科医生免费作为参加人的顾问参与伤残等级评估鉴定，并免费作为观察员对参加人参与各医学委员会的约见提供支持。参加人有权自行挑选一名他/她信赖的注册外科医生作为其顾问和观察员，但要负担相关费用。如伤残申请被认为合理且参加人具有54条a）目或者b）目描述的情形，参加人可以不使用顾问，自行参加伤残评估鉴定，也可以自费指派一名他/她所信任的外科医生做自己的顾问和观察员。第59条所指的保险公司，如掌握参加人的伤残情况且向其提供了保险，可向本大区各医学委员会中指派一名外科医生以观察员的身份参与参加人的各类约见。

各AFP应当根据各自管理的申请伤残养老金参加人的数量按比例承担各大区医学委员会和中央医学委员会的费用（聘用医务人员的费用除外），并对其实施管理。社会保障管理局根据互助性基本伤残养老金的人数，以同AFP一样的方法负担各医学委员会的费用。养老金监管局对医学委员会相关账目的收入实施审计。相关医学委员会的组成、职能，作为参加人顾问的注册外科医生及其适用法律法规、作为医学委员会成员的外科医生等由实施条例规范。作为参加人顾问的注册外科医生以及作为医学委员会成员的外科医生不得与监管局有隶属劳动关系，必须由监管局外聘。作为参加人顾问的外科医生的注册要求及其履行义务的权限由实施条例规定。

如大区医学委员会提出要求，伤残养老金申请人须接受医疗检查。检查由该委员会规定，如申请人未参加第59条提及的保险，检查费用由AFP承担；如申请人参加了第59条所指的保险，检查费由附加59条所指的中标保险公司承担；如涉及互助性基本伤残养老金申请，检查费由申请人单独承担。申请人承担检查费用的金额根据18.469号法律30条确定。上述机构也可自主承担高于18.469号法30条规定比例的检查费用。18.469号法律及其补充规定所指的福利与本款所指的检查之间的等同关系，如18.469号法律及其补充规定未作出规定的，将由本法的实施条例规范。

根据本法规定，相关申请人、社会保障管理局以及保险公司可以向隶属于AFP监管局的中央医学委员会就医学委员会的决定提出申诉、申请复议。监管局局长按照与指派地区医学委员会成员同样的方法指派三名外科医生组成复议委员会。复议委员会采用非诉讼方式了解复议申请内容并依如下程序进行审理：

a）申诉需以书面方式作出，并在收到决定通知之日起15个工作日内提交作出决定的大区医学委员会，提交辅以申请不需要律师；

b）大区医学委员会收到申诉后5日内向中央医学委员会转交申诉以及医学委员会决定的依据；

c）中央医学委员会就收到的资料进行研究，可以要求大区医学委员会对参加人重新进行医学检查或者分析，重新检查或分析需在60日内进行；

d）中央医学委员会收到申诉或者重新检查或者分析结果后10个工作日内作出复议裁

决，对大区医学委员会的决定进行确认或者撤销。复议裁决将送达大区医学委员会并由其送达申诉人。

如申诉是参加人提出的，复议所要求的专门检查或者分析及其报告所需费用，应当由AFP、保险公司、社会福利管理局和申请人依照第4款规定的方式承担。如复议申请是AFP、保险公司或者社会福利管理局提出的，专门检查或者分析及其报告所需费用全部由申请单位承担。因复议产生的差旅费，由申诉人承担。即使参加人也提出了申诉，只要是中央医学委员会安排出差，差旅费就由相关AFP、保险公司和社会福利管理局承担。

参加人就第4条3款的伤残养老金权提出权利申请且该参加人未参加第59条所指保险的，所涉及的专业检查、分析及其报告以及差旅费全部由AFP承担；参加第59条所指保险的，由附加第59条中中标保险公司全部承担。申请互助性基本伤残养老金的，由社会福利管理局承担。

无论医学检查费用由谁来承担，禁止各大区医学委员会和中央医学委员会直接向申请人提交检查报告原件，但可以经中央医学委员会允许，在相关决定作出后，向其提供复印件。

如伤残申请主张伤残是工伤或职业病所致，社会保障监管局将指派一名外科医生作为中央医学委员会的主席。如中央医学委员会出现表决平局，主席可就伤残申请作出决定。在此类复议当中，社会保障监管局将指派一名律师参与中央医学委员会，提供复议案件情况，可参加复议审理，并拥有发言权；应中央医学委员会要求，养老基金监管局也可指派一名律师参加复议审理，拥有发言权。此外，参加人接受其调整的，16.744号法中的各类管理机构可指派一名外科医生作为案件审理的观察员。为确定致伤、致残原因，中央医学委员会应请相关管理机构提供相关材料和报告，后者应在10日内提供。

中央医学委员会也可提请雇主提供有关伤残原因的资料和信息。

雇主如不能在15个工作日内适当地提供前款所指信息，将被劳动局处以相当于2～10个促进单位，直至两倍上述金额的罚款，上缴国家财政。15个工作日从中央医学委员会请求提供信息的挂号信发出日起算。罚款决定可根据劳动法第448条的规定提请复议。

第9款所指申诉（复议）事件一旦解决，应当将复议结果告知复议申请人、其所在的AFP、所属的保险公司以及依据16.744号法应当向申请人支付职业伤残福利金。如伤残养老金的复议申请被驳回，AFP收到复议被驳回通知后需向复议申请人支付养老金；如复议申请被接受，AFP收到复议裁决后需向复议申请人支付互助性基本伤残养老金。无论复议申请被驳回还是被接受，接到通知的人或单位都可以在接到通知后15日内就中央医学委员会的裁决向社会保障监管局提请复议，以最终确定伤残是否是职业所致。本款中给付的开始不因复议申请重叠而中止。

如果伤残最终被确定是职业病或者工伤所致，AFP将停止因执行伤残等级评估决定而一直进行的养老金给付，依16.774号法应该向申诉人（复议申请人）发放福利的单位应对AFP已经实施的支付进行补偿，并从最终复议裁决作出之日起根据16.774号法向参加人履行给付福利金义务。

如果伤残最终被确定是非职业病或者工伤所致，AFP将继续依法履行支付养老金义务；如在此之前AFP所支付的是互助性基本伤残养老金，则在最终裁决后，需进行相应清算。

附加第11条[①]

上一条所指“新养老金体系参加人职工伤残等级评估鉴定标准”需经技术委员会批准，技术委员会的组成如下：

a）AFP监管局局长任委员会主席；

b）中央医学委员会主席；

c）各AFP选出的一名代表；

d）59条所指的保险公司共同选派一名代表；

e）智利大学校长理事会指派一名大学医学系主任。

由各AFP、59条所指的保险公司以及各医学委员会中的一名主席可以向AFP监管局提出标准修改草案，后者也可提出自己的修改建议，然后提交技术委员会审批。

技术委员会审批标准草案需全体成员出席，绝对多数通过。AFP监管局一名官员将担任委员会秘书，并作为委员会工作、讨论和决议的证明人。

第12条[②]

本法中的伤残养老金和遗属养老金不包括下述伤残和遗属养老金：因16.744号法、1960年338号律令以及其他任何有关工伤和职业病保护的与本法不兼容的规定产生并由其调整的伤残和遗属养老金。

本法规定伤残养老金不同于参加人由于获得伤残养老金同样的原因而可能获得的补贴。

第13条[③]

采取不正当手段获得，或者为不正当地获得本法规定的利益提供便利，如隐瞒全部或个别受益人身份、提供虚假证明材料或隐瞒真实情况、损害AFP、保险公司、国家财政利益者，将按照刑法第467条处以刑事处罚。

---

① 详见1990年3月10日颁布的18.964号法。

② 详见1987年8月29日颁布的18.646号法。2款被20.255号法9条6款修改。

③ 详见1987年8月29日18.646号法。

第三章　缴费、自主保障性储蓄存款、自主保障性集体储蓄、自主储蓄账户[①]

（一）关于缴费

第14条[②]

本法采取《劳动法》第41条对薪酬的定义，且不同本法第20条3款的规定抵触。

非货币支付的薪酬由AFP监管局根据统一标准评定。

第15条

收入是参与本体系的独立从业人员根据本法第九章的标准据以计算缴费的基础。

第16条[③]

参加人每月收入和薪酬的应税上限不超过60个促进单位，并根据国家统计局前年11月和去年11月间公布的实际薪酬指数变动率进行调整，且不同第90条2款的规定抵触。

应税上限由养老金监管局决定，每年1月1日起生效。

如上述实际薪酬指数年度变动率为正值，应税上限必须进行调整；如为负值，用促进单位表示的上限保持不变，只有当薪酬指数年度变动率出现整治时才依据本条1款进行相应调整。

如果劳动者同时从事两份以上的工作，或者同时具有独立劳动收入，进行前款的计算时需将该劳动者间所有的薪酬和收入加总。监管局须确定实施和计算本法所指缴费的方法。用于第59条所指保险的补充性缴费应当由各雇主按照其付给劳动者应税薪酬在劳动者全部薪酬收入中的比率缴纳。

公共部门的劳动者，参加本养老金体系但不改变职业的，可以一次性选择将不具有应税性质的津贴改为应税津贴，《劳动法》不认为构成薪金的津贴除外。在这种情况下，课税上限仅对实行本法有意义。

本法中所有有关最高应税薪金和最高应税收入的提法，均认为已按照本条程序确定的金额进行了调整。

---

① 详见1987年8月29日18.646号法。本标题由20.255号法91条9款修改。

② 详见18.964号法和2001年11月7日的19.768号法。

③ 详见1981年2月21日颁布的3.626号法、1987年8月29日颁布的18.646号法。本条1款由20.255号法8条1、2、3款和a）目以及91条修改。本条2款由20.255号法8条的b）目修改，最后一款是20.255号法c）目添加的。

第17条[①]

本体系65岁以下的男性参加人和60岁以下的女性参加人有向其个人资本账户缴费的义务。缴费率为应税薪酬或收入的10%。

此外，应当向资本账户缴纳补充性缴费用以支付第59条规定的保险费。补充性缴费的计算方法由各AFP确定。补充性缴费应根据第29条5款的规定告知参加人，同一费率适用于同一AFP管理的所有参加人，这一规定并不与第29条3款的规定抵触。具有劳动管理的劳动者，除能够享受保障性补贴且仍在享受此项补贴的青年劳动者外，用于保险的额外缴费由顾主承担。

丧失劳动能力期间，参加人和雇主也应当继续缴费。

丧失劳动能力期间，参加人应当缴纳第84条、第92条规定的医疗保险费，医疗保险费根据应税薪酬或收入中用于医疗部分的比例计算。

上述各款中的缴费应当根据参加人休假前一个月的应税薪酬或收入计算，或者，在没有假条的情况下，根据劳动合同的规定计算。上述应税薪酬或收入应当随相关补贴的调整而调整。

补贴支付单位应当负责税务扣缴并负责将上述缴费纳入相关机构。

附加第17条[②]

在不同上一条抵触的情况下，从事繁重劳动的参加人除向个人资本账户实施上述缴费，还应按以下各款规定实施另外一个缴费。

雇主雇用劳动者从事繁重劳动的，需参加人个人资本账户中实施与前款缴费金额相等的供款。

本条所称“繁重劳动”指那些即使不会因劳动致疾，但能够使多数从事这些工作的人加速体力、智力或心理消耗，导致早衰的劳动。

国家人类环境改变委员会将根据劳动者从事工作的性质和工作条件，确定是否属于“繁重劳动”。

根据本法第14条、第16条的意思，1款所指的缴费费率为应税薪酬的2%。

然而，如果劳动者从事的工作被国家人类环境改变委员会确定为“繁重劳动”，本条规定的缴费率和供款率降低至1%。

国家环境改变委员会将考虑怎样减轻繁重劳动对劳动者造成的损耗。

本条所指的缴费和供款从劳动者得到执行国家人类环境改变委员会作出是否属于“繁重劳动”决定后次月的应税工资的第一天开始支付。

---

① 详见1987年8月29日的18.646号法，1988年12月29日的18.768号法，1994年11月14日的19.350号法，1999年10月28日的19.641号法以及2002年2月28日的19.795号法。本条2、3款由20.255号法91条9款修改。

② 详见1995年8月21日的19.404号法。本条15款被20.255号法91条19款去除。

参加人病假期间，无须实施本条所指的缴费和供款。

第18条①

用于支付第17条、附加第17条、20条、84条、85条和92条所指的缴费和自主保障性储蓄存款的应税收入属于所得税法第42条1项的例外范畴。自主的保障性储蓄存款由第98条p）目界定，通过AFP进行的自主保障性存款，受本法第19条约束。

独立劳动者实施第17条规定的缴费，用于第92条规定的医疗福利，其自主缴费金额和自主保障性储蓄存款将免缴所得税。在同一个日历年中，独立劳动者在某些月份的收入，用于实施本年度余下月份的缴费，也将免缴所得税。为实施本条规定，独立劳动者的实际收入根据《所得税法》的规定确定。

养老基金份额的增长不构成所得税意义上的收入，但依据本法发放的养老金属于包括工资、薪金和养老金等所得税应税项目。

第19条②

雇主、独立劳动者或者相关的补贴支付单位需在发放薪酬、获得收入或者参加人交的病假条次月上旬向参加人所在的AFP申报、缴纳本章规定的费用。如果最后期限逢节假日，则顺延至下一个工作日。

为此，雇主将从劳动者薪酬中扣除劳动者应缴费金额，并支付雇主应当缴纳的金额。两项金额均受本条规定约束。

雇主如采用电子缴费申报和支付，上述缴费期限延长至每月13日，逢节假日不实行顺延。

自愿参加人既可以月缴，也可以趸缴，趸缴最多不超过12个月。确定缴费金额、基础收入以及将来可获利益，视情况适用本法第九章一段或者二段的规定。监管局通过制定一般性规范对相关事宜进行监管。

雇主或补贴支付单位如不能及时缴纳应当为劳动者缴纳的费用或者不能及时向受补贴者及时提供补贴，应当在本条1款规定的期限向相关AFP说明情况。

说明至少应当包括的内容有：说明人（单位）的姓名（名称）、税号、住所（地址）、法人代表、劳动者或接受补贴者的税号、应税薪酬等。未能在规定期限内说明情况者，雇主应当在期限届满后一个月最后一个工作日向相关AFP说明其缴费义务因同劳动者的劳动关系解除而消除。AFP应清查需支付的缴费，根据监管局的一般性规范追收欠费。如AFP不掌握相关劳动者劳动关系终止的证据，可咨询失业基金管理公司。说明劳动关系终止和中止的期限过后，如相关劳动者的劳动关系情况仍不清楚，就本条以及本条19款

---

① 详见2001年11月7日的19.768号法和1990年3月10日的18.964号法。

② 详见1987年8月29日的18.646号法、1993年12月4日的19.260号法、1999年10月28日的19.641号法。20.255号法91条11款增加了本条3、4、24和25款，并修改了2、6、20款。

追收欠费的规定而言，认为相关缴费已经申报但未支付。

如雇主或补贴支付单位未能按照前款规定及时、完整、准确地说明情况，将被处罚款。罚款金额按每个劳动者或每份补贴 0.75 个促进单位计算。如说明不完整、存在错误，但没有证据证明是故意所为，雇主或补贴支付单位如能在付薪的下一个月缴纳费用，将免予罚款。家庭劳动者的雇主，如从劳动者薪酬中提取了相关费用，但到下月才实施缴费，将被处 0.2 个促进单位的罚款；再行拖延缴费的，即使未等雇主说明情况，也将被处 0.5 个促进单位的罚款。

劳动局负责对本条义务的履行情况进行监管，劳动局监察员具有行使前款罚款的职能，罚款可以根据《劳动法》第 474 条申请复议。

如情况说明失实、不完全，且有证据证明属于故意所为，国家劳动局局长只能授权大区劳动局局长向法官检举犯罪。

雇主或补贴支付单位未能及时缴费的，实际缴费金额应根据应当缴费期限最后一天的缴费金额和实际缴费日的情况进行调整。如果应缴费月的上上个月和实际缴费月的前一个月之间日消费者价格指数（以国家统计局公布的数据为准）上升，则缴费金额相应提高。

对上述经调整的拖欠债务实行罚息，每日罚息为 18.010 号法第 6 条所指的用本币经营可调整业务利息率的 1.5 倍。

如在特定月份当中，前两款所指的经调整的拖欠债务和罚息总和低于银行和金融机构监管局确定的不可调整业务利率或低于所有养老基金最近 12 月的名义收益率……最近 12 月所有养老基金的平均名义收益率＝全部养老基金收益率的加权平均数×上月最后一天各只基金价值所有份额的价值占全部基金份额价值的比率。上述收益率为支付利息月份前一个月的收益率，并作为计算利息的一个参数。

计算罚息适用支付罚息前一个月第一天的利率。根据前款规定确定的利息按月实行资本化。

即使参加人可能已经更换了 AFP，后者也应当跟踪收取缴费、缴费调整数额及其利息。参加人将其基金转入的 AFP 可以作为行政公诉的支持人参与诉讼。

追收缴费的诉讼适用民事诉讼法第一卷第 10 章关于合并审理的规定，应任何一个当事 AFP 的要求作出排他性裁决。

多个 AFP 启动的追收缴费的诉讼，只要是向同一雇主收取其应为多个劳动者缴纳费用的，应当将新的诉讼纳入原有的诉讼，采用合并审理的主体合并程序。

同理，隶属于不同 AFP 的劳动者，其缴费被同一雇主拖欠，从而在旧的诉讼上叠加新的诉讼，审理时将进行合并审理——客体合并程序。

AFP 的法人代表拥有 17.322 号法第 2 条规定的权限，17.322 号法第 2 条 3 款规定的权限除外。

AFP 为其参加人缴费，缴费调整金额、利息，适用第 1、3、4、5 条，附加 5、6、7、8、9 条，附加 10、11、12、14、18、19、20 条和附加 25 条。上述法条中规定的罚则适用于那些已经从劳动者收入中扣除但未缴费的雇主，这些法则可扩展适用于补贴支付单位。

缴费调整金额、利息以及缴费额应一并存入参加人个人资本账户。与收取11、12款所指的缴费调整金额和收取罚息（相当于经调整债务单利的20%）的相关费用由AFP收取。上述收取法系费用根据11、12和13款实际缴纳的利息之差额将纳入参加人个人资本账户，由其受益。

收取缴费、罚款、拖欠债务调整额以及利息行为的时效为5年。从相关服务期限（劳动合同）届满起算。

上述由AFP收取的缴费、罚款、拖欠债务调整额以及利息享有《民法典》2.472条5项规定的优先权，先于质押权以及其他专门法律规定的担保债权受偿。

在不与17.322号法12和14条抵触的前提下，侵占或贪污从劳动者薪金中扣除的缴费损害劳动者及其他权利人利益的，将根据《刑法典》第467条的规定给予刑事处罚。

未能按本章规定缴费的雇主，如不能提供按期缴费的证明，将不能从生产促进财政资金资助的各种公共和私有机构获得资金。能够证实缴费后，雇主可提交上述资金的申请。

在提交资金申请前24个月持续按期缴费的雇主，可优先获取上述资金。但在获得上述资金以前，雇主须证实前24个月持续按期缴费。

（二）关于自主缴费、协议存款以及自主保障性储蓄存款

第20条①

所有劳动者都可以在其所参加的AFP中任意一只养老基金的个人资本账户中进行自主缴费，或者参加各银行、金融机构、保险公司、AFP、投资及基金、住房公积金等机构提供的，经智利银行和金融机构监管局批准的自主保障型储蓄计划。智利证券和保险监管局可批准其他机构实行同样的储蓄计划。

上款的自主保障性储蓄计划由本法第18、20条20A和20E以及规范上述机构的法律调整。获批准机构的定义由本法第98条l）目界定。

劳动者未达到第68条提前退休的资本金要求或者提高养老金金额，也可将其与雇主协议达成的自主存款存入任何一个他所加入的AFP的个人资本账户。同样，劳动者也可以指示其所参加的AFP为其直接在上述获批准机构进行协议存款。此外，劳动者还可以指示其雇主为其直接在上述获批准机构进行协议存款。在后一种情况下，获准机构将根据第19条规定收取存款。智利银行和金融机构监管局根据获准机构的性质对存款收取进行监督和管理。这些款项，即个人资本账户中的存款或者参加各类自主保障性储蓄计划的存款不构成具有法律效力的薪金，不得征税，且适用本法第19条规定。总之，协议存款及其收益在符合本法具体规定的条件下，可作为能够自由支配的剩余资金提取。

① 详见2001年11月7日颁布的19.768号法。

计算本法第53条中补充性供款不考虑自主缴费、自主保障型储蓄存款以及协议存款。

AFP、证券和保险、银行和金融机构监管局将共同制定一个一般性的规范，对自主保障性储蓄计划资金提出要求，并为保障其资金运用正确设定必要的程序。对于养老金标准化管理局管理的属于本法第20条E规定的内容，社会保障监管局将通过一个一般性规范对其施行监管。

第20条A①

自主保障性储蓄存款直接在获批准机构完成或者由某个AFP代其完成。在后一种情况下，劳动者需向AFP指明他选择的获批准机构。

第20条B②

劳动者可以将源于自主缴费、协议存款和自主保障性储蓄存款的款项全部或者部分转往获批准机构或者AFP。参加人可以将源于自主缴费、协议存款或者自主保障性储蓄存款的款项同时分别存在两个以上（含两个）AFP。款项来源机构要确保只能向获批准机构实施的其他自主保障性储蓄存款计划转账。上述转账将不被视为提款，也不适用所得税。

劳动者可以全部或者部分提取源于自主缴费和自主保障性储蓄存款的款项。但是，源于协议存款的款项将适用本法第20条3款的规定。这种提款适用于《所得税法》附加第42条3款的税项。

自主保障性储蓄存款的收益，在没有提取之前，不适用《所得税法》。

第20条C③

在不影响本法第29条规定的前提下，各AFP有权就管理协议存款、自主缴费和自主保障性储蓄存款以及代参加人向获准机构转款收取佣金。

管理协议存款和自主缴费的佣金必须是AFP所管理的自立缴费和协议存款余额的百分比。

自主保障性储蓄存款和协议存款转款佣金只能是就每笔转款收取固定费用。转款佣金从存款中扣除，且不因参加人选择不同的获批准机构不同而不同。但是，某个AFP将部分或者全部源于自主缴费余额或者协议存款的金额向其他AFP或者获批准机构转账，不能设定佣金。同样，所有获批准机构都不得就向其他获批准机构或者某个AFP全部或者部分转账设定佣金。

---

①② 详见1981年2月21日颁布的3.626号法、1987年8月29日颁布的18.646号法。本条1款由20.255号法8条1、2、3款和a）目以及91条修改。本条2款由20.255号法8条的b）目修改，最后一款是20.255号法c）目添加的。

③ 详见2001年11月7日颁布的19.768号法。

第20条D[①]

参加人对任何自主保障性储蓄存款计划的款项享有查封扣押豁免权。

符合本法领取养老金条件的参加人可以将其在自主保障性储蓄存款计划中的款项全部或部分划往个人资本账户，以提高养老金给付。

同样，根据本法第68条规定选择提前退休的参加人可以将其在自主保障性储蓄存款计划中的款项全部或部分划往个人资本账户，以便提前领取养老金聚集资本或改善养老金。

参加人从自主保障性储蓄存款计划划往个人资本账户的款项将不被视为提款，也不适用《所得税法》。

参加人死亡，且无幸存受益人的，其遗留的自主缴费、自主保障性储蓄存款或者协议存款将被纳入死亡人财产。

第20条E[②]

养老金标准化管理局的养老计划参加人（以下简称管理局参加人）可直接在获批准机构或AFP进行自主保障性储蓄存款。管理局参加人也可以同雇主协商一致由后者在一家获批准机构或AFP进行第20条3款列明的存款。如属后一种情况，获批准机构或者AFP应根据第19条规定收取存款。银行和金融机构监管局、证券和保险监管局或AFP监管局将根据收取存款单位的性质对其收取行为进行监管。

此外，雇主可以在养老金标准化管理局实施存款，后者将存款转往管理局参加人选择的获批准机构或AFP。即便管理局参加人转而参加本法规定的养老金体系，养老金标准化管理局仍有义务继续跟踪收取欠缴存款。

养老金标准化管理局有权就收取和划转管理局参加人的协议存款、自主保障性储蓄存款收取佣金。管理局参加人可以根据20条B第2款的规定部分或全部提取源自协议存款、自主保障性储蓄存款的资金。

总之，管理局参加人实施上述存款并不影响其加入的养老制度所适用的法律法规。

（三）关于集体自主保障性储蓄[③]

第20条F

集体自主保障性储蓄是雇主、职工代表以及AFP或者第98条a）目中所指的获批准机构之间签订的储蓄合同，旨在提高职工的养老金。

雇主可向全体或者每个职工提供一个或多个集体自主保障性储蓄合同。合同条款均由

---

①② 详见2001年11月7日的19.768号法和1990年3月10日的18.964号法。

③ 本段是由20.255号法91条12款添加的。20条F至20条O是由20.255号法91条13款添加的。

雇主、AFP或者获批准机构拟定，内容一致，在任何情况下，合同条款都不得使一些人的利益高于他人。

雇主供款金额为职工供款金额的同一比率。但雇主可以在合同中设定最高供款金额，最高供款金额对所有的职工应该一致。

职工只能接受或不接受合同，不能对合同进行修改。

只有符合20条G规定的合同才能生效。

合同一旦生效，雇主将根据合同条款向与其签订合同的AFP或者获批准机构履行供款的义务。如劳动者表示不愿继续供款，雇主的供款义务停止。

在并不违背前款规定的前提下，即使劳动者不履行供款义务，雇主也可以根据合同继续履行供款义务。在这种情况下，合同可以视劳动者供款情况相应为雇主设定不同的供款金额和供款到位要求。

同样，无论劳动者是全部或者部分地休了医生诊断书中的休假天数，只要补贴支付单位为劳动者缴费，雇主和劳动者当月的供款义务免除。补贴支付单位不得从劳动者集体自主储蓄账户中扣除其缴费金额。

合同可以规定劳动者向AFP或者获批准机构供款的最低期限。总之，劳动者在任何时候都可以根据20条G所指的一般性规范表明不愿继续供款的意愿。在这种情况下，劳动者需用书面或电子方式将不愿继续供款的决定告知雇主、相关AFP或者获批准机构。

劳动者表明了不愿继续供款的意愿后，在储蓄合同有效期间，可以根据合同的规定恢复供款，但需要以书面或电子方式告知雇主以及相关AFP或者获批准机构，雇主根据合同供款的义务也相应恢复。

雇主和劳动者有关签订上述合同的争议，由劳动争议法庭审理[①]，这一规定不与第19条的规定抵触。

第20条G

养老金、证券和保险以及银行及金融机构监管局共同制定一般性规范，设定对合同、集体自主保障性储蓄计划的要求，并规定必要程序，保证合同以及计划能够正确运用资金。

为保证雇主提供的合同覆盖面广，且不对不同的劳动者形成偏袒，一般性规范应当包括如下内容：

a）参加某个合同的最低劳动者人数或者此人数占全部劳动者的比例；

b）劳动者获得雇主所交供款所有权所需的、在该雇主企业工作的最低年限。

① 劳动争议法庭审理（Juzgados de Letras del Trabajo）是智利最低审级法院中的一种，一般以社区为辖区，专门审理与雇主与雇员关系、劳动法律的应用、社会保障的有关的案件——译者注。

第20条H

劳动者供款，雇主将从其薪金中按月或者依双方约定定期扣缴。

雇主不履行供款义务的，适用第19条规定。AFP或者获批准机构应当按照第19条规定的程序代表加入储蓄合同的劳动者跟踪收取雇主供款、拖欠供款调整金额、利息。

劳动者以及雇主的供款存放在同一个个人账户当中。根据合同的具体规定，这一个人账户在AFP或者获批准机构开立。AFP或者获批准机构须将劳动者个人资本账户中劳动者的供款和雇主的供款分开记录。

源于劳动者供款的财产将永远属于劳动者所有，源于雇主供款的财产在劳动者满足了合同规定的条件后变为劳动者财产。如储蓄合同对劳动者成为雇主供款所有人设定了在该雇主企业工作的最低年限或其他条件，劳动者在该雇主企业的工作时间应当满足最低年限，或符合其他约定条件。总之，如果劳动合同因为《劳动法》第161条的规定解除，雇主供款将成为劳动者财产。如劳动者未取得源于雇主供款的财产所有权，雇主应当按照20条G所指的普遍性规范所设定的程序撤回这些财产。

集体自主保障性储蓄供款适用20条4款和20条D的规定。

第20条I

AFP根据合同约定有权就管理集体自主保障性储蓄，将此类储蓄划转到其他AFP或者获批准机构收取佣金。

管理集体自主保障性储蓄的佣金只能根据此类储蓄余额的百分比而定。

将此类储蓄划转到其他AFP或者获批准机构的佣金只能就每笔转账收取固定金额。佣金从存款中扣除，佣金额不因参加人选择不同的转入机构而不同。

尽管如此，不能就源于集体自主保障性储蓄存款的财产从一个AFP向另外一个AFP或者获批准机构部分或者全部转账而收取佣金。同样，也不能就源于集体自主保障性储蓄存款的财产从一个获批准机构向另外一个获批准机构或者AFP部分或者全部转账而收取佣金。

管理集体自主保障性储蓄定额佣金可以由雇主和AFP或者获批准机构自由商定，因此，不同的合同可以有不同的佣金额。同样，同一合同可以根据参加计划劳动者人数不同而设定不同的佣金额。

第20条J

雇主向劳动者提供的合同应当指明可以充当储蓄管理者的AFP或者获批准机构。但是，根据18.045号法即《证券市场法》第十五章的规定，雇主向劳动者提供的合同所选的AFP或者获批准机构不能是雇主的关系人。

在任何情况下AFP都不得将签约劳动者加入或者转入自己管理的养老基金作为签订

集体自主保障性储蓄存款合同的条件。违反本款规定的，将根据本法以及劳动和社会保障部1980年公布的101号律令惩处。

第20条K

集体自主保障性储蓄可以在任何一个AFP管理的任何一个基金办理，也可以在银行和金融机构监管局或证券保险监管局批准的储蓄计划处办理。

根据18.045号法即《证券市场法》第十五章的规定，上述机构不得将各储蓄计划管理的超过其管理储蓄财产20%的财产投资于雇主及其关系人发行或者担保的投资产品。

第20条L

有关20条所指的集体自主保障性储蓄和自主保障性储蓄，其税收方面的待遇，劳动者可以在如下税制间选择其一：

a）在进行储蓄存款时，劳动者自主缴费、集体自主保障型储蓄和自主保障性储蓄不享受《所得税法》附加第42条1款规定的利益的，支取源于劳动者自主缴费、集体自主保障性储蓄和自主保障性储蓄的财产时，所支取款项免征《所得税法》附加第42条3项规定的税额；或者

b）在进行储蓄存款时，劳动者自主缴费、集体自主保障型储蓄和自主保障性储蓄享受《所得税法》附加第42条1款规定的利益的，支取源于劳动者自主储蓄、集体自主保障性储蓄和自主保障性储蓄的财产时，支取款项应缴《所得税法》附加第42条3款规定的税额。

如劳动者选择a）目所指的税制，所支取金额的收益适用与自主储蓄账户同样的税收待遇，即按照本法第22条的规定计算应缴税额。如劳动者提取款项用于提前退休或者提高养老金给付，从而适用《所得税法》第43条的规定时，需降低劳动者集体自主保障性储蓄、自主保障性储蓄和自主缴费在全部用于养老的基金中所占的比例乘以养老金金额计算出的结果。AFP将确定上述缴费和供款的余额，已用于投资的资本需分别记录，已用于投资的资本用月度税务单位①表示，等于存款和净提款的差。存款和净提款额根据存款或提款时的税务单位计算的价值计算。

在上述税制之间进行选择后，参加人随时可以为自主缴费、自主保障性储蓄和集体自主保障性储蓄的后续供款选择适用另外一个税制，具体依据是养老金监管局、证券和保险监管局、银行和金融机构监管局制定的一般性的规范。但每一个日历年中，归属一个或选择另一个税制的供款总金额不得超过600个促进单位。

---

① 月度税务单位（Unidad Tributaria Mensual，UTM）是智利的一种记账单位，1974年12月31日由智利国内税务局设立。最初月度税务单位仅用于税收征管。后被智利中央政府、多个市政府及其他机构广为采纳，扩展使用在罚款、记账、关税等账目往来中。与促进单位（UF）所不同的是，月度税务单位不能作为金融工具使用。月度税务单位每月根据国家统计局公布的通胀率进行调整，实际收付时需转换成为比索——译者注。

另外，雇主向集体自主保障性储蓄计划的供款将被视为雇主利率的必要成本。劳动者接受上述款项时不享受《所得税法》附加第42条1款规定的利益。但是，只要上述款项不从计划中提取，将被视为劳动者的收入而非收益。

劳动者提出雇主所交供款，须缴纳《所得税法》附件第42条3项的税额。劳动者根据第20条H4款的规定，提取雇主所交供款后，所提款项视为适用《所得税法》的收入。

集体自主保障性储蓄计划的收益在未提取前，不受《所得税法》调整。

选择1款b）目税制的、用于自愿缴费、自主保障性储蓄、劳动者的供款和雇主为集体自主保障性储蓄的供款，每年每个劳动者在600个促进单位以下的数额内（含）享受1款b）目规定的税收利益。

第20条M

劳动关系终止，与之相应的储蓄合同终止或者储蓄合同如此规定时，劳动者应当将储蓄余额划转到一个新的集体自主保障性储蓄计划或者由AFP或者获批准机构管理的自主保障性储蓄计划。这种转账将不被视为支取。同样，劳动者也可以按照供款时选择的税制全部或者部分提取累计储蓄余额。

第20条N

各AFP和获批准机构只能签订符合本章规定的集体自主保障性储蓄合同。集体自主保障性储蓄计划的监管由相关的监管局实施。

第20条O

有雇佣关系的劳动者或独立劳动者，其部分或者全部保障性储蓄选择使用20条L中a）目的税制，将全部或者部分自主缴费余额，或者自主保障性储蓄余额，或者集体自主保障性储蓄余额用于提前退休或者改善养老金给付的，退休时其有权享受本条给予的税收奖励。

税收奖励金额等于劳动者选择使用第20条L1款a）目税制的自助缴费、自主保障性储蓄或者集体自主保障性储蓄的15%。每个日历年，税收奖励金额不得超过根据实施储蓄年度12月31日当天的月度税收单位价值计算出的得数。

本条规定的税收奖励额根据相关日历年度自主缴费、自主保障性储蓄存款和集体自主保障性储蓄供款额计算，总和不超过该劳动者根据本法第17条1款规定实施当年缴费的10倍。

国内税收管理局每年确定税收奖励额，并告知国家财政总署以便后者着手实施狭义款所指的存款。为此，各AFP和获批准机构每年将向国内税收管理局发送本条1款所指的拥有保障性储蓄的参加人名单及其当年的储蓄额。报告方式和时间由养老金监管局、证券和保险监管局、银行和金融机构监管局以及国内税收管理局通过一般性规范联合决定。

本条所指的税收奖励将存于专门和专用的个人账户。账户在实施自助缴费、自主保障性储蓄和集体自主保障性储蓄的 AFP 或者获批准机构开立。税收奖励存款与其对应缴费或储蓄的收益条件和佣金条件相同。

选择适用 20 条 L1 款 a）目税制的存款，对于任何可影响存款量的提款，相关 AFP 或者获批准机构将从前款所指的账户向国家财政总局划转相当于该提取金额 15%的款项或者账户剩余款项（如账户剩余款项不足该提取金额的 15%）。

本条规定的税收奖励及其收益，未提取的，不受《所得税法》约束。

养老金监管局、证券和保险监管局、银行和金融机构监管局将共同制定一个一般性规定，据以设定税收优惠的程序、申请时间、办理以及支付，以及所有为保证其实施的、必要的规定。

（四）关于自主储蓄账户[①]

第 21 条[②]

劳动者可以在其加入的 AFP 进行不具有保障性缴费性质的、因此不适用《所得税法》的自主存款。

本条所指的存款存入每个参加人个人账户，叫做自主储蓄账户。自主储蓄账户独立于个人资本账户。

在参加人明确授权情况下，相关 AFP 有义务跟踪收取未能按期交存储蓄。为此，适用第 19 条 17 款规定。

监管局将通过一般性的规范设定参加人每个日历年度可以从自主储蓄账户中提取自由支配款项的次数。最多提款次数不能超过 4 次。每次修改提款次数，新规定的次数将于次年第一天生效，有效期至少延续一年。上述账户中留存资金，还可以按照住宅和市政管理局的规定，作为储蓄存到该管理局操作的住房系统。本法实施条件将设立在住房体系中的存款提款方式和条件。

独立参加人可以委托其 AFP 按月将其自主储蓄账户上的资金转入个人资本账户中来支付保障型缴费，可以授权其 AFP 提取必要的资金向相关机构实施与既定收益、期限对应的保障性缴费。只要独立参加人账户存有足够的资金可以完成上述委托，AFP 就应当接受委托。本款所指转账和提款不纳入前款规定的用途。

本条所指自主储蓄账户不享有第 34 条和第 35 条规定的查封扣押豁免权。

---

① 详见 1987 年 8 月 29 日颁布的 18.646 号法律。本段编号被 2008 年 3 月 17 日颁布的 20.255 号法律 91 条 12 款修改。

② 详见 18.646 号法律，1988 年 10 月 28 日颁布的 18.753 号法律，1989 年 5 月 23 日颁布的 18.798 号法律以及 1990 年 3 月 10 日颁布的 18.964 号法律。本条 3、4 款由 20.255 号法律 91 条 14 款修改。

第22条[①]

为满足本法关于退休的规定，参加人可以选择是否将自主储蓄账户上的资金全部或者部分转往个人资本账户。同样，领取养老金可利用自主储蓄的全部或者部分资金提高养老金给付金额。上述转账不视为服务于21条目的的转账。

根据本法第4章规定签订养老金合同后，参加人个人账户上的剩余资金可自由支配。

选择提前退休的参加人，可根据第68条规定，将自主储蓄账户的全部或者部分余额转入个人资本账户，以达到法定的提前退休要求。

参加人死亡后，其在自主储蓄账户的余额计入死亡人财产。但是，如参加人已经符合领取养老金条件，或者已经作出1款规定的选择，只能将转账后的自主储蓄余额计入死亡人财产。

除参加人用于增加个人资本账户余额以及第21条5款所指目的的提款外，参加人可以为其自主储蓄账户选择适用《所得税法》附加第57条B目的规定。

参加人如果选择适用《所得税法》，用于增加个人资本账户余额以及第21条5款所指目的的提款外，提款适用《所得税法》的一般性规定。

每次提款的收益率由AFP根据以下方法计算：

a）已投资本应当分别记录，已投资本用月度税务单位表示，已投资本＝存款－净提款，存款和净提款都按照月度纳税单位在提款当月的价值计算。

b）每次提款时，AFP须根据收益率计算此次提款量的收益。

为此，在减除提款之前，须确定储蓄账户余额同已经转化为比索的已投资本额之差。然后，AFP根据这一差额和储蓄账户余额之间的关系，计算出收益系数。

c）在重新将余额转化为税务单位时，须将净提款额从已投资本中减除。

d）如参加人变更AFP，原AFP须告知新的AFP截止到变更时以月度税务单位表示的已投资本余额。

e）AFP应当于每个税务年度的1月31日之前向参加人发送一份提款记录，用于税收目的。记录的格式将由国内税收管理局负责提供。

依照前款程序确定的收益同1976年1.328号法令第19条中有关赎回共同基金份额所获最大值适用同样的税务待遇。在收益方面，对AFP也适用同样的规定。对于这一收益同样适用《所得税法》第57条中有关赎回共同基金份额最大值的规定。

附加第22条[②]

AFP有权向自主储蓄账户持有人收取佣金，用以账户管理。

---

① 详见18.646号法律，1988年10月28日颁布的18.753号法和1993年9月15日颁布的19.247号法律。本条1款被20.255号法91条15款取代，3款被20.255号法38条4款取代。

② 详见1988年10月28日颁布的18.753号法令，1987年8月29日颁布的18.646号法律。20.255号法律91条16款取代了本条3款，并对4款进行了修改。

每个AFP可以自主确定佣金率，但是对持有自主储蓄账户参加人收取的佣金率一律相同。

管理自主储蓄账户的佣金额只能根据所管理自主储蓄账户余额的一个百分比确定。

本条所指佣金须依法定形式公之于众，并告知AFP监管局，且自公布之日起90天生效。

第四章 关于AFP

第23条①

AFP采取股份有限公司的形式，其唯一宗旨是管理养老基金，提供和管理本法设定的福利和利益。

每个AFP应当拥有4只基金，即B类养老基金，C类养老基金，D类养老基金和E类养老基金。同时，AFP应当拥有一只附加基金，即A类养老基金。法定交费、协议存款以及自助缴费余额总和可以隶属不同类型的基金。19.010号法律所指的赔偿金储蓄账户应当同法定缴费隶属于同一只基金。

55周岁以下的男性参加人和50周岁以下的女性参加人可以选择加入前款所有类型的基金。56周岁以上男性参加人和51周岁以上女性参加人，其法定缴费账户余额和赔偿金储蓄账户余额不得加入A类基金。按计划退休提取养老金、领取临时性收益的参加人以及那些根据相关部门第一个决定被宣布部分丧失劳动能力的参加人，法定缴费账户余额和赔偿金储蓄账户余额不得选择加入A类或者B类基金。然而，如果上述余额超出了符合第68条1款列明的养老金要求，超出部分不属于本款禁止的情形。

男性参加人满56周岁（含）后，女性参加人满51周岁（含）后，应在年满56和51周岁之日起90天内将其保留在A类基金的法定缴费、赔偿金储蓄账户余额转入到其他类型的基金。如果上述余额超出了第68条1款对养老金的要求，超出部分不属于转移基金类型的对象。参加人如在90天内未转换基金类型，上述余额将根据6款规定逐步配置到B类基金。

成为本体系参加人时，如劳动者未选择基金类型，AFP将按照如下方法对其进行配置：

a）35周岁以下的男性和女性参加人将被配置到B类基金。

b）36～55周岁的男性参加人、36～50周岁的女性参加人将被配置到C类基金。

c）56周岁（含）以上的男性参加人，51周岁以上的女性参加人、相关部门第一决定

① 详见1987年8月29日颁布的18.646号法律，1994年3月19日颁布的19.301号法律，1999年10月28日颁布的19.389号法律，2001年11月7日颁布的19.768号法律，2004年2月21日颁布的19.934号法律。20.255号法律对本条3、4、5款进行了修改，并添加了最后4款。

宣布为部分丧失劳动能力的人、按计划退休模式领取养老金的参加人或者领取临时性收益的参加人将被配置到D类基金。

如参加人被配置到一个类型的基金后并未宣布其选择的基金，其法定缴费余额、赔偿金储蓄余额、自主储蓄余额、协议存款余额以及自助缴费余额将部分转入前款指明的基金类型，转账时间和数额如下：

a）年满法定年龄段后，上述余额中的20%应当转入与参加人新的年龄段对应的基金类型；

b）年满法定年龄段后过一年，上述余额中的40%应当转入与参加人新的年龄段对应的基金类型；

c）年满法定年龄段后过两年，上述余额中的60%应当转入与参加人新的年龄段对应的基金类型；

d）年满法定年龄段后过三年，上述余额中的80%应当转入与参加人新的年龄段对应的基金类型；

e）年满法定年龄段后过四年，上述余额中的100%应当转入与参加人新的年龄段对应的基金类型。

配置到相应的基金类型后，参加人在上列期间所实施的缴费和存款应当根据5款的规定纳入参加人所属年龄段对应的基金类型。前款所指的配置不适用于那些参加人以明确的方式选择的账户余额。

AFP应当根据监管局制定的一般性规范向参加人告知有关基金选择和配置的信息。信息须同第31条2款所指的告知事项一并发送。发送时间为从6款所指的第一次转账之前12个月到最后一次转账后的12个月之间。

参加人可以同AFP达成协议，将法定缴费余额、赔偿金储蓄账户余额、自主储蓄账户余额、协议存款余额和自主缴费余额配置到两个类型的基金中。此外，双方还可以就未来在各个基金之间的资金划转协商一致，但同一账户的余额不应分配在两个以上类型的基金中。实施本款选择由监管局制定的一般性的规范调整。选择签署上述协议的AFP应当同所有具有这种要求的参加人签署协议。

AFP收集第21条所指的缴费和存款，并将其存往参加人相应的资本账户或者自主储蓄账户，并根据本法规定进行投资。

尽管如此，资产不低于20 000个促进单位的AFP可以根据向其他AFP提供前款所指的服务，但需要其他AFP依本法规定向其提出委托指示。服务内容不得包括用其他AFP的养老金进行投资。

AFP可以在国内建立股份制子公司，以便对其业务构成补充。成立股份制子公司事先需监管局决定批准成立。AFP的业务范围必须是：向国外自然人或在外国经营的法人提供服务，或者向在国外成立的、业务范围与养老保障有关的公司或AFP投资。子公司对AFP的业务范围构成补充的内容包括：管理养老基金组织、托管证券、收集缴费、供款和存款，管理并支付养老金利益，对信息进行电算化处理，租售电子信息系统，培训，管理个人账户和保障性储蓄，促销服务，提供养老保障咨询等。

批准子公司成立时，监管局须确保子公司履行12款规定的义务，并不损坏、破坏AFP的良好运行。监管局的这一职责具有排他性。子公司的所有文件资料应当保密。

子公司是否符合12款要求，由监管局进行监督。

为此，作为子公司股东的AFP应当定期或者应监管局要求向监管局报告子公司及其投资的情况。但不能据此免除子公司依其他法律法规提供信息的义务。

经监管局批准，AFP可以在国内组建专门从事如下业务的股份制子公司：管理本AFP或其他AFP养老保障投资组合。此类子公司须依照附加23条组建，由监管局制定的一般性的规范和本法调整。

监管局应当在12、16款所指的建立子公司的申请提交日起30内作出答复。如果监管局以书面的方式告知申请人，所提交的申请材料不符合本条要求，因而要求补充、修改或者更正材料，上述30天的时限终结。申请人提交材料符合要求后，时限重新计算。接受申请后，监管局需在6个月内答复。不批准成立子公司的，需说明理由。

申请消除瑕疵或者达到监管局要求后，监管局未能在上述6个月时限届满前批准成立子公司的，视为批准。

此类公司的投资总额不得超过其向监管局提交的最新财务报表中AFP总资产与其经营资产的差额。

尽管如此，AFP可以向那些根据本法第十三章规定的形式和条件建立的证券存托企业。

在任何情况下，AFP的管理人员以及工作人员都不得以直接或者间接、收费或者免费以及其他任何方式向参加人或者受益人提供本法规定以外的养老金、福利或利益。尽管如此，上述单位可以为参加人办理临时性规定第3条所指的认缴证明[①]以及临时性规定附加第4条所指的补充认缴证明。违反本款规定的，将根据本法以及1980年劳动和社会保障部颁布的101号律令给予处罚。对屡犯者处以最低限度的监禁。

AFP必须至少拥有一个能够接待公众的全国性代理处或办公地点。

AFP提供的与其业务有关的服务，仅限于监管局一般性规范规定的范围。规范将设定合同的基本内容，向关系人委托经营的监管以及服务提供者因签约而获得信息的保留等。一般性规范至少包括：向公共或者私有机构委托人账户管理服务；依照本法附加第23条规定向公有或者私有机构委托管理构成养老基金资源的投资组合；信息服务、提供有关养老及体系的咨询服务；接收养老金申请，向AFP寄发申请以便其办理相关手续，接收和传送本法附加第61条8款a）目和c）目所指的信息。

AFP对委托行为负责，并需对委托的服务实施全程控制。对委托提供的服务适用与

① 参加人从旧的养老体系加入到新的养老体系，可以获得由国家发行的、用货币表示的认缴证明，表示其在旧的体系中的缴费期数——译者注。

AFP 提供服务同样的标准。

AFP 提供与其业务有关服务的合同应当包括这样的条款，据此，服务提供者声明了解相关法律法规，并作出遵守的承诺。此外，其他条款应表明，允许监管局行使其第 94 条 16 项意义上的监督管理职能。

附加第 23 条

AFP 可将管理养老基金投资组合的业务委托给无经营限期的股份有限公司经营，使其专门为自己管理养老基金投资组合。接受委托的无经营限期的股份有限公司应当符合本法以及监管局即将制定的一般性规范的要求。委托费用由 AFP 承担。

接受委托的公司应能够证实拥有不低于 20 000 个促进单位的资本金，并在提交企业名称注册申请时募集完成并交存。此外，公司总资产必须保持在最低资本金以上（含最低资本金）。

如公司总资产减少，低于最低资本金要求，需在 6 个月内补足。否则其营业执照将被吊销，AFP 监管局将着手对其实施清算。具有严重违反此类公司适用法律法规行为的，监管局也可吊销其执照。

此类公司要将自有财产与受托管理的财产分开。其管理的构成 AFP 资产的财产以及权利享受查封扣押豁免，第 21 条所指以及第 34 条 2 款所指的存款除外。

养老基金投资组合管理公司及其关系人管理的资金总和，不得超过本体系养老基金总价值的 1/5 或者全国最大的一只养老基金价值的 1/5 两者居高者。

养老基金投资组合管理公司的经营须接受 AFP 监管局监管，监管局监管养老基金投资组合管理公司的职能与监管 AFP 相同。监管局的监管不能替代其他机构对养老基金投资组合管理公司的监管。

养老基金投资组合管理公司接受与 AFP 一样的禁止、约束，由调整 AFP 的一般性法律法规调整，在涉及收购、保持、托管或者转让养老基金的投资工具和委托第 23 条 23～25 款规定的服务时更是如此。

为履行第 26 号法《银行通律》第 69 条规定，养老基金投资组合管理公司可以组建由第 69 条调整的公司。

第 24 条①

建立 AFP 最低必要资本额为 5 000 个促进单位，需在公司名称注册时筹足并交存。

如 AFP 的初始资本高于最低必要资本额，高出部分应当在两年内交存。两年期限从公司获准成立、公司章程被批准日期起算。

此外，AFP 的总资产必须保持不低于最低资本金，随着参加人数增加最低资本金水

① 详见 1987 年 8 月 29 日颁布的 18.646 号法律，1994 年 3 月 19 日颁布的 19.301 号法律，1995 年 5 月 19 日颁布的 19.389 号法律，1999 年 10 月 28 日颁布的 19.641 号法律以及 2002 年 2 月 28 日颁布的 19.795 号法律。

平将相应上调。

满 5 000 名参加人的 AFP，最低资本金为 10 000 个促进单位；满 7 500 名参加人的 AFP，最低资本金为 15 000 个促进单位，满 10 000 名参加人的 AFP，最低资本金为 20 000 个促进单位。

如 AFP 总资产减少，低于最低资本金水平，需在半年内补足。否则其营业执照将被吊销，相关清算程序将被启动。

前款规定也适用于那些未能在半年内根据扩大了的规模增加总资产的 AFP。

资本需用现金交存。

AFP 对关系企业进行的投资或贷款，根据第 23 条 12 款、16 款和 20 款进行的投资，不计入所要求的最低资本。

第 24 条 A[①]

发起建立 AFP 的股东应当符合如下条件：

a）单独或者加总拥有与计划投资等值的净资产。此资产一旦减少，需及时报告。

b）各股东不得有过严重的或者重复发生的威胁所筹建的 AFP 或者将要管理的 AFP 稳定的行为。

c）未参加过违反智利或外国的法律法规或者有悖于银行、金融、商业稳健的行为、活动、洽谈或司法行为。

d）不存在下属情形：

i. 涉及无法收回的款项的。

ii. 申请设立 AFP 之日起前 15 年内曾经担任过因巨额亏损被强制清算或者倒闭，或者被财政部或者央行临时接管的银行、人寿保险公司或者 AFP 的董事长、首席执行官、直接或者通过第三人作为大股东的，一年内不得参与成立 AFP。

iii. 近 5 年来票据遭到拒付，次数多或者数额较大的，且未作出声明的。

iv. 被判处刑罚或遭到下述指控的：

（1）侵犯财产权或者公序良俗；

（2）有违行政道德、影响国家安全、税务案件、海关案件以及具有恐怖主义、洗钱或漂白资产行为的；

（3）18.045 号法律，18.046 号法律，1997 年颁布的具有法律效力的 3 号律令，18.092 号法律，18.840 号法律，1982 年颁布的具有法律效力的 707 号律令，4.702 号法律，5.687 号法律，18.175 号法律，18.690 号法律，4.097 号法律，18.112 号法律，1931 年颁布的 251 号律令，有关质押的法律以及本法规定的。

v. 被排除刑罚或被剥夺权利不能担任公、私职务的。

---

① 详见 2007 年 6 月 5 日颁布的 20.190 号法律。

vi. 被直接或者通过法人执行下述措施的、但追溯期限已过或强制手段被已执行的判决驳回的：

(1) 被宣布强制清算或者其商业活动被临时接管；

(2) 因违法，其经营许可、执照或其他经营、公开募集资金所需的必须登记被撤销的。

如为法人，如发起股东为法人，本条规定适用于截止到申请成立之日是其控股人、大股东或者大合伙人、担任董事长、管理层、经理以及主要执行人职务的人。

监管局负责核实发起股东是否符合上述要求，并可以要求相关人提供相应证明材料。从提交证实材料之日起 90 天内，如监管局作出拒绝的决定，需说明理由。如监管局未能在上述时限内作出决定，根据 19.880 号法律，视为行政默认。

特殊情况下，如发起股东的资格审查结果不便公开时，上述期限可以再延长 120 天。部分和全部审查结果可以不公开，但是，不公开部分情况需告知财政部长、中央银行、国家安全委员会，金融分析局或公共部。

签署了招股说明书并在 AFP 财产中占有较高份额的人视为发起股东。

第 25 条

任何自然人或法人，如未能依据本法成立 AFP，不得自称是 AFP。

其经营场所、办公地点、名牌和通告不得做 AFP 的表示，信笺、海报、表格、收据、通知以及其他办公印刷品不得出现能够说明使用人从事 AFP 业务的字眼。禁止用此类表述在印刷或其他媒体上做广告。

违反本条规定的将根据 1974 年颁布的 280 号律令第 3 条规定实施处罚。

如因违反本条规定导致任何公共利益损害的，将依照《刑法典》第 467 条对负责人进行较高等级的刑事处罚。

AFP 监管局将案件材料移交给全国经济检察院酌情处理，公众也可进行举报。

监管局认为存在违反本条行为的，可以行使组织法赋予的与其监察其所监察机构同样的监察职能。

任何个人或公私组织，发现违反本条规定的可以向监管局举报。

第 26 条[①]

成立申请、公司章程获批准且履行完 18.046 号法律第 131 条规定的手续后，AFP 才可以做广告。

所有业务广告和促销活动须向公众提供有关其资本、投资、收益率、佣金、办公地点、代理机构或分支机构的基本信息，要符合 AFP 监管局一般性规范的要求，以免公众

---

① 详见 1981 年 2 月 21 日颁布的 3.626 号法律，1987 年 8 月 29 日颁布的 18.646 号法律，1999 年 10 月 28 日颁布的 19.641 号法律。本条 5 款和末款是 20.255 号法律 91 条 19 款添加的。

对本体系的组织情况、财产情况、宗旨和根本的理解产生错误和混淆。

一旦发现 AFP 的广告不符合要求，监管局可以敦促其修改或中止广告传播。如果在 6 个月内出现两次以上广告违规情况，再次做广告需事先征得 AFP 监管局批准。

AFP 的办公地点应当便于公众出入，并张贴、悬挂含有如下内容的信息：

1. 公司基本情况：

a）名称；

b）法定地址；

c）章程制定日期，获准成立或商业注册日期；

d）董事会和总经理；

e）代理机构和分支机构。

2. 最近一个年度的总决算，监管局要求的财务报告。最新两个财务报告须置于公众可及之处。

3. 资本金、养老基金金额、收益率波动储备金、准备金。

4. 各只养老基金份额的总价值。

5. 拟收取佣金额。

6. 各只养老基金的投资组合构成。

7. 各类型基金补充缴费比率。需分别报告用于 AFP 运作的补充缴费以及用于支付第 59 条所指保险费的补充缴费。

所有的 AFP 都应当拥有至少包含前款内容的网址，供参加人查询并可借助网址了解监管局一般性规范规定的手续。

上述公开信息需在每月的前 5 天进行更新。

所公布的有关各只基金组合投资构成情况的信息应当覆盖前数第 4 个月最后一天前的时间。所公布信息的内容需符合监管局一般性规范的要求。监管局可以公布上述期间后总投资组合的构成情况。

第 27 条[①]

AFP 应当对各只基金的财产分开记账。

第 28 条[②]

AFP 有权收取佣金。佣金从参加人个人资本账户或者提取款项中扣除。

佣金用于 AFP 融资，包括管理各只养老基金，管理个人资本账户，管理各种年老、伤残和遗属养老金体系和国家利益担保体系，支付第 59 条所指的保险费，以及管理本法

① 详见 1999 年 10 月 28 日颁布的 19.461 号法律。

② 详见 1987 年 8 月 29 日颁布的 18.646 号法律，1999 年 10 月 28 日颁布的 19.641 号法律，2002 年 2 月 28 日颁布的 19.795 号法律。本条 1 款经由 20.255 号法律 91 条 20 款修改。

规定的其他社会福利。

本条所指的佣金免缴1974年颁布的825号法令第2章规定的增值税。

监管局应当提交一份养老基金管理成本报告，报告中应当包括：各类养老基金成本细目，第59条所指的保险成本细目，养老基金的收入来源及其主要用途。报告需公开每个AFP的收益率。收益率须不包括准备金，向证券存托企业的投资以及对补充AFP业务的企业的投资，补充AFP业务的企业包括第23条所指的向国外提供服务或者向国外投资的股份制子公司、管理养老金资金投资组合的股份制子公司。收益率不包括来自其他的特别收入。为此，净收益率指减除了经营利润或上述资金产生的亏损以及向这些资金进行投资后的收益率。研究报告应当以公开的信息为依据。报告至少每季度提交一次，置于公众可及之处。

此外，监管局还负责编写和公开一份有关养老经营成本的比较研究报告，向具有不同薪金和应税收入的参加人公开各个AFP的养老金管理成本情况。为此，养老金管理成本＝补充性缴费额×相应的应税薪金或应税收入。

第29条[①]

在不与第3款规定抵触的前提下，各AFP可自主确定佣金水平，并统一适用于所有的参加人。

只能对资本账户中的定期缴费收取佣金。在提取款项中，只能对第61条b）目和c）目的临时性收益或者计划退休模式的养老金收取佣金。

定期缴费佣金只能是产生上述缴费的应税薪金和收益的百分比。根据这一百分比计算的佣金应当与第17条2款所指的补充性缴费相对应。对下列参加人的佣金待遇应当不同：无权享有第59条所指的伤残和遗属保险和独立缴费人，以独立劳动者身份缴费的以及不受第54条b）目约束的参加人。

2款所指提取款项佣金只能是相关价值的百分比。

佣金确定后应当公之于众，并按照实施条例规定的形式向AFP监管局报告。佣金上调需在通告AFP监管局90天后生效。佣金下调则在通告AFP监管局30天后生效。

第30条[②]

AFP的名称应当包括“养老基金管理公司”或者AFP的字样，并不得包括现存自然人或法人名字或名字简写，也不得包括监管人认为可能使公众对AFP的财产责任和管理责任产生误解的编造的名字或名字简写。

① 详见1999年10月28日颁布的19.461号法律。
② 详见1981年2月21日颁布的3.626号法律。

第31条[①]

参加人加入AFP时，后者应当向其发一本存折，并应参加人申请打印出申请时个人资本账户上和自主储蓄账户上的份额数以及金额。

AFP应当至少每4个月一次向参加人寄送对账单，告知其截至记录日起个人资本账户以及自主储蓄账户（如果有的话）发生的资金往来、登记的份额数量以及金额。如果参加人资本账户在最近的一个寄单期中没有因缴费而发生的资金往来记录，AFP可以中止寄单，直到参加人个人资本账户因缴费而发生资金往来为止。属于第19条5款所描述的情况的，寄单不得中止，但是，寄单中须向参加人强调拖欠缴纳费用和补贴的情况，并随单附送17.322号法律第2条所指的决定，向参加人说明其索取欠款的权利。中止寄单的AFP每年应当至少一次告知参加人有关子资本账户和自主储蓄账户（如果有的话）的情况。

此外，AFP还应当告知参加人有关佣金、个人资本账户收益率、参加人所参加的基金份额的情况。前述数据AFP本身需要了解，而且需按照监管局决定的期限通告其他AFP。此外，AFP还应当告知参加人第17条规定的补充性缴费情况，用于维持AFP正常经营的补充缴费和用于支付第59条规定保险的补充性缴费应当分开记账。用以支付保险费的补充性缴费费率应当表示为参加人应税薪金的百分比。

此外，各AFP需按照监管局的指示向所有符合附加第72条规定的参加人或受益人寄送有关养老金模式、特点以及选择方法的信息。

第32条[②]

参加人可以将自己养老金份额的价值转移到另外一个AFP，为此，需在应当实施当月缴费日期前30天通知其所参加的AFP和雇主。如果参加人已经退休，在领取养老金，通知需在领取下月养老金日期的前30天作出。

前款所指的转款，属于雇主应当实施的缴费但未能在转款日期缴纳的，原AFP一旦收到需立即划转。

同样，在符合第23条3款要求的情况下，参加人也可以将其份额价值转往另外一个类型的养老基金。个人资本账户和自主储蓄账户上的价值可以在不同类型的基金之间划转。尽管如此，在一个日历年度发生两次以上划转的，每增加划转一次，须支付一笔固定数额的佣金。这一规定分别适用于法定缴费余额、协议存款余额、自主缴费余额以及自主储蓄账户余额转款。佣金不得从这些账户以及参加人的缴费中扣除。

① 详见1988年10月28日颁布的18.753号法律，1994年3月19日颁布的19.301号法律，1999年10月28日颁布的19.641号法律，2004年2月21日颁布的19.934号法律，2005年5月31日颁布的20.023号法律。本条2、3款经由20.255号法律91条22款修改。

② 详见1981年2月21日颁布的3.636号法令，1999年10月28日颁布的19.641号法律，2002年2月28日颁布的19.795号法律以及2005年5月31日颁布的20.023号法律。本条2、3款经由20.255号法律91条22款修改。

参加人每次从一只基金向另外一只基金划转份额价值，需事先通知其所在的 AFP。

同样，遗属养老金受益人也可以根据第 23 条的规定，在征得另外一个 AFP 或者另外一类养老基金同意的情况下将已死亡的参加人个人账户份额的价值划转到那里。

第 33 条[①]

每只养老基金在财产上相互独立，且同 AFP 的财产独立。AFP 对各养老基金不具有控制权。

每只养老基金有第 17 条、第 20 条、第 21 条和第 53 条规定的缴费和供款、认缴证明及其有效的补充认缴证明，缴费、供款、认缴证明的投资以及收益在减除 AFP 佣金后构成。

第 34 条[②]

构成养老基金财产的实物或权利享有查封扣押豁免权，源于第 21 条所指储蓄的那部分财产除外。这些财产只能用于创造本法规定的社会保障福利。

尽管如此，养老基金的财产可交给清算所为履行源自第 45 条 i）目所指的衍生工具操作的债务以及其他监管局认为需要担保的情形设定担保。赔偿所应当符合存托养老基金财产的安全性要求以及监管局一般性规范提出的其他要求。在这种情况下，将担保财产用于上述债务的履行时可以被扣押和查封。

用于强制履行第 45 条 j）目和 m）目所指的金融合约债务的，也免于查封豁免。

AFP 倒闭时，各只养老基金将根据第 43 条规定进行管理和清算。

第 35 条[③]

各养老基金的价值用份额表示。一只基金的份额具有同样的价值、同样的特点，并享有查封豁免。

份额的价值根据其经济价值或者投资的市场价值确定，每日调整。投资的市场价值由监管局或监管局聘用的机构确定并公布。投资的市场价值适用于所有的养老基金。监管局通过一般性规范确定据以评估养老金获准使用的投资工具的官方信息来源、方法，并设定评估更新的期限。

每月确定各只基金每个份额的平均价值。该价值等于每天所有份额价值的和/当月的

---

① 详见 1999 年 10 月 28 日颁布的 19.641 号法律。

② 详见 1987 年 8 月 29 日颁布的 18.646 号法律，1994 年 3 月 19 日颁布的 19.301 号法律，1995 年 5 月 18 日颁布的 19.389 号法律，1999 年 10 月 28 日颁布的 19.641 号法律，2002 年 2 月 28 日颁布的 19.795 号法律。本条 2 款经由 20.255 号法律 91 条 24 款修改。

③ 详见 1981 年 2 月 21 日颁布的 3.626 号法令，1990 年 2 月 10 日颁布的 18.964 号法律，1994 年 3 月 19 日颁布的 19.301 号法律，1999 年 10 月 28 日颁布的 19.641 号法律，2002 年 2 月 28 日颁布的 19.795 号法律。本条 2 款经由 20.255 号法律 91 条 24 款修改。

天数。

第36条[①]

基金的月名义收益率＝基金份额当月的平均值对基金份额上月的平均值的变动率。

每类基金的月名义收益率分开计算。

每类基金的月平均收益率＝所有此类基金的月名义收益率的加权平均数×每只基金份额总价值在同类基金份额在总价值中的比例。每只基金份额总价值和同类基金份额总价值以上月最后一天的数字为准。每只基金份额总价值在同类基金份额在总价值中的比例不得大于“2/现有的同类基金的只数”的商，其中，现有同类基金只数的最大值为14。如果一只或多只基金的这一份额超过了上述除法的商，超出部分之和需在其他基金之间按照其每只基金份额总价值在所有其他基金（超出的基金除外）份额总价值中所占的份额分摊。如果还有基金超限，上述程序将不断重复直到超限情况消除为止。

1、2款规定的某只基金月实际收益率，某类基金的平均收益率以及名义收益率须根据当期国家统计局公布的消费者价格指数的变动率进行调整。

每种基金最近36个月的年实际收益率需分别计算。每种基金最近36个月的年实际收益率根据1、2、3款中的月实际收益率计算得出。同种类所有基金的年平均实际收益率根据同种类所有基金每个月的平均实际收益率计算得出。

第37条[②]

AFP须保证其管理的每只基金在最近36个月的年实际收益率不低于以下各组计算结果中较小的数字：

1. 对A类和B类基金而言：

a）同类所有基金的年平均实际收益率减去4％；

b）同类所有基金的年平均实际收益率减去该收益率50％的绝对值。

2. 对C类、D类和E类基金而言：

a）同类所有基金最近36个月的年平均实际收益率减去2％；

b）同类所有基金在最近36个月的年平均实际收益率减去该收益率50％的绝对值。

如果基金的经营年限不满36个月，AFP需负责相关基金在经营年限中的年实际收益率不低于以下各组计算结果中较小的数字：

1. 对于A类和B类基金而言：

a）经营期间同类所有基金的年平均实际收益率减去6％；

---

① 详见1990年3月10日颁布的18.964号法律，1994年3月19日颁布的19.301号法律以及1999年10月28日颁布的19.641号法律。

② 详见1985年12月24日颁布的18.481号法律，1990年3月10日颁布的18.964号法律，1999年10月28日颁布的19.641号法律，2002年2月28日颁布的19.795号法律。20.255号法律91条25款替代了本条2款，取消了本条末款。

b）经营期间同类所有基金的年平均实际收益率减去该收益率50%的绝对值。

2. 对于C类、D类和E类基金而言：

a）经营期间同类所有基金的年平均实际收益率减去4%；

b）经营期间同类所有基金的年平均实际收益率减去该收益率50%的绝对值。

上述单只基金的年实际收益率和同类所有基金的年平均实际收益率按照第36条4款的方式计算。

本条内容不适于AFP用来计算经营期限不满12月的基金的年实际收益率。

第38条①

废止。

第39条②

因不能如期履行义务或听从参加人根据本法行使权利的指示导致参加人个人资本账户受到损害的，由AFP承担责任。证实因不履行义务造成参加人个人资本账户收益率受损且AFP未进行相关补偿的，监管局可以根据一般性规范设定的程序下令对参加人个人资本账户实施补偿。在这种情况下，AFP可以根据第94条8款规定对上述决定申请复议。

第40条③

AFP应当保持一定数量的准备金，准备金比率为每只基金的1%。

投资于本基金份额的准备金，目的在于实现第37条所指的最低收益率。

表示准备金的权证享有查封、扣押豁免权。

对未能保持最低必要准备金或者未能在不少于15天的规定期限内不足最低必要准备金的AFP，将适用第42条的规定。

如果在同一个日历月内，AFP被发现准备金不足达两次以上的，同样适用第42条的规定。

如AFP一天的准备金为赤字，将被监管局处以相当于赤字金额的罚款，上交国家财政。

对罚款有异议的，可根据第94条8款规定申请复议。

第41条④

废止。

---

① 详见1994年3月19日颁布的19.301号法律，1999年10月28日颁布的19.641号法律。本条被20.255号法律91条26款废止。

② 详见1990年3月10日颁布的18.964号法律，1999年10月28日颁布的19.641号法律，2002年2月28日颁布的19.795号法律。本条被20.255号法律91条27款取代。

③ 详见1994年3月19日颁布的19.301号法律和1999年10月28日颁布的19.641号法律。

④ 详见1981年2月21日颁布的3.626号法律。

第42条

单只基金在特定月份的年度实际收益率低于第37条最低收益率的，AFP应当在5天内填补不足部分。

为此，AFP可以启用第40条所指的准备金。被动用的准备金需在15天内回补。

AFP不得动用上述准备金来弥补其他由其管理的养老基金出现的赤字。

动用准备金后，如仍然存在赤字，该赤字由国家弥补。

未能按期弥补养老基金赤字或未能按期回补准备金的AFP将依法解散。

AFP清算期间，国家将作为本条4款所付款项的债权人，根据《智利民法典》第6卷2472条的规定享有优先权。

AFP被解散或者清算后，其参加人需加入另外一个AFP。否则，清算人将把其账户余额划转到根据实施条件确定的AFP。

第43条①

AFP或因任何原因解散，AFP监管局将负责对其管理的各类基金及其子公司进行清算。届时，为保证监管局能够适当地实现各只基金以及子公司的财产，将被赋予必要的职能。

根据第42条末款规定，在基金清算过程中，对那些没有加入其他AFP的参加人，被清算的AFP仍需继续营业。

根据第42条末款规定，在基金清算过程中，清算人将把代表参加人个人账户余额的份额转入到所有参加人都将加入的AFP。为完成上述转账，清算人可以根据第35条的规定计算转出养老基金金融工具的价值，并将其纳入转入养老基金。转入的金融工具在6个月内不纳入转入AFP根据第36条进行的最低收益率计算。

为完成欠款所致的转账前，本法第42条4款为国家设定的义务不得免除。

如解散是由于两个以上AFP合并，各AFP的养老基金不进行清算，也不适用第42条末款的规定。

如解散涉及合并，监管局应当在作出允许合并决定后15日内在《官方日报》上公布合并之事，公布内容核实无误后60天内，养老基金管理公司和各只养老基金开始合并，并须履行本法规定的其他程序。

公告必须包括合并后机构的佣金数额以及补充性缴费数额。

合并不得导致个人资本账户余额减少，相应地，也不能导致参加人自主储蓄账户余额减少。

---

① 详见1981年2月21日颁布的3.626号法律，1982年10月28日颁布的18.175号法律，1990年3月10日颁布的18.964号法律，1999年10月28日颁布的19.641号法律以及2002年2月28日颁布的19.795号法律。本条1、3、4款经20.255号法律91条28款修改。

第44条[①]

代表每只养老基金及其相应准备金价值98%以上（含）的凭证，应交付托管的，全程由智利中央银行看管。如属于第45条j）目所指的投资，将存于经央行批准的外国机构和18.876号法律所指的证券存托企业。如属于后一种情况，证券存托企业和AFP应当遵守本法第13章有关托管的特别规定。监管局将通过一般性规范，规定无须交付上述机构托管的凭证范围。

前款托管的费用由智利央行确定。

监管局将规定每只基金投资组合以及AFP每天必须在每只基金保持的准备金最低值，并告知中央银行和证券存托企业。最低值不得少于每只基金及其对应准备金价值减去在国外投资余额的90%。基金达到这一最低值，托管人（depoitario）才允许其提取托管权证从事可以用养老基金进行的交易。

如不能达到前款规定的最低值，托管人需极尽勤勉通过在正规二级市场上的交易，在法定期限后的第一个工作日达到这一最低值。

用以证实养老基金所实行投资的凭证，未按照1款规定托管的，发行或划转时应标明“养老基金”，随后要注明基金类型、对应的AFP。10.046号法律第12条末款所指的体系也适用相同的要求。

转让未存托的权证只能通过AFP交付相关权证及其背书，否则不发生转让效果。转让的权证如果属于记名权证，除由AFP交付权证和背书外，还需通知发行人。

不履行1款义务的，AFP将被监管局处以罚款，上交国家财政。罚款金额不得低于1款所指缺失存款数额的1%，也不得高于这一数额的100%。

如AFP的托管赤字在3个月内有两次以上超过所有养老基金及其准备金价值的2%并未能在要求其补足赤字的次日补足的话，则依法解散。AFP出现上述须解散情形的，监管局须作出相关解散决议。

丢失养老基金未托管的投资权证，AFP在通报监管局后可获取该权证副本。违反本款规定的，将被处以最高可达所获权证副本价值100%的罚款。如权证发行人、背书人或者担保人未在提交权证副本、新背书或者新保函之前在上述通报中提出请求，AFP监管局或者证券和保险监管局可以向权证发行人、背书人或者担保人处以同样的罚款。

AFP只能用管理的，且处于托管状态的任何一只基金的权证，为衍生品交易设立以清算所为受益人的担保。

为了履行本条义务，本法认为各养老基金和相关准备金的价值＝该只基金的投资价值－[借出的第45条2款j)、m）目所指的金融工具＋交给银行和清算所的用以为从事第

① 详见1981年2月21日颁布的3.626号法令，1989年3月23日颁布的18.789号法律，1995年5月18日颁布的19.389号法律，1999年10月28日颁布的19.641号法律，2000年12月20日颁布的19.705号法律以及2007年6月5日颁布的20.190号法律。本条1、10款和末款经由20.255号法律91条30款修改。

45条2款l）目所指的衍生品交易设立担保的金融工具]。

第45条①

养老基金投资的唯一目的是适当的收益和安全。所有其他目的的投资都将被认为是违背参加人利益的，严重违背AFP义务的行为。

除第46条所指的经常账户存款外，养老基金应当投资于：

a）国家财政总署或中央银行发行的债券、各大区及都市住宅和城市化服务局发行的信用证、养老基金标准化管理局发行的认缴证明以及其他由国家发行或担保的债券。

b）定期存款，债券或其他由金融机构发行的代表存款的证明。

c）金融机构担保的债券。

d）金融机构发行的信用证。

e）公共和私有企业债券。

f）18.045号法律第121条所指的可以转换为股票的公共、私有企业债券。

g）开放式股份有限公司的股票。

h）18.815号法律所指的投资基金份额以及由1976年1.328号律令调整的共同基金份额。

i）公私企业发行的期票。

j）根据养老基金投资制度，投资于由外国国家、中央银行、外国或者国际银行机构发行的信用凭证、期票或证券；由外国企业发行的股票和债券，共同基金、外国投资发行的在国际市场正常交易的，且至少具有第24条所指的养老基金投资制度（Régimen de Inversión de los Fondos de Pensiones）标明特征的基金份额。AFP进行外部投资时，还可以投资于金融产品指数，短期存款以及18.045号法律第二十四章中所指的在国内二级市场正常交易的外国证券；可签订资产出借合同；所有投资需遵照投资制度规定的条件。同样，可以投资于经由监管局批准（事先报告中央银行），符合养老基金投资制度设定的条件的证券和金融工具，进行相关的金融操作，签署合约等行为。

k）其他公开发行的金融产品，其发行人须由证券和保险监管局或银行和金融机构监管局监管。投资须事先征得监管局批准（事先报告中央银行）。

l）进行具有本条12款和养老基金投资制度所列特征的衍生品操作。

m）以出借为目的的金融工具操作或签署合约，其发行人须为本国，隶属于养老基金且具有监管局一般性规范指明的特征。

为此，本法认为，经担保的金融工具是那些担保人至少是与主债务人具有相同履约义

① 详见1995年5月18日颁布的19.389号法律，1996年9月3日颁布的19.469号法律，1999年1月18日颁布的19.601号法律，1999年10月28日颁布的19.641号法律和2000年12月20日颁布的19.705号法律以及2007年7月31日颁布的20.210号法律。现在的2、13、14款和末款经20.255号法律91条31款修改。31款还取代了4款，用现在的4～12款取代，增加了15款，用现在的18～24款，取代了9～20款。

务的从属债务人。

A、B、C、D和E类养老基金可以投资于本条2款a)～m）目所指的金融工具、实施本条2款a)～m）目所指的操作和签署本条2款a)～m）目所指的合约。

债务工具中，养老基金可以购买b)、c)、d)、e)、f)、i）和j）目所指的债务工具，这些债务工具需至少拥有两个由不同的私有评级公司给出的等于或者高出BBB等以及第105条中N—3级的投资等级；购买g）目所列的符合下一款要求的股票；也可购买h）目所指的投资基金和共同基金份额；购买j）目所指的代表资本的权证，这些权证须经风险评估委员会批准；还可以购买k）目所指的投资工具。这些投资工具须经监管局批准，或者在监管局的要求下经风险评级委员会批准。

养老基金购买g）目所致的股票，股票发行人须符合养老基金投资制度确定的最低要求。不符合养老基金投资制度确定的最低要求的股票，养老基金也可以购买，但前提是，这些股票至少获得了18.045号法律所指的两家投资评级公司给出的一等投资等级。

前面所指的最低要求中的概念、计算方法和极限价值等由投资制度调整。证券和保险监管局以及银行和金融机构监管局将负责投资制度所规定的证券的计算并将编订本条g）目所指的、符合要求的股票发行人名录。名录将包括所有不符合前述要求的发行人名单。名录将于每年4月、6月、10月和12月10日前发送至监管局备案。名录可随时增删修改。

就b)、c)、d)、e)、f)、i）和k）目所指的债务工具而言，5款所指的风险评估应当根据18.045号法律的规定划分等级。如果进入国际市场交易，风险评估可由下款所指的风险评估机构完成。

j）目所指债务工具的风险评估应当由国际认可的国际风险评估机构实施，这些国际风险评估机构需是智利中央银行用自己的资金进行投资时所使用的风险评估公司。如果上述债务工具是在国内正规的二级市场交易，风险评估可由18.045号法律所指的风险评估机构完成。

养老基金投资于b)、c)、d)、e)、f)、i)、j）和k）目的债务工具以及g）目的股票时，应当以私有风险评估机构给出的最高风险等级为风险标准。

18.045号法律所指的风险评估机构需于每月前5天向监管局提交一份其受托评估的债务工具和股票的风险评估结果清单以及根据证券和保险监管局要求撰写的、向公众公开的报告。此外，还需视情况，向AFP监管局银行和金融机构监管局提交定期更新的报告。

操作l）目所指的衍生工具时，养老基金可以对冲那些可能影响养老基金的风险为目的，或者其他目的。投资制度将列明衍生工具的操作类型以及操作所涉及的、获准用养老基金投资的目标资产。投资制度可以从通过政策、程序、管理和其他能够提供足够保障的限制性措施为衍生工具操作设定条件。

b)、c）和d）目所指的金融机构应当在智利合法成立，或获准在国内从事经营活动；e)、f)、g）和i）目所指的企业，以及h）目所指的投资基金和共同基金等应当在智利合法成立。

b)、c) 目所指的系列工具以及e)、f)、g)、h)、i)、j)、k) 目所指的工具应当按照18.045号法律的要求在智利证券和保险监管局或者银行金融机构监管局登记注册。

养老基金购买b)、c)、d)、e)、f)、g)、h)、i)、j) 目所指的符合投资制度要求但不符合5、6款的要求的证券时，只要投资被控制在投资制度为其设定的具体界限之内就可以进行。

参加人选择计划退休模式或者临时收益加延后年金收益模式提前退休的，AFP不得用其管理的养老基金购买属于参加人的认缴证明。在这种情况下，AFP也不得购买属于与其有关系的AFP参加人的认缴证明。如参加人选择计划退休模式或临时收益加延后年金收益模式，且与参加人签订上述养老金模式的保险公司是AFP的关系人时，AFP不得购买参加人的认缴证明。

前述限制适用于认缴证明的首次交易，参加人身份根据AFP在正规二级市场实施购买时的情况确定。

养老基金进行下述1)～4) 项投资时，须符合下列各项规定的范围并不得超过央行对各工具规定的最高限额：

1) 2款a) 目提及的投资工具之和：A类和B类基金不得低于30%和高于40%；C类基金不得超过低于35% 和高于50%；D类基金不得低于40%和高于70%；E类基金不得低于50%和高于80%。

2) 同一AFP的各只养老基金在国外投资之和的最高限额为A、B、C、D和E类基金投资上限的总和，或为每类基金的投资上限的总和。

智利央行将同一AFP管理的各类养老基金在外国投资总和的上限将设定在养老基金价值总额的30%～80%。智利央行将每类基金在国外投资的上限设定为：A类，45%～100%；B类，40%～90%；C类，30%～75%；D类，20～45%；E类，15%～35%。

在外国投资是指购买j) 目所指的国外债权、通过投资基金购买的18.815号法律第5条17)～28) 项所指的投资工具，通过共同基金购买1976年1.328号律令第13条的9～11项所指的投资工具。投资制度将规定，在何种情况下通过2款h) 目所指基金进行的投资是在上述范围之内的。

3) 进行未曾经过对冲处理的外汇投资，各类基金的投资范围分别为：A类，不低于30%也不高于50%；B类，不低于25%也不高于40%；C类，不低于20%也不高于35%；D类，不低于15%也不高于25%；E类，不低于10%也不高于15%。E类的最高限额要低于D类，D类的最高限额要低于C类，C类要低于B类。

4) 投资于21款1、2、3、4、6、7项的投资工具以及2款e)、f)、g)、i) 和k) 目所列的、发行人经营年限低于3年的投资工具，投资工具总和的最高限额为A、B、C、D各类基金价值的10%～20%。监管局确定本项的投资限额范围时，可以排除各类基金投资于k) 目所列的投资工具。

对 g）和 h）目列明投资工具的投资、第 48 条 6 款所指合约中的承诺供款额、对 j）目和 k）目中代表资本的投资工具的投资，总额上限比例分别是 A、B、C、D 和 E 类基金价值的 80%、60%、40%、20%和 5%。如组合主要由债权构成，上述这一上限比例不考虑本条 k）目所列的经批准的指数债权的投资以及对 h）目和 j）目所指的投资基金和共同基金份额的投资。投资制度将规定，在何种情况下，由指数债权、共同基金和投资基金份额组成的投资组合将被视为是主要由债权构成的组合。总之，只要法律对某类基金投资于代表资本的工具设定了更高的上限，该类基金对此种工具的投资在组合中的比例就应当更高。

投资制度可以就投资于 2 款中的工具、交易（操作）以及合约根据每只或者所有基金的价值设定上限。此外，投资制度还可以仅仅为投资于各类代表资本的工具设定下限。

但在任何情况下，投资制度必须就下列 1)～9) 点列明的工具或交易设定限度：

1）b)、c)、d)、e)、f)、i)、j）和 k）目所指的工具。涉及 j)、k）目所指的工具时，应为债务工具，且具有 BB、B 和 N—4 的风险等级。涉及其他 b)、c)、d)、e)、f)、i)、j）和 k）目所指的工具时，这些工具只具有私有评估机构作出的一个风险评估结果，且该等级不低于 BB、B 和 N—4，或者其风险评级被风险评估委员会拒绝的。

2）b)、c)、d)、e)、f)、i)、j）和 k）目所指的工具。涉及 j)、k）目所指的工具时，须为债务工具，或者其风险等级低于 B 和 N—4，或者未曾经过风险评估。

3）不符合本条 6 款要求的 g）目所指的股票，风险评估委员会未批准的 h）目所指的共同基金和投资基金份额。

4）流动性较差的：g）目所指的股票，h）目所指的投资基金份额，第 48 条 6 款所指的通过合约承诺的供款数额。

5）通过合约承诺的供款以及投资基金份额支付证明。

6）未获风险评估委员会批准的 j）目所指的股票，投资基金和共同基金份额。

7）k）目所指的任意一种公开交易的投资工具。

8）l）目所指的对衍生工具的操作。在这种情况下，投资制度可以将相关标的资产、交易价值、相对方投资、保险费（如果存在的话）以及第 34 条所指的用养老基金设定的抵押等作为参数设定限值。同样，投资制度可以将衍生品交易纳入本法以及投资制度设定的限值范围。

9）j）目和 m）目所指的、以借出养老基金的金融工具为目的的操作或合约。

投资制度对养老基金通过本条列明的工具进行间接投资的监管。

投资制度将规定 g）目所指的工具和 h）目所指的工具是否流动性差的情形和评判标准。证券和保险监管局每个季度对这些工具的流动性进行核定。

提前告知第十六章所指的投资技术委员会后，AFP 监管局通过决议设立投资制度。监管局不得将投资技术委员会否定的内容纳入投资制度内。同样，监管局的决议应当说明为何在制定投资制度中未采纳投资技术委员会的建议。决议公布之前，财政部国务秘书处须向财政部提请批准。

如因为将债券转换为股票导致养老基金对某种投资工具的投资超过上限，或导致已经超过的部分扩大，相关基金须在3年内将超出的部分消化。

如因为认购增资股而导致养老基金对某种投资工具的投资超过上限，或导致已经超过的部分扩大，相关基金须在3年内将超出的部分消化。

各养老基金公开转让股份，如因受让公开交易的证券而导致养老基金对某种投资工具的投资超过上限，或导致已经超过的部分扩大，相关基金须在3年内将超出的部分消化。

对k）目列指的每种投资工具可以纳入本法或投资制度规定的总体限度之内。是否纳入，由监管局决定。

第46条①

AFP为每只养老基金开立的专门的银行经常账户。

经常账户的存款包括参加人的全部缴费、基金的投资产品以及准备金划转。

经常账户只能用来从事如下业务：购买权证、履行因进行第45条l）款所指的衍生品操作而产生的义务，将基金划转到有养老基金组合管理公司管理的经常账户，支付福利、佣金，实行本法规定的其他转账和转款。为在国内和国际市场投资，经常账户还可以介入正规外汇市场。此外，养老基金组合管理公司可以将根据本法第23条规定受托管理的资金从其管理的养老基金经常账户向AFP管理的养老基金经常账户转账。

附加第46条②

养老基金的资金不得直接或者间接地投入到AFP、保险公司、共同基金管理公司、投资基金管理公司、证券交易所、证券经纪公司、证券代理公司、金融咨询公司、养老基金组合管理公司，也不得投资于根据18.045号法律第3条的规定享有信息公开豁免的体育、教育机构等。

用养老基金购买了第45条g）目所指的公司和45条h）目所指的投资基金的股票、债券或份额后，AFP应当出席g）款所指的公司股东大会、债券持有人大会和h）所指的投资基金供款人委员会。股东大会、债券持有人委员会和h）所指的投资基金供款人委员会应当由董事会指派的代表组成，代表不得行使指派以外的职能。上述委员会和大会要宣布其达成的协议，并在会议纪要中对投票表决情况进行记录。AFP违背上述规定的，将

---

① 详见1990年3月10日颁布的19.964号法律，1995年3月19日颁布的19.415号法律，1995年5月18日颁布的19.389号法律，1999年10月28日颁布的19.641号法律，2000年12月20日颁布的19.705号法律，2002年2月28日颁布的19.795号法律。20.255号法律91条33款修改的本条3款。

② 详见1994年3月19日颁布的19.301号法律，1995年5月18日颁布的19.389号法律，1996年9月3日颁布的19.469号法律，1999年10月28日颁布的19.641号法律，2000年12月20日颁布的19.705号法律，2002年2月28日颁布的19.795号法律。20.255号法律91条32款取消了本条2款，修改了1、2、6款，增加了4、5、7和8款。

根据第 94 条第 8 项进行处罚。

监管局将在一般性规范中规定，在何种情况下可以免除前款为 AFP 设定的义务。

养老基金投资于国家（直接或者通过其企业、放权管理的机构、自治机构、市政机构或任何法人间接地）控股的企业的股票，这些股票符合第 45 条 6 款的条件，两家私人评级公司将其定级为 2 级或者根据下列可能对其收益性产生负面或者实质性影响情况认为其信息不充分，AFP 可以根据 18.046 号法律第 69 条及其他条款的规定撤出投资：

a. 调整企业产品或服务价格或市场准入的法律法规发生变化；

b. 与决定企业生产产品和提供服务时的情形相比，企业的管理部门或企业领导对其产品或者服务价格的决定发生了变化，从而对产品和服务产生实质性的负面影响；

c. 企业的管理部门或企业领导决定购买开展业务必需的原材料或者其他产品或服务，其计入成本的价格高于正常情况下国内外市场上购买同样数量、品质和型号产品的平均价格；

d. 企业进行促进、援助活动或直接、间接地提供补贴，但并未从国家得到足够的资金来支持这些活动，且这些活动在养老基金购买其股票之前并未存在的；

e. 企业根据其管理部门或企业领导的决定实施的任何可能对其现在或未来的收益产生负面影响的其他行为。

前款所指的风险评估需由 18.045 号法律所指的评估公司完成。AFP 可以提出评估申请并承担费用。

用养老基金投资于第 45 条 h）目和 j）目所指的共同基金、投资基金份额的，投资于 j）目所指的指数性投资产品的以及投资计划规定的其他含佣金的投资产品的，APF 监管者、银行和金融机构监管者以及证券和保险监管者每年须作出基于论证的共同决定，规定反映市场价值的共同基金、投资基金及其他发行人可收取的、由养老基金支付的佣金上限。须事先听取 AFP 的意见。如果已经支付的佣金超过了规定上限，超出部分由 AFP 承担。在确定养老基金实际支付佣金数额的程序中，将规定，超出上限的佣金以何种方式、在什么时候归还给养老基金。

AFP 监管局每年需在论证的基础上作出决定，规定反映市场价值的、由养老基金向接受其 AFP 委托其管理第 45 条 j）目所指的权证投资的外国公司支付的佣金上限。为此，须事先听取 AFP 的意见。如实际支付的佣金高出上限，高出部分由 AFP 承担。决定将须确定受托公司向养老基金返还超限佣金的方法和期限。

就养老基金、AFP 向投资基金、共同基金额其他收取暗佣的发行人以及代理公司实际支付佣金情况，监管局须编发季度报告。各 AFP 应按照监管局一般性规范要求的方法和期限，公布实际支付佣金的情况。

第47条[①]

在抵触第45条规定的情况下，同一AFP管理的养老基金的经常账户存款、定期存款、购买银行或金融机构及其子机构发行或担保的债券，总额不得超过央行为所有金融机构设定的唯一倍数乘以相关银行或金融机构或其子机构的总资产。唯一倍数介于0.5～1.5之间。在任何情况下，央行修改唯一倍数后，新设的唯一倍数不得低于设定时实行的唯一倍数。

同一AFP管理的养老基金对租赁企业发行或担保债券的投资总额不得超过该企业总资产的70%。

同一AFP管理的养老基金对期票的投资总额不得超过同一序列的35%。

同样，同一AFP管理的养老基金对同一序列债券的投资总额不得超过该序列的35%。

同一AFP管理的养老基金对第45条2款g）目所指的公司股票的投资总额，不得超过该公司认购股份的70%。认购新股时，最高不得超过发行量的20%。

同一AFP管理的养老基金对银行或金融公司股票的投资总额，不得超过该机构认购股份的2.5%。

同一AFP管理的养老基金对第45条2款h）目所指的投资基金份额的投资加上第48条6款所指的承诺供款合约投资总额不得超过投资基金认购份额和第48条6款所指的承诺购买份额的35%。认购新发行的份额是，不得超过发行量的35%。同一AFP管理的养老基金用于购买第45条2款h）目所指的共同基金份额时，投资总额不得超过该共同基金流通份额的35%。

同一AFP管理的养老基金对同一发行人发行的第45条2款j）目所指的股票，其发行不需要风险评估委员会批准，可在国内二级市场交易，投资总额不得超过认购股份的7%。同一AFP管理的养老基金对同一发行人发行的第45条2款j）目所指的共同基金和投资基金份额，其发行不需要风险评估委员会批准，并可在国内二级市场交易，投资总额不得超过流通份额或者认购份额的35%。

同一AFP管理的养老基金对同一公司发行或担保的债券或期票，投资总额不得超过发行公司资产价值的12%。

同一AFP管理的养老基金对同一母公司及其子公司发行的债券或期票，投资总额不得超过母公司净综合会计资产价值的12%。

在不抵触前述各款规定的情况下，同一AFP管理的养老基金投资于专门发行以可转让的信用凭证担保的债券和期票的股份制公司发行的债券和期票的，投资总额不得超过相

① 详见1990年3月10日颁布的18.964号法律，1994年3月19日颁布的19.301号法律，1999年1月18日颁布的19.601号法律，2000年12月20日颁布的19.705号法律。20.255号法律91条34款替代了1款，取消了2、6、8、10、12、23、24、25、27、28、22、24、25、31和39款，增加了1、2、5～11、13～16款，修改了12、20～23款，并以现在的末款取代了原来的最末2款。

关序列的35%。

各只养老基金投资于第98条h）目定义的由同属于一个集团的企业发行或担保的债券和期票的，投资总额不得超过该基金价值的15%。

在不抵触前述各款规定的情况下，投资制度将针对特定发行人，以各只养老基金的价值或同一AFP管理的全部养老基金的总价值为基础，设定投资上限。

前款所指的投资上限可以视下列情况而有所不同：投资工具的风险等级、股份财产集中情况，证券的流动性，权证投资组合的多样性、发行人存在年限、对冲标的工具金额或者是否符合第45条5、6款的要求情况等。

此外，投资制度还规范养老基金通过第45条2款所指的投资工具发行人进行的间接投资。

投资计划不得针对特定发行人设定投资下限。

如果因为将债券转换为股票导致投资超限，相关基金须在3年内消除超限情况。

如果因为认购增资股票导致投资超限，相关基金须在3年内消除超限情况。

在各养老基金公开出售股份中，如果因购进公开出售的证券导致投资超限，相关基金须在3年内消除超限情况。

针对第45条k）目所指的投资工具发行人设定的限度，比照本法或者投资制度中已经设定相关限度的投资工具执行。等同方式以及使用怎样的限度将由监管局针对每类基金分别作出规定。同样，如果不存在可以用来等同的工具，相关限度由监管局针对每类基金分别作出规定。

为执行本法和投资制度设定的投资限度，第45条j）目和m）目所指的借出的金融工具也视为养老基金的投资。

养老基金的投资超限，或不再符合养老基金投资的初衷，超限部分将计入该基金的特别账户，问题不解决，相关AFP就不得用该只养老基金追加对问题投资工具的投资。同理，如果同一AFP的所有养老基金的投资超限或不再符合既定的投资初衷，这一超限问题不解决，相关AFP不得用这些养老基金追加对同种投资工具的投资。上述规定的实行不得与第45条25、26、27款以及17、18和19款的规定抵触，也不得妨碍监管局实施应有的行政处罚。

投资制度将根据本法以及投资制度设定的投资限度，就消除超限投资和弥补投资赤字设定机制和期限。

对同一发行人的投资超限超过20%的，超限部分应当3年内消除，这一时限从出现超限情况时起算。

养老基金的投资不再符合投资的初衷，相关投资工具应当在出现超限情况后3年内转让。

本法授予央行的权限，央行应需就个案报知监管局后得以行使。

视主管、隶属关系，银行和金融机构监管局或证券和保险监管局应当按季度向养老金监管局提供计算养老基金投资限度的必要参数。

附加第 47 条[①]

养老基金不得直接或间接投资于相关 AFP 发行或担保的证券，也不得投资于由相关 AFP 关系人发行或担保的投资工具。

如各只投资基金的管理公司互为关系人，第 47 条所指的限度视为互为关系人的管理公司管理的所有同一类型的养老基金总投资额的限度，第 47 条所指的限度统共适用于所有类型的养老基金投资时，所有类型养老基金的投资总额等于互为关系人的管理公司管理的所有养老基金投资的总和。在不与上述规定抵触的前提下，养老基金向其股东管理公司投资，不论是直接投资还是间接投资，都不得超过 AFP 认购股份的 5%。

同理，如 AFP 委托其他公司管理部分或全部养老基金组合，第 47 条所指的限度适用于该 AFP 的投资与受托公司用其受托管理的养老基金进行的投资之和。

养老基金投资于由被 AFP 聘用管理 AFP 投资组合的公司发行或担保的证券及由该公司关系人发行或担保的投资工具，由投资制度调整。禁止投资组合管理公司将其管理的养老基金投资于 AFP 或其关系人发行的证券。

第 48 条[②]

所有用养老基金进行的证券交易须在正规二级市场上进行。

在不与前款规定抵触的前提下，养老基金可以在本条界定的正规初级市场上购买第 45 条 a)、e)、f)、g)、h)、i) 和 k) 目所指的投资工具和该条 b)、c) 目所指的系列工具。

AFP 可以用其管理的 A、B、C、D 类基金参与依照 18.045 号法律第二十五章的规定进行的股票公开出售活动。

证券和保险监管局收到 18.045 号法律第 203 条所指的招股说明书 3 日内要将其副本送达养老金监管局。

养老基金可以根据监管局制定的一般性规范参与 18.045 号法律第 130 条所指的自愿性债券救助活动。

AFP 可以以自己的名义为其管理的养老基金签订 18.815 号法律所指的承诺购买并支付投资基金份额的合约，在合约中承诺用其管理的养老基金履行承诺。根据合约进行的供款必须与份额交割同时进行。

---

① 详见 1994 年 3 月 19 日颁布的 19.301 号法律，1995 年 5 月 18 日颁布的 19.389 号法律，1999 年 10 月 28 日颁布的 19.641 号法律，2000 年 12 月 20 日颁布的 19.705 号法律，2002 年 2 月 28 日颁布的 19.795 号法律。根据 20.255 号法律 91 条 35 款的规定，现在的 1 款和末款替代了原来的 9 款和末款。

② 详见 1985 年 1 月 24 日颁布的 18.398 号法律，1987 年 12 月 31 日颁布的 18.681 号法律，1994 年 3 月 19 日颁布的 19.301 号法律，1995 年 5 月 19 日颁布的 19.389 号法律，1995 年 9 月 30 日颁布的 19.415 号法律，1996 年 9 月 3 日颁布的 19.469 号法律，1999 年 10 月 28 日颁布的 19.641 号法律，2000 年 12 月 20 日颁布的 19.705 号法律，2002 年 2 月 28 日颁布的 19.795 号法律。20.255 号法律 91 条 36 款修改了 2、8 和 12 款，增加了 5 款，取消了 8 款。

为执行前款规定，在不妨碍投资基金对其公款人履行认购份额的优先选择权的前提下，只要相关投资基金向所有的 AFP 预先告知将要发行的可以用养老基金购买的基金份额，AFP 就可以签订上述合约。监管局通过一般性规范，以确保各 AFP 在发出承诺购买和支付基金份额的要约时享有均等机会。

承诺购买和支付投资基金份额的合约期限不得超过 3 年，这一期限从相关投资基金在证券和保险监管局进行发行登记时起算。

签署 6 款所指的合约时投资基金份额已获风险评估委员会批准，但在认购份额、提交供款时，如风险评估委员会作出了不予批准的决定，或者相关投资基金陷入清算状态，则向该基金供款的义务随之解除。在这种情况下，已支付的供款不予退回，已经认购和支付的份额依然有效。

养老基金可以直接在发行机构购买由国家金融机构发行的、未曾交易的单行金融工具。养老基金对第 45 条 2 款 h)、j) 目所指的共同基金份额的投资可以直接在发行机构买卖。买卖或者签订本国或者外国发行人发行的融券性（借出证券）金融工具，或者进行第 45 条 2 款 a) 目所指的交易，且交易对方符合风险评估委员会的要求时，视为本条 1 款的例外情况。

为此，需要澄清以下概念：

a) 正规初级市场：发行人和买方为保证交易的透明度，根据预先设定并被双方熟知的交易程序以及双方知情的公共信息，对首次公开发售的产品共同定价。发行人和买方实施共同定价行为的场所即正规初级市场。本法实施条件对正规初级市场需要达到的最低要求作出规定，以确保交易充分透明。此外，共和国财政总署和中央银行的发行场所也属于正规初级市场。

b) 正规二级市场：指买卖双方同时、公开参与相互间交易证券的场所。正规二级市场每日需公布交易量和已完成交易所遵循的价格。

交易第 45 条 2 款 j) 目所指的工具的正规二级市场，由智利央行界定。

c) 单行工具：指单独发行的，不易组成序列的工具。

智利央行将确定哪些正规二级市场属于本法所指的正规二级市场。AFP 监管局将根据本法及其实施条例确定哪些正规初级市场符合用养老基金进行交易的条件，专门用养老基金进行交易的二级和一级市场进行监管，专门对各 AFP 从事的交易或者因为其职务和地位得以获取投资基金信息的人的交易进行监管。AFP 监管局作出上述规定不影响保险监管局的监管权限。为行使监管权，AFP 监管局可以直接要求证券交易所、证券和保险监管局以及银行和金融机构监管局提供有关场内外交易（即便没有任何养老基金、AFP 或者能够获得本款所指信息的人参与这些交易）的信息，有关已被养老基金购买的工具的信息或者可以用养老基金进行投资的工具的信息。养老基金进行交易的正规初级市场的运行由本法的实施条例规定。

AFP 可以通过划转参加人的缴费价值在各基金间实现金融工具的划转，而无须进入正规市场。随后，AFP也可以通过在各只基金间以划转准备金进行金融工具的划转。这两种转账的费用根据第35条的规定确定。

第49条[①]

对养老基金开业后一年内的投资上下限，投资制度可以作出与本法和投资制度不同的规定。

第50条[②]

AFP董事会应当为其管理的不同类型的养老基金制定不同的投资政策，还应当制定处理利益冲突的政策。

AFP应当将利益冲突处理政策提交养老金体系用户委员会和AFP监管局并在网页上公布。

监管局制定的一般性规范中应当包括1款所指两项政策告知监管局和普通公众的方式、审核修改周期和时间。

利益冲突处理政策至少要包括如下方面：

i. 确保适当管理和解决利益冲突的内部管理程序和规范。利益冲突可能涉及AFP的董事、经理、主要行政管理人员和执行人员。

ii. 内幕信息的保密和管理。

iii. 关于养老基金可能投资于其中的股份公司董事选举程序和要求。

不执行上述政策的，将由监管局公之于众，并根据劳动和社会保障部1980年的101号律令第三章的规定给予处罚。

AFP应当在董事会内设立投资和利益冲突委员会，其职能和权限如下：

a）监督执行由董事会制定和批准的投资政策。投资政策需与利益冲突处理政策的规定兼容。兼顾执行本法和投资制度为养老基金设定的投资限度。

b）审查养老基金投资风险管理的目标、政策和程序。

c）检查与养老基金交易衍生品和外国权证有关的事项。

d）制定利益冲突处理政策并提交AFP董事会通过。董事会否决利益冲突处理政策需经多数票同意，并说明否决理由。利益冲突处理政策草案被否决后，应当向监管局提交一份能够证明否决、否决的理由以及董事会提出的修改建议的文件副本。在这种情况下，委员会在利益冲突处理政策草案被否决后15天内，需向董事会提交包含了董事会修改意见的政策草案。未能在15天内提交修改后的草案的，经董事会修改的草案视为通过。

e）对d）目所指政策的正确实施进行监督。

f）向董事会提交年度报告。报告须包括的内容有：本条所指政策的实施情况、对执

① 详见1994年3月19日颁布的19.301号法律。本条由20.255号法律91条37款取代。

② 详见1994年3月19日颁布的19.301号法律。本条是20.255号法律91条38款添加的。

行情况的评估以及对董事会的建议。年度报告须抄送监管局。

g）其他由董事会委托的事宜。

投资和利益冲突处理委员会应当由 AFP 的三名董事组成，由董事会委派，其中两名具有附加第 156 条所指的独立董事的身份。委员会主席由董事会从两名独立董事中指定。

委员会的讨论和决议应当记入会议纪要。

附加第 50 条①

投资制度可以包括用以根据各养老基金组合的风险情况对其投资实施监管的规范。

监管局的一般性推翻可以为 AFP 评估其管理的每一种类型的每一只养老基金的投资组合风险设定程序。一般性规范将确定估算风险的周期以及公开估算结果的方式。

第五章②　关于养老金的融资

第 51 条③

第二章中规定的年老、伤残和遗属养老金用参加人个人资本账户的余额支付。

在不抵触欠款规定的情况下，根据第一次决定发放给具有第 54 条所列情形的参加人的部分伤残养老金由参加人所在的 AFP 支付。

第 52 条④

对年老养老金而言，个人资本账户余额等于参加人累计的资本，其中包括第 53 条所指的贡献累计缴费额，第十五章规定情形中涉及的认缴证明以及补充认缴证明⑤以及参加人根据第 22 条规定从自主储蓄账户转来的存款等。

第 53 条⑥

本法认为，用促进单位表示的补充性供款＝(支付参考养老金的必要资本＋丧葬费)－(截至参加人死亡时或者执行最终确定参加人丧失劳动能力的决定时参加人累计的资本＋

① 本条是 20.255 号法律 91 条 39 款添加的。

② 详见 1987 年 8 月 29 日颁布的 18.646 号法律。

③ 详见 1990 年 3 月 10 日颁布的 18.964 号法律。本条 1、2 款经 20.255 号法律 38 条 5 款修改。本条 2 款经 20.255 号法律 91 条 40 款修改。

④ 详见 1990 年 3 月 10 日颁布的 18.964 号法律和 1994 年 3 月 19 日颁布的 19.301 号法律。

⑤ 用来发放给那些 1991 年 4 月 30 日之前未曾参加强化自行保险，因年老、丧失劳动能力而退休的参加人。这一措施旨在鼓励那些即将退休的人参加到新的养老金体系中。同样，1991 年 4 月 30 日之前退休的旧体系的缴款人如其选择放弃认缴证明，则可以向其所在的 AFP 申请补充认缴证明。补充性认缴证明金额根据参加人及其家属的预期寿命确定，具体由 AFP 计算并送交智利社会保障局（Instituto de Previsión Social，IPS）批准——译者注。

⑥ 详见 1990 年 3 月 10 日颁布的 18.964 号法律和 2004 年 2 月 21 日颁布的 19.934 号法律。本条 1、2 款经由 20.255 号法律 91 条 4 款修改。

认缴证明)。如结果为负值，补充性供款为零。

计算宣布部分丧失劳动能力参加人的补充性供款，参加人在过渡期的缴费以及附加第 65 条所指的留存余额不计入参加人的累计资本。

贡献累计缴费是参加人在个人资本账户中实施了相当于根据第一次决定已付伤残养老金 10%的缴费后其个人资本账户上累计缴费的金额。贡献累计缴费用促进单位表示，等于“伤残养老金金额＋领取伤残养老金月份数÷9”。总之，贡献累计缴费计入参加人的累计资本。

第 54 条[①]

被第一次决定宣布为部分丧失劳动能力的参加人的部分伤残养老金，由 AFP 负责支付。AFP 还须负责向被宣布为完全丧失劳动能力的参加人和死亡但并未退休的参加人的个人资本账户进行补充性供款。本款规定并不妨碍在以下情形，AFP 行使权利，对抗依据第 82 条产生的当事人：

a）参加人处于缴费状态。具有隶属劳动关系的参加人在工作期间死亡或被宣布丧失劳动能力的；或者，独立参加人在发生伤残或者死亡时间前一个月已缴费的；或者，属于第 89 条规定的独立参加人，且具有第 92 条规定的情形的；或者，属于自愿性参加人，且具有 92 条 L 规定的情形的。

b）具有隶属劳动关系的参加人，劳动关系停止或中止，死亡或被宣布丧失劳动能力发生在劳动关系停止或中止月最后一天起 12 个月内的。此外，劳动者在停止或中止劳动关系之前至少有 6 个月的缴费记录。

同样，领取部分伤残养老金的参加人在 3 年内或者第 4 条规定的 6 个月期限内的或者其第二次伤残情况评估决定尚未作出的，如死亡或者根据第二次决定有权领取伤残养老金的，只要可以适用前述 a)、b）目的规定，其补充性供款由 AFP 专门负责。如第二次决定否决了伤残养老金申请或者在第 4 条 4 款所指的 6 个月期限内参加人未能参加约见，除非伤残养老金因参加人死亡而停止发放，AFP 应当承担第 53 条所指的贡献性缴费。

保险合同不得以任何方式改变本条对 AFP 设定的责任。

第 55 条[②]

第 53 条中的必要资本为下述金额的预期现值：

a）第 4、5 条规定的参加人个人及其家属享有的参考养老金总和，从参加人死亡或最终伤残决定宣布时开始起算到参加人本人以及受益人的养老金权利终止；

---

① 详见 1990 年 3 月 10 日颁布的 18.964 号法律。本条 1 款经由 20.255 号法律 86 条 4 款修改。20.255 号法律 91 条 42 款还修改了本条 1、2 款，并增加了末款。

② 详见 1990 年 3 月 10 日颁布的 18.964 号法律，2004 年 2 月 21 日颁布的 19.934 号法律。本条 1 款 a）经 20.255 号法律 91 条 43 款修改。

b）第 88 条所指的丧葬费。

必要资本根据 AFP 监管局、证券和保险监管局共同制定的技术规范、预期寿命和死亡率计算，采用证券和保险监管局根据下款中的折现利率（tasa de interes de actualizacion）。

参照根据本法发放的伤残和遗属年金收益中暗含的平均利率确定折现利率。有效参照期限是死亡或伤残发生前 6 个月中的 2 个月。

第 56 条①

计算必要资本、第一次决定宣布为部分伤残的参加人的部分伤残养老金，参加人本人的参考养老金等于：

a）属于第 54 条 a）或者 b）目情况的，死亡或者有权领取伤残养老金的人，其参考养老金等于基础收入的 70%；

b）属于第 54 条 a）或者 b）目情况的，有权领取部分伤残养老金的人，其参考养老金等于基础收入的 50%。

第 57 条②

基础收入=(第 63 条 2 款规定的方法折现后的应税薪金＋死亡或第一次决定宣布丧失劳动能力或部分丧失劳动能力或全部丧失劳动能力前 10 年申报的收益)÷120。

参加本体系不满 10 年的参加人，发生意外死亡或伤残，基础收入=(应税薪金＋申报收益)÷加入本体系到发生死亡或伤残前一个月所经历的月数。

不满 24 岁加入的参加人，发生死亡或伤残时不满 34 岁的，其基础收入为根据本条 1 或者 2 款的规定计算出的得数按照参加人满 24 周岁以来至发生死亡或伤残时所经历的月数计算出的得数之间，取较大值。

归 18.675 号法律第 9 条调整的公共部门劳动者，1988 年 1 月 1 日前加入本体系的，确定其基础收入只需考虑 1987 年 12 月 31 日后各月的应税薪金和申报收益。如 1987 年 12 月 31 日以前获得应税薪金和收益的月份不足 24 个月，还须加上 1987 年 12 月 31 日之前应税薪金和申报收益，从而使获得应税薪金和收益的月份凑足 24 个月。应税薪金和申报收入须根据第 63 条的规定折现。如无法凑足 24 个月，只需考虑参加后经过的月数。上述应税薪金和申报收益应当被 24 和 1988 年 1 月至发生死亡或伤残时经过月数的较大者除。最后一句话的规定适用于 1986 年 5 月 31 日以后加入的劳动者。

根据 1980 年颁布的 1—3.063 号律令由内政部转入市政管理部门的人员，无论市政管

---

① 详见 1990 年 3 月 10 日颁布的 18.964 号法律，2004 年 2 月 21 日颁布的 19.934 号法律。本条经 20.255 号法律 91 条 44 款修改。

② 详见 1988 年 5 月 28 日颁布的 18.717 号法律，1990 年 3 月 10 日颁布的 18.964 号法律，1993 年 1 月 8 日颁布的 19.200 号法律。20.255 号法律 91 条 45 项，修改了本条 1 款和末款，替代了 2 款，增加了 3 款。

理部门直接管理或者间接通过公司管理的，并决定保留公共部门雇员养老待遇的；由教育部1980年3号律令调整的各大学教职工，且具有3号律令1条规定情形并于1993年1月1日前加入本体系的，计算其前述各款所指的基本收入时，仅需考虑1992年12月31日后各月的应税薪金和收益，如12月31日以后的月份不足24个月，还需用该日期以前的余份补足24个月。各月的应税薪金和收益需根据第63条的规定折现。无法凑足24个月的，仅考虑加入后经过的月数。

对那些在计算基础收入期间已经领取伤残养老金的劳动者，视领取伤残养老金期间领取的养老金、薪金以及申报收益的总和为应税薪金。以这种方式计算得出的应税薪金不得超过产生原始伤残养老金的基础收入。原始伤残养老金用比索表示，比索金额根据支付月最后一天促进单位的价值换算。

为确保本法实施，意外事件指突发的、激烈的、创伤性的，能导致伤残或死亡的事实。

基础收入用死亡发生前一个月最后一天促进单位的价值表示，或者第一次决定宣告部分伤残或宣布全部伤残的前一个月最后一天的促进单位价值表示。

第58条[①]

根据第5条确认的遗属养老金受益人的参考养老金等于参加人本人参考养老金的下述比例：

a）遗属为配偶，其参考养老金为本人参考养老金的60%；

b）遗属为配偶，且与本人共同拥有享有养老金权利的子女的，其参考养老金为本人参考养老金的50%，子女弃权的，比例提高至60%；

c）遗属为配偶，其子女并非出自同本人的婚姻关系，但经本人承认的，其参考养老金为本人参考养老金的36%；

d）遗属为配偶，其子女并非出自同本人的婚姻关系，但经本人承认的，此外，同本人共同拥有享有养老金权利的子女的，其参考养老金为本人参考养老金的30%；

e）遗属为本人父母，且符合第10条规定的条件的，其参考养老金为本人参考养老金的50%；

f）遗属为本人子女，且符合第8条规定的条件的，其参考养老金为本人参考养老金的15%，子女满24周岁并被宣布为部分伤残的，这一比率降至12%。

如两人以上声称为本人配偶，或者本人非婚生子女父母的，从本人死亡之日起，相关比率要除以有权获得相关遗属养老金的人数。

本人死亡时无有权配偶的，上述子女参考养老金的比率将增大到第1款b）目规定的比例，并在各子女之间平均分配。子女的父或母拥有前款d）目权利的除外。

---

① 详见1990年3月10日颁布的18.964号法律。本条1款、末款经20.255号法律85条6款修改，2款由20.255号法律85条6款取代。

第59条[①]

为确保第54条所规定义务的融资，AFP需共同与一家保险公司签订保险合同，保险须足以覆盖以下项目：

a）被第一次决定宣布为部分伤残的参加人的养老金；

b）前述a）目所指参加人在有权根据第二次决定领取伤残保险金后的补充性供款，以及那些被宣布为完全伤残的参加人的补充性供款；

c）a）目所指参加人死亡后的补充性供款；

d）未退休的参加人死亡后的补充性供款，以及

e）a）目所指的参加人无法通过第二次决定领取伤残养老金时的第53条3款所指的贡献性缴费。

本条所指的保险合同须采用统一固定的保险费率，保险费率为参加人应税收益的百分比。在任何情况下，保险合同均不得包括出险率调整、根据收入确定保险比例，以及其他可导致保险费率变化的条款。

如AFP倒闭或清算，在清算期间，根据第29条规定从个人资本账户中扣除的佣金首先要支付本条第1款所指的保险费，而且，相当于保险费金额的佣金不得查封和扣押。根据附加第59条规定赢得招标的人寿保险公司仍负有向清算中的AFP或者相关参加人后加入的AFP支付第一个决定宣布的伤残养老金、相应补充性供款或者贡献性缴费的义务。清算AFP管理的各养老基金收到这些款项享有查封扣押豁免权。

附加第59条[②]

上一条所指的保险以公开招标的方式进行。招标方为所有的AFP，招标行为由本法及相关的招标条件调整，招标条件须符合AFP监管局以及证券和保险监管局一般规范的要求。

招标之日前成立的人寿保险公司均可投标。

投标报价最低的人寿保险公司中标。为避免风险过分集中，确保最大限度地覆盖伤残和遗属风险，可以允许两个以上人寿保险公司中标。

根据参加人性别，保险分组招标。如果每个性别分组超过一个，同一性别的组别随机确定。一般性规范调整招标程序以及对招标条件的最低要求。一般性规范至少要规定：

a）中标标准；

b）向中标保险公司支付的保险费以及对保险提供融资的其他费用的计算方法；

c）在同一次招标中参加人的分组程序；

① 详见1990年3月10日颁布的18.964号法律。本条1、3款经20.255号法律91条46款修改，2款由20.255号法律91条46款取代。

② 本条由20.255号法律91条47款添加。

d）一家中标保险公司最多可以负担多少组别，或可以负担的最大风险是多少；

e）对所有竞标合约而言，招标期限应当一致；

f）对参加投标的保险公司风险等级的最低要求，低于或者等于BB级的保险公司不得参加投标。

用于第17条所指的保险融资的缴费（应税薪金和收益的百分比），统一适用于本体系的所有参加人，与招标中AFP同保险公司之间保险合同规定的保费无关。缴费的计算由1款所指的一般性规范规定。如市场利率发生显著变动、出险率发生显著变动，上述保险合同中的保费可以根据招标条件的规定做相应调整。

AFP应当根据1款一般性规范所规定的方法将用于保险融资的缴费转入中标的保险公司。

如因参加人性别差异导致缴费与保险融资所需的保险费不等，AFP应当根据1款一般性规范的规定将多出的缴费退回到其缴费高出保险费的参加人的资本账户。

第17条所指的用于保险融资的缴费可以包括第82条2款所指的保险费。

在招标期间加入本体系的参加人将被派到4款c）目划分的组别中。

新组建的AFP签订保险合同，需全盘接受现有保险合同设定的权利和义务。

中标保险公司倒闭的，其他中标保险公司承接倒闭保险公司承保的风险，直至倒闭保险公司所签保险合同终止。在这种情况下，承接倒闭保险公司承包风险的公司可以根据1款所指统一规范的规定重新计算第17条所指的保险融资缴费。

第60条①

第一次决定宣布为部分伤残的参加人，只要具有第54条a）或b）目所指情形，AFP将根据附加第65条规定着手向其支付伤残养老金。伤残养老金从宣布伤残之日起支付，在第一次决定执行后到第二次决定执行月或从第一次决定执行后到第4条4款规定的3个月期满时相关人可以行使要求支付权的期间。

第二次决定或者一次终局决定宣布为伤残的参加人或参加人死亡的，且适用第54条规定的，AFP向其个人资本账户进行补充性供款。从第二次或者一次性决定宣布伤残决定执行或者从参加人死亡相关申请提出后，可要求AFP履行这一义务。

前款所指的补充性供款完成后，不得确认与补充性供款有关的新受益人，这些新受益人的养老金权利不受影响。

从第4条4款规定的6个月期满之日开始，AFP应当向参加人账户划入第53条所指的贡献性缴费。贡献性缴费从第二次否决伤残申请的决定开始执行之日起算。

① 详见1990年3月10日颁布的18.964号法律。本条1、2款经20.255号法律91条48款修改。

第六章[①] 关于退休（年老）养老金、伤残养老金和遗属养老金

第61条[②]

符合第3条要求的参加人，被宣布为部分和完全伤残的参加人，一旦第二个决定付诸实施，即可将其资本账户余额用于养老金构建。相关AFP核查情况属实后，对相关利益进行确认并颁发证明。

参加人用资本账户余额养老，可以选择如下养老金模式：

a）即刻年金收益；

b）临时收益加延时年金收益；

c）计划退休；

d）即刻年金收益加计划退休。

附加第61条[③]

参加人或受益人应当在收到本条定义的养老金金额咨询和报价体系提供的信息后，再行选择养老金模式。改变养老金模式的参加人或者遗属养老金受益人，也是用同样的程序。参加人或遗属养老金受益人应当自行选择养老金模式。参加人和受益人可以通过特殊公证委托一名代表专门负责为其选择养老金模式。

选择年金收益的参加人可以接受任何一种由养老金金额咨询和报价体系提供的任何其他一种养老金金额报盘；或者，接受由参加过养老金金额咨询和报价体系的保险公司根据本条13款所指的一般性规范提供的高于本体系提供金额的养老金报盘；或者请求本体系进行竞拍。

如果参加人不作上述选择，可以推迟作出退休决定，除非其向养老金金额咨询和报价体系的咨询是伤残养老金申请引起的，且第一次决定已生效执行。

要进行本条所指的竞拍，参加人应当选择年金收益类型，且至少要指明3家可以参加竞拍的人寿保险公司。只有经参加人指明的人寿保险公司才能参与竞拍。参加人还应当确定最低拍价。最低拍价不得低于这3家保险公司对养老金金额咨询和报价体系报出的最高养老金金额。

参加竞拍的保险公司中，出价高者胜出。如竞拍出价相同，参加人选中的保险公司胜出；如竞拍出价相同，参加人也未作出选择，风险等级低的胜出；如竞拍出价相同，参加人未作出选择，3家公司的风险等级相同，则本条13款所指的一般性规范制定的保险公司

---

①② 详见1987年8月29日颁布的18.646号法律。

③ 详见2004年2月21日颁布的19.934号法律，1990年3月10日颁布的1.964号法律。本条1款经由20.255号法律91条49款修改。

胜出。因竞拍产生的合同，如参加人或受益人不能签署的话，相关AFP应当代为签署。

参加人指定的保险公司中，至少有两家出价，竞拍才得进行。只有一家出价的，参加人可以选择接受其出价，或者选择重新竞拍，或者根据本条3款的规定申请外部报价，或者重新向体系进行咨询。

各AFP、人寿保险公司应当拥有互联的电子信息系统，即养老金金额咨询和报价体系，并通过这一系统进行如下操作：

a）接收并传输参加人提出的养老金金额要求，指出参加人事先确定的年金收益类型。

b）接收并传输各人寿保险公司的年金收益报盘以及各AFP报出的计划退休养老金金额。

年金收益报盘至少应当对参加人指出的年金收益类型作出回应。如参加人未指出其年金收益类型偏好，报盘至少应当涉及简单即刻年金收益（类型a）。参加人随后还可以选择一种或多种年金收益类型。

年金收益报盘应当用促进单位表示，其中的可变内容除外，可变内容可以用证券和保险监管局批准的其他单位或者货币表示。系统发出的报盘应当对养老金金额作出解释，指明通过本体系报盘的参考佣金或费用。如保险公司支付的佣金或费用低于参考佣金或费用时，或不存在佣金或费用时，养老金将依据本条13款所指的一般性规范的规定上调。在任何情况下，实际支付的养老金都不得低于同一保险公司通过体系报出的、基于参考佣金或费用的养老金金额。参考佣金和费用由财政部和社会保障部共同颁布的最高法令确定，并从在《官方日报》公布次月第一天起24个月内有效。满24个月后，如无新的最高法令颁布，原参考佣金和费用仍然有效。

计划退休加临时年金应当用促进单位表示，金额和相关佣金应告知参加人。计划退休的，应当告知参加人第一年的退休金金额、每月佣金额以及随后每年各月的估算退休金金额和佣金额。估算依据是：参加人的预期寿命加3年以及上述退休金和佣金的平均数。估算须根据有效的利率和死亡率表格进行。

c）告知进行咨询的参加人根据b）目得出的每月可得养老金金额。

1997年财政部3号律令第70条a）目所指的、提供养老金咨询服务的银行子机构以及养老金和证券监管局批准的养老金咨询人可以与AFP、保险公司相同的条件加入养老金金额咨询和报价体系。

参加养老金金额咨询和报价体系的AFP、人寿保险公司以及养老基金咨询人应当保证向体系提供全面的、不间断的服务，以便使参加各方能够接收和传输本条所指的咨询和报盘。加入体系，只需根据体系所提供服务的成本结构收取费用。收费应低廉且无歧视性。

参加养老金金额咨询和报价体系的AFP、人寿保险公司以及养老基金咨询人应当对系统信息的完整传输负责。同时应当根据19.628号法律的规定确保信息的私密性，有效地保护个人信息，承担法律赋予的相关责任。

对参加人或其受益人进行欺诈而非法获得财产的，或者未经许可使用参加人或其受益人信息的，或有附加第72条所列情形的，将根据《刑法典》第467条处以刑罚，而且并不因此免除其他应得的法律制裁和行政处罚。

AFP监管局和证券与保险监管局将共同制定一般性规范，对有关养老金金额咨询和报价体系的事宜作出规定。规范至少需要明确，体系必须传输哪些信息，信息的期限，对加入互联系统者的要求，包括与电子数据传输原则相符的安全水平以及报盘者要向参加人提供哪些信息等。

除可以作为自由支配的剩余外，对于参加人实际从个人资本账户转入的资金，人寿保险公司只能以直接或间接的方式向参加年金收益销售活动的中介或者代理支付佣金或费用，不超过转入资金的一个固定的最高比例。这一比例有效期为24个月，从本法生效之日起算。满24个月后，财政部和社会保障部将根据AFP监管局和证券与AFP监管局的要求通过最高法令制定新的比例。AFP监管局和证券与保险监管局的要求须经论证后作出，须考虑相关技术背景，包括被监管机构的技术背景。在要求作出前至少15天内，新的佣金或费用比率及其依据要公示。修改后的佣金或费用比率，有效期为24个月。

人寿保险公司不得向其工作人员、中介、代理及其他参加销售人员给予任何其他可变报酬、酬金、奖金、奖励或任何因为销售或中介销售年金收益而给予的超过前款所指佣金或费用的支付（包括金钱或者实物），也不得为其承担其各自应当承担的费用。人寿保险公司的工作人员因劳动合同而产生的固定和永久性薪金及其他具有普遍性、永久性、统一性和普世性的劳动所得除外。

第一段[①] 关于即刻年金收益、即刻年金收益加计划退休

第62条[②]

即刻年金收益养老金模式：参加人同一家人寿保险公司签订合同。签约后至参加人死亡，保险公司有义务向参加人按月支付收益，并有义务在参加人死亡后，向第5条所指的受益人支付遗属养老金。

前款所指的保险合同应当根据证券和保险监管局的一般性规范进行调整，并且不可撤销。一般性规范更应当明确本保险的养老属性，并使之同其他养老金具有适度的可比性。一般性规范公布前，证券和保险监管局应会商AFP监管局，听取意见。计算收益应当考虑参加人个人资本账户的全部余额，参加人根据6款规定提取自由支付部分的情形除外。不变年金收益以及可变年金收益中的固定部分应当用促进单位表示。可变部分可以用法律、外币或者证券和保险监管局同意的与投资组合有关的指数表示。合同月收益为可变收益的，年金收益中的固定部分应当符合下款的要求，提前退休的情况除外。在提前退休的情况下，合同收益中固定部分至少应当等于前款所指的最低养老金的150%。

①② 详见2004年2月21日颁布的19.934号法律。

参加人签订合约后，如果收益等于或者超过互助性基础养老金，可以选择即刻年金养老金模式。

年金收益保险合同经参加人书面接受人寿保险公司的报盘或人寿保险公司赢得竞拍而成立。保险人应当向AFP提交保单及其他能够证明其符合附加第61条规定的材料。收到保单及材料后，AFP核实参加人是否符合前款规定。确定符合后，应当将参加人个人资本账户上的资金划转到保险公司支付保费。完成本款规定行为的时限，由AFP监管局以及证券和保险监管局通过共同制定一般性规范作出规定。

向相关保险公司划转资金后，合同生效。人寿保险公司成为向参加人及其受益人支付合同约定的年金收益和遗属养老金的唯一负责人。

参加人前述合同年金收益不低于第73条所指的最低养老金150%，且不低于根据第63条规定计算的平均薪金和申报收益70%的，支付保险金后，可以自由支配资本账户的剩余。如参加人被宣告伤残，则考虑不低于其基础收入的70%。

在不与前款规定抵触的前提下，参加人随时可以用上述剩余增加其正在提取的养老金金额。如参加人将上述剩余划转到签署年金收益合同的保险公司，需另行签订保险合同。

选择同根据第60条规定负总支付补偿性供款的同一家保险公司签订年金收益保险合同的参加人或者受益人，即使该保险公司并未根据附加第61条通过系统报盘，也有权与之签订合同，有权要求签约保险公司在无特别保险条件的情况下，向其支付不低于第56条或第58条规定的参考养老金金额100%的即刻年金收益，即刻年金收益的资金来源不考虑个人账户余额中由自主缴费、自主保障性储蓄存款、集体自主保障性储蓄存款以及协议存款组成的部分。参加人作出这一选择，需在相关人寿保险公司根据附加第61条的规定报盘通知发布之日起35日内作出。

附加第62条[①]

即刻年金收益加计划退休模式，是指参加人将个人资本账户余额中的一部分用于购买即刻年金收益，剩余的用于计划退休。采用这种模式后，养老金等于年金收益和计划退休金的总和。只有那些其即刻年金收益不低于互助基本养老金的参加人才得以选择这种模式。

在这种模式下，参加人的养老金不低于第73条所指的最低养老金150%且不低于薪金和申报收益平均数70%（根据第74条计算）的参加人有权提取可自由支配的金额。如参加人被宣布为伤残，则需不低于基础收入的70%。

尽管有第23条3款的规定，选择本条规定的即刻年金收益模式的参加人，如签署了符合前款规定的等值即刻年金收益合同，可以用其剩余的资本账户余额同任意一家AFP办理计划退休安排。

---

① 详见2004年2月21日颁布的19.934号法律。本条1、4款经20.255号法律38条第7点a)、c)目修改。

参加人可以向AFP要求减少计划退休金。如参加人无法参加互助性养老，可以要求AFP调整计划退休金，从而使其年金收益与实际得到的计划退休金之和等于互助性基础养老金金额。

参加人选择了即刻年金收益加计划退休模式的，负责补充性供款的保险公司有签约义务，并有义务支付年金收益。年金收益应当不低于参加人转向保险公司的那部分个人资本账户余额与第56条所指的100%参考养老金之和。为此，资本账户余额包括第62条8款所指的部分。

本条未尽事宜，由退休计划和即刻年金收益规范调整。

第63条①

第62条6款所指的平均薪金=(选择退休金模式前10年当中得到的应税薪金总和+申报收益总和)÷120，前提条件是，实际未缴费月数不大于16。如实际未缴费月数大于16，平均薪金=(选择退休金模式前10年当中得到的应税薪金总和+申报收益总和)÷(120-超过了16的实际未缴费月数)。如上述年份中，参加人根据第一次决定领取伤残养老金，则适用第57条5款规定，且不考虑第57条5款设定的上限。

可以根据已得的薪金和申报收益计算折现值。为此，AFP监管局每月须公布相关的折现因素，折现因素需根据得到薪金或申报收益当月最后一天至折现当天之间国家统计局公布的消费价格指数进行调整。

第二段　关于临时收益和延后年金收益

第64条②

临时性收益和延后年金收益模式：参加人同人寿保险公司签订合同，在合同中约定从将来某日开始，保险公司向参加人按月支付约定的收益。合同中还要约定，参加人的个人资本账户要留存足够的资金以便AFP能够在参加人选择这种养老金模式后、保险公司开始向其支付延后年金收益前向其支付临时性收益。

延后年金收益不得低于首月临时性收益的50%，也不得高于首月临时性收益的100%。

本条所指的保险合同由第62条1～5款的规定调整。执行第62条2款的规定，只考虑用于延后年金收益的个人资本账户余额。尽管如此，各方可以依据下列程序通过协商，提前延后年金收益的支付：

a）降低被保的收益金额，但须遵守第62条3款设定的限度；

b）用个人资本账户余额或自主账户余额支付一笔额外保险费；

---

① 详见1990年3月10日颁布的18.964号法律，2004年2月21日颁布的19.934号法律。

② 详见1987年12月31日颁布的18.681号法律，2004年2月21日颁布的19.934号法律。本条4款经由20.255号法律91条52款修改。本条6款经由20.255号法律38条8款a）目修改。

c）两者合并。

临时性收益是在参加人签订延后年金收益保险和合同，根据与AFP的协议从其留存在个人资本账户中的余额提取的养老金。临时性按年度结算，用促进单位表示，每年分12个月支付。用于延后年金收益的资金转往保险公司后，根据临时性收益的持续时间将留存在个人资本账户上的余额分为各年度等值的份额，然后用劳动和社会保障部及财政部最高法令规定的折现率折现，得出的现金流就是临时性收益。计算折现率过程中，可以考虑诸如年金收益的隐含利率、各只养老基金的平均收益率以及截止到计算时所实行的长期利率等参数。

首次确定折现率后，每年要进行调整，或根据AFP监管局以及证券和保险监管局的共同要求随时调整。

参加人在领取临时性收益过程中，可以选择降低临时性收益金额。如果参加人不符合参加互助性养老体系的条件，也可以将临时性收益调整为与互助性基本养老金相等。

如参加人签订的延后年金收益不低于第73条所指的最低养老金的150%，且至少等于既得薪金和申报收益（根据第63条计算）的70%；如参加人被宣布为丧失劳动能力，则等于其基本收入的70%，且可获得的临时性收益不低于上述延后年金收益的话，其资本账户中超过领取临时性收益必需资金的余额可以自由支配。

第三段 关于计划退休

第65条[①]

计划退休模式：参加人每年从个人资本账户领取退休金，年度退休金用促进单位表示，等于个人资本账户实际余额÷支付每份养老金额必要资本额。参加人死亡后，受益人根据第58条设定的比例领取。

根据第64条4款所指的技术规范和利率、采用AFP监管局会同证券和保险监管局根据本法的实施条例共同制定的方法计算必要资本。计算必要资本要采用AFP监管局会同证券和保险监管局共同制定的死亡率和预期寿命表。AFP监管局、证券和保险监管局每年须交换有关选择计划退休或者年金收益参加人的数据库，用以对有效死亡率表进行调整。

计划退休金每年分为12个月支付。如参加人自筹参考养老金金额高于含有互助支持的最高养老金[②]或参加人不符合参加互助养老条件，年度计划退休金将根据AFP监管局在一般性规范中确定的因素进行调整。这一因素必须能够弱化调整对养老金数额产生的

① 详见1987年12月31日颁布的18.681号法律，2004年2月21日颁布的19.934号法律。本条2、3款经由20.255号法律91条53款修改，本条4款由20.255号法律38条9款a）目修改。

② 含有互助性资助的最高养老金（Pensión Máxima con Aporte Solidario，PMAS）等于基础养老金中无权获得年老互助保障性支持（Aporte Previsional Solidario de Vejez）的部分。年老互助保障性支持是政府提供的一项福利，针对的是符合20.255号法律相关规定的、其基础养老金不超过PMAS的参加人，是对其自我融资养老金的一种货币化补充——译者注。

影响。

参加人可以选择提取较低数额的养老金，如参加人不符合参加互助养老的条件，还可以选择将每月提取的养老金数额等值于互助性基本养老金数额。

选择计划退休的，在确定第一款所指的退休日其资本账款的余额高于法定最低余额时，超过部分可以自由支配。

法定最低余额即保证参加人及其受益人能够按照第58条规定的比例获得第63条所指平均薪金的70%或者当参加人被宣布伤残时，其基础收入的70%的养老金的必要资本。

尽管如此，法定最低余额应当不低于保证支付由国家担保的最低养老金的150%，并足以支付给收益人法定份额养老金的必要资本。法定最低余额指不低于保证支付符合上述条件的养老金所需要的余额，选择无特殊保险条件的即刻年金模式的，应当不低于参加人通过报价和咨询体系选择的每一单位养老金的基础成本。

前两款所指的必要资本根据本条2款的方法计算。

第四段[①] 关于伤残养老金

附加第65条[②]

具有第54条a)、b) 目所述情形的被宣布为部分伤残的参加人，有权根据第一次决定领取伤残养老金，数额用促进单位表示，等于第56条规定的伤残参考养老金。数额低于互助性基础养老金时，且不符合加入互助养老的条件，参加人可以选择利用其个人资本账户的资金将其养老金调整达到互助性基础养老金。

不具有第54条a)、b) 目所述情形的被宣布为部分伤残的参加人，有权根据第一次决定通过退休计划领取养老金，数额等于根据第65条确定的退休金的70%。此项退休金免收第29条2款所指的佣金。参加人根据第二次决定未领取伤残养老金的，不得选择提取资本账户剩余自由支配。

被宣布为部分伤残的参加人，一旦第二次决定付诸执行，参加人可以选择第61条列明的任何养老金模式。但是，向保险公司划转的资金中，不得考虑留存余额。留存余额的意义在于，参加人被宣布为完全伤残，年满第3条指明的年龄或选择第68条的养老金模式后，用于重新计算参加人领取的养老金或者用于为第69条6款规定的新养老金提供资金。同样，残疾人如不符合参加互助养老的条件，则可用于将其养老金提高到等于互助性基本养老金。留存余额等于执行第二次决定日期时个人资本账户余额的30%，包括认缴证明或者补充认缴证明。计算留存余额不考虑第4条3款所指的过渡期缴费。

就留存余额而言，为实现第23条所指的基金类型选择和配置，参加人将不被视为退休人员。

---

①② 详见1990年2月10日颁布的18.964号法律。

第五段[1] 关于遗属养老金

第66条[2]

参加人身份有效期间，遗属养老金受益人可以选择第61条规定的模式领取遗属养老金。选择即刻年金收益、即刻年金收益加计划退休或临时收益加延后年金收益的，需全体受益人同意。未作出上述选择的，所有受益人受计划退休模式约束。参加人本人具有第54条a）或b）目情形的，AFP将第60条所指的补充性供款划入参加人本人的个人资本账户。

选择即刻年金收益模式的，受益人的遗属养老金份额同第58条规定的比例。年金收益合同由第62条的规定调整，但不适用6款的规定。

选择临时性收益加延后年金收益的，延后年金收益由前款规定调整。临时性收益根据第58条规定在受益人中的分配。如各分配比例之和低于或高于100%，须按照加总后的比率重新计算。第一次支付的临时性收益需完全等于延后年金收益。延后年金收益由第64条的规定调整，但不适用第64条末款的规定。

选择计划退休的，各遗属养老金受益人有权得到根据第65条指明的方法计算的养老金，参加人本人领取的养老金要从必要资本中扣除。如受益人为本人子女，享有养老金权利且无伤残的，计划退休金额最多可达本人参考养老金的两倍。这种情况下的计划退休模式不适用第65条5、6、7、8款的规定。

如不存在遗属养老金受益人，残疾人本人个人资本账户的余额计入死亡人财产。

第67条[3]

领取老年养老金、根据第二次决定或一次终局决定领取伤残养老金的参加人死亡后，第5条所指明的受益人获得遗属养老金权利。

参加人死亡前如选择了年金收益模式退休，受益人应将其死讯告知支付养老金的相关保险公司，以便其支付遗属养老金。

残疾人死亡前如选择了临时收益加年金收益模式退休，应根据如下情况，分别对待：

a）如参加人死亡前一直领取临时收益，受益人应当将其死讯告知AFP，以便后者将参加人资本账户余额交由受益人处置。受益人可根据全体一致统一选择参加延后年金收益或者根据上一条4款规定分配参加人本人的临时性收益。如受益人之间未达成协议，将分配参加人本人的临时性收益。

受益人的养老金权利消失后，本人个人资本账户的余额计入死亡人财产。

---

①③ 详见1990年3月10日颁布的18.964号法律。

② 详见1990年3月10日颁布的18.964号法律，2004年2月21日颁布的19.934号法律。本条4款经20.255号法律91条55项修改。

临时性收益期限过后，保险公司开始支付遗属养老金。

b）如参加人死亡前一直领取延后年金收益，受益人应当将死讯告知保险公司，以便后者着手支付遗属养老金。

如参加人死亡前一直领取计划退休金，受益人应当将死讯告知AFP以便后者核实要求行使养老金权利的受益人身份，着手承认相关养老金数额并颁发证明。随后，AFP将本人个人资本账户余额交由受益人处置，处置将按照第66条的规定进行。

如参加人死亡前因部分伤残而领取养老金，且在第二次决定作出后一直领取完全伤残养老金，其资本账户留存余额将用于提高受益人根据第66条规定行使选择权后的遗属养老金金额，但对第66条所指的补充性供款不进行处置。

如参加人死亡前一直根据第一次决定领取部分伤残养老金，具有第54条a）、b）目情形的，AFP应当将第54条规定的补充性供款划入本人的个人资本账户，并需考虑第58条有关第56条b）目规定的参考养老金比率。如参加人不具有第54条a）、b）目的情形，AFP将本人个人资本账户余额交由受益人处置，处置根据第66条规定进行。

第六段　特别规定

第68条[①]

参加人只要就第61条规定的养老金模式作出选择，在符合下列要求的情况下，即使不符合第3条的规定，也可以退休：

a）根据第63条计算，可以获得的养老金不低于所得应税薪金和申报收益的70%；

b）截至选择养老金模式之日，可以获得的养老金不低于第73条指明最低养老金的150%。

为执行前款规定，拥有认缴证明或者补充认缴证明权利的参加人，可以将认缴证明或者补充认缴证明转让，用转让所得以及个人资本账户余额为养老金提供融资。转让可以采用实施条例规定的简单背书方式，或者根据18.876号法律第7、8条的规定对认缴证明进行非实体转让。无论转让方式如何，只能在到期日支付转让价款。

参加人未满第3条规定的法定年龄，也未转让认缴证明、补充认缴证明，但选择了计划退休模式的，只要符合下列条件，也可以退休：

a）养老金根据本条1款a）、b）目的规定进行调整。计算养老金需将个人资本账户实际余额、认缴证明价值、补充认缴证明价值加总后，按照AFP监管局确定的申请退休当日的折现率折现。

b）在认缴证明到期日之前，个人资本账户的余额足以支付根据a）目计算所得的养老

① 详见1990年3月10日颁布的18.964号法律，1995年8月21日颁布的19.404号法律，2004年2月21日颁布的19.934号法律以及2007年6月5日颁布的20.190号法律。本条1款被20.255号法律38条11项b）目修改，4款被取消。

金，即不低于根据实施条例确定的利率折现得出的养老金现金流。

符合本条1款条件的参加人，未满退休年龄申请退休的，不得因伤残退休，AFP因此免除支付第54条规定的因伤残养老金而产生的遗属养老金义务和责任。

附加第68条[①]

参加人从事或者曾经从事的劳动被鉴定为繁重劳动的且不符合上一条1款规定要求的，可以通过依法降低退休年龄的方式退休。实施了附加第17条2%的缴费，每5年可降低两年退休年龄，最多不得降低10年。以这种方式计算，只要参加人退休时其缴费年限满20年或者其在任何养老金体系的工作年限记录满20年的，就可以退休。实施附加第17条所指缴费时间不足5年的，按照2×(补足5年的缴费时间÷5年）的计算结果，降低退休年龄。

附加第69条[②]

超过65岁的男性参加人或超过60岁的女性参加人，或者年老退休或完全伤残退休的参加人，继续被雇用工作的，应当缴纳第84条规定的医疗保险费，但可免除第17条的缴费义务。雇主免予缴纳用于支付第59条所指保险费的缴费。

部分伤残退休的参加人以及处于第4条4款所指的6个月期限的参加人，继续被雇用工作的，应当缴纳第84条规定的医疗保险费以及第17条所指的缴费，雇主应当缴纳用于第59条所指保险费的缴费。

部分伤残参加人如根据第二次决定可领取伤残养老金，同时继续工作的，其作为部分伤残参加人时的缴费用于扩大其个人资本账户的留存余额。留存余额可用于提高附加第65条规定的养老金金额。

退休人员的健康缴费以劳动者的薪金为基础，最高不超过第16条规定的应税上限，参加人正在领取的养老金需从薪金中扣除。

1款所指的参加人自愿选择继续缴费的，缴费将纳入其个人资本账户。

参加人选择即刻年金收益或延后年金收益的，每年在其选择养老及模式的月份可以将其个人资本账户余额转入到向其支付年金收益的保险公司或其他机构，如果参加人重新签订年金收益合同则将资本账户余额转向另外一家保险公司，或者根据第65条的规定选择计划退休模式。

第70条

参加人死亡后，补充性供款已经划入参加人个人资本账户成为个人资本账户余额的组成部分，如有人要求执行遗属养老金权利，但其受益人身份不能及时确定的，AFP需着

① 详见1995年8月21日颁布的19.040号法律。

② 详见1990年3月10日颁布的18.964号法律。本条1、2款经由20.255号法律91条57项修改。

手确认其身份。受益人身份确定后，将被纳入养老金受益人。

遗属养老金开始支付后，如有人要求其养老金权利，但其受益人身份未能及时确定的，最初确定的遗属养老金需重新计算，以保障所有受益人的权利。重新计算每个受益人的遗属养老金金额须按照本法实施条例规定的方法根据参加人个人资本账户剩余额或者保险公司保有的未解付的储备金计算。应当就截止到权利要求日的相关养老金模式下的养老金重新进行清算。从权利要求之日起，新受益人的遗属养老金权利成立。

第七段　一般性规定

第71条[①]

由于参加人退休而可以提取的可自由支配的个人资本账户剩余，须根据《所得税法》第42条计算纳税金额，并纳税。

第72条

参加人死亡后，其个人资本账户或自主储蓄账户余额计入死亡人财产的，低于4 000个促进单位的部分免缴《遗产、遗赠和捐赠税法》规定的税项。

参加人配偶或者婚生或非婚生子女提取前款所指的余额，不超过5 000个促进单位部分，无须出示有效继承权证明。

附加第72条[②]

各AFP应提前一年公布来年满退休年龄的或者其资本账户余额足以支付第68条规定的养老金的参加人及其家属的名单。名单要包括那些已经提交养老金申请的参加人或受益人姓名。AFP应当将公布其姓名的情况提前告知被公布人，后者可以要求AFP不公布其姓名。

发布、宣传名单的时间，名单信息内容及期限以及AFP提前确定哪些参加人即将达到退休条件的方法、向相关参加人告知名单公布的情况以及就公布名单申诉的期限等，由监管局一般性规范调整。

名单有关参加人的信息至少要包括如下内容：

a）参加人姓名、出生日期、身份证号、性别以及住所；

b）受益人年龄、性别及其特征；

c）个人资本账户累计余额；

d）认缴证明金额以及发放日期。

用以调整确定参加人是否可以提前退休的规范，应采用计算计划退休的利率和技术标

---

① 详见2001年11月7日颁布的19.768号法律。

② 详见2004年2月21日颁布的19.934号法律。

准的方法。

此外，存在认缴证明的情况下，还需对其进行贴现，利息按照进行计算时前一个月的上个季度二级市场上认缴证明交易的平均利率计算。

第七章[①]　关于国家担保的利益

第73条[②]

废止。

第74条[③]

废止。

第75条[④]

废止。

第76条[⑤]

废止。

第77条[⑥]

废止。

第78条[⑦]

废止。

---

① 详见2004年2月21日颁布的19.934号法律。

② 详见1987年8月29日颁布的18.646号法律。

③ 本条由20.255号法律第七章5条（临时性规定）废止，但根据20.255号法律过渡性15条的规定，本条对本法62条、附加第62条、64条、65条、附加第65条、68条以及82条参考作用有效期视情况延长至2009年7月或2012年7月。

④ 详见1990年3月10日颁布的18.964号法律，1995年8月4日颁布的19.398号法律，2004年2月21日颁布的19.934号法律。本条由20.255号法律第七章5条（临时性规定）废止。

⑤ 详见1990年3月10日颁布的18.964号法律。本条由20.255号法律第七章5条（临时性规定）废止。

⑥ 详见1990年3月10日颁布的18.964号法律，2004年2月21日颁布的19.934号法律，本条由20.255号法律第七章5条（临时性规定）废止。

⑦ 详见2004年2月21日颁布的19.934号法律。本条由20.255号法律第七章5条（临时性规定）废止。

第79条[①]

废止。

第80条[②]

废止。

第81条[③]

废止。

第82条[④]

国家对第53条所指的补充性供款以及贡献性缴费，第61条a)、b)目所指的年金收益，第54条所指的源自第一次决定的伤残养老金以及第88条所指的丧葬费提供担保。

保险公司因停止支付或宣布破产而不能履行支付上述利益的义务，从而造成上述利益不能完全、及时支付的，由国家履行其未尽的支付义务。AFP监管局须证明保险公司不能履行义务的情况。在这种情况下，国家可以就上述利益的支付进行保险招标。

保险公司因停止支付或宣布破产而不能如约支付第61条所指的年金收益的，或者可能拖后支付年金收益时，国家担保的金额等于互助性基础养老金。停止支付或宣布破产的情况须由证券和保险监管局证明。

前述各款所指国家担保的范围包括补充性供款、贡献性缴费、源自第一次决定的伤残养老金以及保险公司未付的年金收益。

年金收益超出3款所指最高金额的，国家对超出基础互助养老金部分的担保比率为70%。

总之，国家对年金收益的担保每月、每人（参加人或者受益人）不得超过45个促进单位，从中应当减掉已经支付的金额。

保险公司因停止支付或宣布倒闭未支付丧葬费，由国家支付。

国家担保执行后，国家可对执行的担保金额行使担保债权，其担保债权享有《民法典》第2472条6项规定的优先权。

养老金领取者对保险公司的债权享有前款所指法律规定的优先权。

---

① 详见1990年3月10日颁布的18.964号法律。本条由20.255号法律第七章5条（临时性规定）废止。

②③ 本条由20.255号法律第七章5条（临时性规定）废止。

④ 详见1990年3月10日颁布的18.964号法律。2、4款及末款经由20.255号法律91条58项修改。3、5款经由20.255号法律38条12项a)、b)目修改。

第八章　其他与养老金利益有关的特别规定

第83条[1]

已经加入或将选择加入本法规定养老体系的具有隶属劳动关系的劳动者受劳动和社会保障部1981年颁布的150号律令规定的家庭福利和失业补贴计划、1960年颁布的338号律令、16.744号法律有关职业风险的规定或者其他有关劳动保护的法律法规约束。涉及家庭福利、失业补贴以及劳动保护等利益时，已经加入或任何选择加入本法规定养老体系的具有隶属劳动关系的人，仍接受截止到本法公布时负责向其提供相关福利、收取相关费用机构的约束。

由职业病或者劳动事故引发的养老金支付，由国家财政负责，并由旧养老制度中与劳动者从事职业对应的机构根据相关规定进行支付。16.744号法律调整的职业病或劳动事故除外。

由1960年338号律令第129条所指的劳动事故造成公务员残疾的，该公务员有权向国家财政要求养老金。养老金金额等于同等条件下向国家公务员和记者管理局缴费的缴费人可以获得的养老金金额。

第84条[2]

前条所指的劳动者享有16.781号法律和6.174号法律的规定健康福利。

除其他收入和财政资助外，健康福利资金来源于上述劳动者向相关机构实施的相当于其应税薪金7%的缴费，缴费行为由17.322号法律调整。

在不与前述各款规定抵触的前提下，劳动者可以将健康缴费或者高于上述比例的健康缴费交给向其提供健康福利和利益的机构或单位。如劳动者选择高于7%的月缴费额，应当书面通知雇主以便后者从其薪金中扣缴。缴费享有第18条规定的豁免权，豁免权最高为第16条规定的应税最高限额的7%，最高限额根据缴费前一个月最后一天促进单位的价值确定。

前款所指的机构或单位应当是在国家健康基金注册的。

本法授权共和国总统在180日内发布总统令，宣布调整福利提供机构和单位的规范、国家卫生当局实施技术管理的方法、劳动者选择本体系时签订的合同、受益人或国家健康基金使上述机构承担责任的方式及其他运行本体系所需的程序。

---

① 详见1987年8月29日颁布的18.646号法律。

② 详见1981年2月21日颁布的3.626号法令，1982年7月5日颁布的18.137号法律，1985年12月28日颁布的18.482号法律，1987年12月31日颁布的18.681号法律，2001年11月7日颁布的19.768号法律。3款由20.255号法律9条59项修改。

第85条①

本法所规定的养老金一律缴纳7%的健康缴费，但不得超过缴费当日60个促进单位的价值。

缴费用于提供健康福利，负有支付养老金义务的单位须将健康缴费扣缴划入国家健康基金。

选择计划退休或者临时性收益的参加人，资本账户余额用完后，不能加入互助养老金体系的，可以根据有效互助性基础养老金金额计算健康缴费，并缴纳。

第86条②

享有源自1960年338号律令和16.744号法律或其他有关工伤事故、职业疾病法的部分或全部伤残养老金的参加人，应当根据本法第17条和第85条的规定实施缴费。

年满第3条的退休年龄后，前款所指的伤残养老金停止，劳动者可以根据本法的规定退休。

如1款所指的领取伤残养老金的参加人继续工作，则应根据本法第17条和第84条的规定缴费。

第87条③

死于工伤事故或职业病的参加人，以及在根据1960年338号律令和16.744号法律或任何有关工伤事故、职业疾病的法律领取全部或部分伤残养老金期间死亡的参加人，遗属养老金根据上述法律法规而产生。

在这种情况下，参加人个人资本账户累积的资金计入死亡人财产。

第88条④

因婚姻或非婚姻或生养等与死亡参加人发生关系的，如其承担了死亡参加人的丧葬花销，有权从相关资本账户提取相当于15个促进单位的丧葬费。

如承担死亡参加人丧葬花销的与参加人既无婚姻关系，也无父母子女关系的人，仅可以从相关资本账户实报实销，但最多不得超过15个促进单位。

如参加人从保险公司领取年金收益，上述丧葬费由保险公司支付，支付条件同上。

如参加人选择了即刻年金收益和计划退休，AFP和保险公司根据资本账户余额最初在两个机构的分配比例支付上述丧葬费。

---

① 详见1982年12月29日颁布的18.196号法律。本条末款由20.266号法律91条60项添加。

②③ 详见1987年8月29日颁布的18.646号法律。

④ 详见1987年8月29日颁布的18.646号法律，2004年2月21日颁布的19.934号法律。

第九章[1]　关于独立参加人和自愿参加人

第一段[2]　关于独立参加人

第89条[3]

所有不隶属于雇主、从事经济活动并据此获得收入的自然人均可参加本法规定的体系。

独立劳动者首次向AFP缴费后成为本体系参加人，并加入其选择的基金。相关事宜使用第23条3、5款规定。

第90条[4]

独立参加人每月的应税收入为每月向其AFP申报的收入。月应税收入不得低于最低收入，也不得超过60个促进单位。

第91条[5]

根据本章规定加入本体系的，对本法规定的养老金体系享有权利，并享有6.174号法律、10.383号法律和16.781号法律规定的福利。实施第一次缴费后，参加人应当在10.383号法律和16.781号法律规定的健康福利中作出选择。如未选择，本法视其选择了前者。

如劳动者选择了10.383号法律规定的福利，其配偶、子女在符合该法律设定的条件后，有权享有该法律规定的利益，并且不与1979年2.575号律令的规定抵触。如劳动者选择了16.781号法律规定的福利，参加人将享有该法规定的利益，其配偶、子女（未满18岁或者年满18岁但不满24岁，未婚，依靠参加人生活，且正在接受初级、中级和高等教育的）享有该法规定的利益。

截止到参加本体系之日，一直属于家庭抚养利益或失业保障利益体系并实施使之具有家庭抚养利益或失业保障利益体系参加人身份行为的独立劳动者，加入本体系后仍然受家庭福利和失业补助统一体系制度的约束。

---

① 第九章标题经20.255号法律9条61项修改。

② 本段由20.255号法律91条62项添加。

③ 详见1999年10月28日颁布的19.641号法律和2002年2月28日颁布的19.795号法律。

④ 详见1990年3月10日颁布的18.964号法律。

⑤ 详见1983年6月28日颁布的18.255号法律。

第92条[①]

独立参加人须实施第三章规定的缴费，7%的健康缴费。健康缴费由AFP向国家健康基金缴纳。

尽管如此，本章所指的参加人可以选择第84条3款及后续款项规定的健康体系。

如参加人选择加入前款所指的健康体系，并决定支付超过7%的缴费，应当在同相关健康机构签约时明示。健康缴费，在不超过4.2个促进单位的范围内享受第18条规定的豁免权。缴费金额按照缴费前一个月最后一天促进单位的价值核算。

第二段[②] 关于自愿参加人

第92条J

在不与第90条3款抵触的前提下，所有不从事有报酬经济活动的自然人都可以向AFP的自愿缴费个人资本账户缴费。自愿缴费个人资本账户的权利、义务关系由本法第17条1款的规定调整，同时考虑本段的特殊规定。

AFP因管理账户而从自愿缴费个人资本账户收取的补充性缴费等于根据下一条规定的方法确定的收入确定。用于第59条所指的保险费的那部分收入，则以根据下一条规定的方法确定的收入为基础，并不得超过根据本法第16条确定的上限。

相关人签署加入申请后成为本体系的自愿参加人。已经加入本体系的有隶属劳动关系的参加人或者独立参加人，作为自愿参加人的首次缴费标志着自愿缴费个人资本账户的开立并归AFP管理。

法定个人资本账户和自愿个人资本账户应当由同一个AFP管理。

自愿参加人可以自行缴费也可以由别人以其名义缴费。自愿缴费不适用《所得税法》对保障性缴费的规定。

自愿参加人可以选择养老基金类型或者根据第23条规定被配置到相关养老基金类型。

本段所指的参加人可以选择实施本法第21条规定的自主储蓄。

第92条K

自愿参加人每月向AFP实施的缴费额减去相应的佣金再乘以10视为本段所指自愿参加人的应税收入。具体办法由监管局一般性规范规定。应税收入不得低于最低月收入。自愿参加人的应税收入不适用第16条所指的应税上限。

---

① 详见1981年2月21日颁布的3.626号律令，1982年7月5日颁布的18.137号法律，1982年12月29日颁布的18.196号法律，1985年12月28日颁布的18.482号法律，1987年12月31日颁布的18.681号法律以及2002年11月7日颁布的19.768号法律。

② 本段以及92条J、92条N由20.255号法律91条63项添加。

尽管如此，自愿参加人可以根据第19条4款的规定一次性实施多个月缴费。在这种情况下，应税收入根据参加人月度缴费计算。月度缴费等于一次性缴费总额减去相应的补充性缴费再除以12。具体办法由监管局一般性规定确定。如上述计算结果低于对应于最低月收入的缴费，应当调整缴费次数以便使每月缴费额等于与最低月收入对应的缴费额。

第92条L

缴费后一个月起，参加人遭遇的伤残和死亡事故属于保险范围。为确定补充性供款，计算第57条规定的基础收入时需考虑第16条所指的应税上限。

自愿参加人按照第92条K第2款指明的方法实施的缴费，自AFP收到缴费次月起，根据一般性规范的规定，视为按月缴费。前款所指的保险据此执行。

第92条M

如自愿缴费人的配偶为具有隶属劳动关系的参加人，根据《劳动法》第58条规定，其配偶可以通知雇主将自愿缴费人的个人资本账户的缴费、包括补充性缴费从其薪金中扣除。雇主需遵照具有隶属劳动关系参加人的意思，将扣除的金额划入自愿缴费人或其具有隶属劳动关系配偶所在的AFP。如情况属后者，AFP应当将划入缴费划转到自愿缴费人所在的AFP，具体办法由监管局一般性规范确定。第19条有关具有隶属劳动关系参加人缴费的规范同样适用于此类缴费。任何月份当中，如果具有隶属劳动关系的参加人的缴费是通过补贴支付机构实施的，AFP在当月的缴费划转义务中止。

AFP有权就缴费转账收取第20条C意义上的佣金。

以配偶名义实施的缴费并不能使具有隶属劳动关系参加人获得第18条所指的免税待遇。

第92条N

监管局将制定一般性规范调整本段所指的缴费关系。一般性规范至少需要规定：确定补充性缴费的比例、补充性缴费的收取以及缴费的计算等。

第十章　关于管理

第93条

根据本法建立养老基金管理机构监管局（AFP监管局）。监管局为自治机构，具有法人身份，拥有自己的财产，其存在期无限，由专门的组织机构章程规范，并通过劳动和社会保障部与中央政府发生联系。

监管局负责AFP的监督管理，实施本法赋予的职能和权限。

监管局接受共和国审计总署审计，其收入和支出账户接受共和国审计总署审查。

第94条①

除本法赋予的权限和义务外，监管局的一般性职能如下：

1. 批准成立养老基金管理机构（AFP）、第23条12款所指的子机构，根据共和国政治宪法收购AFP股份，批准成立养老金投资组合管理机构并负责上述机构的登记注册。

2. 对AFP的经营、AFP向其参加人提供福利的行为以及养老金投资组合管理公司的经营活动实施监督和管理。

3. 就本体系对AFP、第23条所指的子机构、养老金投资组合管理机构的强制性立法和实施条例进行固定解释，并就上述强制性立法和实施条例制定实施办法。

4. 对准备金的构成、维持、运行和使用进行监督管理。

5. 对养老基金投资以及投资组合进行监督管理。

6. 在不损害证券和保险监管局权限的前提下，制定规范调整与本法规定的福利有关的保险合同，监管规范的实施以及合同义务的履行。

7. 对AFP、养老基金投资组合管理机构以及养老基金实施清算。

8. 依法对AFP、其子机构和养老基金投资组织管理机构实施处罚、吊销执照。AFP子机构不再符合第23条12款规定的时候，可以勒令转让对子机构或者通过子机构进行的投资。监管局勒令转让对子机构或者通过子机构进行的投资前，须正式通知AFP，告知子机构违规的情况，以便AFP得以在收到通知之日起10个工作日内作出申辩并说明申辩理由。监管局实施这一职能，需采用决议的方式，决议须说明依据，并有专人证明。

AFP、其子机构以及养老基金投资组合管理机构可以在收到通知之日起15日内就决议向相关上诉法庭就决议提出申诉，上诉法庭应标明是否接受申诉并查明是否有法律依据。接受申诉后，上诉法庭应在15日内将申诉材料交给监管局。如材料移交完毕或监管局不出庭，上诉法院通知提交相关证明材料，随机选择审理法庭，将案件列入次日审理日程。法庭在30日内宣布审理结果。

就监管局实施的罚款提出申诉的，申诉人应当向法庭支付相当于罚款总额25%的诉讼费。

如申诉被接受，起诉费将被退回。

法定的决定是具有强制执行力的法律文件，如无申诉，从通知之日起或申诉裁决之日起15日后生效。

就本条所指的申诉，监管局官员一般将通过书面材料向法庭陈述情况。书面材料属于

① 详见1981年2月21日颁布的3.636号法令，1985年1月24日颁布的18.398号法律，1994年3月19日颁布的19.301号法律，1995年5月18日颁布的19.389号法律，1999年10月28日颁布的19.641号法律，2002年12月20日颁布的19.705号法律，2002年2月28日颁布的19.795号法律，2004年2月21日颁布的19.934号法律，2007年6月5日颁布的20.190号法律。20.255号法律91条64项修改了本条8项，取代了4项和10项，并添加了16、17、18和19项。

对个人证明的事实进行的法律推理。为确保案件能够得到更好的审理，法庭还可以通知监管局官员口头陈述情况。

监管局免交诉讼费。

因故意或者过失责任导致的罚款，AFP、其子机构、养老基金投资组合管理机构的董事及其代理人负连带责任。对此，相关决议应当说明。相关人可以按照上述规定的方式和期限对监管局的罚款决议提出申诉。

9. 执行相关规范，保障第七章所述的国家担保的实施。

10. 进行必要的技术性研究，促进养老基金体系的发展和巩固，对受益人和参加人获得的养老金质量进行评估。在进行上述研究过程中，证券和保险监管局应当就AFP监管局的要求向其提供有关年金收益养老金模式参加人以及受益人的信息。

11. 对养老基金加入的初级市场和二级市场进行监管、管理；对因为职务、社会地位而有可能获得养老基金投资信息的AFP和个人进行监督管理。AFP监管局行使此项职能不得与证券和保险监管局的权限抵触。

12. 采用适当的方式或者通过其他单位向参加人告知其对养老金体系的权利和义务，以提高养老金服务的覆盖面。

13. 要求根据18.045号法律单独或者联合对AFP形成控股的自然人和法人或者单独持有AFP 10%以上股份的自然人或法人向监管局如实提供财务报告。监管局通过一般性规范规定报告的期间以及内容，要求报告的期间和内容不得超过证券和保险监管局对开放式股份公司的财务报告要求。

14. AFP专门与关系人或通过关系人联合用养老基金进行为期3个月并可以延长3个月的交易，但AFP的财务状况或者其关系人的财物状况可能威胁养老基金的安全时，监管局以决议的方式指示AFP要克制交易，并说明理由。

15. AFP专门与关系人或者通过关系人联合用养老基金进行为期3个月并可以延长3个月的交易，当关系人因连续严重违反相关法律、法规或行政规章而被处罚从而可能威胁养老基金的安全时，监管局以决议的方式指示AFP要克制交易，并说明理由。

16. 为确保养老基金的安全，对AFP转包（委托）的、与其本身业务范围有关的服务进行监督管理。为此，监管局可以要求提供相关文件和信息，或者直接联系AFP的下属部门并获取服务提供机构的档案材料。

17. 对地区和中央医学委员会进行行政监督，下发有关伤残鉴定的操作规范。督促各医学委员履行职能，确定各地区可以设立医学委员会的数量、所需设备。要求各医学委员会提供信息以便实施监督管理。

18. 为确保养老基金的安全，可以向相关AFP下达决议，委派检查员，并向相关AFP说明理由。

委派监察员的期限不得超过6个月，只可延期一次，延长期限不得超过6个月。

委派监察员必须基于如下可能影响养老基金安全从而必须采取紧急措施的事实：

a）多次出现严重违规或被罚款；

b）拒不履行监管局依法发布的规范和命令；

c）董事会董事职务或替代人员职位大量空缺；

d）养老基金管理的内部控制出现严重瑕疵；

e）监管局认为 AFP 违反有关利益冲突、关系人交易或与 AFP 专营业务、其所属企业集团专营业务有关的规范；

f）AFP 申请破产或出现其他不能履行重大义务的情况；

g）AFP 所属的企业集团宣布破产或被强制清算；

h）有事实证明 AFP 或其养老基金的财务报告失实；

i）低于法定最低财产要求或不符合本法有关最低准备金要求。

监察员对 AFP 全部经营活动进行检查，如董事会或其代理人的决议可能使公众对养老基金的安全和稳定产生担忧，监察院有权中止执行董事会或董事会代理人的决议。履行监察职能时，监察员可以要求监管局官员陪同，也可以雇用外部私人顾问，所需费用由相关 AFP 承担。特派监察员以及陪同官员应当对工作中接触到的信息保密，并不得用于为个人或第三者谋取利益的目的。根据财政部 2004 年第 29 号律令第 125 条 2 款的规定，违反本款规定的被视为违背行政道德，且不妨碍其承担其他责任、接受其他处罚。

AFP 可根据本条 8 项的规定就监察员的委派提出申诉。申诉程序不影响委派的执行。

19. 对 19.404 号法律所指的上诉委员会以及人文环境改善委员会进行行政监督，并下发有关繁重劳动评估的操作规范。督促上述委员会依法履行职能。

第 95 条

本法授权共和国总统自本法颁布之日起 90 天内通过劳动和社会保障部颁布法令，规定监管局的组织章程、职能以及权限。

本法颁布之日起 180 天内，共和国总统通过劳动和社会保障部颁布法令对前款所指的章程进行补充，并就监管局的人事配置作出决定。共和国总统行使本法赋予的此项职权时，可以确定监管局人事职位，不归 1974 年第 249 号律令调整的人员工资制度、职工的劳动保障规范以及其他与人事有关事宜。

第 96 条

智利国防保障局以及智利武装警察保障局人员的养老关系不变，有关下款所指的本法未及事项，继续接受国防保障局、智利武装警察保障局以及现行立法调整。

共和国总统将组成委员会，该委员会须在 180 天内提交一部法案，确定前款提及人员中哪些可以参加本法设立的养老体系，怎样加入本法设立的养老体系以及协调本体系与国防保障局以及智利武装警察保障局之间关系的规范。委员会主席由国防部部长担任。

第97条

第2条从1981年5月1日起生效。

第98条①

本法认为：

a）财产：全部资产和可要求负债的差。

b）潜在预估损失：包括企业对BB、B、D、D或E等，或者N—4/N—5级投资工具的投资，或者对无投资等级的企业或投资工具的投资；对A等或者N—2级投资工具的投资的20%，对BBB等或者N—3级投资工具的投资的60%；发行企业或者投资企业直接或通过其他自然人或法人拥有的代表发行企业或者投资企业5%以上的表决权资本以外的投资工具，都计入预估损失，并不考虑投资等级。

c）序列：一次发行的相互间有关联的，在到期日、利率、清场、赎回、担保和调整类型等方面具有相同特征的一整套投资工具。

d）间接投资：养老基金通过第45条2款的投资工具，根据投资制度进行的巨额资产投资。

e）综合资产净值：母公司与子公司之间的资产差额以及根据资产负债总表计算的潜在预估损失。

母公司和子公司根据18.046号法律第86条的外延定义。

f）小股东：直接或者通过其他人持有的股份不超过认购股份10%的人。

g）关系人：采用18.045号法律第十五章的定义。

h）企业集团：采用18.045号法律第十五章的定义。

i）控股人：采用18.045号法律第97条的定义。

j）绝对值：一个数字的正值。

k）自主保障性储蓄存款：劳动者参加获批准机构提供的自主保障性储蓄计划的款项。

l）获批准机构：第20条指明的提供经银行和金融机构监管局或者证券和保险监管局批准的自主保障性储蓄计划的机构，不包括AFP。

m）自主保障性储蓄计划：为执行本法第三章规定由银行和金融机构监管局或证券和保险监管局批准实施的替代性投资和储蓄安排。

n）源自自愿缴费、自主保障性储蓄存款和协议存款的资金：缴费或者存款加上收益。

o）集体自主保障性储蓄计划：为实施本法第三章的规定，由银行和金融机构监管局

---

① 详见1985年1月24日颁布的18.398号法律，1989年5月23日颁布的18.798号法律，1990年3月10日颁布的18.964号法律，1994年3月19日颁布的19.301号法律，1995年5月18日颁布的19.389号法律，1999年10月2日颁布的19.641号法律，2001年11月7日颁布的19.768号法律，2002年2月28日颁布的19.795号法律。b）目被20.255号法律91条65项取代，原f）、i）、j）目被20.255号法律91条65项取消。

或者证券和保险监管局批准的替代性储蓄和投资安排。

附加第 98 条①

监管局、证券和保险监管局共同作出决议，就附加第 61 条所指的养老金咨询和报价体系的监管管理程序作出规定，就由本法调整的并由人寿保险公司实施的利益和养老金支付作出规定，对本法第十七章所指的养老金咨询机构以及第 59 条所指的伤残保险和遗属保险的支付作出规定。

第十一章② 关于风险评估委员会

第 99 条③

根据本法成立风险评估委员会，下文称评估委员会。风险评估委员会具有法人人格、由第 102 条末款所指的款项构成的独立财产。其权限和职能如下：

a）批准或不批准第 45 条 2 款 h）目所指的投资基金、共同基金发行份额，j）目所指的代表资本的工具，应监管局要求，批准或不批准 k）目的代表资本的证券。批准或者不批准进行第 45 条 2 款 l）目所指的衍生工具交易的相对方。

b）根据第 105 条规定，不批准风险评估机构根据 18.045 号法律对第 45 条 2 款 b）、c）、d）、e）、f）、i）、k）目列明投资工具的评级，这些投资工具的两个最高风险等级的评估结果不低于 BBB 等或者 N—3 级。

c）就批准以下内容设立具体程序：第 45 条 2 款 h）目的投资基金份额和共同基金份额、j）目的代表资本的投资工具、k）目的补充性投资工具以及 l）目所指的衍生工具交易的相对方。

d）在国际知名的评级公司对第 45 条 2 款 j）目指明的债权证明作出的评级和第 105 条规定的风险等级之间建立对等关系。

e）在上述 c）目的基础上，对第 45 条 2 款 j）目所指的、在本国正规的市场交易的、代表资本的投资工具的审批设立具体程序。

第 100 条④

风险评估委员会由如下人员组成：

---

① 本条由 20.255 号法律 91 条 66 项添加。

② 详见 1985 年 1 月 24 日颁布的 18.398 号法律。

③ 详见 1994 年 3 月 19 日颁布的 19.301 号法律，1995 年 5 月 1 日颁布的 19.389 号法律，1999 年 1 月 18 日颁布的 19.601 号法律，1999 年 10 月 28 日颁布的 19.641 号法律，1999 年 12 月 20 日颁布的 19.705 号法律，2002 年 2 月 28 日颁布的 19.795 号法律。本条标题经 20.255 号法律 91 条 67 项修改，a)～f）目由现在的 a)～e）目取代。

④ 详见 1994 年 3 月 19 日颁布的 19.031 号法律。20.255 号法律 91 条 68 项替代了 1 款 a)～c）目，并取消了 4 款，用现在的 4 款替代了原来的 5 款。

a）养老金监管局委派的1名官员；

b）银行和金融机构监管局委派的1名官员；

c）证券和保险监管局委派的1名官员；

d）AFP共同选派的4名代表。

风险评估委员会主席经匿名投票从上述人员中选出，任期一年，可以连选连任。副主席的选举适用同样的程序。主席缺席或因故不能出席时，由副主席代其履行职责。

至少需要4名成员出席，风险评估委员会才可召开会议，决议须参会委员绝对多数同意才能通过。无绝对多数产生时，委员会决定是否通过决议。

a）、b）、c）目指明的人员缺席或因故不能出席时，相关监管局要指定其他代表出席。

第101条①

第100条d）目所指成员任期两年，由各AFP根据共同制定的规章选出。

4名成员需具备法律规定的担任开放式股份公司董事的条件，并不得从事证券经纪、代理业务，不得担任证券经纪、代理公司、银行或其他金融机构的经理、行政管理人员或者董事职务。不得是AFP的关系人或合伙人，不得是18.045号法律所指的风险评估机构董事会的行政管理人员或董事。

除上述4名成员外，还须指定4名候补委员，在4名正式委员缺席或因故不能行使职权时代理行使职权。

正式委员或替补委员，如同属于18.045号法律所指的须风险评估委员会批准的投资工具的发行人有利害关系，不得参加与相关投资工具有关的会议，并在相关讨论或通过决议程序中回避。

第102条②

风险评估委员会设立行政秘书处，其职能来自于本法的规定和委员会的具体委托。

委员会委派指定一人担任秘书。秘书是委员会各种活动、讨论、决议的证明人，还是秘书处的司法及非司法事务代表。

委员会将制定规章，对委员会秘书处的运行以及人员设置作出规定。

委员会、秘书处的办公费用由各AFP根据其各自管理的养老基金的价值比例分摊。

第103条③

有关诉诸风险评估的发行人和投资工具的文件、档案，如果不便公开，委员会成员以及在委员会工作的公务员应当保密。违反此项义务的将处以监禁。

禁止委员以及在委员会工作的公务员在相关信息保密期间直接或间接地利用因职务之

---

①③ 详见1994年3月19日颁布的19.301号法律，1995年5月18日颁布的19.389号法律。

② 详见1990年3月10日颁布的18.964号法律，1999年10月28日颁布的19.641号法律。

便获得的信息为个人或第三人谋取利益。保密期间由本法第109条1款规定。违反此项规定的将被处以监禁，并在受刑期间停止公职。

委员会成员、秘书处成员、公务员以及那些对提交到委员会等待审批的投资工具或请求其考虑的风险评级等事宜知情者，如就投资工具是否通过审批公布、散播虚假或导向性信息的，将被处以监禁，并在受刑期间停止公职。这一处罚并不排除其承担相关民事责任。

第104条[①]

应一家AFP申请，第45条2款h）目所指的投资基金和共同基金份额需报风险评估委员会审批，后者作出批准或不批准的决定；应任何一家AFP申请，第45条2款j）目所指的代表资本的融资工具需报风险评估委员会审批，后者作出批准或不批准的决定；应任何一家AFP申请，第45条2款k）目所指的债权凭证（不包括股份公司的债券和股票）须报请风险评估委员会审批，后者作出批准或不批准的决定。批准须根据养老金监管局的决定。

第105条[②]

第45条2款b)、c)、d)、e)、f)、i)、j)、k）目所指的融资工具，如为长期债务工具时，其风险等级如下：

1. AAA等；
2. AA等；
3. A等；
4. BBB等；
5. BB等；
6. B等；
7. C等；
8. D等；
9. E等，现无用以进行评估的信息。

第45条2款b)、c)、i)、j)、k）目所指的融资工具，如为短期债务工具时，其风险等级如下：

1. 1级（N1）；

---

① 详见1994年3月19日颁布的19.301号法律，1995年5月18日颁布的19.389号法律，1999年1月8日颁布的19.601号法律，2002年2月28日颁布的19.795号法律。本条1、2款被20.255号法律91条69项删除，3款被修改。

② 详见1994年3月19日颁布的19.301号法律，1995年5月18日颁布的19.389号法律，1999年1月18日颁布的19.601号法律，2000年12月20日颁布的19.705号法律。20.255号法律取代了1、2、4、5款，修改了6、7款，取消了8款。

2. 2级（N2）；

3. 3级（N3）；

4. 4级（N4）；

5. 5级（N5）。

上述等级与18.045号法律界定的等级对应。AAA等和N—1级为最低风险等级，风险等级随着字母顺序递增，D等和N—4级为最高风险等级。

风险评估委员会在行使99条b）目所指的职能时，应当要求相关发行人提供补充风险评估。补充风险评估应由发行人从18.045号法律所列的私人风险评估机构中选出一家完成。风险评估委员会两名委员认为已发生的事实会对发行企业造成实质性的负面影响并可能改变其发行证券的风险等级时，可以要求进行补充风险评估。

补充风险评估结果提交给风险评估委员会后，风险评估委员会可以凭借多数票否决补充风险评估结果，否决及其理由须记入会议纪要，认为否决理由须保密的除外。风险评估委员会否决最低等级的补充风险评估结果，须5名委员一致同意。

风险评估委员会根据99条c）目的规定，按照委员会自己设定的程序，批准45条j）目所指的代表资本的投资工具。

风险评估委员会应当在本条1款所列的风险等级和国际风险等级之间建立对等关系。有关45条j）目所指的债务工具的风险等级与国际风险等级的对等关系将以协议的形式在《官方日报》上公布，并从公布之日起生效。

第106条[①]

应一家AFP申请，45条2款h）目所指的投资基金和共同基金份额（45条5款所值的份额除外）需报风险评估委员会审批。审批须考虑上述份额是否符合下款列明的要求，根据发行人向监督管理机构历来提交的可以公开的信息作出决定。

审批作出批准的要求包括：投资的多元化是否适当，是否达到了投资目标以及风险评估委员会的其他要求。风险评估委员会的其他要求需在《官方日报》上公布于众。此外，还要考虑批准时基金是否保持了最低投资量。发行人需根据风险评估委员会要求的方式和时间提供评估上述项目所需要的信息。

评价投资基金和共同基金份额是否符合上述要求采纳的概念、定义、计算方法以及各种指标的极限值等，由风险评估委员报请养老金监管局决定，并须在《官方日报》上公布。

委员会根据自己设定的程序，审批第45条j）目所指的代表资本的投资工具。审批程序需要考虑的事项至少包括：国家风险，对发行人及其发行证券进行监督管理的制度体

① 详见1994年3月19日颁布的19.301号法律，1999年1月18日颁布的19.601号法律，1999年10月28日颁布的19.641号法律，2000年12月20日颁布的19.705号法律，2002年2月28日颁布的19.795号法律。20.255号法律91条71项用现在的前3款取代了原有的1～8款，并修改了现在的4款和末款。

系，所发行证券在二级市场上的流动性等。

尽管如此，如第 45 条 j）目所指的在国内正规市场上交易的代表资本的工具（不包括该条 15 款所指的证券），其风险评估须按照风险评估委员会根据第 99 条 e）目规定而设定的程序进行。

第107条①

废止。

第108条②

每月前 5 天，18.045 号法律所指的风险评估机构须向风险评估委员会提交一份债务工具风险评估清单。清单包括风险评估机构上月接受委托并完成的所有风险评估。同时，风险评估机构还须遵照证券和保险监管局的要求，向公众提交相关报告。还须向风险评估委员会附送应当提交给证券和保险监管局或银行或金融机构监管局的定期更新报告。

一旦发现可能影响投资工具的风险等级或影响投资基金、共同基金份额批准的重要信息，上述风险评估机构应当向风险评估委员会和监管局报告，并附送其董事会就重新评估相关工具或份额召开特别会议的情况，这些情况也须报送风险评估程序监督管理机构。

风险评估委员会履行职能、对某个投资工具作分析时，可要求私有评估机构在规定的期限内提交其对该投资工具评定风险的依据。

如发生特殊情况，风险评估委员会必须改变某评估结果时，风险评估委员可以提议对现行协议进行紧急修改。

第109条③

最终协议在《官方日报》上公布以前，风险评估委员会须对讨论情况保密。最终协议最迟须在决定作出的下一个月的第一个工作日公布。公布内容需要包括对第 45 条 2 款 b)、c)、d)、e)、f)、i)、k）目所指的债务工具评定的第 105 条所指的风险等级不予批准的情况，以及对第 45 条 h)、j)、k）目所指的代表资本的投资工具评定的风险等级予以批准的情况，并说明批准或不批准的理由。

应公众请求，风险评估委员会应当向其提供会议纪要，如有理由认为，向公众提交的信息可能对发行人业务产生影响的除外。风险评估机构也可以要求《官方日报》对风险评估依据保密，《官方日报》须申明未公开内容具有保密性质。风险评估机构还可以要求对会议记录以及风险评估依据保密。风险评估委员会可以视情况决定采取保密措施。发行人

① 详见 1994 年 3 月 19 日颁布的 19.301 号法律，2002 年 2 月 28 日颁布的 19.795 号法律。本条被 20.255 号法律 91 条 72 项废止。

② 详见 1994 年 3 月 19 日颁布的 19.301 号法律。本条 1～4 款经 20.255 号法律 91 条 73 项修改。

③ 详见 1994 年 3 月 19 日颁布的 19.301 号法律，1995 年 5 月 18 日颁布的 19.389 号法律。本条 1 款经 20.255 号法律 91 条 74 项修改。

不得自行对风险评估依据保密。除非风险评估委员会要求对风险评估依据进行保留外，风险评估机构不对风险评估依据保密，并须随时根据风险评估委员会的要求，向其提供可能影响风险评估结果的情况。

第110条[①]

如因鉴定或未决事宜，风险评估委员会难以对先前批准的投资工具作出批准或不批准的决定时，要保持现状。能够作出决定时，相关决定要公布于众。

第十二章[②] 关于养老基金可以入股的股份公司

一、关于公司

第111条[③]

不受附加第45条限制性规定约束的股份公司，如符合第45条6款的要求，可以在其章程中写入对本章内容的承诺。

第112条[④]

受本章约束的股份公司应当在章程中写入如下永久性规范：

a）任何人不得直接或者通过其他关系人持有本公司65%以上的表决权股份；

b）小股东持有本公司表决权股份不低于10%；

c）本公司至少有15%的表决权股份由100个以上相互非关系人认购，其中每个人应当至少持有相当于100个促进单位的股份，促进单位的价值由最近一次决算确定。

尽管如此，如果国家财政直接或者通过国企、权力下放机构、自治机构或者市政机构持有公司50%以上的认购股份，只要国家财政或者国企、权力下放机构、自治机构或者市政机构承诺出售30%的股份，根据第124条以及本法其他相关规定签署相关的股权分散协议，视为符合本章要求。如果国家财政或上述机构减持股份或承诺减持超过30%，减持后或者承诺减持后的比率为本法许可的集中持股上限。

在任何情况下，如国家财政或上述机构持有股份超过50%，其中至少10%须由小股东持有，15%要视其持股分散承诺由100名以上非关系人股东认购。用养老基金购买的股份计入上述15%。

① 详见1994年3月19日颁布的19.301号法律。本条经20.255号法律91条75项修改。

② 详见1985年1月24日颁布的18.398号法律。

③ 详见1994年3月19日颁布的19.301号法律。本条经20.255号法律91条76项修改。

④ 详见1994年3月19日颁布的19.301号法律，2002年2月28日颁布的19.795号法律。

第113条①

公司章程中应当明确个人直接或者通过其他关系人集中控制表决权股份的最大比例，但要与国家财政和其他股东的最大集中控股比例有所区别。

第114条②

为确保集中持股不超过第112条以及相关公司章程中的相关比率，公司股份转让时，认购股份必须登记持股人姓名，其名下的股份不得超限。公司需在15天内通知股东将超限股份转让，双方需根据第124条及后续条款的规定签署分散持股承诺。

第115条③

股东持股比率超过章程规定的不得选择增资扩股认购，也不得选择实施18.064号法律第25条意义上的债转股。

第116条④

在不违背第114条规定的前提下，股东大会一旦成立，本章提及的任何股东都不得自行或者代表其他股东行使基于下述原因的表决权：因持有一定比例的股份而拥有表决权，但其持股比例超过了公司章程许可的最高集中持股比例。在这种情况下，计算持股集中比例须将其个人持股比例与其关系人持股比例加总。

那些持股加总后超过公司章程规定最高比率的股东们不得委派任何人做其代表。

国家财政直接或者通过国企、放权管理机构、自治机构或市政机构持有公司股份的，不适用前述各款规定。

第117条⑤

本章所指公司可以要求股东提供必要资料以确定是否存在第98条h）目指明的关系，股东有义务提供上述资料。

如股东为法人，除上述信息外，应公司的要求，法人股东还需要提供其主要合伙人以及主要合伙人的自然关系人的资料。

第118条

在不违背18.046号法律第52条规定的前提下，股东大会常设机构每年应当指派一名

① 详见1994年3月19日颁布的19.301号法律。
② 详见1987年8月29日颁布的18.646号法律，1994年3月19日颁布的19.301号法律。
③④ 详见1987年8月29日颁布的18.646号法律。
⑤ 详见1990年3月10日颁布的18.964号法律，2002年2月28日颁布的19.795号法律。

公司账目监察员，并授予18.046号法律第51条规定的权限。

第119条[①]

本章所指的公司中，股东大会常设机构除需要履行18.046号法律第56条规定的职能外，还需负责审批由公司管理层提交的公司的投资、融资政策，作为公司经营的指导方针。

投资政策至少需要明确投资领域以及各领域的投资上限，明确公司对上述投资领域的控制情况。

融资政策至少需要明确最高负债水平以及管理层在下述事宜上的权限：同债权人就分红进行谈判，提供担保，对公司经营活动至关重要资产的处置等。

此外，投融资政策还需要就下述事宜明确对管理层的授权：签署、修改和撤销购买或者租赁对公司经营至关重要的商品和服务合同。

如国家财政、国企、放权管理机构、自治机构或市政机构拥有公司发行的50%以上的股份，投融资计划还应当包括，公司出售产品和服务的定价标准。在这种情况下，公司章程应当规定，投融资计划通过需要国家财政的赞成票以及剩余股东中绝对多数的赞成票。

第106条规定的内容公布后，从第二次股东大会常务会议开始，通过投融资政策需要达到前款所指的特殊法定人数。如相关承诺已确定在第二次股东大会常务会议后来分散公司25%的股份，只有在分散股份这一天随后召开的那次股东大会常务会议才要求符合前款所指的特殊法定人数。如25%的股份在承诺日期之前完成，分散股份之后召开的那一次股东大会常务会议须符合前款所指的特殊法定人数。

第120条

在不违背18.046号法律第57条的前提下，股东大会特别会议的议题包括：

a）公司执行投融资政策核心财产和权利的转让和担保；

b）对股东大会常务会议批准的投融资计划提出修改。

第121条[②]

为符合本法规定，公司股东大会特别会议关于根据本法第112、113条修改章程的决议须征得公司发行的表决权股份中75%股东的同意。

第122条

公司所有行为以及公司同大股东、董事或执行人或董事、执行人的关系人签订的合约应当事先征得公司董事会2/3董事的同意，并不得违背18.046号法律第44条的规定。

---

① 详见1985年7月5日颁布的18.420号法律。

② 详见1994年3月19日颁布的19.301号法律。

二、分散持股承诺

第123条[①]

废止。

第124条

分散持股承诺应当公证。为分散持股，应明确公司和股东（们）的义务，以及履行义务的方式和期限。

第125条[②]

分散持股承诺在考虑公司资本额以及持股集中严重程度的前提下，可以规定逐步分散持股的期限。

期限从承诺签署之日起算，最长不得超过5年。

第112条2款所指的分散25%持股的期限，最长不得超过3年。

第126条[③]

承诺书主要内容应当在《官方日报》以及在一份全国发行的报纸上公布。承诺事宜须在公司股东登记簿提及，并在签署了承诺书的股东股份认购书边缘载明。

第127条

承诺书主要内容应当包括：

a）签署承诺书的股东以及公司的股份结构；

b）公司资本、股份份数、序列标记、优先股、股票面额、注册资本、实缴资本以及缴全资本的期限；

c）每个股东持股份数，签署承诺书的股东各关系人的持股份数，并须同时指明，签署承诺书股东各股东关系人持股数量在公司认购股份当中的比例；

d）签署承诺书股东的义务；

e）逐步分散持股的期限。

第128条

如股东不能完全、及时履行其承诺的义务，公司应当在动产证券交易所出售达到持股分散所需的股份，相关费用和风险由不履行义务的股东承担。所得价款，扣除转让费用

---

①③ 详见1994年3月19日颁布的19.301号法律。

② 详见1985年7月5日颁布的18.420号法律，1994年3月19日颁布的19.301号法律。

后，交付相关股东。

执行前款规定，不妨碍执行承诺书规定的其他分散持股方式和处罚方式。

第 129 条[①]

废止。

第 130 条[②]

废止。

第 131 条[③]

废止。

第 132 条[④]

废止。

第 133 条[⑤]

废止。

第 134 条[⑥]

废止。

第 135 条[⑦]

废止。

第十三章　关于养老基金债券、证券的托管

第 136 条

18.876 号法律关于证券存托的规范，在不同本章规定冲突的情况下适用于养老基金存托和 AFP 存托。

---

① 详见 1994 年 3 月 19 日颁布的 19.301 号法律。

② 详见 1994 年 3 月 19 日颁布的 19.301 号法律，2002 年 2 月 28 日颁布的 19.795 号法律。本章第三段和本条被 20.255 号法律 91 条 77 项废止。

③④⑤ 详见 1994 年 3 月 19 日颁布的 19.301 号法律。本条被 20.255 号法律 91 条 77 项废止。

⑥ 本条被 20.255 号法律 91 条 77 项废止。

⑦ 详见 1995 年 5 月 18 日颁布的 19.389 号法律。本条被 20.255 号法律 91 条 77 项废止。

第137条

存托养老基金证券的视养老基金为存托人，存托企业有义务将每个养老基金存托人的账户和AFP存托人的账户分开管理。

第138条[①]

养老基金存放在存托企业的证券享有查封扣押豁免权，不可就存托证券设立质押或实体权利，也不可执行保护措施。

前款规定不影响用存托证券为第45条l）目所指的衍生工具交易设立担保。

第139条

各AFP不可用养老基金购买应税的、可以被禁止或查封扣押的证券。

第140条

AFP需按照监管局通过一般性指示确定的时间和条件向其通告在本国或外国证券存托企业、18.045号法律第十九章所指的清算所（camara de compensacion）以及中央银行存放的组合价值。证券存在存托企业的，AFP随时应监管局要求，向其提供存托企业根据18.876号法律第13条规定开具的由其管理的组合价值。

第141条

存托企业和清算所有义务在监管局要求的期限内，向其提供有关存托证券的信息，同养老基金和AFP的存托业务往来以及有助于监管局实施监督管理的其他必要信息。

为有助于监管局监督管理，存托企业和清算所有义务将养老基金及其准备金投资的账户、登记或文件交由监管局处置。

第142条

AFP应当参加18.876号法律第三章所指的存托人大会。大会决议应当场宣布并将投票情况记入会议纪要。有悖本款规定的将根据第94条8项规定的方式处以罚款。

第143条

存托企业因发生18.876号法律第37、38条规定的情形而被证券和保险监管局吊销执照后，证券和保险监管局最迟应当在吊销执照令公布后次日通告AFP监管局。AFP监管局须指令被吊销执照的存托企业将由其托管的证券组合临时交给中央银行或其他证券存托

---

① 详见1995年5月18日颁布的19.389号法律，2000年12月20日颁布的19.750号法律。本条2款经20.255号法律91条78项修改。

企业。

第144条

存托企业解散也适用前款规定。证券和保险监管局最迟须在存托企业解散事实发生后次日告知AFP监管局。

第145条

如有债权人要求存托企业破查，法官应当根据18.876号法律第41条的规定，通知监管局。

如证券和保险监管局根据18.876号法律第41条在报告中表示，相关存托企业不可能履行债务或者不能在规定期限内作出决定，AFP监管局责令将养老基金的证券临时存放在中央银行或者其他由监管局指定的存托企业，从而把这些证券从破产财产中隔离。

第146条

各AFP最多可以直接或间接持有证券存托股份公司认购股份的7%。

第十四章[①]　关于利益冲突的监管

一、关于AFP的责任

第147条[②]

AFP应当极尽所能保证养老基金投资安全和适当的收益。在履行职能过程中，服务于养老金利益是AFP的唯一宗旨，AFP要确保所有用养老基金进行的证券买卖符合这一宗旨。

义务不履行造成养老基金损失的，AFP将负普通过失责任。

为避免养老基金因所持债务工具未得偿付而遭受损失，AFP可以采取交易、承诺、司法协议和法外协议、调节、延期或展期等措施。同样，AFP可以参加债权人大会或其他类型的竞标程序，并行使发言权和表决权；如果债务人是AFP的关系人，AFP只能行使发言权。

AFP受托管理养老基金组合的，须对养老基金的任何损失承担责任。

第148条[③]

本法明确授权给AFP，AFP可以对任何有损于其管理的养老基金的事物作出反应。

---

①② 详见1994年3月19日颁布的19.301号法律。

③ 详见1999年10月28日颁布的19.641号法律。

AFP所在地的初审法庭有权审理赔偿案件，赔偿事宜适用《民事诉讼法典》三卷十一章规定的快速审判程序。

第149条[①]

AFP的董事、工作人员以及向其提供服务的人员，因行使或者疏于行使第147条和第150～154条所指的行为，从而造成养老基金直接损失的，AFP要对养老基金进行赔偿。参加上述行为的人须承担连带责任，包括实际损害和潜在损失。根据上述责任，监管局可以将养老基金可以获得的赔偿计入其收入。获得赔偿的法律行为由相关的初审法官主持。初审法官主持有关赔偿的法律行为，依据上条所指的程序。

第150条[②]

为实施本条规定，遵守第154条设定的禁止项目，监管局采用一般性指令的方式，规定AFP就其自身进行的交易、同关系人发生的交易和与其管理的养老基金发生的交易应当保有怎样的信息和记录档案。AFP着手就一只投资工具进行交易时，须记录是以自身的名义还是相关养老基金的名义进行交易。

AFP外部审计人员应当就AFP的内部控制机制、记录用养老基金实施交易的时间、来源和目的的档案等作出声明。AFP采取的内部控制机制旨在忠实履行本条的规定，遵守第154条设定的禁止项目。

第151条[③]

AFP的董事、控股人股东、经理、管理层以及任何因职务或地位可能接触到养老基金投资信息的，该信息尚未正式向市场公开，从信息的性质判断，该信息能够对养老基金投资的证券价格产生影响的，上述人员应当对信息保密。本款所指人员受18.045号法律第166条的约束。

禁止上述人员直接或者间接地利用保密信息买卖证券，为个人或者养老基金以外的他人牟利。

参加养老基金持有、购买或转让投资工具的人员，除利用或代表AFP或养老基金或者AFP账户参与持有、购买和转让交易的人员外，不得将决定告知他人。

第152条[④]

禁止AFP购买那些养老基金可能购买的股票和投资基金份额。禁止AFP参与养老基金持有、购买或转让资产的人员，那些因职务或地位了解养老基金所做交易的人员购买

---

①④ 详见1999年10月28日颁布的19.641号法律。

② 详见1999年10月28日颁布的19.641号法律，2002年2月28日颁布的19.795号法律。

③ 详见1999年10月28日颁布的19.641号法律。本条1款经20.255号法律91条79项修改。

18.045号法律第162条所指的低流动性资产。

如AFP已经投资于前款所指的资产，应当从养老基金可以购买该资产之日起一年内转让。只要AFP将其作为自己的投资持有，将被禁止使用任何一只养老基金购买这些资产。

第151条和本条所指的人员及配偶购买了养老基金可以购买的资产后，应当在实施交易次日起15日内告知监管局，直接从发行机构购买银行和金融机构长期存款的除外。同样，监管局可以要求上述人员及配偶提供有关本条所指交易的信息。上述交易指在养老金可以交易之前12个月内完成的交易。

附加第152条①

AFP应当向监管局报告其管理的养老基金之间在第48条所指的正规二级市场上交易的情况，报告期限由监管局一般性规范确定。

第153条②

为AFP及其养老基金管理组合的职能，特别是就投资工具作出的持有、购买或转让的决定等与管理其他组合的职能不能兼容。此外，违背此禁止规定的AFP及其执行人员，视其对相关养老基金造成的损失承担相应的民事责任，同时不妨碍根据本法对其实施行政和刑事处罚。

为实施本条规定，本法视接受第三者委托用第三者的资金进行投资并对所实施的投资实施管理的行为是组合管理。

同样，买卖AFP提供的服务同买卖AFP所属的企业集团的任何单位的产品、服务不得兼容。

在任何情况下，AFP的总经理、商务经理、投资经理以及商务和投资方面的执行人员、销售代理不得在AFP所属的企业集团的任何其他单位兼任类似职务。

AFP接待公众的下属部门不得与AFP所属企业集团的任何其他单位兼容。

如AFP向其所属的企业集团的任何其他单位提供了参加人个人信息数据库信息，相关单位将连带承担19.628号法律第23条设定的责任。

二、禁止AFP从事的行为

第154条③

在不与上述条款抵触的前提下，本法认为AFP下述作为或不作为有悖本法规定：

---

① 详见1999年10月28日颁布的19.641号法律，2002年2月28日颁布的19.795号法律。

② 详见1995年5月18日颁布的19.389号法律，1999年10月28日颁布的19.641号法律。本条3、4和6款由20.255号法律91条80项添加。

③ 详见1999年10月28日颁布的19.641号法律。本条g)、l) 目经20.255号法律91条81项修改。

a）利用养老基金的财产直接或间接谋取不正当利益；

b）除本法明确授权的佣金外，向养老基金收取任何其他服务费的；

c）利用对养老基金即将实施的交易的了解为个人或他人牟利的；

d）除代表AFP必须参加交易的人外，在养老基金进行购买、持有或者转让资产交易之前，向任何其他人透露养老基金购买、转让或保持资产交易信息的；

e）养老基金转让资产，AFP在5日内购买这些资产，所付价格低于转让资产前一天正规市场的加权平均价格的；

f）养老基金购买资产，AFP在5日内售出这些资产，出售价格高于购买资产前一天正规市场的加权平均价格的；

g）养老基金购买或转让财产，AFP自己作为买方或卖方参加交易的；

h）AFP转让或购买资产的利润高于同一天养老金转让或购买资产利润的，交易完成后两天将差价交给养老基金的除外；

i）为履行同所属企业集团其他单位的义务而对参加人或受益人的利益打折扣，有悖于社会保障以及本法规定的宗旨的。

为实施本条规定，AFP这一表述包括任何参与养老基金投资决策的人，因其职务或地位关系可以接触到养老基金投资信息的人。此外，资产这一概念包括同一发行人发行的，同一系列、同种类型、同种级别的资产。

尽管可能被诉诸民事、刑事、行政责任和被请求损害赔偿，任何有悖于上述禁止行为的合同和契约均视为有效。

三、AFP在养老基金投资于其中的企业董事选举中的表决权

第155条①

养老基金投资于其中的企业，如董事据以当选的多数票是AFP提供的，当选董事应当在监管局备案后再行行使董事职能。监管局将通过一般性规范，规定备案要求，并对办案程序进行监管。上述一般性规范需是在第十六章所指的投资技术理事会的报告中得到积极评价的。备案被拒绝可以根据第94条8项的程序及本条规定提出申诉。养老基金投资其中企业的董事会选举中，AFP不得对具有下属情形的人投赞成票：

a）是该企业的大股东或大股东的关系人，通过直接、间接的方式，或者通过共同行动能够决定多数董事人选的；

b）是企业的股东或股东的关系人，连同AFP的选票可以决定多数董事人选的；

c）是AFP的股东且直接或者间接持有AFP认购股份10%的，或者是其关系人的；

d）是AFP的董事或执行人员或者该AFP所属企业集团任何企业的董事或执行人员。

① 详见1995年5月18日颁布的19.389号法律，2000年12月20日颁布的19.705号法律。本条1款被20.255号法律91条82项替代，3款被修改。

在不与a）目抵触的前提下，AFP可以投票支持其养老基金投资于其中的企业所属企业集团其他企业的董事参加董事会选举，但被支持者需符合如下条件：

a）参与同一企业集团旗下一个或者多个公司的董事会是其与企业集团控股人的唯一关系；

b）并不是因为得到企业集团控股人或者关系人决定性的支持才得以参与a）目所指的同一企业集团旗下一个或者多个公司的董事会的。

本法认为，决定性支持是指如果没有来自于某些自然人或法人或自然人、法人关系人的选票，该董事原本不可能当选。AFP不得对18.046号法律认为的非独立参选人投赞成票。

股东大会选举出董事会成员之日起45个工作日内，监管局可以就当选董事是否符合本条规定作出声明，并决议哪些当选董事是因AFP提供的多数选票当选但因故不能任职的（无资格），哪些需要离职，并说明理由。声明内容须通告为相关董事投支持票的AFP。

因故不能任职的董事，如有替补人员，替补人员可暂时代其履行职务。如果无替补人员，董事会应当指定一名能够任职的人员替代。

投票支持因故不能任职董事的AFP可以就监管局的声明提出申诉，申诉遵循第94条8项的程序。申诉未解决前，董事会不得指定人选替代因故不能任职的当选董事。

如未发生申诉，或者驳回申诉的决定已经执行，替补董事将正式就任。在其他情况下，最终能够任职的替代董事需由董事会从投票支持被替代董事的AFP提出的3名候选人中指定。指定须在监管局认为当选董事无资格任职决定或驳回申诉决定执行之日起15日内完成。被指定替代董事的期限等于当选的任职无资格董事的任期。

如当选董事在任职期间失去任职资格，监管局将通过决定说明其不能任职的情况，要求其离职，并通知相关AFP、其任职的公司以及本人。其职务将由根据前述各款规定指定的替代董事履行。

公司董事会当中，如有董事失去任职资格，但是在其失去任职资格的情况未经监管局决议宣布的，董事会通过的决议仍为有效决议。

监管局将通过一般性规范，对AFP声明4、8款内容应当遵循的程序作出规定。

各AFP之间或者联合那些不受本条限制性条件约束的股东联合参加选举。但对其选出一名或多名董事的公司，不得从事任何具有参与或干预其管理的行为。违者将由监管局根据本法施以处罚。

参加选举当中，AFP受如下规范的约束：

a）AFP董事会应当确定需要其代表投赞成票支持的候选人名单，并指出，如基于养老基金的利益而投票选举名单外候选人的，应当遵守哪些规则。这些内容应当记入董事会会议纪要并说明理由。

如AFP的代表投票支持名单外候选人，在下次董事会上，该代表应提交一份书面报告，说明投票的理由和投票时的情形。报告以及董事会对该报告的意见应纳入会议纪要。

b）AFP 代表有义务在选举中大声表决并将其纳入股东大会纪要。

四、关于 AFP 董事会选举

关于董事

第156条[①]

除 18.046 号法律第 35、36 条规定的无资格任职的情形外，下述人员不得担任 AFP 董事职务：

a）银行或其他金融机构、证券交易所、证券经纪机构、投资基金管理机构、共同基金管理机构、保险公司或者 AFP 的执行人员；

b）a）目列举的所有机构的董事，以及 AFP 所属企业集团的其他本国或外国企业的董事。

执行人员是指经理、副经理、具有代表企业或者具有就企业的业务作出决策权限的人。

对 18.046 号法律第 36 条 1、2 项所指的人员而言，本条规定的无任职资格的期限为任职期满后 12 个月。

附加第156条

AFP 董事会至少由 5 名董事组成，其中 2 名必须为独立董事。

独立董事是指同 AFP 以及同一企业集团的任何其他企业及其控股人、执行人无任何关联，不可能与其产生利益冲突，从而能够作出独立判断的人。

本法认为，近 18 个月来的任何时期具有如下任何情况的人，都不具备独立董事资格：

a）同前款所指人员保持任何关联、经济利益或某种职业、信贷或商业方面的隶属关系，其性质和数量根据本条所指的一般性规范判断属于重大的；

b）是前款所指人员的配偶，或者同前款所指的人员具有二代内直系血亲或一代旁系血亲关系的；

c）直接或者间接持有向前款所指人员提供过标的金额重大的法律或咨询服务的企业 10%以上股份的，是该企业的合伙人或股东的，在向前款所指人员提供过标的金额重大的法律或咨询服务的企业担任过董事、经理、管理人员以及主要执行人的，或曾担任外部审计的；

d）直接或者间接持有向 AFP 提供过金额重大的商品或者服务的企业 10%股份，是合伙人或股东的，在该企业中担任过董事、经理、管理人员以及主要执行人的。

---

① 详见 1995 年 5 月 1 日颁布的 19.389 号法律。本条 2 款经 20.255 号法律 91 条 83 项修改，3 款由 20.255 号法律 91 条 84 项添加。

为执行本条2款规定，本法认为，根据18.046号法律作为独立董事参与AFP董事会的人具有独立董事资格。

参选独立董事，候选人应当由代表公司1%以上股份的股东推荐，推荐须股东大会召开董事选举会议前10天内完成。推荐的候选人名单中，应当包括独立董事替补人员名单，以便在独立董事缺席或因故不能行使职权时代其行使职权。替补人员应当完全符合本法对独立董事的要求。候选人及其替补人员至少要在召开选举会议前两天向总经理提交一份声明，宣誓自己符合上述对独立董事的要求。

选举期间仍然担任独立董事职务的人仍然可以作为独立董事候选人参选。

不再符合独立董事要求的人，自动失去任职资格。

符合上述独立董事条件且得票最多的两名候选人当选。

监管局将通过一般性规范，对照本条的规定判断相关人员是否具有独立资格。规范内容应得到第十六章所指的投资技术委员会的肯定。

董事的职能

第157条[①]

AFP的董事在利益冲突，特别是如下事项方面作出声明：

a）AFP参加养老基金投资其中的企业董事选举的政策和表决；

b）防止违反第147～154条规定的内部控制机制；

c）指定外部审计员的建议；

d）指定AFP负责养老基金向外国投资的负责人；

e）养老基金一般性投资政策；

f）养老基金同AFP关系人交易的政策。

五、处罚及程序

第158条

个人或集体实施或签署任何违反第147～154条规定的行为或契约，将根据AFP监管局组织机构法和本法给予处罚。

第159条

AFP的董事、经理、受托人、清算人、交易终端的操作人以及工作人员，因其职务或地位利用18.045号法律第二十一章所指的内部信息的，将被处以监禁。

---

① 详见1999年10月28日颁布的19.641号法律。

a）个人或者通过其他人经营或交易公开出售的证券为个人或其他人谋取金钱利益的；

b）向负责利用或者代表养老基金从事公开出售的证券的收购或转让交易以外的人散布有关养老基金投资决策信息的。

负责养老基金组合管理的从业人员，特别是负责养老基金及相关的 AFP 购买、持有或转让投资工具决定的从业人员，自行或通过他人同时管理其他投资组合的，以及任何具有上述身份的人从事违反第 154 条 a）、c）、d）、h）目规定行为的人，将处以同样的刑罚。

第十五章[①] 关于个人资本账户管理招标

第 160 条

监管局自己或者通过委托第三人可以就管理本条 4 款所指的人的个人资本账户招标。第 161 条所指的单位均可参加招标。满足本章规定条件的、出价最低的单位中标。

招标每 24 个月一次。监管局也可以视某一阶段的具体技术情况不按每 24 个月一次的频率招标。监管局须就不招标的技术情况作出决议，并说明理由。

从参加人加入 AFP 之日起停留在特定 AFP 的时间由招标条件规定，但最长不得超过 24 个月。

中标后 6 个月内，所有在未来 24 个月内参加本体系的人，应当加入中标的 AFP，在 AFP 停留的时间为前款所指的期限。以上规定不得与第 65 条 2 款的规定抵触。

第 161 条

现有的 AFP 以及国内外非 AFP 法人均可参加招标。国内外非 AFP 法人参加招标的，须持 18.064 号法律第 130 条所指的养老金许可证明，经监管局同意，并符合作为 AFP 中标的技术、经济、财务和法律要求。这些要求在第 166 条所指的一般性规范中确定。参加招标的国内外非 AFP 法人是否符合要求事先由监管局确定。

第 162 条

招标由招标规则以及本法确定的规范调整。劳动和社会保障部以最高法令的形式批准招标规则。招标规则应在支付投标费之前置于有投标意向的人的可及之处，投标费由监管局确定，并上缴国家财政。投标规则至少应当包括以下内容：

a）每年参加体系的人数及其平均收入；

b）投标期限和方式；

c）投票保证金金额；

① 第十五章、第十六章、第十七章标题由 20.255 号法律 91 条 85 目添加。

d）履约保证金金额；

e）诚实履约保证金金额；

f）参加人停留在中标 AFP 的时间；

g）佣金报价的有效期间；

h）中标程序和机制以及平局的解决；

i）中标结果的通告方式和期限；

j）非 AFP 中标单位开始经营的日期；

k）代理机构和地区分支机构的准备期限；

l）作为 AFP 提供服务的最低标准。

第 163 条

投标中报出的对正在缴费的参加人收取的佣金应当低于投标时养老金体系内最低的缴费存款佣金。如在投标期间，有 AFP 根据第 29 条末款的规定通知修改最低价缴费存款佣金，则以修改后的最低佣金为准。

中标决定由监管局作出，并说明理由。

中标人不得在招标规则规定的期限，即从中标之日起满 6 个月后第一个月的第一天起算 24 个月内不得提高佣金，并须向参加人提供统一的服务，使用统一的佣金率。上述期限结束后，AFP 可以根据第 29 条的规定自由确定佣金，并有权参加新一轮招标。参加人必须停留在同一个 AFP 的期限届满后，根据第 160 条 4 款规定可以自由转换 AFP。

第 164 条

中标人应当根据其投标所报条件接受所有新的参加人。

出现下述情形的，监管局应当将新的参加人配置到收取佣金最低的 AFP：

a）在规定期限内，中标人不再符合成为 AFP 的条件；

b）根据本法或招标规则，无人投标或者无人中标。

第 165 条

根据第 160 条 4 款规定已经加入中标 AFP 的劳动者，只有出现如下情形，方可在必须停留在中标 AFP 期间内转换 AFP：

a）中标 AFP 不履行第 24 条有关法定最低财产的义务；

b）中标 AFP 不履行第 37 条有关各类型基金最低收益率的义务；

c）中标 AFP 停止支付，或者已经明显地失去偿付能力，或者申请或者声明破产；

d）中标 AFP 正在清算；

e）中标 AFP 收取的佣金连续两个月高于其他 AFP，在这种情况下，参加人只能转换到收取佣金更低的 AFP；

f）第163条3款规定的期限结束后，提高佣金的；

g）在中标AFP中标之日和参加人转换AFP申请之日期间，假如参加人参加另外一个AFP，所得到的收益将高于中标AFP收取的最低佣金。在这种情况下，参加人只能转换到另外一个AFP。与转换AFP有关的计算方式由第166条所指的监管局一般性规范确定。

根据第160条4款规定必须加入中标AFP的劳动者，在出现前款a)～d）目所列的任何情形时，没有义务必须加入中标AFP。

第166条

监管局将制定一般性规范对本条规定的招标事宜进行监管。

第十六章　关于投资技术理事会

第167条

根据本法设立投资技术理事会，以下称“理事会”。理事会为永久性机构，其宗旨是就养老基金的投资提供报告、建议和声明，以确保养老基金的安全和适当的收益。理事会的职能和权限如下：

1. 就第45条的投资制度内容作出解释并就监管局提出的修改意见作出说明。为此，理事会应当在监管局公布修改投资制度的法令之前，提交技术建议报告。

2. 就投资制度中的养老基金投资事宜，特别是关于投资限度结构、投资组合风险度量机制以及第45条1款所指的经营活动等发表技术意见。

3. 理事会在认为合适的时候或者应监管局要求就完善养老基金投资制度发表建议、提供报告。

4. 应财政部以及劳动和社会保障部的咨询，就养老基金投资事宜作出解释。

5. 最迟须在每年的第一个季度向共和国总统提交上年年度报告，报告须公开。报告还须提交国会。

6. 负责进行有关养老基金投资的调研活动。

第168条

理事会由如下人员组成：

a）一名由共和国总统指定的成员。这名成员必须担任过财政部部长或养老金监管局局长或领导、银行和金融机构监管局领导、证券和保险监管局领导或者智利中央银行顾问或经理。

b）一名由智利中央银行顾问委员会指定的成员。这名成员有关金融和资本市场的知识和经验必须被广为认可、声誉卓著。

c）各 AFP 共同指定一名成员。这名成员必须在投资组合管理方面具有丰富经验，曾担任过金融部门某一企业的经理或主要执行人。

d）两名由大学经济或经济管理系主任指定的成员。这些大学必须经 20.129 号法律认证。其中一名学者有关金融和资本市场的知识和经验应当被广为认可、声誉卓著；另外一名学者有关宏观经济的知识和经验应当被广为认可、声誉卓著。对两名学者资质的判断根据本法实施条例进行。

上述成员在担任理事会成员期间，不得担任 AFP 及其企业集团任何单位的经理、管理人员和董事。

董事会成员任期 4 年，届满后可连选连任一次。

除上述指定人员外，还须为每名成员指定一名替补委员，以便在正式委员缺席或因故不能履行职务时代行其职。替补委员须达到正式委员的条件。

2 款的规定也适用于替补委员。

正式和替补委员有如下情形时须离职：

a）任命期限届满；

b）辞职被任命者接受；

c）心理或生理疾病使之不能履行职务；

d）出现本条 2 款列明的不具备任职资格的原因，须自动离职的；

e）严重不履行本章规定的义务的。

正式、替补委员以及理事会秘书处成员应当就其履行职能过程中接触到的不便公开的文件和资料保密。违反保密义务的将处以监禁。

前款所指的人员不得直接或间接地利用因履行职务获取的未曾公开的信息为个人或第三人牟利。违反本款规定的将处以监禁。受刑期间停止一切公共职务。

理事会成员每月参会的补助用比索支付，金额相当于 17 个促进单位，每月的参会补助最多不超过 34 个促进单位。

第169条

共和国总统任命的委员担任理事会主席。召开理事会会议，至少需三名委员参加，决议须参会委员绝对多数赞成才得通过。投票平局时，由主席决定是否通过决议。上述规定不妨碍本条所指的理事会运行规范的执行。

理事会应当从正式委员中任命一名副主席，在主席缺席时代行其职，代理期限可以由理事会决定，也可以等同于其作为委员的期限。

理事会每年至少会晤两次。主席可以召集理事会，委员多数也可以提议召开。养老金监管局要求召开理事会的时候，理事会应当召开。

理事会业务秘书由监管局官员担任。理事会业务秘书是理事会所有行为、讨论和决议的证明人。

理事会为自身的运行、适当履行受托职能制定规则，并就其成员的义务和职责制定规则。

监管局向理事会提供行政支持，并提供其履行职能必要的资金，包括上述参会补助。

第170条

理事会会议谈论的问题与委员有利害关系或者委员是相关问题的当事人，委员应当回避。回避的规范和程序由理事会制定。

第十七章　关于养老金咨询

一、宗旨

第171条

养老金咨询服务的宗旨是综合考虑参加人和受益人的具体情况，向其提供有关本体系的信息，以便其在知情的情况下根据自己的需要和利益作出涉及本法规定的福利和利益的决定。养老金咨询服务包括养老金保险中介。咨询应当完全独立于提供利益的单位。

对于符合退休条件的参加人或按照计划退休模式领取养老金的人，咨询应当特别告知怎样根据本法第61条规定的模式退休、各个模式的特点及可能得到的其他利益，以及可能领取到的养老金金额。

第172条

本法设立养老金咨询师注册制度，注册由养老金监管局以及证券和保险监管局共同维护。提供上条所指养老金咨询服务的个人或单位应当注册。注册应当符合本章规定以及两个监管局联合制定的一般性规范的要求。

二、关于养老金咨询机构和咨询师

第173条

养老金咨询机构应当在智利设立，专门向参加人和受益人提供养老金咨询服务。

其合伙人、管理人员、法定代表以及负责提供养老金咨询的人应当符合本章规定的条件并履行本章设定的义务。

养老金咨询机构和咨询师应当向监管局以及证券和保险监管局证实，其持有的保险单对其正确和全面履行咨询义务，特别是能够对因其提供的咨询给参加人或受益人造成的损害提供保险。

前款所指的保单的保额应当在500个促进单位和上年所服务过的参加人个人资本账户余额总和30%之间取较高者，保费应当是15 000个促进单位，外加15 000的10%，最多不超过60 000个促进单位。

第174条

养老金咨询服务机构的合伙人、管理人员、法定代表及其工作人员，以及养老金咨询师应当符合如下条件：

a）成年智利人或外国人，外国人须具有长期居留权以及有效的身份证件；

b）具有不可争议的商业经营经验；

c）至少接受过中等或相当水平的教育；

d）能够证明有足够的养老金和保险知识。

监管局以及证券和保险监管局的一般性规范将规定认证上述条件的方式和期限。

具有下列任何情形者不得成为咨询机构的合伙人、管理人员、法定代表及其工作人员，以及养老金咨询师：

a）正接受刑事审查或被处刑罚的；

b）所犯错误未改过，被禁止从事商业活动的；

c）在监管局、证券和保险监管局、银行和金融机构监管局保持或监管的各种登记注册被吊销的，或者曾经在一家被同样处罚过的法人担任管理人员、董事或法人代表的，已经根据本法免除责任的除外。

在AFP、保险公司、再保险公司以及灾难清算公司以及这些机构所在的企业集团担任董事、经理、受托人或工作人员的，不得成为养老金咨询师，也不得成为养老基金咨询机构的董事、经理、受托人或者工作人员。

第175条

对符合条件的人，养老金监管局、证券和保险监管局将共同作出决议，命令其依法注册，批准其执业，并规定开始营业日期。

养老金咨询机构应当记录工作人员的情况，指导其工作并对其进行培训。养老金监管局、证券和保险监管局划定养老金咨询机构的职能。养老金咨询机构应当具有行使职能的权限。

第176条

养老金咨询机构和咨询师，其咨询服务给参加人或受益人造成损害的，最高可承担一般过失责任，并必须对造成的损害进行赔偿，并不妨碍接受相关的行政处罚。

养老咨询机构合伙人和管理人员应当承担行政、民事或刑事责任，能够证明其未参加或者反对违规或不履行行为者除外。

养老金咨询机构和咨询时接受养老金监管局以及证券和保险监管局的监督、控制和审计，两个监管局的相关权限来自本法、财政部 1931 年的 251 号律令以及相关的组织机构法。

同样，养老基金咨询机构负责提供养老金咨询服务的工作人员也须接受监管局以及证券和保险监管局的监督、控制和审计，两个监管局的相关权限来自本法、财政部 1931 年 251 号律令以及相关的组织机构法。

第177条

吊销或注销养老基金咨询机构和咨询师的注册情形包括：

a）违反本法且情节严重；

b）不持有第 173 条所指的有效保险。

违反本法情节严重的声明由养老金监管局、证券和保险监管局共同发布，声明应当对照本法的规定说明理由。

经宣布严重违法，或者 1 款 b）目所指的不履行被证实后，两个监管局联合发表决议，责令撤销相关养老金咨询机构以及咨询师的注册，并吊销营业许可。

三、关于养老金咨询服务的缔约

第178条

提供养老金咨询服务，养老金咨询机构或咨询师须同参加人或其受益人签订合同，合同将规定双方的权利义务。合同基本内容由两大监管局一般性规范设定。

是否使用养老金咨询服务，完全听从参加人或其受益人的意愿。任何情况下，参加人或其受益人都没有义务采纳咨询师的书面建议。

第179条

除本条 2、3 款规定的内容外，参加人或其受益人不得动用个人资本账户支付咨询服务费。

符合退休条件的参加人或受益人，选择计划退休模式后，可以动用个人资本账户款项支付养老金咨询服务费，最高限额为附加第 61 条 14 款所指的最高法令确定的最高费率乘以纳入计划退休模式的个人资本账户余额。选择年金收益模式的，咨询服务费即附加第 61 条 14 款所指的佣金或费用，根据附加第 61 条 14 款规定的方式支付，本款第一句话中所提到的计划退休模式下的最高费率以及咨询服务费最高限额应当低于年金收益模式的咨询费。

咨询服务费最高不得超过参加人用于退休金的个人资本账户余额的 2%，不包括可能被提取的自由支配剩余，也不得超过60个促进单位。

除本条规定的项目外，各AFP和人寿保险公司不得向咨询师直接或间接地支付任何其他报酬，无论是现金还是实物，都不得承担咨询服务成本。

四、其他规定

第180条

未进行第172条所指的注册的自然人或法人，不得自称养老金咨询师，在此，适用本法第25条2款及后续各款的规定。

只有本章2项所指的自然人和法人才能使用养老金咨询师、养老金咨询机构的名称。

第181条

养老金咨询机构合伙人、管理人员、法人代表以及从事养老金咨询业务的分支机构，包括登记注册的养老金咨询师，在任何情况下都不得直接或间接地、收费或免费地向参加人或其受益人提供咨询服务以外的激励或利益。

第十八章[①] 临时性规定

第1条[②]

曾经或还是某养老金机构纳税人的劳动者，有权选择参加依本法建立的养老金体系或者参加截止到本法公布时有效存在的其他养老金体系。

1982年12月31日前首次参加养老体系的劳动者具有同样的选择权。此日期后未参加任何养老金体系的，必须加入依本法建立的体系。

选择权因参加一家AFP而实现。

第2条[③]

废止。

第3条[④]

旧养老金制度机构将发行用货币表示的债券，称为认缴证明，代表对那些将加入本体

① 详见1994年3月19日颁布的19.301号法律。

② 详见1986年8月13日颁布的18.520号法律。

③ 详见1983年1月26日颁布的18.208号法律。

④ 本条经2007年6月5日颁布的20.190号法律5条5项修改。

系的人在旧体系中所缴纳的养老金税。

认缴证明可以是有形的、具有防伪措施的文件，也可以是无形的非物质形态，即不采用实物印刷方式，但其法律效力并不因此无形而受到影响。

无形非物质形态的认缴证明应当存放在18.876号法律批准的证券存托企业。为此，发行机构应当同存托企业达成协议，由存托企业记录非物质形态债券认缴证明的持有人。协议也可以规定，对最初以有形方式发行的认缴证明进行无形化处理。只有出现18.876号法律或者证券和保险监管局许可的情形才有必要发行有形认缴证明。印刷必须采取防伪措施，相关费用由请求印刷方承担。

本法认为，至本法公布时有效存在的养老金机构为旧养老制度机构。

第4条①

选择本体系的人以及那些在本法公布前5年至少向旧的养老基金机构缴纳过12个月养老税的人，有权持有认缴证明。认缴证明金额根据如下方式确定：

a）作为1979年6月30日以前每月缴费基数的薪金总额的80%，最大不超过12，根据第63条的规定计算1979年6月30日的折现金额，再除以上述养老金税所对应的月份数，结果再除以12。

b）上述计算结果×(向旧的养老制度缴费年数÷35)。上述缴费应当与1981年5月以前各期的薪金对应，并不得作为已提取养老金的基础。

如上述商大于1，公式就改为：上面的计算结果×1。

c）参加人为男性，则上述演算结果乘以10.35；如参加人为女性，则上述演算结果乘以11.36。

d）上述计算结果再乘以与下列年龄对应的乘数：

1. 男性参加人：

65岁1.11；

64岁1.09；

63岁1.07；

62岁1.04；

61岁1.02；

60岁1.00。

2. 女性参加人：

60岁1.31；

59岁1.29；

58岁1.27；

① 详见1987年8月29日颁布的18.646号法律，1981年2月21日颁布的3.626号法令，1990年3月10日颁布的18.964号法律。

57岁 1.24；

56岁 1.22；

55岁 1.20；

54岁 1.18；

53岁 1.16；

52岁 1.15；

51岁 1.13；

50岁 1.12；

49岁 1.10；

48岁 1.09；

47岁 1.08；

46岁 1.06；

45岁 1.05；

44岁 1.04；

43岁 1.02；

42岁 1.01；

41岁及更低 1.00。

e）以上计算结果再根据1979年6月30日至参加人加入本法规定的体系之日前一个月最后一天的消费价格指数（国家统计局公布）进行调整。

如果劳动者在前款a）目所指的期限，本条4款所指的期限以及临时性规定第8条规定的期间内领取过丧失劳动能力补贴，本法认为上述期间内据以计算补贴的薪金为所得薪金。但是，如认缴证明发行机构没有关于上述薪金的信息，则所得薪金等于补贴金额乘以1.18。

为执行1款规定，如劳动者向两个以上机构缴纳养老金税，相关认缴证明只考虑作为计算缴税基础的薪金总额而不考虑同期内重复缴纳的养老金税。

选择本体系、无权要求1款规定的认缴证明且于1979年7月1日至选择日期间有养老金缴费记录的人，有权要求金额等于这一阶段应税薪金10%的认缴证明。这一认缴证明金额须根据每次领取薪金下一个月最后一天至参加人行使选择权当月最后一天国家统计局公布的消费价格指数的变动率进行折现，这种情况不适用临时性规定第8条。

有权要求1款所指的认缴证明的，在计算认缴证明金额时可以仅仅考虑1979年7月1日以后各期缴的费，并根据前款规定计算认缴。

为实施本条和临时性规定第8条的规定，同顾主签订由雇主负责支付养老金税和供款合同的劳动者，如该合同在可以要求认缴证明权利时有效，本法视为劳动者已经缴费。

附加第4条[①]

有权要求临时性规定第4条1款所指的认缴证明，不行使该条5款所指的选择权，1991年4月30日以前退休或者领取伤残养老金但不具有第54条的情形的，可以为那些具有遗属养老金权利的、其预期寿命将超过参加人本人寿命的受益人要求补充认缴证明，旨在确认这部分受益人在旧体制下的养老金权利。计算方法如下：

a）临时性规定第4条1款b）目所指的运算结果×[26+(1.04的倒数升至参加人预期寿命－1.04的倒数升至每个受益人预期寿命)]。

b）上述计算结果根据1979年6月30日至实际支付日前一个月最后一天之间国家统计局公布的消费价格指数调整。

为执行前款规定，确定参加人及其受益人的预期寿命将考虑参加人满第3条规定的年龄时参加人及其受益人的年龄，或如参加人比第3条规定的年龄年长，则考虑参加人申请补充认缴证明之日参加人及其受益人的年龄。

确定预期寿命，采用国家统计局为此编订的表格。

第5条所指的人，如在参加人满第3条规定的年龄之日或参加人根据第4条规定享受伤残养老金之日符合第6、7、8、9和10条规定，则为受益人。如为配偶，则其与参加人的婚姻关系需在上述日期满3年才可获得受益人身份。

如在参加人符合退休条件之日和申请补充认缴证券期间，受益人失去其受益人身份，计算补充认缴证明时将对此受益人不作考虑。

补充认缴证明的计算应当由参加人所在的AFP实施。参加人所在的AFP还应当向相应的补充认缴证明发行单位提出开具补充认缴证明申请，以便将其纳入参加人的个人账户。AFP向相应的补充认缴证明发行单位提出申请后20日内，如后者对AFP计算的补充认缴证明金额未提出异议或者进行了实际结算，视为其同意该计算结果。

临时性规定第10条以及临时性规定第12条3款的规定适用于补充认缴证明。

接受第68条规定约束的拥有补充认缴证明权利的参加人，适用临时性规定中的第11条。

第5条[②]

如参加人认为在临时性条款第4条1款a）目所指的时间内所得薪金少于其在1979年6月之前60个月内所得平均年薪，可以要求开具认缴证明的机构用1979年6月之前60个月的应税薪金根据第63条的规定折现并除以5之后的得数代替根据临时性条款第4条计算得出的薪金。

当事人实施上述行为的，应当向相关机构提交实际薪金和实际缴费的证明。

① 详见1987年8月29日颁布的18.646号法律。

② 详见1990年3月10日颁布的18.964号法律。

第6条

为确定认缴证明最高金额，只考虑15.368号法律第25条及其修改中所规定的上限以下的应税薪金。有些参加人加入的养老金体系适用薪金上限可能超过15.368号法律第25条及其修改中所规定的上限，尽管如此，也不得例外。

第7条[①]

已经支付、提取或者退还但并未纳入新体系的养老金税，纳入认缴证明的计算，但要从折现值中扣除。折现根据支付、提取或者退还前一个月最后一天和参加人选择加入新体系前一个月最后一天之间国家统计局公布的消费价格指数进行计算。

将提取的养老金税纳入新体系不构成发放养老金的前提条件或者不改变养老金金额的，不适用前款规定。

第8条[②]

对应于1981年5月1日以前的工作在旧的养老金体系实施缴费的参加人，如选择加入根据本法的养老金体系，其认缴证明金额上调。上调幅度为作为缴费基础的薪金的10%。缴费薪金须根据薪金发放下月最后一天和参加人加入新养老金体系当月最后一天国家统计局公布的消费价格指数进行更新。

第9条[③]

认缴证明的价值需根据参加人加入本体系前一个月最后一天和认缴证明兑现并支付4%年息之日的前一个月最后一天之间国家统计局公布的消费价格指数进行调整。认缴证明兑现之前产生的年息自动实行资本化。

前款规定不适用于补充临时性条款第4条规定的补充认缴证明。

第10条

认缴证明由参加人参加新体系之前最后一次缴费的旧养老金机构开具，开具机构有权要求其他对认缴证明负有义务的机构共同兑现认缴证明。其他参加人曾经向其缴费的机构，对参加人向其缴费期间相对应的部分负有义务。

如参加人在选择参加新体系时同时向多个机构缴费，参加人可以向其中任何一个机构要求开具认缴证明。

---

① 详见1987年8月29日颁布的18.644号法律。

② 详见1981年2月21日颁布的3.626号法律。

③ 详见1981年2月21日颁布的3.626号法律，1987年8月29日颁布的18.646号法律。

第11条[①]

认缴证明以劳动者的名义开具，适用临时性规定第3条2款的规定。除第68条2款的情形外，认缴证明不得转让。认缴证明须标明到期日，即劳动者达到第3条规定的年龄的日期。开具机构将认缴证明送交劳动者参加的AFP。认缴证明只能以临时性规定第12条的方式兑现。

如参加人改换AFP，原AFP应当将参加人的认缴证明与账户余额一并转给新的AFP。

由截止到本法生效时有效存在的养老金机构发放的或者即将发放的养老金以及认缴证明，享有国家担保。

国家实行前款所指的担保时，认缴证明支付机构受1975年1263号律令的调整。为此，应当颁布最高法令。

认缴证明一旦开具，旧养老金体系的相关机构不得重新计算认缴证明金额，18.646号法律临时性规定第5条的情形除外。认缴证明须在当事人提出兑现申请后60天内支付。每延后支付一天，须支付相当于18.010号法律第6条所指的本币可调整交易利率1.5倍的罚息。

第12条[②]

认缴证明、经调整后的差额以及利息只能在参加人满第3条规定的年龄后，或者参加人死亡，或者参加人基于第一次决定享受部分伤残养老金但没有第54条a)、b)目情形的，或者基于第二次或者一次终局决定享受完全伤残养老金后，才得以支付到参加人在相关AFP的个人资本账户上，或者向根据第68条规定的背书人或向根据18.876号法律第7、8条的规定的非实体化认缴证明受让人支付。

尽管如此，根据1978年2.448号律令在旧养老体系中提前退休的参加人（男性不满65周岁，女性不满60周岁）从退休之日起可以要求支付认缴证明。

同样，根据1980年3.501号律令第1条的规定缴纳养老金税的参加人，如根据该法规定因从事繁重劳动而在养老金标准化管理局提前退休，有权从提前退休之日起要求支付认缴证明。

在要求支付认缴证明过程中，AFP是参加人及其受益人所有司法和非司法程序的代理人。

第13条

实施第14条规定时，1974年249号律令所指的劳动者以及其他国家民政管理部门、

---

① 详见1990年3月10日颁布的18.964号法律。

② 详见1987年8月29日颁布的18.646号法律，1990年3月10日颁布的18.964号法律，1992年11月27日颁布的19.177号法律，2007年6月5日颁布的20.190号法律。本条1款由20.255号法律91条86项修改。

国会、司法部门、大学的劳动者得到的依法声明为非应税利益，不视为薪金。

第14条[①]

废止。

第15条[②]

为实施第47条规定，本法公布后2.5年内，第47条1款所指的倍数为2。

第16条[③]

本法公布后2年内，各AFP可以免除签订第五章所指的保险合同的义务。

为此，第18条规定的缴费费率为3%，AFP应当根据参加人的工作性质将缴费纳入相关机构。如参加人具有隶属性劳动关系，应纳入参加人所属的养老金机构；如参加人为独立劳动者，应纳入相关社会保障服务机构。这些养老金机构或者社会保障服务机构根据自己的规定发放伤残福利以及遗属服务。

就后一种情况而言，参加人被宣布伤残或者死亡后，AFP应将其个人资本账户余额转入相应的养老金机构。

源自上述缴费的资金将由本条所指的机构实行分账户管理，3款所指的利益从这些账户支付。

1款规定的期限满后，AFP须完全执行第五章的规定。

第17条[④]

在旧养老金制度下已经退休或即将退休的人，可以参加本体系，但不享有第七章所指的国家担保。

前款所指的参加人，参加本体系不满5年并选择了第61条列明的养老金模式的，其在旧制度下获得的养老金加上从新体系获得的养老金加总后如果不低于最近10年的平均应税薪金和申报收益的50%，可以提前退休。应税薪金和申报收入根据第63条的规定计算。

本条所指的参加人如果根据第62条6款、第64条6款、第5条6款的规定提取自由支配金额，其在旧制度下获得的养老金加上从新体系获得的养老金加总后不得低于最近平均10年应税薪金和申报收益的60%，应税薪金和申报收入根据第63条的规定计算。

对本条2、3款所指的参加人，如其提前退休，不得要求其满足第68条b）目的要求，

---

① 详见1981年12月1日颁布的18.072号法律。

② 详见1981年2月21日颁布的3.626号法律，1981年12月31日颁布的18.086号法律。

③ 详见1981年2月21日颁布的3.626号法律。

④ 详见1990年3月10日颁布的18.964号法律，1994年11月14日颁布的19.350号法律以及2004年2月21日颁布的19.934号法律。

在其提取自由支配金额时，也不得要求其在新、旧制度下的养老金总和不低于第73条所指的最低年度养老金的150%。

第18条[①]

从1994年7月1日开始，智利中央银行不得就第45条列明的投资工具设定低于养老基金价值3%的限度。从1994年7月1日开始，每过一年，这一比率提高1个百分点，直至达到6%。

对外国企业发行的股票、投资和共同基金份额的投资限度为前款限度比率的50%。

① 详见1994年3月19日颁布的19.301号法律。

对1980年3500号律令的补充性规定

18.398号法律，1985年1月24日公布于《官方日报》

临时性规定

第1条

本法生效后6个月内，AFP监管局需制定1980年3500号律令第107条所指的方案。第107条是本法添加的。

第2条①

废止。

第3条

1988年7月1日起，养老基金可以投资于符合3500号律令规定的银行和金融公司股票。

第4条

如AFP因实施本法导致投资超过3500号律令第47条关于投资多样化的数量及比例投资上限，且投资上限是基金的百分比，超过部分可以由养老基金持有。

如上限是针对发行人设定的数量性限制，超过部分最多可以持有两年。

如在本法公布和生效之间，投资增多导致超限，增加部分按零计算，并在本法生效之日起6个月内清算完毕，至少应当在6个月内符合有关投资多样化上限的规定。②

① 本条由1990年3月10日颁布的18.964号法律废止。

② 根据1985年7月5日颁布的18.420号法律第4条2项规定，本条成为临时性规定第4条。

18.420号法律，1985年7月5日公布于《官方日报》

临时性条款

截止到1986年12月31日，1980年3500号律令第104条所指的对银行和金融公司的投资工具进行风险评估，需考虑不能支付本金和利息的概率、投资工具的特点及其市场流动性。同样，截止到1986年12月31日，1980年3500号律令第108条末款的规定不适用于上述风险评估。

18.646号法律，1987年8月29日公布于《官方日报》

第5条

本法对1980年3500号律令的修改，公布后满120天次月1日生效。

尽管如此，本法对第1条2、24、25、29、33、34、35、36、37、38、39和40项的修改从公布之日起生效。

第6条

截止到本法公布之日，养老基金可以购买3500号律令第45条g）目所指的开放性股份公司的股票，持股集中上限为20%或者服从其章程中关于超过20%的规定。

AFP将其管理的养老基金用于上款所指工具的投资，可以根据18.046号法律第69条及后续条款的规定撤资。但撤资要完全符合下述规定：

a）公司决定修改章程，将投资集中上限上调超过20%；

b）AFP投票反对上述决定；

c）所有的AFP用其管理的养老基金购买的该公司股份低于该公司表决权股份的10%。①

临时性规定

第1条

本法对3500号律令第1条的修改生效之日受3500号律令第20条约束的劳动者，可以继续实施第20条所指的缴费，直至完成当年一年的缴费。在此期间产生的养老金，由

① 第6条被1990年3月10日颁布的18.964号法律第5条替代。

本法生效以前的规定调整。

本法第 1 条对 3500 号律令的修改生效之日不再具有劳动者身份或者中止劳动合同的劳动者，不适用 3500 号律令第 54 条中由本法替代的部分。本规定对本法生效后次月停止或中止劳动的劳动者也不适用，但拘于保险的约束，这些劳动者可以选择使用未经本法第 1 条修改的第 20 条，在停止或者中止劳动后的 12 月内继续实施缴费。

第 2 条

1980 年 3500 号律令第 82 条有关国家担保的规定，未经本法修改的部分仍然适用于在本法 1 条对 3500 号律令的修改生效之前产生的养老金。

第 3 条

在本法第 1 条对 3500 号律令的修改生效前养老金已经支付，符合本法添加到 3500 号律令中的第 77、78 条规定的，且不享有国家担保的已经退休的参加人或其遗属养老金受益人可以享受最低养老金国家担保。这一利益只能在本法生效后支付，并不对本法生效前已经支付的养老金产生影响。一旦参加人本人资本账户余额用尽，即行支付。

第 4 条

为实施经本法修改的 3500 号律令第 63、68 条的规定，旧制度下的养老金机构应当告知，参加人的应税薪金和申报收益不足 10 年。10 年期间从领取养老金前一个月起算。

养老金机构告知的 1981 年 3 月以前领取的应税薪金和申报收益，适用 1980 年 3500 号律令第 2 条有关上调的规定。

第 5 条

已开具的认缴证明，且截止到本法公布之日不可以要求兑现的，应当根据本法对 1980 年 3500 号律令 37 项 a)、c)、d)、e) 目以及第 39 条的修改重新计算。

第 6 条

本法第 1 条 37 项 b) 目的规定扩展适用于在本法生效前已死亡或已经领取年老或伤残养老金且加入计划退休项目或者根据 3500 号律令第 62 条（原文错）规定选择了年金收益模式的劳动者。同样扩展适用于在本法生效时其持有人并未退休（领取养老金）但已经可以要求支付的认缴证明。①/②

认缴证明的计算差额纳入参加人的个人资本账户，或者如参加人选择了年金模式，则纳入其加入的 AFP，用于 3500 号律令第 69 条 4 款及本法对其修改规定的目的。

---

① 18.646 号法律第 1 条 37 项和 39 项分别与 3500 号律令的临时性规定第 4 条、第 7 条对应。

② 本条第一款第一句话是 1988 年 12 月 29 日颁布的 18.768 号法律 28 条添加的。

第7条

旧制度下的养老金机构，如根据上一条所指的情形最初开具了认缴证明，应当在本法公布之日起120天内提供一份新的文件，用于证明因适用第37条b）目规定而产生的差额，3500号律令临时性条款第9、10、11、12条的规定同时适用。

第8条

本法第1条38项的规定扩展适用于那些在本法生效前已经因年老或伤残退休的劳动者，他们接受了计划养老制度，或者选择了未经本法修改的3500号律令第62条规定的年金模式。①

本法令临时性规定第6条2款的规定同样适用于此类补充认缴证明的金额。

第9条

出现本法临时性规定第6条和第8条的情形，即已经执行国家担保后，过渡性第7条所指的认缴证明同补充认缴证明之间的差额首先应当用于归还国家已经执行的担保金额，如有余额，纳入参加人个人账户。

第10条

申请退出根据3500号律令建立的新养老体系的，且在本法生效时申请正处于办理状态的，继续接受提交申请之日有效的规范的调整。

18.964号法律，1990年3月10日公布于《官方日报》

第2条

本法第1条1、2、3、19～36项（两端数字均含）、38～43项（两端数字均含）以及60项中的修改，从本法在《官方日报》上公布之第5个月的第一天生效。

本法第1条9～13项（两端数字均含），46、47、48、49项b）和e）目，52、53、54项从本法在《官方日报》上公布之第4个月的第一天生效。但是，第1条46、52和54项引入的修改，如涉及1980年3500号律令第45条j）、k）目所指的投资工具风险评估，其生效之日为本法公布之日。

总之，1980年3500号律令第45条l）目的规定，以及其他有关该目的修改从该法公布之日起第7个月的第一天生效。

① 1987年8月29日颁布的18.646号法律第1条38项向3500号律令增加了临时性规定第4条。

第3条

在18.933号法律第38条7款加入以下句子：

“如向前述11条所指的委员会提出宣告伤残申请，委员会应当负担与申请有关的所有费用，包括专项检查费、化验费、医学报告费以及缴费人的旅行费用。”

第4条

18.398号法律临时性规定第二条废止。

第5条

用下述内容取代18.646号法律第6条：

“本法公布之日起，养老基金可以购买1980年3500号律令第45条g）目所指的开放性股份公司的股票，其最大持股集中比率为20％，或者如公司章程的规定超出这一比率，从公司章程规定。

“用其管理的养老基金购买上款所指股票的AFP，如同时满足如下规定，可以实行18.046号法律第69条以及后续各条意义上的撤资：

a）公司决定修改章程，从而提高持股集中上限；

b）在相关投票中，AFP反对上述决定；

c）所有用其管理的养老基金购买股票的AFP，其持有的全部股份低于该公司发行的表决权股份的10％。”

第6条

用下述内容取代18.768号法律第10条2款的规定：

“对上述认缴证明享有权利的并未根据1980年3500号律令第68条2款实施转让的人，在相关AFP向其发出通知该认缴证明对应金额起2年内，可以就这一金额向养老金标准化管理局提出申诉。”

临时性规定

第1条

退休参加人或遗属养老金受益人，如在本法第1条40和41项引入1980年3500号律令的修改生效之前已经领取养老金和遗属养老金，且符合3500号律令第76、77条的相关规定并未享有国家担保的，有权享有最低养老金国家担保。最低养老金国家担保从本法公布之日起，或者从国家担保产生之日起可以支付。

第2条

为实施伤残评估方面，在本法对1980年3500号律令引入的附加第11条所指的技术委员会按照该条规定的方法部分或全部取代1980年3500号律令所指的医学委员会之前，医学委员会继续适用现行的由AFP监管局印发的评估标准。

第3条

认缴证明经当事人提示后60天内，养老金标准化管理局应当用根据本法对3500号律令临时性规定第11条1款引入的修改调整过的文件替代已经根据3500号律令第68条转让的认缴证明。

前款所指的“替代”不构成1980年3500号律令第68条2款所指的认缴证明转让的先决条件。

第4条

保险公司可以将在本法生效前参加人转让的所有认缴证明换为1980年3500号律令临时性规定第11条1款所指的认缴证明，替换必须按照前款所指方式进行，且必须保证其认缴证明被替换的所有参加人的合同收益率提高3%。替换须提前申请，上调的收益应当在替换申请提交后的下月兑现。

本法公布后60天内，各保险公司可以提出替换申请。替换只能是全部而不能是部分。符合这些条件后，认缴证明可以交易。

第5条

在根据3500号律令第99条建立的风险评估委员会未在《官方日报》上公布风险等级的特征以及根据3500号律令（经本法修改的）可以用养老基金购买的金融工具的评估程序之前，劳动和社会保障部1985年颁布的35号最高法令继续有效。风险评估委员会在《官方日报》上公布风险等级的特征以及根据3500号律令（经本法修改的）可以用养老基金购买的金融工具的评估程序后，劳动和社会保障部1985年颁布的35号最高法令废止。

第6条

本法公布之日与第1条60项引入到3500号律令的修改生效之日期间，认缴证明及其调整金额和利息只有在当事人达到3500号律令第3条规定的年龄后或死亡或领取伤残养老金后才可以要求兑现。兑现金额须纳入当事人在AFP的个人资本账户或者向根据3500号律令第68条受让认缴证明或被背书的人或者单位支付。

19.247号法律，1993年9月15日公布于《官方日报》

临时性规定

第6条

截止到1992年12月31日的纳税人，如其投资可能享受本法现行版本附加第57条1、2、4项所规定的利益，如果保持这些投资，可以继续根据上述规定享受这些利益，直到投资工具规定的期限（长期或者无限期投资）届满为止。

同样，截止到1993年12月31日，如养老金纳税人一直保持着由1980年3500号律令第21条调整的自主性储蓄账户上的资金，从账户上的资金以及收益提取的款项适用当时有效的税收待遇，而不适用《所得税法》第54条3项的规定。为此，1993年12月31日以前的储蓄金额将被当做共同基金份额，并将汇款或者提款纳入以前的基金份额。截止到1994年1月1日，如参加人的自主储蓄账户余额不超过100个年度税收单位，从当日起加入所得税法调整的普通税收制度，或者选择所得税法附加第57条的B制度，对前述自主账户所产生的利益不征任何税。

19.260号法律，1993年12月4日公布于《官方日报》

临时性规定

第2条

本法第1条1、3、4项，第3条1、2、3、5项规定的内容从本法在《官方日报》公布之日起次月1日生效。生效之日起发放的薪金适用于上述规定。

第5条

本法生效前有17.322号法律第13条描述行为者（该条由本法第1条2项引入），或1980年3500号律令第19条末款描述行为者（该条由本法第3条6项引入），受行为发生时有效的刑事法律法规约束，但并不影响《刑法》第18条的适用。

19.301号法律，1994年3月19日公布于《官方日报》

临时性规定

第1条

18.045号法律，即《证券市场法》、关于养老基金的3500号律令以及关于保险公司的1931年251号律令曾经过修改。本法授权共和国总统从本法公布之日起1年内确定的上述经修改过的法律文本。共和国总统在行使本法所赋予的权力时，可以对上述法律法规进行修改，使之相互协调，使之系统化，可以对条款的排序、标题、概念以及其他类似性质的内容进行正式改动。

第7条

本法对1980年3500号律令第45条l）目的修改自其公布之日起一年内生效。

第8条

AFP监管局和智利中央银行制定本法规定的投资限度计算参数之前，本法生效前的规定继续有效。

同样，在风险评估委员会就项目介绍方式、养老基金可以投资其中的债务工具的风险评估、与各个等级风险对应的风险参数等作出决定之前，现行的项目介绍方式、养老基金可以投资其中的债务工具的风险评估、与各个等级风险对应的风险参数继续有效。执行现有规定需考虑1980年3500号律令第108条规定的风险评估报告和依据。

在风险评估委员会按照1980年3500号律令第106条规定的方式一并公布项目介绍以及股票批准方式之前，在AFP监管局以及银行和金融机构监管局按照18.045号法律第92条规定的方式制定股票风险评估一般程序之前，现行项目介绍以及股票批准方式继续有效。

就1980年3500号律令第45条h）、i）、j）、l）以及m）目所指的债务性投资工具的风险评估和批准方法，如风险评估委员会尚未作出决定，并未规定批准程序并与第99条e）目和d）目所指的国际风险评估机构的评估结果建立对应关系，现行的评估方法和批准程序继续有效。为此，风险评估委员会将在本法公布之日起90天内完成上述规定的制定。规定制定完成后，应风险评估委员会要求，相关发行人以及AFP须在90天内提供用于实施上述规定所需的信息。

风险评估委员会须按照本法规定的程序，在各组投资工具符合相关要求后90天内对各组投资工具同时作出决定。

本法公布之日起60天内风险评估委员会须确定1980年3500号律令所指的最低要求，并将其提交AFP监管局，如被AFP驳回，可在15天内进行修改或重新提出建议。如监管局接受，最低要求建议将在5天内在《官方日报》上公布。

风险评估委员会须在120天内公布3500号律令第45条o）目所指的交易以及l）目、n）目及ñ）目所指的新型投资工具的批准和评估标准及程序。120天的期限从本法就此作出相关规定后起算。

第9条

由3500号律令第十二章调整的股份公司，如在本法公布之日其股票已经批准可以被养老基金购买，各该股份公司需在1年按照上述第十二章规定的方法修改其章程以及持股分散承诺。修改公司章程和持股分散承诺，须公司投票权股份绝对多数通过。未修改之前，证券和保险监管局或者银行和金融机构监管局可以决定公司现有股份集中参数（由公司章程以及实际资产账面净值决定）是否继续有效。

第10条

从本法生效后第一次日常董事会开始，AFP需执行3500号律令中有关选举董事的规定。

第15条

对3500号律令的修改生效后一年内，第47条7、8、11、12款所指的基金价值比率为6.5%。之后，每过一年，该比例下调0.5%。

19.040号法律，1995年8月21日公布于《官方日报》

第3条

为实施上述各条规定，由国家经济委员会认定繁重劳动并确定是否着手减少3500号律令附加第17条规定的缴费和供款。国家经济委员会是自治机构，由下列成员组成：

a）一名职业病外科专家，担任委员会主席；

b）一名创伤和整形外科专家；

c）一名专门从事职业风险预防的土木工程师；

d）一名专事工业卫生的土木工程师；

e）一名人类环境改善专业的大学教授；

f）由在本国最具代表性的工会指定的一名代表，这名代表需担任的或者曾经担任卫生和安全劳资委员会（Comité Paritario de Higieney Seguridad）的委员；

g）由在本国最具代表性的雇主组织制定的一名代表，这名代表需担任或曾经担任过卫生和安全劳资委员会（Comité Paritario de Higieney Seguridad）的委员。

为了执行养老金标准化局降低退休年龄的规定以及3500号律令附件第17条所指的超额缴费，国家经济委员会须在考虑生理、环境、组织和心理压力的前提下，制定一份繁重劳动和一份非繁重劳动清单。

委员会因应相关劳动者、雇主、工会或者受托人要求执行职能。相关劳动者、雇主、工会或者受托人须向其居住地劳动和社会保障部门亲自提出要求。

对委员会决定有异议的，相关雇主或者劳动者可以在30天内向申诉委员会（自治机构）提出申诉。上诉委员会由3名成员组成。这3名成员必须具有本条1款所列的某项专业或专长。

前款所指申诉期限从收到委员会决定的通知之日起算。

本条所指的各委员会通过国家劳动和社会保障部社会保障局同政府发生联系。其经费来自国家财政，除1款g）目所指的成员外，委员会成员有权因执行职务获得报酬。国家经济委员会的成员以及申诉委员会成员由社会保障监管局局长提名，由劳动和社会保障部部长任命，1款f)、g）目所指的委员除外。

实施条例将对上述委员会的组织及运行作出规定。

19.641号法律，1999年10月28日公布于《官方日报》

第2条

本法就建立第二类养老基金对3500号律令所做的修改，自修改内容在《官方日报》公布之月后第5个月的第一天生效。本法对3500号律令所做的其他修改自其在《官方日报》公布之月次月的第一天生效。

临时性规定

第1条

根据对3500号律令的修改计算最低收益率和收益波动准备金时，采用修改生效前12个月的数据。每月计算最低收益率和收益波动准备金时，增加一个月的数据。以此类推，直至达到36个月的数据。

第2条

建立第二类养老金的修改生效第一年内，计划退休模式下和临时收益模式已退休参加人以及那些根据第一次决定领取伤残养老金的参加人、最多只差3年就达到退休年龄的参加人只能加入第二类养老基金。这一规定不妨碍执行对3500号律令第32条的修改。建立第二类养老基金的修改生效第二三年内，最多只差7年或10年就达到退休年龄的参加人也可以加入。

第3条

建立第二类养老基金的修改生效后前3年内，AFP只可以通过对同一AFP管理下的第一、二类基金参加人的份额在各基金间转账而进行投资工具的划转，而无须诉诸正规市场。转账费用根据3500号律令第35条的规定确定。AFP对第一类基金向第二类基金转账后导致的投资超限不负责任，由3500号律令第47条的规范对这种情况进行调整。

同样，在前款所指的期限内，第二类养老基金可以在规定的限度内购买中央银行批准的代表资本的投资工具，但AFP监管局须在中央银行顾问委员会规定的期限（不少于5个工作日）内事先报告中央银行顾问委员会。如AFP监管局未能在规定期限内报告中央银行顾问委员会，后者可以直接作出决定。投资限度不得超过第一类养老基金。确定投资限度应采用循序渐进的方式，逐步与本法对3500号律令的修改所规定的永久性规范并轨。

在本法关于建立第二类养老基金的修改生效后前36个月内，中央银行可以根据本法对3500号律令的修改颁布一般性规范，对第二类养老基金的投资规定超过3500号律令所许可的投资上限。

第二类养老基金开业后1年内，计算3500号律令第64条4款所指的利率时，采用第二类养老基金开业前一年第一类养老基金的平均收益率。在后续各年内，根据第二类养老基金的实际收益率计算其平均收益率。

第4条

建立第二类养老基金的修改生效后1年内，AFP监管局应当采取一切必要措施实施3500号律令第35条2款第2句规定的养老基金固定收益组合估价办法。

19.768号法律，2001年11月7日公布于《官方日报》

临时性规定

第1条

本法自其在《官方日报》上公布之日起满90天的次月1日生效，以下规定例外：

1. 1条1项a）目有关生死两全保险的规定自本法公布之日起生效。
2. 1条1项b）目的规定自本法公布之日起生效。
3. 1条3项自本法公布之日起生效，生效内容限于有关2001年4月19日以后购买的股份和基金份额的规定。

4. 1 条 6 项自本法公布之日起生效。

5. 6 条从 2000 税务年度开始生效。

6. 由《所得税法》附加第 4 条、第 42 条以及第 50 条调整的储蓄及其孳息，如果未来发生的法律调整不利于上述储蓄及孳息，仍适用储蓄发生时的相关规定。

第 5 条

本法生效之日起，源自劳动者自主缴费的资金，可以部分或全部转入自主保障性储蓄计划。如符合 3500 号律令第 20 条 B 第 2 款的规定，劳动者可以提取。源自劳动者协议储蓄的资金，可以全部或者部分转入自主保障性储蓄计划。

第 6 条

根据 3500 号律令建立的养老金体系的参加人，本法公布之日前在其个人资本账户保有自主缴费的，确定提取自由支配剩余所需缴纳的税金时，可以适用本法公布时实行的 3500 号律令第 71 条规定的制度。税金须参加人用自主缴费的资金缴纳。提取特定的可自由支配的剩余的税金用参加人在本法公布之前从个人资本账户中的自主缴费金额支付。纳税额按照特定的可自由支配的剩余金额和参加人个人资本账户中自主缴费金额两者之间较低者为计算基础。两个金额取提款当日的数值。如参加人选择适用本法公布时实行的 3500 号律令第 71 条规定的制度，本法公布之前的协议存款不得作为可自由支配的剩余提取。参加人可以在本法公布后首次提取时到相关 AFP 实施上述选择。相关 AFP 须根据国内税务管理局规定的方式方法和时间向国税局报告参加人的税制选择。

本法公布后，选择适用本条 1 款税制的纳税人从自主缴费、自主保障性储蓄存款和协议存款提取的可自由支配的剩余，须接受《所得税法》第 42 条规定的调整，并无权实施该条规定的免税提款。

选择继续适用本条 1 款所指税制的纳税人，提取可以自由支配的剩余时，税务管理方面首先考虑其从本法公布前个人资本账户中自主缴费项下提取的金额。

如纳税人选择适用 3500 号律令第 20 条 A 或第 20 条 B，相关 AFP 和 3500 号律令第 98 条界定的获批准机构应当记录本法公布后参加人实施的自主缴费、自主保障性储蓄存款和协议存款。记录方式视主管单位的不同，分别由 AFP 监管局、银行和金融机构监管局或者证券和保险监管局规定。

19.795号法律，2002年2月28日公布于《官方日报》

临时性规定

第1条

本法对3500号律令的修改，自本法在《官方日报》公布之月后第6个月的第一天生效。

然而，对第47条15项a）目和n）目所指的修改以及本法用18项取代第47条18款所做的修改自本法在《官方日报》公布之月次月1日生效。后一项修改临时适用于一类和二类养老基金。

第2条

本法根据临时性规定第1条1款的规定生效后，一类养老基金重新定名为C类养老基金，二类养老基金重新定名为E类养老基金。

第3条

本法根据临时性规定第1条1款的规定生效后，参加人可在90天内选择参加A、B、C、D、E类基金。如参加人未能在规定的期限内作出选择，其个人资本账户的所有资金将根据如下方法配置：

a）35周岁（含）以下的参加人将被配置到B类基金。

b）36～55周岁的男性参加人、36～50周岁的女性参加人将被配置到C类基金。

c）56周岁以上的男性参加人，51周岁以上的女性参加人以及第一次决定宣布为伤残的参加人，在计划退休或临时收益模式下退休的参加人，只要在本法根据临时性规定第1条1款的规定生效前未选择二类基金的，均被配置到D类基金；在本法根据临时性规定第1条1款的规定生效前选择二类基金的，将被配置到E类基金。

根据本法进行的基金类型选择或配置不视为3500号律令第32条3款意义上的基金间资金划转。

1款所指的余额将按照下述金额和时间划转到相关类型的基金：

a）本法根据临时性规定第1条1款的规定生效后满90天后，参加人所有余额的50%应当被与其年龄段对应的养老基金保有。

b）上目所指的余额划转后一年内，参加人所有余额的100%应当被与其年龄段对应的养老基金保有。

归参加人选择基金类型的余额不适用本条1款和上一款所指的配置。

各 AFP 应当按照监管局一般性规范的规定向参加人发送有关可选基金类型以及配置的信息。本法公布之日以及 3 款所指的最后一次余额划转后 12 个月之间，第 31 条所指的通告应当连同上述信息一并寄送给参加人。

同样，AFP 最迟应当在本法生效后 30 天内根据监管局的指示，向参加人发送与选择基金类型有关的信息。

第 4 条

本法根据临时性规定第 1 条 1 款的规定生效后两年内，AFP 对因设立五类基金可能造成的超限投资以及投资赤字不负责任。两年期满后，AFP 需遵守有关投资限度的所有规定，各养老基金应当调整到第 45 条、第 47 条和附加第 47 条规定的限度内。

本法根据临时性规定第 1 条 1 款的规定生效后两年内，同一 AFP 管理的各只基金对代表资本的投资工具的投资额应当有所不同。这是因为，根据第 45 条的规定，如果某只基金对代表资本的投资工具的投资下限较高，该类投资工具在其组合中的比例就会更大。

第 5 条

本法根据临时性规定第 1 条 1 款的规定生效后 24 个月内，同一 AFP 管理下各类基金总资产的 90%须按照 3500 号律令第 44 条的规定进行托管。

第 6 条

本法根据临时性规定第 1 条 1 款的规定生效后 24 个月内，B 类、C 类、D 类和 E 类养老基金不受最低收益以及收益波动准备金制度的约束。从本法根据临时性规定第 1 条 1 款的规定生效后第 25 个月开始，B 类、C 类、D 类和 E 类养老基金根据前 20 个月的数据计算最低收益和收益波动准备金。此后，每次计算就添加一个月的数据，直至满 36 个月的数据。本法根据临时性规定第 1 条 1 款的规定生效后 36 个月内，最低收益和收益波动准备金制度不适用于 A 类养老金的 AFP。从本法根据临时性规定第 1 条 1 款的规定生效后第 37 个月开始，采用前 20 个月的数据计算最低收益和收益波动准备金。此后，每次计算就添加一个月的数据，直至满 36 个月为止。

第 7 条

计算 A 类、B 类和 D 类基金开始营业最初 12 个月的折现利率（3500 号律令第 64 条 4 款所指），采用各该类基金开始营业前一年本养老金体系内 C 类养老基金的加权平均收益率。后续各期计算平均收益率，还须考虑体系各该类养老基金的实际收益率。

第 8 条

本法根据临时性规定第 1 条 1 款的规定生效后 12 个月内，智利中央银行应当根据

3500号律令第45条23款第一句话设定的限度为基金价值的20%。在第13个月和24个月之间，这一限度不得低于基金价值的20%，也不得高于基金价值的25%。从第25个月开始，该限度不得低于基金价值的20%也不得高于基金价值的30%。

同样，本法根据临时性规定第1条1款的规定生效后3个月内，同一AFP管理的A类、B类、C类和D类基金，其对代表资本的投资工具的投资总和不得超过各只基金价值的13%。3个月过后，这一比率升至15%。

第9条

本法根据临时性规定第1条1款的规定生效后30天内，智利中央银行应当就第45条24款所指的未进行对冲处理的外币投资设定限度。央行对未进行对冲处理的外币投资设定的限度从设定当月后第9个月的第一天开始执行。

第10条

本法授权共和国总统，于本法在《官方日报》上公布之日起一年内，颁布律令，对修改、整合后的3500号律令文本定稿。

19.934号法律，2002年2月21日公布于《官方日报》

临时性规定

第1条

本法在《官方日报》公布之日起第81天生效。

第2条

本法对3500号律令的修改生效后，AFP监管局连同证券和保险监管局应当组织建立数据传输系统，用于申请和实施养老金咨询，提供养老金金额报盘。

第3条

根据第一次或第二次决定提出的伤残养老金申请，参加人本人在缴费期间死亡引发的遗属养老金要求，提前退休申请以及提取可自由支配的款项的申请，本法生效时处于办理过程中的，继续适用申请提交时实行的规范。

第4条

退休的参加人或遗属养老金受益人，如其养老金是在本法第1条20、21项对3500号律令引入的修改生效之前已经领取，并符合本法第 77 条 b）目或第 78 条（这两条均经本法修改）规定的条件，且不享有最低养老金国家担保的，有权享受最低养老金国家担保。这一利益从本法公布之日起生效。

第 5 条

在不与本法第 1 条 12 项（本法第 1 条 12 项对 3500 号律令第 63 条 1 款进行了修改）规定相抵触的前提下，本法生效起 3 个月内，平均薪金等于以下数据的加权平均数：

a）用 3500 号律令第 63 条 1 款的公式计算出的得数；

b）从参加人退休当月或根据第一次决定被宣布为伤残当月之前 10 年所得的应税薪金和申报收益加总后除以 120 的得数。

本法生效后第一年，赋予用 a）目中公式计算的得数以 0.3 的权重，赋予 b）目的计算得数以 0.7 的权重。本法生效后第二年，对上述 a）、b）目的计算得数均赋予 0.5 的权重。从本法生效后第三年开始，用 a）目中公式计算的得数权重为 0.3，b）目的计算结果权重为 0.7。本法生效后第四年，根据 a）目的规则计算。

第 6 条

用下述内容替代 19.795 号法律临时性规定中的第 7 条：

"计算 A 类、B 类和 D 类基金开始营业最初 12 个月适用的折现利率（3500 号律令第 64 条 4 款所指），采用本养老金体系内所有 C 类基金在 A 类、B 类和 D 类基金开业前一年的加权平均收益率。在后续各期，计算平均收益率还须考虑体系各该类养老基金每只所得实际收益率。"

第 7 条

本法第 1 条 17 项的规定对 3500 号律令第 68 条 1 款 a）目及 b）目进行了修改。在与这些修改不抵触的前提下，从本法引入的修改生效开始，a）目对提前退休的规定将为 52%。此后，本法生效期每过一年，这一百分比将提高 3 个百分点，直至 70%。本法引入的修改生效后，第 68 条 b）目规定的比率，将为 110%。本法生效后第二年开始，上调为 130%，随后的第三年、第四年，分别上调至 140%和 150%。

第 8 条

本法生效 10 年满 55 周岁或超过 55 周岁的男性参加人，年满 50 周岁或超过 50 周岁的女性参加人，可以根据未经本法修改的 3500 号律令第 68 条和第 63 条的规定提前退休。

第 9 条

从本法第 1 条 8 项对 3500 号律令引入的附加第 61 条生效起，在本法第 1 条 8 项 8 款

b）目所指的最高法令未颁布之前，参考佣金率或费率为2.5%。

第10条

从本法第1条8项向3500号律令引入的附加第61条生效起至其生效后第24个月的最后一天，14款所指的最高佣金率和费率为2.5%。

20.210号法律，2007年7月31日公布于《官方日报》

临时性规定

本法对1980年3500号律令的修改自本法在《官方日报》上公布之日起次月1日生效。

总之，本法在《官方日报》上公布之日起4个月内，3500号律令第45条23款所指的限度不得超过基金价值的35%；第5个月和第8个月之间，不得超过40%；从第9个月开始，不得超过45%。

20.255号法律，2008年3月17日公布于《官方日报》

临时性规定

第一段　有关第一章的临时性规定

第1条

本法对第一章的规定从2008年7月1日起生效。

生效起前两年内，实施本法第3条b）目的规定，采用社会保护卡片[①]作为锁定目标的技术工具。总之，实施条例将兼顾本法第4条的规定，设定使用社会保护卡片的程序。

第2条

本法第一章生效后，18.611号法律第10条，18.681号法律第47条，1975年劳动和社会保障部颁布的869号律令废止。但是，869号律令对实施本法第35条的规定仍然有效。

---

① 社会保护卡片（Ficha de Protección Social）是智利公民享受国家福利和利益的文件。这一文件记录了智利公民的社会经济状况及其具体的社会保障需求，例如残疾、年老、失业、低收入、疾病等。通过社会保护卡片，国家得以有的放矢地实施社会福利和社会保障计划——译者注。

本法第一章生效之日，依据1975年869号法律领取救助性养老金的人，自本法第一章生效之日起有权依法领取基本养老金或伤残养老金，同时停止领取救助性养老金。本规定不适用领取救助性养老金的智障未成年人。领取救助性养老金的智障未成年人适用下一条2款的规定。

本法第一章生效之日，根据3500号律令有关救助性养老金的规定提出的申请已经依法提交并在办理当中的，依本法第一章的规定进行审批。

第3条

自本法第一章生效之日，18.600号律令第18条3款废止。

自本法第一章生效之日，16.600号法律所指的智障未成年人，如依然在依据1975年869号律令领取救助性养老金，自本法第一章生效之日起有权依法领取本法第35条规定的补贴，同时停止领取上述救助性养老金。

第4条

1975年869号律令为国家救助性养老基金（Fondo Nacional de Pensiones Asistenciales）设定的权利和义务自本法第一章生效之日起一并转给社会保障管理局，社会保障管理局接受养老金监管局的监管。

自本法第一章生效之日，18.141号法律第2条废止。

第5条

自本法第一章生效之日起，3500号律令第73～81条（两端数字含）废止，临时性规定中第6条、第12条和第15条的规定继续有效。

第6条

本法第一章生效时，依据3500号律令第七章领取享有国家保障的最低养老金和伤残养老金的人，可以继续领取，也可以按照同样的条件进行末款所指的选择。

本法第一章生效时，年满50周岁或者超过50周岁，并参加了3500号律令所指的养老金体系的，从本法第一章生效之日起，可以根据参加时有效的3500号律令第七章的规定，享受国家担保的最低养老金和伤残养老金。在任何时候，参加人都可以依据可适用的规定选择参加本法建立的互助性养老金体系。但是，这种选择仅限一次。

本法第一章生效时已经领取养老金的人，可以按照前款同样的条件行使选择权。在这种情况下，本法第一章生效日须根据养老金监管局一般性规范确定自我融资的参考养老金金额。

第7条

对于在本法公布之日后第15年的最后一天，根据3500号律令的规定符合领取伤残养老金条件的人，将适用上一条2款的规定。

第8条

在确定本章第6条所指的最低养老金国家担保时，不考虑自主缴费、自主保障性储蓄存款、协议存款以及集体自主保障性储蓄存款。

参加人未满3500号律令第3条所指的法定退休年龄前，除非参加人依据3500号律令附加第68条的规定已经退休，本章第6条所指的最低养老金国家担保不能启用。

第9条

养老金标准化管理局的养老制度项下的人，如无权从任何养老制度下领取养老金，且符合本法第3条和第16条规定的条件，将有权享有互助性基础养老金或基础伤残养老金。

第10条

本法第一章生效时，凡是从养老金标准化管理局养老金制度项下领取养老金或退休金、伤残养老金或遗属养老金的人，或者即将从养老金标准化管理局养老金制度项下领取养老金或退休金的人，只要其基础养老金低于本法第13条所指的含有互助性供款的最高养老金金额，并符合本法第3条a)、b)、c)目的规定，都将有权享受本法第一章第三段规定的老年互助性养老资助。①

将根据本法第2条f)目的规定计算前款所指的老年互助性养老金资助。这样，基础养老金将等于从前款中各养老金制度领取的养老金之和，包括19.403号法律、19.539号法律和19.953号法律所指的红利。

如1款所指的人还从3500号律令设立的养老金体系领取养老金，他有权享有的老年互助性养老金资助将根据本法第10条或者第11条的规定计算。在这种情况下，基础养老金就等于前款计算所得加上自我融资的参考养老金再加上受益人依据3500号律令领取的遗属养老金。本法第一章生效时，已经依据3500号律令退休的人，其自我融资的参考养老金将根据养老金监管局制定的一般性规范确定。

第11条

由养老金标准化管理局各类养老金制度管理的伤残人士，如符合本法第20条a)目的要求，有权享有上述制度赋予的伤残养老金，而且伤残养老金的数额加上任何来自于其他养老金制度下的养老金收入之和低于互助性伤残基础养老金的，将有权获得第一章第五段

① 老年互助性养老资助（El Aporte Previsional Solidario de Vejez）：是国家对那些已经在某种养老金制度下有养老金积累，但养老金金额很低的人的一种补助——译者注。

规定的互助性伤残养老资助。①

同样，仅享有上述养老金标准化管理局养老金制度赋予的遗属养老金权利，符合前款条件且遗属养老金的金额低于互助性伤残基础养老金金额的残疾人士可以成为上述资助的受益人。

第12条

本法第一章生效时享有3500号律令第七章国家担保的最低遗属养老金的人，将继续领取国家担保的最低遗属养老金。此外，在本法公布后第15年最后一天符合条件的人，也可以享有这一国家担保。

前款所指的最低养老金与互助养老金体系不兼容。但是，前款所指的最低养老金受益人，如符合加入互助养老金体系的条件，可以加入互助养老金体系，但在加入互助养老金体系申请当中，要声明放弃上述国家担保。

第13条

2008年7月1日至2009年6月30日，老年互助基础养老金上调至60 000比索，含有互助资助的最高养老金上调至70 000比索。2008年7月1日至2009年6月30日第3条b）目规定的比率为40%。

从2009年7月1日起，年老互助基础养老金上调至75 000比索，含有互助性资助的最高养老金上调至120 000比索。与此同时，第3条b）目规定的比率为45%。

2009年9月1日至2011年6月30日，含有互助性资助的最高养老金上调至150 000比索。与此同时，第3条b）目规定的比率为50%。

2010年7月1日至2011年6月30日，含有互助性资助的最高养老金上调至200 000比索。与此同时，第3条b）目规定的比率为55%。

从2011年7月1日起，含有互助性资助的最高养老金上调至255 000比索。与此同时，第3条b）目规定的比率为60%。

本法第32条所指的比率将由本条1～4款指明。

第14条

因实施本法第8条进行调整而产生的差额在2009年7月1日后12个月内支付；因实施本法第13条进行调整而产生的差额，在2011年7月1日后12个月内支付。

第15条

虽然有临时性条款第1条的规定，对本法第38条6项a）和c）目、7项b）目、8项

① 互助性伤残养老资助（El Aporte Previsional de Invalidez）：是针对那些曾经向某种养老金制度缴费，养老金金额偏低的残疾公民，国家每月给付的现金补贴——译者注。

b）目、9项b）目以及11项a）目的修改自2012年7月1日起生效。

第38条6项b）目、7项a）和c）目、8项a）目、9项a）目以及10项a）和b）目的修改自2009年7月1日起生效。

同样，对第38条12项的修改自2009年7月1日起执行。但是，这一修改不适用于2009年7月1日以前签订的保险合同。

第二段 有关第二章的临时性规定

第16条

本法授权共和国总统，从本法实施之日起一年内，通过劳动和社会保障部颁布一个或多个律令（这些法令也应当由财政部签署），就下列事宜制定规范：

1. 确定社会保障局的人员编制。编制中的人员可以来自社会保障局以及养老金标准化管理局。社会保障局有职衔的官员应当优先选派。

2. 确定养老金监管局的人员编制。养老金监管局的人员可以来自AFP监管局、社会保障监管局以及养老金标准化管理局。AFP监管局有职衔的官员应当优先选派。

3. 确定社会保障管理局的人员编制。编制中的人员可以来自养老金标准化管理局。养老金标准化管理局有职衔的官员应当优先选派。

4. 确定社会保障监管局人员标志。编制中的人员可以来自社会保障监管局以及养老金标准化管理局。社会保障监管局有职衔的官员应当优先选派。

5. 确定劳动保障管理局（即前养老金标准化管理局）人员的编制。编制中可以包括养老金标准化管理局的人员。

6. 根据下一项的规定，规定上述官员调转工作，无论是在编人员还是聘用人员，调转期间工作不中断。同样，养老金标准化管理局向其他公共机构调转要配合相关预算资源的调转。

7. 在编或聘用人员调转，保持调转之日的职务，在前后两个工作单位对应的基本工资级别不同的除外。如调出和调入两个机构的基本工资级别不同，被调人员的工资以最为接近其调出单位的基本工资的级别为准。自调动之日起，被调官员在调出单位职位依法撤销。原单位的人员总数也相应减少。相关法律另将确定依专业和法律身份而被调转官员的数量，以及调转的时限。各调令由劳动和社会保障部颁发采取“根据共和国总统令……”的格式。人员调转同时配合相关预算资源的调转。

8. 共和国总统行使权力，可以以法令的方式规定人员编制的结构和人员运转，尤其可以就下述内容作出规定：实施可变薪金制度（诸如19.533号法律第1条、19.528号法律第5条以及18.091号法律第17条等）、每套编制职位数量、履行职务的要求、职位的名称、具有总统专署信任特征的职务以及实施19.882号法律第六章规定的官阶等级和实施18.834号法律第8条的官阶等级。18.834号法律的修改稿已经由财政部2005年29号律令定稿。此外，共和国总统还可以就人员安置问题对本法第 15 条制定补充性规定。

9. 共和国总统确定人员编制的生效时间及其职位安排，并确定上述机构的人员编制上限。

10. 共和国总统行使上述人事权力需遵守如下约束：

a）上述被调人员的工龄不受影响，其工作调动不得被当做结束劳动关系、撤职、停职或停止工作的理由。不征得被调官员的同意，不得将其住所迁离其履行职务所在地区。

b）不得借人员调转降低其薪金、停止其职能、改变其养老金权利。被调人员薪金的任何变化，从补充编制中支付。补充支付今后将被并入相关官员的增薪当中，公共部门普遍增薪的情况除外。补充编制同其所补充的编制适用同样的纳税规定。

c）被调转安置官员的工龄和资历须保持。

d）共和国总统行使这一权限时，不得改动当年预算法确定的人员总编制上限，但总统可以有增加 6 个职位的权限。

11. 共和国总统将确定养老金监管局和社会保障管理局开展工作的起始日期和时限。此外，共和国总统还将确定 AFP 监管局的撤销日期以及其资源的归属。

12. 此外，共和国总统还将下令将养老金标准化管理局的所有财产划转到社会保障管理局。

第 17 条

共和国总统通过财政部颁布法令，为养老金监管局以及社会保障管理局制定第一个预算，调出人员或物资的单位将必要的资金划拨至养老金监管局和社会保障管理局，以便其履行职能。为此，共和国总统可以废止或修改预算中的相关章节、资金划拨、项目或备注。

现行《预算法》中公共财物 2003 年 1 月 5 日项下用于最低养老金国家担保的资金可以在本法所指的机构间划转。

第 18 条

在养老金标准化管理局任职的高级领导人，调往社会保障管理局后继续接受在养老金标准化管理局任职时所适用的法律法规的调整。

第 19 条

因确定人员编制和指派职位而产生的费用，一年不得超过 94 亿比索。

第 20 条

从本法生效之日起，由养老金标准化管理局行使社会保障管理局的职能和权限，直到后者开始正式运行为止。

同样，除社会保障监管局转给养老基金监管局的权限在后者正式运行前继续由前者行使外，AFP监管局将行使养老基金监管局的其他职能和权限，直到后者开始正式运行为止。

第21条

本法需将上述机构履行的职能以及本法未提及的其他公共服务职能转化为第39条所指的公共服务，因此，相关组织机构规定须进行修改。为此，本法授权共和国总统，在本法公布之日起一年内，通过劳动和社会保障部颁布一道或者多道律令对相关公共服务组织机构的规定进行修改。财政部参与签署上述律令。

第22条

本法第64条对19.404号法律的修改，对3500号律令附加第17条5款废止，本法第91条16项g）目对3500号律令添加的第94条19项等自本法公布之日后第12个月的第一天起生效。

第23条

第一次任命第70条b）目所指的国务委员时，共和国总统向参议院推荐两名任期为6年的候选人和两名3年非完整任期的候选人。

委员会组成后，应当就现行有效的第66条1款b）目所指的各实施条例召开委员会会议，并提出意见。

第三段 有关第三章的临时性规定

第24条

根据本法第一段有关第三章的永久性规定，2009年7月11日后退休的女性可以从其子女的红利中受益。

所有女性，只要符合第74条的规定并从2009年7月11日后退休的，对其在此日期前亲生或收养的子女的红利享有权利。该红利等于截止到2009年7月11日有效最低收入的10%。2009年7月11日后，第75条2款规定的利息和差额调整开始进行，计算方法由第一段有关第三章的永久性条款规定。

从2009年7月11日开始，在根据本法第一章的规定计算自我融资的参考养老金时，将考虑妇女对儿女红利权利。

第25条

第二段有关第三章的临时性条款中的规定自其在《官方日报》公布之日起第7个月的

第一天生效，且只能适用于在此日期后的无效婚姻和离婚诉讼。

第26条

第82条1款的规定自其在《官方日报》公布之日起第7个月的第一天生效，2款的规定自2011年7月1日起生效。

第27条

截止到本法公布之日满60周岁的女性，不适用3500号律令附加第4条的规定。

第28条

本法第四段关于第三章临时性条款中的规定自其在《官方日报》公布之日起第7个月的第一天生效。

第85条2～6项对3500号律令的修改，只适用于那些在前款所指的生效日以后退休的人群。

第四段　有关第四章的临时性规定

第29条

本法第四章从本法公布之日起第四年的1月1日生效。

第四章生效的前三年，如无明确的相反规定，3500号律令第89条1款所指的劳动者应当根据第92条F的规定实施第三章所要求的缴费。养老金监管局将通过一般性规范对这一权利的行使制定程序。

为实施前款规定，1款所指规定生效后的第一年、第二年和第三年，3500号律令第90条1款所规定的应税收益须分别乘以0.4、0.7和1。但是，在第一年和第二年，本条所指的独立劳动者可以自愿实施3500号律令第三章所指的、高于上述金额的缴费，但不得超过3500号律令第90条所指的应税上限。

自第四章生效后第四年起，独立劳动者必须遵照3500号律令第92条F的规定实施第三章所要求的缴费。

自1款所指规定生效后第七年1月1日起，需根据本法第86条的规定实施7%的医疗福利缴费。在此日期之前，医疗福利缴费将根据本法公布时有效的规定执行。

截止到1款所指的日期年满55周岁的男性劳动者或年满50周岁的女性劳动者无须履行上述各款所指的义务。

第30条

3500号律令第89条所指的独立劳动者，须根据3500号律令的规定，按照第88条

2～4款规定的条件和渐进程度实施3500号律令第88条2款所指的缴费。临时性规定第20条末款的规定同样适用。

本法第89条的规定自本法公布之日起第7个月的第一天起生效。自此日期至2011年12月31日，3500号律令第89条所指的独立劳动者可以根据本法公布时实行的第89条文本选择适用本法第89条的规定。

第31条

从本法公布之日起第7个月第一天开始，参加养老金标准化管理局所管理的养老金体系的独立劳动者，受16.744号法律规定的保险合同约束的，适用本法第88条2～4款以及末款的规定。其最高应税收入将由18.095号法律第1条规定。

第五段 有关第五章的临时性规定

第32条

本法有关第五章的临时性规定自其在《官方日报》公布之日后第7个月第一天生效，并不与下述各款规定相抵触。

本法第91条13项纳入3500号律令的第20条O所规定的红利，适用于前款所指的生效日期后完成的自主性缴费、自主保障性储蓄存款以及集体自主保障性储蓄存款。

本法第91条5项b）目所指的对3500号律令中有关医学委员会融资规定的修改，根据临时性规定第1条，同本法有关第一章的临时性规定同时生效。

本法第91条85项加入到3500号律令的第十六章自本法公布之日起次月1日生效。

本法对第五章第92条3项的修改自本法有关第四章的临时性规定生效后第四年生效。

1931年财政部251号律令所指的年金收益保险经纪人，在前款所指的规定生效之日后6个月内仍然可以继续从事年金收益保险经纪活动。

第33条

本法有关第五章的临时性规定对3500号律令的修改生效之日正在办理中的伤残养老金申请、遗属养老金申请和退休申请等，继续由上述生效之日正在执行的规定调整。同样，在上述生效之日正根据第一次决定领取伤残养老金的，其伤残评估继续由生效之日正在执行的规定调整。

为实施3500号律令第65条3款的规定，上述生效之日已经退休的人，继续由该日期之前所执行的规定进行调整。

第34条

第五章的临时性规定对3500号律令的修改生效之日以前，因领取伤残养老金或养老金的参加人本人死亡而产生的遗属养老金，继续由参加人领取伤残养老金或养老金时所实行的相关规定调整。

第35条

在第五章的临时性规定对3500号律令的修改生效之日已经退休的，可以实施3500号律令第85条末款（由本法第五章第91条60项引入）所指的医疗福利缴费。

第36条

在第五章的临时性规定对3500号律令的修改生效之日已经退休的参加人，可以将自主储蓄账户里的资金全部或者部分转入到个人资本账户，以提高养老金金额。

第37条

第五章的临时性规定对3500号律令的修改生效之日已经退休的参加人，且符合本法第23条3款（经本法第91条17项修改）规定的，可以行使第23条3款所指的选择权。

第38条

建立3500号律令第45条（经本法第五章第91条31项修改）所指的投资制度的第一个决议，所设定投资限度的严格程度不得高于本法第五章对3500号的修改前所执行的3500号律令第45条和第47条。

第39条

本法第五章对3500号律令的修改生效时，如养老基金有收益率波动准备金，相关AFP应当依参加人个人资本账户中的份额按比率将准备金分配给参加人。分配方式和期限由养老金监管局颁布的一般性规范规定。

第40条

虽然有3500号律令中的第168条（本法第五章第91条85项引入）的规定，第一批任命的投资委员会成员的任期根据如下内容确定：

a）AFP指定的成员任期两年；

b）经20.129号法律认证的大学经济系或经济与管理系系主任指定的成员任期三年；

c）中央银行顾问委员会指定的成员任期四年；

d）共和国总统指定的成员任期五年。

第41条

本法第五章对3500号律令的修改生效后前两年，AFP不对执行本法规定而导致的投资超限负责，但不妨碍养老金监管局就超限投资的转让设定期限。

第42条

本法第五章对3500号律令的修改生效后12个月内，养老基金向国外全部投资不得超过养老基金价值的60%，也不得低于养老基金价值的30%。限度由智利中央银行根据本法第五章第91条31项引入到3500号律令第45条18款2）目的规定设定。从本法第五章对3500号律令的修改生效后第13个月开始，上述限度改革将不低于30%，也不得高于80%。

本法第五章对3500号律令的修改生效后12个月内，各类养老基金向国外投资总额为：

A类养老基金：不得超过80%，也不得低于25%；

B类养老基金：不得超过70%，也不得低于20%；

C类养老基金：不得超过60%，也不得低于15%；

D类养老基金：不得超过30%，也不得低于10%；

E类养老基金：不得超过25%，也不得低于5%。

从第13个月开始，各类养老基金向国外投资总额为：

A类养老基金：不得超过100%，也不得低于45%；

B类养老基金：不得超过90%，也不得低于40%；

C类养老基金：不得超过75%，也不得低于30%；

D类养老基金：不得超过45%，也不得低于20%；

E类养老基金：不得超过35%，也不得低于15%。

限度由智利中央银行根据本法第五章第91条31项引入到3500号律令第45条18款2）目的规定设定。

第43条

本法第五章对3500号律令的修改生效后90天内，各AFP应根据3500号律令第23条（由本法第五章第91条17项修改）的规定修改服务合同。

第44条

3500号律令附加第59条（本法第五章第91条47项引入的）所指的保险的第一次招标至少需要在本法第五章对3500号律令生效6个月以后才得以进行。

第45条

3500号律令第160条（本法第五章第91条85项引入的）所指的参加人组合的第一次招标，至少要在本法第五章对3500号律令生效6个月以后才得以进行。

第46条

本法第91条8项引入3500号律令第16条的修改，自本法公布之日后次年1月1日起开始适用。

第47条

雇主支付3500号律令第59条所指的保险费的缴费义务，自2009年7月1日起具有约束力。

上述义务生效之日至2011年6月期间，如在某月份雇主为100名以上雇员申报了养老金缴费，则参加人的补充性缴费中应当包括保险费，这样，1款为雇主设定的义务在该月份免除。

第48条

上一条2款的规定不适用于国家机关。

第49条

本条第五章生效时正进行自主保障性存款或实施自主缴费的纳税人，不适用本法第92条1项f）目有关税制选择的规定。在这种情况下，除非纳税人做相反声明，本法认为参加人选择了继续适用《所得税法》附加第42条1款的税制。有关本条的适用程序，养老金监管局将制定一般性规范。

第六段　有关第六章的临时性规定

第50条

自本法公布之日起满3年的第一天开始，第98条规定的最低应税薪金开始适用。但是，自本法公布之日起第一年起，最低应税薪金为最低月收入的83%，第二年起为最低月收入的92%。

第七段　有关第七章的临时性规定

第51条

第100条和第101条列明的修改，自本法公布之日起生效。但是，20.128号法律第100条4项引入的修改内容自其在《官方日报》公布之日后第7个月第一天生效。

第52条

20.128号法律第5条所指的养老金准备基金，还须根据本法临时性规定第6条和第

20条的规定用来履行与最低养老金、伤残养老金和遗属养老金国家担保（由3500号律令调整）有关的财政义务。

第53条

提取20.128号法律第5条所指的养老金准备基金，每年最高限额等于根据20.128号法律第6条b）目确定上年供款金额。

前款所指的提款在本法第一章生效之日至2016年间可以实施。

第54条

本法生效后一年内实施是费用最高的一年，该费用将从劳动和社会保障部的预算中支付，不足部分，从国库项目补足。后续各年内，执法费用纳入相关预算法规。

临时性规定末条在不与本法上述各条款相抵触的前提下，在本法公布之日起可以就本法的实施制定条例。

附录C 新加坡中央公积金法案

第一部分 序 言

1. 简称

该法案定名为中央公积金法案。

2. 释义

(1) 在该法案中，除上下文另有所指外，以下各词应解释为——

“额外利息”是指第6条第（4B）款中提到的利息。

“公积金局”是指根据第3条建立的中央公积金局。

“合同”是指任何形式的合同，书面的或者是口头的，明示的或暗示的。

“被雇用”是指签署就业合同并就业，根据与第77条相关的规定，合同中必须包括公积金缴费，这些合同包括服务合同、学徒合同和就业合同。

“雇员”是指——

(a) 除了船长、海员或船上的学徒，在新加坡境内受雇于某个雇主的人；或者

(b) 作为新加坡公民——

(i) 船只的船长，海员或者学徒，并且该船只的船主也要遵守该法案的条款，以及

(ii) 根据在新加坡签订的服务或其他方面的协议就业的人。

“雇主”是指——

(a) 雇用雇员的任何个人、公司、组织或机构，不管是否组成公司；

(b) 至少有一个雇员的船主；

(c) 代表雇主向雇员支付工资的管理者、机构和任何人，以及

(d) 新加坡政府或英国政府这一类机构，或政府的官员、雇员（根据该法案的相关规定，有时在公报中被总统宣布为雇员的人）。

“公寓”是指任何建筑物或建筑物某一部分的水平层，不管这个水平层或其部分是一层还是多层，或者是全部还是部分在水平线以下。

“基金”是指根据该法案第6条建立的中央公积金。

“组屋”是指根据房屋和发展法（第129章）第Ⅳ部分或第ⅣB部分出售的任何公寓、房屋或其他建筑物，并且已经被当前的业主拥有，不管是从房屋和发展委员会获得还是从其他途径获得。

“房屋和发展委员会”是指根据房屋和发展法建立的房屋和发展委员会。

“不动产”包括——

(a) 任何地产或土地收益，包括已建造或将要建造在土地上的建筑物或公寓；

(b) 任何地产的收益或土地收益，包括已建造或将要建造的一些公寓。

“督察”是指根据本法案第5条第(1)款任命的督察。

“土地收益”是指被法律认可的任何土地收益，包括土地上的建筑物。

“土地”包括土地，土地的保有、租赁或任何使用权，(不管是否是在地上的还是地下的、是水平分割的还是垂直分割的，或者是以其他形式存在的) 建筑物及建筑物的相关部分，公寓，继承的房屋，有形的或无形的。

“船长”和“海员”的定义与商船法(第179章)中对它们的定义相同。

“公积金成员”或“成员”是指拥有公积金账户的人，或者是根据该法案持有公积金账户的人，包括第13B条中规定的自愿缴费者。

“最低金额”是指第15条第(6)款(a)项中规定的金额。

“普通账户”是指根据该法案第13条建立的账户。

“指定年龄”是指根据与该法案第77条第(1)款相关的规定，部长指定的成员年龄，而且部长可以根据不同目的，为不同人群指定的不同年龄。

“退休账户”是指——

(a) 根据第15条第(2A)款(a)项、第(6C)款、第(7B)款(a)项、第(8A)款(a)项、第18条第(1)款(c)项以及第IIIB部分建立的账户，以及

(b) 记录缴费(包括符合该法案目的的其他类型缴费)和利息的账户。

“特殊账户”是指根据该法案第13条建立的账户。

“工资”是指货币报酬，包括任何形式的奖金，或者和就业相关的已经兑现或未来兑现的津贴，但是不包括部长在公报中明确公布的某些支付。

[19/83；32/84；16/86；5/87；10/94；0/98；39/2000]

(1A) 在该法案中，除非特别指明，一个人在他第N岁生日那天，他的年龄应该或已经是N岁：

(a)“N”是一个指定的正整数，并且

(b)“第N”是对应整数的序数。

(2) 任何新加坡政府或英国政府官员或雇员(或代表政府的官员或雇员)个人不得以其个人身份为已发生或未发生的事负责。

3. 中央公积金局的机构设立与组织章程

(1) 为执行该法案而建立的机构被称为“中央公积金局”，它包括以下成员——

(a) 根据第4条第(1)款任命的主席；

(b) 根据第4条第(2)款任命的一位副主席，以及

(c) 根据第4条第(4)款任命的其他成员。

[27/92]

（2）该公积金局作为一个永久性法团，须设有公章，并且能够以法团法人机构的名义起诉或被起诉。

（3）所有证书、文件以及其他需要加盖公积金局公章的文书，都必须盖上公章。

（3A）一般情况下，所有加盖公章的文书应该由公积金局的两名官员进行签署，或者特殊情况下，由公积金局授权的其他人进行签署。

（4）在涉及公积金局公权而又无须加盖公章的情况时，公积金局可以以决议的方式或其他方式，授权公积金局或其他机构的官员代表公积金局来处理相关协议或文书。

（5）契约登记法（第269章）中的第11条不适用于第（3）款中提到的文件。

（6）中央公积金局要行使该法案或部长赋予的权利并承担相应义务，部长和公积金局可以将此全部或部分的权利和义务以书面文件的形式授予任何人。

4. 中央公积金局的成员构成

（1）根据新加坡宪法第22A条第（1）款（b）项，在总统的授权下，部长可以任命公积金局的主席，主席任期为3年，并可以连任。

[11/91]

（2）根据新加坡宪法第22A条第（1）款（b）项，在总统的授权下，部长可以任命公积金局的副主席，副主席任期为3年，并可以连任。

[27/92]

（3）根据本法案，按照主席的指示，副主席可以执行全部或部分主席的权力。

[27/92]

（3A）根据新加坡宪法第22A条第（1）款（b）项，在总统的授权下，当主席或副主席因病或其他情况失去工作能力，暂时离开新加坡，或其他情况，部长可以任命公积金局中的任何成员为临时主席或临时副主席（视情况而定）。

[39/2000]

（4）根据新加坡宪法第22A条第（1）款（b）项，在总统的授权下，部长可以任命公积金局中的其他成员，其他成员包括：

（a）在政府从事领薪工作的两名成员；

（b）代表雇主的两名成员；

（c）代表雇员的两名成员，以及

（d）其他成员，不超过7人，根据部长的决定而定。

[11/91]

（4A）根据新加坡宪法第22A条第（1）款（b）项，在总统的授权下，部长可以任命一位首席执行官为公积金局的成员。

（5）公积金局的法定人数应该为5人。

(6) 主席不在时，副主席可以主持公积金局会议，主席和副主席都不在时，在座成员可以选举主持会议的人。

[27/92]

(7) 应该由部长确定支付给公积金局成员的津贴。

(8) 除了主席和副主席，部长可以在任何时候撤销对其他成员的任命。除了撤销任命或成员自己辞职，公积金局成员的任期为3年，或者由部长依情况确定更短的任期。

[27/92]

(9) 根据新加坡宪法第22A条第（1）款（b）项，在没有总统授权的情况下，不得撤销对主席、副主席或其他成员的任命。

[11/91；27/92]

(10) 议会成员不得被任命为或继续担任公积金局成员。

(11) 根据本法案规定，通过书面授权，主席可以授权任何公积金局成员来行使主席的权力。

[39/2000]

4A. 官员和雇员的任命

(1) 根据新加坡宪法第22A条第（1）款（b）项，在总统的授权下，根据自身情况，公积金局可以任命一位首席执行官。

(1A) 该首席执行官应该——

(a) 由公积金局任命；并且

(b) 对公积金局负责，并根据公积金局制定的各项政策，适当地行使管理和事务处理的功能。

(2) 为了执行该法案，公积金局有权力聘请职员，包括官员和雇员。

(3) 在刑法（第224章）的意义上，这些公积金局成员和雇员都被视为公职人员。

(4) 为了执行本条和第4条，公积金局可以制定相关规则，特别是制定以下两方面的规则——

(a) 其执行过程，以及

(b) 公积金局所有人员的任命、晋升、解聘、合同终止和法律约束。

5. 督察的任命

(1) 在执行本法案的过程中，若认为有必要，公积金局可以设立此职位。

(2) 根据就业法（第91章）设立的劳工局局长、劳工局副局长、劳工局助理局长和监察官员都可以行使督察的权力。

(3) 督察行使权力的过程中，在任何合适的时间，督察都可以——

(a) 进入任何处所或地方，只要他有正当理由认为有人受雇其中。

(b) 单独或有其他人在场时，只要在法律的框架内，为了得到相关信息，可以咨询任何一个他有正当理由认为是或者曾经是雇主或雇员的人，要求任何一个这样的人接受检查。在此过程中，他可以在特定的时间和地点传召任何人。

(c) 向雇主、雇员及其他人询问关于雇用的问题，这些人在其能力范围之内，必须依照法律如实回答问题。

(d) 要求任何雇主提供关于雇用的服务协议、工资账本、雇员登记表及其他和雇佣行为有关的文件，督察在认为必要的时候，可以向雇主询问这方面的问题。

(e) 在检察的过程中，可要求任何雇主提供账目的审查情况及其他账目相关记录，督察在认为必要的时候，可以向雇主询问这方面的问题，以及

(f) 复印上述 (d) 项和 (e) 项涉及的任何账目和文件，并且在以下情况中，督察可以接管这些账目和文件——

(i) 若不接管，这些复印文件不能有效地反映问题；

(ii) 若不接管，这些账目或文件可能被篡改；或者

(iii) 根据该法案，这些账目或文件可能会成为诉讼或基金追缴的证据。

(4) 通过必要的修改，上述第 (3) 款也同样适用于需要自己缴费 [根据第 77 条第 (1) 款相关规定] 的个人，其中所指的工资是个人收入的重要参考。

[27/92]

(5) 如果任何人——

(a) 在督察或第 (2) 款中提到其他官员行使权力时，故意拖延；

(b) 未能满足督察或其他官员的要求，如未能提供相关的记录、证明、通知或文件；

(c) 故意隐瞒信息，如雇员或雇主的情况等；或者

(d) 隐瞒或阻止，试图隐瞒或阻止督察或相关官员对某人进行相关检查。

依据本法案，此人被视为妨碍督察执行公务。

(6) 任何妨碍督察或第 (2) 款中提到的其他官员执行公务者，即被视为犯罪。

(7) 在本条中——

“文件”是指任何形式的文件，包括含有电子或数字信息的文件。

“记录”是指任何形式的记录，包括含有电子或数字信息的记录。

5A. 预算

(1) 在每个财政年度，公积金局必须准备下一年度的收支预算，并为每个财政年度准备补充预算（如果有必要），根据新加坡宪法第 22B 条规定，公积金局要将预算提交至总统以获得批准。

[11/91]

(2) 总统同意预算和补充预算（如果有的话）后，须在新加坡公报中公布。

[11/91]

5B. 股票的发行等

鉴于根据本法案政府将财产、权利和义务授予公积金局的情况，或者根据其他书面法律，政府对公积金局追加资本和其他投资的情况，公积金局应该向财政部部长发行股票或其他证券，并且财政部部长应不时地给予指导。

5C. 公积金局使用的符号或标志

（1）对于公积金局使用的符号或标志，公积金局拥有专有权，并且可以选择和修改这些符号，同时，公积金局在进行活动或处理事务中可以使用和展示这些符号。

（2）任何人使用和公积金局相同或类似的标志，并造成欺骗或混乱，或者可能造成欺骗或混乱者，将被视为犯罪，并处以不超过1万美元的罚金，或不超过6个月的监禁，或两者都有，若连续违反该规定的情况下，一经定罪，将要每天追加不超过250美元的罚款。

第二部分　公积金缴费

6. 中央公积金的建立

（1）为了实现该法案提出的目标，需要建立中央公积金，并按照法案的规定进行缴费和支付。

（2）公积金局是中央公积金的受托人，所有的公积金都可以——

（a）存到公积金局指定的一家或多家银行；

（b）根据释义法（第1章）第33A条规定的法团投资规则，公积金局可以对公积金进行投资；或者

（c）用来购买资产，根据公积金局设定的目标修建房屋，并可以将这些房屋出租以获得收入，公积金局可以处置这些所有的资产或房屋。

（3）根据以上第（2）款（c）项所赋予的权力，公积金局拥有位于新加坡罗宾逊路79号的土地，且1980年5月15日之前建造在此地之上的建筑物被视为公积金局已经购得或建造。

（4）公积金局需要向公积金成员支付利息——

（a）以公积金局规定的时间间隔和在此期间确定的公积金成员记账额度；并且

（b）以公积金局定期在公报上公布每年的公积金利率，该利率——

（i）每年不得少于2.5%；并且

（ii）在财政部部长同意的前提下，可以超过2.5%。

（4A）为了实现支付利息的目标，公积金局可以为成员公积金账户的不同部分规定不

同的利息率。

(4B) 除了第 (4) 款规定的利息外，公积金局还可以酌情向成员支付额外利息——

(a) 以公积金局决定的时间间隔和在此期间以下款项的全部或部分：

(i) 成员的公积金记账额；

(ii) 以下各部分之和——

(A) 根据第 27 L 条，成员缴纳的保险费，以及

(B) 上述保险费产生的利息，前提是这一部分保险费被计入成员的退休账户。

(b) 根据相关条款和条件的规定，在财政部部长同意的前提下，按照公积金局决定的利息率进行支付。

(5) 在任何时候，如果公积金局不能进行该法案要求的支付，可以先由“统一基金”(consolidated fund) 支付，公积金局应该尽快向政府归还借款额。

7. 缴费率

(1) 根据本法案第 69 条和第 77 条制定的规则，每位雇主每月必须以附录一中的缴费率为雇员缴费。

(1A) 根据某些条款和条件，公积金局可酌情要求某一雇主或某一行业的雇主推迟缴费，但不得超过 6 个月。

[27/92]

(2) 即使成文法和合同进行了相反规定，雇主也有权力要求雇员履行既定的缴费义务，如附录一中所示。

(3) 按照第 (2) 款，雇员进行了缴费，而雇主却没有在规定的时间内向公积金缴费，雇主将会被起诉，并可能被处以不超过 1 万美元的罚款，或者是不超过 7 年的监禁，或两者都有。

(4) 在不违反第 (1)、(2) 款以及附录一的前提下——

(a) 除了附录一中要求的雇主缴费外，雇员在任何时候都可以自愿地向公积金进行额外缴费。

(b) 雇员如果想以超过正常标准的缴费率进行缴费，他应该向雇主出示书面通知，此后，只要他仍然被该雇主雇用，雇主就应该以雇员提出的标准从雇员工资里进行保险费扣缴，并且从出示书面通知起，扣缴不应少于 6 个月。在 6 个月内当雇员向雇主出示另一个书面通知告知雇主要停止多余缴费时，雇主在正常的缴费外，还应该支付多余的扣除额；或者

(c) 雇主可以在任何时候以超过附录一中规定的利率为雇员缴费。

[27/92]

(5) 即使在合同中有相反的规定，但是雇主无权以任何方式，从雇员工资里扣缴超过第 (2) 款规定的雇员正常缴费额和第 (4) 款规定的雇员自愿缴费额的两者总缴费额的金

额，任何雇主多扣缴或者试图多扣缴可能被起诉。

(6) 第 (2) 款和第 (4) 款规定的雇员缴费额，在发放雇员工资时就要扣缴，不得拖延。

(6A) 根据公积金局的相关规定，如果是因为雇主错误而非疏忽，导致雇主在发放工资时忘记扣缴雇员全部或部分缴费，雇主应该在6个月内将这一部分资金返还给雇员。

[27/92]

(7) 尽管有第 (6) 款的规定，如果当发放工资的时间间隔小于一个月，而且在任何一个月雇主认为雇员该月的工资总额可能会超过500美元，雇主——

(a) 根据附录一，如果这一个月中雇员工资率相同，雇主可以在每次支付雇员工资时，从工资里扣除相应的缴费；

(b) 但是如果实际工资总额未达到500美元，雇主须立刻返还雇员相应的缴费。

[27/92]

(8) 部长（通过公报公示）可以修改附录一，并在附录一中——

(a) 为不同的工资级别规定不同的缴费率，以及

(b) 针对额外工资的缴费是基于雇员上一年的工资计算的，并需要在当年年末或者是在目前雇主那里工作的最后一个月时，根据当年的实际工资进行调整。

[22/90；27/92]

(9) 尽管有上述第 (6) 款的规定，当雇主需要针对雇员的额外工资进行额外缴费，并可以根据附录一从雇员工资中进行扣缴时，在进行额外缴费的当年年末以后的6个月里，雇主都可以从雇员的工资里进行扣缴。

(10) 尽管有上述第 (5) 款的规定，但是根据附录一，雇主在年末重新计算雇员的额外工资（额外缴费的依据）时，发现基于额外工资的额外缴费有所上升，雇主可以——

(a) 在附录一规定的缴费额基础上增加缴费；

(b) 尽管有上述第 (6) 款的规定，雇主仍可以从雇员工资中进行适当的额外扣缴。

[22/90；27/92]

(11) 虽然附录一规定要求雇主进行额外缴费并可以从员工工资中进行扣缴，但是如果确有证据显示，雇主不能从雇员工资中扣缴全部或部分的额外缴费，或者该雇员不再就业于该雇主，公积金局［虽然存在第 (1) 款的规定］可以取消这部分未能从雇员工资中扣缴的额外缴费。

[22/90；27/92]

8. 为进行额外缴费而由法定团体签署的协议将被视为无效

任何由附录一中的法定团体和团体成员签署的，要求进行额外缴费的协议，都是无效的和不起作用的。

[34/84；27/92]

9. 因拖欠保险费而需要缴纳利息

（1）当雇主根据第7条需要缴纳的保险费，未能在规定的时间进行缴纳时，雇主有义务在此后每天对拖欠的保险费支付利息，直到付清，利率为每月1.5%，或每月5美元，选择两者中金额较大的。

（2）根据第77条第（1）款（e）项的相关规定，当一个人需要在特定的时间缴费而未能缴费时，他需要从指定的日期起，每天根据规定的利率对拖欠的保险费支付利息。

[27/92]

（3）如果公积金局认为合适，他可以取消全部或部分上述第（1）款、第（2）款中规定的利息。

[27/92]

10. 费用

公积金局运行所需要的全部费用，包括附录二中审查公积金账户所用的费用，都可以从公积金支付。

[27/92]

11. 财务条款

附录二中的财务条款适用于公积金局。

[27/92]

12. 存入公积金的保险费

（1）所有根据该法案征缴上来的缴费都必须以指定的某种方式存入公积金。

（2）公积金局必须为每个成员建立公积金账户，账户包括——

（a）公积金缴费，

（b）第6条第（4）款规定的利息，以及

（c）第6条第（4B）款规定的额外利息。

13. 将保险费和利息记入公积金子账户

（1）根据下面第（5）款规定，公积金成员的缴费和利息被记入以下各子账户中：

（a）除了第（7）款，第15条第（2）款、第（3）款、第（4）款和第（5）款，第18条，第18A条，第18B条，第18C条，第22条，第27B条，第32条和第45条的规定，根据第14条、第14A条和第15A条的规定，根据与第51条（b）项，第77条第（1）款（h）项、（i）项、（n）项或（r）项相关的规定，可以从中取款的普通账户；

（b）除了第（6）款和第15条第（2）款、第（3）款、第（4）款和第（5）款，第

16A条，第27B条和第54条的规定，根据与第77条第（1）款（j）项和（k）项相关的规定，可以从中取款的保健账户；

（c）根据第（7）款或第15条第（2）款、第（3）款、第（4）款或第（5）款，第17条，第18条，第18A条，第18C条，第19A条，第27B条，第45条或与第77条第（1）款（n）项或（oa）项相关的规则，可以从中取款的特殊账户。

[32/84；16/86；5/87；23/89；30/89；27/92；10/94；12/99；39/2000]

（2）在1984年12月28日之前，已经由公积金局持有的普通账户、保健账户和特殊账户都被视为是有效的。

[32/84]

（3）在1984年4月1日这一天，成员特殊账户中的资金应该被转移到保健账户中，除非按照第15条规定，成员在这一天将账户资金取出。

[32/84]

（4）公积金局应该以部长指定的任何一种方式，将征缴的所有保险费记账至上述第（1）款指定的成员账户中，其中依据的规则包括——

（a）第7条；

（b）依据第77条第（1）款（e）项制定的规则；或者

（c）部长制定的其他规则。

（4A）部长可以为不同的人群而制定不同的规则。

（5）公积金局需要将第6条第（4）款中涉及的利息记入成员的各账户中。

（5A）如果向成员支付第6条第（4B）款中提到的利息——

（a）公积金局可以以自己的方式将这些利息记入成员普通账户、保健账户、特殊账户和退休账户（如果有的话）中的一个或多个；而且

（b）公积金局可以为不同的人群制定不同的记账方法。

（6）根据第77条第（1）款（ka）项的规定，公积金局可以将成员保健账户中超过最高限额（由部长规定）的资金转移到该成员的其他指定账户中。

[16/86]

（7）如果成员的保健账户中没有剩余，在成员的申请和部长的同意下，公积金局可以将以前从保健账户划到指定账户中的资金，再转移到保健账户中去，同时根据公积金局的决定，该部分转移还包括全部或部分的利息。

[27/92]

（8）在该部分中，具体到公积金成员，“指定账户”是指根据第77条第（1）款（ka）项指定的成员普通账户，特殊账户或退休账户（如果有的话）。

13A. 对自雇者缴费进行限制的权力

（1）法案的附录三规定了注册、允许或维持一些特殊情况的权力，以及授权、更新或

恢复某些登记、牌照、证书或许可证的权力，根据与第 77 条第（1）款（e）项相关的规定，上述权力还包括对自雇者缴费进行限制的权力，这些缴费将被记入——

（a）登记人、申请人或许可证持有人的保健账户中，或视情况而定；或者

（b）根据第 13 条第（4）款的规定执行。

（2）部长可以修改附录三，并在公报上公示。

[27/92]

13B. 自愿缴费

（1）尽管该法案对此有所规定，但根据与第 77 条相关的规定——

（a）该法案规定，无须缴费的新加坡公民或永久居民，可以以部长指定的方式和费率自愿缴费；

（b）公积金局需要以部长指定的方式将自愿缴费记账到普通账户、保健账户或特殊账户，根据第 13 条第（1）款的规定，部长可以为不同的人群指定不同的缴费方式。

[30/98]

（2）每人每年根据第（1）款或第 7 条第（4）款自愿缴费的金额不得超过 28 800 美元，部长可以修改该金额，并在公报中公示。

（3）在计算每年的自愿缴费额的过程中——

（a）以下各金额计算在内：

（i）根据本法案，个人必须要缴纳的保险费；

（ii）根据第 7 条第（4）款（c）项，该人的雇主自愿缴纳的部分；

（iii）2008 年第 25 号法案废除该条款，新条款自 2008 年 11 月 1 日开始实施。

（b）以下各金额应该被排除在外：

（i）个人当年根据第 73 条和第 79 条缴纳的保险费；

（ia）2008 年第 25 号法案废除该条款，新条款自 2008 年 11 月 1 日开始实施；

（ii），雇主当年根据第 7 条第（4）款（c）项为此人缴纳的保险费，特别是向此人保健账户缴纳的保险费不得超过 1 500 美元；

（iii）根据第 27B 条、第 27C 条、第 27D 条、第 27E 条或第 27F 条，或者与第 27G 条或第 27H 条相关的条款的规定，此人或其他人缴纳的保险费。

（4）2008 年第 25 号法案废除该条款，新条款自 2008 年 11 月 1 日开始实施。

（5）2008 年第 25 号法案废除该条款，新条款自 2008 年 11 月 1 日开始实施。

14. 政府对公积金的现金补贴

（1）1984 年 6 月 1 日后，公积金局可以从政府接受一些现金补贴，这些补贴将给予任何指定计划下符合资格的成员，根据部长的指示，公积金局应该将这些现金补贴记入成员的公积金账户。

[32/84；31/95]

（2）任何根据上面第（1）款记入公积金账户的现金补贴都可以被看成是对公积金的缴费，而且个人能够根据相关的规则提取这些补贴及其利息。

[31/95]

（3）尽管该法案中已经有相关规定，当条件发生变化时，公积金局应该代表政府收回某些成员账户内的补贴和相关利息，即如果该成员——

（a）通过虚假的和误导性的手段，或提供虚假的或误导性的材料取得该补贴；或者

（b）违反了领取该补贴的条件。

[32/84]

（4）根据上述第（3）款，公积金局从成员账户收回的补贴应该返还给政府。

[32/84]

（5）在该条中——

“指定计划”是指部长指定并批准的计划。

“现金补贴”是指政府向指定计划提供的现金补贴。

14A. 公积金成员从政府获得贷款

（1）根据指定的贷款体制，公积金局可以接受政府向公积金成员的贷款。

[12/99]

（2）公积金局应该将上述第（1）款中的贷款记入成员的普通账户。

[12/99]

（3）任何记入公积金账户的贷款都被看成是对公积金的缴费，而且个人能够根据相关的规则提取这些贷款和利息。

[12/99]

（4）尽管该法案中已经有相关规定，但公积金局允许成员利用账户中的资金偿还贷款、利息以及在贷款体制下需要偿还的其他款项。

[12/99]

（5）公积金局有权代表政府接受第（4）款中的任何还款。

[12/99]

（6）尽管该法案中已经有相关规定，但在以下情况中，公积金局有权代表政府收回已经记入公积金账户贷款、利息及其他应该偿还政府的款项，并且可以从相关成员的账户中扣除。即如果该成员——

（a）在应该偿还贷款时未能偿还，或者

（b）违反贷款体制的某些规定。

[12/99]

（7）公积金局根据第（5）款和第（6）款从成员那里收回的资金要立刻返还给政府。

[12/99]

(8) 在这一部分，“指定的贷款体制”是指部长指定并批准的贷款体制。

[12/99]

第三部分 公积金的提取

15. 对公积金提取的授权和条件规定

(1) 如果没有公积金局的授权，任何人不得从账户中提取公积金。

(1A) 根据以下第 (1B) 款、第 14 条、第 14A 条，第 15 A 条、第 25 条第 (2) 和 (3) 款，以及根据第 77 条制定的相关规则，除了有权提取公积金的人提出提取公积金的申请外，该项权利不得授予其他人。

(1B) 以下成员在提取公积金时可以不用申请：根据以下第 (7) 款进行取款的成员、从第 (6C) 条第 (a) 款规定的退休账户中提取资金，来购买第 27L 条第 (1) 款中保险的成员。

(2) 根据本条和第 19 条、第 19A 条，公积金成员、其家属或其遗产委员会 [根据精神疾病及治疗法（第 178 章）成立]，可在任何时间从该成员的公积金账户提取资金，只要公积金局认为该成员——

(a) 已经到了 55 岁；

(b) 不是新加坡的公民，已经离开或者将要离开新加坡或马来西亚，并且是永久离开不再返回；

(c) 是马来西亚的公民，已经永久离开或者即将永久离开新加坡，在这种情况下，可以由部长决定；

(d) 身体失能或精神失能：

(i) 以后永久不能就业；

(ii) 部长可能批准的其他情况；

(e) 精神不健全；

(f) 健康状况不好，并影响寿命的延续；

(g) 身患绝症。

(2A) 因遭遇第 (2) 款 (d) 项、(e) 项或 (f) 项中的情况而有权利提取公积金的成员，在提取公积金的时候，根据部长针对特殊情况作出的规定，应该——

(a) 预留其退休账户的资金至少要达到部长规定的金额；

(b) 预留其保健账户的资金至少要达到第 16 条规定的金额。

(2B) 对于第 (2A) 款 (a) 项中规定的账户资金额，成员在符合部长提出的条件的前提下，可以提取这一部分资金。

(3) 根据以下第 (6) 款，因已经达到55岁而提取公积金的成员，以后每次生日过后（或者是在部长规定的其他日期）都可以再提取一部分公积金。

[5/87]

(4) 尽管有第 (3) 款的规定，但是根据第 (6) 款，只要成员已经55岁，并且在申请提取公积金之日以前已经失业6个月，公积金局允许该成员提取账户资金。

[5/87]

(5) 根据第25条第 (3) 款，公积金成员死后，其生前按照第25条第 (1) 款指定的继承人可以继承账户资金，但这些资金必须是经过一系列扣除后剩余的，包括——

(a) 按照第16A条规定，需要扣除或将要扣除的；

(b) 按照第19条第 (2) 款或者第19A条第 (2) 款规定，需要记账或将要记账到其他人账户的资金；

(c) 按照第27B条规定，需要转移或支付，或即将需要转移或支付给其他人的资金。

这部分剩余资金的安排需要在根据第25条第 (1) 款建立的备忘录中声明。

(6) 根据第 (6A) 款、第 (8) 款和第 (8A) 款的规定，可以根据第 (2) 款 (a) 项、第 (3) 款或第 (4) 款规定提取公积金的成员，应该在提取账户资金时遵循法案的相关规定——

(a) 在账户中预留一定金额（在该法案中是指最低金额）；

(b) 除非公积金局特别允许，成员至少要在其保健账户中预留2 500美元，或者根据人群的不同，在其他账户中也要预留第 (6D) 款中指定的金额。

(6A) 若两位公积金成员有婚姻关系，且两者都是独立成员，在他们共同申请的基础上，如果一方在备忘录中指明，在其死后，另一方可以从他账户中领取不少于公积金局指定的资金，那么公积金局允许他们的账户中共同预留小于2倍最低金额的资金。

(6B) 婚姻双方根据第 (6A) 款设置的备忘录——

(a) 在有婚姻关系时不得撤销，除非公积金局认为他们中的一方或双方——

(i) 身体失能或精神失能——

(A) 以后永久不能就业；

(B) 部长可能批准的其他情况；

(ii) 精神不健全；

(iii) 健康状况不好，并影响寿命的延续；

(iv) 身患绝症；并且

(b) 当婚姻关系解除（而非死亡）或终止，并使得公积金局知情的前提下，可以撤销备忘录。

(6C) 预留在成员账户中的最低金额可以在以下情况中使用：

(a) 根据公积金局规定，这部分资金（如果有的话）可以存放在退休账户中，并用来购买第27L条第 (1) 款中提到的保险；

(b) 所有剩余资金可以——

(i) 存入公积金局指定的银行或存放到成员退休账户里；

(ii) 从保险公司购买年金。

(6CA) 为了实现第 (6) 款 (a) 项和第 (6C) 款的目标，当成员根据第 (2) 款 (a) 项可以提取公积金后，出于维持账户最低金额的目的，成员可以根据与第 77 条第 (1) 款相关的规定要求公积金局将提取的公积金转移到退休账户，具体金额见相关规定。

(6D) 通过在公报中公示，部长——

(a) 如果他认为合适，可以用其他金额替换第 (6) 款 (b) 项中规定的 2 500 美元；

(b) 如果他认为合适，为了实现第 (6) (b) 款的目标，可以为不同的人群设定不同的金额。

(7) 当公积金成员将第 (6C) 款 (b) 项中提到的资金存入指定银行或其退休账户后，根据第 77 条第 (1) 款规定，在他达到指定年龄后，可以将这一部分资金和利息取出。

(7A) 如果成员已经达到 55 岁，但还没有达到指定年龄，也可以将第 (6C) 款 (b) 项中提到资金的全部或部分 (由公积金局决定) 从指定银行或退休账户中取出，或者从保险公司那里撤回保险金，前提是公积金局认为该成员——

(a) 身体失能或精神失能——

(i) 以后永久不能就业；

(ii) 部长可能批准的其他情况；

(b) 精神不健全；

(ba) 健康状况不好，并影响寿命的延续；

(c) 身患绝症；

(d) 领取养老金、年金或其他待遇，并且每月这种待遇不低于部长规定的金额。

[10/94]

(7B) 根据第 (7A) 款 (a) 项、(b) 项、(ba) 项规定，雇员可以从指定银行、退休账户或保险公司领取第 (6C) 条 (b) 项中规定的全部或部分金额时，根据部长的指示需要——

(a) 在其退休账户预留的资金至少要达到部长规定的金额；

(b) 在其保健账户预留的资金至少要达到第 16 条规定的金额。

(7C) 根据部长提出的要求和条件，成员可以提取第 (7B) 款 (a) 项中提到的金额。

(8) 成员也可以不遵循第 (6) 款 (a) 项，如果公积金局认为该成员——

(a) 身体失能或精神失能——

(i) 以后永久不能就业；

(ii) 部长可能批准的其他情况；

(b) 精神不健全；

(c) 健康状况不好，并影响寿命的延续；

(d) 身患绝症；

(e) 在其退休时可以领取养老金、年金或其他待遇，并且每月这种待遇不低于部长规定的金额；

(f) 在1987年1月1日之前已经55岁。

(8A) 根据第（2）款（a）项、第（3）款或第（4）款规定可以提取公积金，并且根据第（8）款（a）项、(b) 项或（c）项规定无须遵循第（6）款（a）项规定的公积金成员，在提取公积金时，根据部长的相关指示需要——

(a) 在其退休账户预留的资金至少要达到部长规定的金额；

(b) 在其保健账户预留的资金至少要达到第16条规定的金额。

(8B) 成员可以根据部长制定的规则提取第（8A）款（a）项中提到的金额。

(8C) 尽管有第（2A）款、第（6）款、第（7B）款、第（8A）款和第27条的相关规定，如果根据第（7）款成员可以其退休账户提取的金额或者是根据第27K条第（6）款成员应该得到的金额，已经由公积金局转移到该成员的普通账户，在成员进行申请的基础上，公积金局可以允许成员提取这部分资金。

(9) 当公积金成员或其配偶拥有的不动产的价值与公积金局规定的最低金额相等，或高于最低金额时，公积金局允许该成员——

(a) 从指定银行或退休账户中提取出第（6C）款（b）项中提到的金额，或者

(b) 不购买指定年金。

如果该成员或其配偶（视情况而定）同意对其不动产进行交易以保证第（6C）款提到的最低金额。

[5/87；39/2000]

(9A) 当公积金成员和其他人共同拥有的不动产的价值与公积金局规定的最低金额相等，或高于最低金额时，公积金局允许该成员——

(a) 从指定银行或退休账户中提取出第（6C）款（b）项中提到的金额，或者

(b) 不购买指定年金。

如果该成员和其他人（视情况而定）同意对其不动产进行交易以保证第（6C）款提到的最低金额。

[39/2000]

(10) 当成员或其配偶或两者共同拥有由指定开发商、房屋管理局或房屋局承租人出售的不动产时，公积金局允许该员——

(a) 从指定银行或退休账户中提取出第（6C）(b) 款中提到的公积金数额；

(b) 不购买年金。

如果该成员或者其配偶（或两者共同，视情况而定）承诺可以对其不动产进行交易，或者出售或者以其他的方式处置不动产，以返还第（6C）款中提到的最低金额。

[5/87]

(10A) 当公积金成员和其他一个或多人共同拥有由指定开发商、房屋管理局或房屋管理局承租人出售的不动产时，公积金局可以允许成员——

(a) 从指定银行或退休账户中提取出第 (6C) (b) 款中提到的公积金数额；

(b) 不购买年金。

如果该成员和其他个人或多人（视情况而定）承诺出售或者以其他的方式处置不动产，以返还第 (6C) 款中提到的最低金额。

(10B) 如果公积金局认为出现了第 (15) 款 (e) 项中的任何情况时，此时，公积金局不能强迫成员兑现第 (10) 款和第 (10A) 款中的承诺。

(10C) 在以下情况中，公积金局不能强迫第 (10) 款中的成员，或第 (10) 款、第 (10A) 款中的任何人兑现承诺，即如果——

(a) 该不动产属于政府组屋；并且

(b) 对该不动产的处置仅仅包括组屋出租的租期减少，租期是在房屋和发展委员会与成员或与一人或多人签订的租赁回购计划中规定的。

(11) 当成员根据第 77 条提取公积金从房屋开发商、房屋管理局或房屋管理局承租人那里购买不动产后，如果在他 55 岁的时候账户里的资金少于最低金额，该成员应该出售其不动产，或者以其他处置方式处理不动产，并将出售或处置收益返还公积金局以弥补最低金额的不足。

[5/87]

(12) 不得因为成员和银行之间的债务，而将成员根据第 (6C) 款规定存入指定银行或退休账户的资金、从指定银行或退休账户中提取的资金以及利用最低金额购买的年金扣押和冻结。

(13) 成员破产时，不得将第 (12) 款中提到的资金交给官方受托人。

(14) 如果法院宣告成员破产，第 (12) 款中提到的资金也不得作为还债资产。

[5/87；10/94]

(15) 以下各条适用于前面第 (9) 款和第 (9A) 款中关于不动产交易的规定：

(a) 交易必须受到法定权利的约束，符合公共当局对其他不动产交易的标准，并受到下发交易通知之前不动产负担的影响；

(b) 公积金局制定相关的交易文件，为了让注册人接受该文件，公积金局可以拥有——

(i) 承受抵押者的出售权力和其他相关权利；

(ii) 根据不动产的买卖协议，出售、分配和处置所有权利、收益、利息的权利；

(c) 交易可以扩展到相关人的所有权利，待遇和利息（视情况而定，这些人包括公积金成员、其配偶或其他相关人），但是必须得在注册人的同意下进行不动产的买卖；

(d) 注册人无须亲自去调查交易的有效性，但是在接受了关于交易的相关文件后，应该根据土地所有权法（第 157 章）、土地所有权（层）法（第 158 章）和契约登记法（第

269章）中规定的相关规则对交易进行登记，并视情况而定；

(e) 在成员和其他利益相关者的请求下，如果公积金局发现下面任何一种情况，应该取消交易——

(i) 成员死亡；

(ii) 成员患绝症；

(iii) 成员符合第（2A）款、第（6）款、第（7B）款或第（8A）款中的要求；

(iv) 成员根据第（7）款已经用完第（6）款规定的最低金额，或者是根据第27L条第（1）款使用最低金额购买了保险，或两者都有；或者

(v) 成员符合第（2）款（b）项、(c) 项中所有的公积金提取条件。

[5/87；39/2000]

(15A) 财产转让法（第61章）的第73条、保险法（第142章）的第49L条和第49M条不适用于最低金额购买的年金。

(16) 在该条和第15B条——

“指定银行或保险公司”是指为执行这两条，由公积金局指定的银行或保险公司。

“指定开发商”是指房屋和发展法（第129章）第ⅣB部分提到的指定开发商。

“房屋管理局”在这两条里的定义和第28条中的定义相同。

“租赁回购计划”是由房屋和发展委员会管理的一个计划，在该计划中，经过委员会批准而参加该计划的房屋租赁人可以和委员会签订一个协议，签订该协议的成员可以减少租借期，并可将省下的资金用来购买第27K条终身收入计划中的年金。

“相关人”是指——

(a) 成员的配偶；

(b) 成员的孩子，包括领养的孩子和继子女；

(c) 成员的父母；

(d) 成员的兄弟姐妹；

(e) 成员的祖孙女；

(f) 成员的祖父母；

(g) 公积金局认为符合条件的相关人。

[39/2000]

“相关成员”在这两条中的定义和第27L条中的定义相同。

15A. 为偿还贷款而提取公积金时所受到的限制

尽管在第15条中有所规定，根据第15条第（2）款（b）项、(c) 项、(d) 项、(e) 项、(f) 项和（g）项的规定，公积金成员不得提取公积金偿还贷款，除非公积金局认为成员根据第14A条中的贷款体制已经将所贷款项和利息返还给了政府。

[12/99]

15B. 预存额外金额

（1）根据第15条第（2）款（a）项、第（3）款和第（4）款可以提取一定公积金的成员，除了要按照第15条预留最低金额外，还要根据该法案规定，预留一定金额（该部分称这一部分为额外金额），以确保第15条第（2）款（a）项、第（3）款和第（4）款中规定的支付。

［39/2000］

（2）上述第（1）款中的额外金额可以存入指定银行，或者是用来购买保险公司的指定年金产品。

［39/2000］

（3）第25条不适用于第（1）款中提到的额外金额。

［39/2000］

16. 从保健账户取款的限制

（1）尽管第15条中有相关规定，但如果成员保健账户中的金额没有超过规定金额，公积金成员、家属或遗产委员会［根据精神疾病及治疗法（第178章）成立］不得根据第15条第（2）款（a）项、（d）项、（e）项、（f）项、（g）项和第（3）款、第（4）款的规定从保健账户中取款。

［32/84］

（2）当公积金成员保健账户中的金额超过规定金额——

（a）根据第15条第（6）款（a）项的规定，公积金成员需要预留最低金额时，超过规定金额的资金（本款称之为“超额资金”）可以用于弥补最低金额的不足，并且根据第15条第（3）款或第（4）款，成员可以将超额资金的剩余部分取出；

（b）如果成员需要在退休账户中预留第15条第（2A）款（a）项中规定的资金时，超额资金可以用于弥补这部分资金的不足，并且根据第15条第（2）款（d）项、（e）项和（f）项的规定，成员可以将超额资金的剩余部分取出；

（c）如果成员需要在退休账户中预留第15条第（7B）款（a）项或第（8B）款（a）项中规定的资金时，超额资金可以用于弥补这部分资金的不足，并且根据第15条第（2）款（a）项、第（3）款和第（4）款的规定，成员可以将超额资金的剩余部分取出；或者

（d）在其他情况下，可以根据第15条第（2）款（a）项或（g）项、第（3）款和第（4）款的规定，成员可以将这部分超额资金取出。

［32/84］

（3）在该部分，“规定金额”是指根据与第77条相关的规定，由部长规定的金额。

［32/84］

16A. 从已故成员的保健账户中取款来支付已故成员的医疗费用

（1）尽管第24条第（3A）款中有相关规定，公积金成员临死或死后，在满足部长提出的某些条件下，根据与第77条第（1）款相关的规定，公积金局可以允许将其保健账户资金的全部或部分提取出来，用于支付已故成员的医疗费用，如果——

（a）该成员在去世前，对资金的提取进行了授权（如果该成员没有能力进行授权，可以由指定的人进行授权）；或者

（b）在成员临死或死后，由指定的人进行授权。

（2）若根据第（1）款，公积金局已经允许提取这部分资金，那么第24条第（3A）款不再适用于这部分资金。

（3）在第（1）款中，“指定的人”是指根据与第77条第（1）款相关的规则而指定的相关人或委员会。

17. 因贷款或其他情况从特殊账户中取款

因为以下一个或多个原因，公积金局可以允许成员提取其特殊账户中的全部或部分资金：

（a）根据与第77条相关的规定，成员贷款购买不动产后的还贷；

（b）根据房屋和发展法（第129章）第ⅣA部分规定，因房屋改善工程而向房屋和发展委员会缴纳的改进费，或者是根据市镇议会法（第329A章）第ⅣA部分规定，因电梯改善计划而向市镇议会缴纳的改进费，以及（根据与第77条相关的规定）向改善工程支付的费用、成本等。

[12/99]

18. 将资金转移到退休账户或特殊账户，以及退休账户资金的自愿留存额

（1）为了实现第15条第（6C）款提到的目标，根据与第77条第（1）款（o）项相关的规定，以及公积金局提出的某些条件，公积金局可以——

（a）若某成员的父母、祖父母、配偶或兄弟已经达到55岁，那么公积金局允许该成员将其账户中的一部分资金转移到上述人员的退休账户中，具体视情况而定；

（b）允许其他任何人将资金存入已经达到55岁的成员的退休账户中；或者

（c）允许任何人在公积金局退休账户中自愿留存——

（i）一个最低金额；或者

（ii）公积金局允许的其他金额，只要这个金额不超过部长根据第18B条第（3）款（b）项在公报中公布的金额。

（1A）根据第（1）款（a）项和（b）项的规定转移或存到退休账户的所有资金，应该符合与第77条第（1）款（o）项相关的规定或公积金局提出的其他条件。

（2）根据第15条第（2A）款（a）项、第（7B）款（a）项和第（8A）款（a）项中提出的目标，以及公积金局提出的某些条件，公积金局可以——

（a）允许成员将其账户的部分资金（公积金局规定的金额）转移到其父母、祖父母、配偶或兄弟的退休账户中；或者

（b）允许其他任何人将资金存入公积金成员的退休账户中。

（3）根据与第77条第（1）款（oa）项相关的规定，以及公积金局提出的其他条件，公积金局可以——

（a）若某成员的父母、祖父母、配偶或兄弟还未满55岁，公积金局允许该成员将其账户中的一部分资金转移到上述人员的特殊账户中；或者

（b）允许任何人将资金存到还未满55岁的成员的特殊账户中。

（4）根据第（6）款，当某成员是父母、祖父母、配偶或兄弟，其特殊账户可以接受第（3）款（a）项中的资金时，公积金局要在该成员达到55岁时，将

（a）已经接受的资金，以及

（b）可能会产生的利息，转移到该成员的退休账户中。

（5）根据第（6）款规定，当成员达到55岁时，公积金局可以将——

（a）其他人根据第（3）款（b）项存入到成员特殊账户中的资金，以及

（b）可能会产生的利息，转移到该成员的退休账户中。

（6）当成员已经55岁时，根据第（4）款（a）项、（b）项和第（5）款（a）项、（b）项得到的所有资金、利息之和超过对成员规定的最低金额时——

（a）公积金局根据第（4）款和第（5）款规定转移到成员退休账户的资金不得超过为成员规定的最低金额；并且

（b）公积金局根据第（4）款（a）项、（b）项和第（5）款（a）项、（b）项转移到成员退休账户的资金和利息遵循以下的先后顺序：

（i）第（4）款（a）项、（b）项中提到的资金和利息；

（ii）第（5）款（a）项、（b）项中提到的资金和利息。

（7）根据第（3）款而转移到成员特殊账户中的资金必须要符合与第77条（1）款（oa）项相关的规定，以及公积金局提出的条件。

（8）根据第（1）款（a）项、第（2）款（a）项和第（3）款（a）项而转移的资金，根据第（1）款（b）项、第（2）款（b）项和第（3）款（b）项而存入的资金，以及根据第（1）款（c）项留存的资金，在该法案中都被看成是缴费。

18A. 将成员普通账户或特殊账户的资金转移到其退休账户

（1）根据公积金局设置的某些条件，当成员退休账户的资金少于指定金额时，可以将其普通账户或特殊账户，或者两个账户的一部分资金转移至其退休账户，但是转移的资金额不得超过以下两部分的差额——

(a) 指定金额，以及

(b) 退休账户中的金额。

(2) 在这一部分，“指定金额”是指根据第18B条第 (3) 款 (b) 项的规定，由部长在公报中公布的金额。

18B. 将成员普通账户的资金转移到其特殊账户

(1) 根据第 (2) 款规定，当成员特殊账户内的资金少于指定金额时，成员可以向公积金局申请，将其普通账户的一部分资金转移到特殊账户中，但是转移的资金额不得超过以下两部分的差额——

(a) 指定金额；

(b) 以下两部分金额之和——

(i) 特殊账户中的金额；

(ii) 为了进行与第77条第 (1) 款 (n) 相关的规定中的投资而从特殊账户中提取的资金。

(2) 成员根据第 (1) 款进行资金转移的申请不可撤销，而且资金的转移要满足公积金局的相关条件。

[30/98]

(3) 在这一部分中，“指定金额”是指——

(a) 如果没有 (b) 项规定的金额时，为65 000美元；或者

(b) 为了实现本条的目标，部长在公报上公布的金额。

[30/98；39/2000]

(见2002年第S320号法案，自2002年7月1日开始实施；见2004年第S395号法案，自2004年7月1日开始实施)

18C. 将成员普通账户或特殊账户的资金转移到其保健账户

(1) 根据第 (2) 款，当成员保健账户内的资金少于所需金额时，成员可以向公积金局申请，将其普通账户或特殊账户，或两个账户中的一部分资金转移到保健账户中。

(2) 成员根据第 (1) 款进行资金转移的申请不可撤销，而且要满足公积金局的相关条件。

(3) 在该部分中，“所需金额”是指根据第13条第 (6) 款，部长指定的金额。

19. 因死亡将公积金转移到父母、祖父母、配偶或兄弟的退休账户，或根据第15条第 (2) 款 (b) 项或 (c) 项提取公积金

(1) 根据第18条第 (1) 款 (a) 项或第 (2) 款 (a) 项，成员转移到其父母、祖父母、配偶或兄弟的退休账户的资金——

(a) 当父母、祖父母、配偶或兄弟去世时，不包括在公积金支付的金额之内，具体视情况而定；并且

(b) 根据第15条第（2）款（b）项和（c）项的规定，不能由父母、祖父母、配偶或兄弟从账户中提出，具体视情况而定。

(2) 除非第（3）款和第（4）款另有规定，根据第18条第（1）款（a）项和第（2）款（a）项进行转移的资金，或剩余资金，应该从以下时间开始记入账户——

(a) 父母、祖父母、配偶或兄弟去世时；或者

(b) 根据第15条第（2）款（b）项或（c）项，父母、祖父母、配偶或兄弟从公积金取款时。

(3) 根据第18条第（1）款（a）项或第（2）款（a）项由成员转移到其父母、祖父母、配偶或兄弟退休账户的资金，被公积金局转移或支付给第27B条中提到的人时——

(a) 第（2）款不适用于这些资金，并且

(b) 第27B条中已经得到这些资金的人可以保留这些资金。

(4) 根据与第77条第（1）款相关的规定，当公积金局收到通知：根据第18条第（1）款（a）项或第（2）款（a）项，应该由成员转移给其父母、祖父母、配偶或兄弟退休账户的资金，将要被公积金局转移到或支付给，或者将要转移或支付给第27B条中提到的人。并且公积金局在收到通知时，还没有根据第（2）款将这部分资金记入成员账户——

(a) 第（2）款不适用于这部分资金，并且

(b) 第27B条中提到的人有权利得到这部分资金。

(5) 根据第18条第（1）款（b）项或第（2）款（b）项，在2008年11月1日之前，成员存入其父母、祖父母、配偶或兄弟退休账户的资金，不得作为因父母、祖父母、配偶或兄弟死亡而从公积金支出费用的一部分，具体视情况而定。

(6) 除非在第（7）款和第（8）款中另有规定，根据第18条第（1）款（b）项或第（2）款（b）项支付的资金，或者是紧挨2008年11月1日之前支付的资金，或者是剩余资金，应该记入这样一个人的账户，此人已经为其父母、祖父母、配偶或兄弟的死亡支付过费用。

(7) 根据第18条第（1）款（b）项或第（2）款（b）项，一个人在2008年11月1日以前转移到其父母、祖父母、配偶或兄弟退休账户的资金，被公积金局转移到或支付给第27B条中提到的人——

(a) 第（6）款不适用这些资金，并且

(b) 第27B条中已经得到这些资金的人可以保留这些资金。

(8) 根据与第77条第（1）款相关的规定，当公积金局收到通知：根据第18条第（1）款（b）项或第（2）款（b）项，应该由成员转移给其父母、祖父母、配偶或兄弟退休账户的资金，将要被公积金局转移到或支付给，或者将要转移或支付给第27B条中提

到的人。并且公积金局在收到通知时，还没有根据第（6）款将这部分资金记入成员账户——

（a）第（6）款不适用于这部分资金，并且

（b）第27B条中提到的人有权利得到这部分资金。

19A. 因死亡将公积金转移到父母、祖父母、配偶或兄弟的特殊账户，或根据第15条第（2）款（b）项或（c）项提取公积金

（1）根据第18条第（3）款（a）项的规定，成员转移到其父母、祖父母、配偶或兄弟特殊账户的资金——

（a）当父母、祖父母、配偶或兄弟去世时，不包括在公积金支付的金额之内，具体视情况而定，并且

（b）根据第15条第（2）款（b）项和（c）项的规定，不能由父母、祖父母、配偶或兄弟从账户中提出，具体视情况而定。

（2）除非在第（3）款和第（4）款中另有规定，根据第18条第（3）款（a）项转移的资金，或剩余资金，应该在以下时间开始记入账户——

（a）父母、祖父母、配偶或兄弟去世时；或者

（b）根据第15条第（2）款（b）项或（c）项，父母、祖父母、配偶或兄弟从公积金取款时。

（3）根据第18条第（3）款（a）项由成员转移到其父母、祖父母、配偶或兄弟退休账户的资金，被公积金局转移或支付给第27B条中提到的人时——

（a）第（2）款不适用于这些资金，并且

（b）第27B条中已经得到这些资金的人可以保留这些资金。

（4）根据与第77条第（1）款相关的规定，当公积金局收到通知：根据第18条第（3）款（a）项，应该由成员转移到其父母、祖父母、配偶或兄弟特殊账户的资金，将要被公积金局转移到或支付给，或者将要转移或支付给第27B条中提到的人。并且公积金局在收到通知时，还没有根据第（2）款将这部分资金记入成员账户——

（a）第（2）款不适用于这部分资金，并且

（b）第27B条中涉及的人有权利得到这部分资金。

（5）根据第18条第（3）款（b），成员在2008年11月1日之前存入其父母、祖父母、配偶或兄弟特殊账户的资金不得作为从公积金支出的父母、祖父母、配偶或兄弟死亡费用的一部分，并视情况而定。

（6）除非在第（7）款和第（8）款中另有规定，根据第18条第（3）款（b）项支付的资金，或者是紧挨2008年11月1日之前支付的资金，或者是资金剩余，应该记入这样一个人的账户，此人已经为其父母、祖父母、配偶或兄弟的死亡支付过费用。

（7）根据第18条第（3）款（b）项，一个人在2008年11月1日以前转移到其父母、

祖父母、配偶或兄弟特殊账户的资金，被公积金局转移到或支付给第 27B 条中提到的人——

(a) 第 (6) 款不适用这些资金，并且

(b) 第 27B 条中已经得到这些资金的人可以保留这些资金。

(8) 根据与第 77 条第 (1) 款相关的规定，当公积金局收到通知：根据第 18 条第 (3) 款 (b) 项，应该由成员转移给其父母、祖父母、配偶或兄弟特殊账户的资金，将要被公积金局转移到或支付给，或者将要转移或支付给第 27B 条中提到的人。并且公积金局在收到通知时，还没有根据第 (6) 款将这部分资金记入成员账户——

(a) 第 (6) 款不适用这部分资金，并且

(b) 第 27B 条中提到的人有权利得到这部分资金。

20. 公积金的提取

(1) 根据第 25 条第 (3) 款，第 15 条中提到的人在提交公积金提取申请的基础上，公积金局可以授权该人提取申请的金额及第 6 条第 (4) 款和第 (4A) 款中规定的利息 (该利息的计算日期截止到授权之日)，或者，如果该申请人是第 25 条第 (1) 款中的被提名人，那么他在被提名之时就可以提取公积金。

(2) 若成员根据授权可以提取公积金的当天到该月最后一天之前，成员本月的保险费还未缴纳，公积金局可以认为这些缴费已经包含在成员提取的公积金金额之内，并已经支付给成员。

[5/87]

(3) 申请提取公积金要有充分的理由，并且还要进一步满足公积金局提出的条件。

21. 对不动产进行交易，以保障对公积金的还款

(1) 根据与第 77 条相关的规定，公积金成员在 1981 年 6 月 1 日当天或以后因为下面全部或部分理由提取公积金：

(a) 支付购买或收购不动产的全部或部分资金；

(b) 成员因购买或收购不动产进行贷款后，提取公积金来偿还或分期偿还贷款；

(c) 根据与第 77 条第 (1) 款 (i) 项相关的规定偿还贷款，或者支付某些成本、费用等；

(ca) 因以下两种情况而缴纳的改进费——

(i) 根据房屋和发展法 (第 129 章) 第ⅣA 部分规定，因房屋改善工程而向房屋和发展委员会缴纳的改进费；或者

(ii) 根据市镇议会法 (第 329A 章) 第ⅣA 部分规定，因电梯改善计划而向市镇议会缴纳的改进费，包括为改善工程支付的费用，成本等；

(d) 支付其他成本，费用和开支——

(i) 购买或收购不动产，

(ii) 为购买或收购不动产而进行贷款，以及

(iii) 与公积金提取相关的其他费用。

为了保证提取公积金后的还款，公积金局在发现成员退休账户的最低金额不足时，可以决定对成员的不动产进行交易，或征收不动产产生的全部或部分利息进行。

(1A) 若公积金成员是不动产的购买者之一或租赁者之一（具体视情况而定），根据先前与所有购买者和租赁者签订的书面同意书，公积金局可以将对不动产的交易扩展到所有人。

[19/83；16/86；5/87；29/93]

(2) 在所有成员同意进行不动产买卖的前提下，上述第（1）款中提到的交易，可以扩展到不动产全部成员的所有权利、收益和利息（视情况而定）。

[19/83；16/86]

(3) 除非公积金局另有决定，所有根据第（1）款在1981年6月1日到1986年12月31日（包括这两个日期）之间对不动产进行的交易都被认为是为了保证成员退休账户的最低金额。

[5/87]

(4) 在公积金局和注册人签署文件的基础上（也可以选择其他方式，由注册人决定），为了进行第（1）款中的交易，并让注册人接受文件内容，公积金局——

(a) 可以作为一个承受抵押者，有不动产的出售权和其他相关或附带的权利，以及

(b) 在签署不动产买卖协议的基础上，有出售、转让和处置不动产权益、利息的权利。

[19/83；16/86]

(5) 注册人无须亲自去调查第（1）款中交易的有效性，但是在接受了关于交易的相关文件后，应该根据土地所有权法（第157章）、土地所有权（层）法（第158章）和契约登记法（第269章）中规定的相关规则对交易进行登记，并视情况而定。

[19/83]

(6) 交易必须受到法定权利的约束，符合公共当局对其他不动产交易的标准，并受到下发交易通知之前不动产负担的影响。

[19/83；16/86]

(7) 如果最低金额的偿还是通过对成员不动产的交易来实现的，那么成员在根据第15条第（6）款规定需要存入一个指定金额的日期之前，这种偿还是要排在抵押承受人或收费人（非公积金局）的索赔之后的。

[5/87]

(8) 尽管土地所有权法（第157章）第80条和契约登记法（第269章）第15条都有所规定——

(a) 公积金局和注册人根据第(3)款签署文件并在注册人同意的基础上，公积金局对成员的不动产进行第(1)款中的交易后，若根据公积金局授权，成员可以再次提取公积金，并且公积金的提取要排在其他索赔之前；同时

(b) 公积金局在注册人的同意下签署了对成员不动产进行第(1)款中的交易的文件后，若对于该不动产还存在其他的抵押承担人或收费人，这些抵押和收费不得排在公积金局的交易之前。

[19/83；S227/95]

(9) 尽管有第(1)款和第(8)款的规定，其他通过抵押不动产进行保证的利息、交易等，在与公积金局达成协议或符合公积金局提出的某些条件的前提下，可以排在公积金局的交易之前，或和公积金局的交易处于平等位置。

[19/83；16/86]

(10) 根据第(1)款进行的交易应当继续有效，直到——

(a) 所有由不动产交易担保的资金——

(i) 已经偿还至公积金，或者

(ii) 根据与第77条第(1)款相关的规定，不再需要偿还至公积金，或者

(b) 公积金局认为出现了第15条第(15)款(e)项中的情况，

在这些情况中，针对公积金成员或其他人的不动产的交易取消。

(11) 第(4)款、第(9)款和第(10)款适用于第(1)款中提到的交易，根据与第77条相关的规定，这些交易是为了公积金取款而设置的。

[19/83]

(12) 在这一条和第15条、第21A条和第21B条中——

“公共当局”是指政府，土地税征收局、物业税审计长，以及其他通过书面法律授权，可以强制性地购买或出售土地的人、团体和公司。

“注册人”是指——

(a) 根据土地所有权法(第157章)任命的财产所有权的注册人，财产所有权的代理注册人或者财产所有权的助理注册人，以及

(b) 如情况需要，还包括根据契约登记法(第269章)而任命的契约注册人或契约代理注册人。

[19/83；5/87；27/95]

(13) 本条不适用于部长可能会在公报特别指出的某些或某类不动产。

[19/83；16/86]

21A. 对不动产进行交易，以保证对1981年6月1日之前的公积金取款的还款

(1) 根据与第77条相关的规定，公积金成员在1981年6月1日之前提取公积金——

(a) 来支付购买或收购不动产的全部或部分资金；

(b) 成员因购买或收购不动产进行贷款后，提取公积金来偿还或分期偿还贷款；或者

(c) 支付以下几种情况中发生的其他成本、费用和开支——

(i) 购买或收购不动产，

(ii) 为购买或收购不动产而进行贷款，以及

(iii) 与公积金提取相关的费用。

为了保证提取公积金后的还款，公积金局在发现成员退休账户的最低金额不足时，在土地所有权法、土地所有权（层）法或契约登记法的相关规定下，可以在注册人那里进行适当登记，以对成员的不动产进行交易，或对不动产的利息进行全部或部分征收。

(1A) 若公积金成员是不动产的购买者或租赁者之一（视情况而定），根据先前与所有购买者和租赁者签订的书面同意书，公积金局可以将对不动产的交易和利息征收扩展到所有人。

[27/95]

(2) 在所有成员同意进行不动产买卖的前提下，上述第（1）款中提到的交易，可以扩展到不动产全部成员的所有权利、收益和利息（视情况而定）。

[27/95]

(3) 在公积金局和注册人签署文件的基础上（也可以选择其他方式，由注册人确定），为了进行第（1）款中的交易，并让注册人同意文件内容，公积金局——

(a) 可以作为一个承受抵押者，享有不动产的出售权和其他相关或附带的权利，以及

(b) 在不动产买卖协议的基础上，有出售、转让和处置不动产权益、利息的权利。

[27/95]

(4) 注册人无须亲自去调查第（1）款中交易的有效性，但是在接受了关于交易的相关文件后，应该根据土地所有权法（第157章）、土地所有权（层）法（第158章）和契约登记法（第269章）中规定的相关规则对交易进行登记，并视情况而定。

[27/95]

(5) 第（1）款中的所有交易必须受到法定权利的约束，符合公共当局交易其他不动产的标准，在公积金局没有得到允许的时候，受下发交易通知之前不动产负担的影响。

[27/95]

(6) 如果最低金额的偿还是通过对成员不动产的交易来实现的，那么成员在根据第15条第（6）款规定需要存入一个指定金额的日期之前，这种偿还是要排在抵押承受人或收费人（非公积金局）的索赔之后的。

[27/95]

(7) 尽管土地所有权法（第157章）第80条和契约登记法（第269章）第15条有所规定——

(a) 公积金局和注册人根据第（3）款签署文件并在注册人同意的基础上，公积金局

对成员的不动产进行第（1）款中的交易后，若根据公积金局授权，成员可以再次提取公积金，并且公积金的提取要排在其他索赔之前；同时

（b）公积金局在注册人的同意下签署了对成员不动产进行第（1）款中的交易的文件后，若对于该不动产还存在其他的抵押承担人或收费人，这些抵押和收费不得排在公积金局的交易之前。

[27/95]

（8）尽管有第（1）款和第（7）款的规定，其他通过抵押不动产进行保证的利息、交易等，在和公积金局达成协议或符合公积金局提出的某些条件的前提下，可以排在公积金局的交易之前，或和公积金局的交易处于平等位置。

[27/95]

（9）根据第（1）款而进行的交易应当继续有效，直到——

（a）所有由不动产交易担保的资金——

（i）已经偿还至公积金，或者

（ii）根据与第 77 条第（1）款相关的规定，不再需要偿还至公积金，或者

（b）公积金局认为出现了第 15 条第（15）款（e）中的情况，

在这些情况中，针对公积金成员或其他人的不动产的交易取消。

（10）在进行第（1）款和第 21 条第（4）款中的交易注册登记时而发生的费用或其他支出，根据公积金局提出的某些条件，可以从成员的账户中扣除这些费用。

[27/95]

（11）本条不适用于部长可能会在公报特别指出的某些或某类不动产。

[27/95]

21B. 对组屋进行交易，以保证对公积金的还款

（1）根据与第 77 条相关的规定，公积金成员在 2003 年 1 月 1 日或之前从账户提取公积金——

（a）用来支付购买组屋的全部或部分款项；

（b）若成员通过贷款购买组屋，之后提取公积金偿还或分期偿还贷款；

（c）根据房屋和发展法（第 129 章）第ⅣA 部分规定，因房屋改善工程而向房屋和发展委员会缴纳的改进费，或者根据市镇议会法（第 329A 章）第ⅣA 部分规定，因电梯改善计划而向市镇议会缴纳的改进费，包括根据为此类改善工程支付的费用，成本等；或者

（d）支付以下情况中发生的其他成本、费用和开支——

（i）购买或收购组屋，

（ii）为购买或收购组屋而进行贷款，以及

（iii）与提取公积金相关的费用。

成员因上述理由提取公积金后，应该对成员的组屋进行交易以保证成员还款，还包括

需要偿还全部或部分利息（由公积金局决定），以用来保证成员退休账户的最低金额。

(2) 根据第（1）款中对组屋交易的决定，公积金局有权利以登记过的抵押承受人的身份将组屋的所有权出售或转移给其他购买者，虽然这种做法并不符合土地所有权法（第157章）的相关规定。

(3) 任何根据第（1）款对组屋进行的交易——

(a) 必须受到法定权利的约束，符合公共当局交易组屋的标准；

(b) 应当符合房屋和发展委员会制定的关于组屋转售款的相关标准，除非需要缴纳转售款的人已经从其他人（而非房屋和发展委员会）那里获得了购买组屋的贷款；

(c) 在没有签订任何公积金局优先权的协议下，必须受到下发交易通知之前组屋所有权的影响；并且

(d) 在排名优先或排名不分前后的情况下，受到与第77条相关的规定中的其他债务的影响。

(4) 假如对最低金额的偿付是根据第（1）款对组屋的交易实现的，那么成员在需要按照第15条第（6）款规定存入指定金额之前，其他抵押承受人或收费人的索赔要排在公积金偿付之前。

(5) 如果——

(a) 根据第（1）款规定，受组屋交易担保的资金需要按照与第77条相关的规定偿还至公积金局；并且

(b) 这部分款项的全部或部分在自偿还之日起60天内还没有付清，

那么在先前房屋和发展委员会的书面同意下，通过下发组屋交易通知（具体通知形式见与第77条相关的规定），公积金局可以宣布它们对组屋进行交易的意图。

(6) 如果，在公积金局宣布要出售组屋的90天内，通过交易进行担保的全部或部分款项未能偿还至公积金局，公积金局可以售掉组屋。

(7) 当公积金局根据第（6）款售掉组屋后，租屋的购买者和注册人无须亲自去调查第（1）款中交易的有效性。

(8) 为了对转让的组屋［根据第（6）款转让］进行有效登记，注册人可以无须提供组屋租赁副本的复印件或组屋所有权附属证明的复印件，并视情况而定。

(9) 由公积金局根据第（6）款规定出售组屋得到的资金，应该由公积金局托管，并且要——

(a) 符合第（3）款（a）项中的公共权利或收费标准；

(b) 支付第（3）款（b）项中的转售款；

(c) 清偿第（3）款（c）项中的其他债务；

(d) 支付公积金局在出售或将要出售组屋时发生的其他费用或成本；

(e) 向公积金局偿还所有由交易担保的款项，根据第（3）款（d）项，需要偿还相关债务（与第77条相关的规定），并需要考虑到债务的前后顺序；并且

（f）最后，根据与第77条相关的规定中确定的债务优先顺序进行偿还。

（10）尽管在土地所有权法（第157章）第80条中有所规定，当根据第（1）款对组屋进行的交易仍在进行时，公积金局仍可以授权成员从公积金进一步取款，这些取款仍然排在其他针对组屋的索赔之前。

（11）根据第（1）款进行的交易应当继续有效，直到——

（a）所有由组屋交易担保的资金——

（i）已经偿还至公积金；或者

（ii）根据与第77条第（1）款相关规定，不再需要偿还至公积金；或者

（b）公积金局认为出现了第15条第（15）款（e）项中的情况。

（12）本条不适用于——

（a）那些公积金局认为，已经根据土地所有权法（第157章）由注册人进行交易登记的组屋；

（b）由房屋和发展委员会指定的房屋和城市发展公司开发的三层或四层的组屋；或者

（c）由部长在公报中特别指出的一些组屋或系列组屋。

（13）第21条和第21A条不适用于本条中的组屋。

（14）2009年第18号法案废除该条款，新条款自2009年8月20日起开始实施。

22. 为支付指定教育机构的教育费用而提取公积金

（1）在满足一定条件的基础上，公积金局可以允许成员提取公积金，来支付成员的孩子或其他亲属在某些指定的教育机构接受教育课程时发生的学费，同时还可以支付另外一些教育机构授予认定资格的课程。

[30/89]

（2）每次根据第（1）款而取款时，应该首先以公积金局指定的方式进行申请。

[30/89]

（3）根据第（1）款，成员为自己、孩子或其他亲属提取公积金时，该成员、其孩子或亲属应该——

（a）向公积金局作出承诺；并且

（b）如果公积金局有要求，由公积金局指定任何人作出保证，

为了向公积金局偿还这部分公积金，成员应该在公积金局指定的时间，并且以公积金局指定的方式向公积金局偿还这部分资金和全部或部分的利息（由公积金局决定）。

（4）任何人根据第（3）款向公积金局作出的承诺应该被强制兑现，即使该人在作出承诺时是个未成年人。

[30/89]

（5）尽管在该法案中有相关规定，但是任何人如果没有按照第（3）款偿还这部分公积金，则可能被起诉，并且公积金局会按照第65条追回这部分资金。

[30/89]

(5A) 如果该指定教育机构未能满足以下要求，公积金局可以拒绝成员根据第 (1) 款提出的申请——

(a) 提供公积金局要求他们提供的信息、证明和文件；或者

(b) 遵守公积金局和指定教育机构协议中的管理或运行要求。

(5B) 在不影响第 (3) 款、第 (4) 款和第 (5) 款执行的前提下，当成员提取公积金，并且错误地支付给指定教育机构时——

(a) 指定教育机构必须将这部分资金退还给公积金局，并存入成员的账户，同时还要退还这部分资金全部或部分的利息（具体由公积金局决定）；

(b) 如果是因为教育机构的原因而引起的错误，教育机构应该——

(i) 弥补公积金局在纠正该错误时发生的所有费用；并且

(ii) 为公积金局承担在取款或支付中的责任（或者是公积金局针对公积金成员的，或者是针对其他成员的）；

(c) 若上述 (a) 项中的公积金没有退还给公积金局，公积金局可以起诉该教育机构，并根据第 65 条追偿该款项；并且

(d) 若上述 (b) 项中的款项没有退还给公积金局，公积金局可以起诉该教育机构，并将该款项作为债务来追偿。

(6) 在本条中——

“指定教育机构”是指根据第 (1) 款中的目标，部长指定的新加坡的任何一家教育机构。

“教育课程”是指根据第 (1) 款中的目标，部长指定的任何学习课程。

“亲属”是指和公积金成员有关，并且依靠成员得到照料和维持生存的人。

“学费”包括成员在提取公积金时由公积金局征收的任何管理费用。

[30/89]

23. 为执行第22条而制定的规则

为了有助于执行第 22 条中的相关规定，部长可能会制定一系列规则，包括——

(a) 规定成员提取公积金的金额和方式；

(b) 为使用公积金的成员或其他人规定还款的时间和方式；

(c) 为使用公积金的成员或其他人规定公积金局要求的信息、证据和文件；

(d) 部长可能说明的其他情况。

[30/89]

24. 权益的保护

(1) 尽管有成文法或其他法律的相关规定，但是根据第 27B 条、第 27C 条、第 27D

条、第27E条、第27F条、第27G条、第27H条，以及与第57C条和第77条第（1）款相关的规定——

（a）本法规定的公积金取款和成员的权利，以及

（b）由成员向公积金局偿还，并且受以下担保的欠款——

（i）根据第21条第（1）款或第21A条第（1）款，通过对不动产的交易或利息来担保，或者

（ii）根据21B条第（1）款对组屋的交易来担保，

不得因为债务或索赔而使上述款项被转让、抵押、暂时抵押、没收或抵消。

（2）尽管有成文法或其他法律的规定，但是根据第27G条、第27H条，以及其他与第77条第（1）款相关的规定，公积金成员按照与第77条第（1）款（n）项相关的规定，进行的任何投资的收益都必须偿还至公积金局，而且这些需要偿还给公积金局的资金不得因为成员的债务或索赔而被转让、抵押、暂时抵押、没收或抵消。

（2A）财产转让法（第61章）第73条和保险法（第142章）第49L条不适用——

（a）根据与第77条第（1）款（n）项相关的规定，成员进行的保险投资收益（该收益必须用于偿还公积金欠款），以及

（b）成员必须要用于偿还公积金局资金的保险收益。

（3）尽管在破产法（第20章）中有相关规定，但如果成员被法院宣告破产，那么成员根据第77条第（1）款（n）项进行投资所获得的全部或部分收益将必须用于偿还公积金欠款，这些用于偿还公积金欠款的收益——

（a）不得交至官方受托人；而且

（b）不得作为成员还债资产。

（3A）根据第（3B）款、第16A条、第27N条、第57C条以及与第27Q条和第57F条相关的规定，所有因成员死亡而支付的公积金应该转移给受托人，包括——

（a）根据第25条第（1）款规定，由已故成员指定的个人或多人（如果有的话），或者

（b）根据第25条第（2）款规定，由公共信托人指定的个人或多人，

在不影响遗产税法（第96章）实施的前提下，这些公积金不构成已故成员的遗产或不得用来偿还他的债务。

（3B）成员死后，根据第27B条第（1）款、第（2）款和第（3）款的规定，支付给配偶或前配偶的资金不适用第（3A）款。

（4）根据第27N条、第57C条，以及与第27Q条和第57F条相关的规定，成员缴纳的保险费和由此产生的利息不得用于偿还成员债务，也不得在成员破产时交至官方受托人。

（5）当法院宣告成员破产时，成员缴纳的保险费和由此产生的利息不得作为成员的还债资产。

(6) 雇员的破产不能影响该法案规定的雇员缴费，尽管有成文法的规定，这种缴费应该持续并且不得成为后得财产的一部分。

(7) 2009年第18号法案废除该条款，新条款于2009年8月20日开始实施。

25. 因成员死亡而支付的公积金

(1) 任何公积金成员在生前可以以公积金局规定的方式——备忘录来指定一个人，在成员死亡时接收公积金局支付的资金 [根据第20条第(1)款规定]，或者是第26条第(1)款中提到的股份，这些都必须在备忘录中注明。

[31/95]

(2) 若成员去世时，他没有指定第(1)款中提到的接收人，那么根据以下法律，公积金局因其死亡而支付的公积金须交由公共受托人处置——

(a) 无遗嘱继承法(第146章)，若成员去世时不是一位穆斯林；或者

(b) 穆斯林管理法(第3章)第112条，若成员去世时是一位穆斯林。

(3) 尽管有第15条第(5)款和第20条第(1)款的相关规定，如果被指定的人(除了寡妇)在接收这部分公积金时未满18岁，那么为了此人的利益，这部分资金仍要交由公共受托人处置。

(4) 第(1)款中的被指定人，或第(2)款、第(3)款中的公共受托人应该提供收据，以作为公积金局支付资金的证明。

(4A) 如果第(1)款中的被指定人在接受这部分资金时已经去世，并且这部分资金没有超过部长在公报公示的金额——

(a) 公积金局可以将该资金的全部或部分支付给适合的索赔者；并且

(b) 接受资金的索赔者要提供收据，以作为公积金局支付资金的证明。

(4B) 第(4A)款不影响任何人对根据第(4A)款(a)项支付给适合的索赔者的金额的索赔权。

(5) 公积金成员根据第(1)款所作出的指定应该被撤销——

(a) 因为他的婚姻，不管他是在1980年5月15日之前、当日还是之后结婚；或者

(b) 公积金局规定的其他情况。

(6) 尽管有第(5)款规定，但是当公积金成员根据第(1)款所作的指定因为他的婚姻被撤销，排除婚姻的影响，根据该条规定，公积金局可以认为已经将这部分资金支付出去——

(a) 公积金局从支付的义务中解脱；但是

(b) 本款不影响任何人向资金接收者索赔。

(7) 在本条中——

“孩子”是指法定儿女，包括根据新加坡、马来西亚和文莱的现行法规定的通过法院而领养的孩子。

“父母”包括养父母。

“合适的索赔者”是指这样的一个人——

(a) 作为已故指定人的遗嘱执行人，声称有权利接受已故指定人接收的公积金；或者

(b) 作为已故指定人的妻子、丈夫、孩子、祖孙女、父母、兄弟、姐妹、外甥、外甥女、祖父母、叔伯舅舅、阿姨等，声称有权利接受已故指定人接收的公积金。

26. 公积金局在分配和处理已故成员的股份方面所具有的权力

(1) 已经根据第25条第(1)款设置备忘录的公积金成员，在其死后，他购买的部长指定公司的股份，(尽管有某些成文法的规定) 公积金局有权进行处理。

[31/95]

(2) 根据公积金局提出的某些条件，公积金局在成员死后须将这些股份转移至指定的人那里，并且指定的人要提供收据以作为公积金局转移股份的证明。

[31/95]

(3) 若因为某些原因，公积金局未能将这些股份转移给有资格接受的人，公积金局应该在指定的时间内以特定的方式将这些股份出售。

[31/95]

(4) 当公积金局根据第(3)款将股份出售后，公积金局应该尽快将所得资金转移至指定的人那里，并且指定的人要提供收据以作为公积金局转移股份的证明。

[31/95]

(5) 在本条中——

“指定公司”是指由部长同意批准的公司。

“公司”是指——

(a) 任何在新加坡成立的公司，其全部或部分资产为国有，包括这些公司在新加坡成立的附属公司；而且

(b) 法定委员会在新加坡成立的附属公司。

“股份”包括股份凭证，可转移的认购权、可认购股份、可转换债券，以及股份所产生的其他收益。

[31/95]

(6) 成员根据第25条第(1)款所设置的备忘录，若在1996年1月1日之前生效，那么该备忘录适用于第(1)款中所指定的任何股份。

[31/95]

(7) 本条不适用于在1996年1月1日之前去世的公积金成员。

[31/95]

27. 解除破产时的取款

(1) 根据本条或者是与该法案相关的其他规定，解除破产的人不得从其公积金账户中

取款。

[15/90]

(2) 只要公积金局认为成员根据第（14A）条进行的政府贷款和利息已经还清，那么公积金局可酌情允许解除破产的成员从其公积金账户中取款，如果——

(a) 他满足第15条第（2）款（a）项、（d）项、（e）项、（f）项或（g）项中的相关条件；并且

(b) 满足部长所提出的条件。

(2A) 从公积金账户提取的所有资金不得作为其后得资产，而且不得因为成员的债务被扣押或索赔等。

(3) 根据第（2）款，解除破产的成员可以从公积金账户取款时，公积金局可以提出必要的条件（如规定提取的数量）。

(4) 2003年第31号法案废除该条款，新条款自2004年1月1日开始实施。

(5) 所有根据本条进行取款的申请必须要以公积金局规定的方式进行，并且要提供公积金局需要的合理证据。

第三A部分　婚姻诉讼程序对公积金资产的划分

27A. 释义

在这一部分和第77条第（1）款（ra）项中——

“指定年金”是指根据第15条中的规定，由公积金局指定的年金。

“指定银行”是指根据第15条中的规定，由公积金局指定的银行。

“指定账户”是指根据与第77条第（1）款相关的规定，由公积金局建立或即将建立的指定账户。

“法院命令”是指——

(a) 根据妇女宪章（第353章）第112条中关于离婚和分居诉讼的规定，或者根据第X部分中关于无效婚姻的规定而作出的命令；或者

(b) 根据穆斯林管理法（第3章）第52条第（3）款（d）项、第（7）款或第（9）款中关于婚姻诉讼的规定，或者根据该法案第三部分中关于无效婚姻的规定而作出的命令。

“公共当局”和在第21条第（12）款中具有相同的含义。

“配偶”包括前配偶。

27B. 法院要求转移或支付公积金的命令

(1) 根据第（2）款、第（3）款和第（5）款规定，按照法院命令，公积金成员的配

偶有权利得到成员的公积金时，包括任何支付或返还给成员账户的公积金——

（a）如果配偶是新加坡公民或永久居民，根据法院命令，公积金局可以——

（i）将这部分资金转移到公积金局为该配偶建立或即将建立的公积金账户中，这种转移——

（A）在公积金局得到法院命令复本时立刻执行；并且

（B）应该参考与第77条第（1）款相关的规定，并且要按照公积金局提出的条件和方式进行；或者

（ii）将资金支付给配偶，这种支付应该发生——

（A）在成员死后，或者根据第15条第（2）款或第27条，配偶有权利得到成员的公积金时，两者之中选择较早的时间；并且

（B）在配偶为提取公积金而进行申请的基础之上；或者

（b）如果配偶不是新加坡公民或永久居民，公积金局可以将这部分资金支付给配偶，这类支付应该发生——

（i）在成员死后，或者根据第15条第（2）款或第27条，配偶有权利得到成员的公积金时，两者之中选择较早的时间；并且

（ii）在配偶为提取公积金而进行申请的基础之上。

（2）根据第（5）款，可以进行第（1）款（a）项（i）目中的公积金转移或者进行第（1）款（b）项中的支付后，首先要扣除——

（a）根据第14条第（3）款，公积金局有权代表政府扣除的金额，以及

（b）根据第14A条第（5）款或第（6）款，公积金局有权代表政府接受或扣除的金额，

在扣除之后，若可以进行转移或支付的金额少于法院命令中的金额，公积金局会向配偶支付扣除后的剩余金额而非法院命令规定的金额（视情况而定）。

（3）根据第（5）款，在进行第（1）款（a）项（i）目中规定的公积金支付之前要扣除——

（a）根据第14条第（3）款，公积金局有权代表政府扣除的金额，

（b）根据第14A条第（5）款或第（6）款，公积金局有权代表政府接受或扣除的金额，

（c）根据第15条和第16条要求成员预留的资金，以及

（d）根据第27条第（2）款（b）项或第（3）款中的某些条件，要求成员预留的资金。

若在扣除之后，可以进行转移或支付的金额少于法院命令中的金额，公积金局会向配偶支付扣除后的剩余金额而非法院命令规定的金额。

（4）根据第（2）款或第（3）款，由公积金局转移或支付的公积金——

（a）有效地解除了公积金局的义务（根据法院命令）；但是

（b）影响配偶对成员账户剩余资金（法院命令规定）的追索权。

（5）在公积金局根据第（1）款、第（2）款或第（3）款对成员账户资金进行转移或支付前，若法院命令要求将资金支付到成员的账户，此时，公积金局不得再进行资金的转移或支付，除非——

（a）要求支付的资金已经支付到成员的公积金账户；并且

（b）公积金局已经通过与第77条第（1）款相关的规定中指定的方式，对这种支付进行了通知。

（6）根据第（1）款（a）项（i）目或（b）款，或第（2）款的规定，公积金局应该对成员账户的资金进行转移或支付——

（a）尽管有第24条、第25条和第26条的规定，第15条、第16条、第27条或与第77条第（1）款相关的规则中关于公积金提取限制的规定，以及

（b）应该发生在以下情况之前——

（i）根据第13条第（7）款、第15B条、第16A条、第17条、第18条、第18A条、第18B条、第18C条、第20条、第21条、第21A条、第21B条、第22条，或与第23条、第77条第（1）款相关的规定，进行成员公积金的提取或转移，以及

（ii）根据第27L条、第32条、第45条、第54条或与第77条第（1）款相关的规定，进行公积金的扣除。

（7）根据第（1）款（a）项（ii）目或第（3）款的规定，公积金局将资金支付到成员的账户中——

（a）尽管有第24条、第25条和第26条的规定，以及与第77条第（1）款相关的规则中关于公积金提取限制的规定，以及

（b）应该发生在以下情况之前——

（i）根据第13条第（7）款、第15B条、第16A条、第17条、第18条、第18A条、第18B条、第18C条、第20条、第21条、第21A条、第21B条、第22条，或与第23条、第77条第（1）款相关的规定，进行成员公积金的提取或转移，以及

（ii）根据第27L条、第32条、第45条、第54条或与第77条第（1）款相关的规定，进行公积金的扣除。

（8）根据与第77条第（1）款相关的规定提出的目标和指定的方式，可以提取第（1）款（a）项（i）目、（b）项或第（2）款中转移的公积金。

27C. 已经根据第15条第（9）款和第（9A）款对不动产进行交易，法院要求转移或出售该不动产的命令

（1）当——

（a）根据第15条第（9）款或第（9A）款，公积金成员从指定银行或其退休账户中提取最低金额的全部或部分，或者放弃对指定年金的权利；

(b) 根据第15条第 (9) 款或第 (9A) 款，已经对成员独有或成员和别人共有（视情况而定）的不动产进行交易，以保证在成员的账户中预留最低金额；

(c) 法院命令要求转移（而非出售）成员的房产或不动产收益给他的配偶；并且

(d) 其配偶是新加坡公民或永久居民，

那么，根据与第77条第 (1) 款相关的任何规定，应该遵循下列条款：

(i) 如果法院命令要求任何成员向公积金局支付最低金额中不足的部分，那么该成员应该向公积金局缴纳该部分金额；

(ii) 成员应该向公积金局缴纳更多的资金，用来弥补最低金额的不足；

(iii) 如果——

(A) 不动产随后被出售或者以其他的方式处置；并且

(B) 在出售或处置时——

(BA) 配偶还未满55岁；或者

(BB) 配偶已经55岁，但是配偶账户中预留的金额还不足最低金额，

配偶需要向公积金局缴纳一部分保险费 [具体的金额由公积金局按照与第77条第 (1) 款相关的条款决定]，并且公积金局需要把这部分金额记入为配偶建立或即将建立的一个或多个指定账户中；

(iv) 尽管第15条第 (15) 款 (e) 项中有相关规定，但将成员房产或不动产收益转移至配偶或根据 (i) 目支付给配偶时，若适用——

(A) 可以停止 (b) 项中提到的用于保证最低金额的交易；并且

(B) 成员，配偶或其他拥有不动产权益的人有权利要求取消该交易，只要该交易已经保证了足额的最低金额；

(v) 在将成员的房产或不动产的利息转移给其配偶时，如果——

(A) 配偶还未满55岁；或者

(B) 配偶已经55岁，但是配偶账户中预留的金额还不足最低金额，

需要对配偶的房产或不动产进行交易，以保证支付 (iii) 目中提到的保险费，直到需要预留的最低金额足够时，该交易才能停止；

(vi) 在进行必要修改的前提下，第15条第 (16) 款 (b) 项到 (e) 项以及第21条第 (12) 款适用于 (v) 目中提到的交易，并且为了实现申请的目标——

(A) (v) 目中的交易可以参考第15条第 (9) 款或第 (9A) 款中交易适用的任何条款；并且

(B) 适用于成员的条款对于配偶同样适用；并且

(vii) (v) 目中的交易——

(A) 应受到法定权利的约束，符合公共当局交易其他不动产的标准；并且

(B) 尽管土地所有权法（第157章）或契约登记法（第269章）有所规定——

(BA) 不受 (b) 项中提到的交易登记当天或之后才登记或告知的产权负担的约束；

并且

(BB) 和 (b) 项中提到的交易具有同样的地位，如果该交易继续有效，要排在不动产的收益之前。

(2) 除去适用第 (1) 款的情况，当——

(a) 根据第15条第 (9) 款或第 (9A) 款，公积金成员从指定银行或其退休账户中提取最低金额的全部或部分，或者放弃对指定年金的权利；

(b) 根据第15条第 (9) 款或第 (9A) 款，已经对成员独有或成员和别人共有（视情况而定）的不动产进行收费，以保证在成员账户中的最低金额；

(c) 法院命令要求将成员的房产或不动产收益转移或出售给其他人，

该交易会持续有效，直到——

(i) 足够用于弥补最低金额不足的款项——

(A) 已经返还给公积金局；或者

(B) 根据与第77条第 (1) 款相关的规定，不再需要支付给公积金局；或者

(ii) 公积金局认为出现了第15条第 (15) 款 (e) 项中的某些情况，

在上述情况中，成员、(c) 目中提到的人以及其他对不动产拥有权益的人可以要求取消该交易。

27D. 已经根据第15条第 (10) 款或第 (10A) 款对不动产作出承诺，法院要求转移或出售该不动产的命令

(1) 当——

(a) 根据第15条第 (10) 款或第 (10A) 款，公积金成员从指定银行或其退休账户中提取最低金额的全部或部分，或者放弃对指定年金的权利；

(b) 成员独自拥有，或者和别人共同拥有不动产；

(c) 根据第15条第 (10) 款，成员已经对不动产作出出售或按其他方式处置的承诺，或者根据第15条第 (10) 款或第 (10A) 款，成员及其他人已经对不动产作出出售或按其他方式处置的承诺（视情况而定），以返还公积金局要求成员预留的最低金额的全部或部分；

(d) 法院命令要求将成员的房产或不动产收益转移（而非出售）给他的配偶；并且

(e) 其配偶是新加坡公民或永久居民，

那么，根据与第77条第 (1) 款相关的任何规定，应该遵循下列条款：

(i) 如果法院命令要求任何成员向公积金局支付最低金额中不足的部分，那么该成员应该向公积金局缴纳该部分金额；

(ii) 成员应该向公积金局缴纳更多的资金，用来弥补最低金额的不足；

(iii) 如果——

(A) 不动产随后被出售或者以其他的方式处置；并且

(B) 在出售或处置时——

(BA) 配偶还未满55岁；或者

(BB) 配偶已经55岁，但是配偶账户中预留的金额还不足最低金额，

配偶需要向公积金局缴纳一部分保险费［具体的金额由公积金局按照与第77条第(1)款相关的条款决定］，并且公积金局需要把这部分金额记入为配偶建立或即将建立的一个或多个指定账户中；

(iv) 在将成员房产或不动产收益转移给其配偶或根据(i)目支付给其配偶后，若适用，即使成员已经根据第15条第(10)款或第(10A)款作出承诺，只要成员已经向公积金局返还最低金额的全部或部分，公积金局也不应执行该承诺；

(v) 在将成员的房产或不动产的利息转移给其配偶时，如果——

(A) 配偶还未满55岁；或者

(B) 配偶已经55岁，但是配偶账户中预留的金额还不足最低金额，

在已经出售被处置不动产的情况下，配偶需要承诺向公积金局返还第(iii)段中提到的金额；

(vi) 如果公积金局认为以下情况发生，公积金局就不该强制执行第(v)段中的承诺：

(A) 配偶死亡；

(B) 配偶身患绝症；

(C) 配偶已经满足第15条第(2A)款、第(6)款、第(7B)款或第(8A)款中的要求；

(D) 若因为根据第15条第(7)款配偶提取了公积金，或根据第27L条第(1)款配偶用来支付保险金，或两者都有，而用完配偶根据第15条第(6)款预留的最低金额；

(E) 配偶满足第15条第(2)款(b)项或(c)项中提取公积金的要求；并且

(vii) 公积金局不应再执行(v)目中提到的承诺，如果

(A) 涉及的不动产是政府组屋；并且

(B) 不动产的处置仅包括组屋租期的减少（该租赁合同是根据租赁回购计划，由配偶、配偶和其他人，与房屋和发展委员会签订的）。

(2) 除去适用第(1)款的情况，当——

(a) 根据第15条第(10)款或第(10A)款，公积金成员从指定银行或其退休账户中提取最低金额的全部或部分，或者放弃对指定年金的权利；

(b) 成员独自拥有，或者和别人共同拥有不动产；

(c) 为了返还公积金局要求成员预留的全部或部分最低金额，根据第15条第(10)款，成员作出出售或以其他处置方式处理不动产的承诺，或者根据第15条第(10)款或第(10A)款，成员及其他人作出出售或其他处置方式处理不动产的承诺（视情况而定）；

(d) 法院命令要求将成员的房产或不动产收益转移（而非出售）给其他人，

公积金局有权力执行该承诺，直到——

(i) 需要预留的最低金额的全部或部分——

(A) 已经返还公积金局；或者

(B) 根据与第77条第(1)款相关的规定，不再需要支付给公积金局；或者

(ii) 公积金局认为出现了第15条第(15)款(e)项中的某些情况，

上述情况出现时，公积金局不再要求成员执行承诺。

(3) 本条中，“租赁回购计划”和第15条第(16)款中的含义相同。

27E. 当不动产存在第21条第(1)款或第21A条第(1)款中的交易情况时，法院转移或出售不动产的命令

(1) 当——

(a) 为了实现第21条第(1)款或第21A条第(1)款中的全部或部分目标，公积金成员提取公积金；

(b) 成员购买或拥有与公积金相关的不动产，不论是成员单独拥有，或者作为共同购买者、合租者，视情况而定；

(c) 法院命令要求将成员的房产或不动产收益转移(而非出售)给他的配偶；并且

(d) 其配偶是新加坡公民或永久居民，

那么，根据与第77条第(1)款相关的规定，以下条款适用：

(i) 在法院命令的要求下，成员或其他人应该向公积金局支付——

(A) 根据第14条第(3)款，公积金局有权代表政府向成员追缴的款项；

(B) 根据第14A条第(5)款或第(6)款，公积金局有权代表政府从成员那里征缴或接收的款项；

(C) 根据法院命令，需要向公积金局缴纳并记入成员账户的其他款项(如果有的话)；

(ii) 如果不动产随后被出售或者以其他的方式处置，配偶需要向公积金局缴纳一部分保险费[具体的金额由公积金局按照与第77条第(1)款相关的条款决定]，并且公积金局需要把这部分金额记入为配偶建立或即将建立的一个或多个指定账户中；

(iii) 尽管第21条第(10)款或第21A条第(9)款有所规定，在将成员房产或不动产收益转移给配偶或根据(i)目支付给配偶时，若适用——

(A) 为了返还公积金(包括如果公积金没有被提取时所产生的全部或部分利息，具体由公积金局决定)，或向成员退休账户支付最低金额而根据第21条第(1)款或第21A条第(1)款对房产或不动产收益进行的交易应该停止；并且

(B) 只要成员返还了从公积金提取的资金(包括如果公积金没有被提取时所产生的全部或部分利息，具体由公积金局决定)和确保了退休账户的最低金额，公积金成员，其配偶或其他拥有不动产权益的人有权利取消交易；

(iv) 应该对配偶的房产或不动产进行交易，以保证——

(A)(ii)目中提到的支付，以及

(B)将最低金额支付到配偶的退休账户；

(v)通过必要的修改，第21条第(1A)款、第(2)款、第(4)款、第(5)款和第(7)至(12)款，或第(21)条第(12)款和第21A条第(1A)至(4)款、第(6)至(9)款(视情况而定)可适用(iv)目中的交易，而且为了满足这种申请——

(A)(iv)目中的交易可以参考第21条第(1)或第21A条第(1)款中的交易所适用的条款；并且

(B)成员适用的条款对于配偶同样适用；并且

(vi)(iv)目中的交易——

(A)和第21条第(1)或第21A条第(1)款中对房产或不动产的交易一起，来保证成员或其他人返还公积金[为了实现第21条第(1)或第21A条第(1)款中提到的全部或部分目的](包括假如公积金没有被提取时所产生的全部或部分利息，具体由公积金局决定)和支付退休账户的最低金额；

(B)应受到法定权利的约束，符合公共当局交易其他不动产的标准；并且

(C)尽管土地所有权法(第157章)或契约登记法(第269章)有所规定，在以前没有签订过任何协议的前提下——

(CA)不受(iii)目中提到的交易登记当天或之后，登记或告知的产权负担的约束；并且

(CB)和(iii)目中提到的交易具有同样的地位，如果该交易继续有效，要排在不动产的收益之前。

(2)除去适用第(1)款的情况，当——

(a)为了实现第21条第(1)款或第21A条第(1)款中提到的全部或部分目的，成员从其账户中提取公积金；

(b)成员购买或拥有和公积金相关的不动产，不论是成员单独拥有，或者作为共同购买者、合租者，视情况而定；并且

(c)法院命令要求将成员的房产或不动产的收益转移或出售给其他人，

根据第21条第(1)或第21A条第(1)款而对房产或不动产收益进行的任何交易，应该持续，直到——

(i)所有被交易担保的资金——

(A)已经返还给公积金局；或者

(B)根据与第77条第(1)款相关的规定，不再需要支付给公积金局；或者

(ii)公积金局认为出现了第15条第(15)款(e)项中提到的某些情况，

当上述任何情况发生时，(c)项中提到的人或者其他对不动产拥有权益的人都有权利取消这种交易。

27F. 已经根据第21B条第（1）款对组屋进行交易，法院要求转让或出售组屋的命令

（1）当——

（a）为了实现第21B条第（1）款中全部或部分的目的，成员提取公积金；

（b）成员拥有与公积金提取有关的组屋，或者是成员独自拥有，或者是和别人共同拥有；

（c）法院命令要求成员将组屋的收益转让给（而非以出售的方式）其配偶；并且

（d）其配偶是新加坡公民或永久居民，

那么，根据与第77条第（1）款相关的规定，以下条款适用：

（i）成员或其他人（根据法院命令的要求）应该向成员公积金账户支付——

（A）根据第14条第（3）款，公积金局有权代表政府追回的款项；

（B）根据第14A条第（5）款或第（6）款，公积金局有权代表政府征缴或接收的款项；

（C）根据法院命令，需要向公积金局支付并记入成员账户的其他款项（如果有的话）；

（ii）如果组屋随后被出售或者以其他的方式处置，配偶需要向公积金局缴纳一部分保险费［具体的金额由公积金局按照与第77条第（1）款相关的条款决定］，并且公积金局需要把这部分金额记入为配偶建立或即将建立的一个或多个指定账户中；

（iii）尽管第21B条第（11）款有所规定，在将成员在组屋的收益转移给配偶或根据（i）目支付给配偶时，若适用，任何根据第21B条第（1）款对组屋进行的交易应该停止担保以下款项——

（A）成员返还已经提取的公积金，包括如果公积金没有被提取时产生的全部或部分利息（具体由公积金局决定），以及

（B）成员退休账户的最低金额，

并且如果对组屋的交易仅担保上述两款项，应该停止对组屋的交易；

（iv）应该对组屋进行交易以保证——

（A）（ii）目中提到的支付，以及

（B）配偶退休账户的最低金额；

（v）在进行必要修改的基础上，第21条第12款，第21B条第（2）款、第（3）款（a）项、（b）项和（d）项、第（4）至（11）款以及第（14）款，适用（iv）目中交易，并且为了执行这些条款——

（A）（iv）目中的交易可以参考第21B条第（1）款中交易所适用的条款；

（B）适用于成员的条款同样适用于配偶；并且

（C）任何适用于第21B条第（3）款（c）项中产权障碍的条款可作为（vii）目中产权障碍的参考；

（vi）（iv）目中的交易和（iii）目中提到的交易一起，如果（iii）目中提到的交易继续有效；并且

（vii）尽管土地所有权法（第 157 章）或契约登记法（第 269 章）中有所规定，在以前没有签订过任何协议的前提下，（iv）目中的交易——

（A）不受（iii）目中提到的交易登记当天或之后，登记或告知的产权负担的约束；并且

（B）和（iii）目中提到的交易具有同样的地位，如果该交易继续有效，要排在组屋的收益之前。

（2）除去适用第（1）款的情况，当——

（a）为了实现第 21B 条第（1）款中的全部或部分目的，成员从账户中提取公积金；

（b）公积金成员拥有与公积金提取有关的组屋，或者是独自拥有，或者是和其他人共同拥有；并且

（c）法院命令要求将成员在组屋的收益转让或出售给其他人，

任何根据第 21B 条第 1 款对组屋进行的交易应该继续，直到——

（i）被交易担保的所有资金——

（A）已经返还给公积金局；或者

（B）根据与第 77 条第（1）款相关的规定，不再需要支付给公积金局；或者

（ii）公积金局认为出现了第 15 条第（15）款（e）项中提到的某些情况。

27G. 法院要求转让投资的命令

（1）当——

（a）根据与第 77 条第（1）款（n）项相关的法规（本条称之为相关法规），公积金成员进行了投资，但是根据第 24 条，这种投资已经转让给其他人；

（b）法院命令要求将成员的投资收益转移给配偶；并且

（c）其配偶是新加坡公民或永久居民，

那么，根据第（2）款和与第 77 条第（1）款相关的法规，以下各条款适用：

（i）将成员投资收益转移给配偶的义务在成员，而非公积金局；

（ii）在将成员的投资收益转移给配偶时——

（A）应该认为配偶已经进行了投资，并且已经根据相关规定承担了投资的相关义务；并且

（B）公积金成员应该停止承担相关法规中的投资义务；并且

（iii）如果后来这些投资被出售或以其他的方式处置，那么应该按照与第 77 条第（1）款相关的规定中的方式处置收益。

（2）除非或直到配偶已经符合了与第 77 条第（1）款相关的规定中提出的相关标准，并执行了相关要求，否则成员的投资收益不得转移给其配偶。

27H. 法院要求出售投资的命令

(1) 当——

(a) 根据与第77条第(1)款(n)项相关的法规(本条称之为相关法规),公积金成员进行了投资;

(b) 法院命令要求出售成员的投资收益,

那么,根据与第77条第(1)款相关的法规,以下各条款适用:

(i) 出售成员投资收益的义务在成员,而非公积金局;

(ii) 成员的投资收益被出售后,出售的收益应该根据相关法规进行处理;并且

(iii) 根据法院命令,如果成员出售投资的全部或部分收益被其配偶获得,或者是当出售收益返还至公积金局,而配偶又从公积金局得到支付时——

(A) 第27B条可适用于上述全部或部分收益,为了实现第27B条第(1)款和第(5)款中的目的,上述全部或部分收益可被视为返还至公积金账户的款项;

(B) 根据相关法规,若出售投资的收益没有立刻返还给公积金并记入成员的公积金账户,那么将全部或部分收益返还公积金并记入公积金账户的职责在于成员,而非公积金局;

(C) 当全部或部分的收益已经返还给公积金局,为了实现第27B条第(5)款中的目的,成员应该告知公积金局已经返还资金;并且

(D) 公积金局没有义务确认——

(DA) 成员已经遵循法院命令要求,并将投资收益出售;

(DB) 成员配偶可以得到的收益,或者需要返还给公积金局的收益,已经返还至公积金局;或者

(DC) 为了实现第27B条第(5)款中的目的,成员告知公积金局已返还资金,公积金局没有义务确认该告知正确与否。

27I. 其他事项

(1) 根据第15条或第16条,或根据第27条第(2)款(b)项或第(3)款中规定的条件,成员需要预留资金的义务,不受以下情况的影响——

(a) 根据第27B条第(1)款、第(2)款或第(3)款,成员公积金的转移或支付;

(b) 根据第27C条第(1)款、第27D条第(1)款或第27E条第(1)款,成员房产或不动产收益的转让(而非出售);

(c) 根据第27F条第(1)款,成员组屋收益的转让(而非出售);

(d) 根据第27G条,成员投资收益的转让;或者

(e) 根据第27H条,成员投资收益的出售。

(2) 当法院命令要求公积金局做任何事情——

（a）除非已经按照与第 77 条第（1）款相关的规定中指定的方式将法院命令送达公积金局，否则公积金局没必要落实这一要求；并且

（b）若公积金局的某些行为（这些行为违反法院命令的要求）发生在法院命令送达当天或之后，公积金局没必要为此承担责任。

（3）当法院命令要求公积金局执行违反该法的某些要求时，公积金局可以不执行该命令。

第三 B 部分　终身收入计划

27J. 释义

在这一部分——

“年金”是指在该计划下的一个年金方案，根据该方案，公积金局需要每月支付给相关成员第 27K 条第（6）款中提到的收入。

“终身收入基金”是指根据第 27N 条建立的终身收入基金。

“保险费”是指根据第 27L 条第（1）款，为年金计划缴纳的保险费。

“一定年龄”是指根据第 27K 条第（6）款，成员可以每月领取年金的年龄。

“相关成员”是指适用于该计划的公积金成员。

“相关规定”是指根据第 27Q 条而订立的相关规定。

“计划”是指根据第 27K 条，公积金局建立的终身收入计划。

27K. 终身收入计划的建立

（1）成员达到一定年龄后，为了每月为成员提供一定的收入，公积金局建立该终身收入计划。

（2）根据第（3）款、第（4）款、第（5）款及相关法规，该计划适用于——

（a）新加坡公民或永久居民；

（b）在 2013 年 1 月 1 日当天或之后，达到相关法规规定的年龄；

（c）满足第 15 条第（6）款（a）项中的条件；并且

（d）达到（b）项中的年龄后，成员账户中预留的金额不低于相关规定中指定的金额。

（3）若成员已经满足上面第（2）款（a）项中的条件，但没有满足（b）项、（c）项和（d）项中的一个或多个条件，在成员进行申请的基础上，公积金局可以允许他加入该计划——

（a）在成员达到第（2）款（b）项中的年龄的当天或之后；并且

（b）满足公积金局提出的其他条件或方式。

（4）该计划不适用于部长在相关规定中特指的某些人或人群。

（5）该计划不适用于，或停止适用于某成员，如果——

（a）该成员进行了申请，并且公积金局也同意了此申请，以及

（b）成员满足了公积金局提出的退出该计划的某些条件。

（6）根据第（7）款、第27N条、第27P条以及其他相关规定，当相关成员已经缴纳保险费并且可以领取年金，那么只要该成员还活着，在他达到一定年龄后，公积金局需每月支付其一定收入，收入的具体金额由部长决定。

（7）根据相关法规，如果在应该领取年金的时候，成员不能向公积金局证明他还活着，公积金局可以不向成员支付第（6）款提到的年金。

（8）根据第27N条和第27P条，成员每月从公积金局领取的第（6）款中的年金——

（a）不得因为债务或索赔而被扣押或征收；

（b）不得抵消成员的任何性质的债务；

（c）不得因为成员的破产而转移至官方受托人。

27L. 保险费

（1）每个相关成员都要缴纳一定金额的保险费，具体的金额由部长决定，根据人群的不同，部长可能规定不同的保险费。

（2）尽管该法案中存在某些规定，但公积金局有权利从相关成员的退休账户中扣除成员需要缴纳的全部或部分保险费。

（3）当公积金局根据第（2）款扣除保险费后，公积金局应尽快给予有关成员以书面的通知。

（4）公积金局允许相关成员在公积金局规定的时间内，以特定的方式缴纳全部或部分的保险费。

（5）根据第（7）款、第27N条和第27P条，公积金局有义务返还成员缴纳的全部或部分保险费，公积金局将这部分保险费——

（a）返还到成员的公积金账户；或者

（b）以公积金局规定的其他方式进行返还。

（6）根据第（7）款、第27N条和第27P条，第（5）款（a）中规定的返还金额——

（a）不得因为债务或索赔而被扣押或征收；

（b）不得抵消成员的任何性质的债务；

（c）不得因为成员的破产而转移至官方受托人。

（7）若相关成员接受政府的现金津贴来缴纳保险费，公积金局有权利代替政府收回这部分津贴和津贴产生利息，津贴和利息可以从第（5）款中规定的返还金额中扣除。

（8）当相关成员已经缴纳保险费，但在可以领取年金的年龄之前去世，并且所缴纳的保险费没有超过部长在公报中规定的金额——

（a）公积金局可以将缴纳保险费的全部或部分（具体由公积金局决定）支付给适合的

索赔者；并且

(b) 索赔者要提供收据，以证明公积金局按照 (a) 项进行了支付。

(9) 第 (8) 款不影响其他人对索赔者根据第 (8) 款 (a) 项得到的金额具有的追索权。

(10) 在本条——

“孩子”是指法定儿女，包括根据新加坡、马来西亚或文莱的现行法，通过法定程序领养的孩子。

“父母”包括养父母。

“适合的索赔者”是指这样一个人——

(a) 作为死者的遗嘱执行人，声称在相关成员死后有权利接受第 (8) 款中的金额；或者

(b) 在相关成员死后有权利接受第 (8) 款中的金额（不论是否为了自己的利益），可以是死者的丈夫、妻子、子女、孙子女、父母、兄弟、姐妹、侄子、侄女、祖父母、叔叔或姑姑。

27M. 根据第 27K 条第 (6) 款和第 27L 条第 (1) 款，部长可以行使的职能和权力

通过书面的形式，部长可以委托公积金局或者部长指定的个人或团体，来行使第 27K 条第 (6) 款和第 27L 条第 (1) 款中的全部或部分职能或权力。

27N. 终身收入基金的建立

(1) 公积金局应该建立叫做终身收入基金的基金，其缴费由第 27L 条中的保险金组成，并且要满足该部分中公积金局应该进行的支付（包括公积金局在建立和维持该计划时发生的所有成本和费用）。

(2) 终身收入基金由公积金局管理和控制。

(3) 终身收入基金中的资金由公积金局进行投资，投资必须按照释义法（第 1 章）第 33A 条中规定的法定团体投资规则来进行。

(4) 若根据第 27K 条第 (6) 款或第 27L 条第 (5) 款，成员无权得到年金，公积金局可以通过以下途径追回该资金——

(a) 成员的公积金账户；或者

(b) 在成员去世时，虽然有第 24 条第 (3A) 款的规定，从——

(i) 成员的遗产；

(ii) 公积金局因成员死亡而支付的资金；或者

(iii) 得到 (ii) 目中资金的人那里。

(5) 第 (4) 款不影响公积金局根据其他成文法拥有的权力。

(6) 公积金局根据第(4)款追回的资金必须返还至终身收入基金。

(7) 尽管该条或其他相关条款进行了相关规定，除非终身收入基金有偿付能力，公积金局可以不进行支付。

27O. 保险法的不适用性

保险法（第142章）不适用于该计划，或根据该部分公积金局的其他行为。

27P. 法院要求根据该计划向相关成员支付待遇的命令

(1) 根据第27N条和第(2)款，当相关成员的配偶有权利得到根据第27K条第(6)款或第27L条第(5)款支付给相关成员的款项时，根据法院命令，公积金局应该将这部分款项支付给其配偶，这种支付发生在——

(a) 相关成员有权利得到该款项之后；并且

(b) 要在配偶申请得到该款项的基础上。

(2) 根据第27N条，当按照第27K条第(6)款或第27L条第(5)款支付给相关成员的金额少于法院命令规定的金额时，公积金局应该支付给成员首先提到的款项，而非法院命令中提到的款项。

(3) 公积金局根据第(1)款或第(2)款支付的金额——

(a) 是根据法院命令，公积金局义务的有效解除；但是

(b) 不影响配偶对剩余款项的追索权。

(4) 当法院命令要求公积金局做任何事情——

(a) 公积金局可以不履行该要求，除非法院通过相关法律规定的方式，将命令送达公积金局；并且

(b) 若法院命令在公积金局作为或不作为的当天或以前送达，公积金局可以不用为自己违反法院命令的作为或不作为负责。

(5) 当法院命令要求公积金局作出有悖于该法的行为时，公积金局可以不履行该要求。

(6) 该条中，“法院命令”和“配偶”的含义和在第27A条中含义相同。

27Q. 为执行该部分条款而制定的规则

(1) 为执行该部分条款，部长可以制定必要的规则。

(2) 在不影响第(1)款执行的前提下，这些规则可以——

(a) 区分不同人群；

(b) 为不同的人群制定不同的保险费缴纳方式和时间；

(c) 根据成员年龄的不同而制定不同方式；

(d) 为成员提供不同类型的年金；

(e) 规定公积金局向成员支付第 27K 条第 (6) 款中金额或向成员返还资金的方式；

(f) 规定成员向公积金局证明他还活着的方式；

(g) 规定公积金局根据第 27L 条第 (5) 款 (a) 项将保险费返还到成员账户的方式；

(h) 在不影响第 27L 条第 (8) 款的前提下，规定因相关成员去世而返还的全部或部分保险金的情况，或者规定无须返还保险金的情况；

(i) 为了实现该计划的目标，授权公积金局可以增加某些条款或条件的权利；

(j) 为了实现该部分的目标，规定需要提供的证据，以及需要提供证据的个人或机构；

(k) 为了实现该部分的目标，规定公积金局要求相关成员提供的信息、证据和文件；

(l) 规定从成员那里追回全部或部分款项（成员无权得到该款项）的方式和过程（除了第 27N 条中提到的），包括：

(i) 成员账户的资金；或者

(ii) 根据第 27K 条第 (6) 款，成员每月有权利得到的支付；

(m) 为了实现第 27P 条的目标，规定第 27P 条中款项的支付方式、支付要求及其他事项；并且

(n) 规定在该部分中部长需要规定的其他事项。

第四部分　家庭保障计划

28. 释义

(1) 在这一部分——

“指定承受抵押人”是指部长指定的承受抵押人，并且在公报进行公示。

“家庭保障基金”是指根据第 33 条第 (1) 款，公积金局建立的家庭保障基金。

“房产局”包括以下内容：

(a) 房屋和发展委员会；

(b) 根据裕廊镇公司法案（第 150 章）第 3 条建立的裕廊镇公司；

(c) 财政部长（法团）法（第 183 章）下的财政部长；

(d) 房屋和城市发展私人有限公司，是根据公司法（第 50 章）注册的公司。

“失能的”是指身体上或精神上无行为能力，并且永久不能就业。“失能”是相应的名词形式。

“计划成员”是指被该计划覆盖的成员。

“保险费”是指计划成员缴纳的保险费。

“计划”是指根据第 29 条第 (1) 款，公积金局建立和维持的家庭保障计划。

(2) 除非这一部分特别说明，该部分条款（部长可以对此进行修改并在公报上公布）

适用于（只要相关）房屋和发展法案（第129章）第ⅣB部分中批准的开发商出售或即将出售的任何房产。

（3）根据第（2）款发布的命令在公报上公示后，就要尽快提交至议会。

29. 家庭保障计划的建立

（1）应授权公积金局建立家庭保障计划，若成员在计划覆盖期内死亡或失能时，他承担的向房产局或承受抵押人偿还房屋贷款的责任（视情况而定）由公积金局承担。

[30/87]

（2）根据第31条，若成员从某房产局或承受抵押人那里贷款，来购买某房产局的房产，并且已经从他的公积金账户里提取资金偿还贷款，该房屋保障计划适用于上述成员。

[30/87]

（3）根据公积金局提出的某些限制和条件，公积金局允许和公积金成员共同从房产局购买房产的人加入家庭保障计划。

[30/87]

（4）在成员进行申请的基础上，公积金局允许成员不加入该计划。

[39/2000]

（4A）根据第（4）款规定，公积金局允许成员不加入该计划的前提是满足部长提出的条件。

[39/2000]

（5）该计划不适用——

（a）成员在要求加入该计划时，已经65岁或以上，或者是达到部长指定的其他年龄，以及

（b）通过在公报公示，部长特别指定的个人或人群。

[30/87；10/94；39/2000]

（5A）尽管第（5）款中有所规定，该计划不适用于在2001年3月1日那天达到60岁或60岁以上（但65岁以下）的成员，除非该成员选择通过公积金局指定的方式加入家庭保障计划。

[39/2000]

（6）在1988年3月1日以前加入该计划的成员，如果在1988年3月1日以后仍然是该计划的成员，那么应该遵循在此日期以前该计划的规定。

[30/87]

30. 禁止保障两处房产

（1）根据该计划规定，任何人在同一时间受该计划保障的房产不得多于一处。

[30/87]

（2）当成员有房产接受该计划的保障时，又从房产局购买了另一处房产，尽管有本法案或者相关法案的规定，当后来购买的房产受到计划的保障后，应该立刻停止计划对成员原有房产的保障。

［30/98；39/2000］

（3）根据第（2）款，对成员原有房产的保障停止后，公积金局应该以现金或记账的方式返还（公积金局认为合适的）成员缴纳的保险费（如果有的话），按照相关规定，返还金额从保障停止的当天开始算起，相当于成员在停止当天已经清偿贷款。

［30/98；39/2000］

（4）若成员在1998年8月1日以前有一处以上的房产被家庭保障计划覆盖，那么两处房产中加入该计划较早的应该停止保障，并且公积金局应该返还可以补偿成员缴费的资金（如果有的话），具体方式和第（3）款中的规定一致。

［30/98；39/2000］

31. 成员的健康状况

（1）除非公积金局认为成员在加入该计划时身体状况良好，否则不允许该成员加入。

［30/87］

（2）为了决定个人是否有资格加入该计划，公积金局可以要求个人进行（公积金局认为应该的）健康检查。

［30/87］

（3）在公积金局要求下，加入该计划的任何人都需要提供自己在健康方面的信息和实际情况。

［30/87］

32. 保险费

（1）该计划的每个成员都需要根据该部分的规定缴纳一定金额的保险费。

［30/87］

（2）尽管在本法案中有相关规定，但公积金局有权从成员的公积金账户中扣除这部分保险费，并且在扣除之后，公积金局应该尽快以书面通知的形式告知成员。

［30/87］

（3）第（2）款中的扣除优先于公积金局根据其他条款（除了第27B条）进行的扣除。

［39/2000］

（4）当成员公积金账户的金额不足以支付这部分保险费时，成员要将不足的部分在公积金局规定的时间内按照特定的方式补足。

［39/2000］

（5）当该计划保障的房产为成员和其他人共同拥有的财产时，公积金局允许其中一位拥有者（首先提到的财产拥有者的配偶）使用其公积金账户的资金，替首先提到的财产拥有者缴纳全部或部分的保险费。

[39/2000]

33. 家庭保障基金的建立

（1）公积金局应该建立家庭保障基金，基金的来源为成员进行的缴费，并且要进行该部分中规定的支付。

（2）家庭保障基金由公积金局管理和控制。

34. 应缴的保险费

2000 年第 39 号法案废除该条款。

35. 覆盖期

2000 年第 39 号法案废除该条款。

36. 计划成员去世或失能时，公积金局向房产局或指定承受抵押人支付的款项

（1）若成员在计划覆盖期内的任何时候去世，（在证明成员确实已经死亡后）公积金局应当立即将该计划规定的款项支付给房产局或指定承受抵押人。

[30/87]

（2）根据第（3）款、第（4）款和第（5）款，若成员在计划覆盖期内向公积金局声称失能后，根据房屋贷款，公积金局（在证明这一情况后）应该每月或定期为成员偿还房产局或指定承受抵押人（视情况而定）的贷款，贷款偿还时间不得超过 2 年。

[39/2000]

（3）为避免疑问，若成员与其他成员共同购买房产，并且共同从房产局或指定承受抵押人那里贷款后，在公积金局因为某成员失能而为其每月或定期偿还第（2）款中的贷款时，应该界定好该成员在偿还贷款中的责任。

[39/2000]

（4）若成员恢复行为能力，公积金局应该停止第（2）款中的还款。

[39/2000]

（5）当公积金局根据第（4）款停止对房产局或指定承受抵押人还款后，成员仍要继续参保，并且要偿还公积金局根据第（2）款支付的款项。

[39/2000]

（6）尽管有第（2）款的规定，但如果公积金局认为成员的失能可能会持续 2 年以上，公积金局会根据下面的公式向房产局或指定承受抵押人还款——

$$(A+B)-C$$

A是根据与该部分相关的规定，应该在成员失能期间支付的金额；

B是从根据第（2）款首次偿还贷款的时间，到根据本款公积金局进行支付的这一段时期内A产生的利息；

C是根据第（2）款，公积金局要向房产局或指定承受抵押人支付的全部金额。

[39/2000]

（7）当发出成员失能的声明后，公积金局可以将向房产局或指定承受抵押人还款的日期追溯到成员发生失能的日期。

[39/2000]

（8）为了在成员去世或失能时解除房产抵押，公积金局因为成员死亡或失能而向房产局或指定承受抵押人支付的金额，不得超过未清偿的贷款和利息额。

[30/87]

（9）发生以下情况时，公积金局不得进行支付——

（a）如果成员的死亡或失能——

（i）（成员在2001年3月1日之前加入该计划的情况中）发生在加入该计划的一年内，并且成员是自杀死亡，或者成员的失能是由于故意自我伤害造成的；或者

（ii）（成员在2001年3月1日或之后加入该计划的情况中）发生在加入该计划的一年内，并且成员是自杀死亡，或者成员的失能是由于故意自我伤害造成的；

（b）若成员在加入该计划的一年内，因为犯罪而被执行死刑；

（c）若成员在加入该计划的一年内，其死亡或失能直接或间接地因为成员的故意犯罪行为导致；或者

（d）若成员的死亡或失能是因为参加战争、军事性行动或骚乱造成的。

[23/89；39/2000]

（10）公积金局可以不进行支付，若成员——

（a）提供给公积金局的材料是虚假的或误导性的；或者

（b）未能向公积金局提供能够证明他加入该计划的证据，这些证据可能会影响公积金局是否应该对其保障的问题上作出判断。

[30/87]

37. 成员缴纳保险费后，房产局或指定承受抵押人需要向公积金局递交通知

（1）根据第32条规定，成员需要向家庭保障基金缴纳保险费，对此，房产局或指定承受抵押人（视情况而定）应该在成员缴纳保险费后的14天内，向公积金局递交书面通知。

[30/87]

（2）应该按照公积金局要求的方式递交第（1）款中提到的通知。

38. 保险法的不适用性

保险法（第142章）不适用于该部分中公积金局的行为。

39. 为执行该部分条款而制定的规则

为执行该部分条款，部长可以制定一些规则，这些规则——

（a）根据人群的不同而制定，并且规定不同人群遵循不同缴费率；

（b）规定不同人群的缴费方式和时间；

（c）规定计划覆盖的日期和计划生效的时间；

（d）在成员死亡或失能后，规定公积金局向房产局或指定承受抵押人支付的金额；

（e）当成员未能足额缴纳保险费时，规定公积金局需要按照该计划支付的金额；

（f）规定保险费的返还额，以及在何种情况下应该返还，返还率应该由部长规定；

（g）规定需要提供的证据，以及接收证据的人、官员或机构；

（h）规定家庭保障基金的投资方式；

（i）当成员以共同成员的身份购买房产时，规定成员需要缴纳的保险费；

（j）规定公积金局要求成员提供的信息、证据或文件，以及

（k）规定在该部分中部长可能规定的其他事项。

[30/87；39/2000]

第五部分 家属保障计划

40. 释义

在这一部分中——

“指定保险人”是指根据保险法（第142章）在新加坡注册开展保险业务，并且在公积金局的委托下承担公积金局在该计划中全部或部分责任，或为该计划成员提供保险的任何人。

“失能”在这一部分中的含义和在第28条中的含义相同。

“被保险人”是指被该计划保障的人。

“被保险金额”是指根据这一部分规定，当被保险人死亡或失能时需要支付的金额。

“保险费”是指被保险人每年需要支付的保费。

“计划”是指根据第41条，公积金局建立和维持的家属保障计划。

[23/89]

41. 家属保障计划的建立

公积金局应该建立家属保障计划，当被保险人在保障期间死亡或者失能时，公积金局应该根据本法案向相关的被保险人支付被保险金额。

[23/89]

42. 受该计划保障的人

（1）根据该部分规定，在1989年5月14日或以后进行缴费的每个公积金成员都被该计划保障。

[23/89]

（2）第（1）款不适用于——

（a）未满16岁的公积金成员，或已经60岁的公积金成员，或者部长规定的其他年龄；

（b）既不是新加坡公民也不是新加坡永久居民的公积金成员；

（c）根据第（3）款，向公积金局提交通知告知不想加入该计划的成员，以及

（d）部长可能在公报中特别指出的其他公积金成员或某类成员。

[23/89；10/94]

（3）不想加入该计划的任何人都可以以指定的方式提交书面通知，并说明他不想加入该计划。

[23/89]

（4）尽管第（2）款中有所规定，那些没有被该计划覆盖的公积金成员可以以指定的方式申请加入该计划。

[23/89]

（5）公积金局或者指定保险人（视情况而定），可以同意第（4）款中的申请。

43. 公积金局可以取消该计划

（1）若公积金局有理由相信，在被保险人加入该计划的当天或之前已经失能或者患有绝症，公积金局可以取消该被保险人的保障资格，并且被保险人应该立刻停止接受保障。

[23/89]

（2）根据第（1）款，若被保险人的保障资格已经取消，那么应该返还他缴纳的所有保险费以及全部或部分的利息（由公积金局决定），如果这部分保险费是从成员的公积金账户中支付的，那么应该将这部分还款和利息返还至公积金账户。

（3）若成员向公积金局提供了虚假的或误导性的信息，那么将不会返还第（2）款中的款项。

[23/89]

（4）该条仅适用于根据第49A条第（2）款（a）项的规定，公积金局可能仍要支付被保险金额给被保险人。

44. 公积金局可以要求被保险人提供相关信息

（1）在适当的时候，公积金局可以要求被保险人提供关于他自己或其家人的健康方面的相关信息。

[23/89]

（2）在适当的时候，公积金局可以要求被保险人接受健康检查。

[23/89]

（3）该条仅适用于根据第49A条第（2）款（a）项的规定，公积金局可能仍要支付被保险金额给被保险人。

45. 保险费

（1）每个被保险人都应该缴纳本条款规定的保险费。

[23/89]

（2）尽管本法中有相关规定，但公积金局仍有权利从被保险人的普通账户和特殊账户中扣除被保险人应该缴纳的保险费。

[23/89]

（3）根据第49A条的规定，当被保险人从指定保险人那里接受保障时，公积金局可以将第（2）款中提到的扣除额支付给指定保险人。

（4）当被保险人应该支付的保险费超过其普通账户和特殊账户中的资金时，不足部分应该由成员在公积金局规定的时间内以规定方式补足。

[23/89]

46. 2005年第24号法案废除该条款，新条款自2005年9月17日开始实施

47. 覆盖期

（1）若被保险人已经支付过保险费，或者已经根据第45条从成员账户中扣除保险费，那么公积金局应该指定保险人，为被保险人提供12个月的保障期（从保障开始生效的那天算起）。

（2）根据该部分的相关条款，每年要对被保险人的保障进行更新。

48. 不得转让或转移该计划下的权利或待遇

被保险人在该计划下的权利或待遇不得转让或转移。

48A. 该计划下的保单不具备信托效力

（1）该计划下的保单不具有任何法定信托财产的性质。

（2）财产转移法（第61章）的第73条和保险法（第142章）的第49L条不适用该计划下的保单。

49. 因被保险人死亡或失能而支付的款项

（1）被保险人在保障期间死亡（在证明被保险人死亡事实的基础上），公积金局或指定保险人（视情况而定）应该根据相关规定支付被保险金额。

（2）被保险人在保障期间提交了关于失能的声明（在证明被保险人失能事实的基础上），公积金局或指定保险人（视情况而定）应该根据相关规定支付被保险金额。

49A. 公积金局责任的转移

（1）部长可以制定相关条款，将公积金局在该计划中全部或部分的责任转移给一个或多个指定保险人。

（2）在不影响第（1）款执行的前提下，根据第（1）款制定的规则可以——

（a）若提供保障的责任已经转移至指定保险人，规定公积金局仍应该支付被保险金额的情况；

（b）为了有助于公积金局责任的转移，规定后续性的、保留性的和过渡性的条款；

（c）为了使该法案中的其他条款符合公积金局责任转移的要求，可以对这些条款作出适当的修改；

（d）为了有助于公积金局责任的转移，可以规定部长认为必要的其他事项。

（3）在符合一定条件的基础上，通过公积金局认为合适的方式，指定保险人可以将从公积金局那里转移来的责任转移给另外的指定保险人。

（4）在该计划中，责任的转移——

（a）根据第（1）款由公积金局转移给指定保险人；或者

（b）根据第（3）款，在公积金局的批准下由一个指定保险人转移给另外一个指定保险人，

尽管可能违反了某些成文法的规定，或者有悖于某些协议中的规定，但是这些转移是有效的。

（5）针对公积金局的某些特殊责任是否已经转移给指定保险人，如果出现问题，那么部长的证明将是决定责任转移与否的证据。

（6）本条中承担公积金局全部或部分责任的指定保险人，应该为接收的被保险人提供保障，并且要达到公积金局的要求，这些要求涉及——

（a）指定保险人必须保障被保险人的最低收益和权利，以及

(b) 指定保险人在提供保障时必须要遵守某些条件。

取消家庭保障基金时，资金的利用。

49B. 取消家庭保障计划时基金的使用

取消家庭保障基金时（该条称之为取消基金），公积金局可以——

(a) 根据公积金局自己设置的某些条件，可以决定将取消基金的一部分支付给根据第49A条接受公积金局责任的指定保险人；

(b) 自己保留一部分基金，用来支付责任转移前就已经需要支付的款项。

49C. 信息的公开

(1) 公积金局可以不定期地向（根据第49A条接受保障责任的）指定保险人公开公积金局拥有的信息（包括被保险人的健康信息），包括——

(a) 关系到成员的信息，以及

(b) 为了更好地承担提供保障的责任，指定保险人要求公积金局提供的关于成员的信息。

(2) 除非是为了实现公积金局提出的目标，否则指定保险人不可以使用这些信息。

(3) 为了保证该部分条款的执行，公积金局可以要求指定保险人或其他成员提供公积金局认为必要的文件和信息。

50. 保险法的不适用性

保险法（第142章）不适用于——

(a) 根据该部分规定，公积金局的行为；或者

(b) 根据第49A条第（1）款或第（3）款，公积金局责任的转移。

51. 为执行该部分条款而制定的规则

为执行该部分条款，部长可以制定一些规则，这些规则应该——

(a) 规定被保险人的缴费率；

(b) 规定被保险人缴费的时间和方式；

(c) 规定被保险金额；

(d) 规定保险费的返还，在何种情况下应该返还保险费，以及返还的比率；

(e) 规定在缴纳的保险费不同的情况下，不同的保障期限；

(f) 规定需要提供的证据，以及接收证据的人、官员或机构；

(g) 规定被保险金额的支付方式；

(ga) 规定不予以支付被保险金额的情况；

(h) 规定公积金局要求被保险人提供的信息、证据和文件；

（i）规定在该部分中部长可能规定的其他事项。

[23/89]

第六部分　健保双全计划

52. 释义

在这一部分中——

“指定保险人”是指根据保险法（第142章）在新加坡注册开展保险业务，并且在公积金局的委托下承担公积金局在该计划中全部或部分责任，或为该计划成员提供保险的任何人。

“指定医院”是指出于维护健康的目标，由部长指定的医院。

“被保险人”是指被该计划保障的人。

“健保双全基金”是指根据第56条，公积金局建立的基金。

“计划”是指根据第53条由公积金局建立的、被称之为健保双全计划的医疗保险计划。

[15/90]

53. 健保双全计划的建立

公积金局可以建立和维持健保双全计划，并且在被保险人参保期间，当被保险人因病在指定医院接受治疗和医疗服务后，由健保双全计划支付全部或部分的医疗费用。

[15/90]

54. 保险费

（1）每个参保人都必须按照该部分的相关条款缴纳保险费。

[15/90]

（2）公积金局有权力从成员的保健账户中扣除成员及其家属应该缴纳的保险费。

[15/90]

55. 被保险人提供信息的义务

（1）在公积金局的要求下，被保险人以及其他想要加入该计划的人应该——

（a）提供公积金局认为能反映自己或家属健康状况的信息，以及

（b）接受公积金局所要求的健康检查。

[15/90]

（2）被保险人以及想要加入该计划的任何人都有向公积金局公开所有事实的义务，并

且这些事实有助于公积金局合理地作出是否允许该人加入计划的决定，或者有助于公积金局受理被保险人的索赔。

[15/90]

（3）被保险人以及想要加入该计划的任何人应该视为——

（a）已经同意公积金局去被保险人接受医疗服务的医生或医院那里获取相关信息；并且

（b）已经授权医生或医院提供给公积金局相关信息。

[15/90]

56. 健保双全基金的建立

（1）公积金局应该建立和维持健保双全基金，基金的来源为成员进行的缴费，并且要进行该部分中规定的支付。

[15/90]

（2）健保双全基金应该由公积金局管理和控制。

[15/90]

（3）健保双全基金应该以公积金局规定的方式进行投资。

[15/90]

56A. 该计划中责任的转移

（1）部长可以制定相关条款，将公积金局在该计划中全部或部分的责任转移给一个或多个指定保险人。

（2）在不影响第（1）款执行的前提下，根据第（1）款制定的规则可以——

（a）若提供保险的责任已经转移至指定保险人，规定公积金局仍应该支付被保险金额的情况；

（b）为了有助于公积金局责任的转移，规定后续性的、保留性的和过渡性的条款；

（c）为了使该法案中的其他条款符合公积金局责任转移的要求，可以对这些条款作出适当的修改；

（d）为了有助于公积金局责任的转移，可以规定部长认为必要的其他事项。

（3）在符合一定条件的基础上，通过公积金局认为合适的方式，指定保险人可以将从公积金局那里转移来的责任转移给另外的指定保险人。

（4）该计划下责任的转移——

（a）根据第（1）款由公积金局转移给指定保险人；或者

（b）根据第（3）款，在公积金局的批准下由一个指定保险人转移给另外一个保险人，

尽管可能违反了某些成文法的规定，或者有悖于某些协议中的规定，但是这些转移是有效的和起作用的。

（5）针对公积金局的某些特殊责任是否已经转移给指定保险人，如果出现问题，那么部长的证明将是决定责任转移与否的证据。

（6）根据本条承担公积金局全部或部分责任的指定保险人，应该为接收的被保险人提供保障，并且要达到公积金局的要求，这些要求涉及——

（a）指定保险人必须保障被保险人的最低收益和权利，以及

（b）指定保险人在提供保障时必须要遵守某些条件。

（7）根据第（1）款，公积金局将提供保障的责任转移给指定保险人后，公积金局可以——

（a）根据公积金局自己设置的某些条件，决定将健保双全基金的一部分支付给接受公积金局责任的指定保险人，以使他们更好地承担责任；

（b）自己保留一部分健保双全基金，以用来支付责任转移前就已经需要支付的款项。

（8）通过与保险公司协商，只要和该计划的目标一致，公积金局可以从保险公司那里接手公积金局认为合理的保险业务。

（9）当根据第（8）款公积金局接手保险公司的业务后，保险公司应该将相应的保险金转移至公积金局，公积金局将这些资金转移至健保双全基金。

56B. 保险法的不适用性

保险法（第142章）不适用于——

（a）根据该部分规定，公积金局的行为；或者

（b）根据第56A条第（1）款、第（3）款或第（8）款的规定，公积金局责任的转移。

57. 为执行该部分条款而制定的规则

为执行该部分条款，部长可以制定一些规则，这些规则应该——

（a）指定加入该计划的不同人或人群；

（b）设置被保险人享受待遇时需要满足的条件；

（c）规定被保险人可以享受的待遇；

（d）规定保险费的费率，以及保险费的缴纳时间和方式；

（e）规定保险费返还的方式，以及在何种情况下以多大的返还率进行返还；

（f）规定公积金局要求被保险人提供的信息、证据和文件；

（g）规定其他有助于实施该计划的事项。

［15/90］

第六A部分 就业福利补助计划

57A. 释义

在这一部分中——

“现金补助”是指根据该计划，政府支付的现金。

“有资格的成员”是指有资格接受该计划中现金补助或缴费记录的公积金成员。

“相关缴费”是指根据该计划政府向公积金的缴费。

“相关规定”是指根据第57F条制定的条款。

“计划”是指根据第57B条建立的就业福利补助计划。

57B. 就业福利补助计划的建立

（1）为了向有资格的成员支付补充收入而建立就业福利补助计划。

（2）公积金局代表政府管理该计划。

57C. 该计划中的现金补助和缴费

（1）根据第（4）款和相关规定，公积金局可以选择执行以下两者之一，也可以同时选择两者：

（a）根据相关规定，向有资格的成员支付现金补助；

（b）根据相关规定，向部长指定的有资格成员的账户中记入缴费。

（2）公积金局可以代表政府收回——

（a）支付给成员的现金；

（b）记入成员账户的缴费，以及由此产生的全部或部分（具体由公积金局决定）利息，

如果——

（i）成员是通过提供虚假或误导性的信息而得到现金补助或缴费记账；

（ii）成员曾违反相关条款的规定；或者

（iii）现金补助或缴费记账有误。

（3）如果成员实际得到的现金或缴费记录超过他根据相关规定应该得到的，那么公积金局可以代表政府收回超过的部分（以及由此产生的全部或部分的利息，具体由公积金局决定）。

（4）根据相关规定，当有资格的成员死亡时，公积金局可以选择执行以下两者之一，也可以同时选择两者：

（a）支付现金补助，并作为成员的遗产；

(b) 向部长指定的成员账户中记入缴费。

(5) 尽管第 24 条第 (3A) 款中有相关规定，公积金成员死亡时，公积金局可以代表政府——

(a) 从成员的遗产中收回支付给他的现金（去世之前）或作为遗产支付给成员的现金，以及

(b) 从因成员去世而支付的款项里，或者从得到这部分款项的人那里，扣除成员得到的缴费记录，以及由此产生的全部或部分的利息，具体由公积金局决定，

如果——

(i) 成员是通过提供虚假或误导性的信息而得到现金补助或缴费记账；

(ii) 成员曾违反相关条款的规定；或者

(iii) 现金补助或缴费记账有误。

(6) 尽管第 24 条第 (3A) 款中有相关规定，当有资格的成员去世时——

(a) 如果支付给成员本人（在去世前）或其遗产的现金补助超过规定的金额，公积金局可以代表政府从他的遗产中收回这部分现金；并且

(b) 如果记入成员账户的缴费记录超过规定金额，公积金局可以代表政府从因成员死亡而支付的款项中，或者从得到该款项的人那里，将这部分超出的缴费记录收回，还包括由此产生的全部或部分利息，具体由公积金局决定。

(7) 公积金局可以代表政府收回成员应得到的现金补助或缴费，并用来抵消成员对政府的欠债。

(8) 第 (2) 款、第 (3) 款、第 (5) 款、第 (6) 款和第 (7) 款不影响其他成文法授予公积金局或政府的权力。

(9) 公积金局根据第 (2) 款、第 (3) 款、第 (5) 款、第 (6) 款和第 (7) 款收回的款项应该返还给政府。

(10) 尽管该部分和其他条款进行了相关规定，但是没有任何人对该计划中的现金补助和缴费记账拥有绝对权利。

57D. 罪名成立时，现金等的收回

(1) 当——

(a) 公积金成员得到现金补助或缴费记账或由此产生的利息；并且

(b) 根据第 58 条 (a) 项或 (d)，以及其他与现金补助、缴费记账或利息相关的条款，成员的行为已经构成犯罪，

一经定罪，除了要根据第 61 条进行罚款及根据其他相关条款进行惩罚外，在定罪当天，法院可以命令成员返还现金、缴费记账或利息。

(2) 第 61B 条第 (2) 款和第 (3) 款在适用第 61B 条第 (1) 款中支付的款项的同时，也适用于上述第 (1) 款中支付的款项。

57E. 公积金局对现金补助的证明等

在法院、特别法庭、机构或个人进行诉讼程序之前（包括关于返回现金或缴费记录的任何诉讼），由公积金局发出的证明书——

（a）该证明书证明公积金成员或其他人在任何时间得到了现金补助或相关缴费记录以及利息；或者

（b）公积金成员或其他人在任何时间返还现金补助或相关缴费记录以及利息，

应该作为首要的证据，以证明成员或其他人在任何时间得到或返还某款项，具体视情况而定。

57F. 为执行该部分条款而制定的规则

（1）为执行该部分条款，部长可以制定一些规则。

（2）在不影响第（1）款执行的前提下，这些规则可以——

（a）规定有资格的成员应该满足的条件，以及可以不满足的条件；

（b）规定计划的框架和实施条件；

（c）规定有资格的成员可以得到的现金补助或缴费记录额，并为不同的群体规定不同的金额；

（d）规定支付现金补助以及缴费记账的方式，包括临时性的现金补助或缴费记账；

（e）规定追回全部或部分现金补助或缴费记账（包括由此产生的利息）的方式和过程（除了第57C条和第57D条中提到的过程外），包括——

（i）从成员的公积金账户中追回资金；或者

（ii）从成员以后会得到的现金补助或缴费记账追回；

（f）规定现金补助或缴费记录的使用途径和使用目的；

（g）规定违反这些条款的后果，以及

（h）规定将任何作为或不作为，以及违反规定的行为视为犯罪。

第七部分　犯罪、处罚和诉讼

58. 犯罪

如果任何人——

（a）为了实现与该法案相关的目标——

（i）故意进行虚假陈述；或者

（ii）制造、提供、导致虚假信息，或故意允许文件中存在虚假信息；

（b）没有在规定的时间内将应缴的款项支付至公积金，或者是雇主没有代表雇员缴纳；

（c）阻碍公积金局的官员或雇员行使职能；

（d）未能遵守该法案中的条款和规定；或者

（e）未能根据该法案中的条款，在规定的时间内进行缴费或支付其他款项，

此人将被视为犯罪。

58A. 与投资相关的犯罪

（1）任何人不得直接或间接进行与第77条第（1）款（n）项相关的规定中的投资，或者进行与此类投资相关的买卖——

（a）采取任何手段、计划或计谋进行诈骗；或者

（b）参与针对其他人的，与诈骗或欺诈（或类似于诈骗或欺诈）有关的行为、做法或职业。

（2）违反第（1）款规定的任何人都被视为犯罪。

59. 将信息公布给未得到授权的人

（1）任何在公积金局工作的人，在没有法律授权的情况下，向其他人公布或传递（而非通过工作的正常途径）他利用工作之便得到的信息，该人将被视为犯罪，并且应该罚以不超过4 000美元的罚款，或者进行不超过12个月的监禁，或两者都有。

（2）在准雇主（正在考虑是否要雇用某人为雇员）申请的基础上，公积金局可以将准雇员（雇主正要考虑雇用的某人）的情况告知准雇主——

（a）准雇员现任雇主的名字，或者如果准雇员曾经受雇于一个以上的雇主，公积金局可以将此雇员在过去3年内所有雇主的名字告诉准雇主，以及

（b）过去每位雇主为此雇员缴纳公积金的时间。

（3）若准雇主想知道第（2）款中提到的信息，则需要按照公积金局规定的方式向公积金局提出申请，并且向公积金局支付相关的费用。

（4）公积金局可以要求第（3）款中进行申请的准雇主提供证据，以证明他正在考虑雇用他想要了解情况的人。

（5）第（3）款中提到的费用不再返还。

（6）若根据第77条第（1）款（k）项经营保险计划的保险公司向公积金局提出要求，为了有助于管理和经营保险计划而想要了解被保险者及其家属的相关信息，那么公积金局可以将自己掌握的信息告知保险公司，这些信息包括被保险人及其家属的健康状况，以及被保险人保健账户的情况。

（7）保险公司不得将第（6）款中提到的信息用做其他目的，除了——

（a）为了决定是否同意将某人或者其家属纳入第77条第（1）款（k）项中提到的保险计划；或者

(b) 为了实现其他与保险计划管理和经营有关的目标。

(8) 故意违反第 (7) 款规定的保险公司将被视为犯罪。

60. 法人团体的犯罪

当违反该法案规定的犯罪主体为法人团体，并且犯罪行为得到了该法人团体的董事、经理、秘书或其他管理人员的同意或纵容，或者犯罪与上述人的行为相关，那么这些人包括整个法人团体在内都应被视为犯罪。

61. 一般性罚款

任何人触犯该法，在没有处罚的情况下应该处以不超过 2 500 美元的罚款，如果是第二次或多次犯罪，则将被处以不超过 10 000 美元的罚款。

61A. 法院的管辖权

尽管有某些成文法中有相反的规定，但地区法院或地方法院有权力对该法案中的最高处罚作出判定。

61B. 罪名成立后，保险费的追缴等

(1) 在根据第 7 条第 (3) 款或第 61 条进行判罚后，除了要进行规定的罚款外，法院可以要求被判罚的人在定罪当天支付应该缴纳的保险费及其利息。

[39/2000]

(1A) 当——

(a) 为了进行与第 77 条第 (1) 款 (n) 项相关的规定中的投资，公积金成员从其普通账户或者特殊账户中取款；

(b) 成员触犯该法案或其他与投资相关的成文法；并且

(c) 公积金局已经要求该成员将相关条款中规定的款项返还或转移回他的普通账户或特殊账户，

法院除了要执行该法案中的罚款和其他法中的处罚外，还可以要求成员根据公积金局的指令将某款项返还或转移回他的普通账户或特殊账户，该款项的具体金额由公积金局指定的官员根据 (c) 项确定。

(2) 法院可以——

(a) 根据与恢复罚款相关的法律条款；或者

(b) 在公积金局申请的基础上，通过民事法庭判决的方式，

追回根据第 (1) 款需要支付的金额或者根据第 (1A) 款需要返还或转移的金额。

[39/2000]

(3) 当法院已经判定需要根据第 (2) 款 (b) 中规定的方式来追回第 (1) 款、第

(1A) 款中的款项后，法院需要确定应该支付、返还或转移的金额，并且公积金局应该按照法院命令来追回这些款项。

[39/2000]

62. 出庭的通知书

(1) 当公积金局的官员有足够的理由认为某人违反该法案的规定而犯罪时，他可以向该人出具特定的通知书（替代了法院的传票），要求该人在特定的时间出庭。

[30/98]

(2) 公积金局的官员应该准备另一份相同的通知书，以便在法庭要求时提供给法庭。

[30/98]

(3) 公积金局可以根据第（62A）条第（1）款规定的方式向其出示通知书。

[30/98]

(4) 当被指控的人根据通知书出现在法庭时，法庭应该正式受理该犯罪，并且要按照刑事诉讼法（第 68 章）第 136 条规定的程序进行。

[30/98]

(5) 当通知书传达给此人后，若此人或其律师未能在规定的时间内出席法庭，法庭在确认通知书已经准确送达此人后，可以签署逮捕此人的命令，除非此人已经在出庭日期之前对犯罪行为进行了弥补。

[30/98]

(6) 根据第（5）款签署逮捕令，被逮捕的人出现在法庭后，法庭应该——

(a) 按照刑事诉讼法（第 68 章）第 136 条规定的程序进行；并且

(b) 在法庭程序结束后，要求此人陈述他未能根据通知书出庭同时可以不接受惩罚的理由，若未能出示理由，法庭可以对其进行不超过 2 000 美元的罚款或者不超过两个月的监禁。

[30/98]

(7) 公积金局官员可以在出庭通知书中规定日期前的任何一天取消通知书。

[30/98]

(8) 为了实现本条的目标，公积金局可以下发他认为合适的、任何形式的通知书。

[30/98]

62A. 通知书或传票

(1) 任何根据该法案下发的通知书（根据第 62 条），以及法院签署的传票，可以下述方式传达给此人——

(a) 直接下发给本人，或下发给此人最后生活的家庭中的成年成员；

(b) 下发至此人经常或其最后居住或工作的地方，或者是以挂号信的方式寄往上述地方；

(c) 当通知书下发对象或传票传讯对象是一个团体或公司时——

(i) 直接将通知书或传票传给该团体或公司的秘书或其他领导成员；

(ii) 以挂号信的方式寄至该团体或公司注册的办公地点或主要的办公场所。

[30/98]

(2) 任何根据第 (1) 款以挂号信的方式寄出的通知书或传票，应该在规定的时间内寄达，在邮寄的过程中，应该保证装有传票的信封经过了妥善的处理、盖章和注册。

[30/98]

63. 犯罪行为的和解

(1) 公积金局或者由公积金局书面授权的任何人，在酌情考虑后，可以就触犯该法案的行为进行和解，并且要对犯罪嫌疑人处以不超过500美元的罚金。

[32/86；27/92；30/98]

(2) 公积金局应该制定相关条款，来界定可以和解的犯罪行为。

[32/86]

(3) 根据本条所得的全部款项都归公积金局所有。

[5/89]

64. 其他法律中诉讼程序的保留

本法中的规定不得影响其他成文法中诉讼程序的进行。

65. 应支付给公积金的款项

如果根据政府诉讼程序法（第121章），任何应支付给公积金的款项（包括公积金局要求的款项，或者根据法院命令支付、返还或转移到公积金的款项）若被认定为是拖欠政府的债务，可以针对该款项进行起诉，并且由公积金局将该款项返还给政府。

66. 被授权官员的证明将作为证据

在任何法律诉讼程序中，公积金局授权的官员所持有的账户（家庭保障基金或健保双全基金）进入证明，应该作为进入账户和相关行为的首要证据。

66A. 公积金局的证明

(1) 在有关保险费的追缴或不支付（第7条对此进行了规定）的诉讼程序中，由公积金局签署的，可以显示雇主或其他人缴纳保险费和利息的证书，应该作为证明雇主或其他人已经缴费的首要证据。

[30/98]

（2）根据与第77条第（1）款（n）项相关的规定，当公积金局要求成员将相关款项返还或转移至其普通账户或特殊账户时，由公积金局签署的相关证明，在任何与此相关的诉讼程序中，应该作为首要证据。

67. 诉讼的提起

根据本法案进行的法律诉讼程序，都应由公积金局主席（以书面方式）授权的官员提起。

第八部分　其 他 规 定

68. 对雇员或成员在资产处置中的利益，以及在抵押或交易中的出售利益进行保护

（1）当——

（a）在执行判决的过程中，发出了针对雇主或成员的出售或扣押通知书，并且根据判决雇主或成员的动产、不动产以及其他的资产将被没收、出售或以其他的形式处置；并且

（b）在将出售或其他处置方式的收益支付给执行债权人之前，应该由公积金局的谢里夫或其他执行判决的官员发出一个通知，其中要说明雇主或成员拖欠公积金的债务，

此时，不得将收益支付给执行债权人，除非法院发出声明，在出售或以其他方式处置资产时已经将欠款归还公积金。

（2）当——

（a）根据危难法（第84章）签署的书面命令来扣押雇主或成员的财产，并且根据书面命令没收雇主或成员的不动产；同时

（b）在将出售或其他处置方式的收益支付给有资格的房主之前，应该由公积金局的谢里夫或其他执行判决的官员发出一个通知，其中要说明雇主或成员拖欠公积金的债务，

此时，不得将收益支付给房主，除非法院发出声明，在出售或以其他方式处置资产时已经将欠款归还公积金。

[30/98]

（3）当——

（a）在执行判决的过程中发出了针对雇主和成员的扣押命令；并且

（b）在将扣押收益支付给债权人之前，公积金局已经将雇主或成员拖欠公积金债务的情况通知给扣押人，

此时，不得将扣押的收益支付给债权人，除非法院发出声明，在扣押资产时已经将欠款归还公积金。

[30/98]

（4）当——

（a）根据现行成文法的规定，在进行申请的基础上，受担保的债权人可以出售工作场所的任何财产；并且

（b）公积金局应该通知谢里夫或其他负责出售的官员：债务人拖欠公积金债务，

此时，不得将出售的收益支付给任何债权人（除了政府或受担保的债权人），除非法院发出声明，在出售资产时已经将欠款归还公积金。

（5）在分配——

（a）第（1）款、第（2）款或第（4）款中的收益；或者

（b）根据第（3）款规定，与扣押令相关的款项时，

根据第7条或第61B条第（1）款向公积金的支付，要优先于根据第61B条第（1A）款向公积金的支付。

（6）为了执行本条款的规定，任何拖欠公积金的款项应该被解释为是公积金局要求缴纳的款项或者是法院要求支付、返还或转移至成员账户的款项。

69. 豁免权

部长可以允许任何个人或任何阶层不遵守本法案全部或部分条款。

70. 2003年第31号法案废除该条款，新条款自2004年1月1日开始实施

71. 2003年第31号法案废除该条款，新条款自2004年1月1日开始实施

72. 将保险费返还给政府

当证实某公务人员在政府养老金办公室工作后，应该将在证实日期之前政府为之缴纳的保险费（此人并没有从工资中连同扣缴，但记入了此人的基金账户）连同由此产生的全部或部分利息（由公积金局决定）返还给政府。

73. 从私人公积金向中央公积金转移资金

当作为雇员的中央公积金成员在其他公积金计划中拥有现金收益时，如果这些计划的规定允许，成员可以将这些计划中全部或部分的收益转移到中央公积金中，并且根据第7条第（4）款的规定，这些转移金额可视为额外缴费。

74. 错误缴费的返还

（1）当公积金局认为成员向公积金错误地缴纳了保险费或利息（根据第9条规定），根据第（4）款，公积金局应该将这部分错误缴纳的保险费返还给成员。

（2）如果——

(a) 成员在缴纳保险费之后的一年内，没有向公积金局索要这部分错误缴纳的保险费或利息；或者

(b) 成员已经提取了这部分款项，

公积金局可以不返还这部分保险费，但是根据该法案，这部分保险费或利息应该已经正确地返还给了成员。

(3) 如果错误缴纳保险费的成员拖欠基金债务，那么可以将这部分错误缴纳的款项冲抵债务。

(4) 在没有公积金局同意的情况下，不得进行任何保险费返还或者债务冲抵。

(5) 公积金局有权力要求那些声称可以得到保险费返还的人进行书面申请，并且提供公积金局要求提供的信息。

75. 针对额外工资的多余缴费的返还

(1) 当根据附录一进行重新计算后，公积金局认为成员在一年内针对额外工资的缴费超过应缴额度，那么公积金局应该以部长规定的方式返还这部分多余缴费以及由此产生的全部或部分利息（由公积金局决定）。

[22/90；27/92]

(2) 如果多余缴费的成员拖欠基金债务，那么公积金局可以用这部分多余缴费及其利息，来冲抵成员的债务。

[22/90]

(3) 公积金局有权力要求那些声称可以得到多余缴费返还的人提供公积金局要求提供的信息。

[22/90]

76. 公积金局可以参加和公积金没有直接联系的活动，并且可以要求其他人提供信息

(1) 如果部长认为是出于公共利益的考虑，公积金局可以参与以下两项或其中一项活动：

(a) 和公积金或公积金的管理没有联系或没有直接联系的活动；

(b) 和公积金成员、雇主和雇员有关系的统计资料汇编或其他活动。

(2) 为了执行第（1）款规定，公积金局可以要求成员、雇主和雇员提供必要的信息。

(3) 尽管成文法中有相关规定，但是根据第（4）款，为了实现本款的目的，部长同意公积金局参与社区的教育、社会和经济促进活动后，雇主可以从雇员的每月工资里扣除一定额度的与活动相关的缴费，除非雇员书面通知雇主表示他不想向公积金缴纳这部分费用。

[3/92]

(4) 在部长同意的前提下，公积金局可以制定与实施第(3)款有关的条款，这些条款可以——

(a) 针对不同的雇员群体，规定不同的缴费额度；

(b) 规定缴费的时间和方式，以及其他的相关事项；

(c) 规定错误缴费的返还，或者是应缴而未缴款项的缴纳；

(d) 规定账目或记录的保留；

(e) 规定当雇员同时受雇于两个或两个以上的雇主时，雇主缴费的义务，以及

(f) 规定当雇主未能从雇员的月工资中扣缴保险费或未能将保险费缴纳给公积金时，雇主将被视为犯罪。

[3/92]

77. 法规和规章

(1) 在与公积金局商讨后，部长可以制定规章——

(a) 规定保险费的支付、累积和返还手段，以及其他的相关事项，包括通过电子或其他手段；

(b) 规定公积金中未被索要、未支付或其他保留在公积金中的款项的处置方式；

(c) 规定就业的分类方式，规定没有按照服务协议进行就业的缴费方式；

(d) 规定当雇员是特殊就业时，为了实现本法案的目标，将把雇员的主要雇主看做是雇主(尽管有时主要雇主并不是雇员的直接雇主)；

(e) 规定当个人从部长指定的某些交易、商业、职业或其他途径获取收入时的缴费方式和缴费率；

(f) 规定所得税审计长[根据所得税法(第134章)任命]可以向公积金局提供某些信息、文件或记录来证明上述(e)项中提到的个人的收入，并且要对这些信息、文件或记录进行保密，所得税审计部门的成员是所得税法第6条中提到的成员；

(g) 在部长同意的前提下，公积金局可以指定任何机构(包括政府机构或其他法定团体)进行本法案中保险费(以及由此产生的利息)的征缴、积累或返还，这些机构可以行使公积金局(或本法案指定的公积金局部门)的某些职责；

(h) 规定公积金成员可以申请提取全部或部分的公积金和利息来购买不动产，或偿还用于购买不动产的贷款，包括成本以及任何在购买不动产、贷款或提取公积金过程中发生的费用；

(i) 规定公积金成员可以申请提取账户中全部或部分的公积金和利息——

(i) 来偿还用于购买土地(不管上面有没有建筑物)的贷款，以及在土地上面修建住宅时发生的成本，其中包括购买土地和修建住宅时发生的任何费用，以及

(ii) 补偿购买土地(不管上面有没有建筑物)和修建房屋时发生的成本，包括任何在购买土地和修建房屋时发生的任何费用；

(j) 规定公积金成员、其配偶、孩子、父母和其他指定的成员在接受医疗服务时，保健账户资金的提取；

(k) 规定当公积金成员或其抚养对象由于要加入医疗保险计划或由部长指定的其他健康计划时，保健账户资金的提取；

(ka) 规定成员将保健账户的资金转移至其普通账户、特殊账户和退休账户（如果有的话）；

(l) 为了实现本法案的目标，根据第 2 条第（1）款，总统将在公报中公布哪些人为雇员，并且规定这些人的缴费率（而非附录一中规定的费率）；

(m) 2003 年第 31 号法案废除该条款，新条款于 2004 年 7 月 1 日开始实施；

(n) 规定成员可以申请提取公积金账户的资金来进行投资（由部长指定的），或者补偿在投资中发生的成本，包括任何与投资相关的费用；

(o) 为了实现第 15 条第（6）款以及第 18 条第（1）款、第（1A）款中的目标，特别规定——

(i) 第 15 条第（6）款（a）项中提到的最低金额，包括为不同的群体规定不同的最低金额，

(ii) 计算最低金额的方法，以及

(iii) 在成员达到一定年龄后，可以提取的最低额，以及最低额的提取方式；

(oa) 为了实现第 18 条第（3）款和第（7）款中的目标，特别规定——

(i) 计算转移或支付到成员特殊账户［第 18 条第（3）款规定］的资金额的方法，

(ii) 将资金转移或支付到特殊账户［第 18 条第（3）款提到］的一系列目标，并且规定为了实现每个目标而需要的资金额以及提取这些资金的方式；

(p) 为了实现第 15B 条的目标而申请预留额外资金的方式，额外资金预留的条件和时间，以及预留资金的提取数量和方式；

(q) 规定部长特别指定人群、阶层或雇员的缴费率（而非附录一中规定的缴费率）；

(qa) 为实现本法案的目标，规定公积金局可以征收的费用；

(r) 规定公积金成员可以提取账户资金和利息来支付——

(i) 根据房屋和发展法（第 129 章）第ⅣA 部分的规定，由于进行房屋改善工程而向房屋和发展委员会缴纳的改进费，或者

(ii) 根据市镇议会法（第 329A 章）第ⅣA 部分，由于进行电梯工程而向市镇议会缴纳的改进费，

包括这些工程需要支付的成本费用等；

(ra) 为了实现该法第三 A 部分的目标，特别规定——

(i) 将成员账户资金转移到其配偶指定账户的步骤、要求和方式，以及其他相关事项，

(ii) 将成员账户资金支付给其配偶的步骤、要求和方式，以及其他相关事项，

(iii) 根据法院命令，将成员的房产、不动产或组屋的收益转移（而非出售）给其配偶的相关事项，

(iv) 根据第27G条，将成员的投资收益转移给其配偶的相关事项，以及

(v) 将成员进行第27H条中的投资而取得的收益进行出售的相关规定，以及

(s) 其他和执行本法案和实现本法案目标有关的规定。

[19/83；32/84；16/86；5/87；22/90；27/92；29/93；10/94；39/2000]

(2) 除了本法案赋予的权利和义务外，公积金局可以制定规章——

(a) 规定——

(i) 在本法案下，全部或部分错误缴纳的保险费的返还，以及

(ii) 在本法案下，全部或部分应缴未缴保险费的缴纳；

(b) 规定雇主对账目、记录的保管；

(c) 规定对医疗委员会的任命，以决定一个公积金的成员是否满足第15条第（2）款（d）项、（e）项、（f）项或（g）项，第（6B）款（a）项，第（7A）款（a）项、（b）项、（ba）项或（c）项，第（8）款（a）项、（b）项、（c）项或（d）项，第（15）款（e）项（ii）目，第27D款（vi）目（B），第36条第（2）款和第49条第（2）款中规定的条件；

(d) 规定提取公积金的步骤；

(e) 规定需要提供的证据，以及为了实现第15条的目标，需要提供证据的人、官员或机构；

(f) 规定缴纳的保险费计入公积金的步骤；

(g) 规定当雇员受雇于两个或两个以上的雇主时，雇主在缴纳保险费方面的责任；

(h) 规定第7条中雇员通知雇主的形式和期限；

(i) 规定自愿缴费的步骤；

(j) 规定在实施本法案过程中，需要进行的返还，登记以及需要的表格；

(k) 规定公积金局在本法案下可能规定的其他事项。

(3) 根据与第（1）款（i）项相关的规定，成员不得提取公积金，除非他的住宅已经建好，并且政府机构已经签发了与住宅相关的临时占用许可证。

(4) 在第（1）款（i）项和第（3）款中，“住宅”是指任何用来居住的建筑物。

[29/93]

78. 将法规和规章提交至议会

(1) 所有根据该法案制定的法规和规章，只有在公报公示后才能够实施，但这些法规和规章另外规定的事项不包括在内。

(2) 这些法规和规章在公报公示后应该尽快提交至议会。

(3) 这些法规和规章应该继续有效，直到议会决议对其拒绝或进行修改。

(4) 所有这些被议会决议修改的法规和规章在决议通过当天开始实施。

79. 互惠协议

（1）通过与公积金局进行商讨，部长可以和建立类似公积金计划的其他国家的政府签订互惠协议，（除了其他事项）规定——

（a）根据本法案第 2 条中对“雇员”的定义，在其他政府管辖的区域内，任何时间内的就业可以看做是这一时间段内，在新加坡的就业；

（b）根据互惠协议中可能存在的规定，若雇员在其他国家受雇于某雇主，那么该雇员在新加坡中央公积金账户的资金可以转移到在这一国家的公积金账户中；

（c）任何人成为公积金成员后，可以将其他公积金账户中的资金转移到中央公积金账户中。

（2）如果互惠协议中订立了以下条款，第 2 条中雇员的定义也要发生相应的改变——

（a）当某人未在新加坡被雇用时，在这段时间内不得要求此人向公积金缴纳保险费；

（b）当某人未在新加坡被雇用时，在这段时间内不得要求其雇员向公积金缴纳保险费；并且

（c）公积金局将缴费记录转移出公积金或转移到公积金都是被允许的。

（3）任何根据第（1）款签订的互惠协议都要在公报公示，并且要在公示当天开始实施，或者可能根据协议规定的日期推迟实施。

附录一

第7、8、70、75和77条

缴 费 率

1. 根据自2007年7月1日开始实施的以下第2项到第7项，雇员和雇主的缴费率见下表。

单位：美元

35岁及以下			35岁以上到50岁		50岁以上到55岁	
雇员每月的工资总额	雇主每月的缴费额	雇员每月的缴费额	雇主每月的缴费额	雇员每月的缴费额	雇主每月的缴费额	雇员每月的缴费额
50～500（含500）	雇员工资总额的14.5%	不缴	（工资总额－50）×9.64%	不缴	（工资总额－50）×6.97%	不缴
500～750（含750）	包括两部分：a. 雇员工资总额的14.5%，b.（工资总额－500）×48%	（工资总额－500）×48%	包括两部分：a.（工资总额－50）×9.64%，b.（工资总额－500）×48%	（工资总额－500）×48%	包括两部分：a.（工资总额－50）×6.97%，b.（工资总额－500）×43.2%	（工资总额－500）×43.2%
750～1 200（含1 200）	包括两部分：a. 雇员工资总额的14.5%，b. 120＋（工资总额－750）×24%	120＋（工资总额－750）×24%	包括两部分：a. 67.50＋（工资总额－750）×19.66%，b. 120＋（工资总额－750）×24%	120＋（工资总额－750）×24%	包括两部分：a. 48.825＋（工资总额－750）×13.15%，b. 108＋（工资总额－750）×21.6%	108＋（工资总额－750）×21.6%
1 200～1 500（含1 500）	包括两部分：a. 雇员工资总额的14.5%，b. 120＋（工资总额－750）×24%	120＋（工资总额－750）×24%	包括两部分：a. 156＋（工资总额－1 200）×20.5%，b. 120＋（工资总额－750）×24%	120＋（工资总额－750）×24%	包括两部分：a. 108＋（工资总额－1 200）×16.5%，b. 108＋（工资总额－750）×21.6%	108＋（工资总额－750）×21.6%
超过1 500	包括两部分：a. 雇员正常工资的34.5%，最高缴费额为1 552.5；b. 额外工资的34.5%	包括两部分：a. 雇员正常工资的20%，最高缴费额为900；b. 额外工资的20%	包括两部分：a. 雇员正常工资的34.5%，最高缴费额为1 552.5；b. 额外工资的34.5%	包括两部分：a. 雇员正常工资的20%，最高缴费额为900；b. 额外工资的20%	包括两部分：a. 雇员正常工资的28.5%，最高缴费额为1 282.5；b. 额外工资的28.5%	包括两部分：a. 雇员正常工资的18%，最高缴费额为810；b. 额外工资的18%

续表

55岁以上到60岁		60岁以上到65岁		65岁以上	
雇主每月的缴费额	雇员每月的缴费额	雇主每月的缴费额	雇员每月的缴费额	雇主每月的缴费额	雇员每月的缴费额
(工资总额－50)×4.98%	不缴	(工资总额－50)×3.32%	不缴	(工资总额－50)×3.32%	不缴
包括两部分：a.(工资总额－50)×4.98%，b.(工资总额－500)×30%	(工资总额－500)×30%	包括两部分：a.(工资总额－50)×3.32%，b.(工资总额－500)×18%	(工资总额－500)×18%	包括两部分：a.(工资总额－50)×3.32%，b.(工资总额－500)×12%	(工资总额－500)×12%
包括两部分：a.34.875＋(工资总额－750)×8.25%，b.75＋(工资总额－750)×15%	75＋(工资总额－750)×15%	包括两部分：a.23.25＋(工资总额－750)×4.16%，b.45＋(工资总额－750)×9%	45＋(工资总额－750)×9%	包括两部分：a.23.25＋(工资总额－750)×4.16%，b.30＋(工资总额－750)×6%	30＋(工资总额－750)×6%
包括两部分：a.72＋(工资总额－1 200)×13.5%，b.75＋(工资总额－750)×15%	75＋(工资总额－750)×15%	包括两部分：a.42＋(工资总额－1 200)×11%，b.45＋(工资总额－750)×9%	45＋(工资总额－750)×9%	包括两部分：a.42＋(工资总额－1 200)×11%，b.30＋(工资总额－750)×6%	30＋(工资总额－750)×6%
包括两部分：a.雇员正常工资的20%，最高缴费额为900；b.额外工资的20%	包括两部分：a.雇员正常工资的12.5%，最高缴费额为562.5；b.额外工资的12.5%	包括两部分：a.雇员正常工资的12.5%，最高缴费额为562.5；b.额外工资的12.5%	包括两部分：a.雇员正常工资的7.5%，最高缴费额为337.5；b.额外工资的7.5%	包括两部分：a.雇员正常工资的10%，最高缴费额为450；b.额外工资的10%	包括两部分：a.雇员正常工资的5%，最高缴费额为225；b.额外工资的5%

2. 76 500美元减年最高缴费普通工资额为额外工资的缴费上限，超过该上限的部分，雇主不用缴费。

3. 在计算雇员年普通工资总额之前，如果已经向雇员支付了额外工资，那么雇主无须为超过以下金额的额外工资缴费：

76 500美元减去——

(a) 上一年雇员的普通工资，以及

(b) 当年已经为雇员支付的额外工资。

4. ——(1) 在计算雇员年普通工资总额之前，如果已经缴纳以额外工资为基数的保险费，以后在某一相关时间，必须重新计算该部分保险费，具体参照第2项。

(2) 雇主按照第4项(1)目计算出应该对额外工资缴纳的保险费时，如果计算结果大于已经缴纳的费用，那么雇主必须在某一相关时间内进行补差，具体参照第2项。

(3) 当雇主根据第4项（2）目需要进行保险费补差时，他有权利要求雇员也按照一定费率进行补差。

4A. 根据第2项、第3项、第4项需要计算雇员的年普通工资总额时，年普通工资总额超过54 000美元的部分不列入计算范围。

5. 为实施附录一——

(a) 一个人在过了35岁、50岁、55岁、60岁、65岁的生日后，在他过完生日下一个月的第一天，要遵循新的缴费率进行缴费；

(b) 雇主缴费的金额应该四舍五入至最接近的美元，但如果超过了50美分就要按1美元计算；

(c) 在计算雇员缴费时，美元后面的美分都应被忽略掉；

(d) “额外工资”是指在普通工资之外的任何补贴；

(e) “每月普通工资”仅包含因正常工作而得到的工资，应该在每月缴纳保险费之前支付；

(ea) “相关时间”是指当年的年底，或者是雇员在某一雇主处就业的最后一个月，可视情况而定；

(f) “雇员每月工资总额”是指雇员每月的普通工资总额加上额外工资总额；

(g) 2003年第S657号法案废除该条款，新条款自2004年1月1日开始实施；

(h) “一年”是指从1月1日到12月31日这一阶段。

6. 第1项的缴费率对以下机构的雇员不适用：

(1) 救助学校的管理人员。

(2) 账务和商业局。

(3) 科学技术与研究中心。

(4) 新加坡农业食品和兽医管理局。

(5) 建筑委员会。

(6) 建筑和工程管理局。

(6A) 新加坡娱乐场所管理局。

(7) 中央公积金局。

(8) 新加坡民航局。

(9) 公共服务学院。

(10) 新加坡竞争委员会。

(11) 私立教育理事会。

(12) 国防科学技术中心。

(13) 经济发展委员会。

(14) 能源市场管理局。

(15) 健康促进委员会。

(16) 卫生科学管理局。

(17) 印度咨询委员会。

(18) 印度捐赠基金委员会。

(19) 旅馆许可委员会。

(20) 房屋和发展委员会。

(21) 新加坡信息—通信发展管理局。

(22) 税务管理局。

(23) 东南亚研究中心。

(24) 新加坡技术教育中心。

(25) 新加坡知识产权办公室。

(26) 跨国公司委员会。

(27) 裕廊镇公司。

(28) 陆上交通管理局。

(29) 新加坡伊斯兰宗教委员会。

(30) 新加坡海事和港口管理局。

(31) 新加坡媒体发展管理局。

(32) 新加坡货币管理局。

(33) 南洋理工学院。

(34) 2006 年第 S193 号法案废除该条款，新条款自 2006 年 4 月 1 日开始实施。

(35) 国家艺术协会。

(36) 国家社会服务协会。

(37) 国家环境研究中心。

(38) 国家文物局。

(39) 国家教育研究中心。

(40) 国家图书馆。

(41) 国家公园管理委员会。

(42) 2006 年第 S193 号法案废除该条款，新条款自 2006 年 4 月 1 日开始实施。

(43) 义安理工学院。

(44) 人民协会。

(45) 2009 年第 16 号法案废除该条款，新条款自 2009 年 7 月 1 日开始实施。

(46) 专业工程师委员会。

(47) 公共交通协会。

(48) 公共事业局。

(49) 共和理工学院。

(50) 科学中心委员会。

(51) 圣陶沙发展公司。

(52) 锡克教咨询委员会。

(53) 新加坡复员技训企业管理局。

(54) 新加坡牙医协会。

(55) 新加坡考评局。

(56) 新加坡劳工基金会。

(57) 新加坡土地管理局。

(58) 新加坡医疗协会。

(59) 新加坡护理委员会。

(60) 新加坡药剂委员会。

(61) 新加坡理工学院。

(62) 新加坡运动协会。

(63) 新加坡赛马委员会。

(64) 新加坡旅游委员会。

(65) 新加坡劳动力发展中心。

(66) 专家鉴定委员会。

(67) 生产标准和创新委员会。

(68) 淡马锡理工学院。

(69) 传统中医实践委员会。

(70) 城市再发展研究中心。

7. 应该为以下雇员缴费，雇员自己也要缴费——

(a) 根据政府部门养老金领取者的缴费率进行缴费的养老金领取者；

(b) 根据政府部门非养老金领取者的缴费率进行缴费的非养老金领取者；

(c) 被法定团体或救助学校的管理人员雇用的雇员，应该按2002年中央公积金相关规定进行缴费；

(d) 没有被(a)目、(b)目、(c)目包括在内的，作为新加坡永久居民的雇员，应该按2002年中央公积金相关规定进行缴费。

附录二

第11条

财务条款

1. ——（1）公积金局应该妥善保存其账目以及交易和运行的记录，采取一切必要措施来确保其现金支付是正确的和通过正式授权的，并且要对其资产的管理和开支进行适当控制。

（2）每个财政年度结束后，公积金局应该尽快准备该年的财务报表，并将其提交至公积金局的审计部门。

2. ——（1）审计长每年至少要审查公积金局的账户一次，或者在与审计长商讨后，部长可以指定其他的审计人员审查公积金局的账户。

（2）个人不得被任命为第（1）款中的审计人员，除非是公司法（第50章）指定的审计公司。

（3）审计人员的报酬将由公积金局支付。

3. 审计人员或者由他授权的其他人能在所有合适的时间内审查公积金局的所有账户，以及其他与公积金局财务有直接或间接关系的记录，并能够得到这些账目或记录的副本或摘录。

4. ——（1）审计人员应该在审计报告里说明——

（a）财务报告是否如实地反映了公积金局的交易状况和运行状况；

（b）账目和其他记录是否被完好地保存，包括以购买、捐赠或其他方式处置的财产的记录；

（c）在该财政年度内，公积金局的资金收支、投资以及资产的获得和处理是否遵守本法案的规定，以及

（d）审计人员认为其他与审计相关的事项。

（2）公积金局将账户信息送与审计人员后，审计人员要尽快将审计报告提交给公积金局，也应该将这些定期的特殊报告提交给部长。

5. ——（1）在审计人员或者由他授权的其他人认为必要的情况下，可以要求任何人将自己掌握的信息报告给他，或者要求任何人将自己可能得到的信息报告给他。

（2）任何未能满足审计人员要求（没有合理的理由）的人，或者阻碍审计人员行使权力的人将被视为犯罪，并被处以不超过1 000美元的罚款。

6. ——（1）当根据本法案对公积金局的财务状况进行审计后，公积金局应该提交给部长一份由主席签字的审计报告，同时还包括一份审计人员的报告。

（2）若审计人员不是审计长，再将财务审计报告提交给公积金局之前，应该先将该审计报告以及其他由审计人员作出的报告送交审计长。

(3) 部长应该尽快作出审计报告的副本以及审计人员报告的副本，并将其在公报公示，随后提交至议会。

7. 每个财政年度结束后，主席应该尽快提交给公积金局关于基金收支的账目表，其中包括该财政年度内缴纳的保险费、公积金的提取以及由此产生的利息，同时还要包括公积金的资产和负债情况。

8. ——(1) 每个财政年度结束后，公积金局应该准备并提交给部长一份关于过去财政年度中公积金局活动的报告，其中要包括活动的收益以及根据部长的指示公积金局政策的变化。

(2) 部长应该尽快准备每个报告的副本，并将其提交至议会。

9. 公积金局的财政年度由公积金局决定。

[27/92]

附录三

第 13A 条

针对自雇者的特殊法令

1. 鸟兽法（第 7 章）。
2. 武器和爆炸物法（第 13 章）。
3. 估价师与房屋代理商法（第 16 章）。
4. 商业登记法（第 32 章）。
5. 儿童照料中心法（第 37A 章）。
6. 商品交易法（第 48A 章）。
7. 植被管制法（第 57A 章）。
8. 昆虫和化学药物控制法（第 59 章）。
9. 海关法（第 70 章）。
10. 电气工人和承包商许可证法（第 89 章）。
11. 职业介绍法（第 92 章）。
12. 环境保护和管理法（第 94A 章）。
13. 公共环境卫生法（第 95 章）。
14. 2006 年工作场所安全和健康法。
15. 电影法（第 107 章）。

15A. 财务顾问法（第 110 章）。

16. 渔业法（第 111 章）。
17. 2001 年第 42 号法案废除该条款，新条款自 2002 年 10 月 1 日开始实施。
18. 敬老院法（第 126A 章）。

18A. 2005 年有限责任公司法（2005 年第 5 号法案）。

18B. 2008 年有限合伙法（2008 年第 37 号法案）。

19. 新加坡海事及港口管理法（第 170A 章）。
20. 2004 年 S457 号法案废除该条款，新条款自 2003 年 12 月 22 日开始实施。
21. 按摩院法（第 173 章）。
22. 货币兑换和汇款业务法（第 187 章）。
23. 放债法（第 188 章）。
24. 停车位法（第 214 章）。
25. 抵押法（第 222 章）。
26. 规划法（第 232 章）。
27. 邮政服务法（第 237A 章）。

28. 价格控制法（第 244 章）。
29. 2007 年私人保安业法。
30. 公共娱乐和公共聚会法（第 257 章）。
31. 2001 年公共事业法（2001 年第 8 号法案）。
32. 道路交通法（第 276 章）。
33. 橡胶产业法（第 280 章）。
34. 食品销售法（第 283 章）。
35. 2007 年二手商品交易法。
36. 2001 年证券与期货法。
37. 污水处理及排水法（第 294 章）。
38. 新加坡旅游局法（第 305B 章）。
39. 电信法（第 323 章）。
40. 鱼肉卫生法（第 349A 章）。

[27/92；7/96；43/99；22/2000；S34/93；S520/99；S258/2000；S343/2000]

立 法 历 史

1. 1953 年第 34 号法案——1953 年中央公积金法案

一读日期：1951 年 5 月 22 日（法案于 1951 年 5 月 25 日公布，没有法案号）

提至专门的委员会：1953 年第 65 号议会文件

二读和三读日期：1953 年 11 月 24 日

实施日期：1955 年 7 月 1 日

2. 1955 年第 4 号法案——1955 年中央公积金（修正）法案

一读、二读和三读日期：1955 年 1 月 28 日

实施日期：1955 年 2 月 11 日

3. 1955 年第 15 号法案——1955 年中央公积金（第二次修正）法案

一读、二读和三读日期：1955 年 6 月 29 日

实施日期：1955 年 7 月 1 日

4. 1957 年第 16 号法案——1957 年中央公积金（修正）法案

一读日期：1957 年 4 月 24 日（法案号：99/57，于 1957 年 5 月 7 日公布）

二读和三读日期：1957 年 5 月 22 日

实施日期：1957 年 6 月 1 日

5. 1958 年第 31 号法案——1958 年立法议会法案（同时提交了附属法律）

一读日期：1958 年 7 月 16 日（法案号：158/58，于 1958 年 7 月 22 日公布）

二读日期：1958 年 8 月 13 日

三读日期：1958 年 9 月 10 日

实施日期：1958 年 9 月 25 日

6. 1959 年第 71 号法案——1959 年权力移交法案

一读日期：1959 年 9 月 22 日（法案号：30/59，于 1959 年 9 月 30 日公布）

二读和三读日期：1959 年 11 月 11 日

实施日期：1959 年 11 月 20 日

7. 1959 年第 72 号法案——1959 年权力移交（修正）法案

一读日期：1959 年 9 月 22 日（法案号：31/59，于 1959 年 9 月 30 日公布）

二读和三读日期：1959 年 11 月 11 日

实施日期：1959 年 11 月 20 日

8. 1963 年第 32 号法案——1963 年中央公积金（修正）法案

一读日期：1963 年 11 月 28 日（法案号：13/63，于 1963 年 12 月 6 日公布）

二读和三读日期：1963 年 12 月 20 日

实施日期：1963 年 12 月 28 日（第 4 条）、1964 年 2 月 1 日（第 2、3 条，第 5～11 条）

9. 1968 年第 25 号法案——1968 年中央公积金（修正）法案

一读日期：1968 年 7 月 10 日（法案号：26/68，于 1968 年 7 月 13 日公布）

二读和三读日期：1968 年 8 月 1 日

实施日期：1968 年 9 月 1 日

10. 1970 年第 55 号法案——1970 年中央公积金（修正）法案

一读日期：1970 年 11 月 4 日（法案号：43/70，于 1970 年 11 月 7 日公布）

二读和三读日期：1970 年 12 月 30 日

实施日期：1971 年 1 月 1 日

11. 1973 年第 42 号法案——1973 年中央公积金（修正）法案

一读日期：1973 年 7 月 11 日（法案号：21/73，于 1973 年 7 月 13 日公布）

二读和三读日期：1973 年 7 月 25 日

实施日期：1973 年 9 月 1 日

12. 1978 年第 22 号法案——1978 年中央公积金（修正）法案

一读日期：1978 年 3 月 22 日（法案号：16/78，于 1978 年 3 月 23 日公布）

二读和三读日期：1978 年 4 月 7 日

实施日期：1978 年 4 月 26 日

13. 1980 年第 15 号法案——1980 年中央公积金（修正）法案

一读日期：1980 年 2 月 26 日（法案号：4/80，于 1980 年 2 月 29 日公布）

二读和三读日期：1980 年 3 月 25 日

实施日期：1980 年 5 月 15 日

14. 1981 年第 19 号法案——1981 年中央公积金（修订）法案

一读日期：1981年2月18日（法案号：3/81，于1981年2月20日公布）

二读日期：1981年3月6日

提至专门的委员会：于1981年7月13日将第二部分提交至议会

三读日期：1981年8月14日

实施日期：1981年11月1日

15. 1981年第20号法案——1981年中央公积金（第二次修正）法案

一读日期：1981年7月21日（法案号：21/81，于1981年7月24日公布）

二读和三读日期：1981年8月14日

实施日期：1981年9月4日（除了第4、5、7条之外的其他条款），1981年1月1日（第5条），1981年6月1日（第4条、第7条）

16. 1983年第19号法案——1983年中央公积金（修正）法案

一读日期：1983年8月30日（法案号：14/83，于1983年9月7日公布）

二读和三读日期：1983年12月20日

实施日期：1984年1月21日

17. 1984年第32号法案——1984年中央公积金（修正）法案

一读日期：1984年7月24日（法案号：27/84，于1984年8月3日公布）

二读日期：1984年8月24日

实施日期：1984年9月28日

18. 1986年第16号法案——1986年中央公积金（修正）法案

一读日期：1986年3月7日（法案号：6/86，于1986年3月14日公布）

二读日期：1986年3月31日

实施日期：1986年5月1日[除了第3条（b）项、（c）项和第4条的其他条款]，1986年4月1日[第3条（b）项、（c）项和第4条]

19. 1986年第32号法案——1986年成文（对其他规定进行了修订）法案

一读日期：1986年10月27日（法案号：24/86，于1986年10月31日公布）

二读和三读日期：1986年12月9日

实施日期：1987年1月23日

20. 1987年第5号法案——1987年中央公积金（修正）法案

一读日期：1986年12月9日（法案号：30/86，于1986年12月10日公布）

二读和三读日期：1987年1月26日

实施日期：1987年1月1日（除了第5条），1987年4月1日（第5条）

21. 1987年第30号法案——1987年中央公积金（修正）法案

一读日期：1987年11月9日（法案号：20/87，于1987年11月11日公布）

二读和三读日期：1987年11月30日

实施日期：1988年3月1日

22. 1989年第5号法案——1989年成文（对其他规定进行了修订）法案

一读日期：1989年1月16日（法案号：2/89，于1989年1月16日公布）

二读和三读日期：1989年1月26日

实施日期：1989年3月3日

23. 1989年第23号法案——1989年中央公积金（修正）法案

一读日期：1989年3月13日（法案号：22/89，于1989年3月14日公布）

二读和三读日期：1989年4月7日

实施日期：1989年5月14日

24. 1989年第30号法案——1989年中央公积金（第二次修正）法案

一读日期：1989年5月29日（法案号：29/89，于1989年5月31日公布）

二读和三读日期：1989年7月11日

实施日期：1989年6月1日

25. 1990年第15号法案——1990年中央公积金（修正）法案

一读日期：1990年6月12日（法案号：15/90，于1990年6月15日公布）

二读和三读日期：1990年7月18日

实施日期：1990年7月1日

26. 1990年第22号法案——1990年中央公积金（第二次修正）法案

一读日期：1990年8月30日（法案号：21/90，于1990年8月31日公布）

二读和三读日期：1990年10月4日

实施日期：1990年1月1日

27. 1991年第11号法案

一读日期：1991年1月3日（法案号：4/91，于1991年1月4日公布）

二读和三读日期：1991年1月14日

实施日期：1991年11月30日

28. 1992年第3号法案——1992年中央公积金（修正）法案

一读日期：1992年1月13日（法案号：4/92，于1992年1月14日公布）

二读和三读日期：1992年2月27日

实施日期：1992年4月1日

29. 1992年第27号法案——1992年中央公积金（第二次修正）法案

一读日期：1992年5月29日（法案号：28/92，于1992年6月1日公布）

二读和三读日期：1992年7月31日

实施日期：1992年8月28日

30. 1993年第29号法案——1993年中央公积金（修正）法案

一读日期：1993年7月30日（法案号：24/93，于1993年7月31日公布）

二读和三读日期：1993年8月30日

实施日期：1993年10月1日

31. 1994年第10号法案——1994年中央公积金（修正）法案

一读日期：1994年5月23日（法案号：11/94，于1994年5月24日公布）

二读和三读日期：1994年7月25日

实施日期：1994年7月1日（第3条、第11条），1995年7月1日（第2、4、5和6条），1995年3月1日（第7、8和10条），1995年5月14日（第9条）

32. 1995年第27号法案——1995年土地所有权（层）法案

一读日期：1995年5月25日（法案号：22/95，于1995年5月26日公布）

二读和三读日期：1995年7月7日

实施日期：1995年8月4日

33. 1995年第29号法案——1995年快速交通体系法案

一读日期：1995年7月7日（法案号：25/95，于1995年7月8日公布）

二读和三读日期：1995年8月7日

实施日期：1995年9月1日

34. 1995年第31号法案——1995年中央公积金（修正）法案

一读日期：1995年7月7日（法案号：23/95，于1995年7月8日公布）

二读和三读日期：1995年8月7日

实施日期：1996年1月1日

35. 1996年第1号法案——1996年新加坡生产力标准委员会法案

一读日期：1995年11月1日（法案号：39/95，于1995年11月2日公布）

二读和三读日期：1995年12月5日

实施日期：1996年4月1日

36. 1996年第7号法案——1996年新加坡海事及港口管理法案

一读日期：1995年12月5日（法案号：46/95，于1995年12月6日公布）

二读和三读日期：1996年1月18日

实施日期：1996年2月2日

37. 1998年第30号法案——1998年中央公积金（修正）法案

一读日期：1998年6月1日（法案号：26/98，于1998年6月2日公布）

二读和三读日期：1998年6月29日

实施日期：1998年8月1日

38. 1999年第4号法案——1999年建筑和工程管理法案

一读日期：1998年11月23日（法案号：51/98，于1998年11月24日公布）

二读和三读日期：1999年1月20日

实施日期：1999年4月1日

39. 1999年第12号法案——1999年中央公积金（修正）法案

一读日期：1999年1月20日（法案号：4/99，于1999年1月21日公布）

二读和三读日期：1999年2月11日

实施日期：1999年3月1日

40. 1999年第41号法案——1999年新加坡资讯通信发展管理法案

一读日期：1999年10月11日（法案号：36/99，于1999年10月12日公布）

二读和三读日期：1999年11月23日

实施日期：1999年12月1日

41. 1999年第43号法案——1999年电信法案

一读日期：1999年10月11日（法案号：33/99，于1999年10月12日公布）

二读和三读日期：1999年11月23日

实施日期：1999年12月1日

42. 2000年第9号法案——2000年国防科学技术法案

一读日期：2000年1月17日（法案号：1/2000，于2000年1月18日公布）

二读和三读日期：2000年2月21日

实施日期：2000年3月15日

43. 2000年第22号法案——2000年拍卖师执照（修正）法案

一读日期：2000年5月22日（法案号：17/2000，于2000年5月23日公布）

二读和三读日期：2000年7月3日

实施日期：2000年8月1日

44. 2000年第39号法案——2000年中央公积金（修正）法案

一读日期：2000年11月13日（法案号：34/2000，于2000年11月30日公布）

二读和三读日期：2000年11月22日

实施日期：2000年12月28日（除了第2、3、4、6、8、10、11、12、13、14、15、16、17、18和19条之外的其他条款），2001年1月1日［第2、3、4、6、8、17、18和19条（b）项］，2001年3月1日［第10、11、12、13、14、15、16和19条（a）项］

45. 2001年第3号法案——2001年新加坡知识产权法案

一读日期：2001年1月21日（法案号：1/2001，于2001年1月13日发布）

二读和三读日期：2001年2月22日

实施日期：2001年4月1日

46. 2001年第17号法案——2001年新加坡土地管理法案

一读日期：2001年3月5日（法案号：17/2001，于2001年3月7日公布）

二读和三读日期：2001年4月19日

实施日期：2001年6月1日

对 比 表

法律委员会对1999年版本的中央公积金法案进行了重新编号，形成新的2001年版本。以下对比表是为了方便读者阅读而提供的，不是中央公积金法案的组成部分。

2001年版本	1999年版本
2—(1) 和 (2)	2
13B	13B—(1)
花费	(2) 和 (3)
15—(6)	15B—(4)
—	34（被2000年第39号法案废除）
—	35（被2000年第39号法案废除）
36—(4)	36—(3A)
(5)	(3B)
(6)	(3C)
(7)	(3D)
(8)、(9) 和 (10)	(4)、(5) 和 (6)
被忽略	47—(2)
47—(2)	(3)
49—(4)	49—(3A)
(5)	(4)
61	61—(1)
—	(2)（被2000年第39号法案废除）
1A	(3)
61B	61A
68—(2)	68—(1A)
(3)	(1B)
(4)	(2)
70—(2)	70—(1A)
(3)	(2)
(4)	(3)
(5)	(4)
(6)	(5)
(7)	(6)
(8)	(7)
(9)	(8)
(10)	(9)
74—(2)	74—(1A)
(3)、(4) 和 (5)	(2)、(3) 和 (4)
76—(2)	76—(1A)
(3) 和 (4)	(2) 和 (3)

主要参考文献

一、外文部分

1. Allianz Global Investors, Central and Eastern European Pensions 2007, Systems and Markets, http://www.projectm-online.com/.../July_07_Central_and_Eastern_European_Pensions_2007.pdf.

2. Barbara E. Kritzer, Individual Accounts in Other Countries, http://www.socialsecurity.gov/policy/docs/ssb/v66n1/v66n1p31.pdf.

3. EFRP (European Federation for Retirement Provision), Facing up to the challenges, http://www.fiap.cl/prontus_noticia/site/.../facing_up_to_the_challenges_eng.pdf.

4. Ellis Connolly and Marion Kohler, the Impact of Superannuation on Household Saving, Reserve Bank of Australia Research Discussion Paper [EB/OL]. (2004-3) [2008-2-20]. http://www.rba.gov.au/PublicationsAnd Research/RDP/RDP2004-01.html.

5. Europeanvaluesnet, Liberalization of Pension Systems in Central and Eastern Europe, http://www.europeanvalues.net/.../PP_Liberalization_of_Pension_Systems_in_Central_and_Eastern_Europe_09.pdf.

6. FIAP, 25 Bi-yearly Report International Federation of Pension Fund Administrators, Dec. 2008.

7. Forsakringskassan, Orange Report—The Annual Report of Sweden' s National Pension System for 2008, http://www.forsakringskassan.se.

8. Heinz Rudolph and Roberto Rocha, Enabling Conditions for Second Pillars of Pension Systems, April 2009, World Bank Working Paper WPS4890.

9. Indermit S. Gill, Truman Packard and Juan Yermo, Keeping the Promise of Social Security in Latin America, World Bank, 2004.

10. James Schulz, Old-Age Income Security: Australia Tries a Different Way, AARP Public Policy Institute, December 2005, p. 9.

11. John Dixon, National Provident Funds: The Challenge of Harmonizing Their Social Security, Social and Economic Objectives. Review of Policy Research, Volume 12 Issue 1-2, 2005.

12. John Dixon, Provident Funds in the Third World: a Cross-National Review, Public Administration & Development (pre-1986); Oct-Dec 1982; 2, 4.

13. Killin To and KitC Wong, "Practical Aspects of Venture Capital Investment", 1997.

14. Krzysztof M. Ostaszewsk, Privatizing the Social Security Trust Fund? Don't Let the Government Invest, in The Cato Project on Social Security Privatization, Published by the Cato Institute, SSP No. 6. January 14, 1997.

15. Már Gudmundsson, the Icelandic Pension System. [EB/OL]. (2001-1) [2008-3-2]. http://

www. ll. is/files/baddeafhjb/pension-1. pdf.

16. Mukul G. Asher, "Retirement Financing Dilemmas Facing Singapore" paper for International Conference on Pensions in Asia: Incentives, Compliance and Their Role in Retirement", p. 5. 2004.

17. OECD, Institutional Investors Statistics Yearbook 1992-2001.

18. OECD, Pensions at a Glance 2009: Retirement-Income Systems in OECD Countries, 2009. http://s. maxthon. com/?q=OECD%2C+Pensions+at+a+Glance+2009%EF%BC%9ARetirement-Income+Systems+in+OECD+Countries%2C+2009.

19. OECD, Pension Markets in Focus, No. 6, October 2009, http://www. oecd. org/ataoecd/30/40/43943964. pdf.

20. OECD, OECD Private Pensions Outlook 2008, http://www. oecd. org/document/60/0、3343, en_2649_34853_41770428_1_1_1_1, 00. html.

21. Palacios, R. and M. Pallares-Miralles, International Patterns of Pension Provision, Human Development Network, Social Protection Discussion Working Paper Series, No. 0009. World Bank, Washington D. C., April 2000.

22. Roberta Romano Public Pension Fund Activism in Corporate Governance Reconsidered, Columbia Law Review, Vol. 93, No. 4. May, 1993, pp. 795-853.

23. The crisis melted down 9 billion Euros from the CEE pension funds, http://www. privatepensions. ro/The-crisis-melted-down-9-billion-Euros-from-the-CEE-pension-funds-article-1-205. htm.

24. Thorsten Beck, Asli Demirgüc-Kunt and Ross Levine, "A New Database on Financial Development and Structure," World Bank Economic Review 14, 597-605, 2000.

25. Waldo Tapia, Juan Yermo, Fees in Individual Account Pension Systems: A Cross-Country Comparison, OECD Working Papers on Insurance and Private Pensions No. 27, Sep. 2008.

26. World Bank, Pensions in Crisis: Europe and Central Asia Regional Policy Note, November 12, 2009.

27. World Bank, Adequacy of Retirement Income after Pension Reforms in Central, Eastern and Southern Europe, 2009.

二、中文部分

1. 戴卫东. 虚与实：基本养老保险与企业年金的个人账户. 中国社会保障，2004（6）.

2. 邓大松，刘昌平. 中国养老社会保险基金敏感性实证研究. 经济科学，2001（6）.

3. 高顿·克拉克. 养老金基金管理与投资. 洪铮译. 北京：中国金融出版社，2008.

4. 高鉴国，展敏. 资产建设与社会发展. 北京：社会科学文献出版社，2005.

5. 国家统计局. 中国统计年鉴 2009. 北京：中国统计出版社，2009.

6. 国家统计局，人力资源和社会保障部. 中国劳动统计年鉴 2009. 北京：中国统计出版社，2009.

7. 胡继晔. 构建我国社保基金保值增值的法律体系. 法制日报，2010-07-21（12）.

8. 胡晓义. 走向和谐：中国社会保障发展 60 年. 北京：中国劳动社会保障出版社，2009.

9. 纪晓岚等. 吴江市社会保障发展规划研究 2008—2012（吴江市劳动和社会保障局委托课题）. 华东理工大学国家小城镇社会保障研究中心，2008-07-28.

10. 孔凡文，许世卫. 我国城镇化发展速度分析及预测. 沈阳建筑大学学报：社会科学版，2006，8（2）.

11. 劳动和社会保障部社会保险研究所，博时基金管理有限公司. 中国企业年金制度与管理规范. 北京：中国劳动社会保障出版社，2002.

12. 罗伯特·霍尔茨曼等. 21世纪的老年收入保障——养老金制度改革国际比较. 郑秉文等译. 北京：中国劳动社会保障出版社，2006.

13. 罗伯特·霍尔茨曼，爱德华·帕尔默. 名义账户制的理论与实践——社会保障改革新思想. 郑秉文等译. 北京：中国劳动社会保障出版社，2009.

14. 迈克尔·谢若登. 资产与穷人——一项新的美国福利政策. 北京：商务印书馆，2005.

15. 尼古拉斯·巴尔. 福利国家经济学. 郑秉文，穆怀中等译. 北京：中国劳动社会保障出版社，2003.

16. 齐铁. 接管部分地方社保资金 全国社保基金要做称职"管家". 中国证券报，2006-12-21（A07）.

17. 人力资源和社会保障部社会保障研究所. 养老保险基金投资运营与监管研究. 人力资源和社会保障部科技项目，2010-07.

18. 王晓军. 对我国养老保险制度财务可持续性的分析. 市场与人口分析，2002（3）.

19. 王亚柯. 中国养老保险制度改革的经济绩效：再分配效应和储蓄效应. 上海：上海人民出版社，2008.

20. 张思锋. 社会保障精算理论与应用. 北京：人民出版社，2006.

21. 郑秉文. 2004年诺贝尔经济学奖"时间一致性"对社保理论的贡献——税率对劳动供给的影响. 中国人口科学，2005（1）.

22. 郑秉文. DB型现收现付制社保基金的危机与投资理念——美国"联邦社保信托基金"治理结构及其不可持续性的解决途径. 世界经济，2003（11）（月刊）.

23. 郑秉文. DC型积累制社保基金的优势与投资策略——美国"TSP模式"的启示与我国社保基金入市的路径选择. 中国社会科学院研究生院学报，2004（1）（月刊）.

24. 郑秉文. OECD国家社保基金入市的酸甜苦辣——社保基金与资本市场系列研究之六. 中国证券报，2003-07-09（12）.

25. 郑秉文. 福利危机中的两个欧洲. 人民日报，2010-11-15（21）.

26. 郑秉文. 国外社保基金入市苦果如何酿成——社保基金与资本市场系列研究之五. 中国证券报，2003-07-03（10）.

27. 郑秉文. 建立名义账户是入市的理性化前提——社保基金与资本市场系列研究之一. 中国证券报，2003-06-12（11）.

28. 郑秉文. 建立社保基金投资管理体系的战略思考. 公共管理学报，2004（4）（季刊）.

29. 郑秉文. 金融危机对全球养老资产的冲击及对中国养老资产投资体制的挑战. 国际经济评论，2009（9-10）.

30. 郑秉文. 美国地方养老基金失败教训发人深省——社保基金与资本市场系列研究之三. 中国证券报，2003-06-20（12）.

31. 郑秉文. 美国中央养老基金为何70年不入市——社保基金与资本市场系列研究之二. 中国证券

报，2003-06-19（13）.

32. 郑秉文. 社保基金的法律组织形式：欧盟的经验教训. 中国政法大学学报，2009（1）（双月刊）.

33. 郑秉文. 社保基金违规的制度分析与改革思路. 中国人口科学，2007（4）（双月刊）.

34. 郑秉文. 社保基金入市对经济影响面面观——社保基金与资本市场系列研究之四. 中国证券报，2003-06-26（13）.

35. 郑秉文. 社保基金入市可资借鉴的10条经验——社保基金与资本市场系列研究之七. 中国证券报，2003-07-29（10）.

36. 郑秉文. 围绕美国社会保障“私有化”的争论. 国际经济评论，2003（1）（双月刊）.

37. 郑秉文. 养老保险投资改革的风险及对策. 中国证券报，2007-11-09（A05）.

38. 郑秉文. 账户资金市场化投资是大势所趋——从总理政府工作报告看社保投资体制改革. 中国证券报，2007-03-12（A07）.

39. 郑秉文. 中国建立“主权养老基金”的急迫性及国际比较——应对“中国威胁论”与外汇储备二次分流的战略思考. 国际经济评论，2008（3-4）（双月刊）.

40. 郑秉文. 中国社保“名义账户”改革新思路——“混合型”统账结合（译者跋）. 见：罗伯特·霍尔茨曼，爱德华·帕尔默主编. 名义账户制的理论与实践——社会保障改革新思想. 郑秉文等译校. 北京：中国劳动社会保障出版社，2009.

41. 郑秉文. 中央公积金投资策略的经验教训. 辽宁大学学报，2004（1）（双月刊）.

42. 郑秉文，房连泉. 阿根廷私有化社保制度“国有化再改革”的过程、内容与动因. 拉丁美洲研究，2009（2）（双月刊）.

43. 郑秉文，房连泉，王新梅. 日本社保基金“东亚化”投资的惨痛教训. 国际经济评论，2005（3）（双月刊）.

44. 郑秉文，何树方. 加拿大社保制度改革与建立“主权养老基金”十年回顾与评价. 当代亚太，2008（1）（双月刊）.

45. 郑秉文，黄念. 美国待遇确定型企业年金计划担保机制的困境与前景. 美国研究，2006（4）（季刊）.

46. 周渭兵. 社会养老保险精算理论、方法及其应用. 北京：经济管理出版社，2004.

47. 周志凯. 养老金个人账户制度研究. 北京：人民出版社，2009.

后　记

2009 年 12 月，嘉实基金管理有限公司动议，以中国社会科学院世界社保研究中心为骨干，嘉实基金管理有限公司配合，联合成立课题组，对中国基本养老保险个人账户基金投资体制改革问题进行深入研究。

经过两年多的艰苦努力，这项研究工作终于结束。在研究过程中，嘉实基金管理有限公司的张峰副总经理十分关心课题进展，四次与课题组郑秉文教授相聚，对课题提纲提出具体要求和建设性意见。

该课题完成之后，现以《中国基本养老保险个人账户基金研究报告》为题正式出版。

课题组主要成员来自中国社会科学院世界社保研究中心。课题组写作分工如下：第一章，齐传钧博士；第二章，孙守纪博士；第三章，房连泉博士；第四章，郑秉文博士；第五章，郑秉文博士；第六章，嘉实基金课题研究小组；第七章，齐传钧博士；附录 A，齐传钧博士（测算）；附录 B，高静博士（西班牙文）；附录 C，于环博士（英文）。

全书各章由郑秉文统一审稿定稿，齐传钧统一体例并提出技术要求，孙守纪亦做出一些技术工作。嘉实基金课题在后期稿件审核整理和修改过程中，花费了大量心力和劳动。另外，特别要感谢戴相龙理事长在百忙之中为本书作序。

由于作者水平有限，研究条件和资料存在一定限制，且基本养老保险统账结合制度下账户基金投资模式在世界各国都处于探索阶段，本研究中的研究方法、改革思路和制度设计不是非常成熟，仅供决策者和学术界参考，不代表其供职所在机构，文责自负，敬请读者提出宝贵意见。

中国社会科学院世界社保研究中心
郑秉文博士
2012 年 4 月